国家出版基金项目
NATIONAL PUBLICATION FOUNDATION

"十三五"国家重点
图书出版规划项目

第二卷 1915—1931 下

中国近代思想通史

(1840—1949)

郑大华 著

岳麓书社·长沙
人民出版社·北京

第 十 二 章

第一次国共合作和中国共产党 对革命理论的探索与实践

　　1924 年 1 月，国民党第一次全国代表大会在广州召开，标志着国民党改组的完成和第一次国共合作的正式建立。国民党第一次全国代表大会最重要的成果，是通过了由孙中山主持制定，有共产党员、共产国际代表参与起草讨论的《中国国民党第一次全国代表大会宣言》（以下简称《宣言》）。《宣言》的内容之一，是重新解释了三民主义，即把同盟会时期的三民主义（我们通常称之为"旧三民主义"）发展成了国共合作时期的三民主义（我们通常称之为"新三民主义"）。此后，孙中山又对"新三民主义"做了进一步说明。为指导中国革命，中国共产党自成立之日起，就开始努力研究中国的政治、经济状况，分析中国社会各阶级在民主革命中的地位和作用，并在此基础上探索新民主主义革命的基本问题。1924 年国共实现第一次合作，轰轰烈烈的大革命运动兴起后，为了适应革命形势迅速发展的要求，中国共产党投入更多的精力，对新民主主义革命基本问题进行探索，以此来指导蓬勃兴起的大革命运动，并初步形成了新民主主义基本思想。与此同时，中国共产党自成立之日起，就十分重视工人运动。到了中共三大时，农民和农民运动也引起了中国共产党的高度重视。中国共产党在发动和领导工农运动的过程中，尤其是在大革命时期，对工农运动的理论和策略进行了深入探索，而理论和策略的探索又进一步指导和推进了工农运动的实践。

第一节　第一次国共合作

辛亥革命失败后，孙中山为了捍卫民主共和制度，进行了艰苦的斗争和探索，先后发动了二次革命、护国战争、护法运动等一系列斗争，但这些斗争都归于失败，尤其是陈炯明的叛变，第二次护法运动的失败，是孙中山一生遭受的最惨痛的失败。然而也就在孙中山领导和发动第二次护法运动的前后，国内外发生了一系列重大事件，这就是 1917 年俄国十月革命的爆发和 1921 年 7 月中国共产党的成立。此后在苏俄和新成立的中国共产党的帮助下，孙中山开始改组国民党，并于 1924 年 1 月召开了国民党第一次全国代表大会。国民党第一次全国代表大会的召开，标志着国民党改组的完成和第一次国共合作的正式建立。而第一次国共合作的形成，又极大地推动了中国民主革命的进程。

一、孙中山在困境中的艰难探索

1911 年 10 月 10 日，武昌起义爆发，革命浪潮迅速席卷全国，清王朝顷刻间便处于土崩瓦解之中。1912 年 1 月 1 日，中华民国南京临时政府正式成立，孙中山就职临时大总统。但是以孙中山为大总统的南京临时政府仅仅存在三个月就夭折了。1912 年 3 月 10 日，袁世凯在北京宣誓就任临时大总统。4 月 1 日，孙中山正式辞去临时大总统职务。5 日，临时参议院决议临时政府迁往北京。从此，中国进入北洋军阀统治的时代。此后孙中山为了捍卫民主共和制度，进行了艰苦的斗争和探索。先后发动和领导了二次革命、反对袁世凯帝制复辟的护国战争和第一次护法运动，但都归于失败。第一次护法运动失败后，孙中山回到上海，住莫利爱路 27 号。在此后的一年时间里，他深居简出，发愤著书，反思历次斗争失败的教训，继续从理论上探索救国救民的道路，先后完成了《孙文学说》和《实业计划》两书的写作，连同 1917 年写成的《民权初步》，合为《建国方略》。《建国方略》和三民主义一样，是孙中山留给我们的重要思想遗产。

《建国方略》共分三部分，其中之一是"心理建设"。心理建设系孙中山 1918—1919 年在上海所著的《孙文学说》。《孙文学说》是孙中山最重要的哲学代表作，连同他后来的《军人精神教育》《民权主义》等著作和讲演，比较集中地反映了孙中山的哲学思想。概而言之，孙中山的哲学思想包括以下几个方面的内容：

第一，物质进化的自然观。孙中山认为世界的本质是物质，而不是精神；生物、人类是物质进化的产物，不是神的创造。他把世界进化分为三个时期，"其一为物质进化之时期，其二为物种进化之时期，其三则为人类进化之时期"[①]。所谓"物质进化"时期，简单说就是客观世界由物质性的"太极"（它相当于西方自然科学家所说的物质"以太"）经过不断地运动和变化发展成为地球及所属的太阳系等各种天体；所谓"物种进化"时期，概括地说，就是地球形成之后，无机物质经过漫长的演化过程，产生了有机物——"生元"（细胞）。由"生元"的运动进而演化为植物动物，直至人类出现。在这一漫长的过程中，物种是本着"物竞天择"的原则，"由微而显，由简而繁"进化的。所谓"人类进化"时期，亦即人类社会的发展，就是说人出现后，人类社会也是不断进步和发展的，不会停留在一个水平上，现今以往的人类历史，经历过由洪荒时代到神权时代再到君权时代，最后到现今的民权时代这样四个发展阶段。孙中山在依据近代自然科学理论，特别是进化论、星云说、细胞说等科学知识，阐述生物、人类是物质进化过程中的同时，还论证了物质与精神的关系，明确承认精神是物质进化到一定阶段的产物，精神作为"物质之对"，是人所特有的，从而进一步表明他关于世界本源的认识是唯物主义的。

第二，知难行易的认识论。孙中山在认识论上主要探讨了知行关系问题，提出了"知难行易"说。"知难行易"说是孙中山为了革命的需要，一反传统的"知易行难"说提出来的。"知易行难"最早出自《左传·昭公十年》的"非知之实难，将在行之"，《尚书·说命中》也有"非知之艰，行之惟艰"的命题。就是说，知道一件事并不难，真正做起来是很难的。这样的思想，又称之为"知易行难"说。但在孙中山看来，这种"知易行难"

---

① 孙中山：《建国方略》，载《孙中山全集》第六卷，中华书局，1985，第 195 页。

说不仅阻碍了数千年来中国社会的进步，并使近代中国社会的改革受到影响而且还妨碍了革命，是革命党人思想上的大敌。因为"知易"的说法，使人轻视革命理论的作用，进而对革命理想信仰不笃；"行难"的说法，则使人害怕革命实践，不能在困难面前坚持斗争。中国革命所以多次失败，就是因为革命党人思想受了"知易行难"说的毒害而造成的。故此，为了肃清"知易行难"说的流毒，鼓舞革命党人抗争的勇气，他提出了"知难行易"说。他指出人类对许多事情很早以前就会做，但一直不知其中的道理，不能给以理论的说明，只是经过百十年或千百年的"行"后，才逐渐明白个中的道理，并能提出相应的理论、学说。他还以饮食、用钱、作文、建屋、造船、筑城、开河、电学、化学及进化等大量的事例，证明人们的实践具有广泛的可能性，不是"知易行难"，也不是"知先行后"或"知行合一"，而是"知难行易""行先知后"。并再三强调：知同行相比，知是困难的，行容易得多，因此要先行而后知。由此出发，他认为"知之非艰，行之惟艰"之古说，与阳明"知行合一"之格言，皆可从根本上而推翻之矣。总之，孙中山"知难行易"说的实质，就是要破"行难"，但"行易"，即强调革命，注重革命实践（行），从而"以此为救中国必由之道也"。①

　　从"知难行易"这一认识论的前提出发，孙中山根据"各人天赋的聪明才力"，把人分成为三种：第一种人叫先知先觉，这种人聪明绝顶，凡见一件事，便能够想出许多道理，听一句话，便能够做出许多事业，由于有这种先知先觉的人，世界才有进步，人类才有文明；第二种人叫后知后觉，这种人自己不能够创造发明，只能够跟随模仿；第三种人叫不知不觉，这种人的聪明才力是更次的，凡事虽有人指教他，他不能知，只能去行。在孙中山看来，"先知先觉"的人虽是极少数，却是"发明家""创造家"；"不知不觉"的人虽占绝大多数，然而他们只能"竭力乐成"。所以创立革命理论、制定方针政策那是极少数"先知先觉"者的事，对于占人口绝大多数的"不知不觉"者来说，他们只要在"先知先觉"者的指导下努力实行，"竭力乐成"就是了。他并且相信只要"先知先觉""后知后觉"和"不知不觉"这三种人

---

① 孙中山：《建国方略》，载《孙中山全集》第六卷，第 198 页。

"相需为用，则大禹之九河可疏，秦皇之长城能筑"，革命一定能取得成功。①

第三，社会历史观——民生史观。孙中山认为"进化"是人类社会的基本规律。他从人类认识水平的不同，将人类分为"不知而行"的草昧时期、"行而后知"的文明时期和"知而后行"的科学时期。后来，他在阐述民权主义时，又以"社会国家"为标准将人类历史分为四个时期，即"人同兽争"的洪荒时代、"人同天争"的神权时代、"人同人争"的君权时代和"人同君主相争"的民权时代。又说人同兽争，是用气力；人同天争，讲神权上帝；人同人争，讲君权；人同君主争，讲民权。他在讲到民生主义时，又从人类社会发展水平着眼，将人类社会历史分成太古时代、渔猎时代、游牧时代、农业时代、工商时代等相继进化的五个时期。尽管他关于历史分期的说法有种种不同，但都把人类社会看成是由低级阶段向高级阶段不断进化的过程。这证明，孙中山的历史观是一种进化历史观，而他提出这种进化历史观的目的，犹如他提出"知难行易"说也是为其革命提供理论的、历史的依据。所以他一再强调，在人类社会进化的过程中，任何朝代都有其产生、发展到死亡的过程，清王朝也是一样，其灭亡不可避免，将被民主共和国所取代。

人类社会是不断进化的，那推动这种进化的原因或动力又是什么呢？这是孙中山一系列著作努力探求的主要课题。在他看来，"历史的重心是民心"，"民生是社会一切活动中的原动力"，"民生为社会进化的重心"。他认为，决定社会历史面貌及其进程的根本要素，归根结底，是人们的生存问题、求生存问题。用他的话来说："社会进化的定律，是人类求生存。人类求生存，才是社会进化的原因。"② 正是以这一观念为核心，形成了他的社会历史观——民生史观。孙中山的民生史观虽然显示了他对于社会生活问题的重视和关心，也表明他在一定程度上已摆脱曾在西方广泛流行的唯心主义社会学和历史哲学的影响，这是进步和值得肯定的地方，但就其性质而言它是一种唯心史观。因为它撇开了人的社会性，撇开了具体的特定社会内容去理解社会—民生问题，因而，这种社会—民生问题就成了架空于具体的社会经济形态之上的，不能反映具体客观实际的抽象概念。其次，它把人

---

① 孙中山:《建国方略》，载《孙中山全集》第六卷，第201页。
② 孙中山:《三民主义》，载《孙中山全集》第九卷，第369页。

类要求吃饭、穿衣的生活需要，还原于一般的、抽象的求生存的意志，并把求生存的意志作为决定社会发展的根本动力。他的"历史重心论"反映了意志决定论的观念。

《建国方略》之二是"物质建设"。这是孙中山1918—1919年在上海所写的《实业计划》，阐述了开发中国实业的途径、原则和计划，比较集中地反映了孙中山的经济建设思想。

孙中山首先强调了中国发展实业，进行大规模的经济建设的重要性。他指出，中国要改变落后挨打的局面，在世界民族之林中占有一席之地，就必须大力开发富源，发展实业，进入"工业革命"，他并把这个问题视为"此后中国存亡之关键"。书中提出了十大建设计划，即：（一）交通之开发；（二）商港之开发；（三）建设全国铁路系统和新式街市；（四）水利之发展；（五）设立制铁、制钢、造士敏土三大工厂；（六）矿业之发展；（七）农业之发展；（八）蒙古、新疆之灌溉；（九）中国北部及中部建造森林；（十）移民于东北、蒙古、新疆、青海、西藏。①

接着，孙中山就十大建设计划的前六大计划进行了详细规划。关于第一计划：首先建设北方大港，他主张北方大港建设在直隶湾秦皇岛与葫芦岛之间，大沽口与秦皇岛两地之中途，青河与滦河两口之间，因为这里水深不冰，可建设一个如纽约港那样的大港。同时建设西北铁路系统，与此大港连成一片。再浚运河，以联络中国北部中部通渠及北方大港，开发直隶、山西煤矿铁矿，设立冶铁制钢工厂，移民蒙古和新疆。②

第二计划：第一是建设东方大港。他主张将东方大港建立在上海港之外，以上海港作为东方大港的辅助港。东方大港的最佳位置在杭州湾乍浦岬与澉浦岬之间。此两岬相距约15英里，应建一海堤，而于乍浦一端，离山数百尺之处，开一缺口，以为港之正门。为了与已成东方之商港的上海港相区别，此港可称为计划港。第二为解决扬子江口的泥沙问题，以便充分发挥上海港作为东方商港的重要作用，他建议分六节整治扬子江，即：（一）由海上深水线起，至黄浦江合流点；（二）由黄浦江合流点至江阴；

---

① 孙中山：《建国方略》，载《孙中山全集》第六卷，第251—252页。
② 孙中山：《建国方略》，载《孙中山全集》第六卷，第253—267页。

（三）由江阴至芜湖；（四）由芜湖至东流；（五）由东流至武穴；（六）由武穴至汉口。第三是在镇江及其北岸、南京及浦口、芜湖、安庆及南岸、鄱阳港和武汉等地建设内河商埠。第四是改良北运河、淮河、江南水路系统、鄱阳水路系统、汉水、洞庭湖系统和扬子江上游等现存水路及运河。第五是创建大士敏土厂，以及港口、码头、水利建设等配套工程。①

第三计划：主张改良广州为一世界港。广州港面水界应至第一闩洲为止，由此处起，港面应循甘布列治水道（乌涌与大吉沙之间），经长洲、黄埔两岛之间，以入亚美利根水道。与此同时，改良广州水路系统，重点整治广州河汊、西江、北江和东江，并修筑：（甲）广州—重庆线，经由湖南；（乙）广州—重庆线，经由湖南、贵州；（丙）广州—成都线，经由贵州、泸州；（丁）广州—成都线，经由梧州、叙府；（戊）广州—云南、大理、腾跃线，至缅甸边界为止；（己）广州—思茅线；（庚）广州—钦州线，至安南界东兴为止，总计七条铁路，建立西南铁路系统。另外，在沿海建设商埠及渔业港，设立造船厂。②

第四计划：专讲铁路建设，分中央铁路系统、东南铁路系统、东北铁路系统、西北铁路系统和高原铁路系统，加上第三计划中的西南铁路系统，使全国各地均脉络贯通，四通八达，连为一体，以保证各地地尽其力，货畅其流。为配合铁路建设，满足因铁路的扩张对机车的大量需要，他主张兴办大型的机车客车货车制造厂。③

第五计划：专讲兴办各种工业。根据"生活之物质原件"的需要，分粮食工业、衣服工业、居室工业、行动工业和印刷工业。每一大项中又分若干小项，如粮食工业，内分食物生产、食物贮藏与运输、食物制造与保存、食物分配与输出四小项；衣服工业，内分丝工业、麻工业、棉工业、毛工业、皮工业和制衣机器工业六小项。前四项内容与人民的物质生活休戚相关，后一项主要"以知识供给人民"。④

第六计划：专讲矿业建设，分铁矿、煤矿、油矿、铜矿、特种矿之开

---

① 孙中山：《建国方略》，载《孙中山全集》第六卷，第267—301页。
② 孙中山：《建国方略》，载《孙中山全集》第六卷，第301—336页。
③ 孙中山：《建国方略》，载《孙中山全集》第六卷，第336—377页。
④ 孙中山：《建国方略》，载《孙中山全集》第六卷，第377—389页。

采，矿业机器之制造和冶矿机厂之设立等七个方面，务必使各种资源能"物尽其用"，以为人民生活和工业建设服务。[①]

孙中山提出的实业计划，规模宏大，设计详细，论证充分，在中国近代经济史上可谓空前绝后。比如在交通方面，根据计划，仅铁路就要修筑十万英里，公路（碎石路）一百万英里。孙中山不仅提出了一份规模宏大的事业计划，而且还探讨了实现这些计划的途径、原则和方法。他认为："中国实业之开发应分两路进行，（一）个人企业、（二）国家经营是也。凡夫事物之可以委诸个人，或其较国家经营为适宜者，应任个人为之，由国家奖励，而以法律保护之。……至其不能委诸个人及有独占性质者，应由国家经营之。"[②]而其发展的原则是：（一）必选最有利之途，以吸外资；（二）必应国民之所最需要；（三）必期抵抗之至少；（四）必择地位之适宜。根据当时中国资金人才都十分匮乏的实际情况，他主张大力吸收外资，引进人才，"凡诸工业国其资本有余者，中国能尽数吸收之"[③]。但在吸收外资引进人才的同时，一定要避免主权操于外人之手，因为，"发展之权，操之在我则存，操之在人则亡"[④]。此外，孙中山还提出化兵为工的意见，主张将裁撤的士兵，"以为筑港、建路及开发长城以外沿线地方之先驱者"[⑤]。

《实业计划》是一个以国家工业化为中心，使国家国民经济迅速实现现代化的大规模建设规划，包含着孙中山关于经济建设的一系列理论观点、方针政策和步骤方法，其目的是要把贫穷落后的中国改造成一个现代化强国。尽管由于历史的原因，孙中山生前没有将他的这一计划付诸实践，但他于计划中所提出的一些方法与原则对于我们今天进行现代化建设，仍有可借鉴的历史意义。

《建国方略》之三为"社会建设"，系 1917 年夏孙中山在上海所写的《民权初步》。此书最早名称为《会议通则》，是一本有关集会议事的一些具体规则和程序设计的著作，全书分为五卷二十章，首冠"自序"，后附"结

---

① 孙中山：《建国方略》，载《孙中山全集》第六卷，第 389—394 页。
② 孙中山：《建国方略》，载《孙中山全集》第六卷，第 253 页。
③ 孙中山：《建国方略》，载《孙中山全集》第六卷，第 252 页。
④ 孙中山：《建国方略》，载《孙中山全集》第六卷，第 248 页。
⑤ 孙中山：《建国方略》，载《孙中山全集》第六卷，第 265 页。

语"及"章程并规则之模范"。

从严格意义上说，此书并不是孙中山的理论创作，而是他根据中国革命实际需要，参照西方同类著作编译成的。关于编译此书的目的，孙中山在该书的自序中指出，数千年来，由于专制主义统治，中国人民的集会自由、出版自由、思想自由等自由均被削夺殆尽，人民没有任何权利可言，因而造成了中国四万万人民犹如一盘散沙的状态。1912 年后虽然建立了民国，但由于国体被变，民权未张，人民仍然未能享受各项自由。也正因此，才出现了袁世凯的帝制复辟。所以"今后民国前途安危若何，则全视民权之发达如何耳"，而欲发达民权，必从团结人心、纠合群力始。而欲团结人心、纠合群力，又非从集会不为功，"是集会者，实为民权发达之第一步"。① 集会虽然对于发达民权如此重要，然而中国人民长期以来"受集会之厉禁"，合群之天性尽失，根本不知道什么集会之原则、集会之条理、集会之习惯、集会之经验。"以一盘散沙之民众，忽而登彼于民国主人之位，宜乎其手足无措，不知所从，所谓集会则乌合而已。"② 因此，就必须对他们进行有关这方面的常识教育，这就好像小孩学走路，必有保姆教之一样，今国民学民权，亦必有人教之。"《民权初步》一书之所由作，而以教国民行民权之第一步也"，他相信，假如此第一步能行，行之能稳，并逐步前进，那么"民权之发达必有登峰造极之一日"。③

该书的第一卷《结会》共四章，详细介绍了什么叫集会，集会的两种方式（即临时集会和常设的会社组织），以及如何通知开会，如何选择会议主席或会长以及书记（记录），如何设立章程，设计会议程序、会长和会员的权利义务，特殊集会的处置办法等规则。第二卷《动议》共六章，主要介绍了如何在会上提出动议，如何主持会议讨论，如何表决以及各种特殊情况的处理等规则。第三卷《修正案》共三章，主要介绍了如何对别人所提出的动议进行补充和修正，从而提出修正案的方法、种类及处理规则。第四卷《动议之顺序》共六章，主要介绍如何处置动议的顺序规则。动议分独立动议、附属动议两种。附属动议对独立动议的处置序列为七种，必须依次而

① 孙中山：《建国方略》，载《孙中山全集》第六卷，第 412—413 页。
② 孙中山：《建国方略》，载《孙中山全集》第六卷，第 413 页。
③ 孙中山：《建国方略》，载《孙中山全集》第六卷，第 413—414 页。

选择，付诸讨论表决。并介绍了附属动议中付委议时，委员应遵守的规则。第五卷《权宜及秩序问题》共两章，主要介绍会议进行过程中，发生意外突然情况时的处理规则。

通观《民权初步》一书虽然都是一些具体、烦琐、刻板的规则和程序设计，但是它体现了当时西方集会结社、民主参政的一些基本精神和平等原则，体现了当时西方社会文明的程庹和秩序，这对于长期"受集会之厉禁"、不知民权为何物的中国人民来说具有民主启蒙的积极意义。

尽管第一次护法运动失败后，孙中山回到上海，以主要精力继续从理论上探索救国救民的道路，但他同时也时刻关注着时局演变，继续领导革命党人从事反对南北军阀、捍卫民主共和的斗争。五四运动爆发后，他明确表示支持学生爱国运动，并打电报给北京段祺瑞政府，要求无条件释放全部被捕学生。他还多次邀请学生代表到自己的寓所谈话，赞扬他们的爱国热情，鼓励他们继续奋斗，并语重心长地对他们说："中国的希望就寄托在你们这般青年人的身上。"① 为了展开政治思想的宣传工作，支持方兴未艾的新文化运动，除原来创办的《民国日报》外，他命戴季陶、沈玄庐、朱执信、廖仲恺等人又先后创办了《星期评论》和《建设》杂志，尤其是《星期评论》，创办于"三罢"斗争方兴未艾之时，对于推动斗争的深入发展，起了十分巨大的作用。而《建设》杂志在传播马克思主义特别是唯物史观方面影响很大。罗家伦后来在《五四的真精神》一文中写道：孙中山"对时代的适应和把握到底比别人高明而有魄力。所以新文化运动一发动，他就在上海创办《建设》杂志，以积极的方案相号召，而令干部同志办《星期评论》，完全用语体文，俾与北大几个有力量的刊物相呼应"。② 1919 年 10 月 10 日，他又经过慎重考虑，将中华革命党正式改组为中国国民党。③ 将中

---

① 屈武：《激流中的浪花》，《中国青年》1959 年第 10 期。
② 转引自李时岳、赵矢元《孙中山与中国民主革命》，辽宁人民出版社，1981，第 232 页。
③ 1912 年，在宋教仁的活动下，同盟会联合几个小党，改组为国民党，推举孙中山为理事长。孙中山当时正热衷于自己的铁路建设事业，表示不愿过问党事。不久即委托宋教仁为代理理事长。二次革命失败后，孙中山认为失败的原因是党员不听他的话，于是决定把国民党改组为中华革命党，经过半年多积极筹备，1914 年 6 月 22 日，在东京召开了中华革命党第一次大会，孙中山被推为总理。7 月 8 日，中华革命党在东京举行了成立大会，并通过了孙中山手书的《中华革命党总章》。

华革命党正式改组为中国国民党的《中国国民党规约》规定："本党以巩固共和、实行三民主义为宗旨。"[1] 实行"民族、民权、民生"的三民主义，是中国同盟会的革命纲领，孙中山曾领导革命党人与以梁启超为代表的立宪派围绕三民主义展开过激烈论战。但到了辛亥革命后，孙中山认为对广大汉族和其他少数民族实行民族歧视和民族压迫的清王朝已经推翻，民族主义已经实现，革命党今后的任务，主要是实现民权主义和民生主义。因此，无论是 1912 年的《国民党规约》，还是 1914 年的《中华革命党总章》，均未再提民族主义。孙中山最伟大之处，就是能与时俱进，他的思想能随着时代潮流的发展而不断前进。辛亥革命后东西方列强在中国军阀中寻找和支持各自的代理人和干预中国内政、掠夺中国权益的事实，使他初步认识到辛亥革命只是推翻了清王朝，而没有推翻帝国主义势力，帝国主义对中国的侵略和掠夺依然存在，民族主义的任务并没有完成。用他的话说："当初同盟会还只明白民族主义，拼命去做;……其实民族主义也还没有做完"，之所以在辛亥革命后不再提民族主义，是因为认识上出现了偏差："有人说：'清室推翻以后，民族主义可以不要。'这话实在错了。即如我们所住的租界，外国人就要把治外法权来压制中国人，这还是前清造成的恶因。现在清室虽不能压制我们，但各国还是要压制的，所以我们还要积极的抵制。"[2] 孙中山认识上的这一进步，具有非常重要的意义。

中华革命党改组为中国国民党后，孙中山领导中国国民党又投入到维护民主共和的斗争中，发动了第二次护法运动。然而，和第一次护法运动一样，第二次护法运动也很快遭到了失败，而且比第一次护法运动以及此前的二次革命、反袁世凯帝制复辟的护国战争失败得还要惨。他过去的历次失败，都是失败于敌人;而这次失败，却失败于自己一手培养和扶植起来的"最亲信"的部属陈炯明，"祸患生于肘腋，干戈起于肺腑"，陈炯明的手段比起袁世凯、陆荣廷等人也更阴险恶毒，袁世凯、陆荣廷等人还不敢谋害孙中山的生命，陈炯明则要置孙中山于死地。1922 年 8 月 14 日，孙中山途经香港回到上海。同月 18 日，他发表《致海外同志书》，详尽地陈述

---

[1] 孙中山：《中国国民党通告及规约》，载《孙中山全集》第五卷，中华书局，1985，第 127 页。
[2] 孙中山：《中国国民党规约》，载《孙中山全集》第五卷，第 392、394 页。

了陈炯明叛变的始末，他心情沉重地说："文牵同志为民国而奋斗垂三十年，中间出死入生，失败之数不可偻指，顾失败之惨酷未有甚于此役者。"[1]他认为之所以会遭此重大失败，责任在于自己用人不当，"余乏知人之鉴，不及预寝逆谋，而卒以长乱贻祸"[2]。

　　在孙中山著述《建国方略》、改组中华革命党为中国国民党、领导和发动第二次护法运动的前后，国内外发生了一系列重大事件，这就是1917年俄国十月革命的爆发、1919年五四运动的发生和1921年7月中国共产党的成立。

　　对于十月革命，孙中山当时虽然还不完全理解其性质，但他意识到这是俄国革命者的胜利，因而备受鼓舞，并开始注意研究苏维埃政权的情况。1917年11月19日，亦即十月革命爆发后的第三天，受孙中山直接指导的上海《民国日报》，就用大字标题"美克齐美（即Maximalist之音译，意为过激党）占领都城"，对十月革命进行了报道。1918年元旦，该报又发表社论，充分肯定十月革命的历史功绩，认为十月革命是人类的希望所在。为了开辟新的革命局面，建立稳固的后方根据地，他曾指示四川护法将领黄复生出师西北，以打通便于和苏俄取得联系的通道。1918年夏，他又代表南方国会给列宁发去贺电，祝贺十月革命的胜利，表示对俄国革命党所从事的斗争"十分钦佩，并愿中俄两党团结共同斗争"[3]。当时，以西方国家为首的世界上各种势力正对新生的苏维埃政权实行围剿和封锁，所以，列宁收到孙中山的这份电报后非常高兴，特意委托苏维埃外交人民委员会委员齐契林复信给孙中山，感谢他的贺电，并向这位"中国革命的领袖"致敬，表示愿意与他在革命斗争中进行合作。

　　1919—1920年间，苏俄先后两次发表对华宣言，重申废除沙皇时代同中国签订的一切不平等条约，放弃在华的各种特权，并提议在完全平等的基础上缔结中俄友好条约。这对于一生追求各国平等、痛恨列强把一系列不平等条约强加给中国的孙中山来说，无疑具有极大的吸引力，从而使他对苏俄产生了更多的好感。他曾打算派廖仲恺、朱执信等人去苏俄学习，并为他们聘请了俄文教员。1920年共产国际远东局派到中国来的第一位使

①　孙中山：《致海外同志书》，载《孙中山全集》第六卷，第555页。
②　孙中山：《〈孙大总统广州蒙难记〉序》，载《孙中山全集》第六卷，第571页。
③　孙中山：《致列宁和苏维埃政府电》，载《孙中山全集》第四卷，第500页。

者维经斯基来到上海，孙中山会见了他。维经斯基后来回忆说：孙中山在自己的书房里接见了我们。他没有搞那套中国的习惯性礼节，我们进去后，他请我们在桌子后坐下，接着便开始询问关于俄国和俄国革命的情况。孙中山对一个问题特别感兴趣，这就是如何将刚刚从盘踞广州的反动桂军手里解放出来的华南斗争与遥远的俄国斗争结合起来。他希望与俄国建立电台联系，并一直询问能否在海参崴或满洲里建立一个俄国与广州联系的大功率电台，从而解决俄国与广州没有电台联系的困难。孙中山被推选为非常大总统后，1921 年 4 月的中下旬，他在广州接受了远东共和国通讯社驻广州记者斯达杨诺维奇和俄罗斯通讯社、远东社北京分社社长霍多罗夫的采访。这也是孙中山一生中唯一的一次与苏俄记者的谈话。事后，斯达杨诺维奇和霍多罗夫写了一篇《和孙中山的一次谈话》的文章，介绍了这次采访孙中山的情况。据斯达杨诺维奇和霍多罗夫的介绍，孙中山明确告诉他们，他对俄国和远东共和国的事情非常感兴趣，并不断地询问他们，苏维埃俄国和远东共和国有什么不同？远东共和国到底是一个什么样的国家？尤其是俄国各阶层人士在"不许干涉"的口号下团结一致，这给孙中山留下了特别深的印象。

1921 年底，共产国际正式代表马林来到桂林，孙中山与之进行了三次长谈。马林提出了两点建议：第一，要进行中国革命，就要有好的政党，这个政党要联合各界人民，特别是工农大众；第二，要有革命的武装核心，要办军官学校。[①]孙中山对这两点建议表示完全赞同。马林还向孙中山介绍了俄国革命的情况，尤其是苏俄的新经济政策。孙中山对俄国革命的成功经验非常感兴趣，认为苏俄的新经济政策就是他的民生主义。[②]翌年 4 月，作为苏俄政府全权代表的共产国际代表 C.A. 达林来到广州，孙中山不仅会见了他，而且在听取了达林对苏俄各方面情况的介绍后，表示要与苏俄建立关系。

通过上述这些会见和会谈，孙中山对苏俄有了比较多的了解。他开始认识到，苏俄是不同于西方列强的国家，其革命成功的经验，能为中国革命

---

① 参见杨振亚《马林与孙中山桂林会晤诸事析》，《民国档案》1989 年第 3 期。
② 伊罗生编《马林在中国的有关资料》，人民出版社，1980，第 36 页。

所效法。孙中山认识上的这一进步，为他后来改组国民党，提出联俄、联共、扶助农工的三大政策奠定了思想基础。

二、中国共产党国共合作方针的确立

我们前面已经论及，1921年7月中国共产党成立时，对于中国所处的半殖民地半封建社会的性质还没有认识，还不清楚中国先要完成反帝反封建的民主革命，然后才能进行社会主义革命和建设，因而第一次代表大会通过的党纲提出"党的根本政治目的"，是"推翻资本家阶级的政权""实行社会革命"，并表示"中国共产党彻底断绝同黄色知识分子阶层及类似党派的一切联系"。中国共产党成立后，在革命斗争的实践中，开始注重在马克思主义一般原理的指导下，研究和解决中国社会的实际问题。与此同时，新成立的中国共产党得到了苏共和共产国际的帮助与指导，对列宁的民族和殖民地问题的理论有了一定的了解。这两方面的结合，使中国共产党对国内国际形势和中国革命的基本问题有了新的认识。1922年4月底，中国共产党召开了在广州的党、团负责干部会议，共产国际代表达林根据远东一大会议精神，详细地阐述了建立工人、农民、小资产阶级和民族资产阶级反帝统一战线的必要性。强调党"应该摆脱单纯的宣传工作和闭塞的小圈子式的工作方法，而登上群众性政治行动的舞台"[1]。为此，党必须支持孙中山，并且与他领导的国民党结成反帝统一战线，会议就此问题进行了讨论，与会者认识上存在分歧，未做决议，但多数人基本同意了同国民党联合的策略。这年6月15日发表的《中国共产党对于时局的主张》（以下简称《主张》）指出，帝国主义的侵略和封建军阀的压迫，这既是中国内忧外患的根源，也是中国人民遭受痛苦的根源，必须从根本上推翻旧制度，而要实现这一目的，"无产阶级在目前最切要的工作，还应该联络民主派共同对抗封建式的军阀革命，以达到军阀覆灭能够建设民主政治为止"。《主张》还提出了判断某个党派是不是"真的民主派"的两个标准："（一）他的党纲和政策必须不违背民主主义的原则。（二）他的行动必须始终拥护民主主义与军

---

① C. A. 达林：《中国回忆录 1921—1927》，侯均初、潘荣、张亦工、梁澄宇、刘敬忠译，中国社会科学出版社，1981，第90页。

阀奋斗。"以这两个标准检视"中国现存的各政党，只有国民党比较是革命的民主派，比较是真的民主派"，因为，"他的党纲虽不完全，而表示于公众的三民主义和发展实业计划，都是民主主义的色彩；他的行动，除了革命运动以外，该党议员民国元二年及六年在国会和敌党抗争的内容以及广州政府不禁阻劳动运动和废止治安警察条例废止压迫罢工的刑律等事，都算是维护民主政治的表示"。当然，"他们的党内往往有不一致的行动及对外有亲近一派帝国主义的倾向，对内两次与北洋军阀携手；国民党为保存他在民主革命上的地位计，这种动摇不定的政策，实有改变的必要"。① 基于上述认识，《主张》第一次提出了联合国民党的主张："中国共产党的方法，是邀请国民党等革命民主派及革命的社会主义各团体开一个联席会议，在上列原则的基础上共同建立一个民主主义的联合战线，向封建式的军阀继续战争。"②

《中国共产党对于时局的主张》发表后不久召开的中共第二次全国代表大会，提出了民主革命纲领，这是马克思主义中国化的最初成果。这次大会还通过了《关于"民主联合战线"决议案》（以下简称《决议案》），明确提出建立"民主联合战线"的方针，说明了建立联合战线的必要性与方法，要组织"民主主义同盟"，扫清封建军阀，推翻帝国主义的压迫，并强调"在战争中不可忘了自己阶级的独立组织"，即在联合战线中保持无产阶级政党的独立性。《决议案》写道：在封建势力仍然十分强大，并占据着国家机器的中国，"为人民幸福计，民主派对于封建革命是必要的，无产阶级倘还不能够单独革命，扶助民主派对于封建革命也是必要的；因为封建武人是无产者和民主派公共的仇敌，两派联合起来打倒公敌，才能得着出版、集会、结社的自由，任何阶级都必须得着这几种自由方有充分发展的机会"。但无产阶级在参加民主革命、实现与民主派联合的同时，也要充分认识到："无产阶级加入民主革命的运动，并不是投降于代表资产阶级的民主派来做他们的附属品，也不是妄想民主派胜利可以完全解放无产阶级，乃因为在事实上必须暂时联合民主派才能打倒公共的敌人——本国的封建军阀

---

① 《中国共产党对于时局的主张》，载《中共中央文件选集》第一册，第37页。
② 《中国共产党对于时局的主张》，载《中共中央文件选集》第一册，第45—46页。

及国际帝国主义——之压迫，不如此无产阶级便无法得着为自己阶级开始团结所必需的初步自由，所以在民主的战争期间，无产阶级一方面固然应该联合民主派，援助民主派，然亦只是联合与援助，绝不是投降附属与合并，因为民主派不是代表无产阶级为无产阶级利益而奋斗的政党；一方面应该集合在无产阶级政党——共产党的旗帜之下，独立做自己阶级的运动。"①《决议案》还提出了三条具体建议："（A）先行邀请国民党及社会主义青年团在适宜地点开一代表会议，互商如何加邀其他各革新团体，及如何进行；（B）运动倾向共产主义的议员在国会联络真正民主派的议员结合民主主义左派联盟；（C）在全国各城市集合工会农民团体商人团体职教员联合会学生会妇女参政同盟团体律师公会新闻记者团体等组织'民主主义大同盟'。"②这就改变了中共一大纲领中关于不同其他党派建立任何联系的规定，是中共在策略方针上的一大进步。它表明中国共产党在马克思和列宁主义的指导下，对中国国情的认识有了进一步深化，对革命道路的探索取得了新的成果，尤其是提出在与国民党合作的过程中，共产党要保持自己的独立性，这就为后来第一次国共合作奠定了思想和组织基础。

中共二大后，共产党开始主动与国民党联系，探讨两党合作的可能性。由于当时中共领导层认为，国民党是一个资产阶级政党，有许多不足和错误，如组织涣散、纪律松懈、党员复杂、革命性不强、容易妥协等，加入国民党会有丧失阶级性和独立性的危险，因而主张采取党外合作的形式，而不是党内合作，这在6月15日发表的《中国共产党对于时局的主张》和二大通过的《关于"民主联合战线"决议案》中都有明确表述。但合作是双方的事，不是某一方面主观能够决定的，合作的方式以及双方在合作中的地位归根结底是由双方的实力对比决定的。孙中山领导的国民党是一个老党、大党，经历过辛亥革命、二次革命、反袁复辟的护国战争、护法运动等一系列重大斗争的洗礼，是国内一支举足轻重的政治力量，在国内外都有着广泛而重大的影响力；而中国共产党，不仅成立的时间短，人数少，而且也没有经历过重大斗争的考验，无论其实力还是影响力，都根本无法

---

① 《关于"民主联合战线"决议案》，载《中共中央文件选集》第一册，第65页。
② 《关于"民主联合战线"决议案》，载《中共中央文件选集》第一册，第66页。

与国民党相提并论。鉴于国共力量的对比，孙中山认为，国民党是一个老党、大党，大革命应以他和国民党为中心，一切革命者都应集合在他和国民党的旗帜之下，而不是另起炉灶，所以他要求共产党加入国民党，成为国民党的一分子，在他和国民党的领导下进行大革命。与此同时，在领导中国革命的过程中，中国共产党对自己的实力和与国民党的差距也逐渐有了清醒的认识。在此过程中，共产国际对促使中国共产党改变二大关于与国民党进行党外合作的决议，而接受和赞成与国民党进行党内合作也起了至关重要的作用。实际上，早在 1922 年 4 月，另一位共产国际代表马林就向中共中央提出过共产党人加入国民党，在国民党内开展政治运动的建议，但遭到了中共中央领导人的激烈反对。不久，马林回到莫斯科，向共产国际汇报了中国的形势和他主张中共与国民党进行党内合作的建议，得到共产国际执委会主席团的支持。这年 8 月，共产国际执行委员会在"给共产国际驻中国代表的指示"中，指出了国民党的性质，阐明了共产国际对待国民党的态度，表达了共产国际希望以"党内合作"的方式实现第一次国共合作的愿望。不久，马林带着共产国际的指示来到中国，并在他的提议下，中共中央在杭州西湖举行了特别会议，陈独秀、李大钊、蔡和森、张国焘、高君宇、张太雷和马林等 7 人出席。马林在会上传达了共产国际 8 月的指示，说明"国民党是一个革命的政党"，"共产党人为完成他们的任务，必须在国民党内部和工会中组成从属于他们自己的团体"，以此推动革命的发展。[①] 会议就国共合作的形式，即是党外合作还是党内合作展开了热烈的讨论。张国焘等人反对"党内合作"，认为这样做"混合了阶级组织和牵制了我们的独立政策"。[②] 李大钊等人基本同意"党内合作"，认为我党少数领导人加入国民党是实现党的二大既定政策，避免与共产国际发生严重争执的两全办法。陈独秀则表示，只有孙中山取消打手模及宣誓服从他本人等原有入党办法并按民主主义原则改组国民党后，中共党员才能加入国民党。经过热烈讨论和马林的耐心说服，参加会议的多数人基本同意国共合作采

---

① 中国社会科学院现代史研究室编《中国共产党历次代表大会（新民主主义革命时期）》，中共中央党校出版社，1982，第 50 页。
② 陈独秀:《告全党同志书》，载中共中央党校党史教研室选编《中共党史参考资料》第 5 册，人民出版社，1979，第 394 页。

取党内合作的形式的主张。

西湖会议是中国共产党确定国共合作方针的转折点。西湖会议后不久，中国共产党代表团赴莫斯科参加共产国际第四次代表大会。会上中国代表团成员在向大会所作的《关于中国形势的报告》中，说明了党关于国共合作的政治主张，即"要在中国消灭帝国主义，就必须建立反帝的统一战线"[①]，正式宣布决定和国民党建立大革命的统一战线，合作的形式是共产党员以个人名义加入国民党。

为统一全党思想，正式确立国共合作的方针，1923 年 6 月在广州召开中国共产党第三次全国代表大会，大会讨论了关于国共合作的一些原则问题。在讨论中，出现了两种错误的观点。一种以张国焘为代表，反对全体共产党员特别是工人加入国民党，反对在工农群众中发展国民党组织，认为这会取消共产党的独立性；另一种以陈独秀为代表，表示全体共产党员都要加入国民党队伍中，凡是大革命的工作都由国民党决定，"一切工作归国民党"，只有这样才能增强大革命的力量。上述两种观点都没有被大会所接受，大会通过的《关于国民运动及国民党问题的决议案》等文件，决定接受共产国际关于国共合作的决议，即国共合作采取党内合作的方式，共产党员以个人的身份加入国民党，但保存共产党的组织不变，保持党的独立性。至此，中国共产党与中国国民党合作的方针——采取党内合作方式——正式确立了下来。

三、第一次国共合作的形成

孙中山与中国共产党的接触和交往，在某种意义上可以追溯到中共筹建阶段。1920 年孙中山在上海会见共产国际远东局派到中国来的第一位使者维经斯基，就是陈独秀介绍的。1921 年孙中山在桂林时，曾与陪同马林前往的张太雷详细讨论了如何动员广大青年参加革命运动的问题，希望刚成立的中国共产党能帮助他做好这项工作，并表示出了与共产党人合作的愿望。与此同时，中国共产党在革命的实践中，也抛弃了刚成立时的"只维

---

① 中国社会科学院近代史研究所翻译室编译《共产国际有关中国革命的文献资料（1919—1928）》，中国社会科学出版社，1981，第 62 页。

护无产阶级利益，不同其他党派建立任何关系"的幼稚政策，开始认识到目前的中国革命还不是社会主义革命，而是推翻帝国主义和反对封建军阀统治的民主主义革命，要取得民主主义革命的胜利，就必须团结联合革命的民主派，孙中山和他领导的中国国民党则是革命的民主派的代表。

　　陈炯明叛变事件发生后，中国共产党立即发表声明，谴责陈炯明对孙中山事业的背叛，并明确表态支持孙中山的正义斗争，这对因陈炯明叛变而处境非常艰难，甚至可以说已无路可走的孙中山来说无疑是巨大的支持，也使他感到中国共产党是可交往和信赖的朋友。不久，中国共产党又主动向孙中山伸出了友谊之手。1922 年 8 月下旬，也就是孙中山从广州回到上海后几天，受中共中央的委派，李大钊专程赶到上海和他进行了多次交谈，讨论"振兴国民党以振兴中国"等种种问题。李大钊的广博知识，对形势的精辟分析，尤其是他的真诚态度，深得孙中山的好感，有时一谈就是好几个小时，"几乎忘食"。一天，他送走李大钊后，兴奋地对夫人宋庆龄说，共产党人是他真正的革命同志，在今后的革命斗争中他们能够成为自己的依靠。因此，在一次会谈时，孙中山当面邀请李大钊加入中国国民党。李大钊告诉孙中山说，自己是第三国际的党员。孙中山回笑说："这不打紧，你尽管一面做第三国际党员，尽管一面加入本党帮助我。"[①] 表示出愿意与共产党合作的愿望。依据中共二大和西湖会议精神，李大钊同意了孙中山的提议，随即由张继介绍，孙中山主盟加入了国民党。之后，陈独秀、蔡和森、张太雷、张国焘等一批共产党员也以个人身份陆续加入国民党。

　　几乎和李大钊与孙中山会谈同时，来华与北京政府商谈外交商务的苏俄政府副外长越飞，也秘密派代表到上海见了孙中山。之后，越飞四次写信给孙中山，孙中山三次复信越飞。越飞在信中介绍了苏俄的国内国外有关情况，并向孙中山通报了他与北京当局就中俄建交进行的谈判和他所遇到的种种困难，而孙中山在信中则向越飞介绍了中国国内政治形势，以及自己的政治、军事计划，并希望苏俄能为中国革命提供军事援助。8 月 25 日，马林与孙中山在上海也举行过会谈，马林向他通报了共产国际关于中国共产党加入国民党的决定，并劝告他不要单靠军事行动去收复广州，而应以

---

① 汪精卫：《汪精卫先生在第二次全国代表大会之政治报告》，《政治周报》1926 年第 5 期。

上海为中心开展群众性的宣传活动，争取广大人民群众参加他领导的革命斗争。据马林的回忆，此时的孙中山比以前变得更易接受意见。

孙中山在最困难的时候得到中共和苏俄的帮助，非常感激，他决定接受中国共产党和苏俄代表的建议，联合共产党，改组国民党，使之成为国共合作的统一战线的组织形式。1922 年 9 月 4 日，也就是孙中山和李大钊、越飞代表以及马林会谈后不到 10 天的时间，孙中山在上海召开了研究改进国民党计划的首次会议，出席会议的有张继等 53 人。他在会上解释了为什么要联俄联共以及联俄联共的政策。马林应邀也在会上讲了话。会议一致赞同孙中山提出的改组国民党的建议，并初步成立了改组工作机构。第二天，孙中山指定茅祖权、覃振、陈独秀等 9 人为中国国民党改进案起草委员会委员，陈独秀为党务改进计划起草委员。这年的 11 月 25 日，孙中山再次召集改进国民党计划会议，出席会议的 59 名代表审议中国国民党改进案，并推选胡汉民为宣言起草委员。12 月 16 日，孙中山第三次召集各省代表开会，讨论修改已起草的中国国民党改进案宣言以及《中国国民党党纲》和《中国国民党党章》。

1923 年 1 月 1 日，孙中山发表了以改组国民党为主要内容的《中国国民党宣言》，提出反帝、反封和改善工农生活等新方针，并对民族、民权、民生"三民主义"做了新的阐述。在民族主义方面，认为中国仍然处于受列强殖民的悲惨地位，因此，必须"内以促进全国民族之进化，外以谋求世界民族之平等"，并第一次提出了"改正条约，恢复我国国际上自由平等之地位"的主张；在民权主义方面，为了防止少数人操纵选举，主张实行普选制度，人民群众"直接行使创制、复决、罢免各权"，并享有"集会、结社、言论、出版、居住、信仰之绝对自由权"；在民生主义方面，国家规定土地法、使用土地法及地价税法，铁路、矿山、森林、水利以及其他关系国计民生的工商业，归全民所有，由国家经营管理，但工人有一部分管理权，制定工人保护法，改良农村组织，增进农人生活。[1]从孙中山对三民主义新的阐述来看，很明显部分地接受了中国共产党的主张。接着孙中山又公布了《中国国民党党纲》和《中国国民党总章》。17 日，他在上海与新任苏联驻华全权大使越飞开始会谈，商讨改组国民党与建立军队以及苏联与

---

[1]《中国国民党宣言》，载《孙中山全集》第七卷，第 3—4 页。

共产国际援助中国革命和反对帝国主义等问题。26 日，他和越飞联名发表了著名的《孙文越飞宣言》，标志着孙中山联俄政策的最后确立。

　　孙中山在中共和苏联代表的帮助下，着手准备改组国民党的同时，又积极筹划消灭广东陈炯明叛军，重建起广东革命政权。广东革命政权重建后，孙中山继续积极改组国民党的准备工作。1923 年 4 月 1 日，他指令正式恢复国民党广东支部。8 月 16 日，他派出了以蒋介石为团长，张太雷、李章达、沈玄庐等为团员的"孙逸仙博士代表团"赴苏联考察党务、政治和军事，并洽谈苏联援助问题。10 月 18 日，他聘请来广州的苏联代表鲍罗廷为国民党特别顾问，并采纳了鲍罗廷提出的关于改组国民党的具体建议；19日，他委派廖仲恺、李大钊、汪精卫、张继、戴季陶 5 人为国民党改组委员会；24 日，他设立有共产党人参加的改组国民党的执行机构——临时中央执行委员会，负责起草宣言、党纲、党章，办理各地支部登记，建立广州市、区党部，建立讲习所，培养各区支部执行委员的工作；25 日，召开国民党改组特别会议，讨论改组的必要性和改组计划，参加会议的 100 多位代表一致赞同改组国民党；28 日，临时中央执行委员会正式成立，自 11月 1 日起到国民党第一次代表大会召开前止的两个多月的时间里，临时中央执行委员会共开了 28 次会议，议决各种文件 400 余件，为国民党的改组做了大量工作。11 月 12 日，临时中央执行委员会发表《中国国民党改组宣言》。《宣言》指出：中国今日政治不修，经济破产，瓦解土崩之势已现，贫困剥削之病已深。因此，要想挽救今日中国，必赖乎有主义、有组织、有训练的政治团体，本其历史使命，依据民众热望，为之指导奋斗，而达其所抱政治之目的。不然的话，民众蠕蠕，不知所向，唯有陷为军阀之牛马、外国经济的帝国主义之牺牲而已。中国国民党本其三民主义，奋斗多年，却没有取得成功，究其原因，就在于"组织未备，训练未周"，虽有大军，无以取胜。"吾党有见于此，本其自知之明，自决之勇，发为改组之宣言，以示其必要。"《宣言》还提出：改组后的党纲党章，"务求主义详明，政策切实，而符民众所渴望"；改组后的组织训练，"则务使上下逮通，有指臂之用；分子淘汰，去恶留良"。[①] 接着又公布了《中国国民党党纲草案》

---

①《中国国民党改组宣言》，载《孙中山全集》第八卷，第 430 页。

和《中国国民党章程草案》。临时中央执行委员会还决定 1924 年 1 月召开第一次全国代表大会。

1924 年 1 月 20 日上午，中国国民党第一次全国代表大会在广州国立高等师范学校（今中山大学）礼堂开幕。出席大会的海内外代表为 196 人，实际参会者 165 人，每省 6 名代表，其中 3 人由孙中山指定，另 3 人由推选产生。海外代表多数由各支部推选。共产党人李大钊、谭平山、瞿秋白、林伯渠、毛泽东等 20 余人出席会议。李大钊被孙中山指定为大会五人主席团成员之一（另外四人为胡汉民、汪精卫、林森、谢持）和章程、宣言、宣传三个审查委员会委员。

孙中山以总理的身份担任大会主席，并致开幕词。他说：今天在此召开中国国民党全国代表大会，这是本党自有民国以来第一次，也是自有革命党以来第一次。从今天起，要把以前的革命精神恢复起来，把国民党改组。此次国民党改组，有两件事：第一件，要把国民党改造成一个有力量有具体的政党；第二件，就是用政党的力量来改造国家。所以此次国民党代表大会，第一件是改组国民党的问题；第二件是改造国家的问题。为期 10 天的全国代表大会，就是要解决这两件大事。孙中山在开幕词中还告诫大家注意这样一个问题，并从中吸取教训：从前本党未能巩固的地方，不是有什么敌人用大力量来破坏我们，完全是我们自己破坏自己，是由于我们同志的思想见识过于幼稚，常生出一些无谓的误解。所以全党的团结力非常的涣散，革命常因此而失败。他因此而要求大会代表要明白大会的宗旨，不可以无意思的问题来挑拨意见，生出一些无谓的争论。大家一定要团结起来，为党为国，同一目标，同一步骤，这样革命才能成功。政党最要紧的事是各位党员要有一种精神的结合，而要实现这种精神的结合，第一要牺牲自己，第二要贡献能力。只有个人牺牲自由，然后全党才能得到自由；只有个人贡献能力，然后全党才能有能力。①

当天下午，孙中山又做了《中国现状及国民党改组问题》的报告。他在报告中指出：辛亥革命十三年来，中国不仅没有进步，相反还退步了。对此，革命党不能不负责任。人民以各种痛苦归咎我们，我们实难辞其责。

---

① 孙中山：《中国国民党第一次全国代表大会开幕词》，载《孙中山全集》第九卷，第 95—99 页。

其所以如此，关键在于我们所用的方法不对。孙中山在这里所说的"方法"，就是革命政策。他还就中俄两国革命一败一成的事实进行了比较，认为中国革命之所以失败，是因为反革命分子、旧官僚等反对革命的人在武昌起义后摇身一变，混进了革命队伍，甚至成了所谓的革命功臣，从内部破坏革命事业。而俄国革命之所以成功，是革命后将反革命分子、旧官僚都驱赶到国外去了。因此，我们改组国民党，就是向俄国学习，把混入党内的反革命分子、旧官僚和封建军阀都清洗出党，使他们不能从中破坏我们的革命。他特别重视俄国革命的方法，因为俄国革命不仅推翻了帝国主义，而且还着手解决世界的经济政治诸问题。这种革命，才是真正的革命，彻底的革命，原因就在于它的"方法良好"。我们改组国民党，要学的就是俄国革命的这种方法。①孙中山的开幕词和报告，为中国国民党第一次全国代表大会确定了宗旨、任务和方向。

这次大会共开了 10 天，谭平山代表临时中央执行委员会做报告，柏文蔚做军事报告，各地代表做党务状况报告。在孙中山的主持下，大会通过了《组织国民政府之必要案》《中国国民党第一次全国代表大会宣言》《中国国民党总章》等重要议案。在会议期间，孙中山也先后做了《关于组织国民政府案之说明》《欢宴国民党各省代表及蒙古代表的演说》《关于民生主义之说明》《主义胜过武力》《对于中国国民党宣言旨趣之说明》等发言或报告。大会还选举出中央执行委员和监察委员，委员名单先由出席代表以多数推举，再由孙中山提出以多数通过。24 名执行委员和 17 名候补委员中，有共产党人李大钊、谭平山、瞿秋白、毛泽东、于树德、沈定一、于方舟、林伯渠、韩麟符和张国焘等人。大会在保留"总理"的名义下，将选出的领导机构采取委员制。

中国国民党第一次全国代表大会是一次具有重大历史意义的会议，这次会议的最重要成果，就是在孙中山的主持下，通过了《中国国民党第一次全国代表大会宣言》，从而在政治上保证了国共首次合作的正式建立。孙中山曾说过："这个宣言，系此次大会之精神生命。"②

① 孙中山:《中国之现状及国民党改组问题》，载《孙中山全集》第九卷，第 99—101 页。
② 孙中山:《中国之现状及国民党改组问题》，载《孙中山全集》第九卷，第 101 页。

　　《中国国民党第一次全国代表大会宣言》是 1 月 23 日通过的，31 日正式对外发表。它名义上是国民党临时中央执行委员会"筹备"的成果之一，实际上，是在孙中山亲自过问和主持下，由国民党、共产党和共产国际代表共同制定出来的。其初稿由孙中山委托鲍罗廷起草，作为鲍罗廷的助手和翻译，瞿秋白将鲍罗廷起草的俄文稿译成了中文，在翻译过程中，瞿秋白不仅做了不少文字修饰工作，而且也对个别内容进行了修改。后来汪精卫被临时中央执委会委派为宣言起草员，又在瞿秋白所译中文稿的基础上，另外草就了一份中文稿。就此而言，鲍罗廷、瞿秋白和汪精卫都是《宣言》的起草人。1944 年 3 月，周恩来在一个报告中回忆，《中国国民党第一次全国代表大会宣言》"是孙中山先生委托鲍罗廷起草，由瞿秋白翻译、汪精卫润色的"[①]。应该说，周恩来的报告是符合历史事实的。《宣言》的草稿出来后，孙中山又指定胡汉民、廖仲恺、汪精卫和鲍罗廷 4 人组成委员会，对它进行反复的讨论、审议和修改，每次讨论瞿秋白都在场（因他是鲍罗廷的助手和翻译），孙中山有时也参加，最后由孙中山审定。《宣言》共分三大部分：一是"中国之现状"，总结过去革命的历史和经验，分析当时中国社会的状况，对当时社会上流行的各种错误、反动的政治流派和思潮，如立宪派和立宪思潮、联省自治派和联省自治思潮等进行了分析和批判，指出只有实行大革命和三民主义，才是中国的唯一出路；二是"国民党之主义"，主要是重新解释三民主义，这些解释也把同盟会时期的旧三民主义发展成了国共合作时期的新三民主义，并严正宣告："国民党之三民主义，其真释具如此"；三是"国民党政纲"，主要是根据新三民主义的基本精神，提出对内对外的基本政策和实行新三民主义的具体办法，这就是对外打倒帝国主义，取消列强与中国签订的一系列不平等条约，废除军阀所借的一切外债，对内打倒封建军阀，改善人民生活，确立和保障人民的各种自由和权利。《宣言》还欢迎广大工人、农民参加国民党，"相与为不断之努力，以促国民革命运动之进行"。[②]《宣言》通过后，孙中山做了《关于国民党宣言旨

① 周恩来：《关于党的"六大"的研究》，转引自中共中央党史研究室第一研究部编《共产国际、联共（布）与中国革命档案资料丛书》第十一卷《共产国际、联共（布）与中国革命文献资料选辑（1927—1931）》上，中央文献出版社，2002，第 229 页。
② 孙中山：《中国国民党第一次全国代表大会宣言》，载《孙中山全集》第九卷，第 121 页。

趣之说明》的演讲，指出：此次我们通过宣言，"就是要从新负担革命的责任"，就是要彻底地革命，对内的责任，是要打倒军阀，完全解放被压迫人民；对外的责任，是"要反抗帝国侵略主义"，联合世界上一切受帝国主义压迫的民族，"共同动作，共同扶助，将全世界受压迫的人民都来解放"。[①]

1月30日，国民党第一次全国代表大会在完成各项议题后胜利闭幕。孙中山在闭幕词中指出，这次大会"重新来研究国家的现状，重新来解释三民主义，重新来改组国民党的全体"，"我们从前革命因为没有好办法，所以成功与失败各有一半"。通过这次大会，我们改组了国民党，找到了好的办法，这就是联俄、联共和扶助农工的三大政策，所以"从今以后拿了好办法去革命，便可一往直前，有胜无败，天天成功"。他要求代表们散会以后，到了各个地方，"大家一齐去奋斗"。[②]大会闭幕后的第二天，孙中山又主持召开了国民党一届一中全会，共产党员谭平山被推选为中央执行委员会常务委员兼中央党部组织部部长，与另两位中央执行委员会常务委员廖仲恺、戴季陶一起组成秘书处，负责处理日常工作。另一位共产党员林伯渠被推选为农民部长，此外，还有一些共产党员进入国民党中央党部工作。

中国国民党第一次全国代表大会的召开和闭幕，标志着孙中山改组国民党工作的完成和第一次国共合作的正式建立。

第二节　三民主义的新发展

国民党第一次全国代表大会最重要的成果，是通过了由孙中山主持制定，有共产党员、共产国际代表参与起草讨论的《中国国民党第一次全国代表大会宣言》。会议还制定了新的政纲、章程。《宣言》的内容之一，是重新解释了三民主义，这些解释把同盟会时期的三民主义（即旧三民主义）发展成了国共合作时期的三民主义（即新三民主义）。1924年1月23

---

① 孙中山：《对于中国国民党宣言旨趣之说明》，载《孙中山全集》第九卷，第126页。
② 孙中山：《中国国民党第一次全国代表大会闭幕词》，载《孙中山全集》第九卷，第179—180页。

日《宣言》通过，1 月 27 日开始，孙中山即在广东高等师范学校（今中山大学）开始做三民主义的系统讲演。先定民族、民权、民生每个主义六讲，共十八讲，但从 1924 年 1 月 27 日到 8 月 4 日只讲了十六讲，8 月 4 日后，因对付商团叛乱及准备北伐而中辍，民生主义部分还有两讲没有讲完。记录稿后经孙中山本人修改审定后，于当年底由国民党中央执行委员会宣传部编印出版，作为对党员、群众的"宣传之课本"。《三民主义》以及国民党一大有关文献的基本思想，后来被称为"革命的三民主义"或"新三民主义"，以区别同盟会时期的"三民主义"或"旧三民主义"。新三民主义是孙中山革命思想发展的最高阶段，也是孙中山留给我们最重要的思想遗产。

一、民族主义的新发展

《中国国民党第一次全国代表大会宣言》指出："国民党之民族主义，有两方面之意义：一则中国民族自求解放；二则中国境内各民族一律平等。"新三民主义的民族主义明确提出了对外反对帝国主义，"中国民族自求解放"，就是要从帝国主义的压迫和奴役中解放出来，摆脱殖民地半殖民地的地位，"使中国民族得自由独立于世界"。对内主张"中国境内民族一律平等"，就是"承认中国以内各民族之自决权"，取得反对帝国主义和军阀胜利以后，"诸民族宜可得平等之结合"，"当组织自由统一的（各民族自由联合的）中华民国"。这时的孙中山已经认识到，帝国主义是中华民族前途命运的主要敌人，指出帝国主义的"武力之掠夺变为经济的压迫而已，其结果足使中国民族失其独立与自由"。并且认为，帝国主义是中国军阀的后台老板，正是由于它们对中国封建军阀的支持，才"使中国内乱纠纷不已"。基于以上认识，孙中山提出了反对帝国主义的口号，规定中华民族解放之斗争，对于多数之民众，"其目标皆不外反帝国主义而已"。[1] 1924 年发表的《北伐宣言》更进一步强调："此战之目的不仅在推翻军阀，尤在推倒军阀所赖以生存之帝国主义。"[2] 在《三民主义》讲演中，孙中山还提出联合世界上的弱小民

① 孙中山：《中国国民党第一次全国代表大会宣言》，载《孙中山全集》第九卷，第 114—119 页。
② 孙中山：《中国国民党北伐宣言》，载《孙中山全集》第十一卷，第 76 页。

族,"共同用公理去打破强权"等口号①。这样就赋予了民族主义以明确的反帝内容。

同盟会时期的民族主义,虽然也包含有反对帝国主义的思想,孙中山之所以要发动和领导辛亥革命,革清王朝的命,是因为清王朝是帝国主义的走狗,已经成了洋人的朝廷,反对清王朝也就是反对帝国主义;但它并没有明确提出反对帝国主义的口号,没有正面提出反对帝国主义的任务。因此可以说新三民主义在共产国际和中国共产党帮助下,已经接受了中国共产党"打倒帝国主义"的革命口号,与中共的民主革命纲领中反对帝国主义的内容是一致的。

二、民权主义的新发展

旧三民主义中的民权主义抽象空洞地提倡"自由、平等、博爱",而新三民主义的民权主义则提出了民权为一般平民所共有、不为少数资产阶级所专有的原则,即实行普遍平等的民权。《中国国民党第一次全国代表大会宣言》写道:"近世各国所谓民权制度,往往为资产阶级所专有,适成为压迫平民之工具。若国民党之民权主义,则为一般平民所共有,非少数者所得而私也。"新民权主义还批评了西方的代议制,提出由中华民国国民直接参政的直接民权思想,主张于"间接民权之外,复行直接民权,即为国民者不但有选举权,且兼有创制、复决、罢免诸权","凡真正反对帝国主义之个人及团体"享有集会、结社、言论、出版、居住、信仰等"一切自由及权利",而不将此等自由和权利给予"卖国罔民以效忠于帝国主义及军阀者",因为"民国之民权,唯民国之国民乃能享之,必不轻授此权于反对民国之人,使得借以破坏民国"。②

在同盟会时期,其民权主义是以欧美为蓝本的,所要建立的共和国是美国式的共和国,但孙中山在《三民主义·民权主义》的讲演中则再三强调,国民党所主张的民权,是和欧美国家不同的民权,"不是要学欧美,步他们的后尘",不是要建立美国式的共和国,而"是用我们的民权主义,把中国

---

① 孙中山:《三民主义》,载《孙中山全集》第九卷,第220页。
② 孙中山:《中国国民党第一次全国代表大会宣言》,载《孙中山全集》第九卷,第120页。

改造成一个'全民政治'的民国，要驾乎欧美之上"。[①] 这时的孙中山还提议召开由各界人民代表组成的国民会议来决定国事。毛泽东在评价新三民主义的民权主义时指出："除了谁领导谁这一个问题以外，当作一般的政治纲领来说，这里所说的民权主义，是和我们所说的人民民主主义或新民主主义相符合的。只许为一般平民所共有、不许为资产阶级所私有的国家制度，如果加上工人阶级的领导，就是人民民主专政的国家制度了。"[②]

三、民生主义的新发展

同盟会时期的三民主义的民生主义的内容是"平均地权"，根据孙中山的解释，所谓"平均地权"，实际上是这样一种解决土地问题的方法：对于地主所有的土地，核定其现在的地价，将来地价因经济发展、社会进步而上涨时，其现价仍属地主所有，超出现价的部分则归国有，从而为国民所共有。但实际上，孙中山提出的这套"平均地权"的方法从来没有实行过。

新三民主义除重申在同盟会时期就提出的"平均地权"外，又提出了"耕者有其田"的主张，把土地问题的解决和满足农民对土地的要求直接联系了起来。《中国国民党第一次全国代表大会宣言》写道："国民党之主张，则以为农民之缺乏田地沦为佃户者，国家当给以土地，资其耕作"，反对少数人"操纵土地权"。[③] 不久，孙中山在《三民主义·民生主义》的演讲"第三讲"中更明确地提出要使农民问题得到完全解决，"是要'耕者有其田'，那才算是我们对于农民问题的最终结果"[④]。1924 年 8 月 21 日，他在广州农民运动讲习所第一届毕业礼的演说中再次明确主张"耕者有其田"。他说："现在俄国改良农业政治之后，便推翻一般大地主，把全国的田土都分到一般农民，让耕者有其田。……我们现在革命，要仿效俄国这种公平办法，也要耕者有其田，才算是彻底的革命；如果耕者没有田地，每年还是要纳田租，那还是不彻底的革命。"[⑤] 从而主张学习俄国，保证农民有土地，没有地

---

① 孙中山：《三民主义》，载《孙中山全集》第九卷，第 314 页。
② 毛泽东：《论人民民主专政》，载《毛泽东选集》第四卷，第 1414—1415 页。
③ 孙中山：《中国国民党第一次全国代表大会宣言》，载《孙中山全集》第九卷，第 120 页。
④ 孙中山：《三民主义》，载《孙中山全集》第九卷，第 399 页。
⑤ 孙中山：《在广州农民运动讲习所第一届毕业礼的演说》，载《孙中山全集》第十卷，第 556 页。

主征收租税，从根本上解除农民的痛苦。"耕者有其田"的政策使得"平均地权"有了真正实质性的内容。

新民生主义还提出了发展国家资本主义和节制私人资本的纲领。孙中山"节制资本"思想的形成要比"平均地权"思想的形成晚得多。就现有资料来看，孙中山明确表达这一思想是在他1917—1919年写的《建国方略·实业计划》中。该计划的"第一计划"开宗明义便写道："中国实业之开发应分两路进行，（一）个人企业、（二）国家经营是也。凡夫事物之可以委诸个人，或其较国家经营为适宜者，应任个人为之，由国家奖励，而以法律保护之。……至其不能委诸个人独占性质者，应由国家经营之。"[①] 孙中山正式提出"节制资本"并对其原则做了阐述是在《中国国民党第一次全国代表大会宣言》："国民党之民生主义，其最要之原则不二者：一曰平均地权；二曰节制资本。……凡本国人及外国人之企业，或有独占的性质，或规模过大为私人之力所不能办者，如银行、铁道、航路之属，由国家经营管理之，使私有资本制度不能操纵国民之生计，此则节制资本之要旨也。"[②] 这同前面所提到的《实业计划》分"个人企业"和"国家经营"之"两路进行"的观点是一致的，也就是一方面要节制私人资本，另一方面又要发展国家资本，但在《实业计划》中，孙中山没有提到外资企业问题，而在《中国国民党第一次全国代表大会宣言》中则明确提出，节制资本的范围包括外资企业，这无疑是一个大的进步。后来孙中山又在不同场合讲到"节制资本"，其内容与《中国国民党第一次全国代表大会宣言》基本相同。毛泽东对新三民主义中的民生主义也给予了很高的评价，指出："实行中山先生'耕者有其田'的口号，扫除农村中的封建关系，把土地变为农民的私产。农村的富农经济，也是容许其存在的。这就是'平均地权'的方针。"[③]

总之，《中国国民党第一次全国代表大会宣言》的基本内容，是三民主义的重大发展，是孙中山思想的一次飞跃，它摒弃了旧三民主义对帝国主义和封建主义的妥协性，在民主革命的主要结论上，同中国共产党二大通过的最低纲领基本一致，这也是第一次国共合作之所以能建立的根本原因。

---

① 孙中山：《建国方略》，载《孙中山全集》第六卷，第253页。
② 孙中山：《中国国民党第一次全国代表大会宣言》，载《孙中山全集》第九卷，第120页。
③ 毛泽东：《新民主主义的经济》，载《毛泽东选集》第二卷，第678页。

第三节　国共合作开创反帝反封建斗争新局面

第一次国共合作的建立，开创了反帝反封建斗争新局面，推动了大革命运动的兴起。这主要表现为创办黄埔军校和农民运动讲习所及平定商团叛乱；废除不平等条约运动轰轰烈烈地开展；反军阀争民主的国民会议运动蓬勃兴起；五卅运动和广东革命根据地的统一等方面。

一、创办黄埔军校、农民运动讲习所和平定商团叛乱

鉴于历次革命失败的教训，孙中山决定仿照苏联的经验，"创造革命军，来挽救中国的危亡"[①]。1924 年 1 月，中国国民党第一次全国代表大会在广州召开，孙中山指示筹备中国国民党陆军军官学校，并指派蒋介石为筹备委员会委员长，委员包括邓演达、王柏龄、沈应时、林振雄、俞飞鹏、张家瑞、宋荣昌等 7 人。会议闭幕后，孙中山在会见苏联顾问鲍罗廷时指出："我们的首要任务是按照苏联式样建立一支军队，准备好北伐的根据地。"[②] 2 月 6 日，黄埔军校筹备处在广州南堤成立。5 月 5 日，中国国民党陆军军官学校在广州市郊黄埔岛上正式成立，被称为"黄埔军校"。6 月 16 日，军校举行隆重的开学典礼，孙中山亲自主持并发表了关于创校目的和希望的演说。胡汉民宣读了孙中山的训词，训词的内容是"三民主义，吾党所宗。以建民国，以进大同。咨尔多士，为民前锋。夙夜匪懈，主义是从。矢勤矢勇，必信必忠。一心一德，贯彻始终"[③]。

黄埔军校是国共合作的重要成果。军校设立总理、校长和党代表等职位，总理是学校最高领导，校长在总理领导之下具体负责学校事务，党代表代表国民党对学校遵守革命政策等进行监督和指导。孙中山亲自担任军校总理，蒋介石任校长，李济深任副校长，廖仲恺任驻校的国民党代表。学校设有政治部、教练部、教授部等。政治部主任初为戴季陶，其不久离

① 孙中山：《在陆军军官学校开学典礼的演说》，载《孙中山全集》第十卷，中华书局，1986，第 292 页。
② 孙中山：《与鲍罗廷等的谈话》，载《孙中山全集》第九卷，中华书局，1986，第 182 页。
③ 刘望龄辑注《孙中山题词遗墨汇编》，华中师范大学出版社，2000，第 304 页。

开广州，改由邵元冲代理，共产党人周恩来任副主任。1924 年 11 月，周恩来出任第三任政治部主任。共产党人聂荣臻、鲁易任政治秘书。教练部主任为李济深，副主任为邓演达。教授部主任为王柏龄，副主任是共产党人叶剑英。何应钦任军事总教官，共产党人恽代英、萧楚女、熊雄、包惠僧、周逸群、韩麟符、胡公冕、高语罕等担任政治教官。苏联派来了政治、军事干部指导军校建设。

尽管自洋务运动开始中国就创办了培养近代军事人才的学校，但是黄埔军校与洋务运动以来的新式军事学校存在着根本的不同。借用孙中山的话说："北方的官僚军阀老早便办得有保定军官学校和北京陆军大学。用我们这个学校和他们的学校比较，他们学校之成立的时间很久，人数很多，器械又完全；我们这个学校所处的种种地位，都是比他们的差得远"，但军阀们所办的军校的官兵"不是为升官发财，就是为吃饭穿衣，毫没有救国救民的思想和革命的志气"。[①] 而黄埔军校不仅重视军事训练，而且重视政治思想教育。军校培养了一大批优秀军政人才，为国民革命军的建立奠定了基础，成为巩固广东革命根据地和推行北伐的主要力量。军校中的很多人后来成为国共两党的高级将领，如国民党的杜聿明、黄维、郑洞国、范汉杰、李仙洲等，共产党的徐向前、林彪、陈赓、左权、周士第、王尔琢等。

几乎与创办黄埔军校同时，广州农民运动讲习所创办了。先是中国国民党第一次全国代表大会后，国民党中央设立农民部，作为全国农民运动的领导机关，中共党员林伯渠任部长，彭湃任秘书，主持农民部工作。这年（1924 年）6 月 30 日，国民党中央执委会第三十九次会议通过农民运动的实施方案，根据彭湃的建议，决定组织农民运动讲习所，并派他担任广州农讲所第一任主任。因此，广州农民运动讲习所名义上是由中国国民党中央农民部主办的，但实际上是由中国共产党领导的。

从创办时起，直至 1926 年 9 月结束，农民运动讲习所共举办了六届，共培养农民运动干部 800 多名。前五届的学员主要来自广东，其他省份的较少；第六届的共招生学员 327 名，学员来自全国 20 个省，中途退学 9 人，结业 318 人，成为名副其实的全国性农民讲习所。这一届还改前 5 届

---

① 孙中山：《在陆军军官学校开学典礼的演说》，载《孙中山全集》第十卷，第 297 页。

的主任制为所长制，毛泽东任所长。由于这一届开办于 1926 年 5 月 3 日至
9 月 11 日，正好是北伐战争的准备期及北伐初期，因此在课程开设上，增
加了中国农民问题、军事运动与农民运动、社会问题与社会主义、中国史
概要、中国职工运动、各国革命史、帝国主义等课程，由毛泽东、周恩来、
恽代英、肖楚女、彭湃、李立三、阮啸仙等著名的共产党人担任教员。这
届农讲所还广泛搜集有关农民运动的资料，编印成《农民问题丛刊》52 种，
毛泽东为丛刊写了序——《国民革命与农民运动》，全面地总结了中国共产
党成立以来从事农民运动的经验，特别是彭湃领导广东海陆丰农民运动的
经验，深刻论证了农民问题是中国民主革命的中心问题。他明确指出：经
济落后之半殖民地的农村封建阶级，乃其国内统治阶级和国外帝国主义之
唯一坚实的基础，不动摇这个基础，便万万不能动摇这个基础的上层建筑。
因此，中国革命的形势只是这样：不是帝国主义和封建军阀的基础——土豪
劣绅、贪官污吏镇压农民，便是革命势力的基础——农民起来镇压土豪劣
绅、贪官污吏。中国的革命只有这一种形势，没有第二种形势。[①]

广州农民运动讲习所的创办，培养了一大批从事农民运动的优秀干部，
从而为大革命时期中国共产党领导之下的农民运动的兴起和发展做了干部
上的准备。农民运动讲习所的学员回到本地后，积极地发动农民、组织农
民，开展农民运动，成为一方农民运动的发动者和领导者。如第三届学员
韦拔群、陈伯民回到老家广西的东兰县后，于 1925 年 9 月创办了东兰县的
农民运动讲习所，韦拔群自任主任，先后办了三届，培训了 500 多名农民
运动骨干和干部，他们遍布右江各地，对右江农民运动的开展以及后来右
江革命根据地的建立都做出了重要贡献。大革命时期农民运动搞得轰轰烈
烈，与广州农民运动讲习所的创办有很大的关系。正是在广州农民运动讲
习所的影响和示范下，从 1926 年到 1927 年上半年，亦即蒋介石、汪精卫
发动四一二反革命政变和七一五反革命政变之前，广东、广西、湖南、湖
北、江西、陕西等省都先后创办过本地的农民运动讲习所，培养了大批本
地农民运动人才，从而推动了农民运动在这些省份的兴起和发展。

---

① 毛泽东：《国民革命与农民运动——〈农民问题丛刊〉序 》，载《毛泽东文集》第一卷，人民
出版社，1993，第 37—38 页。

平定商团叛乱是国共合作后进行的第一次重大斗争。1912 年 3 月，广州商人成立了自卫组织商团。到 1924 年前后，已经发展到 10 个团 4000 余人，英国汇丰银行广州分行买办陈廉伯任团长。由于对孙中山领导的广州政府内外政策多有不满，陈廉伯与佛山大地主陈恭受在英国支持下，图谋从内部颠覆广州政府。这年 5 月，广州商团抵制政府抽收"铺底捐"，并串通罢市。广州政府被迫取消该项税收。商团武装更加有恃无恐，联络陈炯明进攻广州。6、7 月间，商团成立联防总部，并向英国私购枪械。

面对商团的阴谋，广东省省长兼黄埔军校党代表廖仲恺于 8 月 6 日发布告令，以不合乎政府规定为由，禁止商团成立联防总部。在侦知商团私运枪械抵达珠江口后，孙中山令蒋介石查扣了运送枪械的船只，没收军火。商团随即则出动了 2000 多名团丁，包围孙中山大元帅府，索取枪械，意欲推翻广州政府。廖仲恺于当天和 12 日两次发出布告，但商团不顾政府禁止，仍然于 8 月 13 日宣布联防总部正式成立。8 月 20 日，广东省政府下令通缉陈廉伯、陈恭受，并令黄埔军校第三队、第四队开进广州城内维持治安。8 月 25 日，广州商团在广东全省 100 多个城镇煽动商民罢市，阴谋武装暴动。与此同时，商团幕后支持者英国驻广州总领事致函广州政府，宣称："奉香港舰队司令命令，如遇中国当道有向城市开火时，英国海军即以全力对待之。"[①] 并派出兵舰威胁孙中山的大元帅府。

在如何处理广州商团的问题上，国民党内部出现了分歧。以胡汉民为代表的一部分国民党人主张与商团妥协。而此时江浙战争爆发，孙中山决定亲自统兵北伐，任命胡汉民为广东省省长，并命其留守广东代理大元帅。胡汉民就任省长后，与商团达成协议：如数发还商团枪械，发还被封财产，同时决定以商团交纳 50 万元军费为条件，取消对陈廉伯、陈恭受的通缉令。然而，政府的退让不仅没有熄灭商团的野心，反而使他们气焰更加嚣张起来。商团一面在广州散发打倒孙中山、廖仲恺的传单；一面则违约拒交军费，并继续煽动商民罢市。10 月 4 日，广东全省 188 县镇商团代表在佛山集会，决议发动第二次全省总罢市，武装进入广州请愿。10 月 10 日，商团军从广州市长、民团督办李福林手中领回被扣的长短枪 4000 余杆、子

---

①《广州英领事致傅交涉员函》，载香港《华字日报》编《广东扣械潮》卷二，1924，第 91 页。

弹 12.4 万余发后，在西濠口制造了枪杀参加"双十节"示威游行的工农群众数十人的"双十惨案"。他们还构筑堡垒，封锁市区，准备发动旨在推翻孙中山领导的广州政府的武装叛乱。

在共产党、广州工人代表会以及黄埔军校师生等的支持下，孙中山改变了对商团的妥协退让态度。10 月 10 日当天即电令胡汉民及广东各军总司令："是叛迹显露，万难再事姑息。生死关头，惟有当机立断。"[1]次日，孙中山成立了镇压商团叛乱的领导机关——革命委员会，亲任会长，聘请鲍罗廷为顾问。10 月 14 日，在商团总部为扩大叛乱下紧急戒严令后，孙中山令胡汉民代理革命委员会委员长职权，并强调"收缴商团枪枝刻不容缓，务于二十四点内办理完竣，以免后患"[2]。胡汉民奉命宣布解散商团各机关，限令商团即日缴械，如 15 日仍有武装商团，即行拘捕。10 月 15 日，革命委员会指挥黄埔军，在广州工团军、农民自卫军和广大市民支持下，向西关的商团军发动总攻，一手制造叛乱的陈廉伯逃入沙面英国租界。商团叛乱被平定，解除了广州革命根据地的心腹大患。[3]

二、废除不平等条约运动的蓬勃展开

1924 年 5 月至 10 月，在中国共产党推动下，掀起了全国范围内的以废除不平等条约为主要诉求的群众性反帝爱国运动。

废除不平等条约运动由"中苏协定"的签订而引发。苏联成立后，在外交方面，一面与孙中山代表的国民党发展友好关系；另一面，也试图与北洋军阀政府接触，解决两国之间的一些历史悬案，建立中苏友好的外交关系。1923 年 9 月 4 日，苏联政府驻华全权代表加拉罕代表本国政府在北京发表《第三次对华宣言》，重申 1919 年、1920 年二次对华宣言的原则，即完全尊重中国的主权和彻底放弃帝俄政府在华的一切特权，并愿意就解决两国之间存在的问题及建立两国正式关系问题进行谈判。由于西方列强的干扰，中苏谈判时断时续，直到 1924 年 5 月 31 日谈判才取得成果，中国外交总长顾维钧和苏联政府代表加拉罕分别代表各自政府正式签订了《解决中

① 孙中山：《致胡汉民等电》，载《孙中山全集》第十一卷，第 167 页。
② 孙中山：《致胡汉民译转杨希闵等电》，载《孙中山全集》第十一卷，第 187 页。
③ 张宪文等：《中华民国史》第一卷，南京大学出版社，2005，第 518 页。

俄悬案大纲协定》和《暂行管理中东铁路协定》。协定规定：（1）中苏两国恢复外交关系；（2）两缔约国政府同意，将中国政府与前俄帝国政府订立之一切公约条约协定议定书及合同等项，概行废止。另本平等相互之原则，重订条约协定等项；（3）凡前俄帝国政府与第三者所订立之一切条约协定等项，有妨碍中国主权及利益者，概为无效；（4）苏联政府允予抛弃前俄政府在中国境内根据各种条约协定章程等所得之一切租界、租地、贸易圈及兵营等之特权及特许；（5）苏联政府允予抛弃俄国部分之庚子赔款；（6）苏联政府允诺取消治外法权及领事裁判权；（7）苏联政府承认外蒙为完全中华民国之一部分；（8）中东铁路纯系商业性质。除本身营业事务外，所有关系中国国家及地方主权之各项事务，概由中国官府办理。①

这次"中苏协定"是中国自鸦片战争以来第一次与外国订立平等的条约。协定的相当一部分条文虽然因北洋政府的无能和列宁去世等原因而未能实行，但协定极大地鼓舞了中国人民的反帝斗争热情，促进了废除不平等条约运动的兴起。协定签订后，北京等地的群众团体先后组成反帝国主义运动大同盟，广泛开展废约运动。1924年6月6日，数万人在北京中央公园举行"中苏协定"签订庆祝大会，并发出致苏联的贺电。第二天，北京学生联合会3000多人在北京大学三院开庆祝会。北京国会议员135人联名发表拥护"中苏协定"的宣言。北京、天津、上海、武汉、广州、长沙、济南、太原等地召开了群众大会，宣传废除不平等条约的诉求，使这场群众运动在全国范围内迅速展开。

但是西方帝国主义国家不愿意利益受到损害，他们于6月中旬，借口维护《辛丑条约》的条款和效力，不把其代管的俄国使馆交还苏联，企图阻止"中苏协定"的实施。此种帝国主义的行径更加激起了中国人民废除不平等条约运动的诉求。1924年6月18日，上海闸北市民外交协会庆祝中俄恢复邦交，通电呼吁"也要一致的向列强收回治外法权及庚子赔款，废除一切不平等之条约"②。此后不久，著名记者邵飘萍在《京报》上发表《人类永久和平之关键安在？》一文，指出不平等"和约即为永久平和之障碍，欲求世界

---

①《解决中俄悬案大纲协定》，载《国际条约大全》（民国十四年增订）上编卷三，商务印书馆，1925，第23—24页。

②《对于中俄协定之舆论》，《向导》第71期，1924年6月18日。

之永久平和，非推翻一切不平之和约不可。……如东方之《辛丑和约》及中日之二十一条，西方之《凡尔赛和约》等等，即系人类永久和平之公敌，可作全人类向上运动之目标"①。文章发表后引起极大反响。7月9日，胡鄂公、雷殷等150余人与北京学联、中国社会主义青年团等10余个团体，联合组成北京反帝国主义运动大同盟。7月13日，北京学联、《政治生活》周刊社、中国社会主义青年团、马克思学说研究会等50余个团体的代表及各界人士共230余人，在中央公园召开了北京反帝国主义运动大联盟大会，并发表宣言，提出4点宗旨：第一，扑灭帝国主义的侵略政策，废除压迫中国所订一切不平等条约；第二，凡国内外各公私团体以及各个人，有与我们表同情、愿加入这个大联盟，作国家的或国际的反帝国主义工作者，我们即认为是我们的同志；第三，我们这个大联盟，除却反帝国主义的工作外，其外任何事务，概不与闻；第四，我们因为反抗帝国主义，凡有甘愿做帝国主义的走狗，或做我们的汉奸者，我们必须用扑灭帝国主义的手段来扑灭他。②7月18日，北京国立专科以上的8所学校的教职员联合会举行联席会议，响应反帝大同盟的号召，宣言主张"举凡对我一切不平等待遇，澈底撤销，另本相互平等原则，重新构成国际关系，使我民族亦得享受人类应有之权利"③。8月，上海学生联合会等30多个团体组成反帝大同盟，广泛开展废除不平等条约运动，宣言指出："中国的乱源，中国国民的痛苦，都是由于帝国主义的侵略和压迫。"④

　　北京反帝大联盟建立后，积极扩大组织，发行《反帝国主义运动大联盟会刊》，并派代表赴全国各地，联络各团体，帮助建立反帝组织。为继续扩大反帝废约运动的宣传，从9月3日至9日，由北京反帝大同盟发起，在全国范围展开"反帝国主义运动周"。《政治生活》《中国青年》等刊物还发行了《反帝国主义运动周特刊》。天津、上海、武汉、长沙、广州、杭州、

---

① 转引自邓书杰、李梅、吴晓莉等编著《中国历史大事详解（近代卷）·风暴来临（1920—1929）》，吉林音像出版社、吉林文史出版社，2006，第161页。

② 《反帝国主义运动大联盟宣言》，《反帝国主义运动大联盟会刊》第1期，1924年7月25日。转引自《近代史资料》1963年第2期。

③ 《北京八校联席会废约宣言——废弃不平条约，重构国际关系》，《向导》第76期，1924年7月30日。

④ 《上海反帝国主义运动大联盟宣言》，《反帝国主义运动大联盟会刊》第5期，1924年10月5日。

济南、太原等地都召开了群众大会和其他各种活动，发表通电和宣言，开展反帝废约宣传。

中国共产党领导和推动了反帝废约运动的发展。1924 年 7 月出版的中国共产党机关刊物《向导》周报连续发表文章，明确指出"废约运动，即是民族独立运动"，"国际间不平等之条约不废除，各被压迫的民族无独立之可言！中国受列强逼迫欺骗所订成之一切不平等的条约不解除，中国永无解放的希望"①，号召"被压迫的民众——工人，农民，兵士，商人，学生，快快起来作举国一致反帝国主义的大运动，始终要到达驱逐任何帝国主义于中国领土之外为止"②。1924 年 9 月，中共中央又发表第三次对于时局的主张，指出"解除一切军阀的武装，尤其要在根本上推翻外国帝国主义在中国一切既得的权利与势力"③，引导运动向反帝反封建的革命运动发展。到 1924 年 10 月，这场席卷全国的废除不平等条约运动便同国民会议运动汇合了。废除不平等条约运动形成的全国性反帝反封建的群众运动，沉重打击了帝国主义及其在中国的代理人的专制统治，起到了将中国近代反帝反封建的革命运动推向高潮的重要作用，具有重要历史意义。

三、反军阀争民主的国民会议运动兴起

民国初年以来一系列乱局，使国会在国人心目中的形象一落千丈，尤其是曹锟贿选的发生，使国会沦为"猪仔国会"、议员沦为"猪仔议员"。中国共产党在《对于时局之主张》中指出："贪横无耻的国会议员，久为曹琨（锟）所驯养，或云其中亦有贤良，何以始终同流合污无所表示？ 代表全国商人工人学生各团体，都已先后宣告否认此国会，不知其尚能代表何种民意？"④ 在上述情况下，取消国会的呼声高涨，国共两党与其他政治势力提出了召开国民会议以解决国内政治问题的政治主张，推动了反军阀争民主的国民会议运动的兴起。

---

① 为人：《废约运动》，《向导》第 76 期，1924 年 7 月 30 日。
② 文恭：《国民革命与反帝国主义运动》，《向导》第 80 期，1924 年 8 月 27 日。
③《中国共产党第三次对于时局宣言》，《向导》第 82 期，1924 年 9 月 10 日。
④《中国共产党对于时局之主张》，载中央档案馆编《中共中央文件选集》第一册，中共中央党校出版社，1989，第 176 页。

　　中国共产党在 1922 年 6 月 15 日发表的《对于时局的主张》中，曾提出"邀请国民党等革命的民主派及革命的社会主义各团体开一个联席会议，在上列原则的基础上共同建立一个民主主义的联合战线，向封建式的军阀继续战争"①。1923 年 8 月 1 日发表的《对于时局之主张》正式提出了召开国民会议的主张："由负有国民革命使命的国民党，出来号召全国的商会工会农会学生会及其他职业团体，推举多数代表在适当地点，开一国民会议；若是国民党看不见国民的势力在此重大时机不能遂行他的历史工作，仍旧号召四个实力派的裁兵会议与和平统一，其结果只〈是〉军阀互战或产生各派军阀大结合的政局，如此我们主人翁的国民断不能更袖手旁观，例如上海总商会所发起的民治委员会即应起来肩此巨任，号召国民会议以图开展此救国救民的新局面。在北京之国会已成为封建军阀的傀儡，国民已否认其代表资格，只有国民会议才真能代表国民，才能够制定宪法，才能够建设新政府统一中国，也只有他能够否认各方面有假托民意组织政府统治中国之权。由此国民会议所产生之新政府，须以真正国民革命的势力，扫荡全国军阀及援助军阀的外国势力，然后才不愧为统一全国的人民政府，不是一个偏安一隅的政府，更不是一个各派军阀合作受列强势力所卵翼的政府。同胞们只有这一条路，是真能救济我们中国人逃出外力军阀二重压迫的道路。"② 中国社会主义青年团中央执行委员会也发表了《对于时局的宣言》，表示完全赞同中共的主张，"中国共产党主张排除一切黑暗势力，由负有国民革命使命的国民党出来听（号）召全国商会工会农会学生会及其他职业团体，推举代表在适宜地点开一国民会议，由国民会议来解决时局；我们承认这是国民革命的途径上必须经过的第一步"③。1924 年 9 月中共在《第三次对于时局宣言》中提出："我们第二次发表对于时局之意见，主张由国民党或人民团体出来号召一个国民会议，开始以国民革命的新局面来解决一切对外对内的政治问题。"④ 1924 年 10 月，冯玉祥发动北京政变，驱逐清

①《中国共产党对于时局的主张》，载《中共中央文件选集》第一册，第 45—46 页。
②《中国共产党对于时局之主张》，载《中共中央文件选集》第一册，第 177—178 页。
③《中国社会主义青年团对于时局的宣言》，载江苏省档案馆编《红色记忆——江苏省档案馆馆藏革命历史报刊资料选编（1918—1949）》，东南大学出版社，2014，第 53 页。
④《中国共产党第三次对于时局宣言》，载《中共中央文件选集》第一册，第 288 页。

帝溥仪出宫，囚禁曹锟，邀请各方协商，使政局更加扑朔迷离。11月，中国共产党发表了第四次《对于时局之主张》，指出："挽救此迫在目前的危机之方法，不是各省军阀的和平会议或国是会议，也不是几头元老的善后会议，乃是本党去年北京政变时所主张的及中国国民党现在所号召的国民会议。只有这种国民会议才可望解决中国政治问题；因为他是由人民团体直接选出，能够代表人民的意思与权能。我们希望国民党领袖们努力号召全国人民的团体，促成此国民会议，并须努力使他们所主张的国民会议预备会急速在北京召集，更应极力反对军阀们拿什么各省军民长官会议来代替此会，执行此会职权。此预备会之任务不但是筹议〔备〕国民会议，我们更应号召各阶级的民众及与各派帝国主义者尚无确定的关系之武力，拥护此预备会，在正式政府未成立以前，即为临时国民政府——号令全国的唯一政府。"① 12月，中共中央、社会主义青年团中央发出关于开展促成国民会议运动的方针的通告，指出："此次国民会议及其促成会这个运动，不但是国民运动一大时机，并且是我们的党建筑社会的基础之一大时机。"② 通告提出了"国民会议促成会"这个名称无论如何各地必须一致、一个地方只能有一个促成会等注意事项。

　　冯玉祥发动北京政变后，电邀孙中山北上共商国是。孙中山在1924年11月10日发表的《北上宣言》中也提出了召开国民会议的主张："对于时局，主张召集国民会议，以谋中国之统一与建设。而在国民会议召集以前，主张先召集一预备会议，决定国民会议之基础条件及召集日期、选举方法等事。预备会议以左列团体之代表组织之：一、现代实业团体；二、商会；三、教育会；四、大学；五、各省学生联合会；六、工会；七、农会；八、共同反对曹吴各军；九、政党。以上各团体之代表，由各团体之机关派出之，人数宜少，以期得迅速召集。国民会议之组织，其团体代表与预备会议同，惟其代表须由各团体之团员直接选举，人数当较预备会议为多。全国各军，皆得以同一方法选举代表，以列席于国民会议。"③

① 《中国共产党对于时局之主张》，载《中共中央文件选集》第一册，第304—305页。
② 《中国共产党中央、中国社会主义青年团中央通告——开展促成国民会议运动的方针》，载团中央青运史研究室、中央档案馆编《中共中央青年运动文件选编（一九二一年七月——一九四九年九月）》，中国青年出版社，1988，第36页。
③ 孙中山：《北上宣言》，载《孙中山全集》第十一卷，第297页。

　　当时的北洋军阀各派势力也提出召开国民会议的主张，如段祺瑞提出先开善后会议，继开国民会议，并将后者视为治本之策；吴佩孚表示召开国民会议是其"一贯主张"。段祺瑞等人主张与国共两党的主张存在着巨大分歧，段祺瑞所主张的国民会议，其组织法由善后会议制定，善后会议会员又多由政府指定；国民党所主张的国民会议是制定宪法的最高机关，其预备会议亦应有各人民团体参加，都有着广泛的代表性。段祺瑞于 1925 年 2 月 1 日在北京召开善后会议，以对抗国共两党倡导的国民会议。各地纷纷集会，响应国共两党召开国民会议的主张，反对善后会议，号召促成国民会议召开，国民会议兴起。1925 年 3 月 1 日，由中国共产党和国民党左派发起的国民会议促成会全国代表大会在北京开幕，到会代表共 200 余人，代表 20 余省区、120 多个地方的国民会议促成会。大会揭露了善后会议由军阀操纵的"反人民"性质，否决了善后会议提出的《国民代表会议条例》，认为真正的国民会议必须是对外代表人民利益，反对帝国主义；对内打倒一切军阀，解除其武装。

　　国民会议运动在揭露帝国主义与北洋军阀的反动面目、教育和组织广大人民群众参加反帝反封建革命斗争中，起了重要作用。

四、五卅运动和广东革命根据地的统一

　　国民会议促成会全国代表大会在北京开幕后两个月，便发生了五卅运动。而五卅运动的发生，则标志着全国范围的大革命高潮的到来。

　　先是 1925 年 2 月和 4 月，上海和青岛两地的日商纱厂工人先后罢工，在中国共产党的领导下，这两地日商纱厂的工人罢工都取得了部分胜利，尤其是组织罢工的工会组织在罢工后得到了较快的发展。这自然引起了日本资本家的恐惧和仇视。因此，他们以种种借口，对罢工工人进行打击报复。5 月 15 日，上海日商内外棉七厂资本家借口存纱不敷，故意关闭工厂，停发工人工资。年仅 20 岁的中共党员顾正红带领工人试图冲进工厂与之交涉，遭到日本人的开枪镇压，顾正红身中 4 枪，不幸牺牲。除顾正红外，还有 12 位工人重伤，多人轻伤，3 人被捕。顾正红被枪杀事件，引起了广大工人、学生和市民的愤怒。5 月 30 日，在中国共产党的号召下，上海工人、学生 2000 多人，分组在公共租界各马路散发反帝传单，进行讲演，然而却

遭到租界当局的拘捕，仅南京路的老闸巡捕房就拘捕了100多人。这激起了人们的更大愤怒。当天下午，万余名愤怒的群众聚集在老闸巡捕房门口，高呼"上海是中国人的上海！""打倒帝国主义！""收回外国租界！"等口号，要求立即释放被捕学生。英国巡捕头爱伏生竟调集通班巡捕，公然开枪屠杀手无寸铁的群众，打死13人，重伤数十人，轻伤无数，逮捕150余人。6月1日又枪毙3人，伤18人。这就是震惊中外的"五卅惨案"。

惨案发生的当晚深夜，中国共产党即召开了紧急会议，决定由瞿秋白、蔡和森、李立三、刘少奇和刘华等人组成行动委员会，具体领导这次斗争，组织全上海民众罢工、罢市、罢课，进行"三罢"斗争，抗议帝国主义屠杀手无寸铁的中国人民。6月1日，由李立三任委员长的上海总工会正式挂牌，对外公开。实际上早在5月初，在中国共产党的领导下，上海总工会的筹备工作就开始了，5月18日上海总工会在闸北秘密成立。5月31日，亦即惨案发生的第二天，中国共产党决定将上海总工会公开，以统一对运动的领导。上海总工会在公开的当天，即发表《上海总工会告全体工友》和《上海总工会宣言》，除宣布上海工人总罢工从6月2日开始外，还提出了七项条件。上海工人的罢工斗争，得到了上海广大学生、市民和爱国商人的支持，"三罢"斗争顺利实现。"三罢"斗争的实现，把上海的反帝爱国斗争推向了高潮。6月4日，为了进一步团结更多的爱国人士参加到反对帝国主义的斗争之中，在中国共产党的领导下，又成立了由上海总工会、全国学联、上海学联、商总联合会组成的运动统一领导机构——上海工商学联合会。

上海人民的反帝爱国斗争，得到了全国人民的支持。在中国共产党的领导下，反对帝国主义的民族运动浪潮迅速席卷全国，史称"五卅运动"。在当时全国29个省区中，有25个省区卷入了这场斗争，约有1700万人直接参加了运动，其中产业工人大约有50万人，占当时全国产业工人总数的四分之一左右，"此时工人阶级，几成全国总罢工的形势"[1]。北京、广州、南京、重庆、天津、青岛、汉口等几十个大中城市和唐山、焦作、水口山等重要矿区，都举行过成千上万人参加的集会、游行示威或罢工、罢课、罢

---

[1] 刘少奇：《一年来中国职工运动的发展》，载中华全国总工会中国工人运动史研究室编《中国工会历次代表大会文献》第一卷，工人出版社，1984，第59页。

市。6月11日，汉口参加游行示威的群众行至公共租界时，英国水兵向人群开枪射击，打死数十人，重伤30余人。汉口惨案进一步激起全国民众的愤怒。全国各地到处响起"打倒帝国主义""废除不平等条约""撤退外国驻华的海陆空军""为死难同胞报仇"的怒吼声，形成了全国规模的反帝怒潮。

发生在广州和香港的省港大罢工，是五卅运动的重要组成部分。6月2日，广州各界群众一万多人进行集会和示威游行，支持上海人民的反帝斗争。6月上旬，中共广东临时委员会指派邓中夏等人组成"党团"到香港组织罢工。香港的工会由共产党人、中华全国总工会总书记邓中夏及共产党人、香港海员工会负责人苏兆征等人以中国国民党员身份组织，以全国总工会名义，召集香港各工会联席会议，成立全港工团联合会，决议罢工。6月19日香港的海员、电车、印务等工会首先宣布罢工，其他工会随即响应。罢工工人不顾英帝国主义者的阻挠和威胁，回到广东各地。据统计，回到广东的工人人数达10万之多。23日，罢工工人和各界群众10万余人在广州举行集会和示威游行，当游行队伍途经沙基路时，突然遭到沙面租界英、法军警的机关枪扫射，停泊在白鹅潭的英、法军舰也开炮轰击，当场打死50多人，重伤170多人，轻伤不计其数。沙基惨案的发生，更进一步激起中国人民的民族义愤，各界群众纷纷声讨帝国主义罪行，更多的工人加入罢工行列。到6月底，省港罢工人数达25万。沙基惨案发生后，广州革命政府也立即照会英、法等国，提出抗议，并宣布同英国经济断交，同时封锁出海口。为了有效地领导罢工，中华全国总工会和中共广东区委发动罢工工人选出代表，组成省港罢工工人代表大会，作为罢工的最高议事机关；由代表大会选举产生省港罢工委员会，作为最高执行机关。省港罢工委员会委员13名，以苏兆征为委员长，廖仲恺、邓中夏等人为顾问，下设干事局、财政委员会等机构和罢工工人纠察队。在省港罢工委员会的领导下，省港大罢工前后坚持了16个月之久，是大革命时期坚持时间最长的工人运动。北伐战争开始后，省港罢工委员会又派了3000多名罢工工人组成运输队、宣传队、卫生队、慰劳队等开赴前线，支持国民革命军的北伐。

五卅运动尤其是省港大罢工推动了广东革命形势的发展。于是，国共合作下的刚由孙中山时的大元帅府改为国民政府的广州革命政府决定利用这一大好的革命形势，实现广东革命根据地的统一，以便为北洋军北伐及实现国家政权的统一奠定坚实的后方基础。

广东革命根据地在建立之初并不稳固，广东大部分地区被各派军阀占据着，主要有东江的陈炯明、林虎，南部的邓本殷。孙中山领导的革命政权想要北伐，必须肃清广东境内的各派军阀，以建立稳固的根据地。

1922 年 6 月陈炯明叛乱失败后，一直盘踞在东江地区，对广东革命政权虎视眈眈。1924 年 11 月，乘孙中山北上之机，陈炯明认为反扑的时机已经成熟，并于 12 月 7 日自任粤军总司令。1925 年 1 月 7 日，他以援助广州商团的名义，下达进攻广州的总动员令，兵分三路，妄图攻占广州，推翻广州革命政府。陈炯明的反叛，严重威胁着革命政权的安全。1925 年 1 月 25 日，大元帅大本营决定组织东征联军，讨伐陈炯明。2 月 1 日，东征正式开始。经过两个多月激战，到 1925 年 4 月初，东征军打败了陈炯明的主力部队两万多人，陈炯明率领残部被迫退回到惠州一带，第一次东征胜利结束。

孙中山逝世后，国民党中央政治委员会于 1925 年 6 月决定将广州革命政府由孙中山时期的大元帅府改为国民政府，下设军事委员会。7 月 1 日，中华国民政府在广州成立，汪精卫任主席。8 月，国民政府军事委员会将所辖各系军队统编为国民革命军。9 月，不甘心失败的陈炯明卷土重来，再次进攻广州国民政府，企图夺取广州。9 月 11 日，陈炯明部将林虎、洪兆麟、叶举兵分三路，陆续占领东江大部分地区，对广东国民政府构成严峻威胁。陈炯明也于 9 月 16 日到达香港，策划领导进攻广州。为了彻底消灭陈炯明等叛乱军阀，进一步巩固广东革命根据地，9 月 24 日广州国民政府举行由军、政、学、农、工、商等各界群众参加的 10 万人大集会，号召军民团结起来，消灭陈炯明叛乱势力。9 月底，广州国民政府组建了由蒋介石任总指挥、汪精卫任党代表、周恩来任总政治部主任、苏联将军罗加乔夫任军事顾问的东征军，进行第二次东征。经过激烈战斗，在国共两党的团结合作下，东征军于 10 月 14 日攻克被陈炯明称为"固若金汤"的惠州。到 11 月 6 日，东江地区的叛军基本被肃清，东征军总指挥部进驻汕头，陈炯明逃往香港。第二次东征的胜利，彻底消灭了盘踞东江一带的陈炯明叛乱势力，为统一广东、继续平定南部邓本殷叛乱势力奠定了基础。1926 年 3 月，李宗仁领导的广西军队改编为国民革命军第七军。至此，两广实现了统一。广东革命根据地的巩固，为国民革命军出师北伐创造了良好条件。

第四节　中共对新民主主义革命基本问题的探索

什么是"新民主主义革命基本问题"？毛泽东1948年4月1日《在晋绥干部会议上的讲话》中指出："新民主主义的革命，不是任何别的革命，它只能是和必须是无产阶级领导的，人民大众的，反对帝国主义、封建主义和官僚资本主义的革命。"①在这里，毛泽东提出了关于"新民主主义革命"的三个问题：一是"无产阶级领导的"，也就是革命的领导权问题。由无产阶级领导而不是由资产阶级领导革命，这是区分新民主主义革命与旧民主主义革命的根本标志，是中国革命最重要、最根本的问题。二是"人民大众的"，也就是革命的动力问题。是发动和组织人民大众参加革命，还是既希望人民大众参加革命，又害怕人民大众参加革命威胁到本阶级的利益，因而对人民大众参加革命实行种种限制，这是区分新民主主义革命和旧民主主义革命的又一重要标志。三是"反对帝国主义、封建主义和官僚资本主义的"，也就是革命的对象问题。因为旧民主主义是由中国的民族资产阶级领导的，中国的民族资产阶级则具有两面性，其两面性中妥协性和软弱性一面，使他们不敢彻底地反对帝国主义、封建主义和官僚资本主义，甚至不敢提出反对帝国主义和反对封建主义的口号，能否彻底地反对帝国主义、封建主义和官僚资本主义，提出反帝反封建的口号，这是区分新民主主义和旧民主主义的又一重要标志。革命的领导权、革命的动力和革命的对象，这就是新民主主义革命的基本问题。借用中共党史研究专家郭德宏先生的话说："革命的领导、动力、对象这三个重要问题明确了，革命的任务、性质、前途等一系列问题也就随之解决了。因此，关于革命的领导、动力、对象等问题的思想，就是党的民主革命总路线的基本思想。"②正因为新民主主义革命基本问题的重要性，中国共产党自成立之日起，就开始努力研究中国的政治、经济状况，分析中国社会各阶级在民主革命中的地位和作用，并在此基础上，探索新民主主义革命的基本问题。1924年国共实现第一次合作，轰轰烈烈的大革命运动兴起后，为了适应革命形势迅速发展的要求，

---

① 毛泽东：《在晋绥干部会议上的讲话》，载《毛泽东选集》第四卷，第1313页。
② 郭德宏：《关于党的民主革命总路线基本思想的形成》，《历史研究》1980年第1期。

中国共产党投入更多的精力，对新民主主义革命基本问题进行探索，以此来指导蓬勃兴起的大革命运动。中共十一届六中全会通过的《中国共产党中央委员会关于建国以来党的若干历史问题的决议》指出："毛泽东同志从中国的历史状况和社会状况出发，深刻研究中国革命的特点和中国革命的规律，发展了马克思列宁主义关于无产阶级在民主革命中的领导权的思想，创立了无产阶级领导的，工农联盟为基础的，人民大众的，反对帝国主义、封建主义和官僚资本主义的新民主主义革命的理论。"[1] 而这一理论产生的起点，则是中国共产党成立以后，尤其是大革命时期以毛泽东为主要代表的中国共产党人对新民主主义革命基本问题的思考和探索。这里需要指出的是，"新民主主义革命"这一概念提出较晚，直到 1939、1940 年前后才由毛泽东提出和阐述，但学术界一般都以 1919 年为界把中国民主革命划分为两个时期，即 1919 年前是旧民主主义革命时期，1919 年后是新民主主义革命时期。所以，我们这里用的还是"新民主主义革命"这一概念。

一、"二大"到"三大"：明确和深化了对革命的性质、对象和动力的认识

中国共产党对新民主主义革命基本问题的探索开始于 1922 年 7 月召开的第二次全国代表大会。本卷第十章第四节第三子目对中共二大已做过全面介绍。中共二大不仅认识到了当时中国半殖民地半封建的性质，提出了党的最低纲领和最高纲领，而且在对中国社会各阶级分析的基础上，明确了民主革命的对象和动力。《中国共产党第二次全国大会宣言》在分析了国际帝国主义宰制下的中国政治经济的现状后指出，"各种事实证明，加给中国人民（无论是资产阶级、工人或农人）最大的痛苦的是资本帝国主义和军阀官僚的封建势力"，因此，"资本帝国主义和军阀官僚的封建势力"是中国民主主义革命的对象或敌人，"反对那两种势力的民主主义的革命运动是极有意义的：即因民主主义革命成功，便可得到独立和比较的自由"。如果说"资本帝国主义和军阀官僚的封建势力"是民主革命的对象，那么，

---

[1]《中国共产党中央委员会关于建国以来党的若干历史问题的决议》，载《马克思主义党的建设理论学习阅读文选》，海洋出版社，1992，第 289 页。

受"资本帝国主义和军阀官僚的封建势力"压迫和剥削的工人阶级、农民、小资产阶级以及"幼稚资产阶级"则是民主革命的动力。工人阶级"处在中外资本家的极端压迫之下"，其革命的要求也因此而最强，"香港海员和其他工人为经济要求的罢工运动，足够证明工人们的伟大势力"。中国有"三万万的农民"，他们"因为土地缺乏，人口稠密，天灾流行，战争和土匪的扰乱，军阀的额外征税和剥削，外国商品的压迫，生活程度的增高等原因，以致日趋穷困和痛苦"。他们要想"除去穷困和痛苦的环境，那就非起来革命不可"，而只要农民起来革命，就"可以保证中国革命的成功"。所以就此而言，农民"乃是革命运动中的最大要素"。以"手工业者、小店主、小雇主"为主要成员的小资产阶级在"资本帝国主义和军阀官僚的封建势力"的压迫和剥削下，"也是日趋困苦，甚至破产失业，加以本国资本主义的发展，又增加了手工业者无产阶级化的速度"，所以，他们"势必痛恨那拿痛苦给他们受的世界资本主义"，而"加入到革命的队伍里面来"。[①] 至于资产阶级，因为"外国资本主义为自己的发展和利益，反扶助中国军阀，故意阻碍中国幼稚资本主义的兴旺"，这导致了他们发展得缓慢，还处于"幼稚"阶段，是"幼稚资产阶级"，但同时，这也使得他们与外国资本主义和中国军阀存在着一定的矛盾，"中国幼稚资产阶级为免除经济上的压迫起见，一定要起来与世界资本帝国主义奋斗"。[②] 所以，资产阶级也是民主革命的动力之一。基于以上对中国革命的性质、革命的动力和革命的对象的认识，《宣言》提出，"中国共产党为工人和贫农的目前利益计，引导工人们帮助民主主义的革命运动，使工人和贫农与小资产阶级建立民主主义的联合战线"，但在这个联合战线里，工人们既要使自己"不至为小资产阶级的附属物，同时又能为自己阶级的利益奋斗"，将自己"组织在共产党和工会里面是非常重要的；所以工人们时常要记得他们是一个独立的阶级，训练自己的组织力和战斗力，预备与贫农联合组织苏维埃，达到完全解放的目的"。《宣言》还提出了"消除内乱，打倒军阀，建设国内和平"和"推

---

① 上引均见《中国共产党第二次全国大会宣言》，载《中共中央文件选集》第一册，第113—114页。

②《中国共产党第二次全国大会宣言》，载《中共中央文件选集》第一册，第112页。

翻国际帝国主义的压迫，达到中华民族完全独立"等奋斗的目标。①

为了联合一切革命力量进行共同的反帝反封建的革命，中共二大还通过了《关于"民主的联合战线"的议决案》，认为无论"在社会习俗上"，还是"在国家统治权上"，封建的势力在当时"仍然大部分存在或完全存在"、无产阶级又没有强大起来、"还不能够单独革命"的情况下，无产阶级与民主派联合，"扶助民主派对于封建革命也是必要的；因为封建武人是无产者和民主派公共的仇敌，两派联合起来打倒公敌，才能得着出版、集会、结社的自由，任何阶级都必须得着这几种自由方有充分发展的机会"。《议决案》在论述了与民主派联合的必要性后又强调：无产阶级与民主派的联合，"加入民主革命的运动，并不是投降于代表资产阶级的民主派来做他们的附属品，也不是妄想民主派胜利可以完全解放无产阶级"。所以，无产阶级在"联合民主派，援助民主派"与"本国的封建军阀及国际帝国主义"进行斗争的同时，"应该集合在无产阶级的政党——共产党旗帜之下，独立做自己阶级的运动"。既"联合与援助"资产阶级民主派，同时又强调联合与援助"决不是投降附属与合并"。② 在与资产阶级民主派联合的过程中，要保持无产阶级自己组织的独立和思想的独立，这便是中国共产党"以后对民族资产阶级又联合又斗争策略的最初形式"③。这种策略在二大时提出，具有重要的意义。

二大在中国共产党的历史上占有非常重要的地位，不仅提出了党的最低纲领和最高纲领，而且初步阐明了现阶段中国革命的性质、中国革命的对象和中国革命的动力，以及中国革命的策略、任务和目标，指明了中国革命的前途。就中国革命的性质、对象和动力而言，二大认为，中国革命的性质是民主主义革命，对象是帝国主义和封建军阀，动力是工人、农民和小资产阶级，民族资产阶级也是中国革命的力量之一；并初步对作为中国革命动力的工人、农民、小资产阶级以及作为中国革命力量之一的"幼稚资产阶级"进行了分析，分析了他们在民主革命中的作用和地位，还提出了含有"工农联盟"思想性质的主张，即"预备与贫农联合组织苏维埃"，以

---

① 《中国共产党第二次全国大会宣言》，载《中共中央文件选集》第一册，第115—116页。
② 《关于"民主的联合战线"的议决案》，载《中共中央文件选集》第一册，第64—65页.
③ 郭德宏:《关于党的民主革命总路线基本思想的形成》,《历史研究》1980年第1期。

及与民族资产阶级既联合又斗争、在联合中保持无产阶级的独立性的思想，这为新民主主义革命基本问题的探索无疑开了一个好头。但二大没有明确提出无产阶级革命领导权问题，只是认为工人阶级随工人运动的发展将会变成革命的领袖，也没有认识到农民对土地的要求和土地革命的重要性。

　　二大后，中国共产党继续对新民主主义革命基本问题进行探索。这年（1922年）11月的《中国共产党对于目前实际问题之计划》认为，作为东方的落后国家，"在外国帝国主义的势力及本国封建阶级的势力勾结支配之下，不但无产阶级没有壮大，即资产阶级亦尚未发达到势力集中"。因此，"他们每每有依赖贵族军阀或帝国主义者而生存的倾向"，在"贵族军阀或帝国主义"面前往往表现得"涣散而懦弱"。[①] 基于对资产阶级的上述认识，《计划》认为，反对帝国主义的联合战线，"以工人、农人及小资产阶级革命的党派或分子为主力军"[②]。当然，无产阶级也不能放弃与资产阶级的联合，"在为自己阶级的利益奋斗以外，仍应采用各种政策，促进那涣散而懦弱的资产阶级在他们能够与封建阶级及帝国主义者争斗范围以内的经济势力集中及发展，使他们的经济地位自然唤醒他们了解有与无产阶级建立联合战线，打倒两阶级的公敌——本国的封建军阀及国际帝国主义——之客观的需要与可能"[③]。认识到资产阶级与"贵族军阀或帝国主义"的依赖关系，以及他们在"贵族军阀或帝国主义"面前所表现出的"涣散而懦弱"，说明这时的中国共产党对资产阶级的认识与二大时相比又前进了一大步。因为二大通过的《宣言》，只是说由于中国资本主义在国际帝国主义的压迫下发展不充分，因此作为中国资本主义政治代表的中国资产阶级显得比较幼稚，是"幼稚资产阶级"，而对资产阶级与"贵族军阀或帝国主义"的依赖关系以及他们在"贵族军阀或帝国主义"面前所表现出的"涣散而懦弱"则没有认识。除对资产阶级的认识外，中国共产党对农民在中国革命中的重要地位的认识也有进步。《计划》不仅以农业在国民经济中的重要性为基础，再次肯定了农民尤其是农民中"人数超过一万二千万被数层压迫"的佃农，"自然是工人阶级最有力的友军"，而且把农民作为党的群众基础提了出来，强调"中国

---

① 《中国共产党对于目前实际问题之计划》，载《中共中央文件选集》第一册，第119—120页。
② 《中国共产党对于目前实际问题之计划》，载《中共中央文件选集》第一册，第121页
③ 《中国共产党对于目前实际问题之计划》，载《中共中央文件选集》第一册，第119—120页

共产党若离开了农民，便很难成功一个大的群众党"。同时《计划》还分析了造成农民痛苦的原因，除传统的"水旱灾荒"和"兵乱"外，还在于"外货输入"和"高利盘剥"，并针对性地提出了"限田运动""组织农民消费协社""组织农民借贷机关""限制租额运动"等"解除"农民"痛苦"的措施。① 这些措施有的后来在土地革命时期得到了落实。

到了三大，中国共产党对作为民主革命的动力之一的资产阶级的认识又比《中国共产党对于目前实际问题之计划》更加进步。这主要体现在两个方面：一是把资产阶级区分为"极少数的大商人（财阀）"和"大多数的中产阶级"，认为"外货之输入"所引起的"经济的大变动"，从中"趁火打劫得了些便宜"的"只有极少数的官僚和极少数的大商人（财阀）"，而"大多数的中产阶级和大多数的劳动平民"则"一天一天失掉了他们生活的保证"，"遭受贱价劳力的剧烈竞争"与"一切政治上的压迫和经济上的剥削"，以至于"使他们无法生活"。二是对资产阶级的两面性有了一定的认识：一方面，"中国之资产阶级的发展与国际帝国主义及军阀根本上不能不冲突"，他们因而有参加"国民革命"的可能性；另一方面，"中国资产阶级大部分依赖帝国主义的列强或军阀，极易妥协而卖平民"。针对资产阶级的这两面性，中共在三大上提出，无产阶级要与农民联合，"而督促苟且偷安的资产阶级，以引导革命到底"。② 对于无产阶级的认识，三大虽然延续了此前的观点，认为在中国各个阶级中，"无产阶级却是一种现实的最澈底的有力部分"，而"其余的阶级，多为列强的经济力所束缚，一时不易免除妥协的倾向，有些还因在宗法社会的陷阱里"；但同时又认为，受"外货之输入"所引起的"经济的大变动"的影响，"资产阶级不能充分发展，因之无产阶级也自然不能充分发展"，还是"幼稚"的阶级，而"幼稚的无产阶级自然亦极难发展集中其争斗力"。面对帝国主义与军阀相互勾结，煽动内乱，"在这种情形之下，无产阶级的势力自然不免涣散"。因此，"幼稚的无产阶级"，甚至是"非常之稚弱"的无产阶级，要"同时须从事国民运动及阶级运动这种复杂的争斗，其职任非常困难"。③ 正是基于对无产阶级力量的

①《中国共产党对于目前实际问题之计划》，载《中共中央文件选集》第一册，第124—125页。
②《中国共产党党纲草案》，载《中共中央文件选集》第一册，第136、140、139页。
③《中国共产党党纲草案》，载《中共中央文件选集》第一册，第139、138、141页。

这种低估，三大不仅没有提出二大遗留下来的关于无产阶级领导权的问题，反而认为"中国国民党应该是国民革命之中心势力，更应该立在国民革命之领袖地位"①。中共三大之所以没有提出二大遗留下来的关于无产阶级领导权的问题，这与共产国际和时任中央总书记的陈独秀对中国工人阶级的认识有关。1923年1月12日，亦即二七大罢工发动之前，共产国际执行委员会在《关于中国共产党与国民党的关系问题的决议》中谈到中国共产党为什么要与国民党合作时指出，中国的工人阶级"尚未完全形成为独立的社会力量，所以共产国际执行委员会认为，国民党与年青的中国共产党合作是必要的"②。也许是受共产国际这一认识的影响，加上二七大罢工失败后，中国共产党成立后所发动和领导的第一次工人运动迅速走向低落，使陈独秀得出了中国无产阶级力量还十分幼稚和弱小，不能充当民主革命的领导者，民主革命只能够由资产阶级来领导的认识。他在三大前所发表的《资产阶级的革命与革命的资产阶级》一文中就提出，"半殖民地的中国社会状况既然需要一个资产阶级的民主革命，在这革命运动中，革命党便须取得资产阶级充分的援助；资产阶级的民主革命若失了资产阶级的援助，在革命事业中便没有阶级的意义和社会的基础"③。三大对于农民的认识，也延续了此前二大和《中国共产党对于目前实际问题之计划》的看法，认为占"中国人口百分之七十以上"的农民不仅是革命的动力，而且是革命的重要力量，"国民革命不得农民参与，也很难成功"。④

　　中共三大的一个重要成果，是确立了与国民党的合作方针。而与国民党合作，就必然涉及对中国社会各个阶级在民主革命中的地位和作用的认识，尤其是谁是民主革命的领导者的认识。因此，三大后中国共产党人展开了对民主主义革命基本问题的进一步探索。1923年12月1日，陈独秀在《前锋》第二期上发表中共成立以来第一篇较为全面分析中国社会各个阶级的文章，即《中国国民革命与社会各阶级》一文，表达了自己对中国社会各

①《中国共产党第三次全国大会宣言》，载《中共中央文件选集》第一册，第165页。
②《共产国际执行委员会关于中国共产党与国民党的关系问题的决议》，载中国社会科学院近代史研究所翻译室编译《共产国际有关中国革命的文献资料（1919—1928）》第一辑，中国社会科学出版社，1981，第76页。
③ 陈独秀：《资产阶级的革命与革命的资产阶级》，载《中共中央文件选集》第一册，第582页。
④《中国共产党党纲草案》，载《中共中央文件选集》第一册，第139页。

阶级在民主革命中的地位和作用的认识。他把资产阶级分为两个部分，一是"商业工业资产阶级"（或简称为"工商业资产阶级"），一是"官僚资产阶级"。工商业资产阶级由于"还未脱离利用敌人（列强及军阀）势力发展他自己阶级势力的时期，所以他时常表现出来爱和平怕革命的心理"，"他的懦弱心理，自然不容易赞成革命"。但又由于工商业阶级经常"遭遇军阀扰乱之阻碍或外货外资之竞争，经济的要求自然会促起他有政治革命必要的觉悟"。因此，工商业资产阶级"究竟革命不革命，当视其经济的历史的发展决定之"。而官僚资产阶级由于"他的势力原来是依赖外国势力（卖国）及本国贵族军阀政府，利用国家机关（盗国）而存在而发展的，他不但是不革命的，而且是反革命的；他不但不是真正资产阶级，而且是真正资产阶级——工商阶级发展之障碍"，是民主革命的对象。这也是人们讲资产阶级时并不包括官僚资产阶级的重要原因。就资产阶级在国民运动中的地位而言，他认为，"殖民地半殖民地的各社会阶级固然一体幼稚，然而资产阶级的力量究竟比农民集中，比工人雄厚，因此国民运动若轻视了资产阶级，是一个很大的错误观念"。[①] 在该文中，陈独秀专门列出一节来分析小资产阶级。他认为小资产阶级是"趋向革命"的，但又由于他们不像工商业资产阶级那样集中，加上"其企业因竞争而崩坏，生活不安"，因而有一种"浪漫的革命心理"。而作为小资产阶级的知识分子，"他本没有经济的基础，其实不能构成一个独立的阶级"，也正因如此，"他对于任何阶级的政治观念，都摇动不坚固"。但随着形势的发展，尤其是"商人工人农民"都"渐变为革命之主要的动力"的情况下，"知识阶级（即士的阶级）中之革命分子，在各阶级间连锁的作用，仍然有不可轻视的地位"，"他们对于现社会之不安不满足，也可以说是间接促成革命的一种动力"。[②] 该文认为，作为"占中国全人口之大多数"的农民，"自然是国民革命之伟大的势力，中国之国民革命若不得农民之加入，终不能成功一个大的民众革命"。然而，"农民居处散漫势力不易集中，文化低生活欲望简单易于趋向保守，中国土地广大易于迁徙被难苟安"这"三种环境"，"造成农民难以加入革命运动"；

---

① 陈独秀：《中国国民革命与社会各阶级》，《前锋》第 2 期，1923 年 12 月 1 日。
② 陈独秀：《中国国民革命与社会各阶级》，《前锋》第 2 期，1923 年 12 月 1 日。

而"外货侵入破坏农业经济日益一日，兵匪扰乱，天灾流行，官绅鱼肉"这"四种环境"，又"驱农民"有"加入革命之可能"。所以，农民能不能加入革命，关键是看能不能把他们组织起来，"一旦有了组织，便无人敢说连国民革命他们也一定不能加入"。[1] 在分析工人阶级时，陈独秀认为，中国的"工人阶级不但在数量上是很幼稚，而且在质量上也很幼稚"，"中国最大多数的工人，还没有自己阶级的政治争斗之需要与可能，而且连一般的政治争斗之需要甚至于连自己阶级的经济争斗之需要都不曾感觉的工人（如手工业工人），也并不是少数"。因此，"工人阶级在国民革命中固然是重要分子，然亦只是重要分子而不是独立的革命势力"，更不是革命的领导阶级。[2] 就该文对中国社会各阶级的分析来看，其对资产阶级、小资产阶级和农民的分析有它的可取之处，尤其是把资产阶级区分为工商业资产阶级和官僚资产阶级两个部分，认为工商业资产阶级有参加革命、成为革命之动力的可能，而官僚资产阶级则是反革命的，是革命的对象。这是该文的一大贡献。该文的主要问题是，它延续了陈独秀在中共二大前后对于无产阶级还很"幼稚"的认识，夸大了资产阶级的作用，认为工人阶级只能参加革命，而不能领导革命，不是革命的领导阶级。

　　在陈独秀发表《中国国民革命与社会各阶级》一文的前后，瞿秋白、邓中夏等中国共产党人也纷纷发表文章，从谁是革命的对象、谁是革命的动力的角度对中国社会各阶级尤其是其中的工人阶级和农民阶级进行了分析。但总的来看，无论是瞿秋白，还是邓中夏，以及其他共产党人，他们对中国社会各阶级的分析，并没有超过中共二大、《中国共产党对于目前实际问题之计划》、中共三大以及陈独秀对资产阶级、小资产阶级和农民阶级的分析，他们的贡献，是论证了无产阶级的先进性，提出了无产阶级在民主革命中的领导权问题。早在1923年6月15日，瞿秋白针对陈独秀对无产阶级领导权的否定，在《新青年之新宣言》一文中就明确指出："中国资产阶级自然依赖世界资本主义而时时力谋妥协。于是中国的真革命，乃独有劳动阶级方能担负此等伟大使命。……即使资产阶级的革命亦非劳动阶级为之

---

[1] 陈独秀：《中国国民革命与社会各阶级》，《前锋》第2期，1923年12月1日。
[2] 陈独秀：《中国国民革命与社会各阶级》，《前锋》第2期，1923年12月1日。

指导，不能成就；何况资产阶级其势必半途而辍失节自卖。真正的解放中国，终究是劳动阶级的事业。"而且，"无产阶级在社会关系之中，自然处于革命领袖的地位"。[1] 不久（1923 年 12 月 20 日），他又在《自民治主义至社会主义》一文中就"资产阶级和无产阶级究竟那一个能取得革命运动的领袖"的问题发表自己的看法，认为："中国客观的政治经济状况及其国际地位，实在要求资产阶级式的革命；同时此种绝对资产阶级性的所谓'民族民主革命'却非借重国际的及国内的无产阶级不可。独有无产阶级能为直接行动，能澈底革命，扫除中国资本主义的两大障碍；就是以劳工阶级的方法行国民革命。劳工阶级在国民革命的过程中因此日益取得重要的地位，以至于指导权"。他尤其强调，无产阶级在大革命中的领导权，并"不是在某某委员会里占着几把交椅，就算得了领导权；而要组织群众以实力表示无产阶级在政治中的影响"。[2] 在这里，瞿秋白不仅指出了无产阶级掌握领导权的必要性和重要性，而且还意识到这种领导权不是"占着几把交椅"做做样子，而是要无产阶级通过"实力"体现在革命的实践中。

继瞿秋白之后，长期从事工人运动的邓中夏也提出了无产阶级领导权的问题。1923 年 12 月 15 日，他在《中国青年》第 9 期发表的《论工人运动》一文中指出："我是曾经做过工人运动的人，据经验告诉我，使我深深地相信中国欲图革命之成功，在目前固应联合各阶级一致的起来作国民革命，然最重要的主力军，不论现在或将来，总当推工人的群众居首位。"[3] 七天后（1923 年 12 月 22 日），他又针对当时党内因受二七大罢工失败的影响所产生的对中国工人阶级力量的怀疑，在《中国青年》第 10 期上发表《中国工人状况及我们运动之方针》一文，全面翔实地分析了中国工人阶级的状况、工人运动的情况和作用，批评当时一些人所得出的中国工人"数量和质量都很幼稚"的认识是错误的，相反，"我们对于中国的工人运动，应是极抱乐观"，要坚信"工人群众终归是中国革命运动最伟大的一种势力"。[4] 经过认真地调查研究，他再次于 1924 年 11 月在《中国工人》第 2 期上发表《我

---

① 瞿秋白：《新青年之新宣言》，《新青年》第 1 期，1923 年 6 月 15 日。
② 瞿秋白：《自民治主义至社会主义》，《新青年》第 2 期，1923 年 12 月 20 日。
③ 邓中夏：《论工人运动》，载《邓中夏全集》（上），人民出版社，2014，第 298 页。
④ 邓中夏：《中国工人状况及我们运动之方针》，载《邓中夏全集》（上），第 324 页。

们的力量》一文，全面分析了中国工人阶级产生的历史条件、具有的特点和历史作用，指出："中国将来的社会革命的领袖固是无产阶级，就是目前的国民革命的领袖亦是无产阶级。"因为，"只有无产阶级有伟大集中的群众，有革命到底的精神，只有它配做国民革命的领袖。只有无产阶级一方面更增进强大他们自己的力量，一方面又督促团结各阶级微弱的散漫的力量——联合成一个革命的力量，方能成就目前国民革命以及将来社会革命的两种伟大事业"。[1] 文章全面分析了无产阶级形成发展的原因和成长的过程，阐述了中国的民主革命应该由无产阶级来领导的思想。由于该文是建立在邓中夏长期从事工人阶级运动、对中国工人阶级的历史与现状有比较全面深入的了解之基础上的，因而发表后在党内产生了较大影响，这对中共四大明确提出无产阶级领导权起了重要的推动作用。

　　到了1924年的下半年，随着国民党内部右派活动日甚一日，陈独秀的思想也发生了明显变化。这年的7月21日，他和毛泽东签署的《中央通告第十五号——对国民党右派的斗争》指出："自吾党扩大执行会后，国民党大部分党员对我们或明或暗的攻击排挤日甚一日，意在排除我们急进分子，以和缓列强及军阀对于国民党的压迫"，为此，"须努力获得或维持'指挥工人农民学生市民各团体的实权'在我们手里……尽力排除右派势力侵入这些团体"。[2] 12月20日，陈独秀又在《二十七年以来国民运动中所得教训》一文中写道："二十余年来国民运动给我们的总教训是：社会各阶级中，只有人类最后一阶级——无产阶级，是最不妥协的革命阶级，而且是国际资本帝国主义之天然对敌者；不但在资本帝国主义国家的社会革命他是主力军，即在被资本帝国主义压迫的国家之国民革命，也须他做一个督战者。"[3] 陈独秀在文中虽然用的是"督战者"一词，而不是"领导者"一词，但从全文的意思来看，他对无产阶级在民主革命中的重要作用是给予高度肯定的。这与他在中共三大前后认为无产阶级无论数量上、还是质量上都十分"幼稚"的认识相比较，发生的变化非常明显。作为总书记的陈独秀思想的

---

① 邓中夏：《我们的力量》，载《邓中夏全集》（上），第483、484—485页。
②《中央通告第十五号——对国民党右派的斗争》，载《中共中央文件选集》第一册，第282、283页。
③ 陈独秀：《二十七年以来国民运动中所得教训》，《新青年》第4期，1924年12月20日。

这一变化，对于中共四大明确提出无产阶级领导权是有积极意义的。

二、"四大"到"扩大会议"：无产阶级领导权和工农联盟问题的提出和深化

1924 年 1 月，中国国民党第一次全国代表大会在广州召开，并发表了《中国国民党第一次全国代表大会宣言》，对孙中山的三民主义做了新的阐述。中国国民党第一次全国代表大会的召开和《中国国民党第一次全国代表大会宣言》的发表，标志着第一次国共合作的正式形成。国共合作开创了反帝反封建的新局面，大革命运动蓬勃兴起。随着大革命运动的兴起和发展，确立无产阶级在大革命中的领导地位日益显得重要和迫切。1925 年 1 月 11 日至 22 日召开的中国共产党第四次全国代表大会，则顺应革命形势发展的需要，以《议决案》的形式正式提出了无产阶级在民主革命中的领导权问题。四大通过的《对于民族革命运动之议决案》（以下简称《议决案》）总结了国共合作一年来的经验，批判了在国共合作中党内所表现出来的左、右倾错误。其"左倾的错误，是主张继续做无产阶级的革命运动及无产阶级专政的宣传，反对加入国民党，甚至反对参加国民革命，以为这是和资产阶级妥协，使我们的党变成黄色"；而"右倾的错误比左倾的错误更危险，而且更普遍"。"右倾的错误"主要表现在以下三个方面："（一）以为我们既然以国民运动为中心工作，便应集全力于国民党的工作，不必同时进行我们党的工作，这种错误，以实际工作中得力的同志为尤甚；（二）以为我们既然加入多阶级的国民党做国民运动，便只好采取劳资调协的政策，不便鼓动阶级争斗，怀这种错误观念的，只是少数由国民党加入本党的同志；（三）以为我们应该帮助整个的国民党，不必助长左右派之分裂。"在批判了左倾，尤其是右倾的错误后，《议决案》强调："我们参加民族运动，是为了全民族的解放，并且为了无产阶级自己的利益，决不是为了资产阶级的利益。"[1] 因此，"中国的民族革命运动，必须最革命的无产阶级有力的参加，并且取得领导的地位，才能够得到胜利"[2]。否则，"若是忘了无产阶级

---

[1]《对于民族革命运动之议决案》，载《中共中央文件选集》第一册，第 335—336 页。
[2]《对于民族革命运动之议决案》，载《中共中央文件选集》第一册，第 333 页。

的经济组织及党的工作，若是忘了民族运动中无产阶级的经济争斗，若是忘了无产阶级在民族革命中自己阶级革命之准备"，尤其若是忘了无产阶级的"领导地位"，而"沉溺在资产阶级性的民族德谟克拉西运动中"，那必将对无产阶级造成"不容易挽救的大害"，并"足以减少民族运动之革命性"。① 而无产阶级要"有力的参加"民族革命运动，并且"取得领导的地位"，就必须壮大和发展无产阶级的力量。四大通过的《对于职工运动之议决案》中提出："在半殖民地的中国，工人阶级不仅为本阶级的利益而奋斗，同时还要参加民族革命运动，并且在民族运动中须取得领导地位。但工人阶级要真能达到领导者的地位，督促其他阶级前进，自身就须有强固的组织和独立的工作。"② 为此，四大特别重视职工运动，制订了开展职工运动的各项具体计划，并提醒共产党员，"要使工人阶级取得民族革命运动的领导地位，对于职工运动应当特别注意；必须工人阶级有强固的群众的独立的阶级组织，他在民族运动中才能成为独立的政治势力；然后民族运动中的领导地位，方才能有保障"③。

　　除了提出无产阶级在民主革命中的领导权外，四大还对谁是民主革命的对象、谁是民主革命的动力进行了分析和进一步确认。关于革命的对象，《议决案》把资产阶级分为"新兴的工业资产阶级"和"大商买办阶级"，认为"这班大商买办阶级，不但支配了对外商业及国内商业，并有了一万五千万以上的银行资本，有了许多矿山及交通企业，并且插足到工厂工业"，其"经济基础，大部分是依赖外国资本主义之侵入（外货外资），另一部分是勾结军阀政府，以重利盘剥国家，掠夺平民"。所以，"他们决不愿协同平民起来向军阀进攻，他们只想借助外力抑制军阀，使他们自己取得若干政权；他们尤希望利用此政权，勾结外资，用开发中国实业的名义，以图自利。在将来，这班大商买办阶级勾结资本帝国主义，断送中国国民经济命脉（铁路、矿山、轻重各种工业）之危险，比此时的军阀还要厉害"。因此，他们"完全是帝国主义之工具"，是民主革命的对象。除了"大商买办阶级"外，民主革命的对象还有"剥削农民的地主阶级"。这两

①《对于民族革命运动之议决案》，载《中共中央文件选集》第一册，第336页。
②《对于职工运动之议决案》，载《中共中央文件选集》第一册，第342页。
③《对于职工运动之议决案》，载《中共中央文件选集》第一册，第346页。

个阶级"有联合压迫农工平民民族运动之倾向，他们（买办阶级及地主阶级）都是中国资产阶级之反革命派"。[①] "而在民主革命的动力方面，占中国全人口大多数"的农民，通过参加"湖南，广东，陕西的农民运动，已表示他们是中国革命运动中的重要成分，并且他们因利害关系，天然是工人阶级之同盟者"。[②] 中国共产党与工人阶级"要领导中国革命至于成功"，就必须努力地把农民发动起来、组织起来，和他们结成同盟，"没有这种努力，我们希望中国革命成功以及在民族运动中取得领导地位，都是不可能的"。[③] 为此，中共四大制定和通过了《对于农民运动之议决案》，提出了组织农民协会、扩大农民自卫军，设立夜校、识字班，提高乡村文化，保障贫农及雇农的特殊利益等措施。除了农民，以"因外货侵入而濒于破产的小商人手工业主，尤其是生活不安的知识阶级"为主体的小资产阶级，"都希望有一个民族德谟克拉西的革命"，也是民主革命的动力之一。还有"游民无产阶级"，他们"多出于破产的农民及手工业者"，如果能得到无产阶级的指导，他们"在民族革命运动中，也有相当的作用"。[④] 至于"新兴的工业资产阶级"，《议决案》虽然认为他们也是民主革命的动力之一，但由于"外国帝国主义阻碍其发展"，目前还处于"由买办官僚的资产阶级到民族的工业资产阶级之过程中"，因而"还不能参加民族革命运动"。[⑤]《议决案》尤其强调了在无产阶级的领导下，无产阶级应联合其他参加革命的阶级与敌人作战的重要性："若要民族革命运动得到较澈底的胜利，固然需要最革命的无产阶级站在领导地位，同时这领导阶级也要能够抓住被压迫的各社会阶级的力量，向共同的敌人——帝国主义及其工具（国内军阀及地主买办阶级）——作战，才免得处在孤立地位，这是一个重要问题。"[⑥]

在民主革命的内容方面，中共四大也有新的提法，即除此前中共二大、三大提出的反对"国际帝国主义"和国内"封建的军阀"外，还提出要反对"封建的经济关系"。《议决案》指出，"中国民族革命有两个特点：他是

---

① 《对于民族革命运动之议决案》，载《中共中央文件选集》第一册，第 332 页。
② 《对于民族革命运动之议决案》，载《中共中央文件选集》第一册，第 333 页。
③ 《对于农民运动之议决案》，载《中共中央文件选集》第一册，第 358 页。
④ 《对于民族革命运动之议决案》，载《中共中央文件选集》第一册，第 333 页。
⑤ 《对于民族革命运动之议决案》，载《中共中央文件选集》第一册，第 332—333 页。
⑥ 《对于民族革命运动之议决案》，载《中共中央文件选集》第一册，第 337—338 页。

继续或完成辛亥革命，这个革命的内容是反对封建的经济关系，反对封建的军阀政治（如督军制，雇佣军队制，政权分裂，农民屈伏于官绅，人民无法律的保护）；同时，中国民族运动是反对国际帝国主义，因为他是中国革命不能成功之重要原因"[1]。把"反对封建的经济关系"，与"反对国际帝国主义"和"反对封建的军阀政治"一起，作为民主革命的内容提出来，这在中国共产党的有关会议、宣言和文件中还是第一次。

　　在中国共产党人于大革命前后探索新民主主义革命基本问题的历程中，中共四大的历史功绩值得充分肯定：一是提出了无产阶级在中国民主革命中的领导权问题，完成了二大和三大未完成的历史任务，这是四大最重要的历史功绩。二是提出了工农联盟问题，认为农民"天然是工人阶级之同盟者"，无产阶级及其政党如果不发动农民起来斗争，中国革命的成功和无产阶级领导地位是不可能取得的。此前的二大和三大虽然也提出了含有"工农联盟"思想性质的主张，但没有像四大这样明确，这样旗帜鲜明。三是对中国民主革命的内容做了更加完整的规定，提出在"反对国际帝国主义"的同时，既要"反对封建的军阀政治"，还要"反对封建的经济关系"。"这些都是中国共产党在总结建党以来尤其是国共合作一年来历史经验的基础上，对中国革命问题认识的重大进展。"[2]此外，四大还提出了"大商买办阶级"这一概念，并把资产阶级分成"新兴的工业资产阶级"和"大商买办阶级"两部分，认为"大商买办阶级"是中国民主革命的对象。当然，"四大"也有它的不足之处，一是虽然把"大商买办阶级"和"新兴的工业资产阶级"做了区分，这是对资产阶级认识的一大进步，但又缺乏对"新兴的工业资产阶级"的全面认识，认为"新兴的工业资产阶级"还不是独立的阶级，还处于"由买办官僚的资产阶级到民族的工业资产阶级之过程中"，因而他们暂时还不能参加革命。二是虽然提出了无产阶级在民主革命中的领导权问题，但"对如何实现无产阶级的领导权，特别是如何正确处理在同资产阶级争夺领导权中的种种复杂问题，并没有作出具体的回答"[3]。但瑕不掩瑜，四大对新民主主义

① 《对于民族革命运动之议决案》，载《中共中央文件选集》第一册，第 337 页。
② 中共中央党史研究室：《中国共产党的九十年·新民主主义革命时期》，中共党史出版社、党建读物出版社，2016，第 63 页。
③ 中共中央党史研究室：《中国共产党的九十年·新民主主义革命时期》，第 63 页。

基本问题的探索，对于新民主主义思想的最终形成具有重要的意义。

中共四大闭幕后，在国共合作的推动下兴起的大革命运动得到迅速发展，特别是五卅惨案引发的全国革命风暴，即五卅运动的兴起和发展，不仅沉重打击了帝国主义在中国的侵略势力和封建军阀的统治，也检验了社会各阶级、各政治势力的政治态度和战斗力量。工人阶级及其政党——中国共产党在五卅运动中显示出了巨大威力和高度觉悟，并事实上成了五卅运动的领导者，而资产阶级两面性的软弱性和妥协性一面在运动中也进一步暴露无遗。与此同时，工人阶级及其政党——中国共产党在五卅运动中显示出的巨大威力和高度觉悟也引起了国民党内部的右派势力的高度警觉和恐惧，加上孙中山的逝世使国民党失去了平衡各派势力的权威。于是，以戴季陶和西山会议派为代表的国民党右派势力向中国共产党发起了猖狂攻击，国共合作内部无产阶级和资产阶级争夺领导权的斗争日益激烈（详情参考本书第十四章第四节的有关内容）。

在这一历史背景下，1925 年 9 月底至 10 月上旬，中共中央在北京俄国大使馆召开了扩大执行委员会会议（以下简称"扩大会议"）。参加会议的有中央委员、候补委员和重要省区的代表。扩大会议在回顾"'五卅'以来的国民革命运动"时指出，五卅运动的一个最显著的特点，就在于它"真正是一般民众的运动"，参加的人员不仅有无产阶级、手工业者、小商人、学生、各地的商会，甚至连"本来是直接处于帝国主义机关的影响之下的"教会和教会学校里的中国知识阶级也参加了这场反帝国主义的斗争。[①] 在五卅运动这个政治大舞台上，各个阶级都做了充分的"表演"。也正是通过对各个阶级"表演"的体验和考察，中国共产党人对中国社会各阶级的认识以及建立在此基础上的对新民主主义革命基本问题的探索又有了进一步的深化。

首先，是对无产阶级革命领导权的认识："此次反帝国主义的斗争里，工人阶级在民族解放的革命运动中的领袖地位才真明显的表现出来"，所有"受帝国主义压迫的一般人民，都团结在这工人阶级斗争的旗帜之下"，这

---

①《中国现时的政局与共产党的职任议决案》，载《中共中央文件选集》第一册，第 459 页。

充分"证明中国无产阶级是解放全民族的先锋队和主力军"①，"是一个独立的社会力量，是一个很大的政治动力"②。显而易见，扩大会议对无产阶级领导地位的上述认识，较之中共四大时又有进步，因为"'四大'只是在理论上作了一般的分析，缺乏实际斗争的体验，因而对领导权的理解比较肤浅"；而这次"扩大会议则是从自己的实践中、从活生生的体验中认识了无产阶级领导权的必然性，并从理论和实践的结合上进行了论述，因而对领导权的理解更加深刻，思想上更加明确"。③

其次，是对资产阶级两面性的认识："这几个月来中国的经验，明显的证实中国资产阶级也和过去时代各资本主义国家的资产阶级一样，当他们要争政权而反对压迫他们的国内外势力的时期，他们固然要和工人阶级携手，可是处处只为他们自己的阶级的利益。只要无产阶级在这与资产阶级共同斗争的时候，同时对国内资本家要求自己的经济利益和法律上的权利，国内资产阶级立刻就开始压迫工人，宁可抛弃民族利益而与敌人妥协。"④如果说此前中国共产党人对资产阶级两面性的认识，大多来自于对资产阶级的社会关系及其地位、经济关系及其地位，尤其是他们与帝国主义和封建军阀之关系的考察，是一种理论上的分析和论断，那么，资产阶级在五卅运动中的所作所为，使中国共产党人对他们的两面性有了切身体验，因而也才有扩大会议对资产阶级两面性的特别强调。

再次，是对小资产阶级在革命中之地位的认识：当"更反动的资产阶级，不但反对无产阶级而且背叛民族革命"的时候，"几百万城市小资产阶级的群众"却仍然在那里坚持斗争，"直到现在，还是工人阶级的同盟军"。⑤此前的中共四大只认为小资产阶级"希望有一个民族德谟克拉西的革命"，亦即小资产阶级有革命的愿望，是革命的动力，而"几百万城市小资产阶级的群众"在五卅运动中的表现，使扩大会议得出了小资产阶级是"工人阶级的同盟军"的认识。

①《中国现时的政局与共产党的职任议决案》，载《中共中央文件选集》第一册，第460页。
②《中国共产党与中国国民党关系议决案》，载《中共中央文件选集》第一册，第488页。
③ 王学启：《关于一九二五年十月中共中央扩大执委会》，《近代史研究》1984年第4期。
④《中国现时的政局与共产党的职任议决案》，载《中共中央文件选集》第一册，第461页。
⑤《中国现时的政局与共产党的职任议决案》，载《中共中央文件选集》第一册，第461—462页。

最后，是对农民的要求有了新的认识，提出了"耕地农有"和在农民的组织中发展和巩固党的组织的主张。农民虽然没有参加五卅运动，但在五卅运动期间，"中国农民运动在南部及中部诸省也逐渐发展起来了"，加上资产阶级之两面性的软弱性和妥协性在五卅运动中的暴露无遗，这使中国共产党人对农民在革命中的重要作用有了更进一步的认识，"假使几万万中国农民"不能参加革命，即使无产阶级夺得了政权，也"必定不能巩固政权，镇压军阀的反革命"。所以，农民能否参加革命，这关系到革命能否取得胜利、胜利后政权能否巩固的问题。而要农民参加革命，仅停留在以前所主张的减租减税、整顿水利、废除陋规等是不行的，"如果农民不得着他们最主要的要求——耕地农有，他们还是不能成为革命的拥护者"。基于这一认识，扩大会议提出："中国共产党对于农民的要求，应当列成一种农民问题政纲，其最终的目标，应当没收大地主军阀官僚庙宇的田地交给农民。中国共产党应当使一般民主派知道没收土地是不可免的政策，是完成辛亥革命的一种重要职任。"① 提出"耕地农有"，主张"没收大地主军阀官僚庙宇的田地交给农民"，这对于中国共产党认识和解决中国民主革命的基本问题有其重要的意义。扩大会议还提出，中国共产党不仅要从思想上指导农民运动，更重要的是要在农民组织中发展党的组织、巩固党的组织，从而建立起巩固的工农联盟。会议通过的《中国现时的政局与共产党的职任议决案》是这样规定中国共产党人的"职任"的："我们的职任，不仅限于明白规定农民的要求和农民运动的前途，还要注意我们对于农民的指导的组织——我们自己的党在农民运动中之发展。中国共产党是中国无产阶级的代表，我们要能和农民结合巩固的同盟，才能尽自己的历史上的职任。所以在这农民运动兴起的时候，我们的根本责任，不但在于组织农民和给他们以思想上的指导，而且要在农民协会协作社农民自卫军之中，巩固我们党的组织。"② "四大"明确提出了工农联盟问题，但对如何建立工农联盟并没有提出具体的切实可行的措施，也没有提出农民的土地问题，而扩大会议则提出了具体措施，即通过在农民组织中发展党的组织、巩固党的组织，从而建立起巩固的

①《中国现时的政局与共产党的职任议决案》，载《中共中央文件选集》第一册，第 462 页。
②《中国现时的政局与共产党的职任议决案》，载《中共中央文件选集》第一册，第 463 页。

工农联盟，尤其是提出了"耕地农有"的主张，这对于发动和组织农民参加
无产阶级领导的民主革命、建立和巩固工农联盟具有十分重要的意义。

三、《中国社会各阶级的分析》：中共探索新民主主义革命基本问题的智慧结晶

扩大会议前后，中国共产党人继续就新民主主义革命的基本问题进行深入的探索。1925 年 5 月，邓中夏在《劳动运动复兴期中的几个重要问题——贡献于第二次全国劳动大会之前》一文中强调了无产阶级领导权和无产阶级在与资产阶级的合作中保持自己独立性的重要性："无产阶级参加国民革命，不是附属什么资产阶级而参加，乃是以自己阶级的目的而参加；所以我们在国民革命中应以自己阶级的利益为前提的。"他告诉工人群众，无产阶级参加大革命的最终目的是要取得政权，而"政权不是从天外飞到我们工人手中的，是要我们从实际政治斗争去一点一滴的以至于全部的取得。政权，我们不取，资产阶级会去取的。所以我们对于国民革命，即为了取得政权而参加的"。邓中夏还用了一节的篇幅谈无产阶级领导下的"工农联合问题"，他指出："工人与农民，因地位关系，利害关系，可说是天然的同盟者。我们工人固然不能忽略了城市劳动者之紧紧的团结，然而为增厚援军以打倒共同敌人，亦不能忽视了与乡村中农民之紧紧的联合，因为农民占全国人口百分之八十，其数量远超过我们数百倍以上。我们工人阶级要领导中国革命至于成功，必须尽可行的系统的帮助并联合各地农民逐渐从事于经济的和政治的斗争。假使没有这种努力，我们希望中国革命成功以及在国民革命中取得领导地位，都是不可能的。"[①] 7 月 31 日，周恩来在《工人之路》特号第 37 期发表的《在省港罢工工人代表第六次大会上的政治报告》强调，"工人是国民革命的领袖，要领导农人兵士而为工农兵的大联合，共同来打倒帝国主义"。9 月 7 日，瞿秋白在《向导》第 128 期上发表《义和团运动之意义与五卅运动之前途》，他通过对义和团运动和五卅运动的比较得出结论：义和团运动失败的重要原因，是不能以自己的阶级斗争引导

---

① 邓中夏：《劳动运动复兴期中的几个重要问题——贡献于第二次全国劳动大会之前》，载《邓中夏全集》（上），第 538、540、542 页。

普通的广大农民群众，"更不能以这种阶级斗争来领导各阶级反帝国主义的联合战线"。五卅运动就不同了。在这个运动中，有中国共产党的领导和马克思主义的指导，无产阶级成了反帝反军阀斗争最重要的原动力、骨干和领导者。由于帝国主义及其走狗的破坏，五卅运动只获得很少的胜利，如要再往前得到很大的发展，就"应当更加发展中国无产阶级的势力，发展一般民众力量，排除一切反动的帝国主义走狗的力量"，到那时"才能打破帝国主义束缚中国的一切锁链"。[1] 四天后（9 月 11 日），瞿秋白又在《向导》第 129 期上发表的《五卅运动中之国民革命与阶级斗争》一文中，充分肯定了无产阶级在五卅运动中的领导作用："中国这次反帝国主义的民族解放运动的高潮，在工人阶级的阶级斗争之领导之下，如果没有卖国军阀的摧残，而能充分的发展，那将不难结合全国平民的革命实力……达到废除不平等条约而彻底解放中国的目的。"[2] 这年（1925 年）的 12 月 30 日到第二年（1926 年）的 2 月 3 日，李大钊在《政治生活》上连载《土地与农民》一文，以丰富的统计资料为依据，深入地分析了农民各阶层的状况，指出自耕农与佃农是"农民中最多数最困苦的阶级"，"耕地农有"是"广众的贫农所急切要求的口号"，"在乡村中作农民运动的人们，第一要紧的工作，是唤起贫农阶级组织农民协会"。[3]

在中共扩大会议前后继续就新民主主义革命基本问题进行深入探索的中国共产党人中，毛泽东是主要代表。1925 年 10 月 20 日，他为《广东省党部代表大会会场日刊》所写的《发刊词》中就明确提出，中国革命的对象是帝国主义和"帝国主义借以剥削中国人民的重要工具"，即"军阀、大商买办阶级和地主阶级"。[4] 11 月 21 日，他在《答少年中国学会改组委员会问》的第一问"对于目前内忧外患交迫的中国究抱何种主义"中又明确表示："本人信仰共产主义，主张无产阶级的社会革命。惟目前的内外压迫，非一

---

① 瞿秋白：《义和团运动之意义与五卅运动之前途》，《向导》第 128 期，1925 年 9 月 7 日。

② 瞿秋白：《五卅运动中之国民革命与阶级斗争》，载《瞿秋白文集·政治理论编》第三卷，人民出版社，2013，第 357—358 页。

③ 李大钊：《土地与农民》，载中国李大钊研究会编注《李大钊全集》（最新注释本）第五卷，人民出版社，2006，第 78、82、84 页。

④ 毛泽东：《〈广东省党部代表大会会场日刊〉发刊词》，载中共中央文献研究室编《毛泽东文集》第一卷，人民出版社，1993，第 16 页。

阶级之力所能推翻，主张用无产阶级、小资产阶级及中产阶级左翼合作的国民革命，实行中国国民党之三民主义，以打倒帝国主义，打倒军阀，打倒买办、地主阶级（即与帝国主义、军阀有密切关系之中国大资产阶级及中产阶级右翼），实现无产阶级、小资产阶级及中产阶级左翼的联合统治，即革命民众的统治。"①此段文字很少，不足200个字，但它回答了革命的性质，是打倒帝国主义、打倒军阀、打倒买办和地主阶级的民主革命；革命的对象，是帝国主义、军阀、买办和地主阶级（即与帝国主义、军阀有密切关系之中国大资产阶级及中产阶级右翼）；革命的动力，是无产阶级、小资产阶级及中产阶级；革命的目的或前途，是"革命民众的统治"。这里需要说明的是，由于毛泽东认为农民是"半无产阶级"，所以在这里没有把"农民"作为一个独立的阶级和革命的动力提出来。不久，他在《国民党右派分离的原因及其对于革命前途的影响》一文中又进一步指出，中国现在进行的民主革命，不仅与"十八世纪末期至十九世纪中期欧、美、日本资产阶级反抗封建贵族阶级的民主革命"的性质"完全不同"，而且与辛亥革命的性质"也不相同"。欧、美、日本资产阶级反抗封建贵族阶级的民主革命，"乃资产阶级一阶级的革命。其对象是国内的封建贵族；其目的是建设国家主义的国家即资产阶级一阶级统治的国家；其所谓自由、平等、博爱乃当时资产阶级用以笼络欺骗小资产、半无产、无产阶级使为己用的一种策略"，"其终极是发展了全世界的殖民地半殖民地，造成了国际资本帝国主义"；而中国现在进行的民主革命，"乃小资产阶级、半无产阶级、无产阶级这三个阶级合作的革命，大资产阶级是附属于帝国主义成了反革命势力，中产阶级是介于革命与反革命之间动摇不定，实际革命的乃小资产、半无产、无产这三个阶级成立的一个革命的联合。其对象是国际帝国主义；其目的是建设一个革命民众合作统治的国家"；"其终极是要消灭全世界的帝国主义，建设一个真正平等自由的世界联盟"。辛亥革命"虽然其本质应该是反对国际帝国主义，然因当时多数党员（应指的是同盟会会员——引者）还没有看清此点"，其结果是"革命的口号变成简单的'排满'"，加上当时"还没有有组织的工农群众"和"代表无产阶级利益的中国共产党"，因此，

---

① 毛泽东：《答少年中国学会改组委员会问》，载《毛泽东文集》第一卷，第18—19页。

"党（应指的是同盟会——引者）的组织和内容是极其简单，作战的队伍是极其孤弱"；而中国现在进行的民主革命，"革命的目标已转换到国际资本帝国主义；党（应指的是改组后的国民党——引者）的组织逐渐严密完备起来，因为加入了工农阶级的分子，同时工农阶级形成了一个社会的势力；已经有了共产党"。[①] 通过与"十八世纪末期至十九世纪中期欧、美、日本资产阶级反抗封建贵族阶级的民主革命"以及辛亥革命进行比较，毛泽东进一步阐述了中国现在进行的民主革命的性质、对象、动力、前途以及特点。

顾名思义，《国民党右派分离的原因及其对于革命前途的影响》的重点是分析国民党右派为什么会与国民党分离以及分离对中国革命的影响，而不是对新民主主义革命基本问题进行系统的思考和探索。这一时期毛泽东对新民主主义革命基本问题进行系统思考和探索的文章是他 1925 年 12 月 1 日发表的《中国社会各阶级的分析》一文。他在该文的开头即写道："谁是我们的敌人？谁是我们的朋友？这个问题是革命的首要问题。中国过去一切革命斗争成效甚少，其基本原因就是因为不能团结真正的朋友，以攻击真正的敌人。革命党是群众的向导，在革命中未有革命党领错了路而革命不失败的。我们的革命要有不领错路和一定成功的把握，不可不注意团结我们的真正的朋友，以攻击我们的真正的敌人。我们要分辨真正的敌友，不可不将中国社会各阶级的经济地位及其对于革命的态度，作一个大概的分析。"[②] 该文中，毛泽东运用马克思主义、列宁主义的阶级分析方法，对中国社会各阶级的经济地位和在革命中的作用进行了全面的分析，阐明了无产阶级领导民主革命的可能性、必要性和历史必然性，明确了谁是民主革命的动力，谁是民主革命的对象，初步确定了无产阶级对资产阶级的策略，解决了革命实践迫切需要解决的重大理论问题和实践问题，初步形成了无产阶级领导新民主主义革命的思想。

第一，明确提出无产阶级是中国民主革命的领导者，是"特别能战斗"的阶级。文章指出：受中国经济落后、民族资本主义发展缓慢的影响，中国的现代工业无产阶级大约只有二百万人，"工业无产阶级人数虽不多，却

[①] 毛泽东：《国民党右派分离的原因及其对于革命前途的影响》，载《毛泽东文集》第一卷，第24—26 页。
[②] 毛泽东：《中国社会各阶级的分析》，载《毛泽东选集》第一卷，第 3 页。

是中国新的生产力的代表者，是近代中国最进步的阶级，做了革命运动的领导力量"，我们只要看看这四年来一系列的罢工运动"所表现的力量，就可知工业无产阶级在中国革命中所处地位的重要"。中国的工业无产阶级之所以地位重要，"第一个原因是集中。无论哪种人都不如他们的集中。第二个原因是经济地位低下。他们失了生产手段，剩下两手，绝了发财的望，又受着帝国主义、军阀、资产阶级的极残酷的待遇，所以他们特别能战斗"。[①] 这样，毛泽东就从两个方面——（一）无产阶级是"中国新的生产力的代表者，是近代中国最进步的阶级"；（二）无产阶级具有"集中"和"经济地位低下"这两个特点，因而"特别能战斗"——论证了无产阶级之所以是中国民主革命领导者的理由。其论证既简明，又深刻，极具说服力，尤其是从"新的生产力的代表者"立论，来说明无产阶级"是近代中国最进步的阶级"，因而是中国革命的领导者，这就把马克思主义唯物史观和政治经济学原理的运用与对中国社会各阶级的分析结合了起来，是马克思主义中国化的成果。在分析中国的"无产阶级"时，毛泽东还用一小段的篇幅分析了"数量不小的游民无产者"，指出，游民无产者主要是"失了土地的农民和失了工作机会的手工业工人。他们是人类生活中最不安定者"。全国各地的许多秘密组织，如闽粤的"三合会"、湘鄂黔蜀的"哥老会"、皖豫鲁等省的"大刀会"、直隶及东三省的"在理会"、上海一带的"青帮"，就是游民无产者的"政治和经济斗争的互助团体"。如何处理好这些人，"是中国的困难的问题之一"。因为，这些人"很能勇敢奋斗"，但又具有"破坏性"。如果处理得当，他们"可以变成一种革命力量"。[②] 此前中国共产党的会议、文件以及其他中国共产党人的文章中也提到过游民无产者，但很少对他们"很能勇敢奋斗"、又具有"破坏性"的特点进行分析。

　　第二，深入分析了民族资产阶级（中产阶级）的两面性，并对所谓"中间道路"进行了批判。文章指出：资产阶级或民族资产阶级"对于中国革命具有矛盾的态度"：一方面，"他们在受外资打击、军阀压迫感觉痛苦时，需要革命，赞成反帝国主义反军阀的革命运动"；另一方面，"当着革

① 毛泽东：《中国社会各阶级的分析》，载《毛泽东选集》第一卷，第8页。
② 毛泽东：《中国社会各阶级的分析》，载《毛泽东选集》第一卷，第8—9页。

命在国内有本国无产阶级的勇猛参加，在国外有国际无产阶级的积极援助，对于其欲达到大资产阶级地位的阶级的发展感觉到威胁时，他们又怀疑革命"。针对当时一些资产阶级人物所提出的"实现民族资产阶级一阶级统治的国家"的主张，文章明确指出，这"是完全行不通的"，"因为现在世界上的局面，是革命和反革命两大势力作最后斗争的局面。这两大势力竖起了两面大旗：一面是红色的革命的大旗……一面是白色的反革命的大旗"，在这两面大旗之外，是没有中间道路可走的，"那些中间阶级，必定很快地分化，或者向左跑入革命派，或者向右跑入反革命派，没有他们'独立'的余地。所以，中国的中产阶级，以其本阶级为主体的'独立'革命思想，仅仅是一个幻想"。①

第三，对小资产阶级及其革命态度做了全面分析。文章指出：中国的小资产阶级包括自耕农、手工业主和小知识分子，无论"在人数上"，还是"在阶级性上"，这一阶级"都值得大大注意"。依据其经济地位和社会地位的差别，小资产阶级可以划分为左、中、右三个部分。"小资产阶级的三部分，对于革命的态度，在平时各不相同；但到战时，即到革命潮流高涨、可以看得见胜利的曙光时，不但小资产阶级的左派参加革命，中派亦可参加革命，即右派分子受了无产阶级和小资产阶级左派的革命大潮所裹挟，也只得附和着革命。"②将小资产阶级明确划分成左、中、右三部分，并分析他们对于中国革命的态度，这是此前中国共产党人对中国社会各阶级的分析中没有的。

第四，提出"半无产阶级"的概念，认为半无产阶级中的贫农是无产阶级最可靠的同盟军。文章指出，中国的"半无产阶级"，包含：（一）绝大部分半自耕农，（二）贫农，（三）小手工业者，（四）店员，（五）小贩等五种群体。其中，"绝大部分半自耕农和贫农是农村中一个数量极大的群众。所谓农民问题，主要就是他们的问题"。由于经济状况有"上、中、下"的"细别"，半无产阶级的各群体对革命的态度也有差异。相对其他群体来说，贫农，特别是那些"既无充足的农具，又无资金，肥料不足，土地歉收，送租之外，所

---

① 毛泽东:《中国社会各阶级的分析》，载《毛泽东选集》第一卷，第4—5页。
② 毛泽东:《中国社会各阶级的分析》，载《毛泽东选集》第一卷，第5—6页。

得无几，更需要出卖一部分劳动力"才能勉强维持生计的贫农，"是农民中极艰苦者，极易接受革命的宣传"，是无产阶级最可靠的同盟者。还有就是小手工业者、店员和小贩，他们和贫农一样，"时有贫困的压迫和失业的恐慌"，因此，他们也"对于革命宣传极易接受"，"其需要一个变更现状的革命"。[1]

　　第五，指出地主阶级和买办阶级是革命的对象。文章指出，"在经济落后的半殖民地的中国，地主阶级和买办阶级完全是国际资产阶级的附庸，其生存和发展，是附属于帝国主义的"。他们"代表中国最落后的和最反动的生产关系，阻碍中国生产力的发展。他们和中国革命的目的完全不相容"，是中国革命的对象，"特别是大地主阶级和大买办阶级，他们始终站在帝国主义一边，是极端的反革命派"。[2]

　　在对中国社会各阶级进行了逐一的分析后，文章最后写道："综上所述，可知一切勾结帝国主义的军阀、官僚、买办阶级、大地主阶级以及附属于他们的一部分反动知识界，是我们的敌人。工业无产阶级是我们革命的领导力量。一切半无产阶级、小资产阶级，是我们最接近的朋友。那动摇不定的中产阶级，其右翼可能是我们的敌人，其左翼可能是我们的朋友——但我们要时常提防他们，不要让他们扰乱了我们的阵线。"[3]这段文字回答了文章开篇时所提出的"谁是我们的敌人？谁是我们的朋友？"这个"革命的首要问题"。文中对无产阶级之所以是中国民主革命的领导阶级之原因的分析，对游民无产者以及他们在中国革命中之作用的分析，对资产阶级的两面性的分析尤其是对"中间道路"的批判，把小资产阶级分成左、中、右三个部分并对他们在中国革命中之态度的分析，"半无产阶级"之概念的提出和强调贫农是无产阶级最可靠的同盟军，以及明确提出"军阀、官僚、买办阶级、大地主阶级以及附属于他们的一部分反动知识界，是我们的敌人"，等等，都是之前中国共产党人在探索新民主主义革命基本问题、分析和研究中国社会各阶级时没有或很少涉及、有涉及但论述不够、有论述但观点不够明确的内容。就此而言，毛泽东的《中国社会各阶级的分析》是大革命时期中国共产党探索新民主主义革命基本问题、分析和研究中国社

---

① 毛泽东：《中国社会各阶级的分析》，载《毛泽东选集》第一卷，第6—7页。
② 毛泽东：《中国社会各阶级的分析》，载《毛泽东选集》第一卷，第3—4页。
③ 毛泽东：《中国社会各阶级的分析》，载《毛泽东选集》第一卷，第9页。

会各阶级的智慧结晶，同时也把中国共产党对新民主主义革命基本问题的探索推进到了一个新的更高的阶段。

《中国社会各阶级的分析》的发表，标志着新民主主义基本思想的初步形成。我们之所以说它是"初步形成"，是就它的基本方面来说的。事实上，在革命的领导权方面，虽然确认了无产阶级的革命领导权的重要性，但"对如何实现无产阶级的领导权，特别是如何正确处理在同资产阶级争夺领导权中的种种复杂问题"，从中共四大到毛泽东的《中国社会各阶级的分析》并没有真正完全解决；在革命的动力方面，虽然认识到农民是民主革命的重要力量，提出要建立巩固的"工农联盟"，也提出了"耕地农有"的主张，但在整个大革命时期，并没有实行土地革命，没有满足农民对土地的要求。而不实行土地革命，不满足农民对土地的要求，就很难激发出农民的革命热情，工农联盟也因此不可能真正建立和巩固起来；而得不到农民的积极参与，没有巩固的工农联盟，无产阶级领导的民主革命就不可能取得最后胜利。尤其重要的是，在大革命时期，中国共产党人对于武装斗争的重要性虽有一定的认识，但又认识不足，特别是作为总书记的陈独秀认识严重不足；而没有自己的军队和武装力量，在敌人的进攻面前就只能败下阵来。这也是大革命最终陷于失败的重要原因。这些问题是中国共产党在总结和吸取了大革命失败的教训后，在第二次国内革命战争时期亦即土地革命战争时期才逐步得到解决的。所以，直到 1939 年、1940 年前后，毛泽东在《〈共产党人〉发刊词》、《中国革命和中国共产党》和《新民主主义论》等一系列论著中，在总结中国共产党近二十年斗争的两次成功经验和两次失败教训的基础上，才比较完整地阐述了新民主主义革命理论，新民主主义理论体系才真正形成。[①] 此是后话，于此不论。

第五节　中共工农运动的理论、策略和实践及北伐战争

中国共产党自成立之日起，就十分重视工人运动。到中共三大时，农

---

① 以上内容参见郭德宏的《关于党的民主革命总路线基本思想的形成》，《历史研究》1980 年第 1 期。

民和农民运动也引起了中国共产党的高度重视。中国共产党在发动和领导工农运动的过程中，尤其是在大革命时期，对工农运动的理论和策略进行了深入探索，而理论和策略的探索又进一步指导和推进了工农运动的实践。1927年3月正式发表和出版的毛泽东《湖南农民运动考察报告》便是中国共产党成立以来尤其是大革命时期农民运动的理论、策略和实践的科学总结。为了打倒北洋军阀，实现国家政权的完全统一，以完成孙中山未竟的革命事业，1927年7月国民革命军在广州誓师北伐。中国共产党是北伐战争的积极推动者、支持者和参与者。然而就在国共合作的北伐战争取得重大胜利之时，蒋介石、汪精卫先后发动四一二反革命政变和七一五反革命政变，北伐战争随之夭折，轰轰烈烈的大革命运动就此失败。

一、工人运动的理论、策略和实践

中国共产党自成立之日起就十分重视工人运动。"一大"通过的《中国共产党第一个决议》指出："本党的基本任务是成立产业工会"，"党应在工会里灌输阶级斗争的精神"，并要"警惕"，不使"工会成为其他党派的傀儡"，尤其"应特别机警地注意，勿使工会执行其他的政治路线"。那么如何组织工会呢？《决议》提出，"因工人学校是组织产业工会过程中的一个阶段，所以在一切产业部门均应成立这种学校"，"学校的基本方针是提高工人的觉悟，使他们认识到成立工会的必要"。同时还要成立"工会组织的研究机构"，其主要目的，"是教育工人，使他们在实践中去实现共产党的思想"。[1] 由此可见，中共成立后的主要任务或中心工作，就是组织工人阶级，领导工人运动。

为了实现这一中心任务，中共诞生后不久（1921年8月），即在上海成立了中国劳动组合书记部，作为中共公开组织工人阶级、领导工人运动的机关。中国劳动组合书记部成立后，便创办了以指导工人运动为目的的机关刊物——《劳动周刊》。1921年11月，中国共产党中央局就"建立与发展党团工会组织及宣传工作等"发出《通告》，要求"各区必须有直接管理的工会一个以上，其余的工会也须有切实的联络；在明年大会席上，各区

---

[1]《中国共产党第一个决议》，载《中共中央文件选集》第一册，第6、7页。

代表关于该区劳动状况，必须有统计的报告"，并且"议决以全力组织全国铁道工会"，要求有关地区的同志，"都要尽力于此计划"。[①] 这样，在新成立的中国共产党的领导下，各地工人补习学校和产业工会组织相继建立，并开展了反对中外资产阶级的斗争。1922 年 1 月，香港 3 万多海员和运输工人在苏兆征、林伟民等领导下举行大罢工，并以此为起点，掀起了中国工人的第一次运动。中共因势利导，于这年的 5 月 1 日，以中国劳动组合书记部名义在广州发起召开了第一次全国劳动大会，来自 12 个城市的 173 位代表参会，代表 110 多个工会组织和 37 万有组织的工人。大会共进行了 6 天，所发表的《宣言》接受了中国共产党提出的"打倒帝国主义""打倒封建军阀"的政治口号，认为帝国主义和封建军阀是工人阶级的敌人，工人阶级要建立联合战线，与帝国主义和封建军阀进行斗争。大会还议决中国劳动组合书记部为全国工会的总通信机关。大会的胜利召开，确立了中国共产党和劳动组合书记部在工人运动中的领导地位。6 月 30 日，陈独秀在给共产国际的报告中，又进一步拟定了党开展"劳动运动"的具体计划，除准备第二年召开全国第二次劳动大会外，还提出要"集中力量组织"全国五个大的产业总工会、三个地方总工会以及设立四个工会职员讲习所。[②]

在工人运动兴起的形势下，中国共产党于 1922 年 7 月召开了第二次全国代表大会。这次大会仍把发动组织工人阶级、领导工人运动作为自己的中心任务。大会通过的《关于"国际帝国主义与中国和中国共产党"的决议案》提出，"中国工人要联合在中国共产党旗帜之下，一方面加入民主革命的战线；一方面做增进自己阶级地位的奋斗"；"中国工人要联合在各种工人阶级组织之内，成功为中国共产党的主要力量"。该《决议案》还郑重申明："工人阶级的利益在中国共产党占第一位。"[③] 除了《关于"国际帝国主义与中国和中国共产党"的决议案》外，大会还在总结中国共产党成立一年来领导工人运动的基础上，就"工会运动与共产党"制定并通过了一个《议

[①] 《中国共产党中央局通告——关于建立与发展党团工会组织及宣传工作等》，载《中共中央文件选集》第一册，第 26 页。

[②] 《中共中央执行委员会书记陈独秀给共产国际的报告》，载《中共中央文件选集》第一册，第 50、54 页。

[③] 《关于"国际帝国主义与中国和中国共产党"的决议案》，载《中共中央文件选集》第一册，第 63 页。

决案》。这是中国共产党成立后为发展工人运动制定和通过的第一个议决案。《议决案》在阐述共产党和工会的区别时指出：共产党是所有阶级觉悟的无产阶级分子的组合，是无产阶级的先锋队，是以打倒资产阶级和资本主义为目的的无产阶级政党；而工会是所有工人的组合，工人在工会里要接受"怎样用社会主义和共产主义精神去奋斗"的教育，并在共产党的领导下，"与共产党向同一目的进行"。如果用人来比喻的话，那么，共产党是人的大脑，工人是人的身体，身体是听从大脑指挥的。所以工人要接受共产党的领导，共产党则要发挥大脑的作用，"诚实的和勇敢的率领工会运动"。《议决案》尤其强调，共产党要"实际率领工会和实际为无产阶级的先锋"，就"必须在工会中和各个工厂委员会以及一切的劳动团体中"建立起党的组织，"很少有例外"。同时，"要随时证明和解释给工人知道，只有共产党是工人的先锋是工人的政党"。《议决案》还根据二大通过的最低纲领和最高纲领，要求党领导下的工会组织，一方面，要"努力做改良工人状况的运动，凡在资本主义之下能够改良的，都要努力去做"；另一方面，"须使工会很快的向着劳动运动的最终目的进行，就是完全打倒工银奴隶制的资本制度，并照共产主义原则改造社会"。① 二大结束后不久，同年 8 月，中国劳动组合书记部根据二大精神，制定和发布了体现工人阶级要求改变被压迫被奴役现状的《劳动法案大纲》，在全国发起了劳动立法运动。二大的召开以及劳动立法运动的开展，把正在兴起的工人运动进一步推向了高潮，在中国共产党的领导下，罢工运动在全国各地普遍开展起来，其中著名的有：1922 年 9 月，安源路矿工人举行的罢工；10 月，开滦煤矿工人举行的罢工；1923 年 2 月，京汉铁路全路工人举行的总罢工。京汉铁路工人的罢工（二七大罢工）遭到了军阀和帝国主义的联合镇压，中国工人运动随之转入低潮。

　　二七惨案的发生和中国工人运动随之转入低潮，使中国共产党清醒地认识到，仅凭工人阶级一个阶级的单打独斗是不行的，必须与其他阶级联合才有取得民主革命胜利的可能。这使中国共产党加快了与国民党合作的步伐。1923 年 6 月，中国共产党在广州召开第三次全国代表大会。这次大会

---

① 《关于"工会运动与共产党"的议决案》，载《中共中央文件选集》第一册，第 80—81、77 页。

的一项主要内容，就是决定与国民党合作，共同推动大革命运动，其《宣言》指出："中国共产党鉴于国际及中国之经济政治的状况，鉴于中国社会各阶级（工人农民工商业家）之苦痛及要求，都急需一个国民革命；同时拥护工人农民的自身利益，是我们不能一刻疏忽的；对于工人农民之宣传与组织，是我们特殊的责任；引导工人农民参加国民革命，更是我们的中心工作。"① 这样，中国共产党的"中心工作"，就从中共一大、二大确立的组织工人阶级、领导工人运动，转变成了"引导工人农民参加国民革命"。为此，大会还专门制定和通过了《劳动运动议决案》，除提出一些具体的措施外，还特别强调"产业的及手工业的工人组织，须适用国民运动口号作统一运动"②。

1924 年 1 月，中国国民党第一次全国代表大会的召开，标志着第一次国共合作的正式形成。国共合作开创了反帝反封建斗争的新局面，然而在国共合作正式形成后的最初几个月的时间里，工人运动并没有像人们所期望的那样，从二七大罢工失败后的低潮中走出来，出现新高潮。这既有客观原因，也有主观原因。客观上，是二七大罢工失败后，各地工会组织遭到了反动势力的残酷镇压，这时还没有完全恢复元气。主观上，一方面，"共产党全党不过四百余人，在各地实现国共合作的过程中，大部分人力投入到了改组国民党的工作中"③；另一方面，也更为重要的方面，是党的主要领导人陈独秀在认识上出现了偏差。如本书上一节所指出的，受共产国际对中国工人阶级的认识和二七大罢工失败后中国工人运动迅速走向低落的影响，陈独秀认为，当时的工人阶级无论在数量上，还是在质量上，都还十分幼稚，不能充当中国民主革命的领导者，中国民主革命的领导者非资产阶级莫属，工人运动并不能在民主革命中发挥大的作用。正是陈独秀认识上的这一偏差，在他的领导下，从三大召开后到 1924 年 5 月中共中央在上海召开扩大会议前近一年的时间，中国共产党的主要精力都放在了与国民党合作和做资产阶级的工作上，而对组织工人阶级、领导工人运动，则

---

① 《中国共产党第三次全国大会宣言》，载《中共中央文件选集》第一册，第 166 页。
② 《劳动运动议决案》，载《中共中央文件选集》第一册，第 149 页。
③ 曾成贵：《第一次大革命时期的工人运动（1924 年 1 月至 1927 年 7 月）》，刘明逵、唐玉良主编《中国工人运动史》第三卷，广东人民出版社，1998，第 12 页。

重视不够，投入的人力和精力都十分有限。

　　面对陈独秀在工人阶级和工人运动认识上的这一偏差，瞿秋白等中共党员，尤其是长期从事工人运动、担任过中国劳动组合书记部负责人并先后领导或指导过长辛店工人大罢工、开滦五矿工人大罢工、京汉铁路工人大罢工的邓中夏，发表了一系列文章，论证工人阶级是中国民主革命的领导者，以及工人运动在中国革命中的重要作用。邓中夏指出，"京汉铁路失败以后，许多社会运动家不免动摇减少了他们向来重视工人运动的观念与热心，这未免太没有信心与毅力了"。实际上，"不论革命的政策为了应付时局的必要而要如何变更，然而工人运动却是任何革命方式之下应该特别重视而不可变更的。不然，如此革命的基本势力犹不注全力使之更强固，更发展，而漫然高唱什么样式的革命，终归是建屋于沙土之上，恐怕墙壁未立，屋瓦未覆，已是歪歪斜斜的坍塌了"。他希望那些对工人运动持怀疑态度的"社会运动家"，鼓起他们"向来重视工人运动的精神与热心，持续的努力"。否则，"如此基础已立，功亏一篑的工人运动，你们因稍稍受了一点波折，便认为此路不通，要另辟他道，我恐怕你们再革命一万年，也不能成功呢"。[1]他也承认，因中国资本主义没有得到充分发展，中国的工人阶级数量不多，充其量也不过一百万左右，在全国四万万的总人口中只占很小的比例，但"工人数量虽少，工人在社会上所占的地位，实在比任何群众尤为重要"。因为他们都工作在关系国计民生的部门中，牵一发而动全身。比如，他举例道：海员一罢工，可以使国内外的交通断绝；铁路一罢工，可以使南北交通断绝；汉冶萍一罢工，可以使日本和国内的多数大工厂停产；码头工人一罢工，可以使洋货不能登岸；市政工人一罢工，可以使全埠扰乱，无法正常运转，如此等等。"这是何等伟大的势力"，我们不能因工人数量少而轻视工人运动，而且随着新式工业的发展，"新式工业下的工人"的人数也会"日益增多，终归有长成壮大之一日"。所以，我们"除做别种群众运动外，尤应特别注重工人运动才是"。[2]

　　为了解决国共合作中党内出现的一些认识偏差，1924年5月10—15

---

① 邓中夏：《论工人运动》，载《邓中夏全集》（上），第299—300页。
② 邓中夏：《论工人运动》，载《邓中夏全集》（上），第298—299页。

日，中共中央在上海召开扩大执委会议。这次会议的意义之一，就是提高了国共合作中共产党必须重视工人运动、加强对工人运动之领导的认识。1924 年 5 月 20 日，亦即会议闭幕后第五天出版的《中国共产党党报》第三号在评价这次会议的意义时指出，"此次召集扩大执行委员会，有三个重大的意义"，其"第二个意义是：劳动运动尤其近代产业工人运动是我们的党之根本工作，我们在国民革命运动中若忽视了这种工作，便无异于解散了我们的党"。① 应该说，这次会议使中国共产党对工人运动的认识达到了一个新的高度。因为此前只是认为工人运动是党的"中心工作"，而没有提出是"根本工作"，更没有将工人运动与党的生死存亡联系起来。

正是基于对工人运动之重要性的上述认识，会议通过的《工会运动问题议决案》，首先，强调了产业工人"是我们党的基础，只有联结这些工人，我们的党才能发达而成一政治上的势力"。因此，"党的最重要的职任，便是继续不断在产业的工人里有规划地创设工会的组织"，尤其是重视在铁路工人、矿工和海员中创设和发展工会组织。因为，在这几个行业里，"外国资本的势力最大。组织这些工人，是反抗外国资本势力，反抗帝国主义最真切有力的方法"，对于"将来反抗帝国主义斗争"，也"有极重大的甚至于有决定胜负的意义"。② 其次，强调了共产党必须保持对工人运动的独立领导，"凡在可能的范围内我们不必帮助国民党组织上的渗入产业无产阶级，不然，就是一个狠〔很〕大的错误"，因为，产业无产阶级是我们党的基础，如果让国民党渗入，"这不但是使先进的无产阶级内心搀入混乱的种子"，而且还会"使无产阶级自己的阶级斗争要发生很大的困难"。共产党对国民党的最好帮助，"是先组织纯粹阶级的斗争的工会，于每次用得着的时候，指挥这些工会赞助国民党所指导的国民革命运动"。③ 再次，强调了党领导下的工会要对工人进行阶级教育，"工会的责任是发展会员的阶级意识，扩大他们的眼界，使日常的斗争问题，都和工人最切身的利益联结起来"，"只有这样，工会才能成真正的阶级组织，真正的阶级斗争的学校，亦只有这样，我们的党和工会运动才能有思想上的联结"，而这种联结主要"经过工

①《此次扩大执行委员会之意义》，载《中共中央文件选集》第一册，第 229 页。
②《工会运动问题议决案》，载《中共中央文件选集》第一册，第 234 页。
③《工会运动问题议决案》，载《中共中央文件选集》第一册，第 237—238 页。

会里的共产党小组"。针对当时的海员工会还不在中国共产党的领导之下，《议决案》提出，"我们应当在海员里发展党的小组，只有共产党的工作有相当的成效时，海员工会方能成为无产阶级组织"。[①] 为了更好地实现共产党对工人运动的领导，《议决案》规定党中央的工农部内设立工会运动委员会，专门负责对工会运动的指导；地方委员会的工农部内也要设立工会运动委员会，专管工会运动，执行中央工农部的命令；中央和地方委员会都要设工会运动巡行指导员，加强对各工会的巡行和指导；中央机关报的报道宣传，工会运动要占"第一等的地位"，各地宣传部也要加强对工会运动的宣传和报道；共产党还要介绍自己的人到国民党的工人部去工作，"以便经过这种国民党的工人部影响到阶级斗争的发展而筑成统一的工人战线"。[②]

这次扩大会议以及所通过的《工会运动问题议决案》，纠正了此前因共产国际和陈独秀的认识偏差所造成的党对工人运动不重视的错误，解决了为什么要重视工人运动、加强党对工人运动的领导的认识问题，并提出了如何重视工人运动、加强党对工人运动的领导的具体方针及其措施，可以说是中国共产党成立以来对工人运动认识上的一个巨大进步，它推动了二七大罢工后迅速走向低落的工人运动的恢复和发展，尤其是广东的工人运动，在国共合作的推动下，走在了全国工人运动的前头，如沙面工人大罢工、工团军的建立和参与平定商团叛乱等。

1925 年 1 月，在中国工人运动史上具有重要意义的中共四大在上海召开。本章上一节已指出，四大最重要的成果，是在中共历史上首次明确提出了无产阶级在民主革命中的领导权问题和工农联盟问题，而这两个问题都是新民主主义革命的基本问题。除了提出无产阶级在民主革命中的领导权问题和工农联盟问题外，四大通过的《对于职工运动之议决案》还总结了中共成立以来工人运动的发展，分析了现在的趋势，阐述了工人运动与民族运动的关系、工人运动的策略、工人运动中共产党的政治教育及党的组织、工人运动的组织等重大问题，并制订了工人运动的具体计划，可以说它是当时中国共产党成立以来制定和通过的篇幅最长、涉及的方面最多、

---

① 《工会运动问题议决案》，载《中共中央文件选集》第一册，第 236—237、238 页。
② 《工会运动问题议决案》，载《中共中央文件选集》第一册，第 239 页。

理论阐述最全面的有关工人运动的议决案。《议决案》在总结了中共成立以来工人运动的发展和分析了现在的趋势后强调："在民族革命运动时期，尤其是与国民党合作时期，共产党对于职工运动，应该特别注意以下几点"：（一）中国共产党是中国工人阶级唯一的指导者，而要实现党对工人阶级的领导，就必须在工人阶级中"尽力发展我们自己党的组织，力求深入群众"。（二）民族运动中工人阶级的危险，不在于工人加入国民党，而在于"共产党在真正工人群众中没有势力及没有独立的职工运动"。因此，"在一定区域内"，亦即国民党的势力范围内，共产党可以"领导大产业工人群众加入国民党，使国民党特别的革命化"；但在"国民党组织尚未达到的工人区域内"，要"以切实组织工会及阶级的宣传为第一要务"。（三）对于已经在国民党名义之下的工人组织，共产党要想办法"去从中活动，取得指导权，吸收觉悟分子，组织我们党的支部"，并要利用工人与资本家的冲突，"提高工人的阶级觉悟，指出国民党的本性，使之趋向于自己阶级的政党——共产党"。（四）在从事工人运动时，要"防止官僚化、机会主义化和工团主义的左倾的幼稚病"，对工人群众的宣传，应根据他们"自身的具体的政治上经济上的利益，决不应笼统地抽象地宣传三民主义或孙中山个人"。① 关于工人运动的策略，《议决案》提出，要主动力争工会的公开；要实现工会的统一；提出的口号工人群众要能接受；在劳资双方发生利益冲突时，要坚持阶级斗争的原则，不能因为资方是"民族主义的"，就对他们让步，而"只能使他们让步以求工人的赞助"。② 《议决案》尤其强调了对工人进行"共产党的政治教育"，宣传党的"党纲及策略"以及在工会中建立共产党的组织的重要性和迫切性，以避免发生"工会主义运动的危险"。对于工人运动的组织形式，《议决案》提出以工厂小组为工会基本组织，要把工会小组建设成"训练工人的单位，也就是培养工人阶级战斗力量的养成所"。③ 《议决案》制定的"职工运动的具体计画"非常具体，包括"产业工人的运动""各工业区的工作""大城市手工业工人的运动""妇女劳动及青年工人""合作社"

① 《对于职工运动之议决案》，载《中共中央文件选集》第一册，第 346—348 页。
② 《对于职工运动之议决案》，载《中共中央文件选集》第一册，第 348—349 页。
③ 《对于职工运动之议决案》，载《中共中央文件选集》第一册，第 349—350、352 页。

等方面，指出这些计划是四大后"本党职工运动的重要工作"。① 四大提出了无产阶级在民主革命中的领导权问题和工农联盟问题，明确了应该如何处理无产阶级与农民阶级的关系、工人运动与大革命的关系，以及共产党独立领导工人运动等问题，这对正在从二七大罢工失败后低落的状况下恢复和发展的工人运动起了积极的推动作用。所以，中共四大召开后不久，中国工人运动的第二次高潮开始兴起，而第二次高潮兴起的标志则是第二次全国劳动大会的召开和五卅运动的发生。

前面已经提到，第一次全国劳动大会是 1922 年 5 月 1 日召开的。本来按照原来的计划，第二次全国劳动大会应在 1923 年 5 月 1 日于武汉召开，但由于二七惨案的发生以及工人运动于二七大罢工失败后迅速走向低落，而只好延期。中共中央执行委员会扩大会议尤其是中共四大的召开，推动了二七大罢工失败后迅速走向低落的工人运动的恢复和发展，中共中央于是决定 1925 年 5 月在广州召开第二次全国劳动大会，并于 4 月 8 日在上海《民国日报》上刊登出有关通知。会议召开前，作为中共工人运动的主要领导人之一，邓中夏专门为这次大会写了《劳动运动复兴期中的几个重要问题——贡献于第二次全国劳动大会之前》一文，发表在《中国工人》第 5 期上，对工人组织、经济斗争、争自由运动、参加大革命、工农联合、国际联合等问题，进行了全面而深刻的分析和阐述，总结了几年来工人运动的经验和教训，阐明了从事工人运动的基本原则和策略。除强调无产阶级领导权和无产阶级在与资产阶级的合作中保持自己独立性的重要性，以及"工农联盟"对无产阶级领导的民主革命的重要意义外（这几个问题本章上一节已有论及），邓中夏在文中还特别强调：（一）要克服狭隘的眼光，实现更大范围内乃至全国、全世界工人阶级的大团结。他指出："'团结即力'是我们唯一的信条。我们团结，不能存狭隘的眼光，以为只团结某一个产业机关的工友就满足了"，还要扩而大之，从一部门的团结，扩大到一地方的团结，再扩大到全国的团结，最后要扩大到全世界的团结。"因为资产阶级是整个的，我们工人阶级亦是整个的，我们如要推翻整个的资产阶级，那么

---

① 《对于职工运动之议决案》，载《中共中央文件选集》第一册，第 353—355 页。

我们须有整个的工人阶级的团结，才有可能。"①（二）要正确处理好经济斗争和政治斗争的关系。他指出，经济斗争对于改善工人阶级目前生产生活状况十分重要，我们一定要"奋斗到帝国主义和资本制度根本推翻为止"，但我们在进行经济斗争的同时，"千万不可专为经济斗争的狭隘意义所囿，而忘记了政治斗争。须知经济问题与政治问题有绝对之关联，如政治问题不解决，经济问题绝对没有解决之可能。所以我们须把经济斗争接连着政治斗争乃有意义"。②（三）要重视"争自由"对于工人阶级的重要意义。他指出：没有自由，工会便不能发展，而工会不能发展，便不能取得和保障经济利益，"所以自由是工人阶级所急切需要而不可少的东西"，其中"组织工会的自由""集会言论的自由"和"同盟罢工的自由"是工人运动目前"争自由"的三个"大目标"。③邓中夏的这篇文章，为第二次全国劳动大会的召开做了思想上和理论上的准备。

1925 年 5 月 1—7 日，第二次全国劳动大会在广州胜利召开。刘少奇代表大会筹备处报告了筹备经过，张国焘、邓中夏分别报告了工农联合的意义和中国工人运动状况，一些行业工会和地方工会代表报告了本产业或本地区的工人运动状况，选举产生了中华全国总工会领导成员，并通过了 30多个决议案，其中主要的有《工人阶级与政治斗争的决议案》《经济斗争的决议案》《组织问题的决议案》《工农联合的决议案》《工人教育的决议案》《中华全国总工会总章》等，这些决议案"根据中共四大关于工人运动决议的精神，明确规定了在国民革命中开展工人运动的方针、策略和组织原则"。④

第二次全国劳动大会召开不久，即有五卅运动的发生。关于五卅运动的有关情况，本章第三节第四子目"五卅运动和广东革命根据地的统一"已

---

① 邓中夏：《劳动运动复兴期中的几个重要问题——贡献于第二次全国劳动大会之前》，载《邓中夏全集》（上），第 531 页。

② 邓中夏：《劳动运动复兴期中的几个重要问题——贡献于第二次全国劳动大会之前》，载《邓中夏全集》（上），第 532、535 页。

③ 邓中夏：《劳动运动复兴期中的几个重要问题——贡献于第二次全国劳动大会之前》，载《邓中夏全集》（上），第 536 页。

④ 曾成贵：《第一次大革命时期的工人运动（1924 年 1 月至 1927 年 7 月）》，《中国工人运动史》第三卷，第 98 页。

做介绍，这里需要强调的是，五卅运动自始至终都是在中国共产党的领导下进行的。中国共产党对五卅运动的领导，主要体现在以下几个方面：

首先，是成立相关机构，加强统一领导，尤其是上海总工会的成立，使工人罢工运动从无序走向有序，为五卅运动的发展提供了坚实的组织基础。早在1925年2月间，上海日商纱厂4万余工人举行二月罢工的时候，中共中央就专门组织了指导罢工的委员会，领导斗争取得了胜利。5月15日，上海内外棉七厂的日本资本家枪杀工人代表、共产党员顾正红，打伤工人10多人，成为五卅运动的直接导火线。28日，中共中央召开紧急会议，决定以反对帝国主义屠杀中国工人为中心口号，发动群众于30日在上海租界举行反对帝国主义的游行示威。同时，为加强工会组织的力量，决定由共产党人李立三、刘华等主持，成立上海总工会。随后，刘少奇到达上海，参加上海总工会的筹备和领导工作。五卅惨案发生的当晚深夜，中共中央再次召开紧急会议，决定由瞿秋白、蔡和森、李立三、刘少奇和刘华等组成行动委员会，具体领导这次斗争，组织全上海民众罢工、罢市、罢课，抗议帝国主义屠杀中国人民。6月1日，由李立三任委员长的上海总工会成立，这标志着上海工人运动从分散的状态开始转向集中的有组织的行动。从此，上海工人阶级在总工会领导下，成为一支组织严密、纪律严格的反对帝国主义的主力军，在斗争中发挥了中流砥柱的作用。与此同时，中国共产党要求各地党的组织，积极宣传、发动和组织群众，参与到反对帝国主义的游行示威、抵制外货等活动中，党员和青年团员要起先锋模范作用。

其次，是及时提出指导斗争的方针、策略和口号，并重视宣传工作，创办《热血日报》，为五卅运动的发展提供了坚实的思想基础。5月16日，亦即上海内外棉七厂的日本资本家枪杀工人代表、共产党员顾正红并打伤工人10多人的第二天，中共中央即就"援助上海日商内外棉罢工工人，发动反日运动"发出第32号《通告》，"议决从十六日起，全体罢工，以与日资本家奋斗"。同时，要求各地党组织，"应即号召工会，农会，学生会，以及各种会社团体一致援助"，并提出了"由各团体宣言或通电反对日本枪杀中国工人同胞"等四项具体措施。①19日，中共中央又就"发动反对日本人帝国主义的大运动"发出第33号《通告》，决定在全国范围内发动一场反日大运动，"向日本帝国主义者加以总攻击"，要求各地党组织组织游行演讲队，揭露日本侵略中国的史实，同时与各地其他社会团体联合，"电请政府向日本交涉取消其在中国开设工厂之权利，至少其已经自行停闭之上海纱厂永远不再开工"。②6月5日，中国共产党发表《为反抗帝国主义野蛮残暴的大屠杀告全国民众》，针对上海"三罢"运动兴起后社会上的一些所谓"贤达""名流"提出的此次"事变"的性质是"法律的"，而不是"政治的"，希望以日本和英国惩凶、赔偿、道歉等"了事"的建议，《告全国民众》明确指出：此次事变的性质，"既不是偶然的，更不是法律的，完全是政治的"。因为它"起于日本帝国主义向中国民族运动的主力军——工人阶级——进攻，而成于英国帝国主义对援助工人的民族运动之铁血镇压政策"。所以，"全上海和全中国的反抗运动之目标，决不止于惩凶、赔偿、道歉等'了事'的虚文，解决之道不在法律而在政治，所以应认定废除一切不平等条约，推翻帝国主义在中国的一切特权为其主要目的。不平等条约一日不废除，帝国主义在中国的一切特权一日不推翻，中国民族的生命与自由便一日没有担保，随时随地都有被横暴残酷野蛮无耻的帝国主义蹂躏屠杀之危险。全中国人民的生命与自由，决不能由惩凶、赔偿、道歉等虚文得到担保，只有废除一切不平等条约推翻帝国主义在中国的一切特权才能得到担保"。因此，因帝国主义屠杀而引发的这场反抗运动，"将是一种长期的民族争斗"，其"得失"取决于以下"两个条件"：一是能否"摇动帝国主义在中国的特权与统治，并使其在经济上生活上发生永久的危机"；二是能否"引导全国各阶级的民众入于反帝国主义的高潮，并形成各阶级分别的群众组织与联合的民族组织"。《告全国民众》还提出了四个方面的具体建议，"请全国愤激的反抗帝国主义之屠杀的人民"注意，其中包括"谨

---

① 《中央通告第三十二号——援助上海日商内外棉罢工工人，发动反日运动》，载《中共中央文件选集》第一册，第415—416页。
② 《中央通告第三十三号——发动反对日本帝国主义的大运动》，载《中共中央文件选集》第一册，第417—418页。

防帝国主义的离间破坏政策"。① 此后，中国共产党又根据形势的变化调整斗争的方针、策略和口号，先后有《中国共产党中国共产主义青年团宣言——告此次为民族自由奋斗的民众》（7月10日）、《中国共产党中国共产主义青年团告工人兵士学生》（8月10日）、《中国共产党中国共产主义青年团为南京青岛的屠杀告工人学生和兵士》（8月11日）、《全国被压迫阶级在中国共产党旗帜底下联合起来呵！》（8月18日）、《中国共产党为总工会被封告工友》（9月18日）等发表。为打破帝国主义的舆论封锁，6月4日中国共产党创建的第一份日报《热血日报》在上海正式发行，由五卅运动领导之一、当时负责中共宣传工作的瞿秋白担任主编，直到同年6月27日被迫停刊，共出版24期。该报在五卅运动期间，以发扬"民气"、"作被压迫民众的喉舌"为旨趣，及时报道、评论运动形势，宣传中共的有关方针、政策和政略，对推动五卅运动的发展起了非常重要的作用。总之，"在整个五卅运动中，中国共产党始终为运动制定正确的政策、策略，指导运动的开展"②。

再次，是组织建立反对帝国主义的统一战线，争取社会各界的广泛参与和支持，为五卅运动的发展提供了坚实的群众基础。中共中央在5月30日深夜召开的紧急会议上，决定成立广泛的反帝斗争的统一战线，发动上海全市的工学商进行罢工、罢课和罢市斗争。6月4日，成立了由上海总工会、全国学联、上海学联、上海各马路商界联合会组成的运动统一领导机构——工商学联合会。工商学联合会是在中国共产党的领导下成立的具有统一战线性质的组织。同时，为了争取广泛的社会支持，团结一切可能的反帝力量，中国共产党在提出具体的建议时，尽量照顾到参与统一战线各个方面的利益和要求。比如，6月7日上海工商学联合会所拟解决五卅惨案的十七项条件中，有反映中国人民要求收回中国主权的"永远撤退驻沪之英、日海陆军""要求取消领事裁判权"和满期收回租界等重要条款；有维护工人阶级切身利益的"优待工人""订定工人保护法"和"承认工人有组织工会及罢工之自由"等条款；有保护资产阶级利益的"撤销印刷附律、加征码

---

① 《中国共产党为反抗帝国主义野蛮残暴的大屠杀告全国民众》，载《中共中央文件选集》第一册，第420—421、422页。
② 张培德：《五卅运动对中国共产党发展的影响》，《史林》1986年第1期。

头捐、交易所领照案"等条款；有维护中国人民尊严和解决五卅惨案的"惩凶""赔偿""道歉""撤换工部局书记鲁和"以及"取消戒严令"等四项先决条件。此外，还有为警察争利益的"捕房应添设华捕头"与照顾大资产阶级利益的"收回会审公廨"等条款。总之，十七项条件"既体现了工人阶级坚决反对帝国主义侵略的革命要求，又照顾了各个阶级与有关阶层的现实利益，并且维护了我国的主权和尊严，表达了中国人民反帝斗争的严正立场"。① 当然，中国共产党建立的统一战线，后来由于资产阶级在帝国主义威逼利诱之下向帝国主义妥协退出而分裂，从而使得无产阶级处于非常不利的地位。1926 年 2 月 21—24 日召开的中共中央特别会议曾对此做过分析，指出："'五卅'反帝国主义的国民运动，本是各阶级极大的联合战线，可是这一联合战线，不久便分裂了。中国的资产阶级，一方面被向来所没有的无产阶级群众运动所恐吓，别方面受帝国主义者假意的亲善所赂买，渐渐的脱离民众〈的国〉民运动，以致于工人阶级单独反对帝国主义军阀而流血。"②

　　中国共产党在领导五卅运动的过程中自身也得到了很大发展。"党员从这年年初的不足 1000 人，到年底已发展达到 1 万人，增加了 10 倍。不少原来没有党组织的地方建立了党组织，如云南、广西、安徽、福建等。党在斗争中受到很大锻炼。"③ 尤其重要的是，中国共产党通过领导五卅运动，促进了自身对中国民主主义革命基本问题的探索和认识，如无产阶级在民主革命中的领导权、资产阶级的两面性、"工农联盟"在民主革命中的重要作用以及统一战线、武装斗争等问题。本章上一节讲到了 1925 年 9 月底至10 月上旬中共中央在北京苏联大使馆召开的扩大执行委员会会议，正是通过对社会各阶级在五卅运动中"表演"的体验和考察，这次会议对中国社会各阶级的认识以及建立在此基础上的对新民主主义革命基本问题的探索在"四大"的基础上又有了进一步的深化。毛泽东的《中国社会各阶级的分析》之所以能成为中国共产党探索新民主主义革命基本问题的智慧结晶，

---

① 史月廷、潘日华：《试论中国共产党在"五卅"运动中的统一战线策略》，《杭州大学学报》1985 年第 15 卷第 3 期。
②《关于现时政局与共产党的主要职任议决案》，载《中共中央文件选集》第二册，第 53 页。
③ 中共中央党史研究室：《中国共产党的九十年·新民主主义革命时期》，第 66 页。

与他本人以及瞿秋白、邓中夏、李大钊等一大批中国共产党人亲自参加了五卅运动、经受了这场运动的洗礼、耳闻目睹了各阶级在运动中的表现有关。因此，五卅运动在中国共产党的历史上有它重要的历史地位。

　　毛泽东的《中国社会各阶级的分析》发表于 1925 年 12 月 1 日。1926年春，在中国共产党的积极推动下，广州国民政府把北伐提上了议事日程。这年的 5 月 1 日，第三次全国劳动大会按计划在广州召开。大会召开前夕，中共中央在致大会的信中指出：“去年第二次劳动大会后，接着便发生了中国历史上空前的民族革命运动——五卅运动；在此次运动中，中国的工人阶级，尤其上海和香港工人，表现出惊动世界的战斗力。”工人阶级之所以能表现出惊动世界的战斗力，就在于“工人运动一开始，不但有静的组织，而且有了动〈的〉政治争斗——民族革命的争斗”。但是五卅运动的结局说明，中国革命要取得胜利，“我们不但要组织一般劳苦的工人群众，并且要和劳苦的农民群众组织亲密的同盟，领导他们参加一切经济的政治的争斗，才免得工人阶级孤军独战之困难，因为现时中国工人的数量在全中国人口比例上还是很小”。① 正是依据中共中央的这一指示精神，《中国第三次全国劳动大会宣言》总结出五卅运动的六条经验和教训，其中第五条便是，“农民是工人反抗帝国主义和反动军阀的真正同盟者”，并希望全国的工人阶级，“本着五卅运动以来宝贵的经验，提携着全国的农民，共同努力奋斗”。《宣言》还在中国工农运动史上第一次提出了“全国工农同盟万岁”的口号。②大会通过的《关于职工运动总策略决议案》提出的策略之一是，“立即与农民大会商定密切联合一致奋斗的方法，并决定各地有组织工人如何帮助农民组织团体的种种问题”③。大会还明确表示，“全力拥护广州政府，扶助广州政府北伐”④。从此，支持广州政府北伐、为北伐战争做准备，是中共领导下的工人运动的重要工作之一。

　　1926 年 7 月 1 日，国民政府军事委员会颁布北伐动员令及《告将士书》

---

① 《中国共产党致第三次全国劳动大会信》，载《中共中央文件选集》第二册，第 93—94 页。
② 《中国第三次全国劳动大会宣言》，载《中共中央文件选集》第二册，第 102、103 页。
③ 《第三次全国劳动大会关于职工运动总策略决议案》，载《中共中央文件选集》第二册，第99 页。
④ 《关于全国政治状况与社会状况报告的决议》，载中华全国总工会中国工人运动史研究室编《中国工会历次代表大会文献》，工人出版社，1984，第 131 页。

《告士兵书》《告广东人民书》《告海外侨胞书》。9 日，国民革命军在广州东校场正式誓师北伐。7 月 25 日，中国共产党领导下的中华全国总工会发表《对国民政府出师宣言》，指出"这次国民革命军北伐的成功和失败，就是中国革命的胜利和失败，与中国民众痛苦的解除有极大的关系"，号召全国工人"站在一切民众之前，引导一切民众援助国民革命军使之得到胜利"。[1]此后全国工人积极行动，支援北伐战争。随着工人运动的蓬勃发展，全国总工会派出许多特派员到全国各地发展工会组织。到 1927 年初，全国工会会员增加到 200 万人，其中，湖南省由北伐前的 6 万人迅速增加到 32 万人，湖北省增加到 30 万人。江西、福建、安徽、江苏、上海等北伐军所到之处，工会组织都获得了巨大发展。湖南、湖北和江西三省的工人还建立了工人武装纠察队。

从 1926 年 10 月到 1927 年 4 月，武汉工人先后罢工 300 多次，以争取工人阶级的权益。1926 年 12 月 26 日，武汉各界群众 20 多万人召开反英大会，抗议英帝国主义破坏中国革命并支持奉系军阀的暴行，呼吁全国"实行对英经济绝交"[2]，主张立即收回租界。1927 年 1 月 1 日，武汉工人和各界群众举行庆祝北伐胜利大会。3 日，工人宣传员在英租界附近演讲，英帝国主义调集水兵干涉，当场刺死海员一人，刺伤群众数十人。在李立三、刘少奇等共产党人领导下，举行了数十万人的示威大会。在国共两党湖北省党部、省总工会、省农民协会、省商联、省学联、省妇联等团体的推动下，武汉国民政府进行了收回英租界的斗争，并取得了胜利。1926 年 11 月，长沙粤汉铁路工人举行大罢工。12 月，湖南邮务工人和海员举行大罢工。1927 年 1 月 6 日，因英国水兵开枪打死工人一名，打伤数人，激起九江工人占领了英租界，并由武汉国民政府派员接收。北伐战争开始后，省港罢工工人组织了 3000 人的运输队、宣传队和卫生队，随军出征，配合北伐军作战，为北伐战争的胜利做出了重要贡献。

在大革命时期，上海的工人运动占有特殊的重要地位。北伐开始后，上

---

[1]《中华全国总工会对国民政府出师宣言》，《工人之路》第 391 期，1926 年 7 月 29 日。
[2]《武汉市民反英运动大会呈文》，载郑自来、徐莉君主编《武汉临时联席会议资料选编（1926.12.13—1927.2.21）》，武汉出版社，2004，第 132 页。

海工人提出"我们不仅要欢迎北伐军，还要以实际行动响应北伐军"①。上海工会会员由 10 万人迅速增加到 30 万人。1926 年 10 月、1927 年 2 月以及 1927 年 3 月，经受过五卅运动洗礼的上海工人阶级连续举行了 3 次武装起义，"在这个过程中，在共产国际的指导下，中国共产党提高了通过武装起义掌握革命政权的认识，终于在北伐军兵临城下之时"②，在由中共中央总书记陈独秀，中共上海区委书记罗亦农，中共上海区委主席团委员及组织部长赵世炎，中共中央军委委员及上海区委军事委员会书记周恩来等人组成的中共特委的领导和指挥下，第三次起义取得了成功，经过 3 月 21 日至22 日的激烈战斗，上海得到解放。23 日，市民代表大会召开，选举产生了"上海特别市临时政府委员会"，罗亦农、汪寿华、林钧等 19 人为委员，建立了上海市人民政权。"上海特别市临时政府"虽然只存在 24 天，但它是最早的在中共领导下由民众在大城市建立起来的革命政权，是北伐战争时期工人运动发展的最高峰。上海工人阶级的起义，沉重打击了帝国主义及其走狗北洋军阀的统治，在中国工人运动史上写下了光辉的一页。

北伐战争时期的工人运动之所以蓬勃发展，出现了中国工人运动史上的第三次高潮，分析起来有以下几方面的原因：首先，是中国共产党的领导。早在准备北伐的过程中，中共中央于 5 月 7 日发布的《中央通告第一百零一号》在提出当前工作的原则时，关于工人运动，提出要"特别注意于发展工会下层组织的秘密基础，建立工会运动中之党的核心"，只有建立了可靠的基础，工会的公开才有作用。③北伐战争开始后，中共中央于 7 月召开的扩大执行委员会通过的《职工运动议决案》强调："中国职工运动自始迄〈今〉都是在本党指导之下……所以本党对于职工运动不是党与工会关系密切与否的问题，而是如何使本党各级组织经过工会的形式去指导和训练广大的工人群众的问题。"为此，《议决案》制定了详细的党如何指导或领导工人运动的具体措施，其中之一，是"以后中央须指定中央职工运动委员会的经

---

① 黄逸峰、周尚文：《上海工人三次武装起义》，上海人民出版社，1979，第 9 页。

② 曾成贵：《第一次大革命时期的工人运动（1924 年 1 月至 1927 年 7 月）》，《中国工人运动史》第三卷，第 430 页。

③《中央通告第一百零一号——最近政局观察及我们今后工作原则》，载《中共中央文件选集》第二册，第 126 页。

常负责人，根据上项决定计划的实际方法，由中央随时指导各地党部切实执行"。[1] 所以，中国共产党的领导，是北伐战争时期工人运动之所以能够蓬勃发展的重要原因。其次，是与农民运动相互配合。这一时期工人运动开展得比较好的地区，如湖南、湖北和江西，也是农民运动开展得轰轰烈烈的地方。以湖南为例，"湖南工运和农运共同发展、互相支持，是一个突出的特点和优点"[2]。再次，得到了北伐战争的支持。工人运动有力地支持了北伐战争，是北伐战争能顺利推进的一个重要原因；而北伐战争的顺利推进，反过来又有力地支持了工人运动的兴起和高涨。研究者在研究了北伐战争时期的武汉工人运动后得出结论："没有北伐战争的胜利，不可能有高涨的武汉工人运动"，"武汉的工人运动与北伐战争是相互依存，互相促进的"。[3]

二、农民运动的理论、策略和实践

中国共产党成立之初，对工人和工人运动问题比较重视，工人运动是党的工作中心，但对于农民和农民运动则缺乏必要的关注。中共一大没有专门讨论农民问题。1922 年 6 月 15 日，在中国共产党成立后发表的第一份《对于时局的主张》中，涉及农民问题的内容也不多，只有"我们目前奋斗"的十一项"目标"的第二项和第六项，即"肃清军阀，没收军阀官僚的财产，将他们的田地分给贫苦农民"和"定限制租课率的法律"[4]与农民有关。但"没收军阀官僚的财产，将他们的田地分给贫苦农民"的提出，则是中国近代史上第一个主张以土地革命的形式（没收军阀官僚的财产）来解决农民问题的方案，具有重要的意义。1922 年 7 月召开的中国共产党第二次全国代表大会认识到"三万万的农民"是中国民主革命的动力之一，是"革命运动中的最大要素"，并提出了含有"工农联盟"思想性质的主张，即工人阶级"预备与贫农联合组织苏维埃"（本卷第十章第四节第三子目和本章上一节第一子目对此做过介绍），这是中国共产党对新民主主义革命基本问

①《职工运动议决案》，载《中共中央文件选集》第二册，第 197、205 页。

② 曾成贵：《第一次大革命时期的工人运动（1924 年 1 月至 1927 年 7 月）》，《中国工人运动史》第三卷，第 331 页。

③ 李良明：《北伐战争与武汉工人运动》，《华中师范大学学报》（哲学社会科学版）1987 年第 4 期。

④《中国共产党对于时局的主张》，载《中共中央文件选集》第一册，第 45 页。

题认识上的一个进步，但是二大制定和通过了《关于"工会运动与共产党"的议决案》《关于少年运动问题的议决案》《关于妇女运动的决议》，却没有制定和通过一个关于农民运动的议决案。这说明中国共产党这时候尽管开始认识到农民在中国革命中的重要作用，然而其工作中心仍然在工人运动，相对于工人运动以及少年运动、妇女运动而言，对于农民运动还是重视不够，如何开展农民运动，还没有提上中国共产党的议事日程。这里尤须指出的是，二大通过的《宣言》提出了"中国共产党为工人和贫农的利益在这个联合战线里"的七个"奋斗的目标"，其中在第七个目标即"制定关于工人和农人以及妇女的法律"中又提出，"废除丁漕等重税，规定全国——城市及乡村——土地税则"和"规定限制田租率的法律"①，但却没有了1922年6月15日《中国共产党对于时局的主张》中的有关"肃清军阀，没收军阀官僚的财产，将他们的田地分给贫苦农民"的内容。

尽管中共一大没有讨论农民问题，中共二大制定和通过了有关工人运动、少年运动和妇女运动的议决案，而没有制定和通过一个农民运动的议决案，但这并不影响一些共产党员对农民问题的重视和从事农民运动。实际上早在中共成立之前的1920年8月，中国共产党早期组织——上海共产主义小组创办了一份《共产党》月刊，由李达任主编，从第2号开始，该月刊连续发表文章，讨论农民问题，尤其是发表在第3号（1921年4月出版）上的《告中国的农民》，是早期共产党人用马克思主义的阶级分析方法研究中国农民和农村问题的第一篇文章。中国共产党成立后，一些共产党人开始到农村去，从事农民运动。1921年9月27日，在中共党员沈定一的发动和领导下，浙江萧山县的衙前村成立了党领导下的第一个农民协会，并扩大到80个乡村，后遭反动当局的镇压而被迫解散。1922年6月30日陈独秀在给共产国际的报告中，还提到了这件事，说浙江方面"组织八十个农村的农民协会反抗地主，被军警解散，死伤数人"②。几乎同时，广东海丰县农民运动也搞得轰轰烈烈，其领导人是中国共产党的农民运动领袖彭湃，并继浙江萧山衙前村的农民协会后，于1922年7月29日成立了广东

---

① 《中国共产党第二次全国大会宣言》，载《中共中央文件选集》第一册，第116页。
② 《中共中央执行委员会书记陈独秀给共产国际的报告》，载《中共中央文件选集》第一册，第53页。

省第一个农民协会。后来，海丰县成立的农民协会越来越多，1923 年元旦又在各乡村农民协会的基础上，成立了海丰县总农会，彭湃任会长，下设教育、卫生、财政、农业、仲裁等部，加入农会的农民达到 2 万户，10 万余人，其人口占全县总人口的四分之一。[1] 这是中国共产党领导下的全国第一个县级农民协会。很快，彭湃又把农民运动做到了邻县陆丰县。1923 年春，陆丰县的附城、新田、河口等地方成立了农民协会。6 月，陆丰县总农会成立，加入农会的农民 7000 多户，3.5 万余人。[2] 除浙江萧山和广东的海陆丰外，湖南衡阳一带也有农民运动兴起。1923 年初，毛泽东任书记的中共湘区委员会派水口山工人、共产党员刘东轩和安源工人、共产党员谢怀德回到自己的家乡衡阳白果一带开展农民运动。到这年夏，农民运动得到较大发展，仅农民运动的骨干分子就有一二百人，9 月 16 日在白果刘捷三公祠前召开的岳北农工会，到会的农民有 3000 多人；到这年 10 月，加入农工会的农民达 6000 多户，会员 4 万多人。在 1923 年 11 月召开的中国共产党三届一中全会上，湖南代表报告："衡阳之白果，组织了一个农会，会员约二三万，但因水陆交通断绝，无法加派得力人去主持。"[3]

1923 年 6 月 12 日至 20 日，中国共产党第三次全代表大会在广州召开。这次大会与一大和二大的不同之处，就是除《劳动运动议决案》《青年运动决议案》和《妇女运动决议案》外，还专门制定和通过了一个《农民问题决议案》。这也是中国共产党的历史上制定和通过的第一个关于农民和农民运动的决议案。它说明与一大和二大比较，农民和农民运动已引起了中国共产党的高度重视。农民和农民运动之所以会引起中国共产党的高度重视，分析起来有三个方面的原因。第一个原因，也是最重要的原因，是二七大罢工的失败以及二七大罢工失败后第一次工人运动的迅速走向低落，使中国共产党人认识到单靠工人阶级一个阶级的力量难以取得革命的胜利，从而推动了他们对农民问题和农民运动的新认识，即在二大认识的基础上进

① 彭湃：《海丰农民运动》，载《第一次国内革命战争时期的农民运动资料》，人民出版社，1983，第 156—157 页。

② 叶左能、谢乾生：《海陆丰农民运动概况》，载中共惠阳地委党史办公室编《东江党史资料汇编》第五辑（内部资料），1985，第 4 页。

③《各委员报告》，载《中共中央文件选集》第一册，第 193 页。

一步认识到了农民在中国革命中的重要作用。第二个原因是于此之前发生在浙江萧山衙前、广东海陆丰、湖南衡阳白果以及其他地区的农民运动，使中国共产党人看到了农民力量，增强了他们从事农民运动的信心。第三个原因是受共产国际要求中国共产党重视农民问题的影响。

这三个原因，实际上我们都可以在邓中夏于二七大罢工失败后所写的《本团应注意农民运动》一文中找到证明。关于第一个原因，他在文中写道："现在中国社会的经济基础，谁也承认还是农业。新式工业不过在几个通商口岸与铁路矿山及其附近有些罢了。农民至少占全国人口三分之二以上，中国不革命则已，欲革命我们不教育，煽动，领导这占人口大多数之农民积极的参加，那有希望。所以我们现在要积极分出精力来做农民运动，是不该有疑问的，是必须充分了解的。"① 关于第二个原因，他在文中写道："现举两桩事实可以证明中国农民并不是不可以唤醒与组织"，"第一桩事实，是广东东江之农民联合会"。然后他摘录了香港《华字日报》对海陆丰农民运动的有关报道。"第二桩事实，是湖南衡山白果之岳北农会"。然后他又摘录了《湘报》对湖南衡山白果之岳北农会的有关报道。在摘录了有关报道后，他写道："由此两桩事看来，更证以前年浙江萧山农民，去年江西萍乡农民，和最近江西马家村农民，山东青岛盐田农民之种种剧烈的减租抗税运动，可知中国农民都已动了，只盼我们同志投身其中去做有计划的宣传与组织运动，不愁不成功为我们革命的一个有力的军队。"② 关于第三个原因，他首先摘引了三段连载于中共机关刊物《向导》第9、10期上的共产国际远东部主任萨法洛夫在莫斯科召开的远东各国共产党和革命团体代表大会上的报告，其内容是强调农民参加中国革命的重要性，认为中国共产党现在要做的"第一件要事就是去唤醒这一班群众，他们是中国人民的主要成分，他们是中国的柱子，若不唤醒这般（班）农民群众，民族的解放是无望的"。"劳动阶级决不可自己与中国农民阶级隔离。他非去和他们携手，给他们光明，教育和共产主义的观念不可。"在摘引了萨法洛夫的报告后，邓中夏写道："萨法洛夫同志这一席话是说得何等恳切的呵！有人

① 邓中夏：《本团应注意农民运动》，载《邓中夏全集》（上），人民出版社，2014，第244—245 页。
② 邓中夏：《本团应注意农民运动》，载《邓中夏全集》（上），第246—247 页。

疑心农民的经济地位模糊不清，不象劳动阶级与资产阶级的阶级分明，故不容易唤醒起来，而且农民太散漫了，不容易组织起来。我说不然。中国自从帝国主义侵入之后，农民比前更是痛苦不堪，他们把最后所有物送给村上的盘剥者，由这盘剥者把他们的血汗送给外国资本家。于是失掉他们经济的根本，只得过一种穷苦无告的生活，成为一种无产阶级，成为一种在帝国主义宰制之下不能改良他们的贫苦人们。又加上连年水旱兵三灾并进，更逼得他们走投无路。他们在此时不是流为盗匪，便是投身革命。"[1] 正是基于以上这三个原因，邓中夏在文中呼吁"本团应注意农民问题"。这里的"本团"，指的是"中国社会主义青年团"。因为邓中夏当时是中国社会主义青年团中央执行委员会委员长，主持团中央的工作。他的这篇文章也是首先发表在中国社会主义青年团机关刊物《团刊》第 2 号上的。

邓中夏是中国共产党早期领导人之一，主要从事工人运动，1922 年任中国劳动组合书记部主任，参与领导过长辛店铁路工人、开滦煤矿工人和京汉铁路工人大罢工，是《劳动法大纲》的起草者。与此经历相关，此前他关注的主要是工人问题，很少关注农民问题，《本团应注意农民运动》是他发表的第一篇关于农民问题的文章。此后，他又先后有《革命主力的三个群众——工人、农民、兵士》（1923 年 12 月 8 日）、《论农民运动》（1923 年 12 月 29 日）、《中国农民状况及我们运动的方针》（1924 年 1 月 5 日）、《论农民运动的政略与方法》（1924 年 3 月 29 日）等论及或专论农民问题的文章发表。邓中夏思想的这一变化很具有代表性，代表了中国共产党人对农民问题的日渐重视。因此，三大通过的《中国共产党党纲草案》，不仅强调农民在民主革命中"占非常重要地位，国民革命不得农民参与，也很难成功"[2]；而且还把满足"农民利益的特别要求"作为"共产党之任务"之一提了出来，"农民利益的特别要求"包括："划一并减轻田赋，革除漏〔陋〕规"；"规定限制田租的法律；承认佃农协会有议租权"；"改良水利"；"改良种籽地质；贫农由国家给发种籽及农具"；"规定重要农产品价格的最小限度"等[3]。针对农民因外货的输入所造成的农副业破产以及军阀混战、土匪

① 邓中夏：《本团应注意农民运动》，载《邓中夏全集》（上），第 245 页。
②《中国共产党党纲草案》，载《中共中央文件选集》第一册，第 139 页。
③《中国共产党党纲草案》，载《中共中央文件选集》第一册，第 142 页。

盛行、贪官污吏的横征暴敛所带来的种种痛苦，大会决议认为，"有结合小农佃户及雇工以反抗牵〔宰〕制中国的帝国主义者，打倒军阀及贪官污吏，反抗地痞劣绅，以保护农民之利益而促进国民革命运动之必要"①。

中共三大的一个重要成果，是确立了与国民党的合作方针。1924年1月，中国国民党第一次全国代表大会在广州召开，第一次国共合作正式形成。会后，国民党中央设立农民部，作为全国农民运动的领导机关，中共党员林伯渠任部长，彭湃任秘书长，主持农民部工作。根据这年2月20日召开的国民党中央执行委员会第七次会议通过的决议，农民部的职责之一，是"制定农民运动计划"。在中共方面，为了推动农民运动的开展，加强党对农民运动的领导，1924年5月召开的执委会扩大会议通过的《共产党在国民党内的工作问题议决案》提出，"为使国民革命运动深入起见，为拥护广东政府起见，要使南方农民参加国内战争，我们应当要求国民党实行废除额外苛税并禁止大地主对于贫苦佃农之过分的剥削。此外还要武装沿战线的农民——直接与北方军队相接触的农民。第一种方法若能实行，这第二种方法便使农民无形之中直接参加南方的解放运动"②。这次扩大会议通过的《农民兵士间的工作问题议决案》，还对不同地区宣传和组织农民运动的方法做出了规定，并提出了乡村自治、组织乡团、武装农民、反对一切苛捐杂税和苛租等主张，强调"反对国际帝国主义及国内军阀的国民运动里大多数农民群众的加入是最有力的动力"。③扩大会议召开半年之后，亦即1925年1月11日至22日，中国共产党又召开了第四次全国代表大会。本章第三节已指出，除提出无产阶级领导权问题以及对中国民主革命的内容做了更加完整的规定外，四大的另一个重要贡献或者说是历史功绩，是明确提出了"工农联盟"问题。大会通过的《对于农民运动之议决案》，虽然没有提出关于土地问题的纲领，但强调了农民问题的极端重要性，提出了组织农民协会、扩大农民自卫军、提高乡村文化、保障贫农及雇农的特殊利益等措施，尤其是提出要注重对农民的阶级教育："在农民运动中，我们须随时随地注意启发农民的阶级觉悟"，"须向他们解释共产党的性质，党

①《农民问题决议案》，载《中共中央文件选集》第一册，第151页。
②《共产党在国民党内的工作问题议决案》，载《中共中央文件选集》第一册，第233页。
③《农民兵士间的工作问题议决案》，载《中共中央文件选集》第一册，第247页。

纲，策略"，认为"这种宣传在广东反革命的买办阶级失败，反共产的鼓动散布于乡村而与大地主结合之后，更为必要"。①

第一次国共合作的形成，推动了农民运动的兴起和发展。由于广东是孙中山大元帅府的所在地，也是国共合作后创办的农民运动讲习所的所在地，而且第一届到第五届学员，主要来自于广东，因此这一时期广东的农民运动搞得最有声有色，农民协会组织得到迅速发展，"到 1925 年 5 月，全省已有 22 个县建立了农民协会，参加农民协会的达 21 万人以上"②。在此基础上，1925 年 5 月 1 日，召开了全省第一次农民代表大会，正式成立了广东农民协会，其《成立宣言》强调了工农联合的重要性："无产阶级倘若不联合农民，革命便难成功"，而"农民要得到自身的解放也只有与工人联合才有可能"，"工农联合越坚固，力量越大"。③在湖南，1925 年春毛泽东从上海回到老家韶山养病，他一边养病一边从事农民运动，经过他的努力，韶山附近的 20 多个乡建立起了秘密农会或公开的群众组织——雪耻会。毛泽东还在农民积极活动分子中发展党员，并于同年 6 月在韶山成立了党支部，由 1922 年就入党的毛福轩任书记。党支部成立后，组织和领导当地农民开展了平抑粮价、减租减息的斗争。在湖北，黄安、黄梅、汉川、枣阳等县都兴起过农民运动。仅黄安，到 1926 年初，就有 14 个村成立了农民协会，参加协会的农民达到 1500 多人。④除广东、湖南、湖北外，其他如江西、广西等省也都有农民运动的开展，其中，方志敏在江西弋阳、韦拔群在广西东兰开展的农民运动，搞得轰轰烈烈。北方尽管是北洋军阀的统治中心，但在李大钊和他领导的中共北方区委的领导下，农民运动同样开展了起来。北方区委先是派出一批特派员到北京东部的顺义、玉田等七县发动农民，建立农民协会；随后，又派人在河北、山西、陕西、内蒙古的一些地区组建中共党组织和农民协会，领导农民开展抗租抗捐、反对贪官污吏的斗争。邓中夏写于 1925 年 5 月的《劳动运动复兴期中的几个重要问题——贡献于第二次全国劳动大会之前》一文，对兴起于这一时期的农民运动给予了高

---

① 《对于农民运动之议决案》，载《中共中央文件选集》第一册，第 362 页。
② 曾宪林、谭克绳主编《第一次国内革命战争时期农民运动史》，山东人民出版社，1990，第 42 页。
③ 曾宪林、谭克绳主编《第一次国内革命战争时期农民运动史》，第 43—44 页。
④ 曾宪林、谭克绳主编《第一次国内革命战争时期农民运动史》，第 57 页。

度评价："近年来如湖南、陕西、广东等省的农民运动，已由原始的自然的农民反抗运动而进入于经济组织与政治斗争，已表示他们是中国国民运动中的重要成分。这种现象，特别是在广东已有组织之十六万农民群众中可以看得出来。"① 不久，李大钊在《土地与农民》一文中同样高度评价了大革命兴起后的农民运动。他说："年来广东的农民运动，已著有成绩。陈、洪、杨、刘之败灭，以及国民政府之巩固，得农民之助力不少。最近河南的农民运动亦颇著有成效。直、鲁一带农民自卫运动亦方在萌发中。中国的浩大的农民群众，如果能够组织起来，参加国民革命，中国国民革命的成功就不远了。"②

　　1925 年 5 月五卅惨案发生，随即五卅运动蓬勃兴起并发展到全国。然而五卅运动兴起后不久，在中国共产党领导下的反帝统一战线则因民族资产阶级在帝国主义的威逼利诱之下退出而发生分裂。民族资产阶级退出反帝统一战线，不仅使中国共产党对这一阶级的两面性之软弱性和妥协性一面有了更深刻、更全面的认识，同时也对农民在中国民主革命中的重要作用尤其是工农联盟的重要意义有了更深刻、更全面的认识。正是由于对农民在中国民主革命中的重要作用尤其是工农联盟的重要意义有了更深刻、更全面的认识，所以 1925 年 9 月底至 10 月上旬中共中央召开的扩大执行委员会会议，为了动员更多的农民参加革命，建立起巩固的工农联盟，在中共历史上第一次提出了"耕地农有"的主张，并强调了在农民组织中发展党的组织、巩固党的组织对于巩固工农联盟的重要作用。10 月 10 日，中共中央又根据这次扩大会议的精神，发表了中共历史上的第一份《告农民书》，提出了农民应该具有的八项"最低限度的要求"，号召农民为了解除自己的"困苦与逼迫"，必须团结起来，"组织农民协会，再由协会组织农民自卫军"，并就如何"组织农民协会"提出了 10 条具体的操作办法。③ 不久之后（1926 年 2 月 21—24 日）召开的中共中央特别会议再次强调了"工农联盟"及其意义："'五卅'以后国民革命中工人阶级的孤立隔离，更证明农〈民〉

① 邓中夏：《劳动运动复兴期中的几个重要问题——贡献于第二次全国劳动大会之前》，载《邓中夏全集》（上），第 541—542 页。
② 李大钊：《土地与农民》，载《李大钊全集》（最新注释本）第五卷，第 85 页。
③《告农民书》，载《中共中央文件选集》第一册，第 513、515—517 页。

斗争的奋起，是国民〈革命〉成功所必不可少的条件，是工人阶级最需要最靠得住的同盟军。""只有工人和农民的联盟，足以引导国民革命到最后的胜利。"① 与此同时，在扩大会议和特别会议召开的前后，中国共产党的一些领导人也基于对农民在中国民主革命中的重要作用尤其是工农联盟的重要意义之更深刻、更全面的认识，运用马克思主义的立场、观点和方法，对中国的农民问题做了进一步的探讨，从而为中共领导下的农民运动的进一步开展提供了理论上的指导。其中毛泽东、李大钊是主要代表。概而言之，这一时期中国共产党人对农民问题的探讨主要提出了以下一些观点：

第一，农民占中国人口的绝大多数，在中国民主革命中占有非常重要的地位。李大钊认为："在经济落后沦为半殖民的中国，农民约占总人口百分之七十以上，在全人口中占主要的位置，农业尚为其国民经济之基础。故当估量革命动力时，不能不注意到农民是其重要的成分。"② 毛泽东对中国各阶级在中国人口中的比例做了全面的分析，他指出，"在人数上说，四万万人中，买办、大地主、官僚、军阀等大资产阶级至多每四百个人里头有一个（四百分之一），计一百万人。小地主、国货工商业家等中产阶级，大约每百个人里头有一个（百分之一），即四百万人。此外的数目都属其余的阶级：自耕农、小商、手工业主等小资产阶级约占一万万五千万；半自耕农、佃农、手工业工人、店员、小贩等半无产阶级人数最多约占二万万；产业工人、都市苦力、雇农、游民等完全的无产阶级约占四千五百万。依此分析，则中国为了救苦为了自求解放的革命民众有多少呢？有三万万九千五百万，占百分之九八点七五"③。而在这"三万万九千五百万"的"革命民众"中，绝大多数是农民，也就是文中所说自耕农、半自耕农、佃农、雇农。所以，"农民问题乃国民革命的中心问题"④。瞿秋白也强调：中国农民的"数目占全国人口的绝对大多数，农业亦为中国的主要生产事业，农民实为中国经济生命的主体"。就此而言，农民问题"是国民革命中

---

① 《关于现时政局与共产党的主要职任议决案》，载《中共中央文件选集》第二册，第 54 页。
② 李大钊：《土地与农民》，载《李大钊全集》（最新注释本）第五卷，第 76 页。
③ 毛泽东：《国民党右派分离的原因及其对于革命前途的影响》，载《毛泽东文集》第一卷，第 29 页。
④ 毛泽东：《国民革命与农民运动——〈农民问题丛刊〉序》，载《毛泽东文集》第一卷，第 37 页。

的重要问题"，农民在大革命中的地位非常重要。①

第二，农民遭受外国帝国主义和本国封建军阀官僚及地主残酷的政治压迫和经济剥削，富有革命精神，是中国民主革命的主力军。蔡和森指出："自资本帝国主义侵入以来，农民所受的政治压迫亦与日俱深。帝国主义者利用军阀官僚压迫农民"，军阀官僚与传教士、土豪劣绅、恶霸地主以及土匪"相互勾结利用，包揽词讼"，"勒租索债"，"对农民敲诈勒索"。如广东农民，"一面受外国资本主义的影响特别大，一面受地主贵族的压迫亦特别严"。②李大钊认为："中国的农业经营是小农的经济，故以自耕农、佃户及自耕兼佃为最多。此等小农因受外货侵入、军阀横行的影响，生活日感苦痛。"③哪里有压迫，哪里就有反抗和斗争。也正因为中国的农民受压迫和剥削最重，因此他们也最富有革命的精神，是中国革命的主力军。毛泽东在《中国社会各阶级的分析》中指出，作为"半无产阶级"的"半自耕农和贫农是农村中一个数量极大的群体"，尽管他们因其经济状况的不同而有上、中、下之别，但都受帝国主义和封建军阀、官僚、地主的残酷压迫和剥削，"所谓农民问题，主要就是他们的问题"，他们因而也都富有革命精神，是中国民主革命的主力军，其中尤以最贫困的贫农的革命性最强，"他们是农民中极艰苦者，极易接受革命的宣传"，是无产阶级最可靠的同盟军。④他后来在《湖南农民运动考察报告》中又强调："乡村中一向苦战奋斗的主要力量是贫农"，"没有贫农，便没有革命。若否认他们，便是否认革命。若打击他们，便是打击革命"。⑤

第三，认为土地问题是农民的根本问题，并提出了解决农民土地问题的方法和途径。李大钊指出，自古以来，土地问题就是农民的根本问题，所以，"在中国历史上，自古迄今，不断的发生平均地权的运动"。时至今日，由于外国帝国主义和本国封建军阀官僚及地主对农民残酷的政治压迫和经济剥削，使"水潮似的全国农民破产的潮流，正在那里滔滔滚滚的向前涌进

① 瞿秋白：《国民革命中之农民问题》，载《瞿秋白文集·政治理论编》第四卷，第378页。
② 蔡和森：《今年五一之广东农民运动》，载《蔡和森文集》，人民出版社，1980，第752—753页。
③ 李大钊：《土地与农民》，载《李大钊全集》（最新注释本）第五卷，第76页。
④ 毛泽东：《中国社会各阶级的分析》，载《毛泽东选集》第一卷，第6—7页。
⑤ 毛泽东：《湖南农民运动考察报告》，载《毛泽东选集》第一卷，第20—21页。

而未已［已］"，土地问题因而也比历史上的任何一个时期都更加严重。"在
这种情形之下，'耕地农有'便成了广众的贫农所急切要求的口号。"那么
怎样才能实现"耕地农有"呢？也就是说解决土地问题的途径在哪里？李
大钊认为，"中国今日的土地问题，实远承累代历史上农民革命运动的轨辙，
近循太平、辛亥诸革命进行未已的途程，而有待于中国现代广大的工农阶
级依革命的力量以为之完成"。因为"中国今日的土地问题"，既然是外国
帝国主义和本国封建军阀官僚及地主对农民残酷的政治压迫和经济剥削所
造成的，所以，要解决"中国今日的土地问题"，就只能"有待于"工农
阶级所领导的民主革命对外打倒帝国主义、对内推翻封建军阀官僚的统治、
"国民革命政府成立后"，按照"耕地农有的方针，建立一种新土地政策，
使耕地尽归农民，使小农场渐相联结而为大农场，使经营方法渐由粗放的
以向集约的，则耕地自敷而效率益增，历史上久久待决的农民问题，当能
谋一解决"。[①] 瞿秋白后来也指出，土地问题是农民问题的根本，"向来中国
人否认中国有农地问题，这是不对的"。孙中山的"平均地权"，在当时有
它的意义，但"如今'平均地权'不够了，要'耕地农有'！所谓耕地农有，
就是谁耕田（佃农），谁便享有这些田地"。虽然"耕地农有"这一"口号"
并不是"社会主义的"，也不是"土地国有"，但它代表了农民的利益，"是
农民群众之迫切的要求"。[②] 他尤其强调，中国的"农民问题、土地问题"，
只有通过工人阶级领导的"各阶级的联合战线"的大革命，才能得到解决。[③]
毛泽东同样主张用革命的方式来解决农民的土地问题。

第四，农民必须组织起来，武装起来，并提高自己的文化，这样农民
才能自己解放自己。李大钊指出，"中国的浩大的农民群众，如果能够组织
起来，参加国民革命，中国国民革命的成功就不远了"。因此，中国共产
党从事农民运动的一项重要工作，就是把他们组织起来，成立由贫农、佃
农和雇农为主体的农民协会。这样的农民协会不同于乡村旧有的农民团体。
"乡村中旧有的农民团体，多为乡村资产阶级的贵族政治"，为地主乡绅所

---

① 李大钊：《土地与农民》，载《李大钊全集》（最新注释本）第五卷，第74、77、82、76、83页。
② 瞿秋白：《中国革命中之争论问题 第三国际还是第零国际——中国革命中孟雪维克主义》，载
　《瞿秋白文集·政治理论编》第四卷，第446页。
③ 瞿秋白：《国民革命中之农民问题》，载《瞿秋白文集·政治理论编》第四卷，第385页。

操纵，是保障他们利益的工具，这些人不仅对农民的疾苦漠不关心，而且还"专以剥削贫农为事"。在旧有的农民团体中，贫农是没有任何权力可言的。所以，"若想提高贫农的地位，非由贫农、佃农及雇工自己组织农民协会不可。只有农民自己组织的农民协会才能保障其阶级的利益"。因而"在乡村中作农民运动的人们，第一要紧的工作，是唤起贫农阶级组织农民协会"。除了把农民组织起来，成立农会外，把农民武装起来，成立农民自卫军，以保护农民不受军阀土匪的扰乱，也是中国共产党人从事农民运动的一项重要工作。"随着帝国主义所造成军阀土匪扰乱范围之扩大，一般农民感有组织农民自卫军的必要"，而原有的保卫团和民团之类的组织，都是地主士绅的武装组织，它们保护的是地主士绅，而非贫苦农民。其他"如哥老会、红枪会等皆为旧时农民的自卫的组织"，已经过时，需要对它们进行改造。为此，李大钊呼吁"革命的青年同志们，应该结合起来，到乡村去帮助这一般农民改善他们的组织，反抗他们所受的压迫"。[1]他要"革命的青年同志们"认识到，"武装农民自卫运动的发展，不但可以用他的阶级的力量打败军阀的军队，并且可以用他的阶级的力量召还军阀营垒中的农民，使之回到他们的乡井，保卫他们的闾里，这样子不但可以增加农村的壮丁，并且可以崩溃军阀的势力，根本的破坏军阀的营垒"。[2]与此同时，他指出，在从事组织农民、武装农民的工作过程中，"随着乡间的组织工作"的开展，"当注意到乡间的文化提高问题"。那些"到乡间去的同志们，应知利用农闲时间，尤其是旧历新年一个月的时间，作种种普通常识及国民革命之教育的宣传"。为了做好这项工作，"多生效果"，一方面，下乡之前要多预备些"图画及其他浅近歌辞读物"，分发给当地农民；另一方面，也更为重要的方面，"须要联合乡村中的蒙学教师，利用乡间学校，开办农民补习班"，对农民进行教育，以提高他们的文化。[3]要通过对农民的教育，提高他们的文化，"使一般农民明了其阶级的地位，把他们的乡土观念，渐渐发展而显出阶级的觉悟"[4]。李大钊的上述观点得到了毛泽东的赞同和支持，他曾把集

① 李大钊：《土地与农民》，载《李大钊全集》（最新注释本）第五卷，第85、84页。
② 李大钊：《鲁豫陕等省的红枪会》，载《李大钊全集》（最新注释本）第五卷，第130页。
③ 李大钊：《土地与农民》，载《李大钊全集》（最新注释本）第五卷，第84—85页。
④ 李大钊：《鲁豫陕等省的红枪会》，载《李大钊全集》（最新注释本）第五卷，第132页。

中反映李大钊上述观点的《土地与农民》一文编入《农民问题丛刊》，作为农民运动讲习所学员学习和研究的重要材料。[①]后来毛泽东在《湖南农民运动考察报告》中也强调了农民组织起来、武装起来，提高自己的文化，对于农民解放的重要意义。瞿秋白也主张"武装农民，组织农民自卫军，使他有自己的武装保护他自己的利益"[②]。

　　第五，必须加强中国共产党对农民运动的领导，建立起巩固的工农联盟，这是农民运动能取得最终胜利的根本保证。本章上一节已经介绍，毛泽东的《中国社会各阶级的分析》一文，就强调了无产阶级领导权问题，这当然亦包括对农民运动的领导，并认为贫农是无产阶级最可靠的同盟军。瞿秋白分析了中国历史上农民起义之所以失败，一个重要原因是"没有强有力的革命阶级做他们的领袖，如现在的中国无产阶级"。而现在的农民运动与历史上的农民起义的最大不同，就是"因为现在资本主义渐渐的发展，在大城市中间已经有了工人，无产阶级已形成一种力量，农民可与工人联合奋斗，农民得到这支生力军的辅助，形势当然不同，不像以前那样的原始暴动而为有组织的斗争了。农民也已经知道在革命的行程中，无论什么时候，他们必需要有团结与组织，并且知道要得胜利必定要与工人联合"。他还提出了工农联合的具体方案，即："农民参加政权，乡村的政权归农民，城市的也要有农民代表；凡是行政，要有农民与一般人民代表会决定后才能实行。"[③]早在《劳动运动复兴期中的几个重要问题——贡献于第二次全国劳动大会之前》一文中，邓中夏就专门用一节的篇幅讨论了"工农联合问题"，指出"我们工人阶级要领导中国革命至于成功，必须尽可行的系统的帮助并联合各地农民逐渐从事于经济的和政治的斗争"。[④]后来他又在《怎样实行工农联合？——马上组织"农村宣讲队"到农村去》一文中再次就"工农联合问题"进行了讨论，指出农民是工人阶级的同盟军，农民受地主阶级的剥削与压迫，工人受资本家的剥削与压迫，他们也都受帝国主义的"肆

① 秦爱民：《李大钊与中国农民运动理论》，《南京政治学院学报》2003 年第 5 期。
② 瞿秋白：《国民革命中之农民问题》，载《瞿秋白文集·政治理论编》第四卷，第 386 页。
③ 瞿秋白：《国民革命中之农民问题》，载《瞿秋白文集·政治理论编》第四卷，第 383、386 页。
④ 邓中夏：《劳动运动复兴期中的几个重要问题——贡献于第二次全国劳动大会之前》，载《邓中夏全集》（上），第 542 页。

意侵略"和封建军阀官僚的"无情蹂躏"。因此，农民和工人阶级所受的经济剥削与压迫和政治痛苦是一样的。所以，农民和工人阶级"须得亲密的联合起来，以打倒一切压迫我们的特殊阶级"。他认为要实现工农联合，其第一步就是工人阶级要"马上组织'农村宣讲队'到农村去"，对农民进行宣传和教育，以此"结成工农阶级之联合基础"。① 不久（1926 年 1 月 13 日）邓中夏在广东省农民协会欢迎海员工人代表大会上的演说中又再次强调，工人和农民，都是被人压迫和剥削的阶级，"我们要解除本身的压迫，一定要联合我们阶级的力量去打倒压迫阶级"。他告诉听众，这次"东江之靖"（即第二次东征的胜利——引者），不是某一个人或某一个阶级的功劳，而是"东江革命的农民，省港罢工的工人，和革命的兵士，工农兵大联合，才能把陈系军阀推倒，才能把他们赶走。这种功劳是在革命的军人，工人、农人努力奋斗造成的"。②

1926 年 7 月 9 日，国民革命军在广州东校场正式誓师北伐。为配合北伐战争，中国共产党领导下的工农运动迅速兴起，并随着北伐战争的不断胜利而走向高涨。据统计，北伐战争之前的 1926 年 6 月，全国 12 个省有农民协会，乡以上的农民协会共 5353 个，协会会员 98 万人左右；而到了 1927 年上半年，全国有组织的农民协会会员已经达到 915 万人，增长了将近 10 倍。尤其是北伐军所经过的湖南、江西、湖北等省，农民运动的发展更是迅速。以湖南为例，到 1926 年 11 月，全省已成立县农民协会的有 28 个县，成立县农民协会筹备处的有 19 个县和两个特别区，成立通讯处的有 7 个县，并在此基础上成立了湖南省农民临时协会。这时，全省有区农民协会 462 个，乡农民协会 6867 个，会员达到 136.6 万多人，其中妇女会员有 1663 人。湖南农民协会的一个重要特点，即"乡一级农民协会绝大部分掌握在雇贫农手里"，如衡山县，乡农协会的干部中，贫农占 90%，贫苦知识分子占 10%。③ 这年（1926 年）的 12 月 1 日到 27 日，湖南第一次全省

---

① 邓中夏：《怎样实行工农联合？——马上组织"农村宣讲队"到农村去》，载《邓中夏全集》（上），第 635 页。
② 邓中夏：《革命的方法——在省农民协会欢迎海员工人代表大会上的演讲》，载《邓中夏全集》（中），第 855、854 页。
③ 曾宪林、谭克绳主编《第一次国内革命战争时期农民运动史》，第 106 页。

农民代表大会和第一次全省工人代表大会同时在长沙召开，毛泽东出席了这次大会，并两次就革命联合战线问题发表讲话，会议通过了 39 个有关铲除土豪劣绅和建立乡村自治政权、减租减息和废除苛捐杂税、农民武装自卫、农民协会组织等的决议案。会后，湖南的农民运动得到了更迅速的发展，到 1927 年 1 月，全省有 57 个县建立了农民协会，会员发展到 200 万人，能直接领导的群众达到 1000 万人，全省农民中差不多有一半人组织了起来。① 农民有了组织，便开始了一场空前的农村大革命，"农民的主要攻击目标是土豪劣绅，不法地主，旁及各种宗法的思想和制度，城里的贪官污吏，乡村的恶劣习惯"。在那些打倒了地主政权的地方，农民协会便成为乡村唯一的政权机关，真正做到了"一切权力归农会"。② 湖北全省的农民会员，到 1926 年 11 月时已发展到 20 万人。江西的农民协会会员，到 1926年 10 月时也达到了 5 万人。③ 这两个省也开始出现了大的农村变动。对于这种大的农村变动，毛泽东在当时就明确指出："国民革命需要一个大的农村变动。辛亥革命没有这个变动，所以失败了。现在有了这个变动，乃是革命完成的重要因素。"他还预言，"很短的时间内，将有几万万农民从中国中部、南部和北部各省起来，其势如暴风骤雨，迅猛异常，无论什么大的力量都将压抑不住。他们将冲决一切束缚他们的罗网，朝着解放的路上迅跑"。④

　　毛泽东为北伐战争时期农民运动的兴起和发展做出了重要贡献。早在 1926 年 3 月，他在国民党农民部农民运动委员会上就指出，农民运动"应以全力注意将来革命军北伐经过之区域，如赣、鄂、直、鲁、豫诸省"⑤。9月，他为《农民问题丛刊》写了《国民革命与农民运动》的序，开篇便明确指出："农民问题乃国民革命的中心问题，农民不起来参加并拥护国民革命，国民革命不会成功；农民运动不赶速地做起来，农民问题不会解决；农民问题不在现在的革命运动中得到相当的解决，农民不会拥护这个革命。"实

---

① 中共中央党史研究室：《中国共产党的九十年·新民主主义革命时期》，第 78 页。
② 毛泽东：《湖南农民运动考察报告》，载《毛泽东选集》第一卷，第 14 页。
③ 中共中央党史研究室：《中国共产党的九十年·新民主主义革命时期》，第 78 页。
④ 毛泽东：《湖南农民运动考察报告》，载《毛泽东选集》第一卷，第 16、13 页。
⑤ 中共中央文献研究室编《毛泽东年谱（1893—1949）》（修订本）上卷，中央文献出版社，2013，第 158 页。

际上，"所谓国民革命运动，其大部分即是农民运动"。[①] 11 月，他到上海，担任中共中央刚成立的中央农民运动委员会书记，并主持制定了《目前农运计划》，认为农民运动除了注重广东外，还应重点在湘、鄂、赣、豫四省展开，同时在川、陕、皖、苏等七省展开。[②] 1927 年初，他出任全国农民协会总干事，并从上海到武汉，在武昌创办中央农民运动讲习所，以培养农运干部。1927 年 3 月 30 日，中华全国农民协会临时执行委员会在武汉成立，大会推选毛泽东以及谭延闿、邓演达、谭平山、陆沉等 5 人为常务执行委员，毛泽东兼任组织部长。会议制定的《今后农运规划》，对于全国各地的农民运动发展起到了积极的促进作用。

农民运动的兴起和高涨，引起了国民党右派的恐惧，他们因而对农民运动大加诋毁，说农民运动"过火了""糟得很"，是"痞子"运动，共产党内以陈独秀为代表的一些思想右倾的人也被高涨的农民运动所吓倒，认为农民运动确实"过火了"。陈独秀甚至"直接找中共湖南省委书记谈话，指令他一定要制止农民运动的所谓'过火'行动"。[③] 为了了解农民运动的实际情况，回击国民党右派对农民运动的诋毁，纠正党内一些人对农民运动的错误认识，1927 年 1 月 4 日至 2 月 5 日，毛泽东专程对湖南的湘潭、湘乡、衡阳、醴陵、长沙五县的农民运动进行了 32 天的实地考察。2 月 16 日，他向中共中央写了《视察湖南农民运动的报告大纲》。《大纲》共 13 条，基本思想是认为湖南农民运动不是"过火了""糟得很"，而是"好得很"，解决农民的土地问题势在必行。报告还指出，"现在是群众向左，我们党在许多地方都是表示不与群众的革命情绪相称"[④]。2 月下旬，他全力赶写考察报告。3 月 5 日，《湖南农民运动考察报告》首先在中共湖南区委的机关刊物《战士》周刊第 35、36 两期合刊上全文刊出。3 月 12 日，中共中央机关刊物《向导》第 191 期以《二月十八日长沙通信》为名刊载了报告的第一章和第二章的一、二节，后面的部分因当时主持中央宣传工作的彭述之的阻扰而

[①] 毛泽东：《国民革命与农民运动——〈农民问题丛刊〉序》，载《毛泽东文集》第一卷，第 37、38 页。

[②] 《目前农运计划》，载中共中央文献研究室、中央档案馆编《建党以来重要文献选编（一九二一—一九四九）》第三册，中央文献出版社，2011，第 461—462 页。

[③] 中共中央党史研究室：《中国共产党的九十年·新民主主义革命时期》，第 86 页。

[④] 中共中央文献研究室编《毛泽东年谱（1893—1949）》（修订本）上卷，第 179—180 页。

不了了之。4月，得到瞿秋白的支持，报告以《湖南农民革命》为书名由共产党人主持的长江书店出版。瞿秋白为之写《序》："中国革命家都要代表三万万九千万农民说话做事，到战线去奋斗，毛泽东不过开始罢了。中国的革命者个个都应当读一读毛泽东这本书。"毛泽东在《湖南农民运动考察报告》中提出了以下一些基本思想。

第一，肯定了农民运动的正当性和正义性以及农民在中国革命中的重要地位。针对国民党右派对农民运动的攻击和诋毁，毛泽东指出，农民运动不是"过火了""糟得很"，而是"好得很"，因为"宗法封建性的土豪劣绅，不法地主阶级，是几千年专制政治的基础，帝国主义、军阀、贪官污吏的墙脚。打翻这个封建势力，乃是国民革命的真正目标"。孙中山致力大革命凡四十年没有做到的事，农民在几个月内就做到了。"这是四十年乃至几千年未曾成就过的奇勋。这是好得很。完全没有什么'糟'，完全不是什么'糟得很'。"说"糟得很"的都是地主阶级，其目的是为了"保存封建旧秩序，阻碍建设民主新秩序"。农民运动中的一些"举动"看起来好像有些"过分"，但（一）农民的这些所谓"过分"的"举动"，都是"土豪劣绅、不法地主自己逼出来的"；（二）"农村革命是农民阶级推翻封建地主阶级的权力的革命"，而要实现农村革命，农民就必须要有"极大的力量"和"一个大的革命热潮"。实际上"所谓'过分'的举动，都是农民在乡村中由大的革命热潮鼓动出来的力量所造成的。这些举动，在农民运动第二时期（革命时期）是非常之需要的"。[1] 第二，论述了把农民组织起来、武装起来以及建立农民政权的重要性。毛泽东指出，湖南农民运动之所以能够得到如此迅速的发展，并成为全国农民运动的中心，一个重要原因，就是把农民组织了起来，"在湖南农民全数中"，差不多有一半人参加了农会，在湘潭、湘乡等县，"差不多全体农民都集合在农会的组织中"。这是湖南农民能在短短的"四个月中造成一个空前的农村大革命"的重要原因。[2] 仅把农民组织起来还不够，还要把农民武装起来。湖南农民运动之所以发展得好，另一个重要原因，就是很多地方都推翻了地主武装，建立起了农民武

---

① 毛泽东：《湖南农民运动考察报告》，载《毛泽东选集》第一卷，第15—17页。
② 毛泽东：《湖南农民运动考察报告》，载《毛泽东选集》第一卷，第13—14页。

装。当然，还不够，还要发展。所以他希望"湖南的革命当局，应使这种武
装力量确实普及于七十五县二千余万农民之中，应使每个青年壮年农民都
有一柄梭镖，而不应限制它"。[1] 除了组织农民、武装农民，最根本的还要建
立农民政权。因为"农村革命是农民阶级推翻封建地主阶级的权力的革命"，
推翻了"封建地主阶级的权力"之后，就要建立起农民自己的政权，否则，
"一切减租减息，要求土地及其他生产手段等等的经济斗争，决无胜利之可
能"。湖南的许多地方，"像湘乡、衡山、湘潭等县，地主权力完全推翻，
形成了农民的独一权力"，所以，农民办起事来"自无问题"。其他一些县，
权力实际上还掌握在地主阶级手中，农民还必须进行夺权斗争，"至地主权
力被农民完全打下去为止"。否则，农民运动不能说取得了最后胜利。[2] 第
三，分析了富农、中农、贫农的革命态度及其原因，称赞贫农"最听共产
党的领导"，是"打倒封建势力的先锋"。本章上一节的第三子目已经讲到，
毛泽东在《中国社会各阶级的分析》中曾分析过农村各阶级和阶层。在《湖
南农民运动考察报告》中，他依据在湖南考察期间的所见所闻和所感以及
大量的调查材料，进一步以马克思主义的阶级分析法，分析了农民中的富
农、中农、贫农的革命态度及其原因。他指出："农民做了国民革命的重要
工作。但是这种革命大业，革命重要工作，是不是农民全体做的呢？不是
的。农民中有富农、中农、贫农三种。三种状况不同，对于革命的观感也
各别。"首先来看富农，尽管他们在革命的不同时期态度有所变化，但总的
来看，"他们的态度始终是消极的"。中农与富农不同，他们对革命的态度
不是"消极的"，而是"游移的"。"他们在农会的表现比富农好，但暂时
还不甚积极，他们还要看一看"。所以，"农会争取中农入会，向他们多作
解释工作，是完全必要的"。农民中，贫农的态度最积极，"他们最听共产
党的领导。他们和土豪劣绅是死对头，他们毫不迟疑地向土豪劣绅营垒进
攻"，"乃是农民协会的中坚，打倒封建势力的先锋"。"没有贫农阶级（照
绅士的话说，没有'痞子'），决不能造成现时乡村的革命状态，决不能打
倒土豪劣绅，完成民主革命"。[3] 依据对富农、中农和贫农的上述分析，毛泽

---

① 毛泽东：《湖南农民运动考察报告》，载《毛泽东选集》第一卷，第29页。
② 毛泽东：《湖南农民运动考察报告》，载《毛泽东选集》第一卷，第17、23—24页。
③ 毛泽东：《湖南农民运动考察报告》，载《毛泽东选集》第一卷，第18—21页。

东指出，在当时的农村大革命中，无产阶级及其政党必须紧密地依靠贫农，树立贫农在农会中的领导地位，同时坚定地团结中农，以打击土豪劣绅、不法地主，夺取革命的胜利。这也就是后来党在农村的阶级路线——依靠贫农、团结中农、打击土豪劣绅的最初表述。第四，宣传了要相信群众、依靠群众、尊重群众首创精神的思想，强调在中国共产党的领导下，农民自己能够解放自己。毛泽东高度赞扬了农民的革命精神，他总结了农民在农会的领导之下所做的 14 件大事，如政治上、经济上打击地主，推翻土豪劣绅的封建统治，推翻县官老爷衙门差役的政权、推翻祠堂族长的族权和城隍土地菩萨的神权以及丈夫的男权，普及政治宣传，禁赌禁烟等诸禁，清匪，废除苛捐，修道路、修塘坝等。他认为这 14 件大事，"就其基本的精神说来，就其革命意义说来"，都是好事，都是农民自己解放自己的案例。"说这些事不好的，我想，只有土豪劣绅们吧！"[1] 所以，我们要相信农民群众，依靠农民群众，相信农民他们自己会解放自己。比如，"菩萨是农民立起来的，到了一定时期农民会用他们自己的双手丢开这些菩萨，无须旁人过早地代庖丢菩萨"。共产党对于这些东西的宣传政策，是"引而不发，跃如也"。不仅"菩萨要农民自己去丢"，像"烈女祠、节孝坊"一类封建迷信也"要农民自己去摧毁，别人代庖是不对的"。[2]

总之，毛泽东在《湖南农民运动考察报告》中充分肯定了正在兴起的农民运动的正当性和正义性，有力地驳斥了国民党右派、地主豪绅等反革命势力对于农民运动的种种诬蔑和攻击，深刻地阐明了农民问题的极端重要性，论述了把农民组织起来、武装起来以及建立农民政权的重要意义，并在对农村各阶级阶层进行深入分析的基础上，提出了党在农村的阶级路线，也就是依靠贫农、团结中农、打击土豪劣绅，从而继《中国社会各阶级的分析》之后，再一次以更加翔实的材料和更加充分的论据回答了"谁是我们的敌人？谁是我们的朋友？"这一革命的首要问题。如果说《中国社会各阶级的分析》是中国共产党建党以来尤其是大革命时期探索新民主主义革命基本问题的智慧结晶，那么，《湖南农民运动考察报告》则是对中国共产党

----

[1] 毛泽东：《湖南农民运动考察报告》，载《毛泽东选集》第一卷，第 41 页。
[2] 毛泽东：《湖南农民运动考察报告》，载《毛泽东选集》第一卷，第 33 页。

建党以来尤其是大革命时期关于农民运动的理论、策略和实践的科学总结，是中国无产阶级及其政党——中国共产党领导农民革命斗争的伟大纲领。

《湖南农民运动考察报告》公开刊发和出版不久，蒋介石发动四一二政变，轰轰烈烈的大革命运动随之失败，中国共产党领导下的农民运动也遭受到严重挫折。农民运动再次兴起，则是在土地革命战争时期。此是后话，在此不论。

三、北伐战争的顺利推进和中途夭折

本章第三节已经介绍，国共合作开创了反帝反封建斗争的新局面，尤其是 1925 年至 1926 年春，广东国民政府消灭了陈炯明等军阀势力，巩固了广东革命根据地，为国民革命军北伐奠定了坚实的后方基地。于是，打倒北洋军阀，实现国家政权的完全统一，以完成孙中山未竟的革命事业，便提上了议事日程。

中国共产党是北伐战争的积极推动者、支持者和参与者。早在 1926 年2 月，中共中央在北京召开的特别会议上，就提出"最近将来党在全国政治上第一的责任，是从各方面准备广东政府的北伐，〈特〉别要注意组织农民的工作"①。随后发出的《中央通告第七十九号》进一步指出："党在现时政治上主要的职任是从各方面准备广东政府的北伐；而北伐的政纲必须是以解决农民问题作主干。""北伐的号召不是什么护法护宪，而是真能解放农民的痛苦"；"准备广东政府的北伐，不仅是广东作军事的准备，更要在广东以外北伐路线必经之湖南、湖北、河南、直隶等省预备民众奋起的接应，特别是农民的组织"。②6 月，中共领导人陈独秀致函汪精卫和蒋介石，督促政府早日出兵北伐。为了争取北伐的胜利进军，中共中央又于 1926 年 7 月 12日发表《对于时局的主张》，指出"现在的时候，正是中国人民起来反对外国帝国主义和国内军阀压迫之民族解放运动的新时期"③，号召全国人民起来积极支持北伐战争，推翻北洋军阀的专制统治。

---

① 《国民党工作问题》，载《中共中央文件选集》第二册，第 60 页。
② 《中央通告第七十九号——关于二月北京中央特别会议》，载《中共中央文件选集》第二册，第 81—82 页。
③ 《中国共产党对于时局的主张》，《向导》第 163 期，1926 年 7 月 14 日。

　　国共合作北伐之前，全国绝大部分地区处于北洋军阀的控制之下。当时北洋军阀主要势力是三支：一是控制东北各省和京、津地区及津浦铁路北段的奉系军阀张作霖，拥有兵力35万，控制着北京政权，实力最强；二是控制着湘、鄂、豫、陕、冀等省，并控制京汉铁路的直系军阀吴佩孚，拥有兵力20万；三是从直系军阀分化出来自成一派的孙传芳，控制着苏、皖、浙、闽、赣等五省及上海市，占据长江下游及津浦路南段，拥有兵力20万。此外，还有山西的阎锡山、四川的刘湘以及云南的唐继尧等小军阀。北洋军阀为了争夺权力，连年混战，广大百姓处于水深火热之中，人民早已对北洋军阀深恶痛绝，迫切希望广东国民政府出师北伐，结束北洋军阀的黑暗统治。

　　在中国共产党的推动和全国人民的期盼下，1926年6月4日，国民党中央执行委员会临时全体会议正式通过国民革命军出师北伐案。次日，广东国民政府特任蒋介石为国民革命军总司令。7月1日，发布北伐动员令。7月14日，国民党中央通过《国民革命军出师宣言》，强调北伐的目的和任务是"剿除卖国军阀之势力"，"实现中国人民之唯一的需要"，"建设一人民的统一政府"。[①]7月9日，国民革命军在广州誓师，北伐战争正式开始。

　　参加北伐的国民革命军约10万人，编为八个军，以加仑等苏联军官为军事顾问，蒋介石为总司令，李济深为总参谋长，邓演达为总政治部主任。北伐军针对北洋军阀的兵力和内部矛盾，决定采取集中优势兵力、各个击破的战略方针。首先以主力进攻湖南、湖北地区，迅速消灭北洋军阀中力量最薄弱的吴佩孚，争取张作霖、孙传芳一段时期的中立，然后挥师东向，消灭孙传芳，最后北上消灭实力最雄厚的张作霖及其他军阀势力。

　　1926年3月12日，湖南自治省长、吴佩孚的附庸赵恒惕被驱逐出长沙，由唐生智代理省长，宣布拥护广东国民政府的领导。4月，吴佩孚任命叶开鑫率部进攻长沙，唐生智被迫退守衡阳。5月，国民革命军派第七军第八旅和第四军叶挺独立团入湖南援助唐生智，北伐战争的序幕正式拉开。北伐军很快击溃叶开鑫部，并于7月11日胜利进驻长沙城。当时正率部队

---

①《中国国民党为国民革命军出师宣言》，载魏宏运主编《中国现代史资料选编（2）：第一次国内革命战争时期》，黑龙江人民出版社，1981，第349页。

与张作霖一起在北京西北的南口同冯玉祥的国民军进行激战的吴佩孚，命令叶开鑫固守平江、岳阳，等待他南下救援。8月25日，吴佩孚率主力部队抵达武汉后，便急调1个混成旅和1个团驰援汀泗桥。汀泗桥地势险要，一面临山，三面环水，易守难攻。吴佩孚还策动孙传芳从江西出兵袭击平江、长沙，准备切断北伐军退路。26日晨6时，北伐军第四军一部向汀泗桥发起攻击。吴佩孚亲临汀泗桥后翼不远的贺胜桥司令部督战。26日全天汀泗桥4次易手。27日拂晓，叶挺独立团率先攻克汀泗桥后乘胜追击，上午又攻占咸宁城。30日，北伐军又一举攻占贺胜桥，吴佩孚逃至汉口。9月1日，北伐军乘胜直逼武汉三镇。10月10日，北伐军向武昌城内发起总攻，俘获守城司令刘玉春，全歼守敌2万余人。吴佩孚的军队，除少数逃往鄂西和河南外，均被北伐军歼灭。两湖战场以北伐军的胜利而结束。

北伐战争开始之初，控制苏、浙等省的孙传芳，一面隔岸观火，企图坐收渔翁之利，一面又将大部队集结于江西，准备与北伐军决战。9月上旬，北伐军第三军、第六军和第一军、第五军共4.6万人出兵江西，进攻孙传芳部。因蒋介石指挥失当，北伐军前后两次进攻南昌都以失败告终。11月初，结束湖北战场的北伐军转战江西，并于11月8日占领南昌，孙传芳的主力部队基本被歼灭，仅率残部逃往南京。之后，北伐军又相继攻克福建、浙江全省以及苏州、常州等地，并于1927年3月下旬相继攻占上海、南京。至此，自九江以下的长江以南地区全部为北伐军占领。国共合作的北伐战争取得决定性胜利。与此同时，北方将领冯玉祥于1926年初加入国民党，于8月17日从莫斯科回国加入北伐军的行列。9月16日，冯玉祥在绥远五原誓师，17日成立国民军联军总司令部，冯玉祥宣布就任总司令，国民军全体将士加入中国国民党，参加北伐战争。10月初，冯玉祥率国民军进军甘肃、陕西，11月占领甘陕两省，与南方的北伐军遥相呼应。

从1926年5月国民革命军入湖南援助唐生智、正式拉开北伐战争的序幕算起，不到10个月的时间，北伐军就相继消灭了吴佩孚、孙传芳两大北洋军阀势力，占领了大半个中国，革命势力从广东发展到了长江流域，为最终消灭张作霖系军阀势力奠定了坚实基础。北伐战争之所以能够取得决定性胜利，战争的正义性和人民群众的拥护是最重要的原因。北伐的目标是消灭吴佩孚、孙传芳、张作霖等北洋军阀势力，他们在帝国主义支持下，倒行逆施，激起人民群众的愤慨。因此北伐战争体现了人民的意志和愿望。在中国共产党的动员和领导下，包括工人、农民等在内的广大人民群众通过各种方式积极参与、支持北伐战争。如省港罢工委员会组织了 3000 人的运输队、宣传队、卫生队，随北伐军出征。湖南群众组织宣传队、慰劳队、破坏队、交通队、向导队、暗探队等支援前线。汀泗桥战役中，第四军在农民帮助下夺取制高点。武汉工人帮助北伐军搭桥、运送给养。汉阳兵工厂工人举行罢工，他们通电指出："我们兵工厂工人为自身的利益，为湖北民众的利益，为革命的利益，而此时实有断绝供给吴贼枪械的必要，因自今日起宣布总罢工，再不为吴贼造枪械以攻打我们革命的战士。"[1]

国共合作，尤其是共产党的卓有成效的工作，是北伐战争能够取得胜利的根本保证。北伐战争是在中国共产党提出的反对帝国主义、反对军阀的口号下进行的。北伐战争开始后，共产党大力进行政治动员和舆论宣传，积极发动人民群众参与支持北伐战争。在北伐军的队伍中，共产党员是一重要群体，如第四军的叶挺独立团，连以上干部和骨干大都是共产党员，他们是北伐战争的先锋。中国共产党还在部队中进行了大量的政治工作，使北伐军人成为具有明确政治目标的革命军人，极大地提高了部队的战斗力。可以说，如果没有国共合作，没有中国共产党卓有成效的工作，就不会有北伐战争的迅速胜利。

北伐军正确的战略战术以及北伐军人的英勇战斗是北伐战争能够取胜的直接原因。针对北洋军阀内部张作霖、吴佩孚、孙传芳等派系之间矛盾重重，很难形成合力这一状况，北伐军制定了集中优势兵力、各个击破的战略方针，先进攻力量最为薄弱的吴佩孚，然后打孙传芳，最后进攻北方实力最雄厚的张作霖。北伐军正确的战略方针，对北伐的胜利起到了重要作用。北伐军士兵英勇善战，不怕牺牲，虽然不少战役伤亡惨重，但是靠着艰苦的意志最终战胜了军阀势力。汀泗桥战役中，北伐军第四军伤亡 379 人；贺胜桥战役中，北伐军伤亡 830 余人；武昌战役中，北伐军伤亡 1157 人，其中叶挺独立团伤亡 191 人。北伐战争的胜利是广大北伐军将士流血牺牲换来的。

---

[1]《汉阳兵工厂工友罢工响应革命军通电》，《工人之路》第 440 期，1926 年 9 月 18 日。

此外，苏联的大力援助也是北伐战争能够取胜的重要外部因素。苏联不仅派遣大批苏联军事顾问，帮助北伐军制订作战计划，甚至直接参与具体战役的指挥，而且还对北伐军直接给予物质援助。1925年，苏联一次性运到广州的军火达56.4万卢布。1926年运来来福枪1.8万支、机关枪90挺、子弹1200万发，另加4000个子弹带，还有大炮24门、炮弹千余发。对北方冯玉祥国民军，从1926年8月15日冯玉祥在莫斯科所写的借据看，两年内援助步枪3万多支、机枪200多挺、炮60门、飞机10架。[①]

然而就在国共合作的北伐战争取得重大胜利之时，蒋介石于1927年4月12日在上海发动政变，大肆屠杀中国共产党党员，并于4月18日在南京另立国民政府，与汪精卫主导的武汉国民政府形成宁汉对峙的局面。7月15日，汪精卫在武汉发动政变，清洗共产党人，蒋汪实现合流，第一次国共合作的局面完全破裂，第一次北伐战争也因此而中途夭折。

北伐战争尽管因蒋介石、汪精卫先后发动四一二反革命政变和七一五反革命政变而夭折，但北伐战争是一场伟大的反帝反封建的革命战争，极大地动摇了帝国主义和封建军阀在中国的统治，在中国近代政治史上和军事史上都具有重要的历史地位。

---

① 资料数据引自唐正芒主编《中共党史简明教程》（上册），湘潭大学出版社，2012，第117页。

第 十 三 章

孙中山与中国共产党民族理论上的
思想差异

长期以来，学术界在谈到第一次国共合作时期孙中山与中国共产党的关系时，往往强调的是二者之间的团结和合作，如孙中山在苏俄和中国共产党的帮助下对国民党进行改造，实行联俄、联共和扶助农工的三大政策，召开国民党第一次全国代表大会，重新解释三民主义，实现国共第一次合作，共同领导大革命，等等；而很少提到二者之间的思想差异，就是提到也是轻描淡写地一笔带过。然而实际上，第一次国共合作时期孙中山与中国共产党既有团结和合作，也有矛盾和差异，尽管团结和合作是二者关系的主要方面，或决定性方面，矛盾和差异是二者关系的次要方面，或非决定性方面；但矛盾和差异的存在则是客观事实，我们不能回避也不应回避，而应实事求是地分析其产生矛盾和差异的原因、表现及其影响，给予客观公正的评价。这里需要说明的是，关于孙中山的"新三民主义"与中国共产党最低纲领的相同和与最高纲领的相异，由于本书第三卷第二十四章第二节在比较中国共产党的"新民主主义"与孙中山的"新三民主义"的异同时有较详细的论述，此不涉及。这里仅就学术界很少涉及的孙中山与中国共产党在民族自决、民族建国、民族主义与国际主义等民族理论上的思想差异做一研究。

第一节　"民族自决权"上的思想差异

"民族自决权"有两种，一是列宁提出的"民族自决权"，另一种是威尔逊提出的"民族自决权"。列宁提出的"民族自决权"又包括两种自决：一是俄国国内被压迫民族对于大俄罗斯民族的自决，二是殖民地半殖民地民族对于帝国主义的自决；而威尔逊提出的"民族自决权"主要指的是殖民地半殖民地民族对于帝国主义尤其是欧洲老牌帝国主义的自决。后来共产国际在依据列宁的这两种"民族自决权"思想指导中国革命时，则表述为中华民族对于帝国主义的自决和中华民族内部各少数民族对于汉族的自决。

一、两种"民族自决权"

"民族自决权"最初是由资产阶级和小资产阶级于 17、18 世纪提出的，原属资产阶级民主主义世界革命的一个要求。马克思、恩格斯从支持资产阶级民主革命和争取社会主义的利益出发，对"民族自决权"一向持的是赞成的态度。到了帝国主义和无产阶级革命时代，列宁在领导俄国无产阶级进行反对沙皇专制制度、十月革命和共产国际的斗争中，继承和发展了马克思、恩格斯的"民族自决权"思想。除列宁外，第一次世界大战前后，提出并积极主张"民族自决权"的还有美国总统威尔逊。

学术界对于列宁和威尔逊的民族自决权思想已有不少研究成果，也有学者对列宁和威尔逊的民族自决权思想进行过比较。比如，欧阳杰的《比较史学视野下的列宁与威尔逊的"民族自决权"思想》一文就系统比较了列宁和威尔逊提出"民族自决权"思想的目的，认为"由于政治文化背景和各自代表的阶级利益的不同，列宁和威尔逊对'民族自决权'原则阐发的目的大相径庭。前者为了统一思想、领导并取得无产阶级革命和建设的胜利；

后者则为了实现自己的世界霸权利益，遏制苏俄的影响"。[1] 魏圆圆的《列宁与威尔逊民族自决权思想差异之研究》一文基于国际关系理论，从国际关系思想传统、历史使命、实现方式、产生的国际政治影响等方面比较了列宁和威尔逊"民族自决权"思想之差异。[2]

除学者们所比较的这些差异外，本书认为列宁和威尔逊"民族自决权"思想的最大不同主要体现在两个方面：第一，包括的范围不同：列宁的"民族自决权"，既包括殖民地半殖民地的民族对于帝国主义的自决，也包括俄国内部被压迫民族对于大俄罗斯民族的自决，这两种自决在十月革命后都付诸了实践；而威尔逊的"民族自决权"仅限于殖民地半殖民地的民族对于帝国主义的自决，它不涉及美国的国内民族。第二，思想来源不同：列宁提出"民族自决权"，是基于无产阶级革命的需要，其思想来源是马克思主义的阶级斗争学说；而威尔逊提出"民族自决权"，是基于扩张美国势力和抵制苏俄影响的需要，其思想来源是资产阶级的自由平等学说。

实际上，列宁的"民族自决权"首先是针对俄国国内被压迫民族对于大俄罗斯民族提出来的。早在 1902 年，列宁在《俄国社会民主工党纲领草案》中就"承认国内各民族都有自决权"。1903 年秋，在列宁的坚持下，这一原则被写进党纲第 9 条。从此，"民族自决权"原则正式成为俄国无产阶级政党的纲领性口号。1913 年，他在《民族问题提纲》中写道："承认一切民族都有自决权"，这"对俄国社会民主党人是绝对必要的"，因为"在俄国境内，尤其是在它的边疆有许多民族，这些民族在经济、生活习惯等方面的条件差别很大，而且这些民族（除大俄罗斯人以外，也同俄国其他民族一样）都受着沙皇君主制的难以置信的压迫"。[3] 1914 年，他在《关于民族问题的报告提纲》中强调："沙皇制度是最反动的国家制度。因而民族运动特别不可避免并要求大俄罗斯人承认自决权。"[4] 同年，他在《论民族自决权》

---

[1] 欧阳杰：《比较史学视野下的列宁与威尔逊的"民族自决权"思想》，《俄罗斯中亚东欧研究》2006 年第 5 期。

[2] 魏圆圆：《列宁与威尔逊民族自决权思想差异之研究——从国际关系理论出发》，《江南社会学院学报》2007 年第 3 期。

[3] 列宁：《民族问题提纲》，载中国社会科学院民族研究所编《列宁论民族问题》上册，民族出版社，1987，第 194—195 页。

[4] 列宁：《关于民族问题的报告提纲》，载《列宁论民族问题》上册，第 287 页。

中又指出："俄国是以一个民族即以大俄罗斯民族为中心的国家。……正是俄国民族问题的具体的历史特点，才使得目前时代承认民族自决权对我们具有特别迫切的意义。"① 1915 年，他在《革命的无产阶级和民族自决权》中再次重申："俄国是各族人民的监狱"，因而"我们要求民族有自决自由，即被压迫民族有独立自由、分离自由"。② 到了十月革命前后，列宁又多次强调俄国国内被压迫民族的民族自决权的重要意义，并付诸实践。1917 年，俄国社会民主工党（布）第七次全国代表会议（四月代表会议）通过决议："民族压迫政策是专制制度和君主制度的遗产"，俄国社会民主工党（布）"必须承认俄国境内一切民族有自由分离和成立独立国家的权利"。③ 同年，列宁在修改《党纲》时再次重申：俄国"国内各民族都有自由分离和建立自己的国家的权利"④。这年 11 月 8 日召开的全俄苏维埃代表大会通过的第一份立法文件《告工人、士兵、农民书》即明确表示：将保证俄国境内各民族都享有真正的自决权。接着颁布的《俄罗斯各族人民权利宣言》和《告俄罗斯和东方全体穆斯林劳动人民书》又重申了这一原则。12 月 16 日，苏俄政府承认了乌克兰人民共和国的独立，之后又承认了白俄罗斯、阿塞拜疆、亚美尼亚和格鲁吉亚的独立。1922 年 12 月 30 日，在列宁的关心和亲自指导下，由俄罗斯苏维埃联邦共和国、乌克兰苏维埃共和国、白俄罗斯苏维埃共和国、南高加索苏维埃联邦共和国联合组成统一的苏维埃社会主义共和国联盟（简称"苏联"），其成立宣言明确规定，各加盟共和国享有自由退出联盟的权利。

在提出俄国国内被压迫民族对于大俄罗斯民族的民族自决权的过程中，列宁又提出了殖民地半殖民地被压迫民族对于帝国主义的民族自决权。他在 1914 年写成的《论民族自决权》一文中指出："对于东欧和亚洲来说，在资产阶级民主革命已经开始的时代，在民族运动兴起和加剧的时代，在独立的无产阶级政党产生的时代，这些政党在民族政策上的任务应当是两方

① 列宁：《论民族自决权》，载《列宁论民族问题》上册，第 322 页。
② 列宁：《革命的无产阶级和民族自决权》，载《列宁论民族问题》下册，第 494 页。
③ 列宁：《俄国社会民主工党（布）第七次全国代表会议（四月代表会议）》，载《列宁论民族问题》下册，第 686 页。
④ 列宁：《修改党纲的材料》，载《列宁论民族问题》下册，第 688 页。

面的：一方面是承认一切民族都有自决权……另一方面是主张该国各民族的无产者建立最密切的、不可分割的阶级斗争联盟。"① 不久在《社会主义与战争》一文中，他更进一步把殖民地半殖民地被压迫民族的民族自决权作为无产阶级社会主义世界革命的一个武器提了出来：马克思主义者"绝对必须要求各压迫国家（特别是所谓'大'国）的社会民主党承认和捍卫被压迫民族的自决权"，因为"帝国主义是少数'大'国不断加紧压迫世界各民族的时代，因此不承认民族自决权，就不可能为反对帝国主义的国际社会主义革命而斗争。'压迫其他民族的民族是不能获得解放的。'（马克思恩格斯语）无产阶级哪怕容许'本'民族对其他民族采取一点点暴力行为，它就不成其为社会主义的无产阶级"。② 民族自决权的基本内容也因此而成为殖民地半殖民地人民从帝国主义压迫下实现民族独立、民族解放的问题。1916年，他在《社会主义革命和民族自决权》一文中又反复强调："帝国主义是资本主义发展的最高阶段。"在这一阶段所进行的社会主义革命取得胜利以后，"必须实行充分的民主，因此，不但要使各民族完全平等，而且要实现被压迫民族的自决权"，"宣布和实行一切被压迫民族的自由（也就是它们的自决权）是非常迫切需要的"。③ 正是基于对殖民地半殖民地被压迫民族之"民族自决权"的上述认识，十月革命后，列宁领导的苏维埃政府单方面宣布废除或中止沙皇俄国与中国以及其他周边国家订立的一系列不平等条约，并先后承认芬兰、波兰以及立陶宛、爱沙尼亚、拉脱维亚等被沙皇俄国武力吞并的民族和国家的独立。

与列宁提出的"民族自决权"不同，威尔逊的"民族自决权"的适应范围只包括殖民地半殖民地国家，而不包括美国国内，尽管当时的美国种族问题十分严重，与白人比较，黑人以及其他有色人种缺少自由和平等，但威尔逊在他的一系列有关"民族自决权"的演说和文章中都只字未提美国国内各民族或种族的自由与平等问题。1915年1月，他在阐述美国的新墨西哥政策时，首次公开承认"每个民族有权决定自己的政府形式是一项基本原则"。1916年5月，他提出了"再造世界和平"的"三项原则"，即："（1）

---

① 列宁：《论民族自决权》，载《列宁论民族问题》上册，第346—347页。
② 列宁：《社会主义与战争》，载《列宁论民族问题》上册，第477页。
③ 列宁：《社会主义革命和民族自决权》，载《列宁论民族问题》下册，第501、509页。

每个民族有权选择生活其中的国家"；"（2）世界上的小国和大国同样有权享有大国所期望并坚持的对其主权和领土完整的尊重"；"（3）世界有权免遭源于侵略和对国家与民族权利的蔑视而导致的任何对和平的破坏"。① 1917年1月在《没有胜利的和平》的演说中，他对"民族自决权"的含义又做了解释，即"每个民族都有决定自己的政治制度和发展道路的自由"②。1918年1月8日，他在美国重建战后世界秩序的纲领性文件《十四点计划》中，不仅承认奥匈帝国、巴尔干半岛各民族的自决权，同时主张建立一个具有特定盟约性质的国际联盟，以确保"大小国家都能互相保证政治独立和领土完整"③。威尔逊以上讲的"每个民族"，并不包括美国国内的民族或种族在内。就是他所讲的殖民地半殖民地，针对的也主要是欧洲一些老牌帝国主义国家，虽然威尔逊一再声称，他1918年1月提出的《十四点计划》始终"贯穿着一条明确的原则，它是对所有人民和民族的公正原则，每个民族无论强弱，都享有自由和安全的平等生活权利"，但实际上正如研究者所指出的那样，威尔逊在《十四点计划》中提出的"民族自决权"原则仍大致局限于欧洲，而且只针对战败的同盟国，甚至可以说只针对奥斯曼帝国。④

　　列宁是基于无产阶级革命的需要而提出"民族自决权"的，其思想来源是马克思主义的阶级斗争学说。首先，他依据马克思主义的阶级分析方法，认为帝国主义时代的一切民族已被区分为压迫民族和被压迫民族，而且"这种区分是由帝国主义的本质决定的"。⑤"帝国主义时代基本的、极其重要的和必然发生的问题：民族已经分成压迫民族和被压迫民族。"⑥ 既然帝国主义时代的一切民族已经被分成压迫民族和被压迫民族，那么我们要进行无产阶级革命，"压迫民族的无产阶级……应当要求受'它的'民族压迫的殖民地和民族有政治分离的自由。不这样，无产阶级的国际主义就仍然是一句

① 转引自欧阳杰《比较史学视野下的列宁与威尔逊的"民族自决权"思想》，《俄罗斯中亚东欧研究》2006年第5期。
② 转引自张澜《伍德罗·威尔逊的民族自决思想》，《江西师范大学学报》（哲学社会科学版）2000年第3期。
③《理想主义与现实主义》，载张贵洪编《国际关系研究导论》，浙江大学出版社，2003，第89页。
④ 埃里·凯杜里：《民族主义》，张明明译，中央编译出版社，2002，第124页。
⑤ 列宁：《革命的无产阶级和民族自决权》，载《列宁论民族问题》下册，第491页。
⑥ 列宁：《社会主义革命和民族自决权》，载《列宁论民族问题》下册，第504页。

空话"①。"无产阶级只有承认民族分离权，才能保证各民族工人的充分团结，才能促进各民族真正民主的接近。"②其次，他强调，承认被压迫民族的民族自决权固然重要，但"对无产阶级来说，民族要求应服从阶级斗争的利益"，马克思主义者"承认各民族平等，承认各民族都有成立民族国家的平等权利，但它把各民族无产者之间的联合看得高于一切，提得高于一切，并从工人的阶级斗争的角度来评价一切民族要求，一切民族分离"。③马克思主义者在承认民族自决权时，"不但要考虑到资本主义发展的条件和联合起来的各民族的资产阶级对各民族的无产阶级压迫的条件；而且还要考虑到民主主义共同的任务，首先是而且主要是无产阶级争取社会主义的阶级斗争的利益"④。承认民族自决权的根本目的，是为了"促进各民族的无产阶级的自决"⑤，使各民族的无产阶级能够"不顾资产阶级使民族隔绝的倾向而极紧密地融合为一个国际整体"⑥，从而取得社会主义革命的胜利。再次，他反对无条件的民族自决要求，不笼统主张国家分裂，认为民族融合才是民族自决的最终归宿。他一再强调："社会民主党承认和捍卫被压迫民族的自决权"，但"捍卫这种权利不但不是鼓励成立小国家，恰巧相反，这会促使更自由更大胆地因而也是更广泛更普遍地成立更有利于群众和更符合经济发展的大国家和国家联盟"。⑦"我们要求民族有自决自由，即被压迫民族有独立自由、分离自由，并不是因为我们想实行经济分裂，或者想建立小国，恰恰相反，我们是想建立大国，使各民族在真正民主和真正国际主义的基础上相互接近乃至相互融合。"⑧他尤其反对外部势力用暴力或非正义手段影响民族自决，认为民族自决权的行使必须遵循被压迫民族的自由自愿原则。⑨

和列宁不同，威尔逊是基于扩张美国的势力和遏制苏俄的影响而提出

① 列宁：《社会主义革命和民族自决权》，载《列宁论民族问题》下册，第504页。

② 列宁：《俄国社会民主工党（布）第七次全国代表会议（四月代表会议）》，载《列宁论民族问题》下册，第686页。

③ 列宁：《论民族自决权》，载《列宁论民族问题》上册，第324、325页。

④ 列宁：《民族问题提纲》，载《列宁论民族问题》上册，第195页。

⑤ 列宁：《我们纲领中的民族问题》，载《列宁论民族问题》上册，第21页。

⑥ 列宁：《论民族自决权》，载《列宁论民族问题》上册，第366页。

⑦ 列宁：《社会主义与战争》，载《列宁论民族问题》上册，第477页。

⑧ 列宁：《革命的无产阶级和民族自决权》，载《列宁论民族问题》下册，第494—495页。

⑨ 列宁：《社会主义革命和民族自决权》，载《列宁论民族问题》下册，第503页。

"民族自决权"的，其思想来源是资产阶级的自由平等学说。20世纪初，美国就已经是经济头号强国，1900年的工业产值已占世界的30%，而英国则下降至20%，新兴的德国为17%，但传统世界政治的中心却在欧洲，世界上的殖民地半殖民地亦即商品和资本市场也主要为欧洲一些传统的殖民大国所占有。这就严重影响到美国商品和资本的进一步输出，影响到美国势力的进一步扩张。因此，为满足扩大美国商品和资本市场以及争取世界政治霸权的需要，威尔逊找到了"民族自决权"这一锐利武器。"因为倡导民族自决不仅能削弱西欧列强的实力和既得利益，逐步将它们从广大殖民地排挤出去，而且使自己有机可乘。"① 这正如《纽约先驱论坛报》于1918年1月9日评论《十四点计划》的那样：威尔逊"只用一篇演说就改变了美国政策的全部性质，打破了它的一切传统。他把美国带回了欧洲，他建立了美国的世界政策"②。同时十月革命后，面对列宁领导的苏维埃政府发布的一系列要求结束战争、实现和平、承认殖民地半殖民地被压迫民族的民族自决权的法令、公告和宣言所产生的影响，威尔逊认识到："如果布尔什维克的呼吁继续得不到答复，如果丝毫不去抵抗它，那么它的影响就会扩大和加强起来。"③ 这显然不利于美国势力的扩张。"正是为了阻止列宁获得战后世界蓝图的垄断"，威尔逊提出了他的《十四点计划》，不仅承认奥匈帝国、巴尔干半岛各民族的自决权，同时主张建立一个具有特定盟约性质的国际联盟，以确保"大小国家都能互相保证政治独立和领土完整"，而联盟的实际领袖则是美国。④

二、孙中山和中国共产党与两种"民族自决权"

综上所述，"民族自决权"有两种，一是列宁提出的"民族自决权"，另一种是威尔逊提出的"民族自决权"。列宁提出的"民族自决权"又包括两种自决：一是俄国国内被压迫民族对于大俄罗斯民族的自决，二是殖民

① 欧阳杰：《比较史学视野下的列宁与威尔逊的"民族自决权"思想》，《俄罗斯中亚东欧研究》2006年第5期。
② 转引自邓蜀生《伍德罗·威尔逊》，上海人民出版社，1982，第149页。
③ 1918年1月3日，威尔逊与卸任的英国大使赖斯的谈话，转引自王晓德《梦想与现实：威尔逊"理想主义"外交研究》，中国社会科学出版社，1995，第215页。
④ 《理想主义与现实主义》，载《国际关系研究导论》，第89页。

地半殖民地民族对于帝国主义的自决；而威尔逊提出的"民族自决权"主要指的是殖民地半殖民地民族对于帝国主义尤其是欧洲老牌帝国主义的自决。这两种"民族自决权"思想都先后传入到中国，并对孙中山和中国共产党产生过重要影响。遗憾的是，我们以前讲"民族自决权"时，对列宁的"民族自决权"和威尔逊的"民族自决权"之间不同的具体内容和思想来源未加厘清和区别，经常把二者混为一谈，以为列宁的"民族自决权"就是威尔逊的"民族自决权"；反之亦然。

自 19 世纪末美国提出"门户开放"政策以来，尤其是 20 世纪初美国归还中国庚子赔款，以资助中国人留学美国以来，美国在中国的影响力，特别是在中国知识界中的影响力就呈持续上升趋势。威尔逊于 1913 年担任美国总统后，不仅很快承认了成立不久的中华民国，因此而获得中国人民的普遍好感，与中国建立起了十分友好的关系；而且还积极采取措施，进一步扩大美国在中国日益增长的影响力。其措施之一，便是任命长期生活在中国、可以说是"中国通"的克劳为美国公共情报委员会在中国的代表。克劳就任后做的第一件事就是在上海创办东方新闻社。"该新闻社不但负责对美国新闻进行翻译，还免费向 300 多家中国报纸提供消息。"[1] 从 1919 年 1 月开始，克劳领导的东方通讯社正式更名为"中美通讯社"。"中美通讯社的消息来源来自克里尔领导的美国公共情报委员会总部，他们将有关威尔逊总统的战争演说、外交政策和政府公报通过无线电传递给北京的美国海军广播电台，再发给克劳在上海的中美通讯社。"[2] 这其中当然也包含有体现威尔逊"民族自决权"思想的内容。加上清末民初派遣的庚款留美生这时有不少人学成归国（如胡适就是 1917 年回到国内的），他们成了包括威尔逊的"民族自决权"思想在内的美国思想的积极传播者。所以到了 1919 年五四运动前，威尔逊的"民族自决权"思想已被中国知识界广为知晓。当时的一些中国人，在他们的演说或文章中已经使用"民族自决"一词，国民党理论家戴季陶甚至在 1919 年 6 月 8 日发表的一篇文章中称五四运动为

---

① 高莹莹：《一战前后美日在华舆论战》，《史学月刊》2017 年第 4 期。

② 马建标：《塑造救世主："一战"后期"威尔逊主义"在中国的传播》，《学术月刊》2017 年第 6 期。

"民族自决"运动。①

从时间上来看，列宁的"民族自决权"思想传入中国并为中国知识界所知晓则要比威尔逊的"民族自决权"思想晚得多。1949年6月30日，毛泽东在《论人民民主专政》一文中写道，"十月革命一声炮响，给我们送来了马克思列宁主义"②。但那只是后来的一种笼统而形象的说法，我们不能据此而想当然地认为十月革命后列宁主义尤其是他的"民族自决权"思想就立即传入了中国，为中国先进知识分子所接受。实际上列宁的著作译文在中国的发表或出版是五四运动以后的事了。据学者研究，1919年9月1日出版的《解放与改造》杂志创刊号所刊载的列宁著、金侣琴根据英文本转译的《俄国的政党和无产阶级的任务》的部分译文，是迄今见到的列宁著作的最早中文译本。一年后，亦即1920年9月1日起，已成为中国早期马克思主义者的陈独秀在他所主编的《新青年》上开设《俄罗斯研究》专栏，先后发表了38篇译介俄国革命、俄国社会、俄国历史和列宁等俄共领导人著作的文章。是年11月1日出版的《新青年》第8卷第3号刊载了列宁演说、震瀛译的《民族自决》一文，该文是列宁在1919年3月19日俄共第八次代表大会上所作的《关于党纲的报告》，其中谈到了"民族自决权"。1921年6月22日出版的北京《晨报》，首次公开刊载了身在莫斯科的瞿秋白依据这年3月俄共召开的第十次代表大会的有关文件写成的《共产主义之人间化》的长篇报道，"在梳理苏共关于民族问题发展的三个时期（即资本主义时期、帝国主义时期、苏维埃时期）的理论的基础上，重点译述了苏共实行的民族平等、民族自决的原则，以及与此相应而实行的民族政策，苏维埃联邦共和国的组织形式及联盟原则"③。不久（7月1日）出版的《新青年》杂志第9卷第3号刊载了李大钊《俄罗斯革命的过去及现在》一文。该文不仅较为详细地介绍了俄国革命的始末、列宁的革命活动及其学说，而且还列出了《社会民主党在1905—1907年俄国第一次革命中的纲领》《国家与革命》等19种列宁的著作。此后，随着中国共产党的成立，并成为共产国际的一个支部，中国共产党开始有组织、有计划地翻译和介绍马克思，尤其是列

① 戴季陶：《中国人的组织能力》，《星期评论》（周刊），1919年6月8日。
② 毛泽东：《论人民民主专政》，载《毛泽东选集》第四卷，第1471页。
③ 梁化奎：《论瞿秋白在民族问题上的探索和贡献》，《民族研究》2007年第6期。

宁的文章和著作。比如，1922 年 1 月出版的中共中央机关刊物《先驱》半月刊创刊号就刊发了 1920 年 7 月 19 日至 8 月 7 日在莫斯科召开的国际第二次代表大会通过的、根据列宁《民族和殖民地问题提纲初稿》而形成的《关于民族与殖民地问题的决议》部分译稿。《民族和殖民地问题提纲初稿》是列宁的一部十分重要的民族理论论著，对"民族自决权"思想做了深刻而全面的阐述。不久，《关于民族与殖民地问题的决议》全文译稿又在已成为党刊的《新青年》上刊出。这年（1922 年）11 月 8 日、15 日出版的中共中央机关刊物《向导》周刊第 9、10 期连载了共产国际东方部主任萨法罗夫在远东各国共产党及民族革命团体第一次代表大会上所作的《共产党人在民族殖民地问题上的立场及其与民族革命政党的合作》（在《向导》发表时用的题目是《第三国际与远东民族问题》）的政治报告，阐述了列宁的民族和殖民地问题的理论，其中包括列宁的"民族自决权"思想。中国共产党还在上海成立了人民出版社，由当时主持中央宣传工作的李达负责，出版马克思、列宁以及其他马克思主义经典作家们的著作是其主要任务。列宁的"民族自决权"思想也因此而开始为中国知识界尤其是中国早期马克思主义者和后来的中国共产党人所知晓和接受。

孙中山最早使用"民族自决"一词是在 1921 年 3 月 6 日。那天他在中国国民党本部特设驻粤办事处的演说中讲道："自欧战告终，世界局面一变，潮流所趋，都注重到民族自决。我中国尤为世界民族中底最大问题。"[1]1923 年 1 月 1 日，孙中山在《中国国民党宣言》中又写道："欧战以还，民族自决之义，日愈昌明，吾人当仍本此精神，内以促全国民族之进化，外以谋世界民族之平等。"[2]同月 17 日，他在上海各团体代表祝捷时的演说中希望国民，"不特要从民权、民生上作工夫；同时并应该发展民族自决的能力，团结起来奋斗，使中国在世界上成为一独立国家"[3]。1924 年初，亦即国民党第一次全国代表闭幕不久，孙中山在《三民主义·民族主义》演讲的"第四讲"中，重点讲了"民族自决"：当欧战进行时，有一个大言论最受人欢迎，这就是美国威尔逊所主张的"民族自决"。因为德国用武力压迫欧洲协

---

[1] 孙中山：《在中国国民党本部特设驻粤办事处的演说》，载《孙中山全集》第五卷，第 473 页。
[2] 孙中山：《中国国民党宣言》，载《孙中山全集》第七卷，第 3 页。
[3] 孙中山：《在上海各团体代表祝捷时的演说》，载《孙中山全集》第七卷，第 33—34 页。

商国的民族，威尔逊主张打灭德国的强权，令世界上各弱小民族以后都有自主的机会，于是这种主张便被世界所欢迎，无论欧洲、亚洲一切被压迫民族，都联合起来帮助协商国去打以德国为首的同盟国。当时威尔逊主张维持以后世界的和平，提出了十四条，其中最要紧的是让各民族自决。在战事未分胜负的时候，英国、法国都很赞成。到了战胜之后开和议的时候，英国、法国和意大利觉得威尔逊所主张的民族开放对帝国主义利益的冲突太大，所以到要和议的时候，便用种种方法骗去威尔逊的主张，弄到和议结局所定出的条件最不公平，世界上的弱小民族不但不能自决，不但不能自由，而且以后所受的压迫比以前更要厉害。但是威尔逊的主张提出以后，就不能收回了，因为各弱小民族帮助协商国打倒同盟国，是希望战胜之后可以自由的。后来和议所得的结果令他们大为失望，所以安南、缅甸、爪哇、印度、南洋群岛以及土耳其、波斯、阿富汗、埃及以及欧洲的几十个弱小民族都大大地觉悟了，知道当日列强所主张的民族自决完全是骗他们的。他们便不约而同地自己去实行民族自决。俄国本来也是协商国，但后来俄国发生了革命，俄国人有了新的觉悟，知道平日所受的痛苦完全是帝国主义造成的，现在要解除痛苦，就不能不除去帝国主义，主张民族自决。俄国的主张和威尔逊的主张可以说是不约而同，即都主张世界上的弱小民族能够自决，都能够自由。俄国这种主义传出以后，世界上各弱小民族都很赞成，共同来求自决。"欧洲经过这次大战的灾害，就帝国主义一方面讲，本没有什么大利益；但是因此有了俄国革命，世界人类便生出一个大希望。"①

　　从上述这些材料来看，孙中山对威尔逊的"民族自决权"思想和列宁的"民族自决权"思想都有所接触和了解。他在演讲中就提到了威尔逊的"十四条"，提到了俄国革命后俄国人的"新觉悟"。但就威尔逊的"民族自决权"思想和列宁的"民族自决权"思想的影响而言，至少到了国民党第一次全国代表大会前后，列宁的"民族自决权"思想对孙中山的影响更大一些。因为，第一，孙中山接受了列宁的帝国主义时代的一切民族已被区分为压迫民族和被压迫民族的思想。比如，他在《三民主义·民族主义》演讲

---

① 孙中山：《三民主义·民族主义》，载《孙中山全集》第九卷，第223—225页。

的"第三讲"中讲道：昨天有一位俄国人说，列宁为什么受世界列强的攻击呢？因为他敢说一句话，他说世界上有两种人，一种是十二万万五千万人，一种是二万万五千万人，这十二万万五千万人，是受那二万万五千万人的压迫。那些压迫人的人，是逆天行道，不是顺天行道。我们去抵抗强权，才是顺天行道。① 此后，孙中山又多次提到世界已被区分为受人压迫的十二万万五千万人和压迫人的二万万五千万人。第二，孙中山接受了列宁的被压迫民族团结起来、建立反帝联合战线的思想。1924 年 1 月 6 日，孙中山发表《关于建立反帝联合战线宣言》，号召世界上的各弱小民族，"反抗帝国主义国家之掠夺与压迫"，赶快团结起来，"形成反帝国主义联合战线"。② 1 月 23 日，他在《对于中国国民党宣言旨趣之说明》中强调：国民党的对外责任，"有要反抗帝国侵略主义，将世界受帝国主义所压迫的人民来联络一致，共同动作，互相扶助，将全世界受压迫的人民都来解放"③。不久在《三民主义·民族主义》演讲的"第三讲"中他再次重申："我们要能够抵抗强权，就要我们四万万人和十二万万五千万人联合起来。我们要能够联合十二万万五千万人，就要提倡民族主义，自己先联合起来，推己及人，再把各弱小民族都联合起来，共同去打破二万万五千万人，共同用公理去打破强权。"④ 第三，孙中山接受了列宁的阶级和阶级斗争的思想。他认为以后的战争，不是人种之间的战争，而是阶级之间的战争，是被压迫阶级和压迫阶级之间的战争。他在《三民主义·民族主义》演讲的"第一讲"中指出：欧洲以前常常发生国际战争，最后的一次欧战便是德、奥、土（土耳其）、保（保加利亚）诸同盟国和英、法、俄、日、意、美诸协约国的战争。经过四年的大战，双方都筋疲力尽，人民的生命财产损失极大。经过这次大战之后，世界上先知先觉的人，认为将来没有热点可以引起别种国际战争，所不能免的或是一场人种战争，如黄种人和白种人之间的战争。"但自俄国新变动发生之后，就我个人观察已往的大势，逆料将来的潮流，国际间大战是免不了的。但是那种战争，不是起于不同种之间，是起于同种之

① 孙中山：《三民主义·民族主义》，载《孙中山全集》第九卷，第 220 页。
② 孙中山：《关于建立反帝联合战线宣言》，载《孙中山全集》第九卷，第 23、24 页。
③ 孙中山：《对于中国国民党宣言旨趣之说明》，载《孙中山全集》第九卷，第 126 页。
④ 孙中山：《三民主义·民族主义》，载《孙中山全集》第九卷，第 220 页。

间，白种与白种分开来战，黄种同黄种分开来战。那种战争是阶级战争，是被压迫者和横暴者的战争，是公理和强权的战争。"[1]

这里需要指出的是，孙中山虽然在国民党第一次全国代表大会召开前后受列宁的"民族自决权"思想的影响更大一些，但他接受的主要是列宁"民族自决权"思想中殖民地半殖民地民族对于帝国主义自决的思想，而对于列宁"民族自决权"思想中俄国国内被压迫民族对于大俄罗斯民族自决的思想并不赞同，因而他只主张中华民族对于帝国主义的自决，反对至少是不赞成中国各少数民族对于汉族的自决。这也是他在《三民主义·民族主义》演讲的"第四讲"中只提及列宁"民族自决权"思想中殖民地半殖民地民族对于帝国主义自决的思想，并一再强调列宁的"民族自决权"思想和威尔逊的"民族自决权"思想的相同性的重要原因。我们查阅《孙中山全集》就会发现，晚年他多次发表过反对帝国主义、主张中华民族对于帝国主义自决的言论，但他从来没有提到过中国各少数民族对于汉族的自决权的问题。也正因为孙中山从来不提中国各少数民族对于汉族的自决权问题，共产国际才多次对他循循善诱，甚至表示不满，提出要求，希望他能有所表态。比如，1923 年 12 月 4 日，亦即国民党第一次全国代表大会开幕前夕，苏俄外交人民委员契切林在《致孙中山的信》中写道："我们认为国民党的根本目的在于开展中国人民的伟大的强有力的运动，所以国民党首先需要的是进行最广泛的宣传和组织工作。……整个中华民族一定看到国民党——这个广泛而有组织的政党同中国各个地区军事专政之间的区别。国内各民族，如蒙古族、藏族以及中国西部各民族，需要清楚地知道国民党是支持他们自决权的。所以，你们不许在这些地域使用武力。这就是我在这些问题上所考虑到的一些想法。我们一定要继续交换意见和进一步讨论问题。当我们达成圆满协议时，一切事情将会进行得更好。"[2] 由此信可见，直到国民党第一全国代表大会开幕前夕，国民党并没有明确表态支持过"国内各民族，如蒙古族、藏族以及中国西部各民族"的自决权，所以契切林

---

① 孙中山：《三民主义·民族主义》，载《孙中山全集》第九卷，第 192 页。
② 《契切林致孙中山的信》，载中共中央党史研究室第一研究部编《共产国际、联共（布）与中国革命档案资料丛书》第二卷《共产国际、联共（布）与中国革命文献资料选辑（1917—1925）》，北京图书馆出版社，1997，第 550—551 页。

要和孙中山"继续交换意见和进一步讨论问题"。

当然也有人会说,《中国国民党第一次全国代表大会宣言》中有"国民党敢郑重宣言,承认中国以内各民族之自决权,于反对帝国主义及军阀之革命获得胜利以后,当组织自由统一的(各民族自由联合的)中华民国"的内容,这说明在国民党第一次全国代表大会召开后,孙中山已改变态度,从原来的反对或不赞成变成了"承认中国以内各民族之自决权"。本书以为这种观点值得商榷。因为,第一,《中国国民党第一次全国代表大会宣言》是苏俄顾问鲍罗廷受孙中山委托起草的,虽然经过孙中山和国民党的同意,但它是孙中山、国民党和共产党、共产国际相互妥协的产物,既不能完全代表孙中山和国民党的思想和主张,也不能完全代表共产党和共产国际的思想和主张。1924 年 1 月,也就是国民党一大开会期间,鲍罗廷在向中共党团通报有关情况时对此有过说明:"我们都同意在自由的中华民国境内赋予少数民族以自决权",但是,"'统一的'或者'自由的'中华民国的提法不完全符合共产国际关于联邦制原则的提纲。既然国民党同意少数民族自决,那么现在我就不再坚持我们的提法。随着时间的推移,国民党自己会明白这里有矛盾,不能说在统一的或自由的中华民国范围内的自决。共产党人应该揭示这个矛盾,争取在国民党的下一次代表大会上采用另一个提法"。[1] 鲍罗廷的这段文字表明,由于孙中山和国民党没有再坚持他们原来反对或不赞成的立场,而改为"同意在自由的中华民国境内赋予少数民族以自决权",共产党和共产国际也就没有再坚持"共产国际关于联邦制原则的提纲",亦即 1923 年 11 月 28 日,共产国际执行委员会主席团通过的《关于中国民族解放运动和国民党问题的决议》。该《决议》要求国民党"应公开提出国内各民族自决的原则,以便在反对外国帝国主义、本国封建主义和军阀制度的中国革命取得胜利以后,这个原则能体现在由以前的中华帝国各民族组成的自由的中华联邦共和国上"。[2] 也正因为《中国国民党第一次全国代表大会宣言》关于民族自决权的那段文字是双方妥协的结果,所

① 中共中央党史研究室第一研究部译《共产国际、联共(布)与中国革命档案资料丛书》第一卷《联共(布)、共产国际与中国国民革命运动(1920—1925)》,第 466 页。
② 中共中央党史研究室第一研究部编《共产国际、联共(布)与中国革命档案资料丛书》第二卷《共产国际、联共(布)与中国革命文献资料选辑(1917—1925)》,第 548 页。

以在表述上，是"承认"国内各民族有"民族之自决权"，而非如共产国际和中国共产党在一系列文件中所使用的"主张""提倡"和"支持"国内各民族的"自决权"。第二，同样是《中国国民党第一次全国代表大会宣言》，在解释孙中山的"民族主义"的"两方面之意义"时，用的是"中国境内各民族一律平等"，而不是"承认中国以内各民族之自决权"："国民党之民族主义，有两方面之意义：一则中国民族自求解放；二则中国境内各民族一律平等。第一方面，国民党之民族主义，其目的在使中国民族得自由独立于世界。……第二方面……国内诸民族宜可得平等之结合，国民党之民族主义所要求者即在于此。"[①] 这"两方面之意义"，对应的正是列宁的两种"自决权"："中国民族自求解放"，完全符合列宁的殖民地半殖民地民族对于帝国主义自决的思想，而"中国境内各民族一律平等"，则是对依据列宁的俄国国内被压迫民族对于大俄罗斯民族自决而提出的中国其他民族对于汉族自决的思想的修正。实际上，除了"承认中国以内各民族之自决权"这一处外，《中国国民党第一次全国代表大会宣言》没有第二处使用过类似的表述。第三，《中国国民党第一次全国代表大会宣言》通过后，孙中山发表《对于中国国民党宣言旨趣之说明》的演讲，提到了"反抗帝国主义侵略"，但只字未提"承认中国以内各民族之自决权"。1924 年初，亦即中国国民党第一次全国代表大会闭幕后不久，孙中山在国立广东高等师范学校礼堂做《三民主义》的系列演讲，他在演讲中也没有只言片语提及国民党一大《大会宣言》有关"承认中国以内各民族之自决权"的内容。孙中山之所以如此，是因为他根本就不赞成中国各少数民族对于汉族的自决权。

中共早期领导人陈独秀、李大钊、毛泽东等在成为马克思主义者以前，他们受威尔逊的"民族自决权"思想的影响较大，在成为马克思主义者以后，尤其是中国共产党成立以后，他们接受的主要是列宁的"民族自决权"思想。[②] 与孙中山不同，他们不仅接受了列宁"民族自决权"思想中殖民地半殖民地民族对于帝国主义的自决的思想，而且同时也接受了列宁"民族自决权"思想中俄国国内被压迫民族对于大俄罗斯民族的自决的思想，加上

---

① 孙中山：《中国国民党第一次全国代表大会宣言》，载《孙中山全集》第九卷，第 118—119 页。
② 可参见郑大华《李大钊"民族自决"思想的再研究》，《湖南师范大学学报》2020 年第 4 期。

受共产国际的领导和影响，他们既主张中华民族对于帝国主义的自决，同时也主张中华民族内部各少数民族对于汉族的自决。1922 年 7 月召开的中国共产党第二次全国大会所通过的《关于"国际帝国主义与中国和中国共产党"的决议案》和《大会宣言》就体现了这两种民族自决权思想。就第一层意义的民族自决权而言，《决议案》和《大会宣言》提出要"推翻国际帝国主义的压迫，达到中华民族完全独立"；从第二层意义的民族自决权来看，《决议案》和《大会宣言》主张，"统一中国本部（东三省在内）为真正民主共和国"，"蒙古西藏回疆三部实行自治，成为民主自治邦"，"用自由联邦制，统一中国本部、蒙古、西藏、回疆，建立中华联邦共和国"。[1]1923年 6 月召开的中国共产党第三次全国大会通过的《中国共产党党纲草案》提出了 12 项要求，其中包括"取消帝国主义的列强与中国所订一切不平等的条约"和"西藏蒙古，新疆青海等地和中国本部生（应为"的"——引者）关系由各该地民族自决"这样两条体现两种民族自决权的内容。[2]

三、同中有异（第一种民族自决权）与异中有同（第二种民族自决权）及其评价

孙中山与中国共产党对于第一种民族自决权，即中华民族对于帝国主义的自决权之"同"主要体现在以下几个方面：

首先，对中国所处殖民地半殖民地的地位之认识大致相同。1923 年 1 月 1 日发表的《中国国民党宣言》在谈到三民主义的民族主义时写道："前清专制，持其'宁赠朋友，不与家奴'之政策，屡牺牲我民族之权利，与各国立不平等之条约。至今清廷虽覆，而我竟陷于为列强殖民地之地位矣。"[3]《宣言》发表后的第二天（1 月 2 日），孙中山在上海国民党改进大会上发表演说。演说进行的当中，张起白起身问孙中山，说《宣言》中有"殖民地"三字，似乎不太妥当，可否改为"共治地"？孙中山回答说："此句是我加的。因为中国地位，在国际间实在比亡国不上，比高丽、安南对于他

---

① 《中国共产党第二次全国大会宣言》，载《中共中央文件选集》第一册，第 115—116 页。
② 《中国共产党党纲草案》，载《中共中央文件选集》第一册，第 141—142 页。
③ 孙中山:《中国国民党宣言》，载《孙中山全集》第七卷，第 3 页。

的上国所保有的权利还少。"①　不久（1月17日），孙中山又在上海各团体代表祝捷时的演说中说道："满清已经推倒，民族主义总算告了成功。但是，中国现在仍处处被外人支配为鱼肉，同我们是有条约的二十余国，就是我们中国二十余位主人翁。他们只知道掠夺中国权利，并不为中国尽些微义务。……所以，中国形式上是独立国家，实际比亡了国的高丽还不如。"②　这年的8月15日，孙中山在广州全国评议会的演说中再次指出："我们要争回领土，要争回主权。刚才你们的宣言上说：中国是'半独立国'，其实错了。中国那里是半独立国？竟（简）直是殖民地罢了。安南是法国人的，高丽是日本人的，但是伊们都只服侍一个主人。我们主人多着哩。凡是从前订有约的，都是我们的主人，我们是伊们的奴隶。"③　为此，他认为叫中国为"半殖民地"是不对的，应该叫"次殖民地"，"次殖民地"比"殖民地"的地位还要更低些。用他在《三民主义·民族主义》的演说"第二讲"中的话说："这个'次'字，是由于化学名词中得来的，如次亚磷便是。药品中有属磷质而低一等者为亚磷，更低一等者名为次亚磷。又如各部官制，总长之下低一级的，就叫做次长一样。中国人从前只知道是半殖民地，便以为很耻辱，殊不知实在的地位还要低过高丽、安南。故我们不能说是半殖民地，应该要叫做次殖民地。"④　1922年中国共产党第二次全国大会通过的《关于"民主的联合战线"的决议案》《关于议会行动的决议》和《宣言》指出，中国虽然名为国家，但实际上已成为"国际资本帝国主义势力所支配的半独立国家"⑤、"国际资产（本）帝国主义的掠夺场和半殖民地"⑥、帝国主义列强的"共同的殖民地"⑦。

　　其次，对帝国主义给中国带来的灾难之认识大致相同。概括孙中山的观点，他认为帝国主义给中国带来了以下三个灾难。第一，帝国主义以武力侵略和瓜分中国，破坏了中国的领土和主权的完整。他在《"九七"国耻纪

---

① 孙中山：《在上海中国国民党改进大会的演说》，载《孙中山全集》第七卷，第7页。
② 孙中山：《在上海各团体代表祝捷时的演说》，载《孙中山全集》第七卷，第33页。
③ 孙中山：《在广州全国学生评议会的演说》，载《孙中山全集》第八卷，第118—119页。
④ 孙中山：《民族主义》第二讲，载《孙中山全集》第九卷，第202页。
⑤《关于"民主的联合战线"的决议案》，载《中共中央文件选集》第一册，第65页。
⑥《关于议会行动的决议》，载《中共中央文件选集》第一册，第74页。
⑦《中国共产党第二次全国大会宣言》，载《中共中央文件选集》第一册，第102页。

念宣言》中指出："自从鸦片战争以来，我们的藩属安南、缅甸等等，次第被他割去，我们的海口胶州湾、旅顺、大连、威海卫、广州湾、九龙、香港等等，次第被他抢去，各省势力范围，次第被他划定"，帝国主义瓜分中国可谓"到了极盛的时代"。① 《在广州庆祝十月革命节的演说》中他又讲道："中国自与外国通商以来，同外国立了种种不平等条约，将中国主权、领土送与外国。所以，中国与外人订立通商条约之日，即中国亡国之日。此等通商条约即系我们卖身契约。今日中国地位是半殖民地的地位，所有中国地方都为外国的殖民地，中国人民都成为外人的奴隶。"② 第二，帝国主义对中国的"经济之压迫"，使中国面临着"国亡种灭"的现实危险。帝国主义对中国的"经济之压迫"主要表现在六个方面："其一，洋货之侵入，每年夺我权利（应为利权——引者）的五万万元；其二，银行之纸票侵入我市场，与汇兑之扣折、存款之转借等事，夺我利权者或至一万万元；其三，出入口货物运费之增加，夺我利权者约数千万至一万万元；其四，租界与割地之赋税、地租、地价三桩，夺我利权者总在四五万万元；其五，特权营业一万万元；其六，投机事业及其他种种之剥夺者当在几千万元。这六项之经济压迫，令我们所受的损失总共不下十二万万元。此每年十二万万元之大损失，如果无法挽救，以后只有年年加多"，其结果必然是"国亡种灭而后已！"③ 第三，帝国主义与中国军阀相勾结，妨碍中国的统一。"庚子、辛丑以后，中国人的脾气，被帝国主义者认识清楚了些，知道一味的强硬手段，还不济事；必须用些柔和方法，才能将爱和平讲礼貌的中国人压伏得住"，于是帝国主义改变侵略策略，寻求在中国的代理人，实行"共管"，"留心的寻着一个傀儡，颠之倒之，无不如意"。帝国主义的"代理人"和"傀儡"便是大大小小的军阀。所以，"中国现在祸乱的根本，就是在军阀和那援助军阀的帝国"。④ 中国共产党第二次全国大会通过的《宣言》写道：帝国主义掠取了中国辽阔的边疆领土，岛屿和附属国，做他们

---

① 孙中山：《"九七"国耻纪念宣言》，载陈旭麓、郝盛潮主编《孙中山集外集》，上海人民出版社，1990，第531页。
② 孙中山：《在广州庆祝十月革命节的演说》，载《孙中山全集》第十一卷，第287页。
③ 孙中山：《三民主义》，载《孙中山全集》第九卷，第208—209页。
④ 孙中山：《在上海招待新闻记者的演说》，载《孙中山全集》第十一卷，第338页。

新式的殖民地，还夺去许多重要口岸，做他们的租界，并自行把中国划成他们各自的势力范围。在中国的领土内，三分之一的铁路为外国资本家所占有，其他的铁路也直接或间接由外国债权人管理，外国的商船可以在中国的海口和内河里面自由航行，中国邮电受帝国主义严密监督，关税也不能自主，是由外国帝国主义者协订和管理的。"这样，不但便利于他们的资本输入和原料的吸收，而且是中国经济生命的神经系已落在帝国主义的巨掌之中了。"①

　　再次，都主张推翻帝国主义的压迫，实现中华民族的独立、平等与自由。1921年12月10日，孙中山在桂林对滇赣粤军的演说中指出："今则满族虽去，而中华民国国家，尚不免成为半独立国"，因此，"第一种主义"，即"种族革命"的目的，就是要"排除他种民族，发扬自己民族，组织一完全独立之民族国家"。②1923年1月29日，孙中山在《中国革命史》中阐述自己的民族主义就是要推翻帝国主义的压迫，"对于世界诸民族，务保持吾民族之独立地位，发扬吾固有之文化，且吸收世界之文化而光大之，以期与诸民族并驱于世界"③。这年9月16日，他复电加拉罕，希望中俄采取同一政策，"俾吾人得与列强平等相处，及脱离国际帝国主义之政治、经济的压迫"④。《国民党第一次全国代表大会宣言》反复强调：国民党的民族主义之"目的"之一，是"使中国民族得自由独立于世界"⑤。1924年3月2日，孙中山在《致全党同志书》中又再次重申：国民党的"民族主义亦不止推翻满清而已"，更是要推翻帝国主义的压迫，"凡夫一切帝国主义之侵略，悉当祛除解放，使中华民族与世界所有各民族同立于自由平等之地，而后可告完成"。⑥不久（4月4日），他在广东第一女子师范学校校庆纪念会的演说中告诉听众：国民党的民族主义，就是"中国和外国平等的主义"，而要实现"中国和英国、法国、美国那些强盛国家都一律平等"，就必须"废除

---

① 《中国共产党第二次全国大会宣言》，载《中共中央文件选集》第一册，第102—103页。
② 孙中山：《在桂林对滇赣粤军的演说》，载《孙中山全集》第六卷，第24、11页。
③ 孙中山：《中国革命史》，载《孙中山全集》第七卷，第60页。
④ 孙中山：《复加拉罕电》，载《孙中山全集》第八卷，第216页。
⑤ 孙中山：《国民党第一次全国代表大会宣言》，载《孙中山全集》第九卷，第118页。
⑥ 孙中山：《致全党同志书》，载《孙中山全集》第九卷，第541页。

一切不平等的条约"，推翻帝国主义的压迫。①1922 年召开的中国共产党第
二次全国大会通过的《关于"国际帝国主义与中国和中国共产党"的决议
案》和《大会宣言》提出，"推翻国际帝国主义的压迫，达到中华民族完全
独立"②，是中国共产党奋斗的目标之一。

以上是在中华民族对于帝国主义的自决上，孙中山与中国共产党的相
同之处。而他们之异，主要体现在如何实现中华民族自决的途径或方式上，
孙中山希望通过列强的援助来实现中华民族的自决，而中国共产党自成立
之日起则把动员和领导工农运动放在了非常重要的地位。

早在辛亥革命时期，孙中山就对帝国主义抱有不切实际的幻想，希望获
得列强的援助，来实现推翻清王朝统治、建立资产阶级民主共和国的目的。
所以，当他在美国得知武昌起义的消息后，并没有立即起程回国，而是继
续留在国外，游说美、英、法等国政要，希望他们能支持中国革命，他甚
至幻想以承认列强在华的各项既得利益，来换取他们对中国革命的理解和
援助。但结果是帝国主义不仅没有像孙中山所期望的那样理解和支持革命，
相反是对革命进行干预，这也是导致辛亥革命失败的一个重要原因。然而
孙中山并没有从辛亥革命的失败中吸取教训，他后来在领导护国战争和护法
运动时，乃至晚年在致力于中华民族的自决时，同样把希望寄托在帝国主义
的身上，孜孜不倦地寻求列强的援助和支持。1923 年召开的中国共产党第三
次全国代表大会的《宣言》就批评国民党有两个错误的观念："（一）希望帝
国主义的列强援助中国国民革命，这种求救于敌的办法，不但失去了国民革
命领袖的面目，而且引导国民依赖外力，减杀国民独立自信之精神；（二）集
中全力于军事行动，忽视了对于民众的政治宣传。因此，中国国民党不但
失去政治上领袖的地位，而且一个国民革命党不得全国民众的同情，是永
远不能单靠军事行动可以成功的。"③

大概是受了威尔逊提出的"民族自决权"思想的影响，孙中山对美国
充满了好感，他曾一再表示："此时各国对我，惟美国意最诚挚，有确实助

---

① 孙中山：《在广东第一女子师范学校校庆纪念会的演说》，载《孙中山全集》第十卷，第 19—
21 页。
②《中国共产党第二次全国大会宣言》，载《中共中央文件选集》第一册，第 115 页。
③《中国共产党第三次全国大会宣言》，载《中共中央文件选集》第一册，第 165—166 页。

我之热忱"[1]，"美国自来对于中国毫无攫取土地之野心，亦未利用中国衰弱以营私利"[2]，"中国形式上是独立国家，实际上比亡了国的高丽还不如。幸友邦中尚有美国为我国鸣不平"[3]，因而在最终决定联俄之前，他一直把争取美国的援助作为谋求民族自决的一项重要工作。1921年4月哈定宣誓就任美国第29任总统，孙中山即指示他在华盛顿的代表马素致电祝贺，表示希望"今后，共和的美国与共和的中国彼此之间可以更加紧密地携手"[4]。不久，孙中山又亲自致函哈定，希望美国能支持他和他领导的广州政府："中国国内局势越来越坏……除非美国，中国传统的朋友和支持者在这危急时刻前来伸出援助之手，我们将违心地屈从于日本的二十一条。因此，我通过阁下向贵国政府发出这一特别呼吁，再一次拯救中国。"[5]孙中山虽然对美国充满了期望，但美国政府则认为孙中山是"狂妄自大的麻烦制造者"和妨碍中国统一安全的主要因素，根本没有考虑过对他和广州政府的援助，甚至连他和马素写给哈定的信都没有交到哈定的手中。1921年11月12日至1922年2月6日，为重新瓜分远东和太平洋地区的殖民地和势力范围，由美国建议召开的有美、英、法、意、日、比、荷、葡和中国北京政府参加的国际会议在美国华盛顿举行，亦称华盛顿会议。会议筹备期间，孙中山曾多次发表声明，认为北京政府不能代表中国，他领导的广州政府才是中国唯一合法的民意政府，应该由广州政府而不是北京政府代表中国出席华盛顿会议，他还派遣特使携带他的亲笔信到美国首都华盛顿，希望面见哈定总统，得到哈定对广州政府的承认，然而结果则大出意外：哈定不仅没有接见孙中山的特使，"不给予孙中山的政府以外交承认，且不止一次的阻挠美国的私人或团体，与广州政府间的合作行为"[6]。

尽管孙中山的努力一再受挫，但他还是初衷不改，一厢情愿地与美国套近乎、拉关系，希望得到美国支持。1924年1月6日，亦即国民党第一

---

① 孙中山：《致唐继尧函》，载《孙中山全集》第五卷，第6页。
② 孙中山：《与美国〈华盛顿邮报〉记者的谈话》，载《孙中山全集》第六卷，第102页。
③ 孙中山：《在上海各团体代表祝捷时的演说》，载《孙中山全集》第七卷，第33页。
④ 韦慕廷：《孙中山——壮志未酬的爱国者》，杨慎之译，中山大学出版社，1986，第113页。
⑤ 郝盛潮主编《孙中山集外集补编》，上海人民出版社，1994，第263页。
⑥ 陈三井：《论孙中山晚年与美国关系》，《广东社会科学》2005年第3期。

次全国代表大会召开前夜，孙中山在大元帅府接见为处理关余问题而到广州的美国驻华公使舒尔曼。在与舒尔曼的交谈中他建议，由美国出面"在上海或其他中立地点，召集一华人为主而列强代表得参预之会议"，讨论中国裁军、和平等问题。他告诉舒尔曼："吾对此会议必躬亲列席。他人苟以国福为先者，亦必与吾同。此种会议之建议而出诸美国，列强及中国人民必皆重视之"，因为美国的"地位足以左右他国，又得中国人民信任"。针对舒尔曼"美国向来对中国及他国内政取不干涉政策"、由美国发起此会议"恐美人舆论不赞成"的插话，他表示此次会议"亦可由中国人民声请，如是更无美国或他国干涉中国内政之嫌。中国人民既知此项会议有召集之可能，则请求之声必遍于国中也"。① 可以说孙中山是费尽了口舌，要舒尔曼相信由美国召集讨论中国裁军、和平等问题的会议是可行的，能够得到列强和中国人民的支持，但舒尔曼根本就没把他的建议当回事，甚至在给美国国务院的报告中都没有详细提及，陪同参加会见的美国总领事詹金斯更是讥评孙中山这一建议"完全不切实际"，"因为孙先生只管辖极小一部分的领土，根本没法使得北方强而有力的军事首领接受他所提的任何措施"。②

　　除了美国，孙中山还努力争取过德国、英国等国的支持与援助。1921年 5 月 25 日，德国副领事威廉·瓦格纳到广州拜会孙中山，孙中山请求瓦格纳转告德国政府："德意志民族是唯一能给予我国政府援助的民族……我们期待德国对我国的政治、经济生活等领域进行广泛的援助。"③ 德国政府则以"援孙"有违《凡尔赛和约》，将引发与其他列强冲突为由拒绝了孙中山的请求。1923 年 2 月，孙中山途经香港时，派孙科、傅秉常等人积极与香港总督接触。据傅秉常事后回忆，当时"中山先生与港督两次商谈港粤合作，均极融洽，并应邀莅香港大学发表演说……中山先生深觉如能与英合作，实为上策"④。所以香港总督愿意与广州政府合作的表态，使孙中

① 孙中山：《与美使舒尔曼的谈话》，载《孙中山全集》第九卷，第 25 页。
② 李云汉：《中山先生护法时期的对美交涉（1917—1923）》，转引自陈三井《论孙中山晚年与美国关系》，《广东社会科学》2005 年第 3 期。
③ 田岛信雄：《孙中山与德国——兼论"中德苏联盟的构想"》，《南京大学学报》2009 年第 3 期。
④ 沈云龙、谢文孙：《傅秉常先生访问记录》，转引自潘星《孙中山晚年对外观念的转变及其原因探析》，《理论界》2014 年第 7 期。

山大喜过望。2月21日，他在广州滇桂军欢迎宴会上发表演说："革命的成功与否，就古今中外的历史看起来，一靠武力，一靠外交力。外交力帮助武力，好像左手帮助右手一样。从前美国独立，革英国的命，所以成功的原因，一半固然由于本国武力的血战，但一半可说是由于法国外交力的帮助。如果专靠武力，决计是难于成功的。"譬如洪秀全的革命，而终不能成功的原因，大半是由于外交失败，没有外交力的帮助。所以革命的成功与否，外交的关系是很重大的。"我们现在既得了香港外交力的帮助，又有诸君武力的基础，以后要想革命成功，统一很快。"① 他在广东各界人士欢迎会上的演说中又告诉听众："前者港澳政府，对于民党虽多误会，然自陈炯明背叛后，英人已有觉悟，知中国将来必系民党势力。故近来港督方针亦为之一变。此为吾人最好之机会也。"② 实际上香港总督所谓愿意与广州政府合作的表态，只是出于礼貌的虚与应付，根本就没有想过要付诸实行，英国政府也从来没有打算要援助孙中山和他的广州政府。1924年1月，麦克唐纳率领英国工党获得组阁权，成为英国历史上首位工党籍的首相。获悉这一消息，孙中山认为争取英国援助的机会已经到来，便立即以中国国民党第一次全国代表大会主席的身份致电麦克唐纳，"庆贺其成功及其党之成功。并希望此后英国之对华政策，不复援助军阀与反动派，而能予中国之民治主义与解放运动以自由发展之一切机会焉"③ 此后的一系列事件证明，麦克唐纳领导的工党政府，"对华政策仍然是坚持帝国主义的干涉行动，以及支持反革命活动以反对旨在建立一个强大、独立的中国的国民运动"④。

　　后来的关余事件，尤其是商团叛乱事件，虽然使孙中山逐渐认识到"对列强的现政府期待很多，是不大有希望的"⑤；认识到中华民族的自决，"与帝国主义，如水火之不相容"⑥；认识到"帝国主义不仅是中国达到民族独立

---

① 孙中山：《在广州滇桂军欢迎宴会的演说》，载《孙中山全集》第七卷，第121页。
② 孙中山：《在广东各界人士欢迎会上的演说》，载《孙中山全集》第七卷，第151页。
③ 孙中山：《致麦克唐纳电》，载《孙中山全集》第九卷，第163页。
④ 孙中山：《致莫达电》，载《孙中山全集》第十一卷，第104页。
⑤ 孙中山：《致福特函》，载《孙中山全集》第十卷，第270页。
⑥ 孙中山：《告广东民众书》，载《孙中山全集》第十一卷，第34—35页。

的主要障碍，同时又是反革命势力最强大的部分"①，从而促使并坚定了他联俄联共以及与帝国主义决裂的决心，于是有国共合作的建立和国共合作领导反帝运动的进行，但这只是问题的一方面，或主要方面；问题的另一方面，或次要方面，孙中山始终都没有放弃争取列强援助的努力。比如，1924 年 11 月 12 日他北上途中曾致电日人泽村幸夫："今者，中国之问题已非单纯中国一国之问题，实际已成为世界问题而受到重视。余对此一时局深深痛感。无论如何，如不与日本提携合作，则决不可能解决。而此种说法，更不可仅仅成为外交辞令中之中日提携合作。中日两国国民必须在真正了解之下救中国，确立东亚之和平，同时巩固黄色人种之团结，借以对抗列强不法之压迫。"② 为了获得日本的援助，他甚至表示，"余尚未考虑要求'二十一条'条约之废除与旅顺、大连之收回"③，"日本在东三省之地位……与香港、澳门相同，目下并不要求归还"④。可以说直到 1925 年去世，孙中山对帝国主义都还存在着一些不切实际的幻想。但事实一再证明，希望获得列强援助来实现中华民族的自决只是孙中山的一厢情愿，帝国主义列强从来没有也根本不可能支持和援助中华民族的自决的。

与孙中山不同，中国共产党自成立第一天起，甚至在成立之前的共产主义早起组织时期，就把动员和领导工农运动放在了非常重要的地位。比如，北京共产主义早期组织在向中共第一次全国代表大会提交的报告中就提出，"怎样使工人和贫民阶级对政治感兴趣，怎样用暴动精神教育他们，怎样组织他们和促使群众从事革命工作"，是"我们面临着需要立即着手解决的两个重要问题"之一；"我们必需利用每一个机会，推动群众举行游行示威和罢工"。⑤ 中国共产党成立后，仅 1922 年就先后发动和领导了香港海员大罢工、安源路矿工人大罢工、开滦煤矿工人大罢工、京汉铁路工人大罢工等工人运动。

我们在第二子目中已经指出，孙中山晚年是反对或不赞成中华民族内部

① 孙中山：《与外国记者的谈话》，载《孙中山全集》第十一卷，第 40 页。
② 孙中山：《致泽村幸夫电》，载《孙中山全集》第十一卷，第 310 页。
③ 孙中山：《致泽村幸夫电》，载《孙中山全集》第十一卷，第 310 页。
④ 孙中山：《与〈告知报〉记者代表的谈话》，载《孙中山全集》第十一卷，第 420 页。
⑤ 《北京共产主义组织的报告》，载《中共中央文件选集》第一册，第 13—15 页。

各少数民族对汉族自决的，而中国共产党则在共产国际的指导下主张中华民族内部各少数民族对汉族的自决。但他们又都主张中华民族内部各民族的平等。1921年2月1日，孙中山在国民党粤省支部成立会上的演说中指出："民族主义非推翻满族主权便了，须使各民族都平等。"①1923年1月1日，他在《中国国民党宣言》中宣布："故吾党所持之民族主义，消极的为除去民族间之不平等，积极的为团结国内各民族，完成一大中华民族。"②不久（1月29日），他在《中国革命史》中又写道："余之民族主义，特就先民所遗留者，发挥而光大之；且改良其缺点，对于满洲，不以复仇为事，而务与之平等共处于中国之内，此为以民族主义对国内之诸民族也。"③这年（1923年）10月18日，孙中山派出的以蒋介石为团长的国民党代表团在给共产国际的《关于中国国民运动和党内状况的书面报告》中更明确表示，国民党"民族主义纲领"的含义是："所有民族一律平等，一方面，我们应该为捍卫我们的独立而同外国帝国主义作斗争，另一方面，我们应该帮助弱小民族发展他们的经济和文化。"④1924年初召开的中国国民党第一次全国代表大会发表的《宣言》在解释"国民党之民族主义"的"两方面意义"时，其一方面意义便是"中国境内各民族一律平等"。"中国境内各民族一律平等"，可以说是晚年孙中山的一贯思想和主张。至于中国共产党，自成立那天起，便是"中国境内各民族一律平等"的主张者和倡导者。

由于当时还成立不久、尚处于幼年时期的中国共产党"对解决中国民族问题的具体历史条件还缺乏深入的了解，还不能把马克思列宁主义关于解决民族问题的原理同中国的具体历史条件正确地恰当地结合起来"⑤，加上中国共产党成立后不久即加入了共产国际，成为共产国际的一个支部⑥。根据

---

① 孙中山：《在国民党粤省支部成立会上的演说》，载《孙中山全集》第五卷，第460页。
② 孙中山：《中国国民党宣言》，载《孙中山全集》第七卷，第3页。
③ 孙中山：《中国革命史》，载《孙中山全集》第七卷，第60页。
④ 中共中央党史研究室第一研究部译《共产国际、联共（布）与中国革命档案资料丛书》第一卷《联共（布）、共产国际与中国国民革命运动（1920—1925）》，第301页。
⑤ 江平：《民族问题文献汇编·前言》，载《民族问题文献汇编 一九二一·七——一九四九·九》，第4页。
⑥ 1922年7月召开的中国共产党第二次全国代表大会就通过了《中国共产党加入共产国际决议案》，"完全承认第三国际（即共产国际——引者）所决议的加入条件二十一条，中国共产党为国际共产之中国支部"，接受其领导。（《中国共产党加入第三国际决议案》，载《中共中央文件选集》第一册，第67页）

共产国际的条例，加入了共产国际的中国共产党与共产国际的关系是下级与上级的关系，作为下级支部的中国共产党所做出的一切方针、政策和措施都要向上级的共产国际汇报，接受共产国际的指导，共产国际做出的一切决议，中国共产党都必须无条件地贯彻和执行，而共产国际对于中国的国情尤其是中国各民族的历史和现状缺乏研究和了解，往往是依据俄罗斯的民族关系和苏共的成功经验来指导中国共产党处理中国的民族问题，其结果是中国共产党根据苏共和共产国际的指导，除将列宁所主张的第一种"民族自决权"——殖民地半殖民地的被压迫民族对于帝国主义的自决权，正确地理解和引申为被压迫的中华民族对于帝国主义的自决权外，还将列宁所主张的第二种"民族自决权"——俄国内部被压迫的少数民族对于大俄罗斯民族的自决权，教条主义地理解和引申为中华民族内部各少数民族对于主体民族汉族的自决权。

实际上，由于历史等各方面的原因，中国国内的民族关系与俄国国内的民族关系是完全不同的，没有任何可比性。比如，俄罗斯的一些加盟共和国，原本就是独立的民族国家，后被俄罗斯吞并而成了大俄罗斯的一部分。中国就不存在这样的情况。西藏、蒙古、新疆、青海等少数民族地区自古以来就是中国不可分割的神圣领土，世代居住在这些地区的少数民族，与居住在内地各省的汉族和其他少数民族一样，都是中国的国民，是中华民族的一分子，中国政府对这些地区的管辖，与英国对于印度、日本对于朝鲜、法国对于越南、美国对于菲律宾的殖民统治的性质完全不同，不能相提并论。中华民族内部各少数民族与汉族的关系也并不完全是被压迫民族与压迫民族的关系，压迫少数民族的只是汉族中的少数统治者，而不是普通的广大汉族民众，普通的广大汉族民众和广大少数民族民众一样也遭受着汉族中的少数统治者的压迫，是被压迫者，少数民族中的少数贵族、头领也是少数民族中普通民众的统治者和压迫者。这正如马克思列宁主义的民族理论所一再强调的那样，民族压迫的实质是阶级压迫，而阶级不是以民族来划分的，同一的民族中有不同的阶级存在。同理，同一的阶级中包含着不同的民族成员，被统治阶级中有汉族民众，也有少数民族民众；统治阶级中有汉族的统治者，也有少数民族的贵族、头领，即统治者。因此，到了1935年的遵义会议后，随着毛泽东在全党领导地位的逐渐确立，中国共产党开始从幼年走向成熟，开始把马克思列宁主义的民族理论与中国的具体国情结合起来，再不受苏共和共产国际的影响，而独立地研究和解决中国的民族问题，便开始讲"民族区域自治"[①]，讲中华民族内部各民族的团结和国家的统一对于建立近代的"民族国家"的重要意义[②]。1947 年 5 月 1 日，在中国共产党的领导下，建立了我国第一个省一级的少数民族自治区——内蒙古自治区。中华人民共和国成立后，以毛泽东为主要代表的共产党人将民族区域自治制度确立为我国的基本政治制度。

这里尤须指出的是：由于共产党成立不久，还处于幼年时期，加上共产国际的教条主义指导，将列宁所主张的第二种"民族自决"，亦即俄国内部被压迫的少数民族对于大俄罗斯民族的自决，教条主义地理解和引申为中华民族内部各少数民族对于主体民族汉族的自决，但就认识根源而言，在中国共产党看来，苏维埃俄国的经验证明，提倡少数民族的自决权，有利于清除民族间的隔阂，建立民族间的信任，从而实现各民族的真正平等和联合，最终有利于统一的多民族国家的建立。比如，1924 年 3 月 19 日，瞿秋白在《〈时事新报〉之理藩政策》一文中就指出："中国的平民与蒙古的平民同受列强压迫，同受中国军阀的压迫，自然应当联合起来。可是怎样才能联合起来呢？只有大家互相承认绝对的自决权，方能有友谊的结合。"否则，"若即使中国人仅仅要求'统一'，说什么'事实上法律上'蒙古应当属于中国"，这除了"惹起外蒙的反感"外，对统一的多民

---

① 如 1936 年 5 月 26 日，毛泽东以中华苏维埃中央政府主席身份发布的《中华苏维埃中央政府对回族人民的宣言》提出："凡属回民占少数的区域，亦以区乡村为单位，在民族平等的原则上，回民自己管理自己的事情，建立回民自治的政府。"（《中华苏维埃中央政府对回族人民的宣言》，载《民族问题文献汇编 一九二一·七——一九四九·九》，第 367 页）同年 10 月 17 日，毛泽东、杨尚昆在征求朱德、张国焘等人对回民问题决定的意见指示电中再次指出："在完全为回人的乡或区内组织回民自治政府，凡愿意谋民族解放的人阿訇也在内，均可加入。在回汉杂居的区域中，这种回民自治政府仍加入苏维埃。"（《毛泽东、杨尚昆关于征求对回民问题决定的意见给朱德、张国焘、徐向前、陈昌浩、贺龙等的电》，载《民族问题文献汇编 一九二一·七——一九四九·九》，第 435 页）1937 年 10 月，刘少奇在《抗日游击战争中的若干基本问题》中提出，"抗日政府对中国各少数民族的政策"的措施之一，便是"协助他们组织自己的自治政府，在少数民族与汉人杂处之地，如果汉人占多数，即在该地政府中成立少数民族委员会"。（刘少奇：《抗日游击战争中的若干基本问题》，载《民族问题文献汇编 一九二一·七——一九四九·九》，第 563—564 页）

② 参见郑大华《论杨松对民主革命时期中共民族理论的重要贡献》，《民族研究》2015 年第 3 期。

族国家的建立并没有任何帮助。"所以中国平民的主张应当是：'国民革命运动之联合，反对军阀的弹压政策……国民革命成功之后，汉蒙自由结合而成统一的共和国'。"[①]后来（1926 年 1 月 17 日）他在《列宁主义与中国的国民革命》一文中又写道：十月革命后，苏俄的弱小民族，"已经完全推翻俄国的帝国主义的资产阶级，而得着解放"，实现了民族自决，并在此基础上，"完全自愿的完全自由的联合起来而成苏联"。这为中国统一的多民族国家的建立提供了很好的经验。"中国劳动平民在反抗帝国主义的斗争里，应当以苏联为模范，来组织革命的政权——就是使中国境内蒙古、西藏、满洲、回回等民族，完全以自由、平等的原则，加入革命的中国。中国的平民决不能承认汉满巨商及官僚对于蒙古等民族的特权，应当反对他们的压迫剥削这些弱小民族。"[②]不久（1926 年 1 月 29 日）瞿秋白在《国民革命运动中之阶级分化——国民党右派与国家主义派之分析》一文中再次表达了承认各少数民族的民族自决权的目的，是为了联合这些少数民族共同进行国民革命，这更有利于民族的团结和统一的多民族国家的建立："中国内部的民族问题，只有汉族采取绝对自由的民族自决的原则，才能解决；如果蒙、藏民族自己要坚持联邦制度，中国国民革命的政党，都可以让步：只有这样，才能使弱小民族倾心于革命的中国。各种右派的民族问题政策，正足以恐吓蒙、藏，使他们和中国离贰……只有这一原则才能结合巩固的'五族共和'。"[③]和瞿秋白一样，其他中共党员和领导人也都是在有利于各民族一律平等和统一的多民族国家建立的基础上讲少数民族的民族自决的。如恽代英在《军队中政治工作的方法》一文中写道："讲到民族自决，很多人更是不懂得，有些黄埔学生都要质问我，你为什么主张民族自决，使蒙、藏脱离中国统治呢？其实我倒要问他们……何以见得民族自决蒙、藏便会脱离中国。苏联不是允许了许许多多他国内的弱小民族自决，而这些民族都愿联合成为一个国家么？"[④]

① 瞿秋白：《〈时事新报〉之理藩政策》，《向导》第 57 期，1924 年 3 月 19 日。
② 瞿秋白：《列宁主义与中国的国民革命》，《向导》第 143 期，1926 年 1 月 21 日。
③ 瞿秋白：《国民革命运动中之阶级分化——国民党右派与国家主义派之分析》，载《瞿秋白文集·政治理论篇》第三卷，第 474 页。
④ 恽代英：《军队中政治工作的方法》，载《恽代英全集》第八卷，人民出版社，2014，第 158 页。

第二节　"民族建国"构想上的思想差异

第一次国共合作期间，孙中山主张建立一个"大中华民族主义"或"大中华民国的国族主义"的"民族国家"，而新成立的中国共产党，则受共产国际的影响和领导，主张依据"民族自决权"，建立一个以十月革命后苏俄的联邦制为蓝本的"中华联邦共和国"或"自由统一的（各民族自由联合的）中华民国"。但无论是孙中山的建立一个"大中华民族主义"或"大中华民国的国族主义"的"民族国家"也好，还是中国共产党的建立一个以十月革命后苏俄的联邦制为蓝本的"中华联邦共和国"或"自由统一的（各民族自由联合的）中华民国"也罢，都没有付诸实践，甚至没有提出一套完整而切实可行的实施方案，所以只能称之为"构想"。

一、"大中华民族主义"的"民族建国"构想以及共产党对它的批评

众所周知，自秦始皇统一后，中国在绝大多数的时期内是作为一个统一的国家而存在，但在辛亥革命之前，中国是一个传统的"王朝国家"，而非近代的"民族国家"。[1] 中国近代的"民族国家"的建构过程起始于 20 世纪初的辛亥革命时期。除清王朝外，当时活跃于中国政治舞台上的主要有两大政治派别，这就是以孙中山为代表的革命派和以梁启超为代表的立宪派。受 20 世纪初传入的西方民族主义的影响，这两大政治派别的最终目的都是要建立一个近代的"民族国家"，从而实现国家富强和民族复兴。但在如何建立和建立一个什么样的近代的"民族国家"问题上两派又存在着明显的分歧，革命派主张"排满"和建立民主共和制的单一的汉民族国家，而立宪派则主张"合满"和建立君主立宪制的包括满族在内的多民族国家，双方为此而展开过激烈的论战和斗争，结果是建立一个独立、民主和统一的多民族的共和国成了革命派和立宪派的基本共识。1912 年 1 月 1 日中华民国

---

[1] 关于传统的"王朝国家"与近代的"民族国家"的区别，参见李宏图《西欧近代民族主义思潮研究——从启蒙运动到拿破仑时代》，上海社会科学院出版社，1997，第 256—258 页。

的成立，是中国近代民族国家初步建立的重要标志。^①但不久，袁世凯篡夺了革命果实，中华民国所确立的近代民主制度成了一块有名无实的空头招牌，广大人民并没有像《中华民国临时约法》所规定的那样实现人人平等，民族压迫和民族歧视的现象依然存在，帝国主义对中华民族的压迫和掠夺依然存在。近代的民族国家并没有在中国真正建立起来。

辛亥革命失败后，中国人民继续为建立一个近代的民族国家而奋斗。孙中山在吸取辛亥革命以及后来的护国战争、护法运动相继失败教训的基础上，并借鉴美国的建国经验，于 1920 年前后提出了建立"大中华民族主义"的"民族国家"的构想，用他的话说，就是"拿汉族来做个中心，使之（指满、蒙、回、藏等其他民族——引者）同化于我，并且为其他民族加入我们组织建国底机会。仿美利坚民族底规模，将汉族改为中华民族，组成一个完全底民族国家"^②。

本书前面已经提到，辛亥革命时期的革命派主张排满和建立民主共和制的单一的汉民族国家，而这一主张的最早提出者便是孙中山。早在 1894 年 11 月，他在檀香山组织革命小团体兴中会时，就提出了"驱除鞑虏，恢复中华，创立合众政府"的主张。1905 年中国同盟会成立，"驱除鞑虏，恢复中华，创立民国"和"平均地权"一起，又成了同盟会的"十六字"革命领纲。辛亥革命爆发后，孙中山和他领导的革命派则放弃了早先提出的"驱除鞑虏"、建立单一的汉民族国家的主张，而接受了立宪派的"合满"建议，主张建立一个独立、民主和统一的多民族国家。1912 年 1 月 1 日，孙中山在《临时大总统就职宣言书》中向海内外明确宣布："国家之本，在于人民。合汉、满、蒙、回、藏诸地为一国，即合汉、满、蒙、回、藏诸族为一人。是曰民族之统一。武汉首义，十数行省先后独立。所谓独立，对于清廷为脱离，对于各省为联合，蒙古、西藏意亦同此。行动既一，决无歧趋，枢机成于中央；斯经纬周于四至。是曰领土之统一。"^③此后不久颁布的《中华民国临时约法》，进一步将建立一个独立、民主和统一的多民族国家以国家根本大法的形式确定了下来。

---

① 参见郑大华《辛亥革命与中国近代民族国家的初步建立》，《教学与研究》2011 年第 9 期。
② 孙中山：《在中国国民党本部特设驻粤办事处的演说》，载《孙中山全集》第五卷，第 474 页。
③ 孙中山：《临时大总统就职宣言书》，载《孙中山全集》第二卷，第 2 页。

　　这里有一个问题必须辨明：即辛亥革命爆发后孙中山是否接受了"五族共和"的主张？绝大多数学者持的是肯定态度，尤其是长期研究孙中山及其思想的学者，认为孙中山接受了"五族共和"的主张。但也有学者认为，孙中山"对五族共和是抱着充满怀疑的保留态度的"。① 更有学者认为，"就孙中山个人的民族主义思想来说，则他从来也没有认同过'五族共和'"②。在本书看来，说孙中山"从来也没有认同过'五族共和'"，这话有些绝对。这涉及如何理解"五族共和"的含义问题。所谓"五族共和"，意指汉、满、蒙、回、藏这五个民族共同建立一个民主共和的国家，从而实现孙中山在《临时大总统就职宣言书》中所强调的"民族之统一"和"领土之统一"。就此而言，尽管孙中山只是 1912 年在北京、张家口、太原等地会见满、蒙、藏、回等少数民族代表时提到"五族共和"，而在其他场合则很少使用，但这并不能说明他"从来没有认同过'五族共和'"，只要我们认真翻阅下《孙中山全集》第二卷就会发现，民国初年他在很多场合都强调过汉、满、蒙、回、藏这五个民族之统一和团结对于中华民国的重要意义。当然这只是问题的一方面；问题的另一方面，我们也要承认，自 1905 年后，孙中山虽然在一系列演讲和文章中，旗帜鲜明地反对笼统的排满主义，尤其反对少数革命党人所鼓吹的狭隘的民族复仇思想，但他从来没有放弃过"驱除鞑虏，恢复中华"的主张。比如，1906 年他《在东京〈民报〉创刊周年庆祝大会的演说》中即明确指出，"民族主义并非是遇着不同族的便要排斥他"，而只是反对少数害汉族的满洲贵族，对于广大普通满洲人绝无反对之理，并斥责那种认为"民族革命是要尽灭满洲民族"的主张是"大错"，表示"假如我们实行革命的时候，那满洲人不来阻害我们，决无寻仇之理"。但同时他又再三申明，"不许那不同族的人来夺我民族的政权。因为我汉人有政权才是有国，假如政权被不同族的人所把持，那就虽是有国，却已经不是我汉人的国了。我们想一想，现在国在那里？政权在那里？我们已经成了亡国亡民了"，所以我们要进行民族革命，

① 张正明、张乃华：《论孙中山的民族主义》，《民族研究》1981 年第 6 期。
② 林齐模：《从汉族国家到中华民族国家——孙中山民族建国思想的发展》，《云南社会科学》2008 年第 6 期。

要恢复汉族政权。① 而此前学术界（包括本书作者）在引用孙中山《在东京〈民报〉创刊周年庆祝大会的演说》时，只引用他认为"民族革命是要尽灭满洲民族"的主张是"大错"的那段话，而很少引用他对民族革命是要恢复汉人政权的那段话，以说明孙中山不是一个狭隘的排满主义者，而是一个伟大的资产阶级民主革命的领袖。也就是这一年的秋冬，他和章太炎等人在制定《中国同盟会革命方略》、解释同盟会的"驱除鞑虏，恢复中华，创立民国，平均地权"的"十六字纲领"时写道："今日满洲，本塞外东胡，昔在明朝，屡为边患。后乘中国多事，长驱入关，灭我中国，据我政府。"所以，"驱除鞑虏"的意思，就是要"覆彼政府，还我主权"；而"恢复中华"的意思是："中国者，中国人（这里指的是汉人——引者，下同）之中国：中国之政治，中国人任之。驱除鞑虏之后，光复我民族的国家。"② 就是到了辛亥革命前夜，他在美国旧金山的一次演说中还强调："今日欲保身家性命，非实行革命，废灭鞑虏清朝，光复我中华祖国，建立一汉人民族的国家不可也。"③

　　尽管孙中山从来没有放弃过"驱除鞑虏，恢复中华"的主张，然而当他于 1911 年底，亦就是辛亥革命爆发近两个月后回到国内时，"五族共和"，亦即建立一个民主共和的多民族国家已成为包括黄兴、宋教仁、章太炎等同盟会重要干部在内的革命派、立宪派和反正的汉族官僚的普遍共识，成了南方革命政权的建国方针。与此同时，除了外蒙古一些王公贵族以革命党排满为借口宣布蒙古脱离中国而独立外，西藏、新疆一些民族分裂势力也在帝国主义的策动下蠢蠢欲动，企图分裂中国。面对如此局势，孙中山为了维护国家的统一，避免其他多民族国家政权更迭时经常发生的各民族间的相互仇杀在中国的发生，他没有再坚持"驱除鞑虏，恢复中华"的主张，而是从大局出发，从大势着眼，接受了"五族共和"，并在他担任中华民国临时大总统期间，采取了一系列落实和推进"五族共和"的措施。但同时，他又很少使用"五族共和"一词，而且还多次否决过以象征"五族

① 孙中山：《在东京〈民报〉创刊周年庆祝大会的演说》，载《孙中山全集》第一卷，第 325、324 页。
② 孙中山：《中国同盟会革命方略》，载《孙中山全集》第一卷，第 297 页。
③ 孙中山：《在旧金山丽蝉戏院的演说》，载《孙中山全集》第一卷，第 441 页。

共和"的五色旗为中华民国国旗的提议。

正因为孙中山是从大局出发，从大势着眼，接受的"五族共和"，因而到了 1920 年前后，他在反思辛亥革命以及护国战争、护法运动相继失败的原因时，对"五族共和"的建国主张提出了尖锐的批评。1919 年他在《三民主义》一文中写道："我国人自汉族推覆满清政权、脱离异族羁厄之初，则以民族主义已达目的矣。更有无知妄作者，于革命成功之初，创为汉、满、蒙、回、藏五族共和之说。"[1] 1920 年 11 月 4 日，他《在上海中国国民党本部会议的演说》中又指出："现在说五族共和，实在这五族的名词很不切当。"[2] 1921 年 3 月 6 日，他《在中国国民党本部特设驻粤办事处的演说》中强调："自光复之后，就有世袭底官僚，顽固底旧党，复辟底宗社党，凑合一起，叫做五族共和。岂知根本错误就在这个地方。"[3] 同年 12 月 10 日，他在《在桂林对滇赣粤军的演说》中再次强调："今则满族虽去，而中华民国国家，尚不免成为半独立国，所谓五族共和者，直欺人之语！"[4]

孙中山批评"五族共和"的理由，归纳起来有三点：第一，旧官僚是"五族共和"的附和者，中华民国的国旗"五色旗"，表面上代表的是汉、满、蒙、回、藏等五个民族，实际上它是清朝一品武官的旗帜，代表的是四分五裂，这是"民国成立以来，所以长在四分五裂之中"的重要原因。在我们前引的《三民主义》一文中，孙中山在批评了"无知妄作者，于革命成功之初，创为汉、满、蒙、回、藏五族共和之说"之后写道："此民国之不幸，皆由不吉之五色旗有以致之也。夫清朝之黄龙帝旗，我已不用，而乃反用其武员之五色旗，此无怪清帝之专制可以推覆，而清朝武人之专制难以灭绝也。"[5] 第二，"五族共和"中的"藏人不过四五百万，蒙古人不到百万，满人只数百万，回教虽众，大都汉人"，而且这几个民族目前都处于帝国主义的控制之下，如满洲就处于日本的势力之下，蒙古向为俄国的势

① 孙中山：《三民主义》，载《孙中山全集》第五卷，第 187 页。
② 孙中山：《在上海中国国民党本部会议的演说》，载《孙中山全集》第五卷，第 394 页。
③ 孙中山：《在中国国民党本部特设驻粤办事处的演说》，载《孙中山全集》第五卷，第 473 页。
④ 孙中山：《在桂林对滇赣粤军的演说》，载《孙中山全集》第六卷，第 24 页。
⑤ 孙中山：《三民主义》，载《孙中山全集》第五卷，第 187 页。

力范围，西藏几成英国的囊中之物。总之，"他们皆无自卫底能力"，需要我们汉族的"帮助"。因此，不能搞"五族共和"。① 第三，"我们国内何止五族呢"？② 除汉、满、蒙、回、藏这五族外，还有其他民族存在，"五族共和"并不能代表国内所有的民族。

就孙中山的这几条理由来看，除第三条能够成立外（因为中国确实不止汉、满、蒙、回、藏这五族），其他都似是而非。民国初年出现军阀割据，导致国家四分五裂，这与实行五族共和、以五色旗为民国国旗没有必然的联系，因为军阀的出现，是半殖民地半封建中国的特征之一。毛泽东在《中国的红色政权为什么能够存在？》一文中曾分析过军阀存在的原因，"即地方的农业经济（不是统一的资本主义经济）和帝国主义划分势力范围的分裂剥削政策"③。至于说汉族之外的其他几个民族人口较少，且都处于帝国主义控制之下，需要汉族人的帮助，因而不能搞"五族共和"，这理由就更不能成立了。本书第一卷第八章已经提到，"五族共和"思想的渊源是梁启超的"大民族主义"，尤其是 1907 年杨度在《金铁主义说》一文中提出的在立宪的基础上实现汉、满、蒙、回、藏五族共同建国的主张。杨度之所以要提出这一主张，是因为在他看来，各帝国主义虎视眈眈，想瓜分中国，如果像革命派所主张的那样，"驱除鞑虏，恢复中华"，建立单一的汉族民族国家，那么满、蒙、回、藏民族也可以建立自己的民族国家，结果是分一国领土为数国领土，分一国人民为数国人民，这就给帝国主义瓜分中国提供了绝佳的机会。因此，中国各民族只有团结起来，建立包括满族在内的统一的多民族国家，才能避免国家的分裂和被帝国主义瓜分。应该说杨度的这一认识是深刻的，这也是武昌起义后革命派迅速放弃建立单一的汉民族国家的主张、而以"五族共和"为建国方针的重要原因，也是孙中山不得已接受"五族共和"的重要原因。④

为什么孙中山这时候要以似是而非、甚至牵强附会的理由来批评"五族共和"呢？其目的究竟是什么？孙中山批评"五族共和"的目的，是要提

---

① 孙中山：《在中国国民党本部特设驻粤办事处的演说》，载《孙中山全集》第五卷，第473页。
② 孙中山：《在上海中国国民党本部会议的演说》，载《孙中山全集》第五卷，第394页。
③ 毛泽东：《中国的红色政权为什么能够存在？》，载《毛泽东选集》第一卷，第49页。
④ 参见郑大华《辛亥革命与中国近代民族国家的初步建立》，《教学与研究》2011年第10期。

出他的建立"大中华民族主义"的"民族国家"构想。俗语说"不破不立"，批评"五族共和"是孙中山的破，而提出建立"大中华民族主义"的"民族国家"构想则是他的立。

本书前面已有论及，中华民族形成很早，但"中华民族"这一概念最早是梁启超于1902年提出和使用的。继梁启超之后，在清末使用"中华民族"的还有杨度和章太炎。孙中山在清末没有使用过"中华民族"，他使用得较多的是意指汉族的"中华"（如"驱除鞑虏，恢复中华"）。孙中山第一次使用"中华民族"的概念是在1912年1月5日他以中华民国临时大总统名义发布的《对外宣言书》中："今幸义旗轩举，大局垂定，吾中华民国全体，用敢以推翻满清专制政府、建设共和民国，布告于我诸友邦……盖吾中华民族和平守法，根于天性，非出于自卫之不得已，决不肯轻启战争。"[1] 就目前发现的资料来看，这也是中国的官方文件对"中华民族"这一概念的第一次使用。但在民初，孙中山并没有经常使用"中华民族"。孙中山经常使用"中华民族"这一概念是在1919年之后，亦即新文化运动时期。[2] 1919年之后孙中山之所以会经常使用"中华民族"这一概念，分析起来，大概有以下方面的原因。

第一，"中华民族"这一概念这时开始流行起来，已为越来越多人所使用。我们前面已经提到，在清末，只有梁启超、杨度和章太炎等少数几个人使用"中华民族"，而且章太炎还是在批评杨度的文章中，为了批评杨度对"中华民族"一词的使用而使用"中华民族"一词的。但进入民国以后，尤其是到了1919年前后，"中华民族"的使用开始增多起来，除了政界和学界的人纷纷使用外，还有"中华民族大同会"之类以"中华民族"为名称的社会团体的成立，甚至"中华民族"写进了中、小学历史教材。如1912年商务印书馆出版的《共和国历史教科书》在讲到民国统一时写道："我中华民国，本部多汉人，苗瑶各土司杂居其间。西北各地，则为满、蒙、回、藏诸民族所居，同在一国之中，休戚相关，谊属兄弟。"[3] 进入民国以后，尤其是1919年前后，"中华民族"的使用之所以增多起来，一

---

① 孙中山：《对外宣言书》，载《孙中山全集》第二卷，第8页。
② 参见郑大华《论晚年孙中山"中华民族"观的演变及其影响》，《民族研究》2014年第2期。
③ 傅运森编《共和国历史教科书·新历史》第4册，第20课，商务印书馆，1914。

个重要原因就是中华民国的成立对人们思想观念的影响。众所周知，"中华"和"中国"一词都出现较早，但自古以来没有一个王朝是用"中华"或"中国"作号或朝代名的。用"中华"作国号，始于1912年1月1日中华民国的成立。由于国号称"中华"，与之相联系的国民，也就很自然地称之为"中华国民"；与之相联系的民族，也就很自然地称之为"中华民族"了。这正如常燕生后来在《中华民族小史》一书中所指出的那样："民族之名多因时代递嬗，因时制宜，无一定之专称，非若国家之名用于外交上，须有一定之名称也。中国自昔为大一统之国，只有朝代之名，尚无国名，至清室推翻，始有中华民国之名出现。国名既无一定，民族之名更不统一。或曰夏，或曰华夏，或曰汉人，或曰唐人。然夏，汉，唐皆朝代之名，非民族之名，惟'中华'二字，既为今日民国命名所采用，且其涵义广大，较之其他名义之偏而不全者最为适当，故本书采用焉……惟今日普通习惯，以汉族与其他满蒙诸族土名并列，苟仅以汉族代表其他诸族，易滋误会。且汉本为朝代之名，用之民族，亦未妥洽，不若'中华民族'之名为无弊也。"[1]

　　第二，人们开始以"中华民族"指称中国境内的其他民族或各民族。如前所述，在清末，无论梁启超，还是杨度和章太炎，都是在汉族的含义上使用"中华民族"这一概念的，换言之，"中华民族"只是"汉族"的别称。进入民国后，虽然大多数人仍然是在"汉族"的含义上使用"中华民族"这一概念，但也有人以"中华民族"来指称中国境内的其他民族或各民族。比如，1913年1月，西部内蒙古乌兰察布盟和伊克昭盟蒙古族各王公在呼和浩特集会上制定的《西盟王公会议条件大纲》，就称蒙古族"同系中华民族"，自应"赞助共和"，反对分裂，"维持"中华民国的统一。[2] 这是中国少数民族第一次采用政治文告的形式，公开承认自己是"中华民族"的一部分。1914年4月，一位署名"光升"的作者在《中华杂志》创刊号上发表《论中国之国民性》，依据他对西方近代"民族"概念的理解，认为与其"合满、汉、蒙、回、藏之民谓之五族"，还不如仿照"大日尔曼主义""大斯

① 常乃德（常燕生）：《中华民族小史》，爱文书局，1921，第4—5页。
②《西盟会议始末记》，载《民国经世文编》第18卷，第15—16页。

拉夫主义"的叫法，"谓之大中华民族可也"。[①]三年后（1917年2月19日），
李大钊在《甲寅》日刊上发表《新中华民族主义》一文，又提出了"新中
华民族"和"新中华民族主义"的概念。他在文中写道：汉、满、蒙、回、
藏之五族的称谓，是辛亥革命特定时期的产物，现今五族的文化早已渐趋
于一致，而又共同生活在统一的民国之下，所谓汉、满、蒙、回、藏之五
族以及其他苗族、瑶族都已成为"历史上残留之名辞"，没有再保留的必要，
所有五族和其他各族都应统称为"中华民族"。与此相适应，今后民国的
政教典刑，也应以新民族精神的建立为宗旨，统一民族思想，这也就是所
谓的"新中华民族主义"。[②]显而易见，李大钊在这里所讲的"新中华民族"
和"新中华民族主义"，已不是"汉族"，而是中国境内各民族的统称。

进入民国后，尤其是1919年前后，"中华民族"的使用增多，就不能不
对孙中山产生影响，因为孙中山是一个与时俱进的人，大家都开始使用"中
华民族"了，他自然也会经常使用。而"大中华民族"或"新中华民族主
义"的提出，则与他提出的建立"大中华民族主义"的"民族国家"构想
有某些相通之处，换言之，为他提出"大中华民族"和"大中华民族主义"
提供了某种思想借鉴。尤其重要的是，孙中山这时经常使用"中华民族"，
与他提出"大中华民族主义"的"民族建国"的构想是相联系的。

如前所述，孙中山"大中华民族主义"的"民族建国"的构想，是在
借鉴美国的建国经验的基础上提出来的。本书第一卷第七章已经提到，孙
中山少年时代就在后来成为美国领地的檀香山亦即今日的夏威夷生活和学
习过几年，后来因领导反清革命不能在国内和日本安身，又在美国断断续
续地生活过很长一段时间，对美国的历史和文化有较深入的了解，美国一
直是他学习的榜样。1894年11月他在檀香山成立第一个革命小团体"兴
中会"，其"创立合众政府"的主张就是以美国政府为蓝本提出来的。后来
他又多次提出过学习美国的经验，把中国建设成为像美国一样的富强国家。
如果说1919年以前，他关注的主要是美国的政治制度、经济发展和社会问
题的话，他的民生主义是为了不使中国走美国经济发达而贫富差距日益扩

---

①　光升：《论中国之国民性》，《中华杂志》创刊号，1914年4月16日。
②　李大钊：《新中华民族主义》，《甲寅》（日刊），1917年2月19日。

大、富者愈富贫者愈贫的资本主义发展的老路，他的"五权宪法"是为了修补美国"三权分立"下的行政和议会的权力过大问题，于是借鉴中国传统的考试和监察制度，于"立法院""行政院""司法院"之外，另设"考试院"和"监察院"，那么1919年以后受第一次世界大战的影响，他开始关注起美国的民族问题来。因为第一次世界大战的结果，是奥匈帝国、俄罗斯帝国等多民族国家的相继崩溃和"一个民族一个国家"的民族国家成了世界的"头等强国"。这对孙中山的震动是十分巨大的。他后来在《三民主义·民族主义》的讲演中讲到了这件事："欧战以前，世界上号称列强的有七八国，最大的有英国，最强的有德国、奥国、俄国，最富的有美国，新起的有日本和意大利。欧战以后，倒了三国，现在所剩的头等强国，只有英国、美国、法国、日本和意大利。"而"所剩的头等强国"都是"以民族立国"，亦就是"一个民族一个国家"，这是这些国家之所以能够成为"头等强国"的重要原因。用孙中山的话说："这种民族在现在世界上是最强盛的民族，所造成的国家是世界上最强盛的国家。"在这些所剩的头等强国中，英国、法国、日本和意大利的民族相对来说比较单纯，如"英国发达，所用民族的本位是盎格鲁撒逊人，所用地方的本位是英格兰和威尔斯，人数只有三千八百万，可以叫做纯粹英国的民族"。日本"也是一个民族造成的，他们的民族叫做大和民族"。① 只有美国是在多民族的基础上，通过同化而形成一"美利坚民族"，并在此基础上建立起近代的民族国家。美国的国情与中国的国情十分相似，中国也是一个多民族的国家。因此，中国要想成为世界上的"第一等强国"，恢复昔日的辉煌地位，就不能再搞多民族国家的"五族共和"了，而应向美国学习，以汉族为中心、为本位，通过对满、蒙、回、藏以及其他民族的同化，而形成一个"大中华民族"，建立起"大中华民族主义"的"民族国家"。

1919年，孙中山在《三民主义》一文中指出，美国"在今日号称世界最强、最富底民族国家"，也是"世界中民族最多底集合体"，其中既有黑种人的民族，也有白种人的民族，还有其他人种的民族，总共不下数十百种，但美国却不分别称之为英、荷、法、德、美等民族，而统称之为美利

---

① 孙中山《三民主义》，载《孙中山全集》第五卷，第189页。

坚民族，究其原因，就在于自建国伊始，美国"乃合欧洲之各种族而熔冶为一炉者也"，同时，"自放黑奴之后，则收吸数百万非洲之黑种而同化之，成为世界一最进步、最伟大、最富强之民族，为今世民权共和之元祖"。[1]后来（1921年）《在中国国民党本部特设驻粤办事处的演说》中他又讲道：试看现在的美国，是世界上最强和最富的国家。"他底民族结合，有黑种，有白种，几不下数十百种，为世界中民族最多底集合体"。在美国的全部人口中，有二千万左右是德国人，约占美国总人口的五分之一，其他如英国人、荷兰人、法国人也不少，"加入他底组织中"。但他们都不称英、荷、德、法等民族，而统称为"美利坚民族"。"何以美国不称英、荷、法、德、美，而称美利坚呢？要知美利坚底新民族，乃合英、荷、法、德种人同化于美而成底名词，亦适成其为美利坚民族，为美利坚民族，乃有今日光华灿烂底美国"。[2]孙中山把美国的这种以主体民族为中心、为主体，通过同化其他不同民族，"合黑白数十种之人民，而冶成一世界之冠之美利坚民族主义"，称之为"积极底民族主义"。[3]他并据此认为，中国要改变长期落后、被帝国主义侵略欺负的局面，建立近代的"民族国家"，实现国家富强和民族复兴，就应该老老实实地向美国学习，像美国那样，实行"积极底民族主义"，也就是"今日我们讲民族主义，不能笼统讲五族，应该讲汉族底民族主义"。所谓"汉族底民族主义"，用他解释的话说，就是以汉族为中心、为主体，通过对满、蒙、回、藏以及其他民族的同化，而形成一个"大中华民族"，并在此基础上，"组成一个完全底民族国家"，完成近代的"民族建国"任务。[4]孙中山要人们相信，只要像美国那样，实行"积极底民族主义"，中国就一定能"驾欧美而上之"，成为世界上最发达富强的近代的"民族国家"。1923年初，他在《三民主义》一文中写道："夫汉族光复，满清倾覆，不过只达到民族主义之一消极目的而已，从此当努力猛进，以达民族主义之积极目的也。积极目的为何？即汉族当牺牲其血统、历史与夫自尊自大之名称，而与满、蒙、回、藏之人民相见于诚，合为一炉而冶之，

---

[1] 孙中山：《三民主义》，载《孙中山全集》第五卷，第187页。
[2] 孙中山：《在中国国民党本部特设驻粤办事处的演说》，载《孙中山全集》第五卷，第474页。
[3] 孙中山：《三民主义》，载《孙中山全集》第五卷，第187—188页。
[4] 孙中山：《在中国国民党本部特设驻粤办事处的演说》，载《孙中山全集》第五卷，第474页。

以成一中华民族之新主义，如美利坚之合黑白数十种之人民，而治成一世界之冠之美利坚民族主义，斯为积极之目的也。五族云乎哉。夫以世界最古、最大、最富于同化力之民族，加以世界之新主义，而为积极之行动，以发扬光大中华民族，吾决不久必能驾美迭欧而为世界之冠，此固理有当然，势所必至也。国人其无馁。"[1]

以上是孙中山于1920年前后提出的"大中华民族主义"的"民族建国"构想。这一构想实际上是对他辛亥革命时期提出的建立单一的汉民族国家的继承和发展。从继承方面来看，他主张的也是一个民族建立一个国家，只是辛亥革命时期建立国家的民族是汉民族，而现在建立国家的民族是"大中华民族"；就发展而言，中华民国的建立，已使"五族共和"深入人心，不仅汉族，包括满、蒙、回、藏在内的其他民族也大多认同和接受了"五族共和"，孙中山于是与时俱进，提出了"大中华民族"这一概念。尽管借用孙中山自己的话说，它是由"汉族"改称而来，但这由"汉族"改称而来的"大中华民族"既不是纯粹的汉族，也不是汉族之外的满、蒙、回、藏等民族，而是以汉族为中心，同化了满、蒙、回、藏等民族后而形成的一个新的民族。孙中山就曾明确指出："吾国今日既曰五族共和矣；然曰五族，固显然犹有一界限在也。欲泯此界限，以发扬光大之，使成为世界上有能力、有声誉之民族，则莫如举汉、满等名称尽废之，努力于文化及精神的调洽，建设一大中华民族。"[2]

孙中山在借鉴美国建国的基础上，提出"大中华民族主义"的"民族建国"构想，希望中国也像美国那样，以主体民族汉族为中心、为主体，同化满、蒙、回、藏等其他民族，而形成一个新的"大中华民族"，进而建立一个"大中华民族主义"的"民族国家"，以完成辛亥革命未能完成的近代的"民族建国"任务，实现国家的富强和民族的复兴。应该说孙中山的这一愿望是美好的，其构想也是有价值的，至少他提供了一种既不同于"驱除鞑虏，恢复中华"，也有别于"五族共和"的"民族建国"构想。尤其是"大中华民族"概念的提出，在"中华民族"概念的提出和发展史上有其重

---

① 孙中山：《三民主义》，载《孙中山全集》第五卷，第187—188页。
② 陈旭麓、郝盛潮主编《孙中山集外集》，第29页。

要意义。因为晚清时期，"中华民族"只是"汉族"的别称。进入民国之后，大多数人仍然是在"汉族"的意义上使用"中华民族"这一概念的，在当时真正指称中国所有民族、从而具有现代"中华民族"含义的是李大钊的"新中华民族"和孙中山的"大中华民族"的概念。[①] 这是孙中山的"大中华民族主义"的"民族建国"构想值得肯定的地方。当然，我们在肯定他的"大中华民族主义"的"民族建国"构想的同时也应看到，孙中山提出的"大中华民族"，是以汉族为中心，通过同化满、蒙、回、藏等其他民族而形成的。孙中山就曾多次强调以汉族为中心同化其他民族的重要性。比如，1921年3月6日，他在中国国民党本部特设驻粤办事处的演说中指出："将来无论何种民族参加于我中国，务令同化于我汉族。"[②] 1921年12月10日，他在《在桂林对滇赣粤军的演说》中又强调，要"发扬光大民族主义，而使藏、蒙、回、满，同化于我汉族，建设一最大之民族国家者，是在汉人之自决"[③]。这种以汉族为中心同化其他民族的民族观，本质上是一种具有大汉族思想倾向的民族观，通过同化所形成的"大中华民族"，并不是汉、满、蒙、回、藏等各民族平等交往、自然融合的结果，而是汉族对满、蒙、回、藏等其他民族同化的结果。既然孙中山的"大中华民族"是以汉族为中心，通过同化藏、蒙、回、满等其他民族而形成的，是一种具有大汉族思想倾向的民族观，那么他据此而提出的"大中华民族主义"的"民族建国"构想，也是一种具有大汉族思想倾向的"民族建国"构想。

二、"中华联邦共和国"的"民族建国"构想以及孙中山对联邦制的反对

孙中山提出"大中华民族主义"的"民族建国"构想是在1920年前后。当时，除孙中山提出的"大中华民族主义"的"民族建国"构想外，还有一种主张较为流行，这就是"联省自治"。它包含两层意思：一是容许各省区自治，由各省区自己制定省宪，依照省宪自组省政府，统治本省区；二是由各省区选派代表，组织联省会议，制定联省宪法，建立联邦制国家。

① 参见郑大华《论"中华民族复兴"思想在"五四"时期的发展》，《安徽史学》2015年第2期。
② 孙中山：《在中国国民党本部特设驻粤办事处的演说》，载《孙中山全集》第五卷，第475页。
③ 孙中山：《在桂林对滇赣粤军的演说》，载《孙中山全集》第六卷，第24页。

　　"联省自治"的提出，是清末民初特定历史条件下的产物。自甲午战争后，延续了两千多年的以君主专制为特征的"大一统"中央集权制度的弊端日益暴露无遗，人们在思考中国未来的政治制度的构建时，受美国、瑞士等联邦制国家的影响，联邦主义开始受到关注。武昌起义后，在山东宣布独立之前，各界联合会曾向巡抚孙宝琦提出八项要求，请孙氏代奏朝廷，其中之一便是要求"宪法须注明中国为联邦国体"。实际上，武昌起义后宣布独立的各省大多是以完全自治的状态而活跃于民初政治舞台上的。后来，虽因袁世凯的上台和实行具有个人独裁性质的中央集权制，各省的自治状态被取消，但实行联邦制的呼声并没有消失。待到袁世凯称帝败亡之后，一些原来主张中央集权制的人这时也开始在反思民初以来政治动乱不休之原因的基础上，转而认同和提倡联邦制。到了 1919 年，梁启超则第一次明确提出了"联省自治"的主张。他在《〈解放与改造〉发刊词》中写道："一、同人确信旧式的代议政治，不宜于中国，故主张国民总须在法律上取得最后之自决权。二、同人确信国家之组织，全以地方为基础，故主张中央权限，当减到以对外维持统一之必要点为止。三、同人确信地方自治，当由自动，故主张各省乃至各县各市，皆宜自动的制定根本法而自守之，国家须加以承认。"[1] 梁启超提出的这一主张首先得到了湖南督军谭延闿、赵恒惕的响应。1920 年 7 月 22 日，谭延闿发表"还政于民""湘人自治"的通电，表示要"顺应民情"，实行民治，"采民选省长制，以维湘局"。[2] 同年 11 月，取代谭延闿主政湖南的赵恒惕继续推行"自治"和"制宪"活动，并发表"联省自治"通电，派人到四川等地联络。1922 年 1 月公布了《湖南省宪法》，力图在北京政府和广州国民政府之外，再建一个全国性的联省自治政府。谭延闿、赵恒惕提出的"省自治"和"联省自治"先后得到四川、云南、贵州、广东、广西、浙江和奉天等省区地方军阀的响应。与此同时，胡适、章太炎、张东荪等一些知识精英对"联省自治"的建国方案持的也是积极支持的态度，一些地方还成立了诸如"各省区自治联合会""自治运动同志会""旅沪各省区自治联合会"等社会团体，以推动"联省自治"运

---

① 梁启超：《〈解放与改造〉发刊词》，载《饮冰室合集》第 4 册，文集之三十五，第 20 页。
② 谭延闿：《声明治湘根本办法电》，载周秋光、周元高、贺永田编《谭延闿集》，湖南人民出版社，2013，第 595—596 页。

动的开展。

　　辛亥革命时期，孙中山是主张采纳美国的联邦制的。1894 年 11 月，他在檀香山组织成立第一个反清革命团体"兴中会"，提出的"创立合众政府"，就是美国的联邦制。武昌起义爆发后，孙中山在途经法国回国与《巴黎日报》记者的谈话时讲到，中国地理上分为二十二行省，外加蒙古、西藏和新疆"三大属地"，面积要比全欧洲还大。各省的气候不同，人民的习性也因此而有差异。"似此情势，于政治上万不宜于中央集权，倘用北美联邦制度实最相宜。"每省对于内政各有其完全自由，各负其整理统御之责；但于各省之上建设一中央政府，专管军事、外交、财政，如此就能做到"气息自相联贯"。^①后来孙中山主导制定的《民国临时政府组织大纲》就是以美国的联邦制为蓝本的，但二次革命的失败和护国运动、护法运动的相继受挫，使孙中山逐渐放弃了他早先主张的联邦制，转而主张中央集权制。因此，当"联省自治"的建国方案提出并成为一种政治运动时，他明确表示反对，认为"今之行联省自治者，其所谓一省之督军、总司令、省长等，果有以异于一国之皇帝、总统乎……中央政府以约法为装饰品，利于己者，从而舞弄之；不利于己者，则从而践踏之。……今之主张联省自治者，知有一省，不知有邻省，亦不知有国"，其结果，是"分一大国为数十小国而已"。^②1922 年 8 月 23 日，他在复湖南督军赵恒惕的信中更是一针见血地指出，赵恒惕们搞所谓"联省自治"，是"假联省自治之名，成串盗分赃之实"^③。不久，孙中山又在《发扬民治说帖》中抨击"联省自治"的实质，"不过分中央政府之权于地方政府，并非分政府之权于人民"，因此，"欲民治之实现，不几南辕而北辙哉"。^④

　　与孙中山一样，新成立的中国共产党也是"联省自治"的反对者。1922年 7 月召开的中国共产党第二次全国代表大会通过的《宣言》就一针见血地指出："联省自治"不仅实质上是"一派军阀假联省自治的名义实行割据"，以"延长武人政治的命运"，而且就现实来看，当时包括东北三省在内的中

① 孙中山：《与巴黎〈巴黎日报〉记者的谈话》，载《孙中山全集》第一卷，第 561—562 页。
② 孙中山：《中华民国建设之基础》，载《孙中山集外集》，第 34 页。
③ 孙中山：《复赵恒惕》，载《孙中山全集》第六卷，第 536 页。
④ 孙中山：《发扬民治说帖》，载《孙中山集外集》，第 37 页。

国"本部各省经济上绝无根本的不同"，不存在采用"联邦制"的任何理由，加上十年来"一切政权业已完全分于各省武人之手，若再主张分权，只有省称国，督军称为王了。所以联邦的原则在中国本部各省是不能采用的"。①

新成立的中国共产党不仅反对"联省自治"，也反对一部分军阀所提出的"武力统一"，认为"武力统一"是"他派军阀假统一的名义压迫南方的民主革命和蒙古的自治，以增长自己的权威"，和"联省自治"一样，"武力统一"的中央集权制在当时的中国也是行不通的。因为"蒙古、西藏、新疆"这些地方，"不独在历史上为异种民族久远聚居的区域，而且在经济上与中国本部各省根本不同"，中国本部各省的经济"已由小农业手工业渐进于资本主义生产制的幼稚时代"，而"蒙古、西藏、新疆"这些地方"还处在游牧的原始状态之中"。如果"以这些不同的经济生活的异种民族，而强其统一于中国本部还不能统一的武人政治之下，结果只有扩大军阀的地盘，阻碍蒙古等民族自决自治的进步，并且于本部人民没有丝毫利益"，所以，中国共产党号召中国人民，既要反对"割据式的联省自治"，也要反对"大一统的武力统一"。②

在明确反对"联省自治"和"武力统一"的同时，中国共产党第二次全国代表大会通过的《关于国际帝国主义与中国和中国共产党的决议案》以及《大会宣言》提出了自己的"民族建国"构想："（一）消除内乱，打倒军阀，建设国内和平；（二）推翻国际帝国主义的压迫，达到中华民族完全独立；（三）统一中国本部（东三省在内）为真正民主共和国；（四）蒙古、西藏、回疆三部实行自治，成为民主自治邦；（五）用自由联邦制，统一中国本部、蒙古、西藏、回疆，建立中华联邦共和国。"③就共产党提出的这一建国构想来看，它既不同于"联省自治"式的联邦制，也有别于大一统的中央集权的单一制，而是介于中央集权的单一制和联邦制之间，即在包括东三省在内的"中国本部"，"推翻一切军阀"，实行中央集权的单一制，"建立一个真正民主共和国"；"同时依经济不同的原则，一方面免除军阀势力的膨胀，一方面又因尊重边疆人民的自主，促成蒙古、西藏、回疆三自治邦"；

①《中国共产党第二次全国大会宣言》，载《中共中央文件选集》第一册，第110—111页。
②《中国共产党第二次全国大会宣言》，载《中共中央文件选集》第一册，第111页。
③《中国共产党第二次全国大会宣言》，载《中共中央文件选集》第一册，第116—117页。

然后在此基础上，用"自由联邦制"将实行中央集权的单一制的"中国本部"和实行自治的"蒙古、西藏、回疆三自治邦"统一起来，"建立中华联邦共和国"，以实现"真正民主主义的统一"。①

中国共产党所提出的"建立中华联邦共和国"的"民族建国"构想，显然是受到了十月革命后列宁根据民族自决权而在俄国实行的联邦制的影响。1917年"十月革命"前，列宁是联邦制的反对者。1913年，他在《关于民族问题的批评意见》中强调："马克思主义者是坚决反对联邦制和分权制的，原因很简单，因为资本主义为了本身的发展要求有一个尽可能大尽可能集中的国家。……只要各个不同的民族组成统一的国家，马克思主义者就决不主张任何联邦制原则，也不主张任何分权制。中央集权制的大国是从中世纪的分散状态走向将来全世界社会主义统一的一个巨大的历史步骤。"②但十月革命后国内外形势的急剧变化，尤其是沙皇统治时期的民族压迫政策所导致的被压迫民族乘沙皇统治土崩瓦解之机而掀起的民族独立运动的高涨和各民族共和国的成立，使他改变了原来的设想，认为"在真正的民主制度下，尤其是在苏维埃国家制度下，联邦制往往只是达到真正的民主集中制的过渡性步骤"，"是把俄国各民族最牢固地联合成一个统一的、民主的和集中的苏维埃国家的最可靠的步骤"，并根据民族自决权提出了各民族共和国按"平等""自愿"和"自由"的原则组成一个统一的联邦制国家的主张。③1918年1月，列宁在《被剥削劳动人民权利宣言》中宣布："俄罗斯苏维埃共和国是建立在自由民族的自由联盟基础上的各苏维埃民族共和国联邦。"④同年7月，列宁建立联邦制国家的思想正式载入俄罗斯苏维埃联邦社会主义共和国的宪法。1922年12月，全俄第十次苏维埃代表大会又通过了关于成立苏维埃社会主义共和国联盟的决议。

十月革命一声炮响，给我们送来了马克思列宁主义。同时，也把十月革命后列宁根据民族自决权而在俄国实行的联邦制送到了中国，并为中国共

---

① 《中国共产党第二次全国大会宣言》，载《中共中央文件选集》第一册，第111页。
② 列宁：《关于民族问题的批评意见》，载《列宁论民族问题》上册，第247页。
③ 列宁：《〈苏维埃政权的当前任务〉一文的初稿》，载中共中央马克思恩格斯列宁斯大林著作编译局译《列宁论民族问题和民族殖民地问题》，人民出版社，1960，第454页。
④ 列宁：《被剥削劳动人民权利宣言》，载《列宁论民族问题》下册，第731页。

产党所接受。中国共产党成立后第二年即加入共产国际并接受其领导，而
共产国际从一开始就向各国共产党介绍俄国革命经验，推荐十月革命后列
宁根据民族自决权而在俄国实行的联邦制。1920 年 7 月 19 日至 8 月 7 日在
莫斯科召开的共产国际二大通过的，根据列宁《民族和殖民地问题提纲初
稿》而形成的《关于民族与殖民地问题的决议》指出："联邦制是各民族劳
动人民走向完全统一的过渡形式。联邦制已在实践中表现了其合理性：在
俄罗斯苏维埃联邦社会主义共和国同其他苏维埃共和国（过去的匈牙利苏
维埃共和国，芬兰苏维埃共和国，拉脱维亚苏维埃共和国，现在的阿塞拜
疆苏维埃共和国和乌克兰苏维埃共和国）的关系中是这样，在俄罗斯苏维
埃联邦社会主义共和国内部，同从前既没有国家生存权，又没有自治权的
各民族（例如，在俄罗斯苏维埃联邦社会主义共和国内，1919 年建立的巴
什基利亚自治共和国，和 1920 年建立的鞑靼自治共和国）的关系中也是这
样"，因此，"共产国际在这方面的任务是，进一步发展、研究以及用经验
来检查在苏维埃制度和苏维埃运动基础上所产生的这些新的联邦制。既然
承认联邦制是走向完全统一的过渡形式，那就必须追求更加紧密的联邦制
同盟"。[①]1922 年 1 月 21 日—2 月 2 日，远东各国共产党及民族革命团体第
一次代表大会在莫斯科召开，中国派出了由 39 人组成的代表团出席会议，
其中有中共党员张国焘（团长）、瞿秋白、邓恩铭、任弼时、王尽美、高君
宇，国民党员张秋白、王东平和工人代表邓培等人。会议期间，列宁抱病
接见了张国焘、张秋白和邓培，并询问了国共合作的可能性，希望国共两
党能实现合作。也正是在这次大会上，共产国际东方部主任萨法罗夫第一
次提出了"中华联邦共和国"这一概念。他在《共产党人在民族殖民地问
题上的立场及其与民族革命政党的合作》的报告中指出："一切中国的民主
主义者必须联合为中华联邦共和国作战"，中国共产党"当前的第一件事便
是把中国从外国的羁轭下解放出来，把督军推倒，土地收归国有，创立一
个简单联邦式的民主主义共和国，采用一种单一的所得税。他们必须为那
一面做督军们的牺牲者一面被当做炮灰的中国农民大群众建立一个联邦的

① 《关于民族与殖民地问题的决议》，载《共产国际、联共（布）与中国革命档案资料丛书》第
二卷《共产国际、联共（布）与中国革命文献资料选辑（1917—1925）》，第 140 页。

统一的共和国"。[1]

　　早在中国共产党第二次全国代表大会召开之前，列宁的《民族和殖民地问题提纲初稿》就已经被译成中文，出席远东各国共产党及民族革命团体第一次代表大会的张国焘、邓恩铭等中共党员也已经陆续回到国内，并且带回了共产国际的指示和文件，上面提到的共产国际东方部主任萨法罗夫的报告后来就连载于中共机关刊物《向导》周报第9、10期（1922年11月8日、15日）上，标题改名为《第三国际与远东民族问题》。这也就是说，早在中共二大召开之前，共产国际在联邦制上的基本立场和希望中国也实行苏俄式的联邦制，建立"中华联邦共和国"的主张已为中国共产党所了解，中共二大提出的"建立中华联邦共和国"的"民族建国"构想就是采纳了共产国际的主张，以苏俄的联邦制为蓝本起草的。日本学者王珂在他的著作《民族与国家：中国多民族统一国家思想的系谱》中比较了中共二大提出的"建立中华联邦共和国"的"民族建国"构想和十月革命后列宁根据民族自决权而在俄国实行的联邦制后得出结论：中共二大提出的"建立中华联邦共和国"的"民族建国"构想与1922年《俄罗斯苏维埃联邦社会主义共和国宪法》的联邦国家体制原则上"有着非常相似之处"。[2]本书认为这种"相似之处"，主要体现在二者对"平等""自愿"和"自由"的强调上。实际上，强调"平等""自愿"和"自由"的原则，也是十月革命后列宁根据民族自决权而在俄国实行的联邦制与英国、瑞士等西方一些国家实行的联邦制的根本区别所在。1923年1月，中国共产党创始人之一的李大钊在《平民主义》一文中对苏俄的联邦制和英国、瑞士的联邦制做过一番比较："像俄国这种联邦共和，就是一个俄国各部及各族的劳动者的自由联合。他与英国的联邦、瑞士的联邦迥乎不同。俄国的联邦苏维埃共和，是由俄国各部劳农组织而成的社会共和，倘为苏维埃所联合的各部分的劳农想互相分离，无人可阻挡他们这样做法。但是英国的联邦，还是靠着强力来维持的……瑞士的联邦共和，是一个许多的'康同'（Cantons）的联合。

---

① 《第三国际与远东民族问题》，载《共产国际、联共（布）与中国革命档案资料丛书》第二卷《共产国际、联共（布）与中国革命文献资料选辑（1917—1925）》，第282、283页。
② 王柯：《民族与国家：中国多民族统一国家思想的系谱》，冯谊光译，中国社会科学出版社，2001，第249页。

但这联合亦是靠兵力造成的。"① 正是接受了苏俄联邦制所强调的"平等""自愿"和"自由"的原则，中共二大所提出的"建立中华联邦共和国"的"民族建国"构想，也一再强调要"尊重边疆人民的自主"，强调"中华联邦共和国"实行的是"自由联邦制"。

当然，我们在强调中共二大提出的"建立中华联邦共和国"的"民族建国"构想和十月革命后列宁根据民族自决权而在俄国实行的联邦制的相通或相同的同时，也要看到二者之间的差异或不同：首先，中共二大提出的"建立中华联邦共和国"的"民族建国"构想只主张在"蒙古、西藏、回疆三部实行自治"，而包括东三省在内的"中国本部"实行的则是中央集权的单一制；其次，中共二大提出的"建立中华联邦共和国"的"民族建国"构想之所以主张在"蒙古、西藏、回疆三部实行自治"，是因为"蒙古、西藏、回疆三部"的经济落后于"中国本部"，"中国本部"各省的经济"已由小农业、手工业渐进于资本主义生产制的幼稚时代"，而"蒙古、西藏、新疆"这些地方"还处在游牧的原始状态之中"。除此，"蒙古、西藏、回疆三部"在历史语言等方面也与"中国本部"各省有所不同。1923 年中国共产党在一份《对于目前实际问题之计划》的文件中，在谈到"蒙古问题"时就写道，"在国家组织之原则上，凡经济状况不同民族历史不同言语不同的人民，至多也只能采用自由联邦制，很难适用单一国之政制；在中国政象之事实上，我们更应该尊重民族自决的精神，不应该强制经济状况不同民族历史不同言语不同之人民和我们同受帝国主义侵略及军阀统治的痛苦"②。

对于新成立的中国共产党提出的"建立中华联邦共和国"这一"民族建国"构想，从目前所发现的资料来看，孙中山没有直接论及过，但他反对任何形式的联邦制的立场则是十分明确的，态度也是非常坚决的，这当然也包括中国共产党提出的"建立中华联邦共和国"。1922 年 8 月 17 日，亦即中国共产党第二次全国代表大会通过《关于国际帝国主义与中国和中国共产党的决议案》以及《大会宣言》后的一个月，孙中山在一份《宣言》中强调指出："我既反对那些热衷于把省作为地方自治基本单位的人，也反

① 李大钊：《平民主义》，载《李大钊全集》第四卷，第 124 页。
② 《中国共产党对于目前实际问题之计划》，载《民族问题文献汇编 一九二一·七——一九四九·九》，第 24—25 页。

对那些提倡将联邦制的原则应用于各省的政府的人。我极力主张地方自治，但也极力认为，在现在条件下的中国，联邦制将起离心力的作用，它最终只能导致我国分裂成为许多小的国家，让无原则的猜忌和敌视来决定它们之间的相互关系。中国是一个统一的国家，这一点已牢牢地印在我国的历史意识之中，正是这种意识才使我们能作为一个国家而被保存下来，尽管它过去遇到了许多破坏的力量，而联邦制则必将削弱这种意识。"①

三、"各民族自由联合"与"国族主义"的"民族国家"两种"民族建国"构想

前面已经提到，1923 年起，在共产国际的指导下，新成立的中国共产党开始与孙中山领导的国民党商谈两党合作的问题。1924 年 1 月，中国国民党第一次全国代表大会的召开，标志着第一次国共合作的建立。大会通过的《宣言》所提出的"民族建国"的构想是："承认中国以内各民族之自决权，于反对帝国主义及军阀之革命获得胜利以后，当组织自由统一的（各民族自由联合的）中华民国。"②

作为第一次国共合作建立的标志，学术界一般都把国民党一大《宣言》的发表视为国共合作的成果。但实际上，并非所有问题孙中山和国民党与中国共产党和共产国际的观点都是完全一致的。就《宣言》所提出的"民族建国"的构想而言，它更多体现的是共产国际和中国共产党的主张，而非孙中山和国民党的主张，当然在表述上共产国际和中国共产党也做了一些妥协。日本学者松元真澄在他的《中国民族政策之研究——以清末至 1945 年的"民族论"为中心》一书中就明确指出，在起草《中国国民党第一次全国代表大会宣言》的过程中，孙中山和汪精卫等国民党人与共产国际代表鲍罗廷在"自决"和"联邦制"，"自由联合"和"统一国家"等概念的理解上存在着明显的分歧。③ 就此而言，《中国国民党第一次全国代表大会宣言》既是国共双方合作的产物，也是国共相互妥协的结果。

① 孙中山：《孙逸仙宣言》，载《孙中山全集》第六卷，第 528—529 页。
②《中国国民党第一次全国代表大会宣言》，载《孙中山全集》第九卷，第 119 页。
③ 参见松元真澄《中国民族政策之研究——以清末至 1945 年的"民族论"为中心》，鲁忠慧译，民族出版社，2003，第 116—119 页。

实际上早在 1923 年 11 月 28 日，共产国际执行委员会主席团在《关于中国民族解放运动和国民党问题的决议》中，就要求国民党"应公开提出国内各民族自决的原则，以便在反对外国帝国主义、本国封建主义和军阀制度的中国革命取得胜利以后，这个原则能体现在由以前的中华帝国各民族组成的自由的中华联邦共和国上"[①]。后来《中国国民党第一次全国代表大会宣言》提出的"民族建国"的构想实际上就是以该《决议》为蓝本拟定的。所以，时任苏联驻中国全权代表加拉罕对此十分的满意。他在致苏俄外交人民委员契切林的信中写道："我寄给您的党的宣言、纲领和章程很有意思，它是由三部分组成的。第一部分是对以前工作的批评和对中国相互争斗的军阀集团的批评；第二部分是最重要的，这是以最概括的形式提出的国民党的原则即民族主义、民权主义和民生主义。关于民族主义一条非常有意思，那里民族主义是按照共产国际的声明的精神解释的，而且还发挥了关于民族斗争的两个方面的思想，即一方面是同压制中国民族独立的帝国主义的斗争，另一方面是通过赋予中国境内各民族以自决权的办法实现各民族的解放，而这一条还发挥了去年 11 月 28 日共产国际执委会决议的有关部分。"[②] 这里提到的"去年 11 月 28 日共产国际执委会有关决议"指的就是上引 1923 年 11 月 28 日共产国际执行委员会主席团《关于中国民族解放运动和国民党问题的决议》。

对于这样一个"民族建国"的构想，孙中山是不可能完全赞同的。这涉及"民族自决权"的问题。本章第一节已指出，当时的中国实际上存在着两种"民族自决权"：一是中国各民族亦即中华民族对于外国帝国主义的自决，也就是中华民族的独立和解放；二是在中国各民族亦即中华民族内部处于被统治地位的"各弱小民族"对于处于统治地位的汉族的自决，也就是"各弱小民族"都有权实行自治，甚至成立"民族自治邦"。共产国际和接受共产国际领导的中国共产党理所当然地是这两种"民族自决权"的倡导和支持者。中国共产党第二次全国代表大会所提出的"民族建国"构想就体现

① 中共中央党史研究室第一研究部编《共产国际、联共（布）与中国革命档案资料丛书》第二
　卷《共产国际、联共（布）与中国革命文献资料选辑（1917—1925）》，第 548 页。
② 中共中央党史研究室第一研究部译《共产国际、联共（布）与中国革命档案资料丛书》第一
　卷《联共（布）、共产国际与中国国民革命运动（1920—1925）》，第 412 页。

了这两种民族自决权。孙中山只认同和接受第一种民族自决权，亦即中华民族对于外国帝国主义的自决权，而对于第二种民族自决权，亦即中华民族内部处于被统治地位的各弱小民族对于处于统治地位的汉族的自决权则持的是保留和否定的意见，他只主张国内民族的平等，而不赞同各弱小民族的自决。所以，我们查阅《孙中山全集》就会发现，晚年他多次发表过反对帝国主义、主张中华民族对于帝国主义自决的言论，但他从来没有提到过中华民族内部"各弱小民族"对于汉族的自决权的问题。

也许是考虑到了孙中山和国民党没有表态支持过"国内各民族，如蒙古族、藏族以及中国西部各民族"的自决权，苏俄顾问鲍罗廷受孙中山委托在起草《中国国民党第一次全国代表大会宣言》时，在表述"民族建国"的构想时，是"承认"国内民族有"民族之自决权"，而非如共产国际和中国共产党在一系列文件中所使用的"主张""提倡"和"支持"国内民族的"自决权"，就是"承认"也是有前提条件的，即在"中国以内"的民族自决，而非脱离中国的民族分裂或独立。同时，《宣言》也没有提及中共二大所提出的"蒙古、西藏、回疆三部实行自治，成为民主自治邦"，以及在"自由联邦制"的基础上"建立中华联邦制共和国"，而是表述为"于反对帝国主义及军阀之革命获得胜利以后，当组织自由统一的（各民族自由联合的）中华民国"，以"各民族自由联合"取代了"自由联邦制"，以"中华民国"取代了"中华联邦制共和国"。1924 年 1 月，也就是国民党一大开会期间，鲍罗廷在向中共党团通报有关情况时对此做了说明（见本章第一节）。

尽管鲍罗廷在起草《中国国民党第一次全国代表大会宣言》时，对有关"民族自决权"的表述做了一些文字上的妥协，但仍引起了国民党内以一些元老为代表的右派的反对。据《鲍罗廷笔记》记载：1924 年 1 月 23 日，亦即国民党第一次全国代表大会通过《宣言》的那一天，孙中山派了一位信差请鲍罗廷到他那儿去，他在代表大会秘书处等鲍罗廷。他的头一个问题是：取消大会《宣言》，而改用他为在全国代表大会上即将成立的全国性政府拟定的纲领（即《国民政府建国大纲》），这样"右派对这个纲领没有什么可反对的了，反之，他们会欢迎这个纲领，把它当作是摆脱在国民党宣言草案中提出的那些可恶的问题的最好途径"。孙中山的这一要求遭到了鲍罗廷的拒绝，他明确告诉孙中山，"用纲领代替宣言是不能允容的"，因为"取消宣言草案，就意味着召集全国代表大会是毫无益处的，国民党无谓的漂亮空话依旧统治着党"。为了说服孙中山，鲍罗廷"列举了各种各样的理由。经过长时间的交谈后，孙中山决定通过宣言，同时也公布政府纲领"。①

依照鲍罗廷的说法，孙中山比较固执，"要使孙中山改变主意是困难的"。为什么孙中山后来又"改变主意"同意通过国民党一大《宣言》呢？《鲍罗廷笔记》对此做了说明：除了鲍罗廷苦口婆心地说服外，当时发生的一件事情，是促使孙中山通过《宣言》的重要原因。在此之前，孙中山和美国大使舒尔曼有过 3 个多小时的谈话，但后来舒尔曼只断章取义地公布孙中山谈话中"有利于美国干涉中国事务的部分，其余均密而不宣"。如何消除舒尔曼公布孙中山谈话的内容所产生的消极影响，是孙中山必须立即处理的棘手问题。他征求鲍罗廷的意见。鲍罗廷告诉他，保持沉默，等于承认；发明声明辟谣，就成了此地无银三百两，这两种办法都不行，唯一可行的办法，就是大会通过《宣言》，并在《宣言》通过后，孙中山随即发表反对帝国主义的演说，"这样的演说将在全世界发表，那时美国大使舒尔曼利用孙中山的名字来为帝国主义对中国进行勒索的企图将遭到可耻的失败"，孙中山听完鲍罗廷的意见后，"点着头，还做着其他赞同的表示"，于是便有了《宣言》的通过。②

不管鲍罗廷的说法是否属实和正确，但在鲍罗廷做工作后孙中山让大会通过了《宣言》则是事实。孙中山虽然让大会通过了《宣言》，但他对《宣言》中有关"民族自决权"以及依据"民族自决权"而提出的"民族建国"的构想是持保留意见的。所以，在《宣言》通过后他发表的《对于中国国民党宣言旨趣之说明》的演说中，他只字未提"民族自决权"以及《宣言》依据"民族自决权"而提出的"民族建国"的构想。1 月 30 日国民党第一次全国代表大会闭幕，他在《闭幕词》中，对于"民族自决权"以及《宣言》依据"民族自决权"而提出的"民族建国"的构想也无任何涉及。大会闭

① 中共中央党史研究室第一研究部编《共产国际、联共（布）与中国革命档案资料丛书》第二卷《共产国际、联共（布）与中国革命文献资料选辑（1917—1925）》，第 566—568 页。
② 中共中央党史研究室第一研究部编《共产国际、联共（布）与中国革命档案资料丛书》第二卷《共产国际、联共（布）与中国革命文献资料选辑（1917—1925）》，第 569—570 页。

幕不久，孙中山在国立广东高等师范学校礼堂做"三民主义"的系列演讲，听讲者有国民党党员及岭南、高师等校学生3000余人。孙中山在演讲中也没有提及一大《宣言》有关"承认中国以内各民族之自决权"的内容以及依据"民族自决权"而提出的"于反对帝国主义及军阀之革命获得胜利以后，当组织自由统一的（各民族自由联合的）中华民国"这一"民族建国"的构想，他讲得最多的是如何利用中国传统的家族与家族观念和宗族与宗族观念，联合成"一个极大中华民国的国族"，然后在"国族主义"的基础上，恢复"中国固有的民族精神"，建立一个近代的"民族国家"，以实现国家的富强和民族的复兴。比如他讲道："中国国民和国家结构的关系，先有家族，再推到宗族，再然后才是国族，这种组织一级一级的放大，有条不紊，大小结构的关系当中是很实在的；如果用宗族为单位，改良当中的组织，再联合成国族，比较外国用个人为单位当然容易联络得多。……譬如中国现有四百族，好象对于四百人做工夫一样。在每一姓中，用其原来宗族的组织，拿同宗的名义，先从一乡一县联络起，再扩充到一省一国，各姓便可以成一个很大的团体。……到了各姓有很大的团体之后，再由有关系的各姓互相联合起来，成许多极大的团体。更令各姓的团体都知道大祸临头，死期将至，都结合起来，便可以成一个极大中华民国的国族团体。有了国族团体，还怕什么外患，还怕不能兴邦吗！"[①]

"国族"，这是从西方引进的一个概念。依据1993年版的《简明牛津英语词典》的解释："国族"为一个广义的人的聚集体，通过共同的血缘、语言或历史被紧密地联系在一起，以致形成了由某一人民组成的独特的种族，通常被组织为独立的主权国家且占据一定的领土。简言之，即建立某一国家的某一民族称之为"国族"。孙中山认为，中国自古以来就是一个民族建立一个国家，所以中国的民族可以称之为"国族"。他在《民族主义》的演讲中再三强调："我说民族就是国族，何以在中国是适当，在外国便不适当呢？因为中国自秦汉而后，都是一个民族造成一个国家。外国有一个民族造成几个国家的，有一个国家之内有几个民族的。象英国是现在世界上顶强的国家，他们国内的民族是用白人为本位，结合棕人、黑人等民族，才

---

① 孙中山：《民族主义》第五讲，载《孙中山全集》第九卷，第238—239页。

成'大不列颠帝国'。所以在英国说民族就是国族，这一句话便不适当。……
大家都知道英国的基本民族是盎格鲁撒逊人。但是盎格鲁撒逊人不只英国
有这种民族，就是美国也有很多盎格鲁撒逊人。所以在外国便不能说民族
就是国族。"① 由此可见，孙中山念念不忘的仍是他自晚清以来所主张的一个
民族建立一个国家的"民族建国"构想。只是在辛亥革命时期，他主张"驱
逐鞑虏，恢复中华"，建立一个民主共和制的单一汉民族的"民族国家"；
1920 年前后，他主张借鉴美国的建国经验，通过汉族对满、蒙、回、藏等
其他少数民族的同化，形成一个"大中华民族"，建立一个"大中华民族主
义"的"民族国家"；在国民党一大闭幕后不久所做的"民族主义"的演讲
中，他主张利用中国传统的家族与家族观念和宗族与宗族观念，联合成"一
个极大中华民国的国族"，建立一个"国族主义"的"民族国家"。说法变
了，实质没有大的变化。如果说在 1920 年前后，他所讲的"大中华民族"，
是由汉族改称，并以汉族为中心，通过同化藏、蒙、回、满等其他民族而
形成的，实际上也就是同化了其他民族的大汉族；那么，在《民族主义》的
演讲中，他所讲的"国族"，指的就是汉族。用他讲演的话说："就中国的民
族说，总数是四万万人，当中参杂的不过是几百万蒙古人，百多万满洲人，
几百万西藏人，百几十万回教之突厥人。外来的总数不过一千万人。所以
就大多数说，四万万中国人可以说完全是汉人。同一血统、同一言语文字、
同一宗教、同一习惯，完全是一个民族。"② 就此而言，孙中山在《民族主
义》的演讲中所提出的建立一个"国族主义"的"民族国家"构想，和他
在 1920 年前后提出的建立一个"大中华民族主义"的"民族国家"构想一
样，体现的也是一种具有大汉族思想倾向的民族观和国家观。而这种具有大
汉族思想倾向的民族观和国家观不符合中国的具体国情，有它明显的局限
性。因为在这种民族观和国家观下，汉族处于主导和主动的地位，而其他
少数民族则处于依附和被动的地位。这种主导（汉族）与依附（少数民族）、
主动（汉族）与被动（少数民族）的民族关系，既不利于各民族之间的交往
交流交融，也不利于各民族之间的团结和发展，更不利于统一的多民族国家

---

① 孙中山:《民族主义》第一讲，载《孙中山全集》第九卷，第 185—186 页。
② 孙中山:《民族主义》第一讲，载《孙中山全集》第九卷，第 188 页。

的稳定和巩固。这也是中国共产党之所以反对这种具有大汉族思想倾向的民族观和国家观的原因。历史已经证明：只有中国共产党所主张和倡导的中华民族内部各民族不论大小一律平等的民族关系，才能够得到各民族群众真心实意的认同和拥护，才能够真正促进各民族的团结、发展和共同进步。

需要指出的是，晚年孙中山主张建立一个"大中华民族主义"的"民族国家"或"大中华民国的国族主义"的"民族国家"，从思想属性来说，体现出的是他自晚清以来就具有的大汉族思想倾向的民族观和国家观；但从实际目的来说，则是为了完成辛亥革命未完成的建立近代的"民族国家"的任务，从而使中国恢复从前世界"第一等强国"的地位，实现中华民族的伟大复兴。这里就存在着一个思想属性与实际目的之间的矛盾。换言之，孙中山的目的是要完成"民族建国"的任务，但因其主张所体现出的是一种具有大汉族思想倾向的民族观和国家观，而不符合中国的国情，这一"民族建国"的任务又是不可能完成的。实际上，无论是在孙中山去世之前，还是在孙中山去世之后，他的这一主张也都没有实行过。所以它只是一种美好的"构想"而已。但作为资产阶级革命派的代表人物，受阶级的局限性，孙中山本人是意识不到这种矛盾的，他甚至没有意识到他的主张所具有的大汉族思想倾向的民族观和国家观的思想属性。否则，他就不可能一边大讲民族平等，一边又提出这种具有大汉族思想倾向的民族观和国家观之思想属性的"民族建国"的主张。我们既不能因其主张的目的是为了完成"民族建国"的任务，实现中华民族的伟大复兴，而否认它所体现出的具有大汉族思想倾向的民族观和国家观的思想属性；也不能因具有大汉族思想倾向的民族观和国家观的思想属性，而否认其主张是为了完成"民族建国"的任务，实现中华民族的伟大复兴。将思想属性与实际目的既联系又分开加以评价，这是历史唯物主义的方法和原则。

这里尤须强调的是，我们不能因为孙中山所主张建立的"大中华民族主义"的"民族国家"或"大中华民国的国族主义"的"民族国家"具有的大汉族思想倾向的民族观和国家观的思想属性，而认定晚年孙中山就是一个大汉族主义者。如本章第一节已指出的那样，晚年的孙中山是反对民族压迫、主张中华民族内部各民族一律平等的，这不仅体现在他一系列的演讲和文章中，也体现在他制定或主持制定的中国国民党的政纲、政策中。也正因为孙中山主张民族平等，而中国共产党自成立那天起，便是"中国境内各民族一律平等"的主张者和倡导者，所以尽管在"民族自决权"以及"民族建国"上，孙中山和中国国民党与共产国际和中国共产党存在着一些差异，但由于他们都主张民族平等，鲍罗廷起草的《中国国民党第一次全国代表大会宣言》在表述中国国民党的"三民主义"之"民族主义"时，特别强调"中国境内各民族一律平等"是"民族主义"的主要内容之一。换言之，主张"中国境内各民族一律平等"，这是共产国际和中国共产党能与孙中山和中国国民党实现合作的一个基础。当然，除这一基础外，还有其他方面的合作基础，如共产国际和中国共产党与孙中山和中国国民党都反对帝国主义对中国的侵略，主张被压迫的中华民族对于帝国主义的自决；也都反对资本主义对国民经济的垄断，主张"节制资本"；反对封建地主阶级对农民的残酷剥削，主张"耕者有其田"；如此等等。也正是在这一意义上，我们称孙中山先生为中国近代伟大的民主革命先行者。

第三节　民族主义与国际主义的思想差异

新文化运动时期是社会思潮风起云涌的时代，其中包括民族主义、世界主义和国际主义。民族主义在清末的理论建构是民族建国，而到了新文化运动时期，受第一次世界大战后世界范围内民族解放运动高涨和十月革命以及列宁的"民族自决"思想的影响，其理论建构是"民族自决"。世界主义提倡"世界公民"的观念，反对民族之间的斗争与仇杀，主张"世界大同"，"天下一家"。国际主义是马克思主义学说的重要组成部分，主张"全世界无产者和被压迫民族联合起来"，与国际资产阶级的联合进行斗争，其目的是要通过参加本国的民族民主革命和支持他国的民族民主革命，最终建立天下一家的共产主义社会。就三者的关系而言，民族主义与世界主义、国际主义关系较远，有时甚至处于相互对立的地位，而世界主义与国际主义关系较近，有不少共同或相似之处，它们的最显著的差异就在于后者强调阶级和阶级斗争，强调世界无产阶级联合起来。第一次国共合作前后，孙中山主张的是先民族主义，后世界主义；而中国共产党的主张，是爱国主义与国际主义的统一。

一、新文化运动时期的民族主义、世界主义、国际主义

我们要讨论新文化运动时期的民族主义、世界主义、国际主义，先必须从民族主义、世界主义、国际主义的源头说起。

我们先说民族主义。有学者根据西方民族主义产生于近代这一事实，否认中国古代有民族主义的产生。这值得商榷。西方近代各民族，如法兰西民族、德意志民族、意大利民族等是在文艺复兴和宗教改革的过程中逐渐形成的。由于西方近代各民族形成较晚，其民族主义的产生自然也就较晚。一般认为，西方的民族主义兴起于 18 世纪末到 19 世纪中叶，"三大事态构成其主要的直接原因：一是法国大革命，特别是在这场革命中出现的人民主权论；二是作为对启蒙运动及其世界主义思想之反应的德意志浪漫主义和历史主义；三是工业革命及其引起的社会大转型，亦即现今惯称的现代化过程"①。但和西方不同，中国的民族形成很早，最迟到春秋战国时期，华夏族（汉代以后称汉族）即已形成。由于中国的民族形成较早，其民族主义的产生自然也就较早。章太炎就说过："民族主义，自太古原人之世，其根性固已潜在，远至今日，乃始发达，此生民之良知本能也。"②孙中山也认为："盖民族思想，实吾先民所遗留，初无待于外铄者也。"③当然，中国的这种民族主义是一种传统的民族主义，其内容主要体现在三个方面：一是"华夏中心"观，二是"华尊夷卑"观，三是"华夷之辨"观。④到了鸦片战争后，虽然这种传统民族主义的"华夏中心"观、"华尊夷卑"观和"华夷之辨"观，随着西方入侵引起的中国人思想观念的变化受到了挑战，民族的一些先知先觉者开始萌发出新的世界观念和民族意识（详见本书第一卷第一章和本卷第九章的有关节目），但作为一种已根植于民族血液之中的思想，它不仅没

---

① 时殷弘：《民族主义与国家增生的类型及伦理道德思考》，载李世涛主编《知识分子立场：民族主义与转型期中国的命运》，时代文艺出版社，2000，第 137 页。
② 章太炎：《驳康有为论革命书》，载《章太炎政论选集》上册，第 194 页。
③ 孙中山：《中国革命史》，载《孙中山全集》第七卷，第 60 页。
④ 参见郑大华：《论中国近代民族主义的思想来源及形成》，《浙江学刊》2007 年第 1 期。

有随着人们思想观念的变化而完全退出历史舞台，相反在 20 世纪初这一特定的历史场景下，它的"华夷之辨"观还和西方的近代民族主义一道，共同构成了中国近代民族主义的思想来源。

西方近代民族主义传入中国是在 20 世纪初。我们在本书第一卷第六章中已经论及，梁启超对此贡献巨大。1901 年他在《国家思想变迁异同论》一文中，率先向国人介绍了"民族主义"和"民族帝国主义"这两个新名词。后来，在《论中国学术思想变迁之大势》《论民族竞争之大势》以及《新民说》等文中，梁启超又进一步向国人介绍和宣传了西方近代民族主义，并首次提出了"中华民族"的概念。继梁启超之后，知识界的其他一些人也纷纷加入介绍和宣传西方近代民族主义的行列。

中国近代民族主义便是在上述中国传统民族主义和西方近代民族主义的基础上兴起和形成的，近代尤其是晚清时期的思想家大多先接受的是中国传统民族主义，后来才接受西方近代民族主义，其民族主义思想经历过从传统向近代的转变。而且在相当长的时间内，这两种民族主义在他们的思想中并存而不悖。比如孙中山，他的民族主义思想就渊源于中国历史上的反满传统，尤其是近代太平天国的反满传统。而太平天国的反满，其出发点便是中国传统民族主义的华夷之辨。除中国的传统民族主义外，欧美及亚洲各国的民族独立思想和民主革命理论也对孙中山民族主义的形成产生过重要影响。其他如章太炎、梁启超、刘师培等人也是如此。章太炎就自述其民族主义思想的形成道：他"少小的时候，因读蒋氏《东华录》，其中有戴名世、曾静、查嗣庭诸人的案件，便就胸中发愤，觉得异种乱华，是我们心里第一恨事。后来读郑所南、王船山两先生的书，全是那些保卫汉种的话，民族思想，渐渐发达"，但"两先生（指郑所南、王船山——引者）的话，却没有什么学理。自从甲午以后，略看东西各国的书籍，才有学理收拾进来"。[1] 尽管章太炎从甲午战争以后开始"收拾"西方近代民族主义的"学理"，但中国传统民族主义在他的思想中仍然被保留了下来，他是辛亥革命时期保留中国传统民族主义思想较多的思想家之一。

在近代中国，尤其是在晚清，像孙中山、章太炎这样集中国传统民族主

---

[1] 章太炎：《东京留学生欢迎会演说辞》，载《章太炎政论选集》上册，第 269 页。

义和西方近代民族主义于一身的思想家非常普遍。它实际上是中华民族与东西方列强亦即帝国主义之间、汉民族和其他民族与建立清王朝的清朝贵族之间这两对矛盾在 19 世纪末 20 世纪初被日益激化的反映。这也是中国近代民族主义的兴起不同于西方近代民族主义的一个重要的历史背景。汉族和其他民族与建立清王朝的清朝贵族之间矛盾的日益激化，刺激了中国传统民族主义在 20 世纪初的复兴；而中华民族与东西方列强亦即帝国主义之间矛盾的日益激化，是西方近代民族主义在 20 世纪初传入并被人们所接受的重要原因，因为西方近代民族主义首先是作为一种反对"民族帝国主义"的武器而被梁启超介绍到中国来的。

　　这里需要指出的是，孙中山、章太炎、梁启超等人虽然深受中国传统民族主义的影响，但他们在接受中国传统民族主义的过程中又对它进行过一番改造，从而使它具有了近代民族主义的思想特质。比如，孙中山、章太炎等人之所以要"排满"，推翻清王朝，不仅仅在于它是满洲少数民族建立的政权，而且还在于它是腐败的专制主义政权，是帝国主义掠夺和奴役中国人民的工具。这样他们就把反对清王朝与反对帝国主义侵略，建立近代独立、民主的民族国家结合了起来，从而也就给中国传统民族主义赋予了新的思想含义。同样，他们对西方近代民族主义思想的接受也是有选择的，他们接受的主要是那些能激发中国人民的民族意识，有利于建立独立、民主的民族国家的内容，而西方近代民族主义中所包含的民族扩张主义内容则被他们斥之为"民族帝国主义"，而严加批判。如雨尘子的《论世界经济竞争之大势》一文就斥责"民族帝国主义"是"强盗主义也"。[①]

　　同时我们还应看到，中国传统民族主义与西方近代民族主义也并非如水火不能并存，相反它们还有一些相似或相通的地方。例如，中国传统民族主义实际上包含有种族民族主义（"非我族类，其心必异"）和文化民族主义（"诸夏入夷狄而夷狄之，夷狄入中原而华夏之"）两种含义；而西方近代民族主义讲的民族建国，实际上也包含有两种含义：一是以血统为主划分民族，建立单一民族的国家；二是以文化为主划分民族，建立多民族的国家。杨度

---

① 雨尘子：《论世界经济竞争之大势》，《新民丛报》第 11、14 号，1902 年 7 月 5 日、8 月 15 日。

就曾明确指出：西方各家的民族主义学说虽然各不相同，"然其大别亦不过血统与文化之二种。持血统说者，如甄克思等是也。持文化说者，如巴尔鸠斯等是也"[①]。不论是中国传统民族主义的这两种含义，还是西方近代民族主义的这两种含义，都分别对孙中山、章太炎和梁启超等人产生过重大影响。

随着西方民族主义的传入，中国近代民族主义开始形成。推动这一时期中国近代民族主义形成的主要有两种政治力量，即以孙中山为代表的革命派和以梁启超为代表的立宪派。但无论革命派，还是立宪派，他们大多是先接受了中国传统民族主义，后来又接受了西方近代民族主义，其民族主义思想经历过从传统向近代的转变。而西方近代民族主义的实质是民族建国，亦即建立一个近代的民族国家。受其影响，革命派和立宪派的民族主义思想也就主要体现在民族建国方面。

民族建国是革命派和立宪派的共同要求，但在如何建国以及建立一个什么样的民族国家的问题上，他们又存在着较大的分歧。概而言之，其分歧主要体现在两个方面：（一）"排满"与"合满"的分歧；（二）建立单一的汉民族国家与建立包括满族在内的多民族国家的分歧。革命派主张的是前者，而立宪派主张的是后者。为此，他们还发生过激烈争论。其争论的结果，是以梁启超为代表的立宪派，逐渐修改了原来那种认为清王朝不存在民族压迫和民族歧视的观点，并一定程度上承认了革命派"种族革命"的合理性。而以孙中山为代表的革命派，则逐渐放弃了狭隘的民族复仇主义思想，声明"排满"只反对压迫、仇视汉人的清统治者，而不是普通的满族民众。1911 年 10 月 10 日武昌起义爆发后，革命派迅速以"五族共和""五族平等"之建国主张取代他们早先提出的建立单一的汉民族国家的主张。1912 年 1 月 1 日，孙中山在南京宣誓就任中华民国临时大总统。在《临时大总统宣言书》中，孙中山向海内外明确宣布了"五族共和""五族平等"的建国方针。此后不久颁布的《中华民国临时约法》，又将"五族共和""五族平等"之建国方针以国家根本大法的形式确定了下来。建立独立、民主和统一的多民族国家成为革命派和立宪派的共识并得到确立，则标志着中国近代民族主义的最终形成。

[①] 杨度：《金铁主义说》，载刘晴波主编《杨度集》，湖南人民出版社，1986，第 373 页。

　　到了新文化运动时期，尤其是"五四"前后，形成于清末民初的中国近代民族主义得到了进一步发展。这与第一次世界大战的影响有关：一是战后世界范围内兴起的民族解放运动的影响。孙中山曾说："自日本战胜俄国那天起，亚洲各国人民就抱有摆脱欧洲压迫的希望；这一希望在埃及、波斯、土耳其、阿富汗、最终在印度引起了一系列独立运动。……如果我们要恢复自己的权利，就必须诉诸武力。"[①]朝鲜"三一运动"带给国人的启示也是很大的，正如北京《晨报》发表于 1919 年 4 月 20 日的一篇文章所言："近来中国日刊报纸已大发达，每日电报消息已大增加，是以中国人民对于世界无论何处发生之情形均甚洞悉，彼等深知违犯民族主义其于施者受者双方均有伤害。"[②]对于菲律宾的独立运动，陈独秀撰文进行介绍："欧洲停战以来，各国的属地，受了民族自决主义的影响，狠想发展他们民族活动的光荣。所以爱尔兰、朝鲜、印度、埃及、蒙古均已经发生过革命的事情。近来菲律宾也极力想早早脱离美国的关系，自己去组织一个菲律宾独立国家。"[③]同样，印度的民族主义运动给当时正随梁启超做环球旅行的张君劢留下了深刻印象，他告诉国人，"自印之隶英，百数千年来，不统一之民族渐进于统一，不识近世之政治为何物者，乃近而要求权利争代议政治，且政党之运动风起水涌"[④]。二是威尔逊尤其是俄国十月革命和列宁提出的"民族自决权"思想的影响。如我们在本章第一节中已指出的那样：十月革命后成立的苏维埃政府不仅对内力求以民族平等和民族自决原则来解决国内民族问题，而且对外摒弃沙皇俄国的帝国主义政策，反对任何形式的民族压迫和殖民奴役，主张各民族不分大小一律平等，有权决定自己的命运，宣布取消沙皇政府与中国及土耳其、伊朗等国签订的各种不平等条约，支持被压迫民族的正义斗争。这些举措给中国多年来探索民族独立争取国家自由的仁人志士以有力的鼓舞，也为中国的反帝反封建革命指明了前进方向。鸦片战争后中国沦为半殖民地半封建国家，深受外国列强的压迫与奴役，

---

① 斯塔夫里阿诺斯：《全球通史——1500 年以后的世界》，吴象婴、梁赤民译，上海社会科学院出版社，1999，第 620 页。
②《远东问题自有公论》，《晨报·副刊》第 118 号，1919 年 4 月 12 日。
③ 陈独秀：《菲律宾独立运动》，《每周评论》第 20 号，1919 年 5 月 4 日。
④（张）君劢：《游欧随笔录》，《晨报·副刊》第 103 号，1919 年 3 月 26 日。

对此，农民阶级、地主阶级（改革派）和资产阶级（改良派和革命派）都以不同的方式探寻过谋求国家独立富强的道路，但无论太平天国还是洋务运动，无论戊戌变法还是辛亥革命，都没有使中国获得富强和独立。曾经历过万般磨难的孙中山对十月革命意义的理解应该比常人更加深刻。十月革命来临时，毕生投身革命的他已处在革命生涯的晚年了。然而可以毫不过分地说，十月革命给他生命最后几年带来的影响是巨大的。苏维埃政府1919 年 7 月和 1920 年 9 月两次发表对华宣言，重申放弃沙皇在中国的一切特权，这使一生中反复受到帝国主义的欺侮、陷害和背叛的孙中山了解到苏维埃国家是一个与帝国主义根本不同的"最新式的共和国"。1923 年 1月，孙中山和苏联代表越飞签订《孙文越飞宣言》，以求通过苏维埃国家的帮助，"摆脱凭借强力和采取经济的帝国主义方法的国际体系所强加在我们身上的政治与经济的奴役"。事实也证明，"俄国人用了两个重要方法，改变了中国的局面：他们通过与北京以及国民革命运动建立取得联系，挑起了中国对于西方各国和日本的对立情绪；他们通过对国民党人提供技术援助，决定性地改变了这个国家政治力量的均势"。①

如果说清末民初民族主义的理论主要是围绕建立一个什么样的民族国家而建构的话，那么，受第一次世界大战后民族解放运动，尤其是俄国十月革命和列宁"民族自决权"思想的影响，新文化运动时期，尤其是"五四"前后民族主义的理论主要是围绕民族自决而建构的。"五四"前后民族主义的理论围绕民族自决而建构的直接原因是巴黎和会上中国政治外交所受的打击，对和会所标榜的公理、正义和威尔逊的民族自决的迷信到山东外交权益的失败后的失望，加上这一时期国内媒体的大量宣传，人民的政治意识，尤其是民族自决意识有了极大的提高。正是在民族自决意识的推动下，才有五四爱国运动发生。就此而言，五四爱国运动也可称之为民族自决运动。

首先，这次民族自决运动的参与面之广是空前的。巴黎和会一召开，国人便对它给予了极大的关注与希望，"欧洲此次和会，高唱民族自决主义，

---

① C.L.莫瓦特：《新编剑桥世界近代史》第十二卷，中国社会科学院世界历史研究所译，中国社会科学出版社，1987，第 480 页。

所有欧战以前一切不自然的处置，皆应本诸民族自决主义、民主主义的精神"[①]。正因如此，山东问题交涉的失败给国人以极大的震撼，以学生为先锋的民众运动在北京上海等大城市展开，参加者从学生、大学教师到工人、生产者、商人等，盛况空前。戴季陶说，"这一次'国民自决'的风潮，真是疾风怒潮的一样，弥漫到全国了。你们看这一次'国民自决'的风潮，比起从前抵制美货的时候怎么样？比起屡次抵制日货的时候怎么样？比起满清末年争路风潮的时候怎么样？有甚么不同的地方？"尤其对于商界，戴氏给予了很高的评价，"再看那商界怎么样呢？他们（怀疑）的程度，比学生差得多，所以他们（理解）的力量，也比学生差得多。但是他们这一次排斥日货的行动，比起从前来，大大不同。一帮有一帮的联络，一业有一业的预备，一处有一处的计画，合了这各帮各业各处，再做成一种极周密极有条理的系统。这种有意识的（合理）行为，也是显明出他们是有（组织能力）的证据"。他指出这次运动，传遍了全国商界、学界、劳动界、军界，所有有集团的地方都受到了触动，"这次的'国民自决运动'是全国国民"[②]。此前的民众运动，很明显的一个特点是政治参与面窄，往往局限于一个、两个阶层，例如戊戌变法主要局限于正从传统士绅转变来的知识分子阶层，义和团运动主要是农民阶层，而辛亥革命的主体则主要为受革命党人影响的学生、新军和会党。相比较而言，这次运动不论从参加者的人数还是身份上都有巨大的进步。值得一提的是在五四运动中，女学生也积极地参加了游行，这应该是女性群体性参加政治运动的第一次或说开始的标志。五四运动也是工人、小贩、商人、市民以及教师等阶层自觉地参与民族主义运动的开始，他们在此后的民族主义运动中表现出的积极精神和所做的贡献都是极其宝贵的。

　　其次，此次民族自决运动思想深度是前所未有的。第一次世界大战特别是巴黎和会的召开，使国人在政治、外交等诸多方面经受了一场洗礼，从而在反对政府的"秘密外交"和外国列强压迫的民族自决运动中表现得比以前更成熟、更理性。戴季陶就认为，"这一次国民自决的风潮，比起从前，

---

① 若愚：《为青岛问题敬告协约各国》，《每周评论》第 21 号，1919 年 5 月 11 日。
② 戴季陶：《中国人的（组织能力）》，《星期评论》第 1 号，1919 年 6 月 8 日。

有许多的'进步',有许多'深刻的意思',有许多'澈底的觉悟'……所以我从文明的真意义上细细的审查起来,认定这一次国民自决的运动,是合理的,是觉醒的,是深刻的,是纯粹的"[1]。此次运动"深刻"的表现之一是更具"现代性",像"民族自决""人权""自由""正义"等概念第一次或高频率地出现在报章杂志上。其原因,一方面是留学日本、欧美的学生或学者对其所做的宣传,另一方面是时势的催生,战后在处理国内"南北和平"和"巴黎和会"问题上需要人们有更加现代、科学的观念。在以往的民族主义运动或斗争中,人们反对的主要是外国列强对中国的侵略和掠夺,没有把反对外国列强的斗争与反对国内封建统治者的斗争结合起来。此次人们明确地表明"内除国贼",政事"不准政府独断,要让我们公众裁夺"。[2]五四运动中,政府打压学生的行为更加伤害了民众的感情,也使人们进一步认识到对内改革的紧迫性,"惟此次军警蹂躏教育,破坏司法,侵犯人权,蔑弃人道,种种不法行为,皆政府纵使之"[3],因此,人们要求政府给予言论、出版等基本自由,要求建立一个民主、作为的政府,"我们爱的是人民拿出爱国心抵抗被人压迫的国家,不是政府利用人民爱国心压迫别人的国家。我们爱的是为人谋幸福的国家,不是人民为国家做牺牲的国家"[4]。可见,第一次世界大战后人们对政府的批评已具有明显的近代民族主义的属性。

再次,此次民族自决思潮的影响和意义深远。新文化运动时期,尤其是"五四"前后兴起和发展的民族自决思潮无论在政治参与面上还是思想深度上都是空前的,这促进了中国全民民族主义意识的觉醒,加速了中国现代化的进程。在此次民族自决思潮中其实包含着诸多不同阶层的不同政治主张,对于某一特定阶层来说,或许通过单独行动达到目标是相当困难的,而通过不同阶层的共同斗争,效果会明显不同。在以五四运动为主体的民族自决风潮中,激进的革命思潮、温和的自由主义思潮以及保守主义思潮均在此时找到了兴起的契机并得到发展,不论其主张的现实操作性有多大,它们都是对如何谋求民族独立富强的一种回答。受民族自决思潮影响的不

---

① 戴季陶:《中国人的〈组织能力〉》,《星期评论》第1号,1919年6月8日。

② 涵庐:《市民运动的研究》,《晨报·副刊》第143号,1919年5月6日。

③《军警压迫中的学生运动》,《每周评论》第25号,1919年6月8日。

④ 只眼(陈独秀):《我们究竟应当不应当爱国》,《每周评论》第25号,1919年6月8日。

仅是学生、商人、城市平民、农民等，政府官员亦然，"爱国！爱国！这种声浪，近年以来几乎吹满了我们中国的各种社会。就是腐败官僚蛮横军人，口头上也常常挂着爱国的字样，就是卖国党也不敢公然说出不必爱国的话。自从山东问题发生，爱国的声浪更陡然高起十万八千丈，似乎'爱国'这两字，竟是天经地义，不容讨论的了"①。虽然这不能说明政府已经被人民思想所控制，但统治层为民众舆论所影响是明显的。此间，一些以民族自决思想为主旨的团体如"国民自决会""外交救济会"等纷纷建立，它们也为民族自决思想的深入发展做出了努力与贡献。民族自决思潮的兴起，又推动了民族自决（或解放）运动的发展，于是先后有五卅运动、香港大罢工运动、收回利权运动、非基督教运动、收回租界运动、废除不平等条约运动等运动的发生和兴起。

我们再来讨论世界主义。世界主义在欧洲源远流长，它始于古希腊文明，最早形成世界主义理想的是斯多葛派，他们认为人类乃一整体，主张建立一个以理性为基础的世界国家，人类可以在共同理性的支配下顺着共同本性。②在他们看来，每个人都是大同世界的一分子，同一个普遍理性支配着每一个人。芝诺说"四海之内皆兄弟"，赛涅卡则说"我是一个世界的公民"。③斯多葛学派的世界主义理想得以发展并将神性和理性结合为一体的是但丁。但丁在《论世界帝国》一书中全面阐述了他的世界主义理想，他认为人类需要和平与统一，而要实现和平与统一，就必须创立一元化的政体，只有这样，人们才能够拥有统一的文明，才能实现世界和平与普天下的幸福。但由于一元化的政体威力是最大，因此但丁主张，"要获得最良好的世界秩序，就须要建立世界政体，即世界帝国"④。经过文艺复兴、新航路的开辟等重大历史事件的推动，世界主义思想已日臻成熟，到了近代已经形成比较完整的思想体系，这一时期最有代表性的人物就是康德。康德认为，所谓的世界主义，实际上就是把世界历史按照一个以人类物种的完美

---

① 只眼（陈独秀）：《我们究竟应当不应当爱国》，《每周评论》第 25 号，1919 年 6 月 8 日。
② 参见北京大学哲学系教研室编译《古希腊罗马哲学》，生活·读书·新知三联书店，1957，第 375 页。
③ 梯利：《西方哲学史》，葛力译，商务印书馆，1975，第 132 页。
④ 但丁：《论世界帝国》，朱虹译，商务印书馆，1985，第 13 页。

结合状态为其宗旨的大自然计划来加以处理的哲学尝试，必须把它看成是可能的，并且还是这一大自然所需要的。

世界主义源于西方，20 世纪初开始传入中国，但由于这一时期中国人民所面临的主要任务是反对帝国主义侵略和清王朝的统治，建立一个近代的民族国家，因而世界主义在当时并没有产生什么影响，更不用说成为一种社会思潮了。世界主义成为一种具有一定影响力的社会思潮是在新文化运动时期，尤其是"五四"前后。世界主义之所以兴起于新文化运动时期，尤其是"五四"前后，这也与第一次世界大战有着密切关系。这主要表现在两方面，一是第一次世界大战让中国与世界更加紧密地联系到一起，这为国人感受世界提供了一次切身的体验，国人世界意识的觉醒，促进了世界主义的兴起；二是当时国人将欧战爆发的原因归于狭隘的民族主义，这在很大程度上促使国人呼唤新文明，这种新的文明就是世界主义。

首先，就第一个方面来看，国与国之间本来就存在着共同关系，而第一次世界大战的爆发，使得国与国之间的这种共同关系更加密切起来。陈独秀这样形容过第一次世界大战，"举凡一国之经济政治状态有所变更，其影响率被于世界，不啻牵一发而动全身也"[1]。中国本属于远离战场的东亚地区，不受战争牵连，但实际结果中国却深受战祸的影响和危害。战争爆发后，俄国即由西伯利亚调兵 10 万进驻北满及海参崴，对中国东北极有侵吞之意。日本则乘欧洲列强正忙于欧战无暇顾及远东之机，想对中国趁火打劫："日本在东方为英之同盟国，苟英德开战，则战事将蔓延于东亚之属地，而日本之助英以攻德，亦不难推测而知，故战讯遥传，香港青岛西贡诸港，汲汲为防御之预备。我国于列强之间，虽无特别之关系，完全居中立地位，然狡焉思启之心，何国蔑有，其乘机而起，以攫利益取霸权犯中立者，亦安可不为先事之防乎。"[2] 当时的驻日公使陆宗舆致电北京政府，表示了对日本出兵中国的担忧，这种担忧不久便成为一种事实。8 月 6 日，北京政府依照国际公法，宣布局外中立。此时日本已决定借其他帝国主义国家忙于欧战无力东顾的时机，扩大对中国的侵略。8 月 7 日夜，日本内阁通过了参战

---

① 陈独秀：《敬告青年》，《青年杂志》创刊号，1915 年 9 月 15 日。
② 高劳（杜亚泉）：《欧洲大战争开始》，《东方杂志》第 11 卷第 2 号，1914 年 8 月 1 日。

决定。8月8日，日本以英日同盟通知英国决定对德宣战，但它并不是要攻打德国本土，而是攻打德国人在山东的租借地青岛。9月3日，两万日军及少数英军在龙口及莱州登陆，并在此之前占领了胶济铁路及济南。以上种种事实表明，远在万里之外的欧洲战火已经延伸到中国，中国在此情况下被迫与世界发生联系。"中国今日而欲解免其外患，及保持其生存与独立，自非赖各睦谊国及非睦谊国之个人相助不为功。盖立国于今日之世界，无论何国，原不能以孤立而谋存在，必互相往来，互有关系。"① 杜亚泉在《东方杂志》中不无感慨地说，"今之世界，一国不幸，他国亦受其弊"②。

其次，从第二个方面来考察，欧战的导火索为奥匈帝国皇储在萨拉热窝被塞尔维亚民族主义组织成员刺杀，由此爆发了第一次世界大战。战争初期国人研究欧战爆发原因时就将其归结为"民族主义所激动"。范石渠在《近世民族主义之争斗》一文中写道："近年以来，民族的精神最为活跃。其发生国际之重大事件者……见于颇斯尼亚及塞尔维亚人之暗杀奥国太子而至酿成今日欧洲之大乱，此天下所共知也。"他指出，"波斯尼亚及塞尔维亚人暗杀奥国太子之事，此其民族主义"。这种民族主义就是大塞尔维亚主义，也是泛斯拉夫主义的一种。第二次巴尔干战争之后，大塞尔维亚主义气焰益张，他们担心奥匈皇储继位会给大塞尔维亚运动带来打击，"抱大塞尔维亚主义之人，又安得不断行其暗杀也哉"。③ 章锡琛在《德意志思想关于民族主义之变调》一文中也认为，"民族主义，为多数国民之理想，凡一国特有之理想，恒为国民热烈之情火，使之踊跃奋兴，民族主义之理想，则其尤也"④。民族主义渐次膨胀，便极易走向极端。这种极端的民族主义，杜亚泉称之为"偏狭之民族主义"，这种民族主义在国民心中"固结而不可解"，最终"以民族之夸负心，酿成民族战争"。他将战争分为东欧与西欧两部分，认为"今日东欧之战争，斯拉夫民族与日耳曼民族之战争也，西欧之战争，日耳曼民族与拉丁民族之战争也"。⑤ 有的人将这种具有强烈排他

---

① 李佳白：《中国之以日抵日策》，《东方杂志》第 12 卷第 3 号，1915 年 3 月 1 日。
② 伧父（杜亚泉）：《社会协力主义》，《东方杂志》第 12 卷第 1 号，1915 年 1 月 1 日。
③ 范石渠：《近世民族主义之争斗》，《大中华杂志》第 1 卷第 4 期，1915 年 4 月 20 日。
④ 章锡琛：《德意志思想关于民族主义之变调》，《东方杂志》第 13 卷第 11 号，1916 年 11 月 10 日。
⑤ 伧父（杜亚泉）：《大战争与中国》，《东方杂志》第 11 卷第 3 号，1914 年 9 月 1 日。

性的民族主义称之为种族主义，认为第一次世界大战的原因就在于种族间的冲突。《欧战之远因》一文指出：以俄罗斯为代表的大斯拉夫种族主义与德人为代表的大日耳曼种族主义之竞争，"亦即为今日大战争之胚胎"[①]。在《平和与战争》一文看来："此次欧洲之战，亦不过斯拉夫人种与日耳曼人种之生存竞争所致者也。"[②]《欧洲战祸之原因》一文对战祸爆发的原因进行了具体的分析，认为"此次欧洲战事，实白种各族之权利竞争也，盎格鲁撒逊人，条顿人，斯拉夫人，拉丁人，各欲握世界之霸权，故酿成此古所未有之大惨剧"，"盖人种战争之势，其成久矣"。[③]

在反思第一次世界大战亦即欧战的基础上，人们呼唤新文明的产生。杜亚泉就明确指出，"今大战终结，实有为文明死灭，新文明产生之时期"，且西方现代文明早已走向没落，当欧战发生时"世人已有欧洲现代文明没落之想象"。[④]人们向往和平，期待一种新的文明的产生，并对这种新文明进行了预测。萧公弼认为，"所谓新文明者，必并育而不相害，并行而不相悖，且有牢笼世界、鼓舞人心之能力，始有新文明之价值焉"[⑤]。张东荪把这种新文明归结为四特点："一、思想上道德上必定以社会为本位；二、经济上必定以分配为本位；三、制度上必定以世界为本位；四、社会上必定没有阶级的等次，虽不能绝对，也须近于水平线。"[⑥]尽管他们对这种新文明的认识有所不同，但都认为这种新文明是世界主义的文明。用萧公弼的话说：这种新文明即"秩序进化的世界主义者是也"。蒋梦麟同样认为战后产生的这种新文明是世界主义的，但它建立在国家主义基础之上，是"国家主义以外，将兼及世界主义也"，因为"国家主义根据于爱乡土之心，人各爱其乡土，开辟其富源，增进其幸福……非世界文明进步之基础乎？故不知爱护其乡者，不知爱护其国，不知爱护其国者，不知爱护世界，故善用之国家主义，实世界主义之基础，不善用之，则足以酿成无穷之战祸。此次大

---

① 孔涤盦：《欧战之远因》，《学生》第 1 卷第 5 号，1914 年 11 月 20 日。

②《平和与战争》，《东方杂志》第 11 卷第 6 号，1914 年 12 月 1 日。

③ 夏元璟：《欧洲战祸之原因》，《东方杂志》第 12 卷第 2 号，1915 年 2 月 1 日。

④ 伧父（杜亚泉）：《大战终结后国人之觉悟如何》，《东方杂志》第 16 卷第 1 号，1919 年 1 月 15 日。

⑤ 萧公弼：《大战争后之新文明》，《学生》第 3 卷第 10 号，1916 年 10 月 20 日。

⑥（张）东荪：《第三种文明》，《解放与改造》第 1 卷第 1 号，1919 年 9 月 1 日。

战以后，国家主义将略改其方向，而世界主义将有萌芽之希望"。①更有人认为这种世界主义的新文明会持续到整个21世纪，并引用剑桥大学锡麦氏的话，"民族主义者，十九世纪政治史之关键也"，吾人今广其义曰，"四海同胞主义者，二十世纪以后政治史之关键也"。②其实早在战争初期，国人就对世界主义表达了极其渴盼的心情，"余因是起而希望于二十世纪之将来，大同之希望"③。这种大同希望就是一种世界主义的希望。

总之，受第一次世界大战的影响，战后人们纷纷表示出了对世界主义的欢迎，加上来华讲学的杜威、罗素等人的大力提倡，以至于形成一股宣传和认同世界主义的潮流。孙中山1924年在演讲《民族主义》时就多次提到了这种现象。他说："我常听见许多新青年说……现在世界上最新最好的主义是世界主义"④，"近来讲新文化的学生，也提倡世界主义，以为民族主义不合世界潮流"⑤。由此可见世界主义在战后的中国的影响。

最后我们来说国际主义。 国际主义思想是马克思主义学说的重要组成部分。在《共产党宣言》中⑥，马克思和恩格斯从人类社会发展的总趋势出发，发出了"全世界无产者，联合起来"的战斗口号。《宣言》指出：共产主义革命是全人类的共同事业，各国无产阶级在同资产阶级的斗争中，必须从无产阶级的共同利益出发，联合起来，团结奋斗，才能取得最后胜利。也就是说，共产主义革命，就其内容来说是国际性的。在此基础上，《宣言》提出了"工人没有祖国"的论断。列宁曾精辟地解释了"工人没有祖国"这一国际主义原理："'工人没有祖国'——这就是说，他们的经济状况不是民族的，而是国际的；他们的阶级敌人是国际的；他们解放的条件也是国际的；他们的国际团结比民族团结更为重要。"⑦因此，共产主义革命在一个国家内或单靠一个国家无产阶级的斗争，都是不能取得最终胜利的。只有在

---

① 蒋梦麟：《欧战后世界之思想与教育》，《教育杂志》第10卷第5号，1918年5月20日。
② J.W.Bashford著，君实译《世界的中国问题与其解决法》，《东方杂志》第16卷第2号，1919年2月15日。
③ 陈弈民：《余之所希望者》，《东方杂志》第12卷第6号，1915年6月10日。
④ 孙中山：《三民主义·民族主义》，载《孙中山全集》第九卷，第216页。
⑤ 孙中山：《三民主义·民族主义》，载《孙中山全集》第九卷，第219页。
⑥ 关于《共产党宣言》中的国际主义思想，可参见房广顺的《〈共产党宣言〉中国际主义思想再认识》一文，《辽宁大学学报》1988年第1期。
⑦ 列宁：《给印涅萨·阿尔曼德》，载《列宁全集》第三十五卷，第234—235页。

全世界无产阶级的共同努力下，使无产阶级在全世界获得胜利，才能实现
共产主义。这正如《宣言》所指出的："联合的行动，至少是各文明国家的
联合的行动，是无产阶级获得解放的首要条件之一。"①从这一思想出发，各
国共产党人在斗争实践中，要"强调和坚持无产阶级的不分民族的共同利
益"②。此后，马克思、恩格斯在进一步丰富和发展马克思主义学说的同时，
也进一步丰富和发展了他们的国际主义思想。概而言之，马克思、恩格斯
的国际主义思想主要体现在以下几个方面：

第一，国际主义是无产阶级实现其使命——解放全人类的内在要求。无
产阶级代表着全人类的利益，其使命就是实现自身以及全人类的解放，这
既是马克思、恩格斯的无产阶级国际主义思想的出发点，也是落脚点。马
克思在《黑格尔法哲学批判导言》中首次阐明了无产阶级的历史使命，把无
产阶级看作消灭私有制的"物质力量"和"人类解放"的主体承担者，德
国的解放需要"形成一个被戴上彻底的锁链的阶级，一个并非市民社会阶
级的市民社会阶级，形成一个表明一切等级解体的等级，形成一个由于自
己遭受普遍苦难而具有普遍性质的领域"。③无产阶级也就是马克思所说的具
有这样普遍性质的阶级，肩负有解放全人民的神圣使命。第二，国际主义
是无产阶级解放的首要条件之一。马克思、恩格斯在《关于波兰的演说》一
文中指出："既然各国工人的生活水平是相同的，既然他们的利益是相同的，
他们的敌人也是相同的，那么他们就应当共同战斗，就应当以各国工人的
兄弟联盟来对抗各国资产者的兄弟联盟。"④面对强大的资产阶级的国家机器
及其结成的国际联盟，无产阶级只有通过国际性的联盟才能推翻资产阶级
的国家机器及其结成的国际联盟，摆脱被奴役的命运，自己解放自己。第
三，国际主义的内在要求是实现"民族独立"和"民族平等"。马克思、恩
格斯认为无产阶级解放事业是国际性事业，需要国际联合才能实现，但同
时认为国际联合应当以"民族独立""民族平等"为基础、为前提，"只有

---

① 马克思、恩格斯：《共产党宣言》，载《马克思恩格斯选集》第一卷，第 270 页。
② 马克思、恩格斯：《共产党宣言》，载《马克思恩格斯选集》第一卷，第 264 页。
③ 中共中央马克思恩格斯列宁斯大林著作编译局编译《马克思恩格斯文集》第一卷，人民出版
　社，2009，第 16—17 页。
④ 中共中央马克思恩格斯列宁斯大林著作编译局编译《马克思恩格斯文集》第一卷，第 697 页。

在平等者之间才有可能进行国际合作"。① "不恢复每一个民族的独立和统一，那就既不可能有无产阶级的国际联合，也不可能有各民族为达到共同目的而必须实行的和睦的与自觉的合作。"② 马克思国际主义旗帜鲜明地反对民族压迫、反对侵略战争，认为压迫其他民族、侵略其他民族的民族是不可能获得自由的。③

马克思、恩格斯奠定了国际主义思想的理论基础。列宁在帝国主义时代领导俄国无产阶级进行夺取政权和巩固政权的斗争中，把马克思主义同俄国革命的具体实践以及世界无产阶级革命和被压迫民族解放运动的实践结合起来，更进一步地使马克思恩格斯的国际主义思想系统化，"不仅第一次明确地提出了'无产阶级国际主义'概念，深入阐释了无产阶级国际主义内涵，进一步扩大了无产阶级国际联合的范围，而且在 1913—1923 年的 10 年间从不同方面丰富和发展了马克思恩格斯的国际主义思想，创立了无产阶级国际主义思想体系"④。

据学者研究，马克思、恩格斯虽然创立了国际主义，并赋予国际主义以阶级性质，提出了"全世界无产者，联合起来！"的著名口号，但他们并没有使用"无产阶级国际主义"这一概念，这一概念是 1913 年列宁在《关于民族问题的批评意见》一文中首先使用的。列宁在文中指出："资产阶级的民族主义和无产阶级的国际主义——这是两个不可调和的敌对的口号，它们同整个资本主义世界的两大阶级营垒相适应，代表着民族问题上的两种政策（也是两种世界观）。"⑤ 在 1917 年所写的《无产阶级在我国革命中的任务（无产阶级政党的行动纲领）草案》一文中，列宁又对"无产阶级国际主义"的内涵进行了阐释："无产阶级政党更有责任把真正的国际主义和口头上的国际主义作一个鲜明、确切、清晰的对照……真正的国际主义只有一种，就是进行忘我的工作来发展本国的革命运动和革命斗争，支持（用宣

---

① 中共中央马克思恩格斯列宁斯大林著作编译局编译《马克思恩格斯文集》第十卷，第 472 页。
② 中共中央马克思恩格斯列宁斯大林著作编译局编译《马克思恩格斯文集》第二卷，第 26 页。
③ 以上内容主要引自徐文粉《马克思国际主义思想的内涵、特征及其当代发展》，《理论界》2018 年第 3 期。
④ 李爱敏：《论列宁无产阶级国际主义的思想形成及其体系结构》，《湖州师范学院学报》第 39 卷第 3 期，2017 年。
⑤ 列宁：《关于民族问题的批评意见》，载《列宁论民族问题》上册，第 229 页。

传、声援和物质来支持）无一例外的所有国家的同样的斗争、同样的路线，而且只支持这种斗争，这种路线。"①此后，列宁又多次通过著文、召开会议或发表演说等形式，进一步深化了"无产阶级国际主义"的思想内涵。②

列宁的"无产阶级国际主义"的思想内涵可以概括为以下几个方面：第一，"承认民族自决权"和"推动各民族无产阶级的国际联合"是处理民族问题的基本立场。一方面，列宁主张一切民族有分离出去建立自己独立的民族国家的权利，他既反对帝国主义的民族兼并政策，同时也"反对任何用暴力或任何非正义手段从外部影响民族自决的企图"，认为"民族自决"反映的是民族平等和独立自主的精神，尊重民族平等和民族自决是无产阶级国际主义的前提；另一方面，列宁又积极号召各民族无产阶级在民族自决基础上进行自觉联合，认为无产阶级国际主义的根本立场，是在"民族自决"基础上实现一切民族内无产阶级和劳动群众自觉地日益接近并自愿联合，并进而"无条件地力求各民族的无产阶级最紧密地联合起来！③第二，强调被压迫民族的利益和无产阶级利益的一致性，号召"全世界无产者和被压迫民族联合起来"。根据帝国主义时代，广大亚非拉弱小国家已被帝国主义瓜分完毕，成了他们的殖民地半殖民地这一事实，列宁把世界民族划分为"压迫民族"和"被压迫民族"，而被压迫民族的利益和无产阶级的利益是一致的，"社会革命只能在各先进国无产阶级为反对资产阶级而进行的国内战争已经同不发达的、落后的和被压迫的民族掀起的一系列民主革命运动（其中包括民族解放运动）联合起来的时代中进行"④。为此，列宁发出了"全世界无产者和被压迫民族联合起来"的号召，这一号召是在新的历史背景下对《共产党宣言》提出的"全世界无产者，联合起来"的号召的继承、丰富和发展。第三，关于一国革命和国际革命的关系，即努力于本国的民族民主革命，并积极支持他国的民族民主革命。由于资本主义的发展，已

---

① 列宁：《无产阶级在我国革命中的任务（无产阶级政党的行动纲领）草案》，载《列宁选集》第三卷，第54页。
② 李爱敏：《论列宁无产阶级国际主义的思想形成及其体系结构》，《湖州师范学院学报》第39卷第3期，2017年。
③ 列宁：《我们纲领中的民族问题》，载《列宁论民族问题》上册，第21页。
④ 列宁：《论对马克思主义的讽刺和"帝国主义经济主义"》，载《列宁论民族问题》下册，第634页。

将世界联为一体，因此列宁认为，一国革命的胜利和巩固，有赖于国际革命的胜利；同时，一国革命的胜利和巩固，能够促进国际革命的到来和发展。所以，"真正的国际主义只有一种，就是努力发展本国革命并毫无例外地支持所有国家的同样的斗争"[①]。

"十月革命一声炮响，给我们送来了马克思列宁主义。"同时，作为马克思列宁主义的重要组成部分的国际主义思想也传入了中国，并为中国先进知识分子，尤其是新成立的中国共产党所接受。

二、孙中山：先民族主义，后世界主义

我们在前面已经提到，孙中山早年就主张民族主义，其民族主义思想经历过从中国传统民族主义向西方近代民族主义的转变，他的"三民主义"的第一主义就是"民族主义"。然而民国建立后，孙中山认为"三民主义"的"民族主义"的任务已经随着清王朝的被推翻而完成，此后所要努力的主要是"三民主义"的"民权主义"和"民生主义"。因此，1912 年同盟会联合其他几个小党，改组为国民党时，"民族主义"便没有纳入国民党的党纲。他此后也很少宣讲和主张"民族主义"。与此一致，孙中山开始接受、认同和提倡世界主义。1912 年他在《在北京五族共和合进会与西北协进会的演说》中指出，国家是由团体组成的，随着世运的变迁，小团体逐渐演变成大团体，这就是"蒙昧之世，小国林立，以千万计，今则世界强国大国仅六、七耳"的原因，由此进一步发展，大的团体逐渐演变成一个团体，"进而成世界唯一大国"，这就是所谓的"大同之世"。进入大同之世后国界就会泯灭消除。尽管这个过程并非一蹴而就，"欲泯除国界而进于大同，其道非易"，但他对这种"大同之世"充满信心，"今世界先觉之士，鼓吹大同主义者已不乏其人"，只要我们将这种大同主义扩充于世界人类，"则大同盛轨，岂难致乎？"[②]1913 年 2 月 23 日他在《在东京中国留学生欢迎会的演说》中又指出，优胜劣汰学说的提出必会导致"国家界限尚严"，"国与国之间，不能无争"，这样就会导致战争的爆发，所以他主张多讲"世界大

---

① 王平：《列宁的无产阶级国际主义思想初探》，《马克思主义研究》1985 年第 4 期。
② 孙中山：《在北京五族共和合进会与西北协进会的演说》，载《孙中山全集》第二卷，第439 页。

同"，并且反复强调："将来世界上总有和平之望，总有大同之一日，此吾人无穷之希望，最伟大之思想。"①

然而第一次世界大战结束后，孙中山对世界主义的看法有了改变，他认为在中国的领土、主权都没有完全独立的情况下，不适宜提倡世界主义，而应提倡民族主义。他在 1921 年 6 月 21 日至 30 日召开的广东省第五次教育大会上的演说中指出："有谓欧洲各国今日已盛倡世界主义，而排斥国家主义，若我犹说民族主义，岂不逆世界潮流而自示固闭？不知世界主义，我中国实不适用。因中国积弱，主权丧失已久，宜先求富强，使世界各强国皆不敢轻视中国，贱待汉族，方配提倡此主义，否则汉族神明裔胄之资格，必随世界主义埋没以去。"所以，当下中国要提倡的不是世界主义，而是民族主义，"中国欲倡世界主义，必先恢复主权与列强平等；欲求与列强平等，又不可不先整顿内治。所以众'伙计'今日要行积极民族主义，更要如日本之大隈、井上之两位苦志学生，方能有用，方能为中国主人，方能去提倡世界主义"。②如果民族主义不巩固，世界主义也就不可能发达。后来在 1924 年的《三民主义·民族主义》的演说中，孙中山对当时社会上比较流行的说法——"国民党的三民主义不合现在世界的新潮流，现在世界上最新最好的主义是世界主义"——提出了批评，认为一个主义究竟好不好，主要是要看它合不合我们用，合我们的用便是好的主义，不合我们的用便是不好的主义；合乎全世界的用途便是好的主义，不合乎全世界的用途便是不好的主义。现在西方国家所鼓吹的世界主义，其实是变相的帝国主义和变相的侵略主义，"世界上的国家，拿帝国主义把人征服了，要想保全他的特殊地位，做全世界的主人翁，便是提倡世界主义，要全世界都服从"。③在今天，"强盛的国家和有力量的民族已经雄占全球，无论什么国家和什么民族的利益，都被他们垄断。他们想永远维持这种垄断的地位，再不准弱小民族复兴，所以天天鼓吹世界主义，谓民族主义的范围太狭隘，其实他们主张的世界主义，就是变相的帝国主义与变相的侵略主义"。④

① 孙中山：《在东京中国留学生欢迎会的演说》，载《孙中山全集》第三卷，第25页。
② 孙中山：《在广东省第五次教育大会上的演说》，载《孙中山全集》第五卷，第558—559页。
③ 孙中山：《三民主义·民族主义》，载《孙中山全集》第九卷，第216页。
④ 孙中山：《三民主义·民族主义》，载《孙中山全集》第九卷，第223—224页。

孙中山还从民族主义出发对在中国提倡世界主义提出了批评。他认为中国提倡世界主义的人们是受了帝国主义列强的蛊惑，他们所提倡的世界主义与恢复民族主义精神、反对帝国主义的强权政治相对立，是不符合中国的国情的，我们应当说服青年人免受西方世界主义的煽惑。他指出："我们今日要把中国失去了的民族主义恢复起来，用此四万万人的力量为世界上的人打不平，这才算是我们四万万人的天职。列强因为恐怕我们有了这种思想，所以便生出一种似是而非的道理，主张世界主义来煽惑我们。说世界的文明要进步，人类的眼光要远大，民族主义过于狭隘，太不适宜，所以应该提倡世界主义。"他进一步指出，"近日中国的新青年，主张新文化，反对民族主义，就是被这种道理所诱惑。但是这种道理，不是受屈民族所应该讲的。我们受屈民族，必先要把我们民族自由平等的地位恢复起来之后，才配得来讲世界主义"。①按照孙中山的理解，民族主义是世界主义的基础，我们要讲世界主义一定要先讲民族主义。他形象地用苦力买彩票，来说明应先实行民族主义，等民族主义发达了，任务完成了，再来实行世界主义。他说：彩票是世界主义，苦力谋生的工具竹竿是民族主义，苦力中了头彩就丢掉谋生的竹竿，好比我们被世界主义所诱惑，便要丢掉民族主义一样。"我们要知道世界主义是从什么地方发生出来的呢？是从民族主义发生出来的。我们要发达世界主义，先要民族主义巩固才行。如果民族主义不能巩固，世界主义也就不能发达。由此便可知世界主义实藏在民族主义之内。"这就好比苦力的彩票实藏于竹竿之内一样，如果丢掉民族主义去讲世界主义，好比苦力把藏彩票的竹竿丢掉，那便是根本推翻。中国现在是亚殖民地国家，我们中国人的"地位还比不上安南人、高丽人。安南人、高丽人是亡国的人，是做人奴隶的，我们还比不上，就是我们的地位连奴隶都比不上。在这个地位，还要讲世界主义，还说不要民族主义"，这不仅讲不通，而且也是相当危险的。②因此，中国的当务之急，是要"把从前失去了的民族主义从新恢复起来"③，并使之发扬光大。否则，如果我们丢掉了民族主义这个"人类图生存的宝贝"，而去提倡所谓的世界主义，我们就会

---

① 孙中山：《三民主义·民族主义》，载《孙中山全集》第九卷，第226页。
② 孙中山：《三民主义·民族主义》，载《孙中山全集》第九卷，第226页。
③ 孙中山：《三民主义·民族主义》，载《孙中山全集》第九卷，第231页。

被淘汰，就不能生存，就会在打着"世界主义"幌子的强权侵略面前失去抵抗的意识和能力。

孙中山虽然极力主张民族主义，认为"民族主义这个东西，是国家图发达和种族图生存的宝贝"①，但他并不否认世界主义，他把世界主义看作是人类社会发展的目标，而民族主义则是实现这种目标的工具。孙中山接受民族自决和弱小民族联合起来实现独立自主的新观念，主张用民族主义实现内部的自我联合，再联合世界上所有的弱小民族，共同用公理打破强权，"强权打破以后，世界上没有野心家，到了那个时候，我们便可以讲世界主义"②。所以他一再强调，民族主义是实现世界主义的基础，我们要实现世界主义，就一定先要实现民族主义，就"象俄国的一万万五千万人是欧洲世界主义的基础，中国四万万人是亚洲世界主义的基础，有了基础，然后才能扩充。所以我们以后要讲世界主义，一定要先讲民族主义，所谓欲平天下先治其国。把从前失去了的民族主义从新恢复起来，更要从而发扬光大之，然后再去谈世界主义，乃有实际"③。

先民族主义，后世界主义，这就是孙中山在民族主义和世界主义间的选择。

三、中国共产党：爱国主义与国际主义的统一

中国早期马克思主义者，大多数都是世界主义者。陈独秀还没有成为共产主义者之前，其思想中就已经具有了世界主义的因素。1915 年 9 月他在《敬告青年》一文中，对当代青年应该具有的品质提出了六点建议，其中一条就是"世界的而非锁国的"，因为在他看来，现在的国家与国家之间联系非常密切，"举凡一国之经济政治状态有所变更，其影响率被于世界，不啻牵一发而动全身也"，以前那种闭关锁国的精神已经过时，现在国民应该具有一种世界意识，这种世界意识在现在这种时代是极其重要的，"国民而无世界智识，其国将何以图存于世界之中？"④成为早期的共产主义者之前后，

---

① 孙中山：《三民主义·民族主义》，载《孙中山全集》第九卷，第 210 页。
② 孙中山：《三民主义·民族主义》，载《孙中山全集》第九卷，第 220 页。
③ 孙中山：《三民主义·民族主义》，载《孙中山全集》第九卷，第 231 页。
④ 陈独秀：《敬告青年》，《青年杂志》创刊号，1915 年 9 月 15 日。

陈独秀的世界主义思想有了新的发展。1920年1月1日，他在《新青年》上发表《学生界应该排斥底日货》一文，阐述了他的世界主义观点，不过陈独秀是在反对国家主义基础上提倡世界主义的，认为"中国古代的学者和现代心地忠厚坦白的老百姓，都只有'世界'或'天下'底观念，不懂得什么国家不国家"，如今只有一班半通不通自命为新学家的人，才开口一个国家，闭口一个爱国。这是一种"浅薄的自私的国家主义爱国主义"，"是一班日本留学生贩来底劣货（这班留学生别的学问丝毫没有学得，只学得卖国和爱国两种主义）"。在他看来，国家并不是一个最完备的社会组织，不能防止弱肉强食和保护人民的生命财产，国家有时候还是导致战争纷争的源泉，因此国家的存在只是暂时的，将来的世界必将趋于一种无国界的状态，"今日之科学思想，已无国界，而异日之利益，亦无国界"。[①]他十分赞同陶孟和的"将来之世界，必趋于大同"的观点，认为所谓的"世界大同"，也就是"世界主义"。[②]

瞿秋白主张劳动者建立"联邦国家"。这也是早期共产主义者普遍怀有的信念。瞿秋白所提倡的世界主义是无国界、无阶级，并非是无政府。这是世界主义不同于无政府主义的本质所在。他认为"国家的组织固然是种种罪恶的表现。然而他并不是一个抽象的制度，他是代表一阶级的统治权。若要反对国家，首先便应当反对那些根性上不能没有国家的阶级制度。然后从客观的经济制度上求那怎样消灭阶级的方法，阶级消灭，国家才能消灭"[③]。这和陈独秀的观点是一致的，陈独秀提出"工人无国界"，但同时又认为国界不能消灭，国家在一定程度上有其存在的必要性，我们只能"把国家，政治，法律看做一种改良社会的工具，工具不好，只可改造他，不必将他抛弃不用"。[④]瞿秋白还肯定各国经济走向世界化的趋势，认为这种趋势"本身确是社会的一种进步"。因为它不仅大大地促进了社会财富的增长，而且推进了"各民族之互相依赖及各地域之经济统一的过程"，使得各民族

① 陈独秀：《学生界应该排斥底日货》，《新青年》第7卷第2号，1920年1月1日。
② 陈独秀：《通信·答陶孟和》，《新青年》第3卷第6号，1917年8月1日。
③ 瞿秋白：《瞿秋白文集·政治理论篇》第二卷，人民出版社，1988，第513页。
④ 陈独秀：《谈政治》，《新青年》第8卷第1号，1920年9月1日。

"日益趋于同化"，"各自消灭他的特殊性"。①

萧楚女也对世界主义进行过阐述。他区分了两种世界主义：基督教的世界主义和社会主义的世界主义，认为社会主义的世界主义以每个具体的个人为单位，体现了人类"抽象的平等精神"，而基督教的世界主义则是以神为本位，这两种世界主义虽然实质截然不同，但它们都主张"消灭国界"。萧楚女对"少年中国学会"的余家菊等人因反对基督教而反对世界主义提出了批评，说他们是株连以人类统治人类的真世界主义。同时他也反对国家主义者为了提倡民族主义来反对世界主义，认为"民族主义，与世界主义是并行不悖的东西"。②

共产主义与世界主义的某些相同性，这是中国的早期共产主义者大多也是世界主义者的根本原因。比如，二者都倡导"万民同体""世界一家"，倡导全世界的人类走共同道路。共产主义相信在世界大同中，血统、血缘、地域关系终将会被打破，国家终将走向灭亡，但对将来是否存有政府并未给予否定。世界主义者也认为国界终将消失，人类最终会由一个世界政府来统治，人类的演进不可能彻底消灭政府，因而世界政府的存在有它的必要性。

1921 年 7 月，中国共产党成立。中国共产党"一开始就是在共产国际的指导之下，照着列宁的原则去进行建设"的③。1922 年 7 月召开的中共二大通过的《关于"世界大势与中国共产党"的议决案》便是这种国际主义思想和以国际主义为党的行动指南的清晰表达。《决议案》写道：第一次世界大战后，"在资本家向无产阶级进攻之情势中，第三国际召集全［国］世界的无产阶级建立一个联合的战线，共同抵御资本家目前的进攻。苏维埃俄罗斯是世界上第一个工人和农人的国家，是无产阶级的祖国，是劳苦群众的祖国，也是全世界工人和农人与世界帝国主义的国家对抗的壁垒，现在世界资本主义的势力还是强盛的时候，是不断的向她进攻，因此全世界的劳动阶级和劳苦群众应该尽力保护苏维埃俄罗斯。中国共产党第二次大

---

① 瞿秋白：《十月革命之弱小民族》，载《瞿秋白文集·政治理论篇》第二卷，第 678 页。
② 楚女：《上帝底世界和人类的世界》，《中国青年》第 18 期，1924 年 2 月 16 日。
③ 刘少奇：《中共建党的历史条件与党内过火斗争》，载中共中央文献编辑委员会编《刘少奇选集》上卷，人民出版社，1981，第 185 页。

会议决：中国共产党要召集中国工人们加入世界工人的联合战线，保护无产阶级的祖国——苏维埃俄罗斯——，抵御资本主义的进攻；并要邀集中国的被压迫群众，也来保护苏维埃俄罗斯，因为苏维埃俄罗斯也是解放被压迫民族的先锋"①。中共二大还通过了《中国共产党加入第三国际决议案》，而根据第三国际所提出的"第三国际的加入条件"，凡申请加入第三国际的各国共产党，必须遵守第三国际提出的 21 条规定，其中第十四条规定："凡愿意加入国际共产党的党，必须以全力拥护苏维埃共和国与反革命作战。他们必须不懈的鼓吹劳动者拒绝为苏维埃共和国〈的敌人〉运送军火军需，并须在派去攻击苏维埃共和国的军队中，努力从事合法的或违法的宣传。"②注意，这里提出的是"必须以全力拥护苏维埃共和国与反革命作战"，也就是说，"拥护苏维埃共和国与反革命作战"是加入第三国际的各国共产党首要或第一位的任务。这次大会通过的《宣言》在分析了国际和国内错综复杂的形势后指出："最近世界政治发生两个正相反的趋势：（一）是世界资本帝国主义的列强企图协同宰制全世界的无产阶级和被压迫民族；（二）是推翻国际资本帝国主义的革命运动，即是全世界无产阶级的先锋——国际共产党和苏维埃俄罗斯——领导的世界革命运动和各被压迫民族的民族革命运动。""中国的反帝国主义的运动也一定要并入全世界被压迫民族的革命潮流中，再与世界无产阶级革命运动联合起来，才能迅速的打倒共同的压迫者——国际资本帝国主义。中国劳苦群众要从帝国主义的压迫中把自己解放出来，只有走这条唯一的道路。"③《宣言》最后写道："中国共产党是国际共产党的一个支部——现在他向中国工人和贫农高声喊叫道：快聚集在共产党的旗帜之下奋斗呀！同时，向中国全体被压迫的民众高声喊叫道：一齐来和集在中国共产党旗帜之下的工人和贫农共同奋斗呀！并又高声喊叫道：一齐来和全世界的革命伙伴们并肩前进呀！只有'全世界无产阶级和被压迫民族的联合'是解放全世界的途径呀！前进呀！共同前进——"④
1923 年 6 月召开的中共第三次全国代表大会通过的《中国共产党党纲草

---

① 《关于"世界大势与中国共产党"的议决案》，载《中共中央文件选集》第一册，第 59—60 页。
② 《中国共产党加入第三国际决议案》，载《中共中央文件选集》第一册，第 70 页。
③ 《中国共产党第二次全国大会宣言》，载《中共中央文件选集》第一册，第 107—109 页。
④ 《中国共产党第二次全国大会宣言》，载《中共中央文件选集》第一册，第 117 页。

案》，所确定的"中国无产阶级之争斗及其最终目的"是："中国民族要求政治经济独立的革命，在世界社会革命的进程中，不期而与世界无产阶级的战线相联合，故中国无产阶级参加此种反对帝国主义反对军阀反对宗法社会的国民革命，其意义实在就是中国无产阶级反对世界资产阶级的阶级争斗。"由于中国资产阶级的软弱与妥协性，中国无产阶级更应勇敢地担当起领导大革命的重任，从而"方能于世界社会革命的进程中，联合世界的无产阶级和各殖民地的被压迫民族，劢力缩短自政治革命到社会革命的过程，而达到共同的最高目的——建立无产阶级独裁制，创造世界的苏维埃共和国，以进于无阶级的共产社会"①。1925 年 1 月召开的中共第四次全国代表大会通过的《对于民族革命运动之决议案》在阐述"民族革命与世界革命之关系"时写道：欧美资本制度发达国家的无产阶级的社会革命和东方殖民地半殖民地国家的民族革命"性质虽然不同，而革命之目的都有一共同点，即推翻资本帝国主义；前者成功固然影响于后者，后者胜利亦有助于前者，两种革命运动都含有世界性，这两种革命运动汇合起来，才是整个的世界革命。因此，东方殖民地之无产阶级都应该不迟疑地参加各本国之民族革命运动"②。该《决议案》还公开声明："世界性与阶级性"是"无产阶级在民族革命运动中之目的及特性"，所以，"无产阶级参加民族运动是为了推翻全世界资本帝国主义之压迫，推翻外国的资本主义，同时也反对本国的资本主义，并且要由民族革命引导到无产阶级的世界革命，这种世界革命性的民族运动，只可称为民族解放运动，决不是什么民族主义的运动，封建阶级及资产阶级的民族运动，乃立脚在一民族的一国家的利益上面，其实还是立脚在他们自己阶级的利益上面，他们这种民族主义（国家主义）的民族运动，包含着两个意义：一是反抗帝国主义的他民族侵略自己的民族，一是以对外拥护民族利益的名义压迫本国无产阶级，并且以拥护自己民族光荣的名义压迫较弱小的民族"。③这次大会通过的《宣言》称"共产国际"为"全世界革命的无产阶级之总机关"，并"已经组织了无数万的工人"和"农民"聚集在"社会革命的红旗之下"，中国共产党的责任，

①《中国共产党党纲草案》，载《中共中央文件选集》第一册，第 139—140 页。
②《对于民族革命运动之议决案》，载《中共中央文件选集》第一册，第 329 页。
③《对于民族革命运动之议决案》，载《中共中央文件选集》第一册，第 330 页。

就是"很诚恳地向中国的劳动群众不断地说，劳农反对帝国主义和资本主义压迫之斗争已临近了，这种斗争将永远把人类解放出来，将永远消灭一切的战争"；中国共产党还要"不断地向群众解释用什么方法，中国人民才可以脱离帝国主义和军阀的压迫，如何才能与世界劳农革命运动联合起来"。①

　　从以上所引的这些中国共产党历次代表大会通过的《宣言》《决议案》《党纲草案》等文件中可以看出，中国共产党成立后，很快就接受了马克思列宁主义的无产阶级国际主义思想。但中国共产党是爱国主义与国际主义的统一。毛泽东在后来的中共六届六中全会的政治报告《论新阶段》之《中国共产党在民族战争中的地位》中指出："国际主义者的共产党员，是否可以同时又是一个爱国主义者呢？我们认为不但是可以的，而且是应该的。……中国共产党人必须将爱国主义和国际主义结合起来。我们是国际主义者，我们又是爱国主义者。"②中国共产党人的初心使命，是为中国人民谋幸福，为中华民族谋复兴。这就是爱国主义。爱国主义和国际主义不仅不矛盾，而且相得益彰，相辅相成。毛泽东在论述中国共产党员要积极参加抗日战争、取得抗日战争的最后胜利时指出："我们的口号是为保卫祖国反对侵略者而战。对于我们，失败主义是罪恶，争取抗日胜利是责无旁贷的。因为只有为着保卫祖国而战才能打败侵略者，使民族得到解放。只有民族得到解放，才有使无产阶级和劳动人民得到解放的可能。中国胜利了，侵略中国的帝国主义者被打倒了，同时也就是帮助了外国的人民。因此，爱国主义就是国际主义在民族解放战争中的实施。为此理由，每一个共产党员必须发挥其全部的积极性，英勇坚决地走上民族解放战争的战场，拿枪口瞄准日本侵略者。"他在列举了九一八事变以来中国共产党为抵抗日本侵略、建立抗日民族统一战线所做出的种种努力后强调："这些爱国主义的行动，都是正当的，都正是国际主义在中国的实现，一点也没有违背国际主义。"③

---

①《中国共产党第四次全国大会宣言》，载《中共中央文件选集》第一册，第393页。
②　毛泽东：《中国共产党在民族战争中的地位》，载《毛泽东选集》第二卷，第520页。
③　毛泽东：《中国共产党在民族战争中的地位》，载《毛泽东选集》第二卷，第520—521页。

第 十 四 章

大革命时期风起云涌的
思想文化斗争

　　国民党第一次代表大会后，在国共合作的推动下，大革命运动在全国迅速兴起，武器的批判替代了批判的武器。从此，中国历史由新文化运动时期进入到大革命时期。受大革命的影响和推动，各种思想派别及其斗争风起云涌，但与新文化运动时期的思想派别及其论争不同，这一时期的思想派别大多具有十分浓厚的政治色彩，有的就是纯粹的政治派别，因而其争论或斗争也主要围绕这一时期的政治问题及其斗争而展开，或者是对新文化运动的反思和批判。和新文化运动时期一样，这一时期的思想派别也很多，其中具有代表性意义的，主要有国家主义的国家主义派（或"醒狮"派）、自由主义的现代评论派、保守主义的甲寅派和反对孙中山联共联俄的国民党右派。

第一节　国家主义派及与国家主义派的斗争

国家主义派形成于新文化运动时期，但其活跃并成为中国政治舞台上的一支重要力量则是在大革命时期，其标志就是青年党的成立和《醒狮》周报的创刊，所以国家主义派有时又被人们称之为"醒狮派"。在近代中国政治思想史上，国家主义派以鼓吹"国家至上"而著称，其"国家至上"思想既是对清末民初时期梁启超等人国家主义思想的继承，又是对19世纪下半叶以来西方政治学发展中的新理论、新学说的吸收，具有鲜明的中国特色。中国共产党曾一度想与国家主义派合作，共同推动大革命，但国家主义派顽固地反共、反苏的立场使中共的这一想法未能实现。从此，中国共产党对国家主义派展开了坚决斗争。

一、国家主义派的形成和《醒狮》周报创刊

国家主义属于西方政治学的范畴，是一套诠释国家起源、国家功能和目的的学说，其学理主要包括国家目的论和国家主权论。19世纪下半叶以降，伴随着西学东渐的历史潮流，国家主义系统地传入中国，成为近代中国引人注目的思想流派。

中国近代的国家主义经历了一个不断演变和发展的历史过程。清末民初是国家主义初步传入的时期，国家主义的某些学理和主张经由梁启超等人的宣传和介绍开始为国人知晓。20世纪20年代是国家主义迅猛发展、蔚为思潮的时期，国家主义团体大量涌现，其中影响最大的就是由曾琦、李璜、左舜生等人组成的"国家主义派"。

国家主义派的组织渊源发轫于1918年的留日学生归国运动。1918年初，日本寺内内阁诱使北洋军阀段祺瑞就中日军事问题进行谈判，妄图达到独占中国的野心。5月，双方签订了《中日军事密约》。中日军事谈判原本是在秘密状态下进行的，但其部分内幕仍被中外报刊所探知。当时曾琦正好在日本东京留学。曾琦留日的动机，"虽对宪法学与行政学求其深

造，然其内心，则有意窥探日本图我之阴谋，以及北洋军阀与日勾结之内幕……故在日本，一面读书，一面即与同学张梦九、易君左、刘泗英诸友创办华瀛通信社于东京，不断揭发日人阴谋，告之国人"[1]。得知消息后，曾琦与张梦九等人当即决定策动留日学生罢学归国，以示抗议。5 月 12 日，归国后的学生群体在上海设立了"留日学生救国团"，发行鼓吹爱国排日的《救国日报》。曾琦在回答日本人的提问时宣称"我辈三千五百名滞留学生全部废学归国，我辈深为抱憾。但为国家之故，国民宜尽爱国之义务，故相率归国，若此问题不能决，决不再履日本求学"[2]。曾琦先后为《救国日报》撰写了题为《中国之青年与共和之前途》的系列文章，后结集成《国体与青年》单行本印行。《国体与青年》痛切地指出，近代以来中国国家主权的完整不断遭受破坏，中国在国际上其实是一个"不完全独立之国家"，废除不平等条约、收回国家主权和光大中华文化，是青年们义不容辞的使命。[3]

留日学生的归国运动得到了京、津、沪等地学生的大力支持。1918 年 5 月 21 日，北京大学、北京高等师范学校等四校学生 2000 多名向新华门总统府示威。5 月 22 日，天津 1200 多名学生向省长公署请愿。5 月 31 日，上海 2000 多名学生前往淞沪护军使署集会，要求废除中日军事协定。在反日爱国运动的浪潮中出现了具有国家主义色彩的团体——国民杂志社。1918 年 10 月 20 日，留日归国学生与北京高校学生共同创办了国民杂志社，并于 1919 年初正式出版发行《国民杂志》。从 1919 年 1 月第 1 期开始，《国民杂志》接连刊登一些鼓吹国家主义的文章。时值第一次世界大战刚刚结束，和平主义与世界主义在世界范围内普遍流行。许德珩在《吾所望于今后之国民者》一文中强调"爱世界必自爱国家始"，告诫国人打破世界主义的迷梦，要对西方列强的侵略本性保持警惕，"保无一二枭桀者奋其并吞侵掠之心、水草逐木之性再作维廉第二乎？吾人惟有本其爱己之心以爱国，本其爱国以爱世界、爱人类、爱公理、爱和平，务求其所以屈服武力而不

---

① 李璜：《共祸日彰，思君尤切——曾慕韩兄逝世三十周年感言》，载陈正茂、黄欣周、梅渐浓编《曾琦先生文集》（下），（台北）"中央研究院"近代史研究所，1993，第 1682 页。

② 《民国日报》1918 年 5 月 17 日。转引自赵纯清《1918 年留日学生归国运动研究》，硕士学位论文，西南交通大学，2006，第 19 页。

③ 曾琦：《国体与青年》，载《曾琦先生文集》（上），第 42、43 页。

为武力所屈服之道"。① 周邦式的《对于蒙古独立的感想》提醒国人关注西方列强所策划的蒙古独立运动，"劝我国民要知现在还不是讲大同主义的时候，总得竭力奋斗"②。周长宪在《国家主义与中国》一文中指出，国家是"人类为共同生活，抵御自然界或人为的危难，保持个人生命、自由、财产之安全"的最高团体，国家犹如有机体一样有其职责，"内之则谋人民生命财产之安全，增加公同之幸福，外之则谋自身人格上之独立，促进世界之文明"③。蔡元培应邀为《国民杂志》作序，但不是赞同国家主义，而是对青年学子发出劝告："苟倡绝对的国家主义，而置人道主义于不顾，则虽以德意志之强而终不免于失败，况其他乎？愿《国民杂志》勿提倡极端利己的国家主义。"④ 这从反面反映出《国民杂志》的国家主义色彩。

从国民杂志社公布的社员名单来看，日后有不少社员走上了创建国家主义团体和政党的道路，其中最著名的就是曾琦。

1918 年 6 月，曾琦、王光祈、李大钊等人在北京发起组建少年中国学会。学会以"本科学之精神，为社会之活动，以创造少年中国"为宗旨，吸引了众多青年的关注。随着成都、南京、巴黎等地分会的建立，"少年中国"一跃成为新文化运动时期拥有会员最多的青年团体之一。但"少年中国"从诞生之初就面临着分裂的危机，原因在于会员们的思想信仰并不统一。据学会发起人之一张梦九回忆，学会七个发起人的思想就可以分为三派：张梦九、曾琦、雷眉生信仰国家主义；李大钊、陈愚生赞成共产主义；王光祈、周太玄同情无政府主义。事实上，在发起组建"少年中国"的动机上，曾琦与李大钊就有不小的分歧。曾琦热心学生运动，其筹办"少年中国"的动机是模仿少年意大利党做救国的运动。1919 年五四运动的爆发令曾琦大受鼓舞，"觉得国家前途一线光明，全系于此。……我们中华民国有此奋勇无前的若干青年，无论如何，决不会亡的了"⑤。李大钊却认为学生运动不

---

① 许德珩：《吾所望于今后之国民者》，《国民杂志》创刊号，1919 年 1 月。
② （周）邦式：《对于蒙古独立的感想》，《国民杂志》第 1 卷第 4 号，1919 年 4 月。
③ 周长宪：《国家主义与中国》，《国民杂志》第 1 卷第 4 号，1919 年 4 月。
④ 蔡元培：《〈国民杂志〉序》，载高平叔编《蔡元培全集》第三卷，中华书局，1984，第 255 页。
⑤ 《会员通信》，《少年中国》创刊号，1919 年 7 月 15 日。

应以狭隘的救国为目标，而应该朝着人类解放运动的方向迈进。[①]在李大钊看来，真正值得纪念的"五四"精神是"依人类自由的精神扑灭一切强权，使正义、人道，一天比一天的昌明于全世界"，而"不要把他看狭小了，把他仅仅看做一个狭义的爱国运动的纪念日"。[②]1919 年 8 月，曾琦赴法留学，临行前写下书信《留别少年中国学会同人》，阐明自己赴法是为了"贯彻排日的宗旨"，"赴法后漫漫的把在日本所亲眼看见的日本人反乎协约国的论调，违背正义人道的行为，侵略我国的阴谋，镇压朝鲜的毒计，择要介绍于法国言论界，使欧洲人也明白日本的真象"。[③]李大钊则反对狭隘的爱国主义，认为"我们爱日本的劳工阶级、平民、青年，和爱自国或他国的劳工阶级、平民、青年一样诚挚，一样恳切。我们不觉得国家有什么可爱的道理。我们觉得为爱国去杀人生命，掠人土地，是强盗的行为，是背人道反理性的行为"[④]。

少年中国学会成立后陆续吸收了一批会员，其中既有国家主义者（如陈启天、李璜、余家菊），也有早期马克思主义者（如恽代英、萧楚女、张闻天），双方不时相互攻击对方的"主义"，学会内部逐渐出现了"马克思主义"与"国家主义"之间的对立。

1923 年 12 月 2 日，曾琦、李璜等信奉国家主义的"少年中国"会员在法国巴黎共和街发起成立中国青年党，举行了建党仪式，通过了党纲、党章，正式规定党的宗旨为："本国家主义的精神，采全民革命之手段，以外抗强权，力争中华民族的独立与自由，内除国贼，建设全民福利的国家。"[⑤]1924 年 4 月，青年党在巴黎哲人大厅召开第一次全体大会，到会者52 人，曾琦在会上发表演说《本党之精神及其使命》，李璜发表演说《国家主义之真谛》，曾琦当选为委员长，张子柱、李璜、何鲁之、李不韪等当选为中央执行委员。青年党创建之初的计划是"先行办报，从主义与政策的宣传，以吸引青年知识分子；期之三年，有了可以信赖的干部同志，站住脚

---

① 李大钊：《在〈国民〉杂志社成立周年纪念会上的演讲》，《国民杂志》第 2 卷第 1 号，1919 年 11 月。

② 李大钊：《中国学生界的"MayDay"》，《晨报》1921 年 5 月 4 日。

③ 曾琦：《留别少年中国学会同人》，《少年中国》第 1 卷第 3 期，1919 年 9 月 15 日。

④ 李大钊：《亚细亚青年的光明运动》，《少年中国》第 2 卷第 2 期，1920 年 8 月 15 日。

⑤《中国青年党史略》，载高军、李慎兆、严怀德、王桧林等编《中国现代政治思想史资料选辑》上册，四川人民出版社，1983，第 352—353 页。

跟后，然后再将青年党公开出来，以与国共两党相周旋"①。1924 年 9 月，曾琦、李璜、张梦九回国，与国内的左舜生、陈启天、余家菊等人会师，于 10 月 10 日在上海创办了青年党的机关报《醒狮》周报，曾琦任总编辑。国家主义派就是时人对《醒狮》周报作者群的称呼，所以国家主义派又被称之为"醒狮派"。

《醒狮》周报于 1930 年初停刊，累计出版 212 号。在版面设计上，《醒狮》周报设置了时评、论说、演讲、读者论坛、来论、译述、特载、通信、海外通讯、纪事、社会调查、文艺专栏等栏目，内容十分丰富，受到了青年读者的追捧，销量不断增加。1924 年 12 月，《醒狮》周报出版发行"不及两月，已销二千余份"。这让曾琦感受到莫大的欣慰和鼓励，直呼"吾辈之主张，尚为国人所赞许，今后益当自勉"。②鉴于时常有读者来信索要过刊，醒狮周报社于 1925 年 6 月采用以刊代报的形式，将《醒狮》周报从第 1 号起再版一次，预售 1000 部。左舜生晚年回忆说，《醒狮》周报发行仅半年时间，"销数已达八千份，再版、三版的记录也有过，等到第二年五月……已超过一万"③。为加强宣传效果，醒狮周报社还将本报和其他书刊上宣传国家主义的文字结集成《国家主义论文集（第一集）》《国家主义论文集（第二集）》《国家主义论文集（第三集）》《国家主义讲演集》等小册子出版发行。北京燕京大学教育系主任高厚德读了《醒狮》周报后振奋地说："中国向有'睡狮'之称，至此睡狮何时醒觉？……今醒觉时期已在目前。吾人欢迎全国一切醒觉的表见；真正爱国主义的出现；新国家主义的产生。吾人又深信此国家主义能统一国家，建设好政府，促增国家进步。"④江苏省立第七中学学生沈云龙是《醒狮》周报的忠实读者，不仅订购了一份《醒狮》周报，还购买了《醒狮》周报第一年的合订本，后来加入了青年党。

1925 年底，青年党总部从巴黎迁到上海，巴黎改为青年党驻欧总支部，并在全国各地秘密发展党员，湖南、四川、广东、湖北等地相继设立了省、市党部。事实上，青年党创建之初采取了秘密政党的组织原则，机关、人

---

① 李璜：《学钝室回忆录》，（香港）明报月社，1979，第 112—115 页。
② 曾琦：《旅欧日记》，载《曾琦先生文集》（下），第 1414 页。
③ 左舜生：《怀念曾琦（1892—1951）》，载《曾琦先生文集》（下），第 1604 页。
④ 高厚德：《今日中国需要之国家主义》，《中华基督教教育季刊》第 1 卷第 1 期，1925 年 3 月。

员均用代号，对外活动统一用"中国国家主义青年团"的名义。直到 1929
年 8 月召开的青年党第四次代表大会上才发表《公开党名宣言》，将"中国
青年党"的名称公之于众。

二、国家主义派的"国家至上"思想

在近代中国政治思想史上，国家主义派以鼓吹"国家至上"而著称，其
"国家至上"思想主要包括两个方面的内容：（一）在国家与个人的关系上
强调"国家至上"，这主要是受到 19 世纪下半叶英国新黑格尔学派的影响；
（二）在国家与民族的关系上强调"国家至上"，这主要是受到 19 世纪下
半叶法国思想家勒南的影响。

（一）国家与个人层面的"国家至上"。新黑格尔主义是对 19 世纪下半
期以来以复活黑格尔哲学为特征的各种哲学的总称，最初兴起于英国。对
国家主义派产生影响的新黑格尔学派哲学家，主要是英国的格林（Thomas
Hill Green，1836—1882）和鲍桑葵（Bernard Bosanquet，1848—1923）。一
般认为，新黑格尔主义发挥了黑格尔政治哲学中最为保守的部分，即在国
家与个人的关系方面，强调国家是绝对的"善"，个人只有服从国家，才能
实现真正的自由，从而具有伦理性。[1] 余家菊准确地把握了这条理解新黑格
尔主义的主线，他指出，黑格尔、格林和鲍桑葵"皆认定国家为实现自由
意志之工具"[2]。余家菊宣称："国家为人类文明之结晶的表现，举凡人类之一
切成就，不表现于国家之构成中，即长养于国家羽翼之下。故国家之昌盛
可为一涵盖的目的，各类人士皆可于其下尽量发挥其性能而各臻于至善之
境。"[3] 俨然一副新黑格尔学派的口吻。

在《国家主义教育学·明义篇》中，余家菊对新黑格尔主义有关个人
与国家关系的学说做了详细介绍："个人之意志浸没于国家精神（国魂）之
中，此黑克尔之言而为波氏（即鲍桑葵，余家菊译为波三葵——引者注）
所阐发者也。波氏等谓国家为一自觉而自现的个体 a self-knowing and self-
actualizing individual，盖一种体制 institution 之实在性，乃基于若干活的心

---

[1] 冯契、徐孝通主编《外国哲学大辞典》，上海辞书出版社，2000，第 888 页。
[2] 余家菊：《国家主义教育学》，中华书局，1925，第 1 页。
[3] 余家菊：《国家的职务》，《醒狮》第 79 号，1926 年 4 月 17 日。

灵以一种活的方式而相为结合者。……国家之一切体制皆为思想的产品，皆为心灵所创造。然而不仅此也。一切体制实即思想，实即心灵。不然，则是有屋舍而无主人，有躯壳而无灵魂也。再者此项群体心灵存在于群体中各个心灵之内，初非于各个心灵之外，另有一公共心灵。……总之，（一）体制乃一群心灵所共有之伦理的观念，其本身自有其价值与生命，固须有一定的外形 outward form 以凝聚之……（二）体制既为伦理的观念矣，则不得不有一心灵以接持之，且所谓接持之者，非知之或闻之之谓，乃志之而行之之谓也。是种心灵，称之曰体制心灵或群体心灵。国家者，一种体制也。故国家亦为一种伦理的观念，且为伦理的观念中之最高者，因其为关涉生活全部之有作用的概念，不似他种体制之所关涉者仅及于生活之一部或数部也。……是故所谓国家者乃国民之共同心灵。"[1] 针对读者的质疑：个人参与到国家生活中来，会不会丧失其个性？余家菊援引黑格尔的学说作答："民族之修炼与个人之发育，二者关系异常密切；个人只能生长于民族的孕育之中；个体与全部之密切关系，臻其极点于国家之凝成中；国家为最发达而最紧密之社会；历史为人性之客观化，实际化者，历史的成就结晶于国家之体制的生活中 in the institutionaltife of the state 个人必须参加国家的生活而以国性的精神过活之。"也就是说，社会生活是个性发育的土壤，只有参与到社会生活中来，个性才会丰富和全面。而国家是含有许多小社会的大社会，"故于国家服务中以求自我实现 self-realization through state service 之说，自希腊以来，已相传为至理也"。[2]

新黑格尔主义对国家主义派的影响，除了表现在国家与个人关系的学说上之外，还表现在对国家阶级本质的否定上。格林认为，国家是建立在实现共同善和共同福利的公共意志的基础之上，国家的本质"是社会关系的维护者和协调者，是实现人类道德善必不可少的工具，是推进共同善的公共机构"[3]。鲍桑葵发挥了格林的公共意志说，认为国家是建立在公共意志基

---

① 余家菊：《国家主义教育学》，第 2 页。
② 余家菊：《教育上的国家主义与其他三种主义之比较》，《中华教育界》第 15 卷第 1 期，1925年 7 月。
③ 李静：《对格林自由主义政治思想的研究》，硕士学位论文，吉林大学，2009，第 29 页。

础上的道德有机体。① 总之，新黑格尔主义通过提出公意学说，为国家披上了一层道德的外衣，从而掩饰了国家的阶级本质。这些学理也成为 1920 年代国家主义派反对共产主义者国家观的思想武器。陈启天指出，国家不是任何阶级的一种专利品，"他的来源是根于人类的社会本能。他的构成，是由一种民族利害相近和文化相同的历史演进"②。余家菊也借助新黑格尔主义的学说，指陈共产主义者的国家观存在三个误区：第一，"昧于国家与政府之分，政府可推翻之，而国家不可毁弃"；第二，"昧于国家之原始功用乃所以解社会之纠纷，而为民庶主持正义者"；第三，"昧于阶级基础之浅薄，与夫国家基础之深厚"。③ 曾琦则强调，国家的目的在于"谋个人心身之发展"与"社会文化之进步"，而不是实行阶级压迫。④

　　如前所述，新黑格尔学派国家学说的核心范畴之一是"公意"。最早提出"公意"说的思想家之一是卢梭。卢梭提出"公意"是为了论证主权在民的原则。在卢梭那里，"公意"起源于人民的个体意志，"公意"并不具备压迫个人意志的合法性。但黑格尔以及新黑格尔学派却将"公意"解释成为独立于个人之外、凌驾于个人之上的"国家意志"。国家主义派对卢梭的"公意"有着同样的误读。如曾琦以为，卢梭的民约论主张个人一旦加入社会，便须服从社会的公共意志。⑤

　　需要指出，中国共产党国家观的思想源泉——马克思主义，与黑格尔哲学之间也有着甚深的渊源。一方面，马克思继承了黑格尔的真实的人性蕴含于普遍性中的观点；但另一方面，马克思只相信人的社会性、阶级性，而不接受黑格尔所谓的"国家意志"。这是导致国家主义派与中国共产党互相批评、互不承认的学理根源。

　　（二）国家与民族层面上的"国家至上"。厄内斯特·勒南（Ernest Renan，1823—1892），19 世纪下半叶法国著名思想家，法兰西学院院士。面对 19 世纪西方思想界对欧洲民族问题的种种探讨和分歧，勒南于 1882

---

① 骆沙舟：《博赞克特国家思想论析——兼评新黑格尔主义对卢梭总意志理论的解释》，《厦门大学学报》（哲学与社会科学版）1991 年第 3 期。
② 陈启天：《国家主义与共产主义的分歧点》，《醒狮》第 44 号，1925 年 8 月 8 日。
③ 余家菊：《国家主义教育学》，第 23—24 页。
④ 曾琦讲，曾解记《国家主义三讲》，《醒狮》第 91 号，1926 年 7 月 11 日。
⑤ 曾琦讲，曾解记《国家主义三讲》，《醒狮》第 91 号，1926 年 7 月 11 日。

年 3 月在法国巴黎索邦大学发表了题为《何谓民族？》的主旨演讲，后整理成书出版。这篇演讲被学术界公认为是"公民民族主义"（civic nationalism）的一篇经典文献，与德国思想家费希特所提出的"族群民族主义"（ethnic nationalism）针锋相对，对西方近代民族主义运动产生了深远影响。1928 年李璜将这本书译成中文，于《醒狮》周报第 197、198、199 期连载，后结集成书由中国书局出版，中文版书名为《何谓国家？》。

勒南民族国家思想的特点在于，他认为"国家"与其说是建立在人种、语言、宗教、经济、地理等客观条件之上的客观存在物，毋宁说是一个主观范畴——它只存在于人们的历史回忆和政治意愿当中。李璜在《国家存在论》中转引勒南的话说："一个国家是一个灵魂，是一种精神的原则。有两种东西在意义上其实相同的，能够造成这个灵魂，这种精神的原则。一种是在过去的，一种是在现在的。前一种是一些共同所有对于过去很丰富的纪念；后一种是对于现在彼此的承诺，愿意共同生活的承诺，愿意发挥光大前人遗业的承诺。……曾共有在过去的光荣而又共有在现今的志愿；曾共作了一些大事业，而尚愿意再作一些，这便是成功一个国家的主要条件。"[①]研究表明，勒南《何谓国家？》的创作有着深刻的历史背景。1871 年 5 月，法国被普鲁士打败，被迫签订《法兰克福和约》，割让阿尔萨斯全境。军事上的阿尔萨斯问题结束了，但学术上的阿尔萨斯问题依然存在。从人种来看，阿尔萨斯人是日耳曼人种的一个分支；从语言来看，阿尔萨斯属于德语地区。另外，在宗教、经济、地理等方面，阿尔萨斯与德国都有着亲密的联系。这些都是德国学术界力争阿尔萨斯归属德国的学理根据。勒南在《何谓国家？》中，对这些根据一一加以驳斥与否定。对于人种、血缘因素，勒南认为"近代国家的成立与血族观念是毫无因缘的。法国是色尔特族，伊北里族和日尔曼族集合而成。德国是日尔曼族，色尔特族和斯拉夫族集合而成。意大利国是一个血族最复杂而很困难去分析的：高卢人，埃特吕斯克人，北拉斯尼人，希腊人，就是这几族，还不必数其他小部份的各族，也就混合得来分别不清了。英伦三岛，在全体看来，呈现一种日尔曼族与色尔特族的混血，但尚有其余部份也就难分"；因此，仅仅根据共同的人

---

① 李璜：《国家存在论》，上海中国书局，1929，第 33—34 页。

种、血缘就将阿尔萨斯的归属权判给普鲁士的说法，"可以说这一种与生俱来的血族权利要求，如此创议，与帝王的神权要求相类似了：这样不啻以种族的原则代替国家的原则，这算是一个大谬误。如果这种说法应该存在而有效力，则全欧文化建设立刻便会破产"。[1] 语言同样不能作为解决阿尔萨斯问题的标准，"认为语言在政治集合上是重要的，无非以为语言相同是血族相同的外面象征，其实这是一个很大的错误。说德语的普鲁士人，他曾经说过几百年的斯拉夫语；加尔地方现在便说英语了；高卢与西班牙现在还用亚尔卜拉龙根的原始习用语；埃及人说亚拉北话……语言是历史事变造成功的，同说一种话，并不一定是有同血族的关系；如果论到同生死、共荣辱这个一家人的要求上，更不能以同语言这个现象，而抹杀别人的自由志愿"。与语言一样，"宗教也不足称近代国民性所由成立的基础"，在近代公民社会"各人有自由去信仰和实践他所能的和他所愿意的。已经没有所谓国教；无论天主教，耶稣教，犹太教，或个信教，而都无害其为法国人，英国人，德国人。宗教已成为各人的事体，听凭各人良心的选择了"。[2]

在对血缘、人种、语言等客观性联结纽带做出否定后，勒南提出了"民族的存在，就是每日的公民投票"的解决办法。也就是说，阿尔萨斯的归属问题应该由阿尔萨斯人自己的政治意愿决定。按照勒南的设想和判断，阿尔萨斯人是法国公民，他们的政治意愿一定是倾向于归属法国。这种要求公民摆脱血缘、种族、语言等原生性限制，以国家为最高认同对象的思想主张，被后世史家称为公民民族主义。[3]

国家主义派对勒南民族国家思想的宣传与吸收，同样具有强烈的现实关怀——如何将汉、满、蒙、回、藏整合成为一个政治共同体。

1911 年的辛亥革命推翻了帝制，将各民族从对中央皇朝的依附关系中解放了出来。新生的中华民国面临着将汉、满、蒙、回、藏各民族重新整合为一个政治共同体的任务。但北洋政府时期（1912—1928）政局动荡，民族事务的开展始终缺乏一个强有力的中央政府的主导。同时，英国、日

---

① 尔朗（勒南）著，李璜译《何谓国家？（续）》，《醒狮》第 198 期，1929 年 3 月 25 日。
② 尔朗（勒南）著，李璜译《何谓国家？（二续）》，《醒狮》第 199 期，1929 年 5 月 10 日。
③ 关于勒南民族主义思想的详细内容，参见黎英亮《普法战争与厄内斯特·勒南的民族主义思想》，博士学位论文，华东师范大学，2008。

本叫嚣"民族自决"的口号，勾结中国边疆地区少数民族上层人士独立建国，先后制造了"泛蒙运动"以及西藏独立运动，试图分裂中国，阻挠中国国家整合的进程。正是在内忧外患的历史背景下，国家主义派系统地吸收和发挥了勒南的民族国家思想。

余家菊认为，在多民族国家，每一个个体既是某个民族的成员（即"族民"），又是国家的成员（即"国民"）。因此，每一个个体都有两种基本的观念，即民族观念和国家观念。但是民族观念与国家观念是不同的。国家观念的组成要素之一是同类意识，"必具此同类意识然后国人一体之感可生，而休戚与同，利害与共之情亦可起矣；必具此同类意识，然后相扶相助以抵抗外侮保存本国之行为，始有发现之可能也。故同类意识为国家观念之重大要素"。但"仅有此同类意识，尚不足以产生国家观念"。因为"同类意识之所可产生者，充其量不过民族观念而已。民族观念者，同种族之人觉与其全民族皆为同类之意思也。其所觉者仅种族的相同，血统的一致而已；尚未足以云乎国家观念也"。而"国家观念之根本要素为主权意识，为独立意识；换言之，即觉悟其同类之人有独立处理其自己的事务而不受异类的干涉之权力也"。余家菊进而对"民族观念"与"国家观念"做出了区分："有政治的觉悟，方得型成国家观念；仅有血统的觉悟，则只足以型成民族观念。"可见，民族观念乃基于共同血缘而产生，国家观念虽不排斥血缘因素，甚至还以血缘因素为天然依据，但国家观念，首先是一种政治观念。在余家菊眼中，这种政治观念的核心要素是"主权"，即一个国家不受他国干涉的、自主处理本国事务的能力。此外，余家菊似乎有一种"自然"相对于"有意识"的思维：以血缘为基础的民族处于"自然"状态，而组成一个现代国家则必须是"有意识"地建设的工作。他指出，"民族观念发达较易，故亦较为原始的；国家观念发达较难，故仅较为进步之人始有之"。[①]

胡国伟指出，"'民族自决'的意义，决不是教各国中的各种民族分裂，互相携贰；他的意义是：'凡备有历史和地理上的关系，而同受外力压迫的各民族，应该本国性的要求，同化于同一的政治和文化之下，造成一个带

---

① 上引均见余家菊《国家主义之心理的基础》，《醒狮》第118期，1927年1月8日。

国性的大民族，尽力摆脱外来的羁绊，实行自决，保全固有的主权'"。中国境内的汉满蒙回藏等族群在长期的历史发展进程中，经过彼此之间政治、经济、文化的互动，已经融合成了一个整体，即大中华民族，"所以我们国家主义者极端主张合汉满蒙回藏五族而成的'大中华民族自决'"。这里提到的"大中华民族"，无疑属于近代"国族"的范畴，具有民族、国家互为表里的政治意涵。胡国伟反对蒙古独立建国，"试看提倡'民族自决'的威尔逊，他并不教美国各民族分立自决，便可证明此说之非虚"。[1] 杨先钧进一步解释了"汉、满、蒙、回、藏实为结合成一中华大民族之分子"的理由，认为汉、满、蒙、回、藏"彼此有极幽久之历史关系，有极密切之地理关系，有生死相依之经济关系，有好恶与共之文化关系；迄于今日，强邻逼处，时思灭我中华民族而甘心，吾人又发生一极密切之共存共亡关系，故汉、满、蒙、回、藏五族，仅能谓之为一家以内之弟兄，而不能各自成为另一民族"。[2] 吴文藻对民族自决原则阐述道："一民族可以建一国家，却非一民族必建一国家，诚以数个民族自由联合而结成大一统之多民族国家，倘其文明生活之密度，合作精神之强度，并不减于单民族国家，较之或且有过无不及，则多民族则家内团体生活之丰富浓厚，胜于单民族国家内之团体生活多之。近世所谓民族国家，自有此二者之别。"基于中国大一统民族国家的历史与现实，吴文藻"主张无数民族自由联合而结成大一统之民族国家"。[3] 闻一多在《醒呀！》《爱国的心》《长城下的哀歌》以及《七子之歌》等诗篇中，用"五样色彩的心旌""五色的花""五色旗"以及"七子"等文学表现手法，表达了清晰的中华民族疆域意识——诗人所要唤醒的"神狮"，不是单一民族国家，而是包括汉、满、蒙、回、藏在内的中华民族。李璜也反对民族分裂，表示"我们今日言救国，不只是救汉族，是连满蒙回藏各族一齐要救"[4]。

　　在余家菊看来，民族观念与国家观念之间是存在紧张关系的：在多民族国家，民族观念的过分膨胀，将导致国家的分崩离析。李璜也表示，"近

① 胡国伟：《民族自决与蒙国独立》，《醒狮》第 41 号，1925 年 7 月 18 日。
② 杨先钧：《国家主义之口号问题》，《自强杂志》第 1 卷第 1 期，1925 年 12 月 1 日。
③ 吴文藻：《民族与国家》，《留美学生季报》第 11 卷第 3 号，1927 年 1 月 20 日。
④ 李璜：《国家主义正名》，《醒狮》第 3 号，1924 年 10 月 25 日。

代国家组织虽是已经进化的人群社会，但是在一个国家里所谓血统一体的观念还是很深的保存着，由他而有的主张还是时常的生出力量，所以虽则他不是近代国家存在的必要条件，但是我们也不可过于忽略了他"①。也就是说，国家主义派认为中国边疆危机的症结，在于一些少数民族上层人士囿于血统观念，只认同于本民族，而不将国家作为最高认同对象。余家菊提出解决的方法是，"同类意识之发展，必沿政治的方向以进行；而使其国民觉悟彼此皆生存于同一政治团体之中而相与同其忧戚共其苦乐"，"我国亦以种族复杂著名之国也，故宜发展人民之政治的同类意识以消泯各民族间之异见离心"。②"政治的同类意识"指的是国民身份。李璜在《国家主义正名》一文中说得很清楚：国民是一种超乎血缘与民族属性的政治身份，满族人是中华民国的国民，回族人也是中华民国的国民。③国家主义派正是试图通过唤起中国边疆地区少数民族的"国民"意识，使之由以血缘关系为联结纽带的民族式的社群，跨入到以政治关系为联结纽带的国家式的社群中来。化周强调说，"组成一国家的国民，由单一民族结合而成的固然不少；而大多数的国家，则多包有二种以上民族血统的复合民族结合而成。所以民族和国民，绝对不能混为一谈"。国民是一个政治身份，不论属于哪一个民族，只要"受一个政治组织的支配，其同为一国的国民则无异"。④

国家主义派号召各民族超越血缘的限制，以"国民身份"为共同点，聚合成为一个国家，显然是受到了勒南的启示。李璜在《何谓国家？》的译文中加上了如下按语："五六十年来，共产主义者和无政府主义者，交相否认国家存在的理由；而自俄国革命以来，便在实行上主张世界革命，打破国界，且以诡谋和金钱扰乱世界，如像我们中国近来所身受的杀人放火之祸，便是从此而来。焚杀之祸如果照这样遍及世界，其势必将近代文明毁灭，是尔朗（即勒南——引者注）这二十余页文字，在此时，真有追念的必要也。"⑤

---

① 李璜：《国家存在论》，第14页。
② 余家菊：《国家主义之心理的基础》，《醒狮》第118期，1927年1月8日。
③ 李璜：《国家主义正名》，《醒狮》第3号，1924年10月25日。
④ 化周：《国民的特质与国家的运命》，《醒狮》第174期，1928年2月11日。
⑤ 尔朗（勒南）著，李璜译《何谓国家？》，《醒狮》第197期，1929年3月10日。

国家主义派在国家与个人关系层面鼓吹的"国家至上"思想，抹杀了国家的阶级本质，在历史上产生了阻碍马克思主义传播的消极影响；国家主义派在国内民族问题上鼓吹的"国家至上"思想，则具有反对帝国主义利用民族问题分裂中国，维护民族团结与国家统一的进步意义。当今民族分裂主义最常用的旗号正是"民族自决"。"国家至上"的呼喊，仍不乏一定的现实启示意义。

三、中国共产党人与国家主义派的"革命"论战

1924 年 1 月，中国国民党第一次全国代表大会在广州召开，揭开了以国共合作为基础的大革命的序幕。大革命时期，国家主义派的青年党以《醒狮》周报为阵地、共产党以《中国青年》和《向导》为阵地，展开了激烈的"革命"论战。论战的焦点不在"要不要革命"，而在革命手段、对象以及革命究竟要达成什么样的目标。论战在五卅运动中全面展开，在北伐打响后戛然而止。

1925 年 5 月，英国军警在上海租界公然枪杀中国民众的"五卅惨案"发生后，中国各大城市掀起了罢课、罢工、罢市的群众运动。中共在运动中提出了"打倒帝国主义"的口号。国家主义者认为制造五卅惨案的凶犯主要是英国和日本，不关其他国家的事，只需提"打倒强权的英国""打倒强权的日本"即可，"打倒帝国主义"未免树敌太多，"势不能不与全世界一切帝国主义之国家为仇……在今日内力不足，外援绝少之中国而作此广漠无垠之革命，徒使帝国主义之国家联合一致以压我，其结果不遭共管，必召瓜分"。[①] 从表面上看，国家主义者提出的"外抗强权"与"打倒帝国主义"似无多少差别，但后者实则隐含了苏俄"世界革命"的预想。曾琦敏锐地指出，"所谓'打倒帝国主义'，严格言之：必须推翻资本制度，改变社会组织。……是故'打倒帝国主义'乃'世界革命''共产革命'之口号，非'国民革命'，与'民族革命'之所宜采也"[②]。中国共产党则强调说，随着西方资本主义向帝国主义的过渡，"全世界的统治者压迫者（国际资本帝国主

---

① 曾琦：《蒋介石不敢复言打倒帝国主义矣！》，《醒狮》第 100 号，1926 年 9 月 11 日。
② 曾琦：《对于开除共产党后的国民党之三大忠告》，《醒狮》第 65 号，1926 年 1 月 2 日。

义）成了整个的，全世界被统治者被压迫者（工农阶级及弱小民族）对于统治者压迫者之反抗，也汇合起来成了整个的世界革命"，因此，"中国民族解放运动第一个对象是国际帝国主义，而不仅仅是那一个帝国主义的国家"。[①] 国家主义者对"世界革命"讽刺道，当中国的五卅惨案发生后，"何以英国之无产阶级不起而革英政府之命""何以法美日诸国之无产阶级不起而牵制其政府""何以苏俄自称扶助弱小民族而不为我国仗义执言，或径向英人兴师问罪"[②]，可见"所谓'全世界无产阶级联合革命'之说，仅为马克斯之一种空想"[③]。李璜说自己 1919 年留法期间"那时颇以为俄国列宁这个联合世界平民，起来推翻现状的办法是最彻底的，是足以一改旧观的"，因而一度"对于第三国际的主张比较狠表同情"，但后来的事实说明"国际共产主义所根据的平民联合，打破国界，是在事实上办不到的"。[④] 由于国家主义者排斥世界革命，中共因而认定"国家主义"是 18—19 世纪资产阶级革命时代民族运动的口号，在 20 世纪初无产阶级领导的殖民地民族运动中，"这一口号，已属过去的而且是反动的了……已经是分散此运动在内外反帝国主义联合战线之障碍物"，因此，"凡是一个忠于民族革命运动的人，都应该起来埋葬这一过去的反动的障碍物——国家主义！"[⑤] 国家主义者则奉劝马克思主义者"把题目认清些；把情形研究一下。不要抱着几本洋书唱高调，骂爱国褊狭。不从国家入手，单凭罢工怠业，那里就能打破国际帝国的资本主义"[⑥]。

　　共产党、青年党两党对于五卅运动的斗争手段也有不同看法。1925 年 6 月 13 日，曾琦提出"凡华人自办之工厂，不必罢工，以免失业者之增加"，"除英日两国租界以外，商人皆可不必罢市，惟应多出捐款，以救济失工与停职者"。[⑦] 恰好一个星期后，上海总商会召开各业代表大会，认为

---

① 陈独秀：《世界革命与中国民族解放运动》，《新青年》第 5 号，1926 年 7 月 25 日。
② 曾琦：《勖反对重查沪案之各团体》，《醒狮》第 54 号，1925 年 10 月 17 日。
③ 曾琦：《蒋介石不敢复言打倒帝国主义矣！》，《醒狮》第 100 号，1926 年 9 月 11 日。
④ 李璜：《国家主义与世界大势及中国问题》，《醒狮》第 46 号，1925 年 8 月 22 日。
⑤ 陈独秀：《孙中山三民主义中之民族主义是不是国家主义？》，《新青年》第 4 号，1926 年 5 月 25 日。
⑥ 若一（何浩若）：《只要此心不死我们终有一日》，《大江季刊》第 1 卷第 2 期，1925 年 11 月 15 日。
⑦ 曾琦：《论国人对外应注意之四要点与十不主义》，《醒狮》第 36 号，1925 年 6 月 13 日。

罢市损失太大，于 26 日宣告复业。中共据此指责国家主义者是上海总商会的同伙，逐步将国家主义者界定为依附于资产阶级的知识分子。李青锋认为"现在相信国家主义的人虽是多，但是其中的大多数都是属于资产阶级的，而且还是属于资产阶级的反动派一面的"[1]。郑超麟强调国家主义是一种资产阶级学说，"实际上资产阶级推翻外力的压迫为的是创立自己的资产阶级国家，能够单独剥削自己的无产阶级，吸收自己的工农用劳力创造的剩余价值"[2]。瞿秋白批评国家主义者"只准工人为着争民族利益国家体面而罢工，不准工人要求加几分工钱，承认工会而罢工，此等论调，决不能使工人相信的。赞成国民革命而反对阶级斗争这种'学说'，假使对于资产阶级的学者是天经地义，那就对于无产阶级是极端的荒谬"[3]。萧楚女认为"一切的国家主义都是资产阶级保护自己阶级利益的一种政策，中国的国家主义者——醒狮派、孤军派等——自然也不会是例外。因为他们都是小资产阶级知识阶级，没有固定的经济基础，很容易被统治阶级所利用"[4]。恽代英把国家主义者定位为高等知识分子，"在知识与感情方面都应该爱国的，但他们完全依赖帝国主义及其走狗以为生活，实际上多是反革命或摇动不定的，所以嘴里虽然整天说爱国，叫他实际上做起来，是不可能的"[5]。

上海总商会单独退出罢市运动，促使中共加强了对于资产阶级妥协性的警惕。1925 年 9 月，瞿秋白在中共中央机关报《向导》上发表《五卅运动中之国民革命与阶级斗争》，提出只有确立工人阶级对于大革命的领导地位，加强工人阶级对于资产阶级的阶级斗争，才能迫使资产阶级继续留在革命阵营内，"这种斗争里如果无产阶级胜利，便能使民族解放运动得着充分的发展；如果资产阶级得胜，那就中国民族的要求，民权的要求，都要被他们的妥协政策和私利手段所牺牲"[6]。这种以斗争求联合、斗争与联合辩证统一的大革命，在国家主义者看来是讲不通的："一面希望国民革命，要

---

① 李青锋：《"中心人物与中心思想"》，《中国青年》第 87 期，1925 年 8 月 8 日。
② 郑超麟：《醒狮派的国家主义》，《中国青年》第 72 期，1925 年 3 月 28 日。
③ 瞿秋白：《国民会议与五卅运动》，《新青年》第 3 号，1926 年 3 月 25 日。
④ 萧楚女：《中山主义与国家主义》，载中央党史研究室《萧楚女文存》编辑组、广东革命历史博物馆编《萧楚女文存》，中共党史出版社，1998，第 258 页。
⑤ 恽代英：《国民革命与阶级斗争》，《革命生活》第 17 期，1926 年 8 月 25 日。
⑥ 瞿秋白：《五卅运动中之国民革命与阶级斗争》，《向导》第 129 期，1925 年 9 月 11 日。

贫富都联合起来；一面又鼓吹阶级战争，教贫富视为仇敌，这种矛盾的行为实在讲不通，行不去！……你们既然说'资产阶级都怕革命，他们本没有战斗力'。为甚么你们不惜暂时收起招牌加入国民党，——本来是资产阶级的国民党，而去提倡贫富合作的国民革命呢？"[1]针对国家主义者的诘难，恽代英进一步论述了联合与斗争并行的必要性："我们所以要与各阶级合作，乃因为各阶级中可以有革命分子的原故，但我们虽然与各阶级合作，究竟不能不防他们的畏怯妥协的心理；对于他们畏怯妥协的地方，究竟不能不加以攻击；对于这种易于畏怯妥协的各阶级，究竟不能把革命的主要责任放在他们的身上。"[2]

　　然而，青年党却坚决反对阶级斗争的革命手段，而鼓吹一种超阶级的国家观，认为国家是超越阶级的、不是属于哪一个阶级的，"国家的一个最重要的任务，是调和冲突，实现公道，决不是专门保护那一个阶级的，更不是那一个阶级的所有物"[3]，主张发动包括工、农、学、商在内的全民进行所谓的"全民革命"。全国各地、各界人士共同发起的五卅运动，在国家主义者看来就是一场全民革命。青年党号召国民"一致集中于'国家主义'旗帜之下"，"毋再以'世界大同'之说，懈国民'一致对外'之心，'阶级斗争'之论，启国民'自相携贰'之念"。[4]

　　中共对"全民革命"驳斥道："全民"究竟包括哪些人，"若说是抽象的指为全民利益而革命，建设全民利益的政治，则和我们民族解放国民革命之意义相类。若说是具体的指由全民出来革命，由全民管理政治；那么，我们便要问：卖国贼军阀官僚及一切作奸犯科的人，是否也包含在全民之内？若除开这一大批人，还算得什么全民？"[5]至于说到超越阶级的国家利益，这不过是资产阶级欺骗工人阶级的论调，"所谓民族和国家的利益，抛弃了大多数中国被压迫阶级的利益，不知道还有甚么'民族的'、'国家的'

---

① 李璜：《原来列宁说过马克斯主义与国家主义势不两立！》，《醒狮》第 32 号，1925 年 5 月 16日。

② 恽代英：《答醒狮周报三十二期的质难》，《中国青年》第 82 期，1925 年 7 月 18 日。

③ 翊林（陈启天）：《国家存在的理由》，《东方公论》第 52—53 期合刊，1931 年 3 月 20 日。

④ 曾琦：《空前之惨祸与空前之民气！》，《醒狮》第 36 号，1925 年 6 月 13 日。

⑤ 陈独秀：《全民政治与全民革命》，《向导》第 149 期，1926 年 4 月 13 日。

利益"①，这种论调的险恶性"在于他们要使劳工群众跟着资产阶级妥协，丧失自己的阶级觉悟，抛弃自己的阶级斗争——因而始终破坏了此种解放运动。……这种国家主义的影响实际上是帮助一般帝国主义走狗——军阀工贼的"②。萧楚女指出，国家起源于阶级的分化，"只要有'国家'存在，人与人之间的相互关系，便总是不能协和而永远冲突的。所以'国家'和'阶级调和'这两个概念，刚刚是绝对矛盾的"③。青年党认为鼓吹阶级斗争会造成"离间国民之感情，涣散国民之团结"④的后果，中共则针锋相对地回答道："我们只有在事实上，看见工人领导别阶级的民众共同奋斗，高呼召集国民会议，取消不平等条约，使军阀与帝国主义惊惧。"⑤

　　显然，共产党、青年党两党的根本分歧在于选择了两条不同的革命道路。既然不能说服共产党放弃阶级斗争的手段，青年党于是将共产党视为"全民革命"的对象。曾琦认为共产党、军阀、列强是压在中国人身上的"三重压迫"，全民革命的第一步是排斥共产党，第二步是打倒军阀，第三步是抵抗列强。⑥对于中共来说，尽管对青年党的革命性已有所质疑，但在打倒封建军阀的民主主义革命阶段，青年党仍在争取之列。陈独秀指出五卅运动中的过激派、和平派都是自家人，"我们的仇敌乃是帝国主义者与军阀，我们要认清仇敌与自家人，为反对仇敌，自家人应该合作，万万不可与仇敌合作来反对自家人；更希望大家今后一致起来巩固我们民族运动的联合战线"⑦。瞿秋白奉劝国家主义派"快些醒醒罢，否则恐怕太迟了。现在我们凡是要求中国民族解放的一切阶级，都应当赶紧联合起来，一致向帝国主义军阀及一切反动势力进攻"⑧，并强调为了促成国民会议的召开，国家主义派和国民党右派都是应该联合的对象，"各地工商学农各界，国家主义，国民党右派，国民党左派，共产主义派，大家联合起来组织国民会议促成

---

① 瞿秋白：《五卅运动中之国民革命与阶级斗争》，《向导》第 129 期，1925 年 9 月 11 日。
② 瞿秋白：《义和团运动之意义与五卅运动之前途》，《向导》第 128 期，1925 年 9 月 7 日。
③ 萧楚女：《反抗"五卅"惨杀运动中所见的阶级斗争》，载《萧楚女文存》，第 291 页。
④ 曾琦：《共产党之复古反动与反革命》，《醒狮》第 68 号，1926 年 1 月 23 日。
⑤ 子云：《答醒狮》，《中国青年》第 114 期，1926 年 2 月 20 日。
⑥ 曾琦：《三重压迫下之中国人》，《醒狮》第 59 号，1925 年 11 月 21 日。
⑦ 陈独秀：《对于上海五卅纪念运动之感想》，《向导》第 156 期，1926 年 6 月 3 日。
⑧（瞿）秋白：《五卅案重查的结果与国民革命的联合战线》，《向导》第 142 期，1926 年 1 月 14 日。

会，就当地实行民众的意志，组织武装力量，反抗军阀的统治"①。青年党却决绝地表示，青、共"汉贼不两立""邪正不相容"，"有共产党即无爱国派，有爱国派即无共产党"。②左舜生也认为"要国家主义者与共产党携手，恐怕海枯石烂也是无望的"③。

1925年12月，中国共青团中央执委发表《告孤军社醒狮社诸君及一般国家主义的青年》，强调双方的奋斗目标一致，"我们都是一样希望中国早日达到独立自由的地位，组织人民的政府"。然而，青年党却诬称中共"所谓中国的独立自由，不过是让苏俄可以自由宰制中国，独霸东亚。……他们所谓'组织人民的政府'，是指共产党组织或共产党操纵的专制政府，当然不是我们爱国青年所希望的政府"。共青团中央执委还表达了相互合作的意愿："我们愿意与你们共同负起救中国的大责任，我们愿意与你们共同准备与一切压迫破坏这个民众运动的反动势力奋斗。"④然而，青年党却质疑中共的诚意，认为"中共一向的惯技是'表面'是一个主张，'里面'又是一个主张的"，假如中共真有诚意，就应该"停止宣传共产主义"，"停止假借外力增长内乱"，"驱逐俄人鲍罗廷及加伦"，否则，青年党断不肯与中共合作。⑤

1926年3月北京"三一八"惨案发生后，中共邀请青年党参加反段祺瑞政府市民大会。这是北伐前夜中共对青年党的最后一次争取，但遭到了对方的断然拒绝。青年党坚定的反共立场、彻底的不合作态度，让中共大失所望。于是，中共开始全盘否定青年党的革命性，斥之为"反动""反革命"，认为"中国国家主义者的根本任务并不在'外抗强权'，只在攻击世界无产阶级的前锋中国民族革命的友军苏俄；并不在'内除国贼'，只在攻击中国民族运动的领导者工人阶级及其政党共产党"。⑥瞿秋白从五卅运动时期中国社会阶级分化的角度揭示了青年党"反动""反革命"的社会根源，认为"无产阶级在这国民革命过程中，确已占得多份的优势"，资产阶级

---

① 瞿秋白：《国民会议与五卅运动》，《新青年》第3号，1926年3月25日。
② 曾琦：《抗英驱俄灭赤救国之意义》，载《曾琦先生文集》（上），第145—147页。
③ 左舜生：《共产党是可与合作的吗？》，《醒狮》第60号，1925年11月28日。
④ 《告孤军社醒狮社诸君及一般国家主义的青年》，《中国青年》第107期，1926年1月4日。
⑤ 《答共产主义青年团并告爱国同胞》，《醒狮》第62号，1925年12月12日。
⑥ 超麟：《替段祺瑞辩护之国家主义者》，《向导》第148期，1926年4月3日。

"看见国民革命的进行中资产阶级要牺牲自己的私利……于是开始反动而求争回革命的指导权以消灭革命"，于是而有"国民党右派和国家主义派的兴起"。①

1926 年 7 月，由国、共合作领导的北伐战争打响。青年党认为北伐就是一场军阀混战，"什么唐生智，方本仁，袁祖铭，杨森……等等旧军阀——祸国殃民的军阀——现在都一跃而为革命军的领袖了"②，"考此辈军阀，来助革命军北伐，不外两种心理：或系师出无名而欲借名义以自重，或系日暮途穷，而欲得点钱财以自保；此种人而欲其了解主义，以始终从事革命，实行救国，岂不是大笑话"③。为了抵制大革命的洪流，青年党一度投向北洋军阀吴佩孚、孙传芳的阵营。曾琦对此辩护道："当本党受国共两党压迫时，予不得已而奔走南北，广交各军领袖，借其掩护以图生存。"④李璜后来也辩称："在国共合作期中，凡国民革命军力量所及之处，固不容我们反共抗俄的青年党人立脚，而在国共分裂之后，胡汉民诸人倡'党外无党'的一党专制，也对我们异党的压迫，丝毫未曾放松；我们的同志除上海租界外，只好集中到北方与四川去。"⑤曾琦化名"王奇"充当了直系军阀孙传芳的机要，余家菊出任了孙传芳的金陵军官学校军事教官。孙传芳试图借重国家主义来对付南方有"主义"的军队，命令部下订阅《醒狮》周报，"特令行所属各机关长官职员等，一律订阅该报，并令饬淞沪戒严司令李宝章及警察厅长刘嗣荣，转令所属及警察之各局署所队及内部各科，集资各购一份备阅，俾得普遍，而收宣传之效果"⑥。曾琦还向直系军阀吴佩孚建言"重振北洋武力，发扬民族正气，以国家主义精神来训练军队，对外反俄，对内讨赤，先平南方，然后挥军北上，号令群雄，统一中国"⑦。孙、吴覆灭后，青年党人又仓皇北上，托庇于奉系军阀张作霖。

---

① 瞿秋白：《国民革命运动中之阶级分化》，《新青年》第 3 号，1926 年 3 月 25 日。

② 丙初：《读"中国少年自强会解散宣言"后的感想》，《醒狮》第 114 期，1926 年 12 月 11 日。

③《中国国家主义青年团第一次全国代表大会对于时局宣言》，《醒狮》第 97 号，1926 年 8 月 22 日。

④ 曾琦：《外患声中之军阀暴行》，载《曾琦先生文集》（上），第 313 页。

⑤ 李璜：《谈书生救国》，《民主潮》第 13 卷第 12 期。

⑥《宁孙提倡醒狮周报》，《上海商报》1927 年 2 月 9 日。

⑦ 汪潜：《青年党——国家主义者前期反动活动》，载中国人民政治协商会议四川省委员会、四川省省志编辑委员会编《四川文史资料选集》第 12 辑，内部发行，1964，第 48 页。

　　在这种情况下，中共将青年党直接列为大革命的对象。陈独秀认为中国社会存在军阀、军阀的走狗、帝国主义的走狗三种反革命派，研究系、国家主义派和国民党右派都是军阀的走狗。[①]刘仁静认为"国家主义者是分裂国民革命的各阶级联合战线与反帝国主义的国际联合战线的最坚决的主张者，是民族运动的死敌"[②]。1926年9月，《中国青年》发表《国家主义是什么？》一文，从无产阶级世界革命的视野，将国家主义定位为一股反动的社会思潮："国家主义是欧战以后，无产阶级革命潮流高涨所激起的一种极反动的思想……国家主义是仇视无产阶级，企图征服无产阶级的主义。……中国的国家主义也是乘中国工人在国民革命中渐取得领导地位而兴起的。"[③]青、共之间的革命论战因北伐战争爆发而结束，双方关系也彻底决裂。

四、北伐战争后国家主义派思想的变化

　　1926年7月，由国共合作领导的北伐战争打响。北伐军势如破竹，经过近十个月的征战，相继占领了湘、鄂、赣、浙、皖、苏等省的全部或一部，基本消灭了军阀吴佩孚、孙传芳的军队。

　　许多青年，包括过去信仰国家主义的青年，都为北伐的革命潮流所欢呼，都为北洋军阀的溃败感到由衷的高兴。1926年11月，与国家主义派联系紧密的中国少年自强会在《教育杂志》《觉悟》等报刊上发表解散宣言，称："国内情形，就政治方面说，则军阀与帝国主义勾结，分区宰割，奴隶人民，譬如中古时代的封建制度……幸而南方革命势力，渐次进展，军阀纷纷崩溃，国家前途，顿呈一线曙光"，表示今后"放弃国家主义，与进步的革命青年合作"。[④]在这革命与反革命势力烽火交接、厮杀搏斗的紧要关头，平时自称"最革命"的青年党却隔岸观火、作壁上观；他们除了对大革命品头论足以外，没有任何实际作为。这也导致了一些国家主义者的不满和离开。国家主义团体起舞社的发起人宋继武失望地说，他在这时才明

[①] 陈独秀：《十月革命与东方》，《向导》第178期，1926年11月15日。
[②]（刘）仁静：《评国家主义青年团的对时局宣言》，《中国青年》第133期，1926年9月7日。
[③] 代英、楚女：《国家主义是什么？》，《中国青年》第133期，1926年9月7日。
[④]《中国少年自强会解散宣言》，《教育杂志》第18卷第12期，1926年12月20日。

白了青年党"不是救国，乃是卖国"，"明白了他的策略不统一，和人材之贫陋"。①

与此同时，国家主义也成了大革命的对象。北伐以前，广州国民政府就举办过"反国家主义周""反国家主义大游行"，对包括《醒狮》周报在内的国家主义书刊予以查禁与销毁。北伐打响后，国家主义派径直沦为了大革命要打倒的对象，"中国国家主义派的领袖曾琦余家菊等，那一个不是做了帝国主义的走狗？那一个不是做了军阀的爪牙？曾琦曾受英国帝国主义的津贴，余家菊曾为孙传芳之秘书长"②。随着北伐战争发展到长江流域，湘、鄂、赣等地的国家主义派早已分崩离析。正如国民党人士所说："自从本党北伐胜利之后，定都了南京。往日号召一般江浙青年学生们的国家主义派，便就销声匿迹，众叛亲离了！他们民厚里的狮子社，也就变成'昔时王谢堂前燕'了！"③

在北伐战争的冲击下，国家主义派的思想出现了某种新的面貌，这主要表现为加强了对于民主政治的阐述和鼓吹。北伐军捷报频传，国民党统一中国似指日可待。国家主义派希望新生的政权能够实行民主政治。1926年9月，国民革命军占领武汉，曾琦发表《吾人对于国民党之真正态度》，对国民党提出十点希望，其中有三点涉及民主政治："希望国民党了解'政党政治'之功用，在乎两党以上，对峙鼎立，相反相成，毋迷信'一党专政'之说"；"希望国民党毋忘孙中山先生民权主义之真义，党军所到之地，不能任意解散议会，破坏民主政治之基础"；"希望国民党毋采专制帝王钳制言论之方法，禁止反对党一切言论，示人以不广"。④1927年7月，青年党召开第二次全国代表大会，发表《对时局宣言》，表示愿与国民党"彼此携手，建设反抗列强扑灭军阀铲除共产的联合战线"⑤。从1926年10月10日发行的105期开始，《醒狮》周报的言论重心从鼓吹全民革命转移到了鼓吹民主政治。

---

① 宋继武：《又一个国家主义的叛徒》，《觉悟》，1926年11月30日。
② 颂壬：《查禁国家主义派》，《津浦三日刊》第19期，1928年12月1日。
③《国家主义派休矣！》，《上海党声》第17期，1930年。
④ 曾琦：《吾人对于国民党之真正态度》，《醒狮》第106期，1926年10月16日。
⑤《中国国家主义青年团全国代表大会对时局宣言》，《醒狮》第141期，1927年7月23日。

　　1927 年 3 月，上海被国民革命军占领后，醒狮周报社被迫迁至北京。几乎与此同时，一份鼓吹"民主国家主义"的国家主义刊物——《新国家》杂志——在北京创刊，北京一时成了国家主义的大本营。从 1927 年初到 1928 年 5 月，《新国家》杂志共出版发行 2 卷 15 期，编辑有靳荣禄、王乐三、徐敬五等。余家菊、陈启天、常乃德（即常燕生）等均为《新国家》撰稿。该杂志《发刊词》宣称："夫欲图民主政体之实现，而谋国家之安全，厥惟遵行民主国家主义，一刷历来之腐败，而谋新建设。"[①] 所谓"民主国家主义"，实际上是在国家主义的旗帜下宣传民主政治，与《醒狮》周报这个时期的宣传重点不谋而合。从《新国家》《醒狮》周报上刊登的文章来看，国家主义派的民主政治主张主要是鼓吹政党政治。

　　国家主义派系统阐述了政党政治的精义。首先，政党政治是民主政治的基石。民主政治的精髓"是说主权属于全国人民，政治要以民意为指归"，而民意的制造与表达都离不开政党。因为社会上分散着众多的阶层与利益群体，"若求一全国共同的民意，恐怕很难"，只有透过政党的组织与引导，全国民众在经济利益、政治权利、对外政策等重大问题上才能达成一个基本的共识。同时，民主政治重要的实践形式——选举，也与政党有着莫大的关系。"选举可分为两层：一曰推选候补人；二曰运动选举。"推选候补人是政党的重要事务，"选择相当的候补人决非涣无组织的一般群众所能胜任"。而发放竞选资料、调动选民投票提供后勤服务等具体活动，也只有通过政党在各地的基层组织才能及时有效地完成。因此，没有政党就没有真正的选举。总之，"讲民主主义自然要承认政党，而政党亦就是实行民主主义的唯一手段"。[②]

　　其次，反对党的存在是政党政治正常发展的必要条件。对"反对"的认同（recognized opposition）是政党政治的基本价值观念，其哲学依据来源于自由主义。在西方宪政语境中，反对党的存在是自由存在的标志。国家主义派对此深有认识。1928 年 8 月，国民党二届五中全会宣布国家进入训政时期。同年 10 月，国民党中常会通过《训政纲领》，确立了国民党一党专

---

① 《发刊词》，《新国家》创刊号，1927 年 1 月 1 日。
② 乔万选：《政党与民治》，《新国家》第 1 卷第 5 期，1927 年 5 月 1 日。

政的政治体制。国家主义派为此公开发表了《致国民党书》，申明民主政治的精髓"在有两党以上各标其不同之主张，以求决于选民，甲党得多数之拥护而在朝，乙党则尽其在野监督之责，乙党执政，甲党亦然；如是相反相成政治乃日趋于进步，此近世立宪国家之通例也"，国民党若尊重民主政治的精神，"取消一党专政，吾人亦党以在野之资格，为善意之监督"。[①] 从《致国民党书》中不难发现，国家主义派所理解的"反对党"具有以下特征：第一，反对党具有与执政党独立平等的法律地位；第二，反对党完全可能获取政权；第三，反对党获取政权的方式是和平的，即在取得大多数民意后执政。这完全符合西方宪政语境中的反对党理念。在国民党的"训政"体制下，国家主义派争取合法的反对党地位的努力，无异于向国民党一党专政的公开挑战。

再次，政党政治的核心原则在于权力的监督与制衡。在西方宪政语境中，基于对人性"恶"的认识，每一种权力机制的设计都伴随着相应的监督体系的产生。政党政治也不例外。国家主义派强调政党"彼此互相监督，立朝之党，有所惮而不敢为恶，在野之党，有所待而展其怀抱"；国家主义派非常细致地描述了权力监督机制在政党政治中的运作方式，即"政党用一种政策运动选举，人民本政策而定取舍。假使多数赞成甲党则甲党胜，赞成乙党则乙党胜。胜者执政，败者下野。既得政权不能不推行政策，否则下届选举敌党必起而代之。因此缘故，敌党必时刻注意于执政党之一举一动；而执政党亦必时刻监督其选手；而选手亦不敢忘恩负义背叛党纲"。[②] 这里涉及政党监督的两个层面，即党际监督、党内监督，均系针对执政党而言，遏制权力滥用的意图很明显。国家主义派强调，失去强有力的在野党，政党政治的竞争性必下降。因此，在野党即使处于不执政的地位，也须同执政党一样，"时时改善其政策，以图取得政权"，对国家与选民的利益负责。国家主义派进一步运用政党监督的原理，指出国民党一党专政的三大弊端："一则无在野党之监督，而本身有易趋于腐化之势；二则功利之徒纷纷趋赴，使党内之分子愈杂，派别愈多，博'党外无党'之虚名，而收'党

---

① 《中国国家主义青年团致国民党书》，《醒狮》第 188 期，1928 年 9 月 1 日。
② 乔万选：《政党与民治》，《新国家》第 1 卷第 5 期，1927 年 5 月 1 日。

内有派之实祸'；三则正直之士断难屈服，为贯澈其所信之主张计，必相聚而自成一党，不能公开则出以秘密，不能决胜于议院，势必决胜于疆场；此所谓逼朋友为仇雠，化温和为激烈，徒自种荆棘以障碍成功而已。"[1]

最后，政党政治有益于提高民众的参政能力。政党组织是一所政治学校，"凡愿参加实际政治运动的人们，必须要入这个学校去学习。学习主义可以确定个人的方针，学习组织可以增加团结的力量。学习宣传与训练可以增长办事的本领。学习策略与行动可以养成应付事变的才能"[2]。

国家主义派对政党政治的重要原理，如权力的监督与平衡、对"反对"的认同，做出了较为深入细致的阐述，其政党政治主张不仅符合自由主义民主政治的原则，同时具有反对国民党一党专政的进步意义。

北伐胜利后，夺得政权的国民党逐步确立了一党专制的政治体制。起而反对一党专制、倡导民主政治的不唯国家主义派，还有其他政治势力，如以梁启超为核心的研究系、以胡适为核心的自由知识分子。梁启超一方面赞赏国、共"打倒万恶的军阀""万恶的军阀，离末日不远了"，但另一方面又认为"党人之不能把政治弄好，也是看得见的"。[3]梁启超因而对国家主义派寄予了厚望，认为"现在国内各党派中惟有'国家主义青年团'一派最有希望，近来我颇和他们为交谊的接洽"，"恐怕将来要救中国，还是要看这一派的发展运用如何"。[4]国家主义派也不停劝说梁启超出山收拾局面。1927年5月，梁启超在一封家书中写道："许多部分人太息痛恨于共党，而对于国党又绝望，觉得非有别的团体出来收拾不可，而这种团体不能不求首领，于是乎都想到我身上。其中进行最猛烈者，当然是所谓'国家主义'者那许多团体"；研究系内部对待国家主义的态度并不一致，"我（即梁启超——引者注）的朋友、门生对这个问题也分两派：张君劢、陈博生、胡石青等是极端赞成的，丁在君、林宰平是极端反对的"。[5]张君劢对国家主义派的支持表现为与李璜于1928年2月在上海共同创办了《新路》杂志。当时

---

① 《中国国家主义青年团致国民党书》，《醒狮》第 188 期，1928 年 9 月 1 日。
② 陈启天：《政党与政治运动》，《醒狮》第 189 期，1928 年 9 月 8 日。
③ 丁文江、赵丰田编《梁启超年谱长编》，上海人民出版社，1983，第 1112 页。
④ 丁文江、赵丰田编《梁启超年谱长编》，第 1112 页。
⑤ 丁文江、赵丰田编《梁启超年谱长编》，第 1129—1130 页。

李璜被国民党安上"反革命教授"的罪名而四处逃窜，张君劢则顶着"进步党余孽"的头衔而倍感压抑，两人苦于"精神上都无出路"，于是合办刊物来表达对于时局的态度与意见。除了联合创办《新路》杂志外，李璜还邀请张君劢为青年党的干部学校上海知行学院授课。张君劢甚至一度萌发加入青年党之意，终因故作罢。

通过张君劢，李璜还进一步结识了胡适及其《新月》同人。1926年7月北伐战争刚打响时，胡适取道莫斯科前往英国伦敦参加庚款会议，次年1月又去了美国，回到国内已是1927年5月。当时蔡元培等一批自由知识分子已经加入了国民政府，这让胡适对国民党政权增添了一分好感："蔡元培、吴敬恒不是反动派，他们是倾向于无政府主义的自由论者。我向来敬重这几个人。他们的道义力量支持的政府，是可以得着我的同情的。"[1]凭着巨大的个人影响力，胡适在上海很快就聚集了一批自由知识分子（如徐志摩、梁实秋、罗隆基等人），于1928年3月10日创办了《新月》月刊。国民党当局有意拉拢胡适，胡适则表示"留一两个人独立于政治党派之外，也是给国家培养一点元气"，同时向国民党当局提出"根据中山的《革命方略》所谓训政时代的约法，请三四十个人（学者之外，加党、政、军事有经验声望的人）起草，为国家大政立一根本计划以代替近年来七拼八凑的方法与组织"的建言，愿为新政权出力的意图比较明显。[2]1928年5月，胡适出席南京全国教育会议，被邀请"来做建设事业"，胡适提出"给我们钱""给我们和平""给我们一点点自由"[3]三个前提条件，表明了愿与国民政府合作的态度。同年12月，胡适参加南京中基会会议时，对时局感到比较乐观："现政府虽不高明，但此外没有一个有力的反对派，故可幸存。若有一年苟安，中下的人才也许可以做出点事业。"[4]

胡适创办《新月》的宗旨与张君劢、李璜创办的《新路》杂志相近，都是抨击国民党的一党专制，"此即为双方接近，提供了精神上的投契基础"[5]。

---

① 胡适：《追念吴稚晖先生》，《自由中国》第10卷第1期，1954年1月1日。
② 胡适：《日记（1928年4月28日）》，载《胡适全集》第31卷，第67页。
③ 胡适：《日记（1928年5月19日）》，载《胡适全集》第31卷，第112页。
④ 胡适：《日记（1928年12月4日）》，载《胡适全集》第31卷，第292页。
⑤ 陈正茂：《同为"北大人"——记胡适与李璜的情谊》，《传记文学》2009年第94卷第5期。

李璜晚年在《学钝室回忆录》中记述了他与胡适往来的情况："民国十七年夏末于上海张君劢处，认识其弟禹九，后又因禹九请客，得晤见胡适之、潘光旦、徐志摩、刘英士、梁实秋、邵洵美诸人。适之其时在吴淞中国公学当校长；……其时适之与禹九、储安平诸人正在上海办《新月》杂志，且经营一间新月书店，每周'新月派'中人必有一次聚会，适之也请我去参加这一聚会，计有三四次。适之要我为《新月》杂志写文。……再三约定，我只得写了一篇长文，介绍法国涂尔干派的对古史研究的社会学方法，并及于法国汉学家用此方法对中国古史的研究贡献。"[1]陈启天、刘大年等青年党人也为《新月》撰稿。通过鼓吹自由民主政治，国家主义派与自由知识分子建立了沟通与互动的基础，国家主义派的思想内涵也相应发生了一些变化。进入30年代后，尤其是七七事变后，以国家主义派为基础的青年党活跃于中国的政治舞台上。中国民主政团同盟便是在"三党三派"联合的基础上成立的，其中"三党"就包含了青年党。此是后话，于此不论。

第二节　现代评论派的政治思想和对它的批判

"现代评论派"是对以《现代评论》为纽带而形成的自由主义知识分子群体的称呼。《现代评论》创刊于1924年12月，其创办者、编辑者和主要作者大多是北京大学的教员，是留学欧美回国的自由主义知识分子。他们崇信和提倡自由主义思想，倡导自由、理性与容忍，反对根本解决的社会革命，而主张温和渐进的社会改良。面对大革命时期风起云涌的民众运动，他们表现出了两面性：一方面，他们重视和肯定民众运动；另一面，他们又希望民众运动能在他们所认为的理智、秩序、和平之方式下进行。鲁迅曾和现代评论派展开过激烈笔战，笔战反映的是知识分子内部，自由主义知识分子与左翼知识分子，或留学欧美回国的知识分子与留学日本回国的知识分子的思想分歧。

---

[1] 李璜：《学钝室回忆录》，第237页。

一、《现代评论》与现代评论派的形成

"现代评论派"因《现代评论》而得名。1924 年 12 月，一些曾经留学过欧美、当时正在北大和其他北京高校任教的一批教授和文化人刊办了一份以政论为主，同时也发表文艺作品和评论以及其他一些文章的周刊，取名《现代评论》。《现代评论》创刊后，人们便把《现代评论》的主要成员，统称之为"现代评论派"。最早使用这一名称的可能是鲁迅。1926 年底，鲁迅在写给许广平的信中有"'现代评论'派"的用法："'现代评论'派的势力，在这里我看要膨涨起来，当局者的性质，也与此辈相合。"[①] 鲁迅有时又称"现代评论派"为"现代系"。如 1928 年 4 月 20 日，他在《我的态度气量和年纪》中写道："我'和西滢战'了以后，现代系的唐有壬曾说《语丝》的言论，是受了墨斯科的命令。"[②]1933 年，瞿秋白在《〈鲁迅杂感选集〉序言》中也沿用了鲁迅"现代评论派"的用法。[③] 此后，这一用法就沿用至今。

要搞清现代评论派的形成，就不能不讲到"太平洋社"和"创造社"。1924 年 12 月 31 日出的《学艺》月刊曾有过《〈现代评论〉出版了!》的报道，其中说："《现代评论》撰述人，包含'太平洋''创造'两社全部社员和其他国内有名杂志的执笔者。"

太平洋社主要是由留学欧美回国的一些知识分子组成的群体，因创办《太平洋》杂志而得名，其主要成员有李剑农、杨端六、周鲠生、王世杰、陈西滢、燕树棠、丁西林、李仲揆（李四光）、皮宗石等，经常在《太平洋》杂志上发表文章的还有陶孟和、李大钊、郁达夫、田汉、彭一湖等。《太平洋》杂志创刊于 1917 年 3 月，原定月刊，每卷 12 期，从第 2 卷起改为双月刊，每卷 10 期，系综合性刊物，以政论为主，文艺为辅，主编先是李剑农，后是杨端六，社址先设在上海，后迁到北京。李剑农是湖南人，曾留学过日本和英国，在留学日本期间，和同为湖南人的章士钊关系较好，经常给章士钊主编的《甲寅》月刊写稿，深受章氏思想的影响。所以后来他主编《太平洋》杂志时，也和《甲寅》月刊一样，开设有"论说""海外大

---

① 鲁迅：《两地书·五八》，载《鲁迅全集》第十一卷，第 161 页。
② 鲁迅：《我的态度气量和年纪》，载《鲁迅全集》第四卷，第 108 页。
③ 倪邦文：《"现代评论派"的团体构成》，《新文学史料》1995 年第 3 期。

事评林""译述""通讯""文苑""小说""国内大事记"等栏目。除宣传资产阶级的民主、自由、法治、宪政、地方自治等理论外，《太平洋》杂志对中国外交尤其关注，发表过许多有关这方面的文章。我们在本卷第九章第三节中已经提到，国际联盟成立前后，讨论国际联盟的有关问题，是《太平洋》杂志最主要的内容之一，还开辟过"国际联盟号"（第2卷第2号，1919年12月5日）。在具体的政治主张上，《太平洋》杂志主张"联省自治"，出版过"联省自治号"（第3卷第7号，1922年9月5日），李剑农还参加过湖南的"联省自治"运动。1920年，他接受湖南省省长赵恒惕特聘，参与湖南省宪法的起草，1921年12月担任湖南省省务院院长兼湖南省教育司司长，后因与当局政见分歧，愤而辞职。《太平洋》杂志创刊不久，就遇到了不小困难，很难按时出版发行，第1卷出版于1917年3月，一直过了两年零八个月（1919年11月）才出版第2卷，1921年6月出版第3卷后，又过了两年零两个月（1923年8月）才出版第4卷，加上1920年后李剑农的离开，《太平洋》杂志的困难就更多起来，所以到了1924年，主编杨端六等人曾两次向创造社的郁达夫提出，《太平洋》与创造社的《创造周报》合并，但被创造社所拒绝。1924年12月初，《太平洋》杂志出了第4卷第9号，再过了半年，出版第4卷第10号，亦即第4卷的所有10期出齐后，宣布停刊。

如果说太平洋社是由留学欧美回国的一些知识分子组成的群体，那么，创造社主要是由留学日本回国的一些知识分子组成的群体，因先后创办《创造季刊》《创造周报》和《创造日》副刊而得名，其主要成员有郭沫若、郁达夫、成仿吾、张资平、田汉等。其中《创造周报》于1923年5月13日创办于上海，是一种纯文学刊物，作者主要是郭沫若和成仿吾，据学者统计，《创造周报》共出版52期，发稿201篇，撰稿人34名，其中郭、成二人就撰稿105篇，占总篇数的50%还多，郁达夫撰稿12篇，倪贻德10篇，其余大多一至两篇，或三五篇而已。[1]

《太平洋》杂志的主要成员是留学欧美回国的知识分子，而《创造周报》的主要成员是留学日本回国的知识分子，留学欧美回国的知识分子受欧美

---

[1] 黄裔：《追本溯源：重探现代评论派》，《中国文学研究》1991第4期。

自由主义思想的影响一般倾向于自由主义，留学日本回国的知识分子受当时日本军国主义和激进思潮的影响，或思想反动，或倾向激进；《太平洋》杂志的内容以政论为主，文艺为辅，而《创造周报》只谈文艺，少谈政治，是一份纯文学刊物。这样两类思想倾向不同的人又怎么会走到一起，将两种不同内容的刊物合并为一种刊物的呢？这就涉及《太平洋》杂志和《创造周报》所面临的困难，以及一些复杂的人事关系。我们前面已经提到，《太平洋》杂志自创刊不久，就很难按时出版发行，到了后期困难更大，于是他们提出与《创造周报》合并。他们为什么提出与《创造周报》合并而不是和其他刊物合并呢？我们前面已提到，李剑农是湖南人，实际上，除李剑农外，《太平洋》杂志的后期主编杨端六以及核心成员周鲠生、皮宗石等也都是湖南人，而创造社的成仿吾同样是湖南人，他们有同乡之谊。这是原因之一。《太平洋》杂志的主要成员如周鲠生、王世杰、陈西滢、燕树棠、丁西林等当时都是北京大学的教员，1923 年，郁达夫接任去俄国留学的陈启修到北京大学讲授统计学，这样就成了周鲠生、王世杰、陈西滢、燕树棠、丁西林等人的同事，而且关系较为密切。这是原因之二。《太平洋》杂志的李剑农和杨端六都先留学过日本，后又到英国留学，杨端六在日本留学时，恰巧与郭沫若是校友，并且还经常走动，经常聚会。[①] 这是原因之三。除这三个方面的原因外，另一重要原因是：《太平洋》杂志的作者主要是北京大学和北京其他高校的教师，而出版发行则是在上海，因而采取的运作模式，是北京的同人在北京把稿子编好后，再寄给在上海商务印书馆任职的杨端六，由他负责印刷出版。但一来当时的邮寄不像现在这样方便，二来杨端六除任商务印书馆的会计主任外，还在上海吴淞中国公学兼任经济学、会计学教授，特别忙，根本无暇处理《太平洋》杂志的印刷出版事宜，这也是《太平洋》杂志不能按时出版的一个重要原因。而《创造周报》也是在上海印刷出版，如果两刊合并，印刷出版就比较方便。正是基于上述几个方面的原因，当《太平洋》杂志遇到困难后，杨端六、周鲠生等人提出了合并的建议，即：《太平洋》停刊，他们加入创造社队伍，与郭沫若、成仿吾等人合办《创造周报》，前半部分政治，由他们负责组稿编稿，后半

---

① 郭沫若：《创造十年》，载《学生时代》，人民文学出版社，1979，第 157 页。

部分文艺，由郭沫若、成仿吾等人负责组稿编稿，然后合并到一起出版发行。对于杨端六、周鲠生等人的建议，郭沫若、成仿吾没同意，"他们认为，太平洋社的那些从英国回来的学者太绅士化，官僚气太重，不好合作。况且，把文艺作为政治的附属，创造社有些难以接受。于是，他们又提出另一建议，《创造周报》由两社轮流编辑，一期政治，一期文艺。但这个建议失却了合作的主要意义，想借文艺做调剂以推广政论（说反了，应是想借政论做调剂以推广文艺——引者），因而太平洋社没有同意，事情也就搁浅了"[①]。但不久《创造周报》也遇到了严重困难。先是郁达夫到北大任教，没有多少时间为《创造周报》写稿了，后来郭沫若也去了日本。本来《创造周报》主要是靠郭沫若、成仿吾和郁达夫三人支撑着的，如今只剩成仿吾一人，不仅稿源严重缺乏，编辑人手也不够，而且成仿吾也已决定要南下广东。无奈之下，1924 年 5 月中旬，《创造周报》创刊满一年、出了第 52 期后宣布停刊。在停刊号上，成仿吾写了《一年的回顾》一文，回顾了一年来的奋斗与艰辛，最后他写道：《创造周报》虽然要停刊了，但"我们决不是卑怯的逃避者，我们也决不愿意放弃我们的工作。我们的文学革命，和我们的政治革命一般，须从新再来一次。我们休息一时，当是一种准备的作用。不等到来年，秋风起时也许就是我们卷土重来的军歌高响的时候。亲爱的朋友们哟，请等待着，等待我们卷土重来的雄壮的鼙鼓！"[②] 于是就有了我们前面提到的与《太平洋》杂志的合并重新创办一份刊物——《现代评论》的计划。

当然，《现代评论》的出版，也与国民党的活动有关。1924 年 1 月，国民党第一次代表大会召开后，在国共合作的推动下，大革命运动在全国迅速兴起。10 月，发生了冯玉祥领导的"北京政变"，总统曹锟被监禁，由段祺瑞出任中华民国临时执政，段上台后即电请孙中山来北京共商国是。正是在这一背景下，为扩大国民党在北方的影响力，国民党人找到了与他们有较多联系的王世杰、周鲠生、彭学沛等人，给他们出经费，要他们办报刊。陈西滢曾告诉陈纪滢说："当时正值孙（中山）、段（祺瑞）联盟合作时期，汪精卫主张在北方办一个刊物，由段拿出一千银元作开办费用。这笔

---

① 倪邦文：《"现代评论派"的团体构成》，《新文学史料》1995 年第 3 期。
② 成仿吾：《一年的回顾》，《创造周报》第 52 号，1924 年 5 月。

款是李石曾先生转到。"①陈翰笙晚年也有回忆:"当时,国民党左派胡汉民出了5000元给北大教授王世杰,在北京创办《现代评论》周刊。我和北大英美派教授们熟识,是《现代评论》的编辑之一。"②钱端升也曾回忆说:"皮宗石对我讲过,开始办《现代评论》,是汪精卫拿出来的一笔钱。"③上述陈西滢、陈翰笙、钱端升、皮宗石这四人中,陈西滢(即陈源,字通伯)和皮宗石(字皓白)是《太平洋》杂志的创办者和主要作者,也参与了《现代评论》的创办,陈西滢还负责《现代评论》前两卷的文艺稿件;陈翰笙(原名陈枢)和钱端升都是1924年才留学归国,分别在北大和清华大学任教,所以《太平洋》杂志和他们没有多少关系,但他们都是《现代评论》的编辑和主要作者,与参与创办《现代评论》的一些人关系较为密切,钱端升还是王世杰的连襟。他们的回忆应该说是可以采纳的。

1924年12月13日,经过长时期酝酿的《现代评论》周刊终于在北京出版了。创刊号上的《本刊启事》称:"本刊内容,包函关于政治,经济,法律,文艺,科学各种文字。本刊的精神是独立的,不主附和;本刊的态度是研究的,不尚攻讦;本刊的言论趋重实际问题,不尚空谈。凡对于本刊,愿锡佳作者,无论为通信或论著,俱所欢迎。本刊同人,不认本刊纯为本刊同人之论坛,而认为同人及同人的朋友与读者的公共论坛。"④本来《现代评论》是由创造社和太平洋社合办的,但实际上创造社的郭沫若、成仿吾并没有参与《现代评论》创办和后来的运作,郁达夫虽然代表创造社参与了《现代评论》的创办,并在创办之初也参与过编辑事务,但不久他就在《十一月初三日》这篇小说中,借主人公的口,叹息自己做了"登场的傀儡","为增加人家的美处而存在的小丑"。⑤他们三人为《现代评论》写的稿子也不多,一共只在《现代评论》发表了8篇文章,其中郭沫若只发表过一篇小说《亭子间中的文士》和一篇追悼孙中山的散文《哀感》。可以说,《现代评论》从创办到后来的运作基本上都是由太平洋社的成员全权负

① 陈纪滢:《陈通伯先生一生的贡献》,《传记文学》1970年第6期。
② 陈洪进记《陈翰笙同志谈〈地下工作二十五年〉》,载张春年、陆国俊主编《陈翰笙百岁华诞集》,中国社会科学出版社,1998,第279页。
③ 马光裕记录整理《钱端升谈〈现代评论〉周刊》,《中国现代文学研究丛刊》1990年第2期。
④ 《本刊启事》,《现代评论》创刊号,1924年12月13日。
⑤ 陈漱渝:《关于"现代评论派"的一些情况》,《中国现代文学研究丛刊》1980年第3期。

责的。以第 138 期（1927 年 7 月 30 日）起移至上海出版为标志，《现代评论》可以分为前后两个时期，前期主编是王世杰，后期主编是丁西林，前两卷的文艺稿件由陈西滢负责，从第三卷起负责文艺稿件的是杨振声，这四人都是太平洋社的骨干成员。该刊在北京出版期间，沈从文负责具体的事务方面工作。从筹办到终刊，先后参与过《现代评论》编辑事务的有燕树棠、周鲠生、陈西滢、钱端升、郁达夫、陈翰笙、彭学沛等；主要撰稿人有：王世杰、燕树棠、陈西滢、周鲠生、皮宗石、钱端升、唐有壬、陈翰笙、彭学沛、高一涵、陶孟和、张奚若等；一般撰稿人还有张定璜、马宗融、胡适、徐志摩、陈衡哲、凌叔华、袁昌英、沈从文、杨振声、李四光等。其中，前后主编王世杰、丁西林，前后文艺稿件负责人陈西滢、杨振声，以及自始至终参与编辑事务的燕树棠、周鲠生、钱端升，可以说是《现代评论》的核心人物，王世杰尤其又是核心之核心人物。举一事可以说明王的重要地位：1927 年下半年王世杰离开北大，到南京国民政府任职，《现代评论》也于此时从北京移至上海出版，主编虽然改成了丁西林，"但稿件实际上是在南京王世杰处编就"[①]。

王世杰（1891—1981），字雪艇。湖北崇阳人，北洋大学采矿冶金科肄业，后留学英、法，先后获得政治硕士、法学博士学位，1921 年回国后任北京大学法律系主任，后兼教务长。1927 年下半年起进入政界，历任国民政府法制局局长、湖北省政府委员兼教育厅厅长、武汉大学校长、教育部长、军事委员会参事室主任兼政治部指导员、中国国民党中央宣传部部长、中央设计局秘书长、国民参政会主席团主席、外交部部长等职，1949 年追随蒋介石去了台湾。丁西林（1893—1974），字巽甫，江苏泰兴人。1913 年毕业于上海交通部工业专门学校，1914 年入英国伯明翰大学攻读物理学和数学，1919 年获该校理科硕士学位后回国，先后任北京大学物理系教授和主任。1928 年中央研究院成立后，任中央研究院物理研究所所长兼研究员，1948 年当选为中央研究院院士，1949 年后留在了大陆。陈西滢（1896—1970），江苏无锡人，原名陈源，西滢是他的笔名。1921 年在其表舅吴稚晖的资助下到英国读中学，中学毕业后先后入爱丁堡大学、伦敦大学攻读

---

① 陈淑渝：《关于"现代评论派"的一些情况》，《中国现代文学研究丛刊》1980 年第 3 期。

政治经济学，1922 年获博士学位后回国，任北京大学西洋文学系教授暨主任。《现代评论》创刊后，主编该刊副刊《闲话》，并与鲁迅结怨，后又出任过国立武汉大学文学院教授、院长，国民参政会参政员。1943 年到伦敦中英文化协会工作，1946 年出任国民政府常驻巴黎联合国教科文组织代表，1949 年后去了台湾。杨振声（1890—1956），山东蓬莱人，1915 年考入北京大学国文系，1919 年赴美国留学，先后入哥伦比亚大学和哈佛大学专修教育学和教育心理学，获教育学博士学位。1924 年回国后，历任武昌大学、北京大学、燕京大学、中山大学中文系教授，清华大学教务长、文学院院长兼中文系教授，国立青岛大学校长，西南联合大学常务委员会委员兼秘书长、中文系教授等职。1949 年后留在了大陆。燕树棠（1891—1984），河北定县人，1914 年毕业于北洋大学，1915 年赴美入哥伦比亚大学、哈佛大学、耶鲁大学学习，1920 年获得耶鲁大学法学博士学位后回国，任北京大学法律学系教授，得到法律系主任王世杰的信任，成为王的得力助手。王世杰离开北大后，燕树棠接替王任北大法律学系主任，此后又出任过武汉大学法律系教授暨主任、清华大学法律学系和政治学系教授暨法律学系主任，西南联合大学法律学系教授暨主任，第一届司法院大法官、联合国教科文组织中国委员会第一届委员等职。1949 年后，在武汉大学法律系编译室、图书馆工作。周鲠生（1889—1971），湖南长沙人，早年留学日本，加入同盟会，后留学英、法，获爱丁堡大学博士学位及巴黎大学国际法学博士学位，1921 年回国后，先任上海商务印书馆法制经济部主任，1922 年起任北京大学政治系教授。此后，曾先后出任过南京国立东南大学教授、政治系主任、国立武汉大学教授兼政治系和法律系主任、教务长、校长，教育部学术审议委员会委员等职，1948 年当选为中央研究院院士。1949 年后留在了大陆。钱端升（1900—1990），上海人，美国哈佛大学文学硕士和法学博士，1924 年归国后先后任清华大学、北京大学、南京中央大学、西南联合大学教授，主讲政治学和宪法学。1949 年后留在了大陆。

从以上这七位《现代评论》的核心人物的简历中可以看出：第一，他们都是留学欧美的回国知识分子；第二，他们当时都在北京大学和清华大学任教；第三，除丁西林外，他们学的都是人文社会科学，大多数还学的是政治和法律学。丁西林学的虽是物理学和数学，但也是民国时期著名的喜剧作家，他自《一只马蜂》和《亲爱的丈夫》两个独幕剧在《太平洋》杂志上发表后，便蜚声文坛。实际上，现代评论派的大多数人也都具有这三个特点。我们也承认，以《现代评论》的核心人物和主要作者为主体的现代评论派的成分较为复杂，其政治取向和学术观点也不完全一样，有的比较激进，有的比较保守，他们与国民党的关系也有亲疏不同，有的本身就是国民党员，但总的来看，称得上是自由主义知识分子，由他们所构成的现代评论派，具有自由主义知识分子群体的性质。

讲到《现代评论》或现代评论派，就不能不讲到胡适。人们往往把胡适说成是《现代评论》的创办者、编辑者和主要撰稿人，认为《努力周报》《现代评论》《新月》《独立评论》和《自由中国》构成了胡适创办自由主义刊物的一个链条。历史事实真的是这样吗？我们前面已经讲到，《现代评论》是由太平洋社和创造社合作创办的，但实际创办者和主导者是太平洋社的成员。胡适既不是创造社的成员，也不是太平洋社的成员，他总共只在《太平洋》杂志上发表过2篇文章，一篇是《诸子不出于王官论》（1917年10月15日的第1卷第7号），另一篇是该刊（1919年4月15日至7月15日的第1卷第11—12号）转载自《北京大学日刊》（1918年9月23日至11月9日）的《墨家哲学》。他既然不是创造社和太平洋社的成员，当然也就不可能参与《现代评论》的创办，无论是胡适本人，还是参与《现代评论》创办的人，以及与胡适走得近的朋友，都没有说过胡适曾参与过《现代评论》的创办，没有发现这方面的历史资料。[①] 胡适也不是《现代评论》的编辑者，目前还没有发现这方面的资料，他甚至从来没有参与过《现代评论》编辑部的任何活动。至于撰稿，据学者统计，胡适在《现代评论》上共发表文章19篇[②]，这不仅要远远少于主要撰稿人王世杰、燕树棠、陈西滢、周鲠生、皮宗石、钱端升、唐有壬、陈翰笙、高一涵、陶孟和、张奚若等人发表的文章数量，而且在胡适的19篇文章中，有5篇是白话诗，1篇是翻译契诃夫小说《苦恼》，3篇是给别人的文章或来信写的"附记""跋"和

---

① 闻学峰：《创办人、编辑人还是撰稿人——胡适与〈现代评论〉的关系再探》，《浙江学刊》2009年第4期。
② 闻学峰：《创办人、编辑人还是撰稿人——胡适与〈现代评论〉的关系再探》，《浙江学刊》2009年第4期。

"记言"，真正能称得上是文章的只有 10 篇。《现代评论》之所以有影响，之所以被称之为自由主义的刊物，就在于它的政论和时评，然而在胡适的这 10 篇正式文章中，有 7 篇也就是近三分之二是谈文学和学术的文章，真正勉强算得上政论的文章只有 3 篇，即：第 39 期上的《爱国运动与求学》、第 83 期上的《我们对于西洋近代文明的态度》和第 140、141、145 期上的《漫游的感想》。这 3 篇勉强算得上政论的文章中真正涉及时事政治的也只是《爱国运动与求学》1 篇。胡适之所以不是《现代评论》的创办者、编辑者和主要撰稿人，并不是因为他不重视《现代评论》，而是由于当时他正忙于自己主办的刊物和出国，无暇他顾。"在《现代评论》出世前的 1922 年5 月，胡适就创办《努力周报》，随后又办《读书杂志》《国学季刊》；而在《现代评论》终刊之前，胡适又忙于办新月书店和《新月》月刊。总之，在《现代评论》办刊的全过程中，胡适的精力都集中自己办刊和其他事务之上。……何况在《现代评论》办刊的 4 年中，胡适有近 1 年时间在英、美等国从事考察活动，又有许多时间不在京沪，到处进行学术和政治活动，无暇顾及、参与《现代评论》编务工作。"[①]

　　胡适虽然不是《现代评论》的创办者、编辑者和主要撰稿者，但他对《现代评论》和现代评论派的思想影响则又不能低估，这不仅体现在他与王世杰、丁西林、陈西滢、杨振声、周鲠生、高一涵、陶孟和、张奚若等《现代评论》的核心人物和主要作者的友好交往上，这些人都可以算是他的"铁粉"，而且更体现在他作为这一时期中国自由主义知识分子的代表人物，其自由主义思想对《现代评论》的办刊宗旨、方针和内容的影响上，我们前面已经引用过的《现代评论》创刊号上的《本刊启事》所宣示的那几点，即："本刊的精神是独立的，不主附和；本刊的态度是研究的，不尚攻讦；本刊的言论趋重实际问题，不尚空谈"，这也正是胡适一生所坚持和倡导的，九一八事变后他和几个朋友创办《独立评论》，所宣示的也就是这几点。总之，胡适和《现代评论》的关系，不在他参与了《现代评论》的创办、编辑和主要撰稿上，而在他对《现代评论》和现代评论派的思想影响上。

① 黄裔：《追本溯源：重探现代评论派》，《中国文学研究》1991 年第 4 期。

《现代评论》自 1924 年 12 月 13 日创刊，到 1928 年 12 月 29 日终刊，共出版了 9 卷 209 期，另外还出了 4 期增刊和一批"现代丛书"。与《太平洋》杂志和《创造周报》终刊一样，《现代评论》的终刊也是无奈之举。一方面，是 1927 年下半年后，王世杰等《现代评论》的一些核心成员和主要作者，纷纷弃文从政，加入了国民政府，无暇再过问刊物的事或为刊物写稿了；另一方面，是国民党的统治建立后，加强了对报刊舆论的管控，以政论和时评见长的《现代评论》很难再像原来那样言论自由了。所以，1927 年 8 月《现代评论》移至上海出版后，"评论时政的文章少了很多，一些时政评论多反映国外的时政要闻等内容，国内的内容相对较少。在文艺创作方面体现的是，'《现代评论》几杆笔都放下了'，以前最受读者喜欢的'闲话'栏目，也渐渐退出了大众的视野，诗歌、小说、散文等也处在衰退阶段，入选《中国新文学大系》的作品也仅仅有两篇"[1]。在此情况下，《现代评论》只能是停刊大吉。有一种观点认为，《现代评论》的停刊，是由于胡适创办了另外一个刊物《新月》，所以《现代评论》停刊之前，包括胡适在内的《现代评论》的许多作者就已经成了《新月》的作者。其实这种观点是不能成立的。因为我们在本卷的第十五章中将会看到，《新月》是胡适、徐志摩等"新月社"成员创办的刊物，并非是要取代《现代评论》，而且创办之初，它只谈文艺，不谈政治，这与《现代评论》既谈文艺，又谈政治，并且以政论和时评见长的性质完全不同，只是从第 2 卷第 2 号开始，《新月》才开始谈政治，而此时《现代评论》已经停刊。另外，同一作者给几家同时期的刊物写稿，这是民国时期非常普遍的现象，并非是《现代评论》和《新月》的特例。

二、现代评论派的自由主义思想

我们前面已经提到，《现代评论》是一个自由主义的刊物，其主要创办人和作者，是这一时期的自由主义知识分子。现代评论派的自由主义思想主要表现在以下几个方面。

---

[1] 刘希云：《"自由派"作家的抗争与无奈——以〈现代评论〉、〈新月〉为考察中心》，博士学位论文，南开大学，2013，第 142 页。

第一，重视个人自由，尤其是思想自由和言论自由。自由主义的核心价值，就是强调以理性为基础的个人自由，主张维护个性的发展，反对一切形式的专制主义和权威主义。现代评论派主张，"人民个个都有自由发展个人才能的权利，个个都有平均发展个人才能的机会"①。他们要求政府采取切实措施，保障思想自由、人身自由、财产自由、言论自由、集会与结社自由等种种"人民自由"的权利。王世杰在《警治与法治》一文中指出："言论，集会，结社，这三种自由，人人都承认是民治主义的条件。可是在怎样的一种制度之下，人民的言论，集会，结社，才算自由；在怎样的一种制度之下，人民的言论，集会，结社，便不能说是自由，一般人的心中却不见得都有一个评判的标准。"在他看来，专制的国家，人民是没有言论、集会、结社自由的，因为在专制的国家，实行的是警察制度，这种警察制度有两个特点：一是人民在行使种种自由之前，须受警察的干涉，如书报刊物出版前要先送警察检查，得到同意，人民集会结社前要先向警察报告，得到许可等；二是人民不经警察同意或许可行使了种种自由之后，不经法庭审判，警察就可以给予任何处分。而民主国家，则废除了警察制度，实行的是法治制度。"法治制度的精神，积极的说就是，人民仅于行使诸种自由之后，须依法律受审判法庭之制裁。消极的说法就是，人民于行使诸种自由之前，不受警察之任何干涉；人民于行使诸种自由之后，亦不受警察的直接处分。"②所以，只有实行了法治制度的民主国家，人民的言论、集会、结社和其他种种自由才能得到保障，才能算是真正的自由。

在人民的种种自由中，现代评论派尤其对思想自由和言论自由的重要性最为强调。陈西滢指出："自由是宝贵的，种种的自由里面，思想自由是尤其可宝贵的。"③陶孟和认为："恶政府视言论自由为毒害，为仇敌；好政府视言论自由为兴奋剂，为滋养品。言论自由是每个好政府必不可少的要素。"④然而当时的中国没有思想自由和言论自由，北洋政府所颁布的《出版法》十分"苛刻"，再加上报纸在出版之前，先要报告给警察并得到"认可"

---

① 高一涵：《军治与党治》，《现代评论》第二周年纪念增刊，1927 年 1 月。
② 王世杰：《警治与法治》，《现代评论》第 1 卷第 21 期，1925 年 5 月 2 日。
③ 西滢：《闲话》，《现代评论》第 3 卷第 55 期，1925 年 12 月 26 日。
④ 陶孟和：《言论自由》，《现代评论》第 1 卷第 19 期，1925 年 4 月 18 日。

的"警厅"制度，已把人民的思想自由和言论自由的权利剥夺殆尽。所以他们提出，为保障思想自由和言论自由，"一方面就得修改或废止《出版法》；一方面警察总监的位置，也得设定资格。我们的意思以为警察总监不能由军人充任，应该由一个了解法律的非军人充任"①。他们特别强调了"报纸的自由"对保障人民的思想自由和言论自由的重要意义，而要实现"报纸的自由"，需要具备两个条件，"第一是，人民于刊行报纸以前，不受警察机关的任何束缚（譬如警察之许可）；第二是，人民于刊行报纸以后，就令有违法事实，警察亦不得径自执行诸种强制处分（譬如封禁报纸或停止报纸）；这一类的处分，惟依法庭之命令始能实施"。②1926 年初，《大同晚报》和《北京晚报》记者被北京警卫司令部逮捕。为此，《现代评论》发表了《又一个人权问题》的时事短评，指出："言论自由不是绝对的；……侵害他人自由或公安之言论机关的责任者，自有刑律和通常司法程序去制裁他，而不许行政官吏任意施其压迫手段。至于军事机关直接来干涉言论，拘捕记者，那是对于人权自由，再危险没有的事了。"③也就是在这期（第 3 卷第64 期）的《现代评论》上，还发表了高一涵的《革命军与言论自由》一文，该文在抨击了北京军政当局随意拘捕《大同晚报》和《北京晚报》记者是对基本人权的践踏后写道："我们并不是说：言论不当受法律的制裁，只说：言论不当受势力的压迫；我们并不是说：本党或友党的报纸不应当有自由，只说：异派的报纸应当与本派的报纸享受同等的自由。更进一步说，我们并不是祖护那造谣生事或受人利用的言论界，但不能因为言论界目中无法，我亦可以无法之法去压迫他们。"该文最后希望当局不要"以势力压迫言论自由，应当以法律保护言论自由"，"不单是尊重本派报纸的言论自由，并应当尊重异派甚至于敌派报纸的言论自由"。④当然，他们也指出，政府要采取措施保障"报纸的自由"，而报纸也应采取"正当的态度"，不能因自己能影响舆论，就"去蹂躏缺乏抵抗力的私人……去助长或逢迎社会上种种妨害善良风纪的恶思想或恶习惯"，如：刊发未经确认的传闻；刊发牵涉私人

---

① 雪（王世杰）：《北京的言论自由》，《现代评论》第 1 卷第 6 期，1925 年 1 月 17 日。
② 王世杰：《对于中国报纸罪言》，《现代评论》第一周年纪念增刊，1926 年 12 月。
③ 文：《又一个人权问题》，《现代评论》第 3 卷第 64 期，1926 年 2 月 27 日。
④ 高一涵：《革命军与言论自由》，《现代评论》第 3 卷第 64 期，1926 年 2 月 27 日。

名誉的言论；利用广告栏发表"丑诋"他人的文字；披露他人的丑事恶行，而又故意不揭其名姓，或仅揭其姓而不揭其名，即"有意伤人，而又不肯决斗"，等等。①

第二，提倡理性和容忍精神。自由主义者所讲的个人自由，是以理性为基础的自由。作为自由主义者，现代评论派特别重视对理性精神的倡导。张奚若从人的天性出发，指出了运用理性的必然性："人的天性中，感情，或'非理性'，固然占一大部分，但理性无论如何总也不能说是完全没有。'人是有理性的动物'一句话固然含有许多语病，但若说'人是没有理性的动物'，那就未免又失于相反的方向。运用理性固然是少数人的特能，但多数人似乎也不应该让这些少数人在那里对于此事专利，尤其是与自己的切身利害有密切关系的时候。"更何况当今正处于一个社会大变动的时代，生活在这样一个大变革的时代中，人们"须以理性为举动的标准"。②他尤其强调作为社会良心的知识阶级，更应养成一种理性的精神："智识阶级的共同利益是增长智识，是发展理性，是提高思想，是传播美化。此四者之中，尤以发展理性与提高思想为最要。"③针对英帝国主义在上海与汉口制造的大屠杀引起舆论界充斥着愤怒与仇恨情绪的情形，陶孟和写了《持久的爱国运动》一文，他指出：面对帝国主义对手无寸铁国民的屠杀，"一时人人都发表激烈的言论，提倡非常的举动，主张极端的行为，正是当然的现象，社会运动的常态"，然而，"愤怒的情绪虽然是自然的迸发，但是要完全靠着这个情绪是不济事的"，因为"受了激烈的刺激以后所发的愤怒的、仇恨的、报复的心理常有两种缺点"，一是"妨害对于问题有合理的观察"，二是"不易持久"，只有"五分钟的热度"。我们要想"摆脱英国帝国主义的羁绊"，实现"我们国民的独立"，反对英国帝国主义的爱国运动就必须理性而持久，而要使爱国运动理性而持久，就要把英国侵略中国的历史、对中国的种种掠夺、在中国所享有的种种特权等种种事实告诉国民。"因为事实就是理智的基础。"④要提倡"理性"，就必须反对"迷信"和"盲从"。陈西滢发表

① 王世杰：《对于中国报纸罪言》，《现代评论》第一周年纪念增刊，1926年12月。
② 张奚若：《外国人应该知道的几件事》，《现代评论》第5卷第122期，1927年4月9日。
③ 张奚若：《中国今日之所谓智识阶级》，《现代评论》第二周年纪念增刊，1927年1月。
④ 陶孟和：《持久的爱国运动》，《现代评论》第2卷第29期，1925年6月27日。

在《现代评论》第 1 卷第 18 期上的《中山先生大殡给我的感想》一文，是有感于中山先生大殡时送葬的队伍中许多十岁左右的小学生也和大人一样呼喊着他们根本不懂的"打倒帝国主义""打倒封建军阀""中山主义万岁"等口号而写的，其中有这样一段话："也许我受了英国思想自由的毒，我总觉得一个信仰必须有理智做根基，才算得是澈底的信仰，要不然只好算迷信。我又觉得迷信的势力虽然大，虽然历史上的事实大半是迷信驱策出来的，究竟总得有澈底的信仰，世界才会有进步。我并不反对人家提倡某种宗教，我却不赞成把任何一种的宗教信仰灌输入孩提的头里去，我并不反对人家提倡某种政治学说，我却不赞成把任何一种的政治学识去教智识未开的幼童。我以为一个懂得你的反抗者比一个盲从的信仰者有价值的多。"①

　　如果说理性是个人自由的基础，那么，容忍或宽容则是保障个人自由与权利的基本条件。所谓容忍或宽容，是对异见者的容忍或宽容，甚至是错误异见者的容忍或宽容，这种容忍或宽容，不仅仅是消极的不干预，不干涉，听之任之，而且还是积极的，自由主义者要"公正地对待错误意见，要求认真地听取，仿佛它们和他自己的意见一样重要"②，同时要采取措施保障错误异见者有说话的权利。正因为容忍或宽容是保障个人自由与权利的基本条件，现代评论派特别重视对容忍精神的倡导。胡适可以说是一面旗帜。如我们在本卷第九章有关子目中已提到的，早在新文化运动时期，他在给陈独秀的信中谈到文学革命时，就针对陈独秀不允许别人讨论的独断态度表示："吾辈已张革命之旗，虽不容退缩，然亦绝不敢以吾辈所主张必是，而不容他人之匡正也。"③1925 年 11 月底，北京爆发了以"争集会、结社、出版、言论自由"为诉求的群众示威游行抗议活动，又称之为"首都革命"，示威游行中有民众放火焚烧北京晨报馆。事件发生后，胡适给陈独秀写信，不赞成陈独秀提出的晨报馆"该烧"的观点，他指出："争自由的唯一理由，换句话说，就是期望大家能容忍异己的意见与信仰。凡不承认异己者的自由的人，就不配争自由，就不配谈自由。"他并明确告诉陈独秀："我们两个老朋友，政治主张上尽管不同，事业上尽管不同，所以仍不失其老朋友

---

① （陈）西滢：《中山先生大殡给我的感想》，《现代评论》第 1 卷第 18 期，1925 年 4 月 11 日。
② 霍布豪斯：《自由主义》，朱曾汶译，商务印书馆，1996，第 58 页。
③ 胡适：《寄陈独秀》，《新青年》第 3 卷第 3 号，1917 年 5 月 1 日。

者，正因为你我脑子背后多少总还同有一点容忍异己的态度。至少我可以说，我的根本信仰是承认别人有尝试的自由。如果连这一点最低限度的相同点都扫除了，我们不但不能做朋友，简直要做仇敌了。"他还说到，近几年来他到处遭人"诋骂"，然而"我是不会怕惧这种诋骂的，但我实在有点悲观。我怕的是这种不容忍的风气造成之后，这个社会要变成一个更残忍更惨酷的社会，我们爱自由争自由的人怕没有立足容身之地了"。[1] 到了40年代，胡适更进一步提出了"容忍比自由更重要"这一重要观点。也是针对晨报馆被焚烧事件，陈西滢在《闲话》中指出，高呼着"争集会、结社、出版、言论自由"口号的游行示威群众之所以会焚烧晨报馆，就在于这些游行示威群众缺少一种容忍的精神，他们"所谓'自由'无非是指自己的自由，旁人是没有份儿的"。[2] 因此，要使这类事件不再发生，关键就在于培养民众的容忍精神。他还强调指出，无论是少数或是多数都应彼此相互容忍与尊重，"我们主张什么人都应当有言论的自由，不论多数少数都应当有发表意见的机会"，"我们固然反对多数因为是多数就压制少数，我们也不承认少数因为少数就有鄙夷多数的权利"。[3] 面对军阀混战、民不聊生，陶孟和希望当权者不仅要"尊重生活"，"尊重财产"，更要"尊重人格"，因为"人的所以为人的就是人格"，而"尊重人格"的基础是容忍或宽容，"我们都是人格不完的生灵，我们只能互相宽容，不能压迫，更不能残杀"。[4] 现代评论派不仅是容忍或宽容精神的积极倡导者，同时也是容忍或宽容精神的努力实践者，《现代评论》上就经常有不同政治观点、学术观点的文章发表。比如，既发表过大量批评、攻击马克思主义和苏联的文章，也刊载过不少介绍、宣传马克思主义和苏联的文章，如《唯物主义的警钟响了》《什么是帝国主义》《劳动阶级政党组织上之二种见解》《苏联事情的研究与对苏联政策之研究》《一个月在苏联的所见所闻》等；既与鲁迅发生过论战，讥讽鲁迅的杂文是"国骂"，但又以连载的形式发表了张定璜的《鲁迅先生》一文，给予鲁迅以很高评价，认为鲁迅"有的正是我们所没有的、我们所

---

① 胡适：《致陈独秀（稿）》，载《胡适全集》第23卷，第476、477页。
② （陈）西滢：《闲话》，《现代评论》第2卷第52期，1925年12月5日。
③ （陈）西滢：《闲话》，《现代评论》第2卷第29期，1925年6月27日。
④ 陶孟和：《我们小民的希望》，《现代评论》第3卷第73期，1926年5月1日。

缺少的诚实"①；高一涵与吴稚晖讨论"军阀问题"的针锋相对的文章也同时刊登在《现代评论》第3卷第62、64期上；如此等等。有学者以《现代评论》发表过各种各样不同观点的文章，而否认它是自由主义的刊物，实际上，这体现的正是刊物的自由主义精神和性质。

第三，反对根本改造的社会革命，主张温和渐进的社会改良。自由主义者都是根本改造的社会革命的反对者。早在新文化运动时期的1919年，胡适和李大钊就围绕问题与主义展开过争论。现代评论派也一样。在他们看来，根本改造的社会革命会导致社会秩序的混乱，从而使自由主义致力于实现的个人自由和个人权利无法得到有效的保障，尤其是要进行根本改造的社会革命，就离不开暴力或武力，而暴力或武力则会给生命财产造成巨大的破坏。因此，他们反对一切形式的暴力或武力，无论它有无正当性。周鲠生在谈到如何使国家政治能走上民治自由的道路时就表示："靠民众的力量来解决国事，说来也许是有点迂远，但是较之利用武力之政策毕竟安全而较有希望。"②陶孟和在对比"军事的工作"与"政治的工作"时，认为旨在推翻现存秩序的暴力革命会造成个人幸福与生命的毁损，因此应尽量避免使用暴力，即使武力的"军事的工作"是不可避免的，那也只能作为一种"辅助"的工具来使用，最主要的还是要运用能充分发挥"人的理性、智慧、才能与眼光"的"政治的工作"的效力，因为"政治的工作乃是新社会改造的自身"。③正是基于对根本改造的社会革命之使用暴力的上述认识，当1925年11月底"首都革命"发生后，现代评论派在第一时间给予了严厉的谴责和抨击。发表在《现代评论》第2卷第52期"时事短评"上的一则《首都的革命运动？》指出："民众尽管对于《晨报》的言论态度有不满意的，但《晨报》总不过是一个言论机关。人们对于一个言论机关无论如何敌视，尽有别的平和手段对付他，决不可使用暴力去摧残他。我们一方面在示威运动里大声疾呼的要求言论，结社，集会的自由，同时便自己用暴力去破坏言论机关，这真是矛盾之极呵！"④燕树棠发表在同一期上的《爱国运

---

① 张定璜：《鲁迅先生》（上）、（下），《现代评论》第1卷第7、8期，1925年1月24、31日。
② 周鲠生：《民众势力的组织》，《现代评论》第1卷第24期，1925年5月23日。
③ 陶孟和：《政治的工作》，《现代评论》第5卷第105期，1926年12月11日。
④ 文：《首都的革命运动？》，《现代评论》第2卷第52期，1925年12月5日。

动与暴民运动》一文，称 1925 年 11 月底的"首都革命"为"一个恐怖烧杀的暴民运动"，并"声明这种暴民的举动是全国民意的公敌，是爱国运动的障碍"，因此我们要"大声疾呼：真正爱国的团体赶快团结起来，用'不合作'的方法，消灭这种暴徒的团体"。[①]

现代评论派在反对根本改造的社会革命的同时，则主张温和渐进的社会改良。他们认为，只有在不根本破坏现存社会秩序的前提下，推动温和渐进的社会改良，才能取得实实在在的社会进步，自由主义所致力于实现的个人自由和个人权利也才能得到切实有效的保障和维持。因此，他们虽然对历任北洋军阀政府表示出了强烈不满，但他们又反对用暴力或武力的方法把它推翻，而主张通过温和渐进的社会改良，促进现政府自我革新和日臻完善，从而最终实现政治革新与整个社会变革。他们公开承认自己"所主张的是非攻主义，弭兵主义"，"故凡是用战争的方法去解决问题，总是我们所绝对不能赞同的；凡是用和平的方法去解决问题，都是我们所相对默许的"。[②] 而要推进和实行温和渐进的社会改良，其前提条件就是对存在的具体的社会问题要进行认真研究，找出这些社会问题的症结，从而对症下药，予以解决。这也就是胡适在与李大钊争论时所提出的"多研究些问题，少谈些主义"。所以，"善后会议、国民会议、关税会议、庚款交涉、大学学潮、排货运动、英国对华政策、日本东方会议、约法问题、中国国际贸易问题、租界问题、'五卅'惨案、'三一·八'（应为"三·一八"——引者）惨案等问题都进入到'现代评论派'的视野之中，得到了他们的热切观照与探讨。并且，'现代评论派'对于各种具体问题的观照与探讨绝非仅仅是肤浅的、印象式的有感而发，而是依托自身在法学、政治经济学、社会学等领域的学识造诣，既表达自身话语和宣传自身思想，又力图为具体问题的解决提供切实可行的方案，最终实现点滴的改良。王世杰、周鲠生、燕树棠等法学学者从法律角度对善后会议、法权会议、约法问题、沪案交涉等问题的关切，长期在金融领域工作的唐有壬对于财政问题的探讨，社会学学者陶孟和对于民众运动、学生救国运动的关注，有深厚政治学基础的钱

---

① 燕树棠：《爱国运动与暴民运动》，《现代评论》第 2 卷第 52 期，1925 年 12 月 5 日。
② 高一涵：《政局的前途》，《现代评论》第 3 卷第 71 期，1926 年 4 月 17 日。

端升对于租借地问题的研究，以及政治学者高一涵、张奚若对于平民革命、南京惨案等外交问题的讨论，等等，大都有着充分的学理基础，因而具有深厚的理性色彩；而在整体上则充分显示了'现代评论派'旨在通过对于具体问题的研究和解决，一点一滴地促进社会的进化和改良"①。

三、现代评论派对民众运动的两面性

《现代评论》创办于大革命时代，在第一次国共合作的推动下，民众运动在全国蓬勃兴起。对于兴起的民众运动，现代评论派的态度是比较复杂的，"一方面，他们意识到了民众力量的重要性，对民众运动给予了充分的重视和肯定。但另一方面，他们又对运动中激进的主张和手段等感到不安，因此试图对民众运动的进行加以引导，以使它能够在比较'理智'和有'秩序'的状态下进行"②。

现代评论派对民众运动的重视和肯定，首先，表现在他们对民众运动的高度关注上。比如，"五卅惨案"发生后，《现代评论》连续发表了《上海租界的杀气》（第 1 卷第 26 期）、《上海租界的惨剧》（第 1 卷第 26 期）、《沪案后援会的组织》（第 2 卷第 27 期）、《沪案进行应取的途径》（第 2 卷第 27 期）、《论上海英捕枪杀中国人事》（第 2 卷第 27 期）、《对爱国运动的谣言》（第 2 卷第 28 期）、《政府对沪案的外交》（第 2 卷第 28 期）、《对英经济绝交》（第 2 卷第 28 期）、《沪案筹款方式及其支配机关》（第 2 卷第 28 期）、《英人竟簸弄中国内乱了》（第 2 卷第 29 期）、《沪江案件解决之方法》（第 2 卷第 29 期）、《持久的爱国运动》（第 2 卷第 29 期）、《虐杀中上海所见》（第 2 卷第 29 期）、《要纠正政府的外交步骤》（第 2 卷第 30 期）、《沙面事件的责任问题》（第 2 卷第 30 期）、《英国侵略中国的概况》（第 2 卷第 30 期）、《排货的意义与利益》（第 2 卷第 30 期）等一系列抗议帝国主义暴行、声援爱国群众运动的文章。"三一八惨案"发生后的第 9 天，亦即 1926 年 3 月 27 日出版的第 3 卷第 68 期《现代评论》便组织了一组有关惨案的文章（因第 3 卷第 67 期出版于 1926 年 3 月 20 日，"三一八惨案"发生时

---

① 王玉珠：《"现代评论派"与中国现代转型》，博士学位论文，兰州大学，2015，第 129 页。
② 孔祥宇：《现代评论派与 1920 年代的中国民众运动》，《党史研究与教学》2005 年第 2 期。

该期已经编好，送印刷厂出版），开篇就是以记者名义写的悼念文章《悼三月十八日的牺牲者》，然后是王世杰的《论三月十八日惨剧》、陈翰笙的《三月十八日惨案目击记》、杨振声以惨案为题材写的小说《阿兰的母亲》、及泉的《三月十八》，以及一则《闲话》和一封读者来信《首都流血与军学阶级战争》。这几篇文章尽管形式不同，但都对军阀政府屠杀无辜学生和民众的暴行进行了揭露、讨伐和谴责，对被残害的死难烈士表达了深切的悼念和同情。比如，《悼三月十八日的牺牲者》开篇便写道："三月十八日国务院门前的大流血，不只是民众运动的大劫，并且是人道的大劫：北京全城的学校，现在差不多都成了灵榇陈列所；北京全城的病院，差不多处处都是枪伤者之宛转呻吟声。……我们愤慨，但是我们相信，杀人者终有服法之一日；我们恐惧；但是我们相信，凡从事民众运动的人，将因君等之牺牲，得着些铭心刻骨的教训。"[①] 接着，又有高一涵的《惨案的前途黑暗》、唐有壬的《漆黑一团的时局》、王世杰的《京师地检厅与二一八惨案》、凌叔华的《等》等有关惨案的文章在《现代评论》第 3 卷第 69、70、71 期上刊出。

其次，表现在他们对帝国主义和军阀暴行的揭露和谴责上。王世杰在《上海租界的惨剧》一文中揭露英帝国主义制造"五卅惨案"的罪行：五月三十日，上海学生为援助那些被捕学生，在上海英大马路散发传单、指责日本人的过失时，突然遭到英国巡捕的枪杀。死伤数目，据六月三日前各报的报道，共达三四十人之众——死者十余人，负重伤者数十人。"当时经过详情，我们虽尚不能确知，但有几件事实是无可置疑的：第一，当时学生是手无寸铁的人众。第二，当时学生的人数不过二三百人。第三，当时学生只在散发传单，并无危害租界安全的意思。对于这样的民众无论如何，决用不着以枪弹对待。决不应该以枪弹对待。"[②]《虐杀中上海所见》一文，以亲见者的身份记述了"五卅惨案"的真相："五月三十日午后三点钟作者因事到大马路一带只见市民慌张，四向疾走，询问店铺才知那边英捕无故枪杀工人，学生。"文章谴责那屠杀工人、学生的外国巡捕"都得了急性的'杀害狂'的恶症，他们的人性完全丧失，没有法子再证明他们是两脚踏地

---

① 记者：《悼三月十八日的牺牲者》，《现代评论》第 3 卷第 68 期，1926 年 3 月 27 日。
② 王世杰：《上海租界的惨剧》，《现代评论》第 1 卷第 26 期，1925 年 6 月 6 日。

的常态人类。工部局一令动员，各色的刽子手一齐上市，各显好身手，用华人血肉作他们的标靶和磨刀石"①。发表在《现代评论》第 68 期上的《三月十八日惨案目击记》的作者陈翰笙，是经历过"三一八惨案"而"死里逃生"的人。他回忆道，这次有预谋的屠杀是早就计划好的，群众完全是掉进了圈套当中。一切看上去就像一个局，一步一步将民众推上了死亡的边缘。"忽闻笛声。笛声未完，卫兵举枪。正在举枪，群众已逃。逃未十步，枪声砰磅。我闻枪声，立即伏地。枪声甫毕，我即见血溅满地。我所听见的枪声，都是排枪声，计共两次。"② 陈西滢在《闲话》里批驳了北洋当局对参加"三一八"游行示威群众的污蔑："群众到执政府，不过是和平的请愿。他们最激烈的行动，也不过是叫几声口号。政府通电所说的'暴徒数百人手执枪棍'和'并有抛掷炸弹、泼灌火油等举动'，完全是凭空捏造，希图诬赖卸责的话。"③

　　这里需要指出的是，现代评论派在"三一八惨案"上也发表过不当言论。如陈西滢就一方面谴责了段政府对手无寸铁的学生和市民的屠杀，另一方面又依据道听途说，把责任归咎于民众领袖。他写道："我遇见好些人"，都说"那天在天安门会后，他们本来不打算再到执政府"，可是由于在天安门集会上听信了大会主席宣布执政府的卫队已经解除武装、并且请愿运动会有军警妥加保护的言论，"所以又到执政府门前去瞧热闹"，结果遭到执政府卫队的开枪射击。就此，陈西滢认为，"至少有一部分人的死，是由于主席的那几句话"，所以主席有"故意引人去死地的嫌疑"，应负道义上的责任。同时，陈西滢在《闲话》中还写道，他"听见两三个人都这样说"，女师大学生杨德群女士本来不大愿意去的，走到"半路又回转。一个教职员勉强她去，她不得已去了"，结果为救护中弹的某女大学生，中弹而死！④

　　陈西滢的这番依据道听途说而发的议论，引起了强烈的抗议。首先是女师大的雷瑜等五名学生联名写信给陈西滢，说杨是"受爱国心的驱使"，自

---

① 臧玉洤：《虐杀中上海所见》，《现代评论》第 2 卷第 29 期，1925 年 6 月 27 日。
② 陈翰笙：《三月十八日惨案目击记》，《现代评论》第 3 卷第 68 期，1926 年 3 月 27 日。
③（陈）西滢：《闲话》，《现代评论》第 3 卷第 68 期，1926 年 3 月 27 日。
④（陈）西滢：《闲话》，《现代评论》第 3 卷第 68 期，1926 年 3 月 27 日。

愿"参与这最文明的外交请愿活动"的，而"造谣之徒"，则以道听途说，"颠倒事实"，其目的是"欲为卖国贼减轻罪恶"。她们希望陈能"履行更正之责"，承认自己道听途说的错误，从而"使后死者皆知道杨女士实系专为热心救国救民而死的"。① 鲁迅也对陈西滢上述不当言论进行了严厉谴责。他在《记念刘和珍君》一文中写道："四十多个青年的血，洋溢在我的周围，使我艰于呼吸视听，那里还能有什么言语？长歌当哭，是必须在痛定之后的。而此后几个所谓学者文人的阴险的论调，尤使我觉得悲哀。""我已经说过：我向来是不惮以最坏的恶意来推测中国人的。但这回却很有几点出于我的意外。一是当局者竟会这样地凶残，一是流言家竟至如此之下劣，一是中国女性临难竟能如是之从容。"② 针对陈西滢提出的"群众领袖应负道义上的责任"的观点，鲁迅指出："这些东西仿佛就承认了对徒手群众应该开枪，执政府前原是'死地'，死者就如自投罗网一般。"③ 应该说鲁迅的批判是深刻的。但我们不能依据陈西滢的不当言论，而认为现代评论派是"段祺瑞、章士钊的走狗"④。总的来看，"三一八惨案"后，现代评论派对段祺瑞执政府持的是批判和谴责的态度，揭露了他们屠杀手无寸铁的学生和市民的罪行。

再次，体现在他们积极为民众运动的出谋划策上。"五卅惨案"发生后，《现代评论》第一时间提出了"惩罚、赔偿、保障"三项要求。1925 年 6 月 6 日出版的第 1 卷第 26 期《上海租界的杀气》一文在谈到中国解决"五卅惨案"的立场时写道："惩罚，赔偿，保障三者应当是我们抱定的原则。这次肇事的祸首是工部局捕房；工部局则是受领事团监督的。他们一干人员的责任决不能放过。而至于现今租界当局所侵占的广大的警察行政权且甚至于立法司法权，更应当在这次要求全然收回或限制，根本的打破现今租界的特权地位。"⑤ 同期发表的王世杰《上海租界的惨剧》一文要求中国政府，"一方面自应要求关系国家撤换对于此次事变负责任的领事及其他租界

① 《杨德群女士事件》，《现代评论》第 3 卷第 70 期，1926 年 4 月 10 日。
② 鲁迅：《华盖集续集·记念刘和珍君》，载《鲁迅全集》第三卷，第 280、284 页。
③ 鲁迅：《华盖集续集·空谈》，载《鲁迅全集》第三卷，第 286 页。
④ 瞿秋白：《〈鲁迅杂感选集〉序》，载《瞿秋白选集》编辑组编《瞿秋白选集》，人民出版社，1985，第 536 页。
⑤ 松：《上海租界的杀气》，《现代评论》第 1 卷第 26 期，1925 年 6 月 6 日。

官吏，惩办杀人犯，并赔偿死伤人众，一方面对于上海租界内华人，并应设法保护他们未来的生命财产与自由"。为求这种保障，他提出"至少应向外人提出三个条件：第一，上海各租界，应由租界内一切纳税者选举代表组织机关，以代替现在的工部局，行使市政权。第二，收回上海的会审公廨。第三，租界政府不得颁布任何关于出版物之法律，会审公廨是外人违背条约占去的；租界内的市政机关，依条约亦并无华人不得参加其组织之限制"。他甚至提出，如果租界当局对于手无寸铁的中国学生或其他民众仍然采取"伊达尔主义"，那么，"中国政府为保全自国国民生命计，自应调遣相当军警进入租界，就地保护。此种手段，不独为正谊人道所容许，即依现行条约，亦并无中国军警不得进入租界之限制"。①为了实现"惩罚、赔偿、保障"三项要求，他们还提出了"经济绝交"的主张。"时事短评"的《上海租界的杀气》提出："我们也许不能积极的强迫外国政府服从我们的要求，但我们不妨消极的和关系外国为经济的绝交。"②所谓"经济绝交"，包括"抵制英日货，对英日罢工，对英日罢市"三项内容。具体来说，"抵制英日货"，即：除了所有产于英日本土以及中国的英日货物外，也包括抵制英日的货币；"对英日罢工"，即：在英日的官署、工厂、商店、住户及一切事业中工作的中国人一律下岗；"对英日罢市"，即：在英日租界内的中国商店一律闭门停业。③抵制日货运动，在中国已经开展过，并取得过成效，而抵制英货则是首次。为保证与英国"经济绝交"的成效，他们建议，"先应组织一个英货调查会，对于一切进口英货和在国内制造的英货，都要详查调查"，英国的轮船、英国在华的银行和工厂公司矿山，也都应纳入抵制之内。④要使"经济绝交"能持久进行，取得成功，就必须为那些参与罢工、罢市的同胞提供经济援助，使他们在"没有工资"和收入的情况下也还能"有饭吃"，所以当时全国兴起了一个为"五卅惨案"受害者和参加罢工罢市的同胞募捐的运动。为了使募捐运动能够持久，他们建议："凡属募

---

① 王世杰：《上海租界的惨剧》，《现代评论》第 1 卷第 26 期，1925 年 6 月 6 日。
② 松：《上海租界的杀气》，《现代评论》第 1 卷第 26 期，1925 年 6 月 6 日。
③ 燕树棠：《沪案进行应采之途径》，《现代评论》第 2 卷第 27 期，1925 年 6 月 13 日。
④ 唐有壬：《对英经济绝交》，《现代评论》第 2 卷第 28 期，1925 年 6 月 20 日。

款团体应该手续上特别慎重，以保团体的信用"①，同时将分散的募捐团体统一起来，"这统一的方法，便是将一切后援会救济会雪耻会等等合并起来，而作一个大规模的组织"②。他们中还有人强调：沪案（即"五卅惨案"）的性质是帝国主义滥用特权，对中国人民实行强暴手段，因而"凡看清了沪案性质人们，都要承认这次的事不是仅仅上海租界巡捕杀人的问题，根本的事实还是帝国主义的国家仗着他们在中国所占的特权地位，把他们对待殖民地或属地土人惯用的强暴手段来对待中国国民。所以我国民这次对于沪案运动的目标也不徒在纠问租界事变的法律责任，而在根本的铲除将来同样事变的祸因，就是：打破帝国主义的关系国在中国的特权地位"。③针对梁启超等人提出的沪案只是法律问题，因而成立"会审凶手委员会"、调查实事、"确定罪名"是当务之急的建议，他们明确指出："沪案是一个政治的问题"，而不是一个法律的问题，因而不赞成"梁先生的意见"；④认为梁启超所提出的建议，"恰合英国当局缩小问题范围的心理。而于我国民运动根本相左"，"这是我们要极力防止的"⑤。对于"三一八惨案"，他们一方面主张诉诸法律，并提出了三点建议："第一，被害人的亲属可以联合起来，搜集各种证据，刊行一种证据集。第二，各学校也可以联合起来，搜集各种证据，刊行一种证据集。第三，被害人亲属以及各学校，并应敦请社会上与本案毫无关系的中立团体（如律师公会之类），亦出来搜集证据，发表一种报告（这一种手续，北京国立九校似乎已经着手办理）。将来我们可以诉诸法律的时候，这些就是我们的武器"⑥；但另一方面他们又认为，"三一八惨案"的幕后主使是段祺瑞和他的执政府，因而"这次惨案决不是法律所能解决的。……现政府一日不倒，起诉便一日无效；杀人犯一日不下政治舞台，在事实上便一日不受法律的制裁。倘政治问题解决之后，法律问题或者可以有附带解决的希望；倘政治问题不能解决，单去诉诸法律，只不过

① 燕树棠：《沪案进行应采之途径》，《现代评论》第 2 卷第 27 期，1925 年 6 月 13 日。
② 壬：《沪案后援会的组织》，《现代评论》第 2 卷第 27 期，1925 年 6 月 13 日。
③ 周鲠生：《沪案交涉的步骤》，《现代评论》第 2 卷第 31 期，1925 年 7 月 11 日。
④（陈）西滢：《闲话》，《现代评论》第 2 卷第 28 期，1925 年 6 月 20 日。
⑤ 周鲠生：《政府对沪案的外交》，《现代评论》第 2 卷第 28 期，1925 年 6 月 20 日。
⑥ 王世杰：《论三月十八日的惨剧》，《现代评论》第 3 卷第 68 期，1926 年 3 月 27 日。

是自欺欺人之谈罢了"①。而所谓政治解决，也就是将段祺瑞赶下台。

最后，体现在他们对民众运动的高度评价上。"五卅惨案"的发生，引发了民众爱国运动的兴起。1925 年 6 月 20 日出的《现代评论》第 2 卷第 28 期上发表了一篇题为《对爱国运动的谣言》的时事短评，称这一运动是"全国同胞一致的爱国运动，实在是中国历史上空前未有的义举"，同时对"少数无知或自私的人故造谣言"，说"五卅"爱国运动是"学潮"、是"排外"、是"赤化"的种种奇谈怪论进行了批驳，指出说"这些话"的人"真是丧心病狂，荒谬绝伦"。②第 2 卷第 29 期的《闲话》也不同意那种"把这次的国民运动与拳匪（即义和团——引者）来打比"的做法，认为这种做法"实在未免过于不偏不类"。如果说那些"在中国的外国人，因为他们始终'什么都学不到，什么都忘不了'"，而有这样的想法，还可以理解的话，那么"中国人自己如若不看见这二十余年的进步"，认识不到这次国民运动与义和团运动之间的根本区别，这没有别的，"只可以证明他们自己的不进步"。因为义和团运动是盲目的排外运动，而这次的国民运动是纯粹的爱国运动。③发表在第 2 卷第 37 期"时事短评"上的《爱国运动与劳动运动》，充分肯定"这次沪案风潮，实在是中国民族的独立运动——简单说便是爱国运动"，因为"工人罢工是罢英日工厂中的工，并不是罢一切工厂的工，人民排货，是排的英日两国的货，并不是排一切外国的货。这无非是英日两国，尤其是英国压迫我们民族特别严酷，故而我们对英日的反抗也特别热烈。英日人虽以种种赤化排外等名词相诬，想淆乱世界各国的听闻，但是民族争独立的事实，已为世界所公认，所以我们仍可得着相当的同情"。④胡适甚至把因"沪案"引发的学生运动与五四运动相提并论，认为观察近年来的学生运动，"不能不算民国八年的五四事件与今年的五卅事件为最有价值"，因为"这两次都不是有什么作用，事前预备好了然后发动的；这两次都只是一般青年学生的爱国血诚，遇着国家的大耻辱，自然爆发；纯然是烂缦的天真，不顾利害地干将去，这种'无所为而为'的表示是真实的，

---

① 涵（高一涵）：《惨案的前途黑暗》，《现代评论》第 3 卷第 69 期，1926 年 4 月 3 日。

② 召：《对爱国运动的谣言》，《现代评论》第 2 卷第 28 期，1925 年 6 月 20 日。

③（陈）西滢：《闲话》，《现代评论》第 2 卷第 29 期，1925 年 6 月 27 日。

④ 壬：《爱国运动与劳动运动》，《现代评论》第 2 卷第 37 期，1925 年 8 月 22 日。

可爱敬的"。^① "沪案"发生后，北京民众在天安门举行了声援上海人民的国民大会。对此，《现代评论》第2卷第27期发表了《慷慨激昂的北京国民大会》的"时事短评"："这次天安门的国民大会，不独是北京市民莫大的光荣，并且是中国人心未死的一个铁证。全城一百余校的教职员和学生，与民众运动向未发生关系的军警学校，各校的男女校役，工场的工人，商店的伙计，表示同样的热心。普通市民扶老携幼，争先恐后的赴会。最难得的，郊外的农民（还拖着辫子）也带了家里的小孩子们来参加。后来雷雨交作，街上水深盈尺，男女老幼在大雨中整队游行，勇气百倍，道旁视众为之感泣，我们对于如此热心爱国的民众，表示十分的敬意。我们要争回中华民族已经丧失的自由和人格，这样小小牺牲，本不算什么，但是这样的勇气实在表示我们一定能坚持到底的精神。中国人吟呻在暴力压迫之下，已很久了，我不信大家还能继续忍耐下去。我们打倒强权的时机，已经到了！我们要增进中国的国际地位，恢复已经丧失的权利，争回中华民族人格，就在此一举！"^② 正是出于因"沪案"而引发的民众运动是爱国运动这一基本认识，现代评论派坚决反对军阀对民众运动的破坏和镇压。在《军阀压迫爱国运动》的时事短评中他们指出：因"沪案"引发的这次"爱国护家抵制英日的运动，是我们中国空前的保国护种的鲜明表示"。然而，军阀则倒行逆施，以所谓"妨碍治安""不良分子"而"大加打击"。就如同世界上有好人也有坏人一样，"我们不能说爱国运动里没有败类，但是也不能说其中没有好人。军阀先生们不加区别，囫囵吞枣，一概视为匪类。就令其中有不法与不道德的情事？社会方面有舆论，官厅方面有法院，难道说都干犯了军警的禁条吗？"短评借用"有人说"，指责军阀之所以要镇压民众爱国运动，是受了帝国主义的指使，所以军阀是"为虎作伥，自残同类"，"人之不智，莫此为甚"，其"结果是国家自己双方受害，同归于尽"。^③

重视和肯定民众运动，是现代评论派对待民众运动的一个方面；现代评论派对待民众运动的另一面，则是希望民众运动能在他们所认为的"理智""秩序""和平"之方式下进行。《现代评论》发表"时事短评"的第一

---

① 胡适：《爱国运动与求学》，《现代评论》第2卷第39期，1925年9月5日。
② 光：《慷慨激昂的北京国民大会》，《现代评论》第2卷第27期，1925年6月13日。
③ 召：《军阀压迫爱国运动》，《现代评论》第2卷第37期，1925年8月22日。

篇关于"五卅惨案"的文章《上海租界的杀气》，在提出"惩罚、赔偿、保障三者应当是我们抱定的原则"的同时，又一再强调，"我们应当用十分的决心，循极有纪律的进行方法，以图贯彻我们的目的"。[①] 擘黄的《论上海英捕枪杀中国学生及工商人事》一文，一方面认为无论上海英捕"放了许多枪弹，死伤了许多人，就是放了一个弹，伤了一个人，我们就要作严重的交涉的。不特如此，就是一个人都不伤，只要他们竟然向手无兵械的学生或工商人（不向天）放枪，我们就应该严重抗议。因为这并不是死伤了几个中国人的问题，乃是我们对于他们这样轻视中国人的生命的举动要怎样对付的问题。这种道理狠简单，因为他们的这种轻视中国人命的态度可以随时随地再表现为事实"；另一方面又一再谆谆告诫中国民众，"我们虽然对于此事，都不免极端愤激，但却万万不可有一点涉于轨外的行动，我们应该冷静地稳健地按外交的方法与不背外交的步骤对付他们，我们要免却给他们口实。不然，他们将要利用这种机会，以为他们扩充他们对我们的压力或攫取更多权利的利由"。[②] 为了防止抗议运动出现过激行为，他们再三要求民众要有理性，要认识到"我们的反抗不是冲动的，不是盲目的；我们的运动要根据事实，我们运动的热诚要用那些事实去培植，我们运动的目的与手段要参考那些事实。现今的国民运动，除了所谓民气以外，绝不能不顾事实。因为事实就是理智的基础"[③]。当"三一八惨案"发生后，现代评论派对惨案的制造者进行抨击的同时，也希望广大民众能从惨案中吸取教训，采取更为合理的和平的进行方式，只有这样，"乃能保障未来的民众运动不再罹同样的或相似的惨劫，乃能使未来的民众运动日即于光明平坦之途"[④]。他们在总结"三一八惨案"的经验教训时认为，"政府中人，和军界中人，对于今日的各种爱国运动，亦极为仇视"，这一方面的原因，或主要原因，固然是由于这些政治势力"有私人之忠，无救国之义"，"有杀人的心，无同胞的观念。所谓爱国与法律，更不消提及"；但另一方面的原因，也是由

[①] 松：《上海租界的杀气》，《现代评论》第1卷第26期，1925年6月6日。

[②] （唐）擘黄：《论上海英捕枪杀中国学生及工商人事》，《现代评论》第2卷第27期，1925年6月13日。注：目录标题是《论上海英捕枪杀中国人事》。

[③] （陶）孟和：《持久的爱国运动》，《现代评论》第2卷第29期，1925年6月27日。

[④] 记者：《悼三月十八日的牺牲者》，《现代评论》第3卷第68期，1926年3月27日。

于"一般青年，虽崇拜自由平等革命的学，然未深加研究，少青意气极重，故环境所激，常有少数人越出常轨以外行动。因少数人的不能自持，学界全体亦同受冤骂。每次捣乱事发生，人家不问张三李四，总说是'学生做的'。因此各界中人对于学界全体，不免有敌视的气象了"。①

为了使民众运动能在他们所认为的"理智""秩序""和平"之方式下进行，"五卅惨案"发生后，现代评论派提出了两点建议或主张：第一，"我们这次的目标，只应对抗英日两国。我们对外的困难问题甚多，要想即刻昭雪，同时解决，那是不可能的事。树敌越多，越不容易成功，这是极明显的道理。就事论事，不生枝节，这是狠普通的常识。这次沪上惨杀我们的同胞，是英日两国的叛理违法的行为，没有别国的关系。我们就一致的认定英日两国是我们的'对头'，不应当涉及他国"。第二，交涉要限制在"惩罚、赔偿、保障"这三项要求上，而不能涉及其他。"许多爱国的同胞主张要求；取消不平条约，撤销领事裁判权；取消租界；等等。这些问题不仅关系英日，亦与他国攸关，况且内容复杂，尚待说明。若我们把所有对外一切丧失权利，同时要求恢复，必致引起各国的抵抗，那末，沪案必至弄得更无办法了。所以我们以为这些问题是将来应办的事项，不可与对英日的沪案混为一谈。"② 考虑到当时中国与英、日之间的力量悬殊，现代评论派明确反对少数人提出的与英日宣战的建议，借用陈西滢《闲话》中的话说："宣战我是不赞成的。可是外国人把刀子放在我们的脖子上，我们不动一动，或是哀声求饶，我也是不赞成的。我们现在应当在宣战一途之外想在种种方面来抵抗英国人。如能不让步而避免战事，终要设法的避免战事。"当然，如果英国硬要把战争强加在中国人的头上，他们也主张积极抵抗："可是如果英国人与我们宣战，或是逼我们到不得不作战的一步，那么我们也只好作战。我们明明知道作战是牺牲，作战是不会赢的，但是我们替这几千年的老大古国究竟争了一点面子。如果我们只看了物质方面，把一切气节，人格，名誉都丢掉了，什么人都同北京的市民一样见识，这样的民族还要他干么？战争是苦事，他也不是什么有趣味的事。战争是恐怖，

① 许仕廉：《首都流血与军学阶级战争》，《现代评论》第 3 卷第 68 期，1926 年 3 月 27 日。
② 燕树棠：《沪案进行应采之途径》，《现代评论》第 2 卷第 27 期，1925 年 6 月 13 日。

战争是地狱。我们就去作战，也要存了一个不得不入地狱的心。一般'文学家'们已在那里赞美战争，歌颂流血，我们读了不觉心痛。我不希望我们多有这样的英雄，我希望我们多有些憎恶战争而临事不得不挺身去干憎恶的事的平常人。"①

　　正因为希望民众运动能够在他们所认为的"理智""秩序""和平"之方式下进行，所以一旦民众运动越过了他们所认定的"理智""秩序""和平"的红线，现代评论派就立马予以严厉抨击和谴责。比如，关税会议期间，在国共两党的合作下，北京群众组织游行示威，声援关税会议。在游行示威的过程中，部分愤怒的群众放火烧了政治上倾向于政府的北京晨报馆，并烧毁了安福系个别国会议员的住宅。这一事件，又称之为"北京革命"。事件发生后，他们于第一时间在《现代评论》上发表《首都的革命运动？》的时事短评和《爱国运动与暴民运动》一文，严厉抨击和谴责了游行示威群众放火焚烧北京晨报馆和安福系个别成员住宅的行为，甚至在文中使用了"暴民""暴徒""暴行""暴力""暴民运动"一类的词语，他们"希望国人努力继续爱国运动，极力反对暴民运动，用有组织的'不合作'为反对的手段"。② "五卅惨案"的发生，引发了"五卅运动"的兴起，据统计，全国有 500 个左右的大中小城市举行了游行示威和罢工、罢课、罢市，以声援上海人民的反抗帝国主义的斗争。但在现代评论派看来，这种全国性的游行示威和罢工、罢课、罢市，超越了他们所认为的"理智""秩序""和平"之方式，因而表示不解和反对："我们真不懂河南天津各地的罢工，于沪案有何益处。说是应援沪案罢，对于上海罢工工人的颠沛困苦，不能加以充分的救济，已足使他们寒心，何苦再使他处的工人再处于同样的困境，使他同样的寒心呢？我们更不懂既然因应援沪案而罢工，那末，罢工的目标应是英日两国的工厂，为什么非英日的工厂，乃至本国的工厂，也要一律罢工呢？……难道必使中国的工厂，也和英日的工厂一样不能开工，中国工厂的工人，也和英日工厂的工人一样不能上工，方是应援沪案吗？我们并不是说劳动运动是不可有的，而且我们承认这是中国将来的大问题，

① （陈）西滢：《闲话》，《现代评论》第 2 卷第 30 期，1925 年 7 月 4 日。
② 燕树棠：《爱国运动与暴民运动》，《现代评论》第 2 卷第 52 期，1925 年 12 月 5 日。

不过当此外交紧急，一发千钧的时候，全国上下一意一心，对付英日，还恐为其多方所误，为甚么反要自乱耳目？当此民生凋敝，国力毫无的时候，全国人民卧薪尝胆，生聚教训，还恐望尘不及，为甚么反要自耗实力？这种救国方法，我们真是不测高深了。"① 他们反复申明：因"沪案"而引发的"这次爱国运动是对外的，只是敌对英日两国，并不敌对其他的友邦；不是对内的，国内各党，各系，各团体，各界的人士，凡有对抗英日两国意思者皆成爱国运动的分子，没有敌对何党何系何团体之意思。凡有利用爱国运动而达其为自己为某党某系或某外国之利益者，皆系社会之害虫，国家之蟊贼"。②

现代评论派对于一般的民众运动虽然持的是重视和肯定的态度，但他们不赞成、甚至反对学生停课、罢课而参加社会或政治活动，他们的一个基本观点，就是认为学生的当务之急是安心于自己的学业，"把自己铸造成器"，而不是天天去上街游行，去演讲，去从事与学业无关的一些事情，包括爱国的事业。1925 年 8 月 22 日出版的《现代评论》第 2 卷第 37 期上刊发有陶孟和的《救国与求学》一文。该文开篇便写道："两个半月以前，上海租界上的一阵枪声（指'五卅惨案'——引者）惊醒了我们三四百万的青年学生。这些含苞未吐的青年们，未来的好国民，未来的教员，未来的工程师，未来的学者……，多少的不可限量的英华，一时因为最亲爱的同胞无端受了外人的摧残，最亲爱的国家无端受了外人的侮辱，于是不得不中断他们惟一的任务——读书，试验，研究——一齐都抛下课本，扔开试验，走出教室，蹀出校门，专心一志的去做爱国的事业。两月以来，他们一方面在民众里警告，宣传，一方面向政府献策，请愿，曾做了不少的活动。但是从教育的立足点看来，这是多大的损失！"接着，该文比较了工人罢工、市民罢市、学生罢课各自所带来的后果，认为罢工、罢市尽管会给参与罢工、罢市的同胞带来经济上的困难，但罢工罢市只是针对英国人和日本人的工矿商铺，它因而有利于民族工业和商业的发展，是"用部分的损失换得全体的利益，因一方面的停顿而获得全国家的发展"，是"益多而

---

① 壬：《爱国运动与劳动运动》，《现代评论》第 2 卷第 37 期，1925 年 8 月 22 日。
② 召：《军阀压迫爱国运动》，《现代评论》第 2 卷第 37 期，1925 年 8 月 22 日。

损少"，只有"学生积久的罢课乃是趋于死的一途"。因为 20 世纪的国民不能缺乏教育，而教育的基础就是这三四百万的幼稚与青年。"假使现在中国三四百万的幼稚与青年从此完全废学，专去从事于爱国的运动，即使这个运动可以成就所求的结果，我想怕这三四百万的青年也未必有维持国家的知识与能力。何况我们绝对不相信专靠爱国运动便可以增进国家的地位，维持国家的独立呢？"所以，该文希望这三四百万的青年学生赶快回到学校里去，继续他们的读书，实验和研究，使自己成为未来的科学家、文学家、教育家，成为国家的有用之才。"我们希望每个学生都是救国者，但是我们钦佩救国的科学家，救国的文学家，救国的教育家。我们希望每个学生都能从事救国运动，演说，宣传，但是我们钦佩那些做具体的救国事业的人，组织好政府以抵抗侵略，兴办大工业以抵抗外货。我们钦佩爱国的学生，但是我们更钦佩那些用识见，能力，知识以救国的学生。若说求学便是救国或者过于浮泛，但我敢说在二十世纪的国际竞争中，救中国的必须求学。我们希望在最近的将来，于救国运动中，更发起基础的救国运动——求学。"① 不久，胡适也在第 2 卷第 39 期上发表了他在《现代评论》上的唯一一篇时政性文章——《爱国运动与求学》，他告诉青年学生："帝国主义不是赤手空拳打得倒的；'英日强盗'也不是几千万人的喊声咒得死的。救国是一件顶大的事业：排队游街，高喊着'打倒英日强盗'，算不得救国事业；甚至于砍下手指写血书，甚至于蹈海投江，杀身殉国，都算不得救国的事业。救国的事业须要有各色各样的人才；真正的救国的预备在于把自己造成一个有用的人才。"因此，他希望那些热衷于爱国运动的青年学生能够认识到，"救国须从救出你自己下手"，赶快回到学校里去，认认真真地去读书，去学习，"把自己铸造成器"。他要学生们明白这样一个道理："国家的纷扰，外间的刺激，只应该增加你求学的热心与兴趣，而不应该引诱你跟着大家去呐喊。呐喊救不了国家。即使呐喊也算是救国运动的一部分，你也不可忘记你的事业有比呐喊重要十倍百倍的，你的事业是要把你自己造成一个有眼光有能力的人才。"② 正是出于对学生以停课、罢课为代价参与

---

① 陶孟和：《救国与求学》，《现代评论》第 2 卷第 37 期，1925 年 8 月 22 日。
② 胡适：《爱国运动与求学》，《现代评论》第 2 卷第 39 期，1925 年 9 月 5 日。

社会和政治活动的不赞成，甚至否定，他们中的一些人反对"学潮"，认为"学潮"是"借国内政治上的小问题，为个人的目的，煽惑青年学生，惹起他们群众举动"，所以"是不当的行为"。[①]

现代评论派对民众运动的这种两面性，实际上是由他们的自由主义政治立场决定的。作为自由主义者，他们具有一定的反帝反封建的要求，也在一定程度上能认识和承认民众运动对反帝反封建斗争的重要作用，但他们又希望民众运动能在"理智""秩序""和平"的方式下进行，以符合他们所信奉的自由主义原则。

四、鲁迅与现代评论派的笔战及其他

鲁迅本来与现代评论派没有任何交集，他既不是《现代评论》的创办者，也不是《现代评论》的作者，与《现代评论》的王世杰、陈西滢等人更没有多少联系。他和现代评论派的笔战，源于北京的女师大风潮。

先是 1924 年 2 月，从美国留学回来的杨荫榆被任命为北京女子高等师范学校的校长。这具有破天荒的意义。"以女子而长大学，亦开女界之先声，深冀其别有所树立也。"[②] 然而令人大跌眼镜的是，杨荫榆虽然是吃过洋面包的留学生，但她的教育思想还停留在传统社会，用后来鲁迅在《寡妇主义》一文的话说，她是用传统家庭中的婆婆管媳妇的办法来治理学校的[③]，从而激起了经历过新文化运动洗礼、追求个性解放和思想自由的学生的反对。1924 年秋季开学时，几名国文系学生未能按时报到，杨荫榆于是借机将其中反对过自己的学生开除，而与自己关系好的学生则未给予任何处理，这引起学生的严重不满，1925 年 1 月，学生自治会召开紧急会议，不承认杨荫榆为校长，风潮由此兴起。4 月，司法总长章士钊兼任教育总长后，即宣布"整顿校风"，支持杨荫榆，风潮进一步激化起来。5 月 7 日上午，杨荫榆与学生因女师大"五七"国耻纪念会发生正面冲突，她要上台讲话，学生坚决不同意。会后，杨在学校附近大饭店召集支持自己的教职员开会，商议对付学生的对策。9 日，她以校评议会的名义，宣布开除许广平、刘和

---

① 召:《对爱国运动的谣言》,《现代评论》第 2 卷第 28 期, 1925 年 6 月 20 日。
② 晚恩:《女师大风潮纪事》,《妇女周刊》第 36 期, 1925 年 8 月 19 日。
③ 鲁迅:《坟·寡妇主义》, 载《鲁迅全集》第一卷, 第 265—266 页。

珍等 6 名学生自治会的学生。11 日，学生自治会召开全体紧急会议，决定驱逐杨荫榆，同时出版《驱杨运动特刊》。7 月，杨荫榆借维修校舍的名义，强行要求反对自己的学生搬离学校，引发与学生的冲突。8 月中旬，章士钊以"不受检制""蔑视长上"为借口，下令解散女师大，改设"国立女子大学"，冲突进一步升级，冲突中许广平、刘和珍等 13 名学生被打伤，部分反对解散女师大的师生被迫搬离女师大，自租校舍，坚持开学。11 月 28 日，北京爆发反对段祺瑞执政府的"首都革命"，提出"打倒段祺瑞""处死章士钊"的口号，章士钊逃离北京。两天后，被迫搬离女师大的师生返回原校舍。12 月，北洋政府下令续办女师大。历时近一年的女师大风潮暂告结束。

开始时，鲁迅并没有参与到女师大风潮之中，直到 5 月下旬，因不赞成杨荫榆以校评议会的名义，宣布开除许广平、刘和珍等 6 名学生自治会的学生，他于是起草了一份《对于北京女子师范大学风潮宣言》，并征得马裕藻、沈尹默、李泰棻、钱玄同、沈兼士、周作人等六位教员的署名，发表在 1925 年 5 月 27 日的《京报》上，又称《七教员宣言》，其内容主要是说明被开除的 6 位学生，品性学业，皆无问题，将她们开除，纯属"偏私谬戾之举"，引起全校"哗然"，作为教员的他们，"因知大概，义难默尔，敢布区区，惟关心教育者察焉"。[①] 然而，出乎鲁迅等人意料的是，该《宣言》发表后，却招来了纯粹是局外人的现代评论派核心人物陈西滢的攻击。陈西滢在 5 月 30 日出版的《现代评论》第 1 卷第 25 期上发表了一篇关于女师大风潮的《闲话》，其中主要表达了这样几个意思：（一）女师大风潮是学生的不对；（二）教育当局应对学生"加以相当的处罚"；（三）风潮是"某籍某系的人在暗中鼓动"起来的："《闲话》正要付印的时候，我们在报纸上看见女师大七教员的宣言。以前我们常常听说女师大的风潮，有在北京教育界占最大势力的某籍某系的人在暗中鼓动，可是我们总不敢相信。这个宣言语气措辞，我们看来，未免过于偏袒一方，不大平允……我们自然还是不信我们平素所很尊敬的人会暗中挑剔风潮，但是这篇宣言一出，免不

---

① 马裕藻、沈尹默、周树人、李泰棻、钱玄同、沈兼士、周作人：《对于北京女子师范大学风潮宣言》，《京报》1925 年 5 月 27 日。

了流言更加传布得厉害了。"① 这里所说的"某籍某系的人",实际上影射的正是鲁迅等人。因为"某籍",指的是浙江籍;"某系",指的是北京大学国文系,当时"在北京教育界占据最大势力的"是浙江籍人和北大国文系人,而参加宣言联署的七教员中,除李泰棻是河北籍人外,其他 6 人都是浙江籍人和北大国文系教员(同时兼女师大教员)。陈西滢的《闲话》,以"听说""流言"等推测性语言,指责鲁迅等人是女师大风潮的"暗中鼓动"者,这就不能不引起鲁迅的极大反感,甚至愤怒。双方笔战由此展开,除陈西滢外,陈翰笙、徐志摩等现代评论派的人也参与了进来。

关于这次笔战,已有不少研究成果,本书只是从思想史研究的角度,讨论这样一个问题,即:除了人事等关系和纠纷外(如被杨荫榆开除的女师大学生自治会成员许广平是鲁迅心仪的学生,后来成了他的夫人,而陈西滢和杨荫榆同籍,都是江苏无锡人;陈西滢在没有任何事实根据的前提下攻击鲁迅的《中国小说史略》是抄袭的日本人著作等),鲁迅和以陈西滢代表的现代评论派在女师大风潮上思想分歧究竟是什么?

鲁迅认为,学校就是学校,校长与学生的关系,应该是平等的关系,但杨荫榆则把学校当作了传统的家庭,视校长与学生的关系是传统家庭中的婆媳关系,而传统家庭中的婆媳关系是不平等的尊者、长者、强者与卑者、幼者、弱者的关系,正因为杨荫榆把学校当成了传统的家庭,用传统家庭中的婆媳关系来处理与学生的关系,从而引起了学生的不满。这是引起风潮的最主要原因。鲁迅第一次在文中就女师大事件发表议论是在 5 月 10 号,亦就是杨荫榆发布的开除 6 名学生自治会成员的公告后,他在指出大道上的东西并非"凶兽和羊",而是"凶兽样的羊"和"羊样的凶兽"之后,笔锋一转,进入现实:"我还记得中国的女人是怎样被压制,有时简直并羊而不如。现在托了洋鬼子学说的福,似乎有些解放了。但她一得到可以逞威的地位如校长之类,不就雇用了'掠袖擦掌'的打手似的男人,来威吓毫无武力的同性的学生们么?不是利用了外面正有别的学潮的时候,和一些狐群狗党趁势来开除她私意所不喜的学生们么?而几个在'男尊女卑'的社会生长的男人们,此时却在异性的饭碗化身的面前摇尾,简直并羊而

① (陈)西滢:《闲话》,《现代评论》第 1 卷第 25 期,1925 年 5 月 30 日。

不如。"① 鲁迅在这里抨击了杨荫榆从被压迫的女性因地位的变化而成了女性的压迫者，以及"几个在'男尊女卑'的社会生长的男人们"的为虎作伥。鲁迅再次就女师大风潮发表议论，是 5 月 21 日写的《"碰壁"之后》。此前，他先后看到了杨荫榆的《致全体学生公启》《对于暴烈学生之感言》② 和《致全体主任、专任教员、评议会会员函》等文，其中"须知学校犹家庭"和"与此曹子勃谿相向"等语引起他的愤慨和联想。他于是在《"碰壁"之后》写道："我本就怕这学校，因为一进门就觉得阴惨惨，不知其所以然，但也常常疑心是自己的错觉。后来看到杨荫榆校长《致全体学生公启》里的'须知学校犹家庭，为尊长者断无不爱家属之理，为幼稚者亦当体贴尊长之心'的话，就恍然了，原来我虽然在学校教书，也等于在杨家坐馆，而这阴惨惨的气味，便是从'冷板凳'里出来的。可是我有一种毛病，自己也疑心是自讨苦吃的根苗，就是偶尔要想想。所以恍然之后，即又有疑问发生：这家族人员——校长和学生——的关系是怎样的，母女，还是婆媳呢？想而又想，结果毫无。幸而这位校长宣言多，竟在她《对于暴烈学生之感言》里获得正确的解答了。曰，'与此曹子勃谿相向'，则其为婆婆无疑也。……看看学生们，就像一群童养媳。""我于是仿佛看见雪白的桌布已经沾了许多酱油渍，男男女女围着桌子都吃冰其淋，而许多媳妇儿，就如中国历来的大多数媳妇儿在苦节的婆婆脚下似的，都决定了暗淡的运命。"③ 后来，他又多次对杨荫榆把学校当成了传统家庭、视校长与学生的关系为传统家庭中的婆媳关系进行了抨击。我们知道，鲁迅一生都是站在卑者、幼者、弱者的一边，而反抗和抨击尊者、长者、强者的。这是他在女师大风潮中支持处在卑者、幼者、弱者地位的学生的主要原因。但和鲁迅不同，在陈西滢以及现代评论的其他人看来，学校讲究的是师道尊严，上下尊卑，讲的是权威和秩序，校长就是校长，学生应该绝对服从校长的领导，否则就是"丑态"，就是丢"教育界的面目"。④ 所以，鲁迅在《"碰壁"之余》中就批评现

---

① 鲁迅：《华盖集·忽然想到（七）》，载《鲁迅全集》第三卷，第 60—61 页。
② 该文在 1925 年 5 月 20 日《晨报》以《"教育之前途棘矣"！——杨荫榆之宣言》为题，予以刊载。
③ 鲁迅：《华盖集·"碰壁"之后》，载《鲁迅全集》第三卷，第 68—72 页。
④ （陈）西滢：《闲话》，《现代评论》第 1 卷第 25 期，1925 年 5 月 30 日。

代评论派和杨荫榆一样，不把学校看成学校，而看成了家庭。他写道："女师大事件在北京竟颇算一个问题，号称'大报'如所谓《现代评论》者，居然也'评议'了好几次……我很惊于同是人，而眼光竟有这么不同；但究竟同是人，所以意见也不无符合之点：都不将学校看作学校。这一点，也可以包括杨荫榆女士的'学校犹家庭'和段祺瑞执政的'先父兄之教'。"[1] 正因为陈西滢等人没把学校看成学校，而看成了家庭，所以他们认为，女师大风潮的责任，在学生而不在校长。用陈西滢在《闲话》中的话说："我们只觉得这次（女师大风潮）闹得太不像话了"，就是我们这些"旁观的人也不能再让它酝酿下去。好像一个臭毛厕，人人都有扫除的义务"。他并且建议"教育当局应当切实的调查这次风潮的内容"，"如果过在学生，也少不得加以相当的惩罚，万不可再敷衍姑息下去，以至将来要整顿也没有了办法"。[2] 把女师大风潮比喻为"臭毛厕"，认为"人人都有扫除的义务"，这反映的正是现代评论派对女师大风潮责任的认识。对女师大风潮责任的认识不同，这是鲁迅和现代评论派的思想分歧之一。

鲁迅和现代评论派的思想分歧之二，是对学潮或学生运动的态度不同。如前所述，现代评论派对于一般的民众运动虽然持的是重视和肯定的态度，但他们不赞成、甚至反对学生停课、罢课而参加社会或政治活动，他们的一个基本观点，就是认为学生的当务之急是安心于自己的学业，"把自己铸造成器"，而不是天天去上街，去游行，去演讲，去从事与学业无关的一些事情。因而 1928 年 8 月，当北大部分教员因反对章士钊对学风的所谓整顿而宣布支持学生的倒章（士钊）运动（其中也包括女师大风潮）时，陈西滢就"劝"人们（这其中当然也包括鲁迅——引者）"在'学生身上'少'用'些'工夫'吧。反对一个人的方法极多，最初何必轻轻用学校做兵器？现在如再'在学生身上用工夫'，闹起一个大风潮来，小言之，段政府如不倒，章士钊未必去，而学生一年半载的光阴又虚掷了，大言之，安知北大不为女师大第二呢？"[3] 他们甚至把学潮称之为"群众专制"，被学潮反对的人是"被群众专制的压迫者"。同样是这个陈西滢，就自称自己是"代被群

<hr>

① 鲁迅：《华盖集·"碰壁"之余》，载《鲁迅全集》第三卷，第 118 页。
② （陈）西滢：《闲话》，《现代评论》第 1 卷第 25 期，1925 年 5 月 30 日。
③ （陈）西滢：《闲话》，《现代评论》第 2 卷第 40 期，1925 年 9 月 12 日。

众专制的压迫者（指杨荫榆——引者）说了几句公平话"，从而受到了鲁迅等人的诽谤和指责。[1] 但和现代评论派不同，鲁迅一生都是站在卑者、幼者、弱者一边的，因而他对于作为卑者、幼者、弱者的学生所发动的反对尊者、长者、强者的学潮或学生运动一贯持的是支持态度。用他在新文化运动期间发表的《我们现在怎样做父亲》一文的话说：他要"肩住了黑暗的闸门，放他们（指青年一代——引者注）到宽阔光明的地方去；此后幸福的度日，合理的做人"[2]。针对陈西滢把自己说成是为"被群众专制的压迫者"说了"几句公平话"的人，鲁迅指出："中国现在还不到'群众专制'的时候，即使有几十个人，只要'无权势'者（即陈西滢所说的杨荫榆等人——引者）叫一群警察，雇些女流氓，一打，就散了（指1925年8月，因章士钊解散女师大而引起的女师大学生与校方发生冲突，校方叫来警察和一些女打手，殴打学生事件——引者），正无须乎我来为'被压迫者'来说'公平话'。"[3] 鲁迅也不反对学生要学好本领，"把自己铸造成器"，但他反对现代评论派提出的为了"把自己铸造成器"，就要"两耳不闻窗外事，一心只读圣贤书"的主张，他在《碎话》中针对胡适的《爱国运动与求学》一文写道："什么事情都要干，干，干！那当然是名言，但是倘有傻子真去买了手枪，就必要深悔前非，更进而悟到救国必先求学。这当然也是名言，何用多说呢，就遵谕钻进研究室去。待到有一天，你发见了一颗新彗星，或者知道了刘歆并非刘向的儿子之后，跳出来救国时，先觉者可是'杳如黄鹤'了，寻来寻去，也许会在戏园子里发见……'束发小生'变成先生，从研究室里钻出，救国的资格也许有一点了，却不料还是一个精神上种种方面没有充分发达的畸形物，真是可怜可怜。"在鲁迅看来，求学与爱国不仅不矛盾，而且处理得好还可相得益彰，"也许学者已经出园，说学也跟着长进（俗称改变，非也）了"。[4]

这里还涉及如何认识和处理学潮或学生运动与爱国运动的关系问题。女师大风潮开始于1924年底1925年初，到1925年5月后，逐渐激化起来，而这时正好"五卅惨案"发生，全国掀起了声援"沪案"的爱国运动。1925

① （陈）西滢：《闲话》，《现代评论》第2卷第40期，1925年9月12日。
② 唐俟（鲁迅）：《坟·我们现在怎样做父亲》，载《鲁迅全集》第一卷，第140页。
③ 鲁迅：《并非闲话》（二），载《鲁迅全集》第三卷，第128页。
④ 鲁迅：《华盖集·碎话》，载《鲁迅全集》第三卷，第163—164页。

年 8 月 29 日出版的《现代评论》第 2 卷第 38 期"时事短评"上有一篇《爱国运动与学潮》:"五卅惨案所激起的爱国运动,北京教育界是中坚分子。所以教育界的动作就与爱国运动有成败的关系。当沪案发生之后,北京教育界首倡对抗英日的爱国运动,各界随从,到处响应。"但正当北京声援"沪案"的爱国运动蓬勃兴起之时,"不幸,自命为先觉高尚的教育界又犯了'靡不有初,鲜克有终'的毛病。七月十五日北京天安门国民大会被少数有组织的学生扰乱,这是教育界内部公然破裂的始点,就是爱国运动失败的先兆。不久,女师大的风潮发生,北京教育界为沪案所组织爱国运动的团体大多数都是一百二十分的气力打进女师大风潮漩涡之中;开始的题目是'驱杨',到现在的题目是'逐章',及援助女师大的学生,于是就把这爱国运动搁置在脑背后去了。杨荫榆的势力,充其量,不过是个女师大的校长,他的劣迹,充其量,不过是一部份学生'不满意'。章士钊的势力,充其量,不过有名无实的教育部总长,他的劣迹,充其量,不过是禁止北京学生开五七国耻纪念会及解散女师大两件大事。至于援助女师大的学生,充其量,不过是使女师大二三十位学生在校内多住几天。就国家的利害关系而言,把杨荫榆,章士钊,及女师大学生,三方面的共总的价值与重要和抵抗英日的爱国运动的价值与重要,两相衡量,两相比较,孰轻孰重,不言自知。今北京教育界竟忘却自己是爱国运动的中坚,放下抵抗英日的工作,用尽气力,来打学潮糊涂仗,这是小题大作,轻重倒置"。[1] 陈西滢也在同期《现代评论》的《闲话》中表达了相同的意思,认为在援助"沪案"的关键时期,"一部份报纸的篇幅,几乎全让女师风潮占去了,现在大部份爱国运动的青年的时间,也几乎全让女师风潮占去了。……女师风潮实在是了不得的大事情,实在有了不得的大意义"。所以,他不同意外国人的"中国人是重男轻女"的观点。[2] 言下之意,在女师大问题上,中国是重女轻男。

对于"五卅惨案",鲁迅首先就不赞成包括现代评论派在内的中国自由主义知识分子对"沪案"的所谓"辩诬"。他发表于 1925 年 6 月 7 日《京报》副刊的《忽然想到》一文开篇便写道:"我们的市民被上海租界的英国巡捕

---

① 召:《爱国运动与学潮》,《现代评论》第 2 卷第 38 期,1925 年 8 月 29 日。
② (陈)西滢:《闲话》,《现代评论》第 2 卷第 38 期,1925 年 8 月 29 日。

击杀了，我们并不还击，却先来赶紧洗刷牺牲者的罪名。说道我们并非'赤化'，因为没有受别国的煽动；说到我们并非'暴徒'，因为都是空手，没有兵器的。我不解为什么中国人如果真使中国赤化，真在中国暴动，就得听英捕来处死刑？记得新希腊人也曾用兵器对付过国内的土耳其人，却并不被称为暴徒；俄国确已赤化多年了，也没有得到别国开枪的惩罚。而独有中国人，则市民被杀之后，还要皇皇然辩诬，张着含冤的眼睛，向世界搜求公道。"① 他认为，英国巡捕之所以敢在光天化日之下枪杀手无寸铁的中国学生和市民，其根本原因就在于中国是一个被人欺负的弱国，一个落后国，因此，中国的当务之急，是如何尽快提升中国的实力，改变中国的弱国和落后国的地位。也就是在《忽然想到》一文中，鲁迅写下了这样一段文字："大概两三年前，正值一种爱国运动的时候罢，偶见一篇它（指《顺天时报》——引者）的社论，大意说，一国当衰弊之际，总有两种意见不同的人。一是民气论者，侧重国民的气概，一是民力论者，专重国民的实力。前者多则国家终亦渐弱，后者多则将强。我想，这是很不错的；而且我们应该时时记得的。可惜中国历来就独多民气论者。到现在还如此。如果长此不改，'再而衰，三而竭'，将来会连辩诬的精力也没有了。所以在不得已而空手鼓舞民气时，尤须同时设法增长国民的实力，还要永远这样的干下去。"② 他反复告诉人们："不以实力为根本的民气，结果也只能以固有而不假外求的天灵盖自豪，这就是以自暴自弃当作得胜。"③ 正是出于中国的当务之急是如何尽快提升实力的考虑，鲁迅认为学潮或学生运动与爱国运动并不矛盾，不打倒北洋政府，不赶走章士钊和杨荫榆，中国的教育就不可能得到发展，中国的实力也就因此而得不到提升，中国的实力得不到提升，中国也就不可能改变被列强欺负的地位，诸如"沪案"这类事件还会发生。他举了一个非常普通的例子就这两者关系进行了说明："譬如一个人，自己打自己的嘴巴，心平气和，被别人打了，就非常气忿。但一个人而至于乏到自己打嘴巴，也就难免为别人所打，如果世界上'打'的事实还没有消除。"④ 所以，

---

① 鲁迅：《华盖集·忽然想到（十至十一）》，载《鲁迅全集》第三卷，第90页。
② 鲁迅：《华盖集·忽然想到（十至十一）》，载《鲁迅全集》第三卷，第92页。
③ 鲁迅：《华盖集·补白》，载《鲁迅全集》第三卷，第103—104页。
④ 鲁迅：《华盖集·忽然想到》，载《鲁迅全集》第三卷，第93页。

他反对打着"一致对外"的名义侵害人们的正当权利，更不同意以此为理由来取消学潮或学生运动。他有篇文章的小标题叫《一致对外》，下面是甲乙两人的对话："甲：'喂，乙先生！你怎么趁我忙乱的时候，又将我的东西拿走了？现在拿出来，还我罢！'乙：'我们要一致对外！这么危急时候，你还只记得你自己的东西么？亡国奴！'"①这里的"乙"指的就是现代评论派。

除此，陈西滢代表的现代评论派那种对"公理""自由"的实用主义用法也是引起鲁迅不满和反击的重要原因。比如"公理"，是现代评论派常挂在口上的一个词，他们甚至以"公理"的化身和维护者自居。然而，正如鲁迅在《"公理"的把戏》中所指出的那样：当杨荫榆无故开除学生时，当章士钊无故解散女师大、另成立所谓女子大学时，当教育部司长刘百昭指示警察和打手打伤13位学生，并强行驱离不服从命令的学生出校园时，当处于弱势的学生需要"所谓教育界名流"的"公理""道义"的支持时，这些以"公理"的化身和维护者自居的现代评论派则"鸦雀无声"了，不讲"公理"了。然而当"首都革命"发生、章士钊逃走后，面对原来被校方驱离出校的学生要求回到女师大、恢复女师大的名称时，这些在章士钊时代从不提"公理"的现代评论派又开始大讲特讲起"公理"来了，并于12月14日发起成立了一个"教育界公理维持会"，声称要维持公理，反对恢复女师大名称。就此，鲁迅写道："我之所以对于有些人的口头的鸟'公理'而不敬者，即大抵由于此。"②又比如，自由主义的一项重要原则，就是"保护少数"，承认"少数"的自由权利。所以当女师大风潮兴起时，与众多的学生相比，杨荫榆理所当然的是少数，现代评论派因而要求保护少数人亦即杨荫榆的权利，他们要为"被群众专制压迫的人说几句公平话"。然而当1925年8月，章士钊宣布解散女师大、另成立女子大学，并派警察和一些女打手强行将不服从命令的二三十个学生驱离学校，这些被驱离的学生随即成立了女师大校务维持会，并要求恢复女师大名称时，现代评论派就不再提"保护少数"的话题了，反而要求少数服从多数，因为被驱离的二三十个学生相对于留下来的一两百多学生是少数，认为这才是自由主义的真谛。③他

① 鲁迅：《华盖集·忽然想到》，载《鲁迅全集》第三卷，第93—94页。
② 鲁迅：《华盖集·"公理"的把戏》，载《鲁迅全集》第三卷，第168—172页。
③（陈）西滢：《闲话》，《现代评论》第3卷第55期，1925年12月26日。

们于 12 月 14 日发起成立"教育界公理维持会"的目的，也是要反对少数的二三十人侵害这多数的一两百的权利。对此，鲁迅在《这回是"多数"的把戏》一文中写道：在陈西滢等现代评论派人那里，"正如'公理'的忽隐忽现一样，'少数'的时价也四季不同的。杨荫榆时候多数不该'压迫'少数，现在是少数应该服从多数了"，鲁迅进一步质问："'要是'帝国主义者抢去了中国的大部分，只剩了一二省，我们便怎样？别的都归了强国了，少数的土地，还要维持么？！"[①] 尤其使鲁迅愤怒的，是陈西滢等人对"流言"一词的"只许州官放火，不许百姓点灯"式的运用。他们一方面口口声声批评别人依据"流言"来攻击自己是"不道德"，但另一方面他们又依据"流言"攻击鲁迅等人是女师大风潮的"暗中鼓动"者。对于"流言"，鲁迅是最为反感和痛恨的，认为"'流言'本是畜类的武器，鬼蜮的手段，实在应该不信它"[②]。但以陈西滢为代表的现代评论派则一而再再而三地利用和制造"流言"攻击鲁迅，伤害他，用他在《并非闲话（三）》中的话说："我一生中，给我大的损害的并非书贾，并非兵匪，更不是旗帜鲜明的小人：乃是所谓'流言'。即如今年，就有什么'鼓动学潮'呀，'谋做校长'呀，'打落门牙'呀这些话。"[③] 据统计，在鲁迅的杂文中，"'流言'这一关键词就出现了 60 次"[④]，而且都是在负面的意义上使用的。

　　到了 1925 年底 1926 年初，女师大风潮因女师大名称的恢复而暂告结束了，但鲁迅与现代评论派，尤其是与陈西滢的笔战则远没有结束，还将继续下去。应该怎样认识和评价鲁迅与现代评论派的笔战？目前学术界特别是文学界有不同争论。但本书认为，这是知识分子内部的一场争论，或者说，是知识分子内部，自由主义知识分子和左翼知识分子的一场争论，留学欧美的知识分子和留学日本的知识分子的一场争论，虽然有是非之别，对错之分，但绝不是敌我之间的你死我活的斗争，绝不是无产阶级知识分子和资产阶级知识分子的斗争。

---

① 鲁迅《华盖集·这回是"多数"的把戏》，载《鲁迅全集》第三卷，第 177—178 页。

② 鲁迅《华盖集·并非闲话》，载《鲁迅全集》第三卷，第 177 页。

③ 鲁迅：《华盖集·并非闲话（三）》，载《鲁迅全集》第三卷，第 154 页。

④ 钱理群：《鲁迅与现代评论派的论战》，《鲁迅研究月刊》2002 年第 11 期。

五、中国共产党人对现代评论派"另一面"的批判

我们前面已经提到，现代评论派对民众运动具有两面性，一方面重视和肯定民众运动，另一面又希望民众运动能在他们所认为的"理智""秩序""和平"之方式下进行。对这"另一面"，中国共产党人对现代评论派进行了批判。五卅惨案发生后，现代评论派于第一时间提出了两点建议：第一，只与英日交涉，而不涉及其他帝国主义国家；第二，交涉仅限于"惩凶、赔偿、保障"，而不涉及其他方面。但在中国共产党看来，这次惨案是"因英日帝国主义的大屠杀"而发生的，中国人民的"反抗运动之目标，决不止于惩凶、赔偿、道歉等'了事'的虚文，解决之道不在法律而在政治，所以应认定废除一切不平等条约，推翻帝国主义在中国的一切特权为其主要目的。不平等条约一日不废除，帝国主义在中国的一切特权一日不推翻，中国民族的生命与自由便一日没有担保，随时随地都有被横暴残酷野蛮无耻的帝国主义蹂躏屠杀之危险。全中国人民的生命与自由，决不能由惩凶、赔偿、道歉等虚文得到担保"。[1] 因此，共产党批判以现代评论派为代表的"绅士学者"提出的这种"速了运动""缩小范围"的主张，"不但是民族解放运动的障碍，而且简直是要破坏这个运动"。共产党把中国人分成两类，一类"真为民族利益奋斗的，是工人学生中小商人等所谓'下等华人'"，一类"背叛民族利益的，是大商绅士学者军阀等所谓'高等华人'"。[2] 现代评论派理所当然地被中国共产党划入了"高等华人"一类。以上是中共中央和共产主义青年团中央在告民众书中提出来的。几乎与此同时，恽代英在团中央机关刊物《中国青年》第83期上发表的《革命势力与反革命势力》一文，把人分成了革命与反革命两类，认为"反革命的人总不愿意听见强力反抗的话头，他们希望帝国主义者自动的让步，希望一个帝国主义者帮助我们打倒另一个帝国主义者，希望军阀帮助我们打倒帝国主义。他们不信任人民自己会有打倒帝国主义的能力，而且他们为自己的利益厌憎恐怖

---

① 《中国共产党为反抗帝国主义野蛮残暴的大屠杀告全国民众》，载《中共中央文件选集》第一册，第421页。
② 《中国共产党中国共产主义青年团宣言——告此次为民族自由奋斗的民众》，载《中共中央文件选集》第一册，第425页。

人民自己组织团体的进步，常根本要破坏人民自己的组织团结，与人民信赖自己组织团结力量的观念"。依据上述定义，他把"反革命的人"分成了"五种"，"第一是大商买办阶级"，"第二是一般'高等华人'"，"第三是那些希望缩小范围专对英日或专门对英的学者名流"，"第四是那些信赖政府、军阀或者是仍旧信赖法律解决的庸俗论者"，"第五是那些反对甚至于破坏工人、学生组织的资本家、教职员"。他认为胡适、梁启超、丁文江、余日章之类是第二种人，这种人"根本不懂民众的组织与其自救自决之觉悟的重要，他们不懂开会游行的真正意思，他们把自己看做命定的奴隶一般，以为除了要求帝国主义者发慈悲讲公道，组织一个他们理想中的公平无私的中外调查委员会，没有方法解决这个案子"。而整个"现代评论派"则属于第三种，这种人"虽然比较进步，然而他们亦是不肯相信民众自己的力量，希望不靠民众自己的力量而靠那一个强大的邻国出来说公道话帮助我们"，所以他们只主张对英日甚至对英交涉，而不涉及其他国家，主张其他国家甚至包括日本在华的工厂开工，"以维持英厂工人罢工"。然而"他们这种敷衍妥协的心理，恰足以灭杀民众革命的精神，便宜了美、法、日本"。他号召青年要认清这些"学者名流"的面目，不要上了他们的当。[①]

中国共产党人尤其批判了胡适提出的要学生们"闭门读书"，以便把自己"铸造成器"的主张。也是恽代英，1925 年 9 月 21 日在《中国青年》第 96 期"读报杂感"上发表《胡适之的乌龟脑壳又伸出来了》一文。他写道："五卅以来，除了听见胡适之奉承了几句'高等华人'梁启超的论调以外，不曾看见他有甚么主张。自然，在革命潮流正激烈的时候，这些绅士学者只好躲在乌龟壳里，谨防说错了话被群众掌嘴。现在情形已经不同了！因为帝国主义的狡展与军阀的压迫，'民气'已经低落下去了，于是胡适之的乌龟脑壳又伸出来了。胡适之认为真正的个人主义的读书，将自己铸造成个有用的东西，为青年男女难能可贵的任务；国家的纷扰，外间的刺激，只应增加求学的热心与兴趣，不应跟着人家乱跑乱喊！我不知道胡适之近来读书的进步如何了！我知道在胡适之真正个人主义的读书，将自己铸造成了个有用的东西（堂堂北京大学教授兼新文化运动的巨子）以后，在《努

---

① 但一（恽代英）：《革命势力与反革命势力》，《中国青年》第 83 期，1925 年 7 月 23 日。

力周报》二十二期曾经发表一篇'国际的中国'",为帝国主义侵略中国的
罪行开脱。在引用了胡适为帝国主义开脱的几段文字后恽代英又写道：这
些话有如何的价值，可以让学生们自己去判断，"用不着污我们的笔端"，
我们需要做的"只要请大家看胡适之个人主义读书的成绩，而且老实不客气
的上去掌这种'有用的东西'的嘴，还让他知道利害，仍旧躲在乌龟壳里
去"。① 不久，《中国青年》第98、99 期上又连载了"求实"的《评胡适之的
"新花样"》一文，继续对胡适的主张进行冷嘲热讽和批判。首先，该文列
举了五四运动以后胡适的种种劣迹：先是逃进了"整理国故之宫"，随着又
"努力"于"好人政府"的创造，主张各省会议，为军阀官僚张目，更大倡
其"中国脱离了帝国主义的侵略"的论调，替帝国主义文过；不久北京废
宫里一班清室忠臣所玩之"叩玉阙，请圣安"的把戏中，居然有了胡适之
的身影，反对冯军驱逐溥仪，也有胡适之在那儿吆喝；上半年，段祺瑞恩
赏了胡适之一个御用善后会议代表的头衔，他欣然承诺了；最近有意无意
为卑劣的章士钊张目的一群所谓大学教授中，又没有跑脱一个胡适之！接
着该文写道：其实，我们早就没有"骂"胡适的兴趣了，"因为胡适之之不
待骂，犹如路旁的一条死狗之不待叱咤一样；只是，这条死狗今天发出了
一股妨害公共卫生的臭气，我们却不能不理会了"。这就是胡适在《现代评
论》第 2 卷第 39 期发表的《爱国运动与求学》和《现代评论》第 2 卷第 42
期发表的《答刘治熙》中，以"负有指导之责者"的口吻，向青年们提出
的"应该'关着门'读书，不应该'跟着大家'去救国"的要求。该文指
出：国家的情势不容一般青年安心求学，经济的能力也不能使他们安心求
学，而且无论学校环境的好坏，都不能把青年铸造成一个怎么有用的东西。
所谓"有用"是相对的，是有时间性和空间性的，中国今天所需要的"有
用"的东西，是"真能到民间去"，宣传群众，组织群众，并能领导群众的
革命者。革命者只有在革命活动中才能铸造成功的。胡适要青年们"闭门
读书"，至多能够使一部分青年"不愧是个学生"罢了，但不能使他们成为
国家和民族真正需要的"有用"之才。他并举孙中山为例：孙中山的伟大，
决不仅在于他的好学，比孙中山先生肯读书的人多的是，然而他们都只能

---

① F.M.：《胡适之的乌龟脑壳又伸出来了》，《中国青年》第 96 期，1925 年 9 月 21 日。

成为书呆子，决不能成为伟大的革命家。孙中山之所以能成为伟大的革命家，除他好学外，更主要的在于他的革命实践。[1]

第三节　甲寅派的保守主义思想及其困境

目前学术界对甲寅派的研究大多还附属于对章士钊的研究，而以整个甲寅派为研究对象的成果并不多见。事实上对章士钊的研究并不等同于对甲寅派的研究，章士钊尽管是《甲寅周刊》的主笔和甲寅派的核心人物，但章士钊的思想和主张并不能完全代表以《甲寅周刊》为阵地的甲寅派的思想和主张，首先从文章总数看，章士钊的文章只占到《甲寅周刊》不到一半的比例，另外一半多的文章则为其他甲寅派和其他非甲寅派的作者所撰写；其次从内容上看，章士钊关注的问题，并不都是其他甲寅派所关注的问题，而其他甲寅派的主张也并不都是章士钊完全赞同的，作为一个思想文化派别，甲寅派有着基本相同的思想和主张，但在基本相同的大前提下，其内部也还是存在着一些差异或不同。有鉴于此，本书研究的主要是作为思想派别的甲寅派的政治、经济和文化思想，以及时人（总称之为批判者）对它的批判，而不涉及章士钊个人独有的"新旧调和"论和"消极建国"论，以及他担任段祺瑞执政府的司法总长、教育总长期间的政治活动及其政策。

一、《甲寅》复刊与甲寅派的形成

"甲寅"在干支纪年法下指的是 1914 年。是年，章士钊在日本东京开始创办《甲寅月刊》。次年 5 月，《甲寅月刊》改在上海发行，至 1916 年被禁停刊。1917 年 1 月，章士钊又在北京刊行《甲寅日刊》，同年 6 月因张勋进京策划复辟而停刊。

《甲寅》的创办者章士钊，是我国近代著名的逻辑学家，政论家、书法

---

[1]　求实：《评胡适之的"新花样"》，《中国青年》第 98 期，1925 年 9 月 28 日；《评胡适之的"新花样"（续）》，《中国青年》第 99 期，1925 年 9 月 28 日。

家和律师，一个跨越晚清、民国和中华人民共和国，徘徊于政治与学术之间、有着深厚历史积淀的人物。在他坎坷而丰富的一生中，与各个派别、各个时代的不同人物都保持着良好的交往关系，其中既有青帮老大杜月笙，也有国民党元老于右任、张继，还有共产党领袖陈独秀、李大钊、毛泽东；他曾先后为孙中山、袁世凯、岑春煊、段祺瑞、蒋介石、毛泽东效过力，可谓"六朝元老"。他一生的思想经历过多次转折。我们在本卷第十一章第一节中已经提到，受第一次世界大战的影响，1919 年章士钊开始走向保守，1922 年他第二次欧游归国后，又一改以前温和批评新文化运动的态度，开始对新文化运动进行全面的批评甚至攻击，并公开反对中国走工业化道路，反对代议制，倡言"以农立国"。1924 年，段祺瑞上台，组建临时执政府，章士钊被任命为司法总长。1925 年 4 月，章士钊再兼教育总长。不久（7 月），他将停办已经 8 年之久的《甲寅》复刊，是为《甲寅周刊》。与新文化运动时期不同，这时的章士钊以及他所复刊的《甲寅》，是文化保守主义与政治保守主义兼而有之。

　　章士钊之所以要复刊《甲寅》，有两个目的。目的之一，就是为了宣传自己的保守思想。这可以从他的文章在《甲寅》所占比例看出：除去"通讯"外，章士钊的文章占所有文章的一半以上。对此，许多人提出了批评，章士钊的挚友王薇伯就指出《甲寅》"卷中自道之处过多，与读者之趣意不相生"；章士钊的论敌吴稚晖也认为"《甲寅》个性太重"，并讽刺他说："杂志而以一人之文墨畸轻畸重，毋乃太苦。"章士钊的答复是：（一）他办《甲寅周刊》，是效仿英国周刊《司佩铁特》。"司佩铁特"（spectator）即"袖手旁观人之谓也"，其创办者艾迪生用以自表其心志。他办《甲寅周刊》也是要"阐发个性"，"使之代主坫坛，与世共见，用是范作中心，成为文汇，令天下相同相类甚且相反之情之意之志，一人自状，百人同证，以质以剂，以循以环"。[1]（二）能够自由宣传自己的主张。章士钊承认自己有所谓"文癖"："凡愚文，明署孤桐，文责自负之"，即便"见罪于天下"，也不会转嫁于发表的刊物。[2]目的之二，是要使《甲寅》成为"天下之公器"，这也

---

[1] 孤桐（章士钊）：《逊府》，《甲寅周刊》第 1 卷第 4 号，1925 年 8 月 8 日。
[2] 章士钊：《〈晶报〉后题》，《甲寅周刊》第 1 卷第 36 号，1926 年 12 月 18 日。

是他设置"通讯"一栏的出发点。事实上，他在第 1 号的启事上就已说明，"本刊研究事理，悉取公开态度，极愿以此为全国人士之公共言论机关，海内贤达，有以著述见惠，无任欢迎"。[①] 其后在《通讯》一文中，针对吴稚晖、高一涵"志存标榜"的抨击，再次强调他"当仁之事，期于不让，而善言之道，亦不得不闻"，"并愿诸君善匡不逮，宁猛毋宽"。[②] 除了设置"通讯"一栏外，章士钊还进行了两次征文。第一次刊登于第 2 至第 7 号的封面上，征文题目为《科道制与代议制之利害得失如何，立法与弹劾二权之分合利弊安在，此项宪法条文应如何规定其各分别论之》；第二次刊登在 12 至 15 号封面上，题目为《圣贤与英雄异同论》。

《甲寅周刊》共发行 45 期。从 1925 年 7 月 18 日至 1926 年 3 月 27 日，春节期间除外，该刊皆每周按期发行，共出版了 35 期，即第 1 号至第 35 号。此后，因段祺瑞政府倒台，章士钊避居天津，《甲寅周刊》"报资无所自出"，不得不停刊数月。此数月间，章士钊曾"思鬻字，以三月之力，书箑千柄，集资万元，十月得续刊焉"，但因其友反对，后又因《国闻周报》主办者吴达诠邀章士钊为《国闻周报》撰写时论，鬻字之议遂罢。不过，《国闻周报》终非章氏所办，言论抒发不很自由，因此章士钊最终从友人处集资重续《甲寅周刊》[③]，遂于 1926 年 12 月 18 日刊出第 36 号。1927 年 4 月 2 日，《甲寅周刊》第 45 号刊出后，终因财政拮据，再加上章士钊为国民党所通缉而停办。以 35 号为分水岭，《甲寅周刊》可以分为两个时期。从发行地看，35 号前（包括 35 号）为北京，36 号后（包括 36 号）因章士钊避居天津而迁往天津日租界；从编辑者看，35 号前主编为钟介民，36 号后主编为章清吾；从刊物的销售形式看，35 号前设有代售处，36 号后章士钊以为代售处弊端甚多，因此将其废除；从内容上看，35 号前政论性的文章较多，36 号后主要是学术文化方面的文章。

从 1925 年 7 月创刊到 1927 年 4 月停刊，包括中间停办的半年多时间，《甲寅周刊》总共持续虽不到两年时间，却在当时引起了较大的社会反响。除了当时的社会文化背景外，其自身的办刊特点也是一个重要原因。综合

---

① 《本刊启事二》，《甲寅周刊》第 1 卷第 1 号至 13 号的封面都连续刊载。
② 孤桐（章士钊）：《通讯》，《甲寅周刊》第 1 卷第 19 号，1925 年 11 月 21 日。
③ 章士钊：《〈晶报〉后题》，《甲寅周刊》第 1 卷第 36 号，1926 年 12 月 18 日。

来看,《甲寅周刊》的特点有二:第一,亦学亦政的办刊背景。与当时大多数刊物不同,《甲寅周刊》的创办者和主笔章士钊,既是段祺瑞临时执政府的司法总长、教育总长,又是当时学术界的领军人物之一。这样的双重身份决定了他所主办的刊物既带有浓厚的官方色彩,又享有很高的学术地位,从而在学术界和政界都赢得了一定的作者和读者群,这从其作者的出身就可见一斑。第二,独立开放的办刊风格。虽然章士钊身跨政、学二坛,但他并不以《甲寅周刊》去压制与他对立的刊物和见解。当时《现代评论》《语丝》《晶报》等报刊都对章士钊的主张提出过质疑和批判,甚至加以毁谤。对此,章士钊大都以解释、争辩的方式据理力争,而不是利用其官方的地位去压制其他刊物。不仅如此,《甲寅周刊》自身也刊登了不少与该刊主旨相左的文章。以第一次征文为例,获一、二等奖并在该刊上刊布的文章分别是潘大道的《代议不易辩》(刊于《甲寅周刊》第 1 卷第 12 号,1925 年 10 月 3 日)和文天倪的《科道制与代议制之利害得失如何,立法与弹劾二权之分合利弊安在,此项条文应如何规定,其分别论之》(刊于《甲寅周刊》第 1 卷第 13 号,1925 年 10 月 10 日),这两篇文章都是支持代议制、反对科道制的,与章士钊的思想正好对立。与此同时,《甲寅周刊》也不有意曲迎政府的主张和措施,甚至还特设“时评”一栏,评论时局,针砭时弊,提出自己的解决办法。所以章士钊的论敌吴稚晖曾这样评价章士钊和他所主笔的《甲寅周刊》:“有三分诚心,想把中国弄好的……不是卖国党,不是外国人工具,与替外国人煮续命汤的人。”[1] 此为不刊之论。

《甲寅周刊》复刊后,赞成者、支持者有之,批判者、反对者亦有之,用章士钊自己的话说:“《甲寅》中兴,人以反动之时期将至,有色然喜者,有瞿然忧者,有相惊以伯有者,有防之如猛兽者,百感杂陈,嚣然尘上。吾国自有言论机关以来,论域至明,关系至大,正负两军,各不相让,笔锋所至,真感环焉,如吾《甲寅》今日所包举之论战者,未之前闻也。”[2] 并以该刊为阵地,形成了一个保守主义的思想派别——甲寅派。除创办者和主笔章士钊外,甲寅派的代表人物还有董时进、瞿宣颖、杨定襄以及梁家义、

---

① 吴稚晖:《章士钊陈独秀梁启超》,选自赵家璧主编《(乙种)中国新文学大系》第二集《文学论争集》,上海文艺出版社,1935,第 235 页。
② 孤桐(章士钊):《答适之》,《甲寅周刊》第 1 卷第 8 号,1925 年 9 月 5 日。

陈筅枢、陈朝爵、龚张斧、陈拔等人。

董时进（1900—1984），四川省垫江县人，我国著名的农业经济学家、农业教育家，中国农业经济学学科的开拓者之一，其一生都与"农"字结下了不解之缘：为农师，任农官，办农刊，立农会，建农党，创农场，且著书立说、撰文论述亦多是言必称"农"，是甲寅派中鼓吹以农立国的代表人物。1920年他毕业于国立北京农业专门学校农学科，1922年赴美国康奈尔大学深造，1925年获得农业经济学博士学位。1926年回国后，曾先后担任过国立北京农业大学教授兼农艺系主任、国立北平大学农学院院长、江西农业院院长、四川农业改进所所长等职务，其著作有《农业经济学》《农民与国家》《国防与农业》《食料与人口》《中国农业政策》《董时进论文及演说词》《河北省二万五千家乡村住户之调查》等。瞿宣颖（1894—1973），湖南长沙人，早年就读于复旦大学，获文学学士。1920年担任国务院秘书，1924年任代理秘书长，1926年任财政部总务厅厅长、印铸局局长、国务院参议。1928年起先后任教于南开大学、燕京大学、清华大学、辅仁大学，是我国著名的方志学家，著有《方志考稿》《汉代风俗史》《汪辉祖传记》《中国骈文概论》《北平史表长编》《中国历史社会史料丛抄》等书。杨定襄（1888—1959），江苏常熟人，1910年加入中国同盟会。1911年夏，与田桐创办《国光新闻》。武昌起义后，创《民信报》于苏州。历任中国国民党的中央政治会议干事、辽宁省党部书记长、东北党务办事处书记长、中央党部秘书处总干事、中央组织部专门委员等职，1949年去了台湾。著有《拙庆堂日记》《越缦堂日记撮录》等。

《甲寅周刊》的复刊和甲寅派的形成，有其深刻的经济、政治和文化的根源。它既是对民国以来尤其是新文化运动时期中国社会失范的反思，也是对第一次世界大战后西方反现代化思潮的回应。

在经济上，第一次世界大战期间，各国列强忙于战争，暂时放松了对中国的经济侵略，从而也使这一时期成为中国民族工业发展的黄金时期。但是由于当时中国的工业基础比较薄弱，建立的主要是一些中小型企业，那些集资较多、规模较大的民族企业，大多也是依靠大举内、外债而开办和维持经营的。因此第一次世界大战结束后，当资本主义列强挟其资本、技术卷土重来时，许多民族企业不堪排挤，或停业，或破产。在这种困境中，民族工业无法支撑起中国的国民经济，只能沦为西方工业的附庸。同时受民国以来军阀混战、政府盘剥、自然灾害以及工农业发展不平衡的影响，农村迅速走向凋敝，许多农民在农村无法生存，只能涌向城市找活路，从而增加了城市的负担。此外，第一次世界大战后帝国主义的农业和工业品在中国的倾销，也使农村的农业与手工业雪上加霜，走向衰落，以致中国粮食已无法满足国民生活、生产的需要，而需要到国外去输入粮食了。据统计，1921 年到 1935 年，大米入超一直在千万市担以上，从 1923 年到 1927 年，小麦及面粉也入超几十万至一千多万市担不等。[①]

在政治上，辛亥革命虽然形式上建立了资产阶级共和国，同时新文化运动兴起后对民主和科学的宣传，民主观念也已逐渐为人们所接受，但是由于距离中国最后一个封建王朝的灭亡不远，各种传统的封建政治文化和观念还蛰伏在人们的思想和行为中。如果说 1918 年梁济、1927 年王国维的先后殉清，反映了传统士人忠君的情结以及对传统家国一体的统治模式的眷恋，其情可悲，其理则悖的话；那么袁世凯、张勋的帝制复辟，袁世凯、段祺瑞对《临时约法》的肆意践踏以及曹锟的贿选，则表明了权威意识、人治观念在政治野心家们心中的顽固不化。这些都反映了民主政治在中国的困境，从而也引发了知识界对民主政治的再思考。其中部分知识分子对民主国体下的代议制政体形式产生了质疑。

在思想文化上，中国儒家与专制政治同构，具有维护传统政治制度的功用，因而在中国漫长的专制政治社会，其影响历久不衰；同时它还有类似宗教的教化功能，从而填补了中国人因缺乏宗教感而带来的价值真空。然而 1911 年辛亥革命爆发，推翻了专制政体，也使得与其同构的儒学受到了人们的质疑与批评。而一旦儒学对社会的控制衰微，中国人也就失去了其仅有的价值皈依，导致信仰危机的发生。为此，1915 年兴起的新文化运动试图从西方引进民主与科学，以填补儒学式微后的信仰真空。但由于种种原因，旧者已去，新者未立，文化失范的现象不仅没有消减，反而更加严重起来，"五四"前后青年人的自杀成为一种社会现象就是文化失范的表征之一。这种文化失范不仅引发了人们对新文化运动的反思与批评，也为旧

---

① 许道夫:《中国近代农业生产及贸易统计资料》，上海人民出版社，1983，第 123、138 页。

的价值体系的回归保留了空间。而第一次世界大战后西方反现代化思潮的兴起，又为人们反思和批评新文化运动提供了理论依据。

　　正是在这样的背景下，以《甲寅周刊》为阵地的甲寅派走上了历史舞台。

二、反对工业化，主张"以农立国"

　　"以农立国"，是以《甲寅周刊》为阵地的甲寅派各项思想和主张的起点。而首先提出"以农立国"的便是章士钊。1921年2月，章士钊再渡英伦，寻求救国之道，次年9月因父丧归国。此次归来，章氏心得良多，其中讲得最多、影响最大的就是"以农立国"。归国不久，他就在湖南教育会、湖南学术研究会、湖南甲种农业学校、长沙第一师范的演讲中提出，中国"向以农立国"，不应去效仿西方的工业制度，而"应该向农业方面去作工夫"，"务农为本"，推行"农村自治"，"改良农村"。次年1月，他又首次明确提出了"以农立国"的主张："吾此次欧游所得之结论，乃中国宜保存农业立国之制，以后提倡农村，使一村自给自治。一村如此，一县一省，莫不如此，及农村制推行各省，国乃可治也。"[①]至1925年7月，《甲寅周刊》复刊，"以农立国"便成了该刊宣传的主要经济主张。

　　顾名思义，"以农立国"（或"农国"）是与"以工立国"（或"工国"）相对而言的。在这点上，甲寅派内部没有分歧，但具体在"农国"的表现形式上，不同的人则有不同的看法。

　　就章士钊对"农国"的界定来看，所谓"农国"有以下几层含义：第一，农国与工国相对应，其区别就在于立国之精神。"欲寡而事节，财足而不争，农国之精神也。欲多而事繁，明争以足财，工国之精神也。其精神之所由起，以财源是否在于本国为断。"[②]第二，农国并不排斥工业的发展。"农业机械之改良，与水陆交通之建设"都涉及工业，也都是农业固有的事。农国之别于工国，不在于"人民择业之不毗于工，而在百业之本意不违于农"，要符合所谓的"农国精神"。[③]由以上两点可以看出，章士钊的"以

①《章行严演讲欧游之感想——主张农业立国之制》，《申报》1923年1月23日。
② 孤桐（章士钊）：《农国辨》，《甲寅周刊》第1卷第26号，1926年1月9日。该文原于1923年11月1、2日以"社论"形式发表于《新闻报》。
③ 孤桐（章士钊）：《农国辨》，《甲寅周刊》第1卷第26号，1926年1月9日。

农立国"论的实质，是要回归传统的农本社会，因此它与梁启超的《欧游心影录》、梁漱溟的《东西文化及其哲学》和杜亚泉、钱智修、陈嘉异等人发表在《东方杂志》上的文章，以及梅光迪、吴宓、胡先骕等人发表在《学衡》上的文章一样，"反映了第一次世界大战后动乱的形式下中国思想界出现的回潮"[①]。对于这一点，甲寅派的另一位重要人物董时进就明确指出："先生之所以力主农国者，为重其精神文明故。先生之分辨农国与工国，不啻分辨中国与西国。工国农国之争，毋宁谓东西文化之争也。"[②]

与章士钊稍有不同，董时进对"农国"含义的解释是："所谈农国，系从物质着眼，就经济立论（即求粮食与原料之丰富），而视精神文明为副产物。"质言之，"农国"就是"农业发达之国家"，其大旨"以农为主业而工居其次"，其工业发展只要不足以"影响农国之所以为农国者"，可任意发展，农业之盛，不以工业之衰为条件。[③]农业与工业的主次地位由以下三个要素判定：1. 业农与业工人数之比：凡农民占国民全体半数以上，或者不及半数但人数超过业工或业商者，其国为农；2. 投于各业之资金总额：农业资金投入占最大比重者为农；3. 农业与工业每年出产之价值：农业出产之价值高于工业，即为农国。不过，以上三种比较方法均有不足之处，尤其是当三者发生冲突时，很难兼收并取。因此，董氏又"另觅包含三款之法"，即："以原料及食物易外国之制品及矿产者，曰农业国；以制品及矿产易外国之原料及食物者，曰工业国。"原料与农产物有剩余而工业制品不足的国家，农业必然比工业兴盛；其农产物之总值，必大于工业制品；农业投入之资本亦必多于工业。[④]显而易见，董时进所理解的"农国"和章士钊所理解的"农国"在含义上是有差别的。

农国之内涵以及农国与工国之对比已如上述。但为何中国要"以农立国"呢？概括甲寅派的观点，有以下几个方面的原因：

首先，是基于对西方工业文明之弊端的认识。章士钊等人指出，西方各国均以工业立国，竞欲崇侈，其结果是弊端丛生：其弊端之一，资本家为了

① 罗荣渠：《从"西化"到现代化》，北京大学出版社，1990，第679页。
② 董时进：《农国》，《甲寅周刊》第1卷第42号，1927年2月12日。
③ 董时进：《农国》，《甲寅周刊》第1卷第42号，1927年2月12日。
④ 董时进：《释农国》，《甲寅周刊》第1卷第14号，1925年10月17日。

获利，不断扩大生产规模，遂至生产过剩，为了争夺他国市场与原料，西方国家之间就必然要发生矛盾、冲突和战争，其中以工业最为发达的英德两国争斗最为激烈，"欧洲大战，原因虽夥，而其根本不外乎英德两国之工业竞争"[1]。其弊端之二，生产过剩导致国内市场供过于求，工人工资因此下降，虽"竭其血汗"，生活亦难以安定；而资本家此时却"饱食终日"，"坐享厚利"，于是资本家与工人之阶级对立产生，工潮迭起，社会极不安定。其弊端之三，随着工业的发展，"奢侈品之制造，必随日用物以俱进；而资本家复以雄资，恣行挥霍，物资享用，日异月新，遂使奢侈品之销畅，依其领导，而普及全社会，华美之都市成，社会之风俗靡矣。……工人侧身其间，目染耳濡，从风而靡，失其勤俭朴质之性，养成享乐征逐之风。潮流所趋……盗贼因而日滋，道德于焉日薄"。既然西方工业文明之弊端如此严重，中国就不应重蹈故辙，走西方工业立国的老路，相反仍宜"保存农业立国之制"。[2]

其次，是基于对中国追慕西方工业文明之弊端的认识。章士钊等人认为，自1840年鸦片战争以来，中国追慕西方工业文明产生了如下一些弊端：在经济上，"乡井之民"，为工商业之利所驱，"皆不安于其土"，弃乡聚城，致使"草野之人日寡，而农业荒"。[3] 在文化上，"挽近浮慕西习"[4]，礼让勤俭之风渐失，奢侈之风日靡，此皆由学习西方工业"竞欲崇侈"之风所起。然而中国物力有限，"而欲则无厌，以无厌之欲，而乘有数之物"[5]，是谓不足，不足则争，盗贼、乞丐丛生，"淫巧溢于都市"[6]，社会风俗日坏，亦由是也。在军事上，"吾国自入民元，国内大势，恒有两系对峙，以寻干戈，一系尽而他一系复分为两，辗转递分"，其根源就是"自清社既屋，农纲悉解，西方之工业政制代兴，争权竞利，垂为典章，放辟邪侈，流于无艺"。[7] 此外，"中国教育之坏，亦由貌袭伪工业教育之故"[8]。中国追慕西方工

① 章士钊：《今日以后之中日关系》，《时报》1923年2月6日。
② 《章行严演讲欧游之感想——主张农业立国之制》，《申报》1923年1月23日。
③ 黄维翰：《胡思敬》，《甲寅周刊》第1卷第12号，1925年10月3日。
④ 行严（章士钊）：《孙阁牛枢论》，《新闻报》1924年7月4日。
⑤ 士钊：《何故农村立国》，《甲寅周刊》第1卷第37号，1926年12月25日。
⑥ 行严（章士钊）：《业治与农——告中华农学会》，《新闻报》1923年8月12日。
⑦ 行严（章士钊）：《论江浙战讯》，《新闻报》1924年8月26日。
⑧ 行严（章士钊）：《人格论》，《新闻报》1923年11月15日。

业文明而产生的弊端既然已到了"不可终日"的地步，那么改弦易辙，重新走传统的以农立国的道路，便"无所用其踌躇者也"。①

复次，是基于对"我国国情，不适工业"的认识。②章士钊等人认为，中国向来以农立国，而西方的各项制度都是工业社会的产物，不适合中国国情，若"勉强搬到农业社会的中国"来，就"好像将欧洲数层的高大房屋，移植于中国茅房草舍之上，终究要倾倒的"，所以，与其学习西方发展工业，还不如"务农为本"，走传统的农业立国的道路。③更何况中国具有发展为农国的有利条件。一方面，中国受西方工业之毒"不为甚深，全国之农村组织，大体未坏，重礼讲让之流风余韵，犹自可见，与传统思想相接之人物，尚未绝迹"，如果"力挽颓风，保全农化"，发展为农国并不是很遥远的事情。④另一方面，"中国有长远之农史，广大之农地，良善之农民，宜发挥其所长"⑤。

以《甲寅周刊》为阵地的甲寅派不仅论述了中国为什么要"以农立国"的理由，而且还初步提出了"以农立国"的方案或建议。当然，由于种种原因，各个人的方案或建议又存在着不同。就章士钊而言，1922年他刚从欧洲归来，即提出"改良农村"。改良农村的主要措施，是实行"农村自治"。具体的办法是：以村为单位，将这个村的出产通通计算起来，包括"一年能够有多少产物，价值多少"，以这个价值为标准，发行一种"村券"，作为村里流通的货币。但这种货币"不以金钱为本位"，而"以物产为本位"。"一村的出产由公共保管"，为此村中特设一个"公共买卖社"，村中生产出的东西，除了必需的以外，多余的由该社"以纸币收买"，运到各处去发卖，然后买回村里没有的东西。另外公共管理社还负责"修筑通路，改良建筑，办小学及文明应有之机关"。村里的人民，各尽所能，分工工作，"在应受教育年龄期间内的，要强迫去受教育"。如此则一村之人都有工作，都可以无衣食之忧了。然后再计算全村一年的工作量以及一年最多能做多少，并

---

① 行严（章士钊）：《业治与农——告中华农学会》，《新闻报》1923年8月12日。
② 蓝瑾：《章行严在农大之演说词》，《晨报·副刊》1924年12月28日。
③ 李长义：《记章行严先生演词》（续），长沙《大公报》1922年10月25日。
④ 士钊：《何故农村立国》，《甲寅周刊》第1卷第37号，1926年12月25日。
⑤ 董时进：《论中国不宜工业化》，《申报》1923年10月25日。

设法使其年年推广，这样人民的生活就能一年比一年提高了。一村实验成功后，即推广到一县、一省、一国，亦"均以本地之出产，维持本地人之生活"，这样以后，再去谈其他方面的发展。[①]

　　如果说章士钊的方案过于笼统、缺少操作性的话，那么相比之下，农学博士出身的董时进提出的方案则比较具体、有操作的可能。但和章士钊不同，他提出的方案不是"农村改良"，而是"农村合作"。农村合作的大意是："以平等之精神，联络同志，共谋经济上之节省与发展"；其机关称为合作社，合作社的组织应遵循以下几个原则：第一，合作社的社员，不管购买股份多少，每个人都只有一票表决权。第二，盈余的分配，不依据股本的多少，而依据"利用量之多寡"。"利用量"在购买合作社中指的是从合作社购买东西的数量，在售卖合作社中指的是托合作社出售的东西的数量。第三，社员大都属于同一职业或同一阶级。第四，股票过给其他人，须经社员大会或职员会议同意。第五，股本只有官利，没有红利，或者一点利息也没有。合作社的主要事项可分为购买、售卖、信用、生产四类。前两者可以联合买卖，从而免除中间人的克扣；信用合作，则用以联合担保，这样借款就比较容易，利息也比较低；生产合作，实际上就是农产制造合作，如设立酒坊、蛋厂等。

　　除了章士钊和董时进外，其他人也提出了相关建议。如赵淦针对中国粮食不能自给的问题，主张"厉行粗粝食料"，如果现在把小麦制成面粉，而不是白面，碾米时仅碾去谷皮，而不是制成精米，那么中国的粮食必定能自给自足。[②]王璋则认为"普及农教"是"精进农治之基"，他因而建议政府"颁布农本教育宗旨，改订学校一切制度，创办农学院、农艺馆、扩充农业大学。普设农村师范，以养成政教人才，务期所学所用，趋向惟一"。[③]李宝仁是北京农业大学教师，他认为中国农业衰落的一个重要原因，是"业农者不学农，学农者不业农"，为此，他提出了振兴农大农场的建议。[④]

---

① 《章行严昨日演讲记》，长沙《大公报》1922年10月9日；章行严讲，百源笔记《农村自治——在学术研究会讲演》，长沙《大公报》1922年10月13日。
② 赵淦：《救济粮荒之治标策》，《甲寅周刊》第1卷第36号，1926年12月18日。
③ 王璋：《农治》，《甲寅周刊》第1卷第14号，1925年10月17日。
④ 李宝仁：《生幼》，《甲寅周刊》第1卷第21号，1925年12月5日。

三、反对代议制，提倡业治与科道制

甲寅派主张以业治、科道制代替代议制是建立在否定代议制基础之上的。而首先对代议制提出否定的是章士钊。1907 年至 1912 年，章士钊第一次留学英国，受英国自由主义思想家蒲徕士等人的影响，曾大力鼓吹西方的自由主义学说和民主政治，是中国提倡代议制的先行者之一。但是在目睹民初政治的种种黑暗以及第一次世界大战的残酷景象后，他开始对代议制产生疑问。带着这些疑问，章士钊于 1921 年开始了他的第二次英伦之旅。这次访英，他先后拜访了基尔特社会主义者潘悌等人，在他们的影响下，再经自己比较与思考，章士钊认为中国不应该推行代议制。《甲寅周刊》复刊后，否定代议制便成为章氏宣传的主要政治思想，并得到了瞿宣颖、杨定襄等人的响应和支持。章士钊们否定代议制的理由主要有两点：第一，代议制不适用于中国，中国不能学习。他们认为，西方代议制是建立在西方资本主义大工业基础上的，它要求代议的议员有充足、稳定的收入，从而得以"以生活余力从事政治"。[①] 因此，西方的议员要么自己是资本家，要么就是为资本家"所客养"，这样在政治上才能做到"一为政不必以贿成，所有主义可得比较发挥其逻辑应有之量；二为失势而生活之本营未动，在位在野，同为国家服务……三为政略之设备与人才之征集，无穷蹙半熟之象；四为党资独立，人民不以政党为国蠹，议会选民间之情感不伤"。而当时的中国还是一个农业国家，"无大资本家有操纵社会之力"，议员也没有充足、稳定的收入，故中国的议员，为了生活，只好"欺平民，奸政府，货同人，财贿所集，利便所存，袒裼裸裎而图之"，更不用说什么代表人民、监督和制约政府了。[②] 第二，代议制已弊端丛生，中国不应学习。他们指出，代议制无论在世界还是在中国，都已弊端丛生。从世界范围来看，"欧洲大战数年，多见国会之不适于政，即英伦巴力门威权无上，近来亦且摇摇，论政之士，大持异议"[③]，因此"彼方之人，方日谋脱轨而不可得"[④]。就中国

---

① 章士钊：《论代议制何以不适于中国》，《申报》1923 年 4 月 18、19 日；行严（章士钊）：《原贿》，《新闻报》1923 年 10 月 15 日。
② 章士钊：《论代议制何以不适于中国》，《申报》1923 年 4 月 18、19 日。
③ 孤桐（章士钊）：《代议非易案》，《甲寅周刊》第 1 卷第 2 号，1925 年 7 月 25 日。
④ 孤桐（章士钊）：《代议非易案——答郁嶷》，《甲寅周刊》第 1 卷第 6 号，1925 年 8 月 22 日。

情况而言，自有《约法》以来，其"社会全入于不自然之乱状，处处以有议员当前，无由董理"①。尤其在曹锟贿选之后，甲寅派对于国会以及所谓"猪崽议员"的批评和不信任愈发高涨。虽然自己身为议员，章士钊也毫不隐讳地说："近年来，两院诸公，丑迹迭著，无学无耻，无所不为，其得罪于吾民，亦云至矣。而公然惩创，或建议撤回者，未或闻焉。"②瞿宣颖批评当时"士风之浮嚣，宦途之涸浊，正类难进，清议不彰"③，矛头也是直指当时的政府和议会。代议制既然已弊端丛生，中国就不应该将它照搬过来。

否定了代议制以后，甲寅派提出了自己的改造方案。章士钊最初提出的方案是实行"公宪"，即把国会的"制宪特权"奉还国民，实行直接民主。④然而 1923 年 10 月曹锟贿选事发，章士钊对立宪政治彻底失望，转而主张"别为其制"⑤。这个"其制"就是"业治"。章士钊提倡业治是受英国社会学家潘悌的影响。作为基尔特社会主义的提倡者，潘悌认为在代议制下，人民的权利掌握在少数党人手里，"党人所标政策，徒于己党朋分政权而见为利，以云利国，直去万里"，因此他所主张"毁弃民治之今式"，以基尔特代之。⑥所谓"基尔特"，也就是同业的一种行会组织。在潘悌的影响下，章士钊写了《论业治》一书。尽管种种原因，此书并未公开出版，但就章士钊所发表的相关论文来看，他的《论业治》大致包括以下一些内容。

第一，业治论的含义。业治论的"根本要道"就在："惟自食其力者为能与闻政治，同时惟自食其力者不能不与闻政治。"⑦业治论的另一含义，就是"无首"。无首不是不要元首，只是这个元首是"寄生"的。具体而言，就是从国家的政、法、学各个高级机关，如国务院、参议院、大理院、国立北京大学等的首长中抓阄选取元首，是之谓"寄生"。其职权轻至无可再轻，平时"虚其位"，也"无所谓连任不连任"。这样不仅能够"使国内不

---

① 孤桐（章士钊）：《毁法辨》，《甲寅周刊》第 1 卷第 1 号，1925 年 7 月 18 日。
② 孤桐（章士钊）：《毁法辨》，《甲寅周刊》第 1 卷第 1 号，1925 年 7 月 18 日。
③ 瞿宣颖：《科举议》，《甲寅周刊》第 1 卷第 2 号，1925 年 7 月 25 日。
④ 行严（章士钊）：《与林宗孟论制宪事》，《新闻报》1923 年 8 月 9 日。
⑤ 行严（章士钊）：《原贿》，《新闻报》1923 年 10 月 15 日。
⑥ 孤桐（章士钊）：《孤桐杂记》，《甲寅周刊》第 1 卷第 2 号，1925 年 7 月 25 日。
⑦ 章士钊：《论业治》，《甲寅周刊》第 1 卷第 38 号，1927 年 1 月 1 日。

更生争总统之纷扰"，而且还可使"国崇新治，人尚本能"。① 第二，中国实行业治的理由。清代以前中国实行的是"官僚政治"，民国以后官僚政治虽然被代议政治所取代，但官僚政治的各种弊端不仅被保留了下来，甚至是有增无减，其原因就在于以前的官僚政治尽管有弊端，但通过考试录取的官僚毕竟是读书明理之士，故能严守"有所不为之戒"；而"今乃以不学相宏奖，以道德为腐朽"，其官僚既无能，又无耻。② 如果实行业治，则"人人依业为治，各不相犯，贤者不得过，不肖者不得不及，举国无可以垄断之事，尽人无处交相利用之机，素位以行，平流而进，人且不必为善，何况为恶，有耻且无所用，何况无耻"，社会于此可以呈现"雍容和合之观"。故"业治之兴，此其时也"。③

章士钊的"业治论"提出后，应者寥寥。这有两个方面的原因：一方面是既得利益者，包括军阀、政客等的阻挠；另一方面也是因为国内缺乏值得信赖的业治团体。章士钊自己也说："愚四五年来，蕴业治之念于胸而未敢发，以解之者少，而施行亦大难也。"④ 比如，章氏在国外宣传业治，经常以江苏省教育会为例。但回到国内，在耳闻目睹了江苏省教育会为少数人所把持，且于东南大学校长任免和经费不实之问题解决多有阻挠的事实后，他一贯主张之业治论就"不得不大动摇"⑤，于是转而主张章太炎提出的科道制，并将其主张在《甲寅周刊》中刊出。

何谓科道制？"科道者，谓六科给事中及诸道监察御史也"⑥，隋唐时，门下省开始设立给事中，负责审阅各部奏章和封驳中书省所拟的诏旨，明代时给事中负责稽查六部，兼任前代谏议、补缺、拾遗之职，由此给事中也取代了此前的谏官，被称为给谏。御史始设于战国，负责对百官进行纠弹，后来成立了专门的监察机构叫御史台，因此监察官又称为台官。由于台官与谏官合称台谏，科道制又可称为台谏制。

章太炎认为，以过半数的列席议员，监督政府官吏，势必会导致弹劾查

---

① 行严（章士钊）：《无首寄生论》，《新闻报》1923 年 9 月 18 日《社论》。
② 行严（章士钊）：《业治与农——告中华农学会》，《新闻报》1923 年 8 月 12 日。
③ 行严（章士钊）：《再释言》，《新闻报》1923 年 12 月 5 日。
④ 章士钊：《论业治》，《甲寅周刊》第 1 卷第 38 号，1927 年 1 月 1 日。
⑤ 孤桐（章士钊）：《杂记》，《甲寅周刊》第 1 卷第 2 号，1925 年 7 月 25 日。
⑥ 杨定襄：《科道平议》，《甲寅周刊》第 1 卷第 9 号，1925 年 9 月 12 日。

办诸事，因议员互相牵制而不得实行；而以人民法官监督议员，又会因多数议员"作奸犯科"而作罢；又若以组织政党来监督政府，则也会因"吾国政党皆以爱憎为取舍"，虽然形式上厉行了责任，却终"无益于国"，况且政党也无法代表人民监督议员。由此他主张将"选举元首、批准宪法之权，还之国民"，将监督政府之权归复给事中，监督官吏之权归复监察御史。给事中监督政府，对政府各项行事、政令有封还驳议之权，属事前监督；监察御史监督弹劾官吏，救正其过失，同时还能弥补给事中事前监督之失，属事后监督。科道之后，由法官监督其行为，这样即使科道之中有作奸犯科者，也不过是一科一道之过失，连及不广，不会有牵制难行之失。具体实施办法是：按照行政机关的设置，设立相应的科与道，监督政府各部；另专设一科一道监督国务院，每科每道各置四员。科道官的产生，先由考试，考试及格，产生三倍于科道官员的考生，使之互选，选举已定，由政府加以任命。考官由政府延聘"名儒硕学、谙练行事、行义方正者"充任，并对考试的保密措施以及考生资格做了规定。①

在章太炎设计的政治制度中，国会的选举权、制宪权奉还给了国民，监督权则由科与道替代；"立法则各部拟案，给事中加以可否而已"②，实际上就是立法权为政府控制，这就意味着国会的被废除。选举权、制宪权返归国民，也就是直接民主，意同于章士钊此前曾提出的"公宪之议"。但事实上当时中国国民的民主训练程度还远远未达到"公宪"的要求，再加上中国地广人众，这样的主张只能流于空言，由此产生的政府也必然是假借民意的政府。因此，章士钊将科道制在《甲寅周刊》中刊出后，即遭到了人们的广泛批评。批评者除了指出其专制本质外，还点出了科道制的一个硬伤，即：科道本是一监督弹劾机关，而国会乃并立法与监督于一体，两者无法互相比较和替代。这点就连章士钊也不得不承认，他说"纯粹立法事业，科道未能代之"③。

当然，除章士钊外，科道制的主张也得到了其他一些甲寅派的支持。于是批评与支持双方围绕科道制展开了一场争论。而争论的焦点是监督弹劾

① 孤桐（章士钊）：《代议非易案》，《甲寅周刊》第 1 卷第 2 号，1925 年 7 月 25 日。
② 孤桐（章士钊）：《代议非易案》，《甲寅周刊》第 1 卷第 2 号，1925 年 7 月 25 日。
③ 章士钊：《两院分职》，《甲寅周刊》第 1 卷第 7 号，1925 年 8 月 29 日。

权的归属问题，亦即是由科道还是由国会来行使监督弹劾权。甲寅派主张由科道来行使监督权，其理由是：第一，议会的效率太低，议员各持己见，又为各党派或军阀所支配，一件事屡议不下，最后不了了之，只好通过军事或政治上的手段来解决，不像科道一人可以自由论事，不受牵制。第二，议员完全由选举产生，而当时中国的选举程序又存在很多弊端，这样就导致选举出来的许多议员的道德品质与政治素质都无法得到保证。而科道制则在选举之前，加以考试，考核议员的素质，从而救选举之弊。章士钊通过对科道制和代议制的全面比较得出结论："吾人谋所以改造代议制者，理想所之，适与昔之科道制有默契也。"① 杨定襄也认为恢复古代的科道制，能够补救现今政治上之遗缺。② 瞿宣颖则针对民国以来代议制下乌烟瘴气的政治坏象，建议恢复科举制，举行特科考试，选出合格的台谏官，"以新观听"。③

四、反对新文化运动，提倡复兴文言文和传统礼教

章士钊等人认为，从概念上讲，"新文化运动"一词本身就存在谬误，不能成立。首先，就"新"字而言，他们指出，以胡适为代表的新文化人认为新与旧是截然相对的，求新"势必一切舍旧"，因此主张"今人当为今人之言，不当为古人之言"，但实际上新与旧是衔接的，新的是从旧的演化而来的。以语言为例，假如古代没有语言，或者我们已经将古代语言全然忘却，那么今人第一声将作何语？由此可知，"今人之言即在古人之言之中"。推而广之，亦可知"新者早无形孕育于旧者之中，而决非无因突出于旧者之外"。从文化来看，也无新旧之分，旧的是"数千年来巨人长德、方家艺士之所殚精存积，流传自今"的，早已"注存于吾先天及无意识之中"，已经很难分辨出什么是新什么是旧的了。④ 其次，从"文化"一词来看，他们指出，文化并非"飘然而无倚，或泛应而俱当者也"，而是受人、时、地三要素限制的："凡一民族，善守其历代相传之特性，适应与接之环境，曲迎时

① 章士钊：《两院分职》，《甲寅周刊》第 1 卷第 7 号，1925 年 8 月 29 日。
② 杨定襄：《代议非易案（其二）》，《甲寅周刊》第 1 卷第 4 号，1925 年 8 月 8 日。
③ 瞿宣颖：《科举议》，《甲寅周刊》第 1 卷第 2 号，1925 年 7 月 25 日。
④ 行严（章士钊）：《评新文化运动》，《新闻报》1923 年 8 月 21 日。

代之精神，各本其性情之所近，嗜好之所安，力能之所至，孜孜为之，大小精粗，俱得一体，而于典章文物，内学外艺，为其代表人物所树立布达者，悉呈一种欢乐雍容、情文并茂之观，斯为文化。"所以，世界上才会有东洋文化、西洋文化和古今文化的区别。但是新文化运动的提倡者们却以西方文化为"放之四海而皆准，俟之百世而不惑"之文化，为此不惜放弃诋毁本国的固有文明，"以求合于口耳四寸所得自西方者使之毕肖"，这是对"文化"的误解。① 再次，是对"文化运动"的解释，他们指出，文化是极少数精英人物的专利，"非士民众庶之所共喻"；而运动则力求"大众彻悟，全体参加可知"。两者性质正好相反，在此意义上，"文化运动"是不可能的。要使一国的文化，达到最高最合理的境界，就要解除对人的种种限制，而解除这些限制，便是"社会改革"的内容。从这个意义上讲，"文化运动"倒可以成立，因为改革社会，一般都与文化事业有关，也可以谓之文化运动。② 他们认为，所谓文化运动，必须先要有一定的目的和标准，即"以优者代劣者，以适用者代不合者"；而不能像新文化运动的提倡者那样，将旧有的一切典章文化制度都统统推翻，进而"贩卖西洋陈说"，便称之为文化运动。他们批评提倡新文化的学者，只知道迎合"喜新而厌旧，爱易而恶难"的社会心理，而从不肯静下心来研究新文化学说之是非。③

　　新文化运动最主要的内容之一，也是在新文化运动期间就取得了显著成果的，是提倡文学革命和白话文运动。用章士钊的话说，"新文化运动中最惹人注目的，就是白话文学"④。因此《甲寅周刊》一经复刊，即在封面上刊登出了"文字须求雅驯，白话恕不刊布"的启事⑤，摆出了一副与白话文誓不两立的姿态。概而言之，甲寅派对白话文的批评主要集中在以下几个方面。

　　首先，是对文学社会功用的批评。他们指出：第一，白话文不仅不会像新文化派认为的那样有助于教育的普及，相反还会因其"冗长无味，不能如文言之引人入胜"，造成中国的文学支离费解、破碎不全，使国民"养成

---

① 行严（章士钊）：《评新文化运动》，《新闻报》1923 年 8 月 21 日。
② 行严（章士钊）：《评新文化运动》，《新闻报》1923 年 8 月 21 日。
③ 唐庆增：《新文化运动平议》，《甲寅周刊》第 1 卷第 34 号，1926 年 3 月 20 日。
④ 李长义：《记章行严先生演词》，长沙《大公报》1922 年 10 月 21 日。
⑤《本刊启事二》，《甲寅周刊》第 1 卷第 1 号至 13 号的封面都连续刊载。

一种盲从浮薄鄙夷国学之心理"，从而阻碍中国教育的真正推行。① 第二，中国多数人不识文，是由于多数人未受教育，而不是因为文言文的艰深。事实上，新政推行以前，牧童樵子，都可以按时入私塾学习《千字经》《四书》《唐诗三百首》之类的，"由是而奋发，入邑庠，为团绅，号一乡之善士者比比也"，即使是累代为农之寒门，亦"可依人之愿力"求科名，为官绅。倒是废私塾、设学校以来，按小学、高小、中学、高等层层累进的学生，反不如私塾时代的士人多了。因此今日求学难，与现今之教育资源过少有关，而"与文言白话之争了不相关"。② 第三，白话文流行，不仅不会有益于教育，相反会产生很多弊端。其弊端之一是"文事之倾落"③。白话文以平日之口语即载之于文，写文章过于轻易，而人情又无不"厌艰巨而乐轻易，畏陈编而嗜新说"④，因此无论是士人还是青年学生，都避难就易，做起白话文来了。再加上胡适等人的提倡，白话文愈发受社会欢迎，遂造成白话文专制之现象，以致老师宿儒，也不得不易节，"以期无背识时俊杰之义"⑤。其弊端之二是"伦纪之凌夷"⑥。章士钊认为人性即兽性，皆"苦拘囚而乐放纵，避艰贞而就平易"。如果任由人性无节制地发展，则将争端不已，祸乱并至，人道熄灭，是以古之圣人制定礼与文来节制人之欲望。⑦ 因此中国历来文以载道，而并不仅仅是文墨笔砚之事。但"今之于文，徒有取文墨笔砚，而遗其理道，以谓吾之理想，可得依此泛骛，无所于碍，不谓所持理想，乃至贫弱而相矛盾"，其结果"中国人且失其所以为中国人而不自知。此诚斯文之大厄，而华胄之亡征也"。⑧

其次，是对文学艺术价值的评判。章士钊等人认为，"文章形式之事，而非精神之事"，因此他们对文章的艺术价值尤为关注。在他们看来，与文言文比较，白话文在艺术价值上有三点不足：第一，白话文不通。白话文

---

① 唐庆增：《新文化运动平议》，《甲寅周刊》第 1 卷第 34 号，1926 年 3 月 20 日。

② 孤桐（章士钊）：《评新文学运动》，《甲寅周刊》第 1 卷 14 号，1925 年 10 月 17 日。

③ 孤桐（章士钊）：《疏解辑义》，《甲寅周刊》第 1 卷第 11 号，1925 年 9 月 26 日。

④ 邵祖平：《可忧》，《甲寅周刊》第 1 卷第 10 号，1925 年 9 月 19 日。

⑤ 孤桐（章士钊）：《疏解辑义》，《甲寅周刊》第 1 卷第 11 号，1925 年 9 月 26 日。

⑥ 孤桐（章士钊）：《疏解辑义》，《甲寅周刊》第 1 卷第 11 号，1925 年 9 月 26 日。

⑦ 孤桐（章士钊）：《评新文学运动》，《甲寅周刊》第 1 卷 14 号，1925 年 10 月 17 日。

⑧ 孤桐（章士钊）：《文俚平议》，《甲寅周刊》第 1 卷第 13 号，1925 年 10 月 10 日。

学家主张模仿西方语、文一致的原则来写作文章，用胡适的话说，就是"有什么话，说什么话"①。但实际上，以白话文写作的文章，根本算不得文章。因为中国语、文不一致，真正的文章不能直接以口头之语言来表达，而需要在遣词造句上进行一番斟酌才行。此番斟酌的功夫，既需要天资，又需要学力。将古文中善于立言，而且自己又特别喜欢的文章反复阅读，"得其仿佛，襮之于纸而心安，示之于人而共快者"，是之谓学力。凡是无此学力者，"即于文事无所措手足"，故只能以白话自见，"而其所为白话，亦止于口如何道，笔如何写，韵味之不明，剪裁之不解，分位之不知，道谊之不协，横斜涂抹，狼籍满纸，媸妍高下，无力自判"，因此说白话文不通。②在他们看来，中国文字所以不能如西文一样做到语、文一致，是由中西文字的不同特点决定的。中文象形，西文切音，象形先以目识，切音则耳治居先。又中文单音，西文复音，"单音音乏字繁，同音异义之字多，一音数字乃至十数字不等，读时易辨，而听时难辨"；复音则"音随字转，同音异义之字少，一字一音，听与读了无异感"。语与文不一致，两者各有其用，"语以耳辨，徒资口谈，文以目辨，更贵成诵"，不可强混。③当然，说白话文不通，并不意味着白话文就不能写，但必须有两个限定：一是不能"从白话中求白话"④，必须先通晓古今文学，然后才能写出好文章⑤。二是白话文的范围与对象也要有所限定。"分其业于小说，通其意于学童，使知文字语言脱化之妙，而椎朴无文者，亦得以借窥说部之书，庶于社会文化，不无裨助。"⑥第二，白话文不美。白话文家认为"白话本身，能为美文"。但章士钊等人对此则不以为然。他们认为"文章本天成，妙手偶得之"，是美文之最高境界，而要达到这种境界，其关键是选词。选词要做到"词之总积，无今无古，无精无粗，往来罗布于胸中，听其甄拔，应有尽有，应无尽无"，然后才能"控制总体，拣出此号称最适之各字，不增不减，正如其量，道尽人

① 《记章行严先生演词》，长沙《大公报》1922 年 10 月 24 日。
② 孤桐（章士钊）：《文俚平议》，《甲寅周刊》第 1 卷第 13 号，1925 年 10 月 10 日。
③ 行严（章士钊）：《评新文化运动（续）》，《新闻报》1923 年 8 月 22 日。
④ 孤桐（章士钊）：《答适之》，《甲寅周刊》第 1 卷第 8 号，1925 年 9 月 5 日。
⑤ 李长义：《记章行严先生演词》，长沙《大公报》1922 年 10 月 24 日。
⑥ 陈笃枢：《评新文学运动书后》，《甲寅周刊》第 1 卷第 20 号，1925 年 11 月 28 日。

人意中之所欲道而不能道，闻之而叫绝，累读而不厌"。[1]而今之白话文，却正好与此相反，"凡说理层累之文，恒见五、六'的'字，贯于一句，亘二三十言不休，耳治既艰，口诵尤涩，运思至四、五分钟，意犹莫明，请遣他词，源乃不具，谋易他句，法亦不习，臃肿堆垛，为势僵然"[2]。第三，白话文不洁。他们认为"白话文与文言文最显著之区别"就在于语句之繁简不同[3]，文言尚简，而白话则"以纷殽为尚"[4]。昔日柳宗元在《答韦中立书》中就曾说，为文之道，以"洁"最为重要，它能把其他诸要素贯通起来。[5]由此来看，文言白话优劣之判，一目了然。[6]而且从世界趋势来看，也是"世界愈进化，则文字必为显浅简洁"[7]。对此，就连批评章士钊不当以文言文排斥白话文的陈德基也认为当时的白话文"多拖沓萎靡，芜词满纸"，应当"精心之剪裁"，力求简洁雄厚才行。[8]

再次，是对文学正统之辩驳。白话文学家提出白话文学是中国文学史的正统、是活文学，而文言文学早在两千年前就已经死了。对此，章士钊等人予以了反驳。针对白话文家以"经翻译与否"作为判定活文学、死文学的标准，梁家义提出了三点反对意见：其一，从文章的类型来看，不外乎言理、表情、记事三种。"言理而理活跃纸上，使人一望而明，活文学也；言理而晦涩缥渺，使人如堕云雾，死文学也。表情而哀乐毕现，可以泣天地动鬼神，活文学也；表情而使人漠然不动于中，全然不能达人心府，死文学也。记事而如历如绘，毫发都现，活文学也；记事而读罢不知所记何状，再读而更使人模糊影响，死文学也。"而"经翻译与否"则与活文学、死文学并没有必然的联系。其二，退一步说，即使白话文家的划分合理，出现的结果也只会是"中国不独文学始终不能成立，即国语亦始终不能成立也"，因为中国各地各省的语言不同，如果以所写即为所说，那么中国不是将有

---

① 行严（章士钊）:《评新文化运动（续）》，《新闻报》1923 年 8 月 22 日。
② 孤桐（章士钊）:《文俚平议》，《甲寅周刊》第 1 卷第 13 号，1925 年 10 月 10 日。
③ 李长义:《记章行严先生演讲》，长沙《大公报》1922 年 10 月 24 日。
④ 孤桐（章士钊）:《文俚平议》，《甲寅周刊》第 1 卷第 13 号，1925 年 10 月 10 日。
⑤ 章士钊:《文论》，《甲寅周刊》第 1 卷第 39 号，1927 年 1 月 8 日。
⑥ 孤桐（章士钊）:《文俚平议》，《甲寅周刊》第 1 卷第 13 号，1925 年 10 月 10 日。
⑦ 邓孟襄:《读大》，《甲寅周刊》第 1 卷第 31 号，1926 年 2 月 27 日。
⑧ 陈德基:《文体平义》，《甲寅周刊》第 1 卷第 34 号，1926 年 3 月 20 日。

几万、几十万种文学了。其三，从写作的经验来说，也没有人是"句句口中先有一话，然后翻译以写为文"，即使是长文，也是心中先有一大致框架，然后每篇得意之处，则"皆于文气奔放之时，自然临机偶得"，何需翻译。[1]章士钊指出，中国的文言文虽然已有两千多年的历史，但用它所写成的古文并不是死文学，因为两千年前的经典，仍"可得琅然诵于数岁儿童之口"；韩愈之文，"元、白之歌行"，现在亦广为流传，这与已成为死文字的古拉丁文不同，古拉丁文在现代欧洲几乎没有人使用。[2]陈筦枢在《评新文学运动书后》一文中写道：如果像新文学家所主张的那样，必以古文为"已陈刍狗"而"易以白话之文"，"则文言衰歇，国故陵迟，经传诸子之书，必至无人过问。即或资其功用，广为传译，其微言奥旨，必已什伯无存。是举中国数千年相承之文化，一朝而摧灭尽净"。[3]这不仅不是中国文化之福，相反是中国文化之祸。

章士钊等人还从史实上对白话文学的正统地位提出了反驳。他们首先批驳了白话文家"今之废文用语，为学于古训"的论断：孔子"祖述尧舜，宪章文武"，为何"于易春秋独不用语"。[4]而白话文家所列之所谓白话著作《诗经》亦是"当日文人描写江汉游女葛藟樵夫之所为"，而非"游女樵夫自为"。而且假如《诗经》真为当时方言所写，那么当时各地方言差异甚大，孔子必"不能领解"，又如何去删订它呢？[5]进而他们指出中国文学，"自有其特质在"：盛唐诗歌，宋元诲曲，骚赋古文，"罔不求声响炼切，格律停匀，幽之如春鸟夏虫，宏之如江涛海澜，怒之如雷霆霹雳，华之如风云月露。其绮丽则万花锦绣也，其明艳则百宝琉璃也。又或清似水镜，或洁似冰壶，凡属宇宙之美备，几于并覆而兼包"。[6]因此不当由白话文运动随意更改。

---

① 梁家义：《白话文学驳义——再请愿吴稚晖先生》，《甲寅周刊》第 1 卷第 30 号，1926 年 2 月 6 日。

② 孤桐（章士钊）：《评新文学运动》，《甲寅周刊》第 1 卷第 14 号，1925 年 10 月 17 日。

③ 陈筦枢：《评新文学运动书后》，《甲寅周刊》第 1 卷第 20 号，1925 年 11 月 28 日。

④ 陈拔：《论语体文》，《甲寅周刊》第 1 卷第 15 号，1925 年 10 月 24 日。

⑤ 梁家义：《白话文学驳义——再请愿吴稚晖先生》，《甲寅周刊》第 1 卷第 30 号，1926 年 2 月 6 日。

⑥ 陈拔：《论语体文》，《甲寅周刊》第 1 卷第 15 号，1925 年 10 月 24 日。

在提倡文言文、反对白话文的同时，章士钊等人还针对新文化运动的批判，为传统的封建礼教进行了辩护。

首先，是对礼教的重释。新文化运动的提倡者提出"礼教杀人"，但甲寅派则认为礼教非但不会杀人，还能"治欲"，使人"终始俱善"。[①] 章士钊指出，每个国家社会都会有一个 order，礼教设"三纲五常上下等威之制，使天下共由，贤者不得太过，不肖者不得太不及"，这就是 order。[②] 进而他对礼教的合理性进行了解释。他引用荀子的话："礼起于何也？曰：人生而有欲，欲而不得，则不能无求。求而无度量分界，则不能不争。争则乱，乱则穷。先王恶其乱也，故制礼义以分之，以养人之欲，给人之求。使欲必不穷乎物，物必不屈于欲，两者相持而长，是礼之所由起也。"[③] 戊戌变法时期的重要人物王照则为"三纲"之说做了辩解。他认为凡物皆有纲、本，这是"物理之天然"，人事亦然，"三纲之说，自有正解，非专制之谓也"。从君纲父纲来说，"由一国以至一家，凡一切合群之机关，下至一小商店，必任一首领，以便提挈，皆君之类也"，父亲也是"家中天然之君"，因此"君父之为纲，悖之即丛脞不治，此古今人事大同之公例"。至于"夫为妇纲"，则古人本"合体同尊"，只是一般来说，男的体质较女的强，故"以女子留守家庭为后盾，以男子驰驱进取为前锋"，一般家庭与其他机关或家庭交涉，不能总"穿房入闼"来完成，而是由男子在外面与他人进行。因此夫纲亦是天然之事，与平权与否无关。[④]

其次，是对法、礼之关系的认识。中国历来法、礼相对，礼的地位甚至要高于法。然而近代以来，法与礼的关系大变，礼教崩坏，而建立法治社会却成了社会有识之士的基本共识，因为近代社会与传统社会的一大区别就是法制的建立。为此，甲寅派试图重新架构法与礼的关系，从而为礼教的复兴寻找合理性依据。章士钊认为吾国历来"以礼统法"，因此不论是法治还是其他的治理方法，中国只需有礼治就可以统统抵消，这也是"吾之治化，历数千年不变，自成一宗"的原因，今之"无识者訾为腐朽"，是

① 钱基博：《克己复礼为仁荀故》，《甲寅周刊》第 1 卷第 26 号，1926 年 1 月 9 日。
② 士钊：《二问》，《甲寅周刊》第 1 卷第 41 号，1927 年 1 月 22 日。
③ 孤桐（章士钊）：《论南京倡投壶礼事》，《国闻周报》第 3 卷第 32 期，1926 年 8 月 22 日。
④ 王照：《纲说》，《甲寅周刊》第 1 卷第 10 号，1925 年 9 月 19 日。

因为不知道礼可以因时制宜的。[1] 汪荣宝认为礼法本来一致，法律背后的精神就是中国古代的礼教，"持此以治法，则知今而不悖于古；持此以治礼，则知古而不骛于今"[2]。陈拔提出"世不可以废法，尤不可以任法，任法者衰世之征也。盛世隆礼，平世礼法相半，乱世乃并无法，非无法也，有法而势不行也，救乱宜莫如礼"，今之中央政府权威已经旁落，要平今日之乱，法律已经无能为力，只能由内自服于礼，以此规范自己的行为，才能平好恶，尽仁智。[3]

再次，是对圣贤的推崇。礼教的最高垂范是圣贤。开始时，甲寅派内部对圣贤的解读是有分歧的。分歧源于章士钊在《新旧》一文中的一段话。在这段话中，章士钊道出了圣贤之说的两个弊端：第一，中国人只知道使自己个人如何成为一个道德上的完人，而不知如何去成为社会上的一个公民，只知道私德，不懂得公德；第二，圣贤之立境过高，导致人们散失信心，因此自律之心松懈，造成道德的失范。此文一出，立即遭到甲寅派其他同仁的批评。陈朝爵认为"圣贤之教"，乃是以"四海为一家，万物为一体，性分一源，物我无间"，因此，圣贤不仅教人如何做到独善，还教人如何将自己之善扩充到家、国、天下以及万事万物，以成公善。[4] 唐兰则认为中国古代为宗法社会，个人是家的一分子，"合家为国"，人又成为国之一分子，圣贤教人，都是要使人成为对家、国负责的善人，因此公德是包含在私德里面的。至于圣贤立境过高之论，唐氏认为圣贤是就修养而言，与学识无关，如果有志学习圣贤，未必很难，以《论语》为例，其所教"多属卑近，原不教人骛高躐远也"。[5] 在他们的驳斥下，章士钊也放弃了原来的主张，并解释其所论是为"一时狂潮所荡"，不在旧学上"故为扬抑"，其他论说就无从转入，而且陈、唐之"所驳数义"，亦非其"志之所必持"。

章士钊以上所答并非虚言，在发表《新旧》之后不到一个月，他就在《甲寅周刊》上刊登了《圣贤与英雄异同论》的有奖征文启事，意在扬"圣

①　孤桐（章士钊）：《论南京倡投壶礼事》，《国闻周报》第 3 卷第 32 期，1926 年 8 月 22 日。
②　汪荣宝：《原法》，《甲寅周刊》第 1 卷第 32 号，1926 年 3 月 6 日。
③　陈拔：《论法与礼》，《甲寅周刊》第 1 卷第 39 号，1927 年 1 月 8 日。
④　陈朝爵：《新旧质疑》，《甲寅周刊》第 1 卷第 14 号，1925 年 10 月 17 日。
⑤　唐兰：《凤於》，《甲寅周刊》第 1 卷第 23 号，1925 年 12 月 19 日。

贤"抑"英雄"。虽然这是段祺瑞出的命题，但毕竟是章士钊自己办的杂志，
以他的独立个性，应该也是他所力主讨论的话题。该启事刊登后，收到了
许多篇文章，其中在《甲寅周刊》上登出的是段祺瑞的文章和获第一名的
唐兰的文章，他们的论述也代表了甲寅派的思想主张。段祺瑞认为圣贤与
英雄本没有什么区别，英雄可以有道德仁义，圣贤也可以想"功能权利"，
不过由于两者根性不同，故"性本善，习相远"：圣贤凡事都求诸自己，有
一定的道德原则，而英雄则需求助他人，兼有无穷之奢望，故就从两者的
对比来看，圣贤还是高于英雄一筹，因为圣贤不必借助英雄之力，就"可
以积大勋，如旭日当空，无不被其化"，而英雄如果不借仁义之名，就无法
"策万众"，故不得不"以力服人"，终将导致崩溃。因此段氏的最终希望是
全球的"明达俊杰"，可以"尽力克己之功，淡国际之界，泯种族之分，无
宗教党派之争，去学说团结之害"，这样战争就会减少，人民负担可以减
轻，统治者自己也可以由英雄跻身圣贤，并最终促成"大同之治"的实现。[1]
唐兰则首先肯定了圣贤和英雄都非平常人，其立言行事，往往超出一般人
的"心思耳目"，因此无论成不成功，都会为后世所敬仰，这是两者的共同
点。其不同点为：其一，圣贤立德，英雄立功，立德者重己，立功者求人。
从公私角度讲，则圣贤为公，英雄徇私。"为公者有天下而不与，视天下如
己之一身"；徇私者则嫉贤妒能，"是奋其私智而坏天下之事者"。其二，"公
私之异，由心术之异"，心术之分由义与利，"圣贤由义而英雄徇利"。圣
贤孜孜以求的是仁义，"惟德行之是准，而无私心存焉"。英雄则好逞其欲，
为了实现其欲，他们能"言人之所不敢言，为人之所不能为，忍人之所不
可忍"。其三，圣贤"志于道而不计其功"，天下未平未治时，则先齐其家，
其家未齐，则先修其身，由小积大，由下积高，兢兢业业，不敢懈怠，不
存"利害得失之心"。而英雄之所谓功业，则得之于乱世和战争，"战财尽
则取诸民，战卒尽则尽驱市人乌合之众，孤天下之子，寡天下之妇，使百
姓流转死亡，以求盈彼之欲"。最后唐氏叹"英雄世常有，而圣贤不常有"。
事实上，许多英雄仅距圣贤一步，却因故步自封，不愿学习圣贤，而终不
成，甚是可惜。今中国恰逢乱世，"正圣贤与英雄驰骋其道之时"，故望"豪

---

[1] 段祺瑞：《圣贤与英雄异同论》，《甲寅周刊》第 1 卷第 26 号，1926 年 1 月 9 日。

杰之士，不以故习自封，而深讨典籍，力行仁义，求上同于圣贤，则天下庶或有永治之望乎"。①

五、"批判者"对甲寅派的思想批判

《甲寅周刊》复刊后，引起了很大反响，其中包括人们对甲寅派的批判和反对。在批判和反对者中，既有如《现代评论》的代表人物陈西滢以及胡适这样的自由主义知识分子，也有像杨明斋、恽代英这样的中国共产党人，还有成仿吾、鲁迅这样思想偏左的作家，以及其他一些知识分子和读书人。我们统称他们为"批判者"。概而言之，批判者对以《甲寅周刊》为阵地的甲寅派的批判主要集中在以下几个方面：

（一）对"以农立国"论的批判。章士钊等人提出"以农立国"的主张之后，在社会上引起了广泛的关注。在《甲寅周刊》内部，明确表示支持"以农立国"论的有贺有年、龙泽厚、陈守愚、张九如等人。但相比于支持的声音，来自刊内外的批判声调更高。概括起来，批判者对"以农立国"的批判，主要包括以下几点：

第一，工业化是经济发展、社会进步的必然趋势。孙悼章指出，人类社会和历史是进化的社会和历史，相对而言，农业是"保守的、少进化的"，与现代社会的进化潮流正好相反；工业则是"进化的，且速进化的"，符合现代社会的发展潮流，因此应以工业立国。另外，从中国历史看，自鸦片战争以来，外国商品就大量流入中国，导致中国的小农经济开始解体，就已经证明了单靠农业，不足以立国。②

第二，中西方社会发展中出现的"坏象"，并非由工业过剩而起。就中国而言，孙悼章、石克士认为，中国之弊不是因为"抄袭工国"③，恰恰相反，中国"国计民生之病源，咸在于农业太盛，工业不振之故；当此之际，若复为重农之说，是不啻恶醉而强酒，救缢而引其足也"④。在陈西滢看来，中国官吏腐败、军人横暴，都是由来已久的事实，与工业的发展无关，事实上

---

① 唐兰：《圣贤英雄异同论》，《甲寅周刊》第1卷第31号，1926年2月27日。
② 孙悼章：《农业与中国》，《东方杂志》第20卷第17号，1923年9月10日。
③ 石克士：《曩在》，《甲寅周刊》第1卷第27号，1926年1月16日。
④ 孙悼章：《农业与中国》，《东方杂志》第20卷第17号，1923年9月10日。

农民比工人更自私、悭吝、肮脏，更缺乏同情心，更不道德。①杨明斋指出，农业社会进入工业社会之际，政治法律、社会道德以及风俗习惯出现变动，呈现"坏现象"，是一种自然现象，其补救之法，"唯有急进于工"，而不是"返农"。而且从世界范围来看，西方社会出现的种种弊端，如失业现象，也不是因工业而起，而是由资本主义导致的；而且相比之下，西方的失业现象比中国的游民、叫花子现象还要好些。②

第三，从经济、政治、学术诸方面看，中国要想立足于世界，就必须大力发展工业。首先，从经济上讲，中国要发展，就必须实行工业化。因为，1.农业的发展离不开工业的支持。恽代英对董时进"农业国可以不需工业国而独立"的提法表示质疑，他以稻麦、棉丝为例，稻麦需经碾磨才能食用，棉丝需经纺织才能穿着，碾磨、纺织之事均属工业范畴，如此则农业如何离工业而存在。况且中国现在已经无法退回到闭关锁国时的小农时代了，在西方"进步的机器，伟大的工厂"面前，小农时代的农村手工业已无法与之竞争，如果强使中国回复到小农时代，就只能使中国衣食都"仰给于外国"，又有何独立可言。③2.中国经济受制于外人，正是由于工业不发达。刘秉麟认为农业国"驭用天然之力既弱，其资本之聚积亦有限，因之其生产力，决不能尽量发展，以供给其本国滋生之人民"，因此在这个经济侵略的世界里，中国若单为农业国，而不去大力发展工业，以对抗西方工业国的侵略，其结果就必然是沦为他们的原料市场和经济附庸。④3.退一步讲，"以农立国"即便有诸多好处，我们也不可能捣毁既有的工业文明，而返回到农业时代。杨明斋就质问章士钊"返农"怎么个"返"法，"京汉、京奉、京张、津浦各铁路如何去掉？上海天津等处的纺纱厂怎样停工和毁坏？"这些东西不去，又怎么能叫离开工业。而且就事实而言，以中国当时的实力，不仅铁路、纺纱厂不敢动，"连制杀自己的军械大炮和毒死我们的鸦片吗啡"都不敢动，又如何谈得上去"捍御外侮"。⑤其次，从政治上讲，农国不适应

---

① （陈）西滢：《闲话》，《现代评论》第3卷第66期，1926年3月13日。
② 杨明斋：《评〈农国辨〉》，转引自罗荣渠主编《从"西化"到现代化》，北京大学出版社，1990，第789页。
③ 戴英：《中国不可以工业化乎》，《申报》1923年10月30日。
④ 刘秉麟：《闲来》，《甲寅周刊》第1卷第18号，1925年11月14日。
⑤ 杨明斋：《评〈农国辨〉》，转引自罗荣渠《从"西化"到现代化》，第723页。

世界政治发展的潮流。孙倬章指出，国民要参与政治和运用民主政治，有两个必备要素：一是要有普通的政治常识，了解国内外的大势；二是需要坚强的团结，严密的组织。但在农国，农民几乎无人阅读报章及政治书籍，国内外大势，无从知晓；同时农民散处乡村，交通阻碍，不便于团结起来，而且终日劳作，亦无暇团结。因此，中国农业时代，常常推行的是君主专制政体，今欲实行民主政治，使政治走向正轨，就必须告别以农立国的时代。[1] 刘秉麟也指出，因为农业生活孤独，所受教育有限的缘故，农民对于一国的政治事业，多不明了，保护自由与权利的观念也很薄弱，除了知道依赖地主外，万事皆"不知不觉，一任暴君污吏之横行"。[2] 最后，从学术上讲，亦应注重工业的发展。孙倬章指出工业是生成并辅育维持科学、艺术的基础，不单单因为有"工业的经验"，才能有"学术的发明"；还因为有"工业的需要"，才会有"学术的学习"。相比而言，对于农业原料品来说，需要科学和艺术的地方就比较少。况且，工业与科学进步了，农业也可以随同进步。[3]

（二）对业治、科道制的批判。以章士钊为代表的甲寅派在《甲寅周刊》上刊出反对代议制、提倡业治与科道制的建议后，遭到了潘大道、汪馥炎、文天倪、郁嶷等人的批判。首先，他们不赞成章士钊等人提出的代议制应为民国以来的政治失序负责的言论，认为民国以来的政治失序是由于代议制实行不得其法而造成的。针对章士钊对《临时约法》的批评，潘大道指出，民国乱源"非有《约法》之过，有《约法》而不守之过也"[4]。同时他还认为，中国政治之所以败坏至此，其罪魁祸首是"专制政治"，其遗毒导致国民麻木，缺乏独立自治的精神，进而导致"武人得以横厉，政客供其爪牙"。[5] 朱得森也认为，"代议制之所以失败者，由于组织之不良，分子之太杂"，而不是因为代议制自身的问题。[6] 郁嶷虽然认同甲寅派对议员以及国会的批评，但他认为这不是代议制自身的过失，而是因为代议制"推行未得其

---

① 孙倬章：《农业与中国》，《东方杂志》第 20 卷第 17 号，1923 年 9 月 16 日。
② 刘秉麟：《闲来》，《甲寅周刊》第 1 卷第 18 号，1925 年 11 月 14 日。
③ 孙倬章：《农业与中国》，《东方杂志》第 20 卷第 17 号，1923 年 9 月 16 日。
④ 孤桐（章士钊）：《毁法》，《甲寅周刊》第 1 卷第 2 号，1925 年 7 月 25 日。
⑤ 潘大道：《代议不易辨》，《甲寅周刊》第 1 卷第 12 号，1925 年 10 月 3 日。
⑥ 朱得森：《代议非易案（其一）》，《甲寅周刊》第 1 卷第 4 号，1925 年 8 月 8 日。

方"，所以"中国今日之纷乱，则不得归咎于代议制之不良"。① 他们也不赞
成章士钊等人把国民没有养成法治精神归罪于代议制的说法。潘大道指出，
中国国民缺乏法治精神，是因为"中国以数千年君主专制之结果，服从势
力，依赖他人之习，已成第二之天性"，而不是代议制的过错；相反，代议
制却因国民的麻木而失去它应有的效力。不仅如此，他还相信，如果代议
制一直得到推广，国民的麻木反而可以"有所刺激"，并逐渐苏醒过来。②

潘大道等人还批判了章士钊等人所主张的科道制。郁嶷认为，主张科道
制有三个弊端：1. 科道制是被历史淘汰了的制度，欲复斯制，是"荣古虐
今，削足适履"；2. "一战"后"民治潮流，如日方中"，中国亦不能例外。
而要做到主权在民，是人人都能参与政治，在中国这样的人口太多的国家，
除了实行代议制别无他法，现在如果要废除代议制，"势必举人民参政之权
而剥夺之"；3. 给事中、御史由政府所任命，又监督政府官吏，其结果只能
是"主从异势，逢迎恐后，强弱攸殊，对抗无由，则欲其举监督之责也实
难"。③ 文天倪也指出："科道制在专制社会有救弊之效……科道制在立宪制
下，已成化石，无存在之必要"，并从五个方面阐述了科道制无存在必要之
理由。④

在批判了科道制后，他们重申了代议制的价值。潘大道指出代议制有
三点价值：一是"为国民的政府之原动力"，即通过代议制，国民可以对政
府行间接信任之权；二是"为刺激政府及舆论之要素"，议会可以凭借预算
议定、财政监督、质问政府等权利迫使政府意识到其责任的重大性，这比
无责任的专制政治要好万万倍；三是"为秩序的进步之保障"，代议制可以
缓解各社会阶层、派别的矛盾，不像专制政治，民气无处伸张，诉诸暴力，
而导致社会的不稳定。⑤

基于对代议制之价值的上述认识，他们主张仍由议会来行使或部分行

---

① 郁嶷：《代议非易案》，《甲寅周刊》第 1 卷第 6 号，1925 年 8 月 22 日。
② 潘大道：《代议不易辨》，《甲寅周刊》第 1 卷第 12 号，1925 年 10 月 3 日。
③ 郁嶷：《代议非易案》，《甲寅周刊》第 1 卷第 6 号，1925 年 8 月 22 日。
④ 文天倪：《科道制与代议制之利害得失如何，立法与弹劾二权之分合利弊安在，此项条文应如
何规定（注：目录页标题是"规定"，发文时的标题是"现定"，根据目录页改正），其分别
论之》，《甲寅周刊》第 1 卷第 13 号，1925 年 10 月 10 日。
⑤ 潘大道：《代议不易辨》，《甲寅周刊》第 1 卷第 12 号，1925 年 10 月 3 日。

使监督弹劾权，而不赞成章士钊等人提出的由科道制下的给事中和御史行使监督弹劾权的建议。潘大道认为由议会监督政府，是一种"以自由讨论为前提"的"舆论政治"，而要想使自己的主张为政府采纳并见诸实行，就必须"求人民之讨论与判断之机会"。如果由给事中监督政府，即使他们是"有识者"，也"不能抒发其意见于社会"，而只能陈述于君相之前，但君相采纳与否则是给事中无法决定的，社会舆论对此也无能为力。同时他认为不必由监察御史监督各级官员，因为监督机关官员有行政诉讼以及诉愿，监督个人有议会可以查办，有检察官可以检举，有惩戒委员会可以惩戒。如果这些人不能履行监督职能，那么同是这些人，换一个监察御史的名号，也不可能就能行使好监督职能。① 文天倪则主张在保留议会弹劾权的同时，再另设一弹劾机关，名之曰监察院。议会监察权的作用在于不信任政府，以此进退内阁；监察院之弹劾，则不当有表示不信任政府之意，尤不当有直接影响内阁进退之权，而只是就其违背法律以及政策措施有危害国家社会之点举发弹劾、加以警告以及宣布民众敦促法院注意而已，同时"对于议会司法官厅以及一切机关社会人民，皆当就其闻见所及，有不合法律国情者"，按其情形举发弹劾警告。② 汪馥炎虽然认为现行之代议制有弊端，并主张将立法权从议会中摒除，但并不主张废除代议制，而是谋其改造救济之方，即：仍由议会监督政府，但需运行政党政治，议员隶属于不同的政党，对于政府所持政策之态度，大抵各视其是否合于本党政见，以此为赞成与否的标准。③ 这实际上是主张推行西方的政党政治来拯救中国的代议制之弊，通过在野党来监督执政党。

（三）对复兴文言文的批判。与"以农立国"和业治、科道制相比，甲寅派复兴文言文和传统礼教的主张受到的批判更多一些。其原因在于：《甲寅周刊》创刊时，经济上，中国民族产业尚不发达，农业也没有得到足够的重视；政治上，代议制的推行出现了诸多弊端，民主政治步履维艰，尤其是曹锟的贿选，影响极坏，这就为"以农立国"论和业治、科道制的提

---

① 潘大道：《代议不易辨》，《甲寅周刊》第 1 卷第 12 号，1925 年 10 月 3 日。
② 文天倪：《科道制与代议制之利害得失如何，立法与弹劾二权之分合利弊安在，此项条文应如何规定，其分别论之》，《甲寅周刊》第 1 卷第 13 号，1925 年 10 月 10 日。
③ 汪馥炎：《两院分职》，《甲寅周刊》第 1 卷第 7 号，1925 年 8 月 29 日。

出提供了某些现实根据。而相比之下，文化上，此时国语运动已经得到了
政府和社会的广泛支持，正如火如荼地进行，为大势所趋，因此《申报》
1925 年 5 月 1 日上发表"专电"称："中外学者对章士钊主废白话文，颇责
其偏狭"①；胡适说章士钊的《评新文化运动》一文"不值得一驳"②；陈子展
称《甲寅周刊》为"十年来文学革命者的最后之劲敌"③。但在鲁迅看来，文
言白话之争已经终结，白话文已取得胜利，甲寅派虽然在那里死命地攻击
白话文，提倡文言文，但根本"不足称为对手，也无所谓战斗"，如果甲寅
派真的要挑起白话文言之争，"他们还得有一个更通古学，更长古文的人，
才能胜对垒之任，单是现在似的每周印一回公牍和游谈的堆积，纸张虽白，
圈点虽多，是毫无用处的"。④ 在这种态势下，甲寅派提出复兴文言文和传统
文化，势必为知识界中的大多数人所反对。而这些反对声中，既有对文言
复古运动的批判，也不乏对于白话文与文言文关系的理性思考。

首先，是对文言复古运动的批判。批判者对那些"恐怖白话文的人们"
的理由与心态进行分析，认为他们之所以反对白话文学，不外乎两点：一
是"感情上的障碍"，二是"知识上的障碍"。⑤ 就"感情上的障碍"而言，黎
锦熙指出，白话文运动必然会引起两部分人的反对：一部分是那些害怕东
方文化会因白话文的兴起而动摇的守旧家；另一部分是那些以写作文言作
品为生的"士人阶级"，他们怕白话文的兴起会使他们丢掉"铁饭碗"。⑥
这两种人反对白话文都是出于感情上的因素。唐钺则着重对第二类人进行
了批评，他引用社会学家陶孟和的话："中国文字的通俗化，对于人民一方
面是使他们得到一个新的发表意思的工具"，几千万缄默的人如果能学到
三五百字就可以发表他们简单的意思，而对于士大夫的阶级一方面正是剥
夺了他们唯一的武器。他们所宝贵的奥秘完全为人所吐弃了，"老先生们

①《申报》"专电"，1925 年 5 月 1 日。
② 胡适：《老章又反叛了！》，转引自赵家璧主编《（乙种）中国新文学大系》第二集《文学论争
　集》，第 203 页。
③ 陈子展：《中国近代文学之变迁》，载《中国近代文学之变迁 最近三十年中国文学史》，上海
　古籍出版社，2000，第 305 页。
④ 鲁迅：《华盖集·答 KS 君》，载《鲁迅全集》第三卷，第 115—116 页。
⑤ 擘黄（唐钺）：《告恐怖白话文的人们》，《现代评论》第 3 卷第 54 期，1925 年 12 月 19 日。
⑥ 黎锦熙：《一九二五年国语界"防御战"纪略》，《京报副刊》第 406 号，1926 年 2 月 5 日。

反对白话文不是无意识的；那正是他们最末次的奋斗，他们生命最终的光焰"①。他指出，白话文可能有许多不通的地方，但它只能作为白话文的弱点，却不能成为文言文的优点，因为不通的文言文不会比白话文少；并且这些不通的白话文和文言文，在过了若干年之后，自会浮者自浮，沉者自沉，不需任何人过虑。章士钊等人之所以批评白话文不通、不美、不洁，原因就在于他们自身知识上的缺陷造成了他们对白话文的"误会"。②

　　除黎锦熙、唐钺外，胡适、成仿吾、白涤洲、陈西滢等人也都对甲寅派批评白话文的依据提出了反驳。成仿吾对章士钊将新文学的勃兴归因于"避难就易"的论断提出了质疑：既然旧文学这么难，我们为什么要保留这么难的课呢？③白涤洲反驳了瞿宣颖中国语言"因地域之限"而有"组织之歧异"的说法，认为所不同的只是词与音，而且从事实上讲，近年来确定的国语仗着人们的热心传播，也逐渐有普及全国的趋势。④陈西滢则不同意章士钊将出版书籍稀少归咎于白话文体盛行的论断，并反问道"新青年提倡白话的前十年里有过什么伟大的作品？自从白话文盛行以来，又有过什么说得上的文言的作品？"⑤陈西滢还针对瞿宣颖所提出的文言文比白话文在文体上更"活泼"、更能"适应时代之变迁"、更能"便于个性的驱遣"的观点指出，"文字是可以表现个性的，白话如此，文言也如此，谁都不限于什么一种。可是，白话文重自我的表现，文言文却重模仿。一个中国人，写的外国文字无论怎样好，他的文字的个性的表现力一定不会像一个中国人写中国文字那样的强。同样一个今人写古人的文字，无论怎样的好，究竟不能像今人文字的'便于个性的驱遣'"，他因而嘲笑瞿宣颖"简直就不懂自己说的什么"。⑥

　　甲寅派对白话文的批评还遭到了社会各界的反对。1925 年章士钊担任

① 擘黄（唐钺）：《告恐怖白话文的人们》，《现代评论》第 3 卷第 54 期，1925 年 12 月 19 日。
② 擘黄（唐钺）：《告恐怖白话文的人们》，《现代评论》第 3 卷第 54 期，1925 年 12 月 19 日。
③ 成仿吾：《读章氏〈评新文学运动〉》，转引自赵家璧主编《（乙种）中国新文学大系》第二集《文学论争集》，第 245 页。
④ 获舟（白涤洲）：《驳瞿宣颖君〈文体说〉》，转引自赵家璧主编《（乙种）中国新文学大系》第二集《文学论争集》，第 217 页。
⑤ （陈）西滢：《闲话》，《现代评论》第 2 卷第 37 期，1925 年 8 月 22 日。
⑥ （陈）西滢：《闲话》，《现代评论》第 2 卷第 38 期，1925 年 8 月 29 日。

教育部长时，在教育部中通过了在小学四年级开设读经课程的决议。于是，在这一年里，全国有好几个省明文规定不准用白话文，有些学校甚至不再录取作白话文的学生。这在社会上引起了强烈的抗议，为此主张白话文的学者组织了"国语运动大会"，于1925年9月开始策划，准备于1926年1月在"全国一致地作一番严重的表示"。同时，各地也进行了抵制。在北方，因为国语与当地的语言比较接近，因此文言复兴的阻力较大，以奉天为例，当局禁止国语，不许传习注音字母，但终究禁止不了，大多数学校都阳奉阴违，有些学校甚至公然提出没有注音字母的小学读本不可用。在南方，由于方言较多，国语之推行相对较难，有些家庭还主张读文言，出版界也出了不少小学文言教科书，但即便如此，在"国语运动大会"筹划期间，还是爆发一场轰动的事件：苏浙皖三省"焚书"事件。1925年底，苏浙皖三省各师范小学在无锡召开联合大会。12月3日，亦即会议的第一天，他们特别在无锡第三师范操场举行了焚毁初级小学文言文教科书的仪式，同时颁布了他们的宣言书，大意为：我们这一次因为要反对初级小学的文言教科书，特将文言教科书收集起来，郑重销毁，以表示我们的决心。

以《甲寅周刊》为阵地的甲寅派的保守主义思想及其主张，之所以受到了批判者的批判，其根本原因就在于他们的保守主义思想及其主张是与经济的工业化、政治的民主化、文化的大众化的现代化方向背道而驰的，而实现现代化是近代以来中国人民的不懈追求。也是在这个意义上讲，以《甲寅周刊》为阵地的甲寅派的思想是保守和落后的，应该给予基本否定。但这只是问题的一方面，或主要方面；问题的另一方面，或次要方面，他们提出的一些思想和主张客观上对西方尤其是中国现代化进程中产生的一些问题又具有一定的检讨和纠偏作用。以他们提出的"以农立国"论为例。中国历来以农业立国，绝大部分人口又都生活在农村，因此中国的现代化之路，很大程度上就是由农业社会过渡到工业社会的过程。然而，自鸦片战争以来，各式各样的救国方案都很少关注农民、农村和农业亦即所谓的"三农"问题，农民、农村和农业的发展成了中国现代化的盲点。事实上，中国并不缺乏农学人才。清末以来，中国成立了不少农业学校，还派遣大量留学生到国外学习农科。据统计，农科留学生在所有留学生中的比例，1917年到1934年，留日学生占6.45%；1905年到1949年，留美学生占

3.57%；1916 年到 1949 年，留英学生占 2.38%。然而这些留学生中却很少有人投身到农业事业中去的，当时就有外国传教士感叹道："据我所知，没有一个农科留美生回国后真正回乡并在当地起重要作用。"[1] "以农立国"提出的首要意义就在于，它第一次将农民、农村和农业问题纳入到了中国社会发展的总方案中。此后，农民、农村和农业问题开始被广泛关注。1927年 8 月 25 日，《东方杂志》特地出版了一期《农民状况调查号》（第 24 卷第 16 号，1927 年 8 月 25 日），对贵州、四川、湖北、安徽、浙江、湖南、江苏、云南、山东等省的农民状况进行了调查。另据本书粗略统计，1927年以前，关于农民、农业和农村的报刊寥寥无几；而在 1927 到 1949 年之间，出版的报刊平均每年达到将近 7 种。[2] 再以他们对代议制的批评而言，民初以来仿行西方代议制所带来的政治腐败，尤其是臭名昭著的"曹锟贿选"已经证明，任何脱离中国具体国情而对西方社会政治制度的照抄照搬，其结果只能是种瓜得豆，画虎不成反类犬。由此言之，甲寅派提出的代议制与中国的国情不合，因而中国不能照抄西方的代议制的观点，值得人们认真思考。

第四节　中国共产党与国民党右派的思想斗争

自孙中山决定联俄联共、改组国民党的第一天起，国民党内部就存在着一股反对国共合作的势力。孙中山事后回忆说："本党旧同志骤闻共产党员纷纷加入本党消息，顿起怀疑，盖恐本党名义被彼利用也。对于此事怀疑尤甚者，为海外同志。本总理曾接到海外华侨数次函电询问：此次改组是否为国民党，为共产党？如为改成共产党，则华侨同志决不赞成。"[3] 国民党第一次全国代表大会的召开，标志着第一次国共合作的正式形成。在此

---

[1] John.H.Reisner.*Wanted-Rural Leaders for China*.The Chinese Students' Monthly.February，1926.

[2] 这个数据系本书根据国家图书馆公开的民国期刊统计而成。

[3]《总理关于民生主义之演说》（1924 年 1 月 21 日），载中国第二历史档案馆编《中国国民党第一、二次全国代表大会会议史料》（上），江苏古籍出版社，1986，第 21—22 页。

次大会召开之前、召开之中、召开之后，国民党右派的反共＼分共活动就一直没有停息。1925 年 3 月 12 日孙中山逝世后，国民党右派的反共＼分共活动更加猖獗或积极起来，并先后有戴季陶主义的出现和西山会议派的形成。如果说戴季陶主义是孙中山逝世后三民主义分化出现的第一个流派，那么，西山会议派则是孙中山逝世后国民党内形成的第一个反共＼分共的政治派别。对于国民党右派的反共＼分共活动，中国共产党进行了坚决斗争。

一、国民党右派的出现及其反共＼分共活动

1923 年 11 月 29 日，亦就是标志着第一次国共合作正式建立的国民党第一次代表大会开幕前，邓泽如、林直勉等 11 人就以国民党广东支部的名义上书孙中山，对苏联支持国民党改组的动机表示怀疑，并指控共产党人参加国民党是"施其阴谋"，说什么国民党的党纲、党章等草案，都是"俄人替我党拟定之政纲政策，全为陈独秀等共产党所拟定"，要孙中山谨防上当受骗。对此，孙中山在批文中指出，党纲党章"为我请鲍罗廷所起，我加审定，原为英文，廖仲恺译之为汉文。陈独秀并未与闻其事，切不可疑神疑鬼"，并强调说："我国革命向为各国所不乐闻，故尝助反对我者以扑灭吾党，故资本国家断无表同情于我党，所望为同情只有俄国及受屈之国家及受屈之人民耳。"[1]但邓泽如等人不仅没有听从孙中山的劝告，反而变本加厉，串联一些国民党的海外代表，非法起草所谓"章程"，甚至非法另"组织一会，为救党准备"。孙中山知道后，立即命令邓泽如召集国民党的海外代表到他家里，严加训斥，才暂时制止了他们的非法活动。[2]

国民党第一次代表大会期间，国民党内反对国共合作的右派势力并没有停止他们的活动。据曾参加过这次会议，并被选为国民党中央执行委员会候补委员的毛泽东不久在一篇文章中披露，国民党第一次代表大会开幕后，为庆祝大会开幕，"孙先生在广州长堤亚洲酒店招宴全国大会代表时，茅祖权起持异议，反对容纳共产党分子。孙先生起立作长篇之演说，谓二十年以来，党员总是阻挠我革命，总是丢掉民生主义。跟随我的很多，但总是

---

① 孙中山：《批邓泽如等的上书》，载《孙中山全集》第八卷，第 458、459 页。

② 何香凝：《我的回忆》，载尚明轩、余炎光编《双清文集》下卷，人民出版社，1985，第 937—938 页。

想打他自己的主意……今日还要阻挠我容纳革命的青年"①。1月28日，亦即会议闭幕前两天，大会讨论党章时，乘孙中山没有出席，方瑞麟提议，党章应增加"本党党员不得加入他党"的条文。很明显，这是冲着中国共产党来的，因为第一次国共合作，采取的是党内合作的形式，即共产党员以个人名义加入国民党。针对方瑞麟的提议，李大钊义正词严地申明道："我们加入本党的时候，自己先从理论上事实上作过详密的研究。本党总理孙先生亦曾允许我们仍跨第三国际在中国的组织，所以我们来参加本党而兼跨固有的党籍，是光明正大的行为，不是阴谋鬼祟的举动。"②接着发言的廖仲恺等代表也大多不赞成党章中列入方瑞麟所提条款，最后大会采纳了主席胡汉民的提议："党员不得加入他党，不必用明文规定于党章，惟申明纪律可也。"③另据鲍罗廷回忆，本来由他起草的国民党一大宣言，其中有反对列强、收回大土地所有者的土地为国有的内容，但因国民党右派的极力反对，最后通过的大会宣言，这两项内容被删除。

国民党第一次代表大会闭幕后，随着大革命运动的兴起和发展，国民党右派的反共\分共活动更是有增无减。在国民党右派的反共\分共活动中，影响最大的是所谓"弹劾共产党案"。先是国民党第一次代表大会闭幕不久（1924年2月），中共第二次中央执委会通过《同志们在国民党工作及态度决议案》，主要内容是要共产党员努力工作，同时要注意处理好与国民党的关系，"对于国民党比较不接近我们的分子，应多方加以联络，以逐渐改变他们的态度"④。此外，《决议案》还要求，"在发展国民党组织之时，关于本党组织之发展，当然不能停止"⑤。该《决议案》刊发于1924年4月11日团中央出版的《团刊》第7期上。国民党右派邓泽如、张继、谢持得到这份文件后，如获至宝，即于6月18日，以国民党中央监察委员会名义，向国民党中央执行委员会提出"弹劾共产党案"，指控"中国共产党员及社会主义

---

① 子任（毛泽东）:《国民党右派分离的原因及其对于革命前途的影响》,《政治周报》第4期，1926年1月10日。
②《北京代表李大钊意见书》，载《中共中央文件选集》第一册，第606页。
③《中国国民党第一次全国代表大会会议录》第12号，转引自王德京《孙中山坚持国共合作，反对国民党右派的斗争》,《中共党史研究》1997年第1期。
④《同志们在国民党工作及态度决议案》，载《中共中央文件选集》第一册，第223页。
⑤《同志们在国民党工作及态度决议案》，载《中共中央文件选集》第一册，第225页。

青年团员之加入本党为党员者，实以共产党党团在本党中活动，其言论行动皆不忠实于本党，违反党义，破坏党德，确于本党之生存发展，有重大妨碍"；同时，他们还上书孙中山，要孙中山督促国民党中央执行委员会对国民党内的共产党派，"从速严重处分，以维根本"。① 他们提出指控的依据材料，就是《同志们在国民党工作及态度决议案》，以及此前中共三大通过的《关于国民运动与国民党问题决议案》和共青团二大通过的《关于中国共产党第三次大会报告决议案》这三个文件。实际上，如前所述，这三个文件的基本内容是指导共产党员和共青团员如何努力工作，帮助国民党开展大革命；同时要服从中共中央和中共各级党团组织的领导，保持组织上和政治上的独立性，根本不存在"违反党义，破坏党德"的问题。但邓泽如、张继、谢持三人则小题大做，把这三份文件作为共产党员"违反党义，破坏党德"的罪证，提交给了国民党中央执行委员会第 39 次会议。会上，廖仲恺与张继、谢持发生激烈争论，会议不欢而散。孙中山便要鲍罗廷来处理这一问题。6 月 25 日，鲍罗廷找张继、谢持谈话。谈话中，张继、谢持气势汹汹地质问鲍罗廷，共产党在国民党内组织党团，是不是"党中有党"，并认为国共两党"性质不相容，不如分道扬镳"。对此，鲍罗廷则明确告诉张继、谢持，共产党之所以要组织党团，是由于共产党加入国民党后，发现国民党不振作，中央执行委员会不作为，"并有许多右派夹杂其中，乃不得不组织党团"，"党团作用，即在划分左、中、右派"。如果像张继、谢持要求的那样，真的把共产党清除出国民党，那么，除"徒分离革命实力"外，对革命没有任何好处，"革命前途必不利"。② 双方各持己见，没有达成任何共识。7 月 3 日，国民党中央执行委员会举行第 40 次会议，张继在会上又提出了共产党的问题，认为国共合作，只有利于共产党，而不利于国民党，甚至对国民党是最大的危害，因而他要求共产党员退出国民党，遭到谭平山的严词反驳。双方你来我往争辩了约两个小时，最后张继理屈词穷，"无言可答"。会议最后决定："（一）须有表示态度宣言。（二）开中央

---

① 《中央监察委员会弹劾共产党案》，载《革命文献》第 9 辑，（台北）"中央"文物供应社，1978，总第 1278 页。

② 《谢持、张继与俄人鲍罗廷谈话纪要》，载《革命文献》第 9 辑，总第 1289 页。

执行委员会全体会议。（三）呈请孙总理决定。"①7月7日，国民党中央执行委员会第41次会议通过了由汪精卫等人起草的《中国国民党关于党务宣言》，郑重申明："本党既负有中国革命之使命，即有集中全国革命分子之必要。故对于规范党员，不问其平日属何派别，惟以其言论行动能否一依本党之主义政纲及党章为断"；但同时又表示，兹事重大，仍须"静待全体委员会之解决"。②随后在8月15日至30日召开的国民党一届二中全会上，共产党人以及国民党内部以廖仲恺为代表的左派，继续围绕"弹劾案"与以张继、谢持为代表的国民党右派展开了激烈斗争，后来在孙中山的支持下，否决了"弹劾案"，并将国民党右派首领冯自由开除出党。③

"弹劾案"虽被否决，但国民党右派的活动不仅没有因此而暂停，相反他们开始组织各种"同志会""俱乐部"，以实现右派的结合，如：1924年底，谢持等人在北京成立的"三民主义同志会"；1925年1月，冯自由等人在北京成立的"国民党海内外同志卫党同盟会"；1925年3月，冯自由、张继、居正等人在北京成立的"中国国民党同志俱乐部"等。

1925年3月12日，孙中山在北京逝世。孙中山生前在共产党与国民党右派的斗争中，一方面出于改组国民党、推进革命的需要，他支持共产党，不赞成国民党右派的反共\分共政策；但另一方面，又因为右派大多数或是海外华侨，是他长期的支持者和资助者，或是老同盟会员，是长期追随他的老同志，他在感情上是偏向于这些"老华侨"和"老同志"的，同时他也有利用右派牵制共产党的用意，因而不仅没有对右派进行任何组织处理，相反还信任和重用右派，如国民党中央监察委员会的五个委员，就是清一色的右派，国民党中央执行委员会中，也是右派成员远远多于共产党人和国民党左派，开除冯自由党籍只是个例外，因为冯太不像话，一再挑起国民党的内部斗争，并且要求严惩廖仲恺、汪精卫、胡汉民这些孙中山的左膀右臂，甚至要求孙中山本人"向党员引咎道歉，以平多数党员之公愤"，

① 中华民国史事纪要编辑委员会编辑《中华民国史事纪要（初稿）》，1985，第9页，转引自王德京《孙中山坚持国共合作，反对国民党右派的斗争》，《中共党史研究》1997年第1期。

② 中华民国史事纪要编辑委员会编辑《中华民国史事纪要（初稿）》，第33—34页，转引自王德京《孙中山坚持国共合作，反对国民党右派的斗争》，《中共党史研究》1997年第1期。

③ 有关国民党一届二中全会的具体情况，以及共产党与国民党右派的斗争，可参见王德京的《孙中山坚持国共合作，反对国民党右派的斗争》，《中共党史研究》1997年第1期。

气焰极为嚣张，使孙中山实在忍无可忍。正因为孙中山在共产党和国民党右派的斗争中采取的是脚踏两只船的策略，既不赞成右派提出的反共\分共议案或建议，又信任和重用右派，最多也只是口头警告警告他们，而没有给予任何组织处理，所以，一方面右派提出的反共\分共议案或建议不可能为国民党所采纳，另一方面右派则始终没有失去反共\分共的信心，一而再再而三地提出有关议案或建议。

但无论如何，孙中山的逝世，使国民党右派看到了反共\分共的成功希望，因此他们的反共\分共活动更加猖獗或积极起来。孙中山逝世后的第三天，戴季陶发表悼念孙中山的短文《孝》，要求国民党人把握三民主义的真义，防止马克思主义对三民主义的曲解与利用。随后，戴季陶又相继出版了《国民革命与中国国民党》和《孙文主义之哲学的基础》两本小册子，宣称"要在理论上建立三民主义中心思想"，亦就是要对三民主义进行新的阐释。而经他阐释的三民主义，成了唯心主义的、反对阶级斗争的、反对联俄联共的三民主义，亦即所谓"纯正的三民主义"或"戴季陶主义"。1925年8月，国民党左派代表人物廖仲恺被暗杀，这极大地削弱了国民党左派在国民党权力核心的势力，也使共产党失去了一位强有力的支持者，无疑有利于国民党右派的反共\分共活动。1925年11月23日，国民党中央执行委员会委员邹鲁、林森、居正、覃振、石青阳、石瑛、叶楚伧、邵元冲，中央监察委员张继、谢持，候补执行委员茅祖权、傅汝霖、沈定一等人非法召集的"国民党一届四中全会"在北京西山碧云寺开幕。之所以说这次会议是非法的，因为出席这次会议的人员总共只有13人，而当时国民党中央执行委员会委员和监察委员会委员共51人，远没有达到出席会议的法定人数。西山会议前后开了10天，会议的中心议题是反对共产党加入国民党，会议通过了《取消共产党员的国民党党籍宣言》《开除国民党中央执行委员共产党人李大钊等通电》《顾问鲍罗廷解雇案》《决定本党此后对俄国之态度》《取消政治委员会案》《总理逝世后关于反对共产派被开除者应分别恢复党籍案》以及《告国民书》《为取消共产党在本党的党籍告同志书》等一系列宣言、通电、议案和文告。12月14日，他们又在上海环龙路44号成立自己的中央党部，并推定了"中央执行委员会"各部部长，形成了国民党内部广州和上海两个中央党部对峙的局面。同月，邹鲁、谢持等人在《民国日报》上发表《国民党为什么取消共产派的党籍》和《谁是反革命》等文章，进一步阐明取消中共党员党籍的理由。1926年3月29—4月10日，西山会议派又在上海策划召开了非法的国民党第二次全国代表大会（此前的1926年1月1—19日国民党第二次全国代表大会已在广州召开，并通过了《弹劾西山会议决议案》和《处分违反本党纪律党员决议案》），大会的主要议题，是通过《肃清共产分子案》和选举所谓新的中央委员会，公开走上与广州国民党中央决裂的道路。受戴季陶主义尤其是西山会议派的启示与鼓动，广东、上海、北京、江苏、福建、浙江、湖南等地涌现出一大批名为孙文主义学会的组织。这些学会的宗旨是借研究三民主义之真义，以消弭马克思主义对三民主义的渗透和影响。共产党与国民党右派的斗争，也从原来的人事和组织上的斗争，进一步扩大到思想和理论上的斗争。

二、戴季陶主义和西山会议派的反共\分共思想

在国民党右派中，真正有思想、有理论的是戴季陶。

戴季陶（1890—1949），原籍浙江吴兴（今湖州），生于四川广汉。早年留学日本，加入同盟会。辛亥革命后成为孙中山秘书，因其以文采见长，得以参加机要文件的起草，由此奠定了他在国民党内的理论家地位。新文化运动时期一度学习马克思主义和唯物史观，还曾参加过组建上海共产党早期组织的活动，成为中国马克思主义最早的研究者之一。施存统就承认，他"之所以由无政府主义转过来相信马克思主义"，其"直接给与我以最大影响"便是"季陶先生在星期评论社中给与我的指导"。[1]

但自孙中山改组国民党、实行联俄联共政策那天起，戴季陶成了国共合作的坚决反对者。国民党一大结束后几天（1924年2月9日），他曾当面劝说谭平山，希望他放弃共产党籍，做一个纯粹的中国国民党党员，但为谭平山所拒绝。[2]戴季陶自己也因不赞成国共合作，不久便离粤返沪，拒不就任改组后的国民党宣传部部长一职。1925年3月12日孙中山去世后，戴季陶便以国民党理论家和三民主义传人自居，反对国共合作，反对共产主义。

---

① （施）存统：《评戴季陶先生的中国革命观》，《中国青年》第91、92期，1925年9月1日。
② 戴季陶：《致蒋介石先生书》，载陈天赐编订《戴季陶先生文存》卷三，（台北）中国国民党中央委员会，1959，第982页。

我们在前面已经提及，孙中山逝世后第三天，戴季陶便写成《孝》一文，认为国民应该通过"大孝"来纪念孙中山，将孙中山开创的复兴中华文化的伟业继承下来。随后在上海中山学院发表的《孙中山主义之哲学基础》讲演中，戴季陶不仅首次提出了"孙中山主义"一词，而且还把孙中山思想与孔子思想结合了起来，强调孙中山的思想是继承尧舜禹汤以至周公、孔孟的一贯道统。5 月，在国民党一届三中全会上，戴季陶提出"确定孙中山思想学说之最高权威"的建议，并于会前拟定《接受总理遗嘱宣言》以及《关于接受遗嘱之训令》，提请大会讨论通过，将三民主义确立为国民党不可动摇的最高理论和领导原则。[①] 这年 6、7 月间，他又先后出版了《孙文主义之哲学的基础》和《国民革命与中国国民党》两本小册子，对三民主义进行了新的阐释，从而形成了孙中山逝世后的第一个三民主义流派，即所谓"纯正的三民主义"，也称之为"戴季陶主义"。

戴季陶从哲学的角度入手来诠释三民主义，鼓吹所谓民生史观，认为三民主义的"本体"就是民生主义。他指出："生存是人类原始的目的，同时也是人类终结的目的。在生存的行进中，逢着一种障碍的时候，求生的冲动，便明明显显地，引导着人发出一种生存的欲望。"[②] 这种生存的欲望正是推动人类不断进化的原动力，是一切政治经济文化的基础。人类社会的各种斗争原始根源都在于"人类强弱贤愚的秉性，和时代环境的不同，生存的欲望，也显出许多程度和种类的差异来。社会文化越是进步，人类的关系越是复杂，由生存欲望派生出的欲望差异，也越繁多而明显"[③]。而"生存"，就离不开"民生"。所谓"民生"，依据孙中山所下的定义，"民生就是人民的生活，社会的生存，国民的生计，群众的生命"[④]。所以，孙中山"先生一生的精神，全部是注在民生主义"[⑤]，"民生主义，实在是先生全目的所在。二十多年来，先生每次讲演革命道理，必定是把民生主义作为最重要的论

---

① 《接受总理遗嘱宣言》，载荣孟源主编、孙彩霞编辑《中国国民党历次代表大会及中央全会资料》（上册），光明日报出版社，1985，第 77 页。

② 戴季陶：《〈国民革命与中国国民党〉导言》，黄埔中央军事政治学校翻印，1927，第 1 页。

③ 戴季陶：《〈国民革命与中国国民党〉导言》，第 1 页。

④ 戴季陶：《孙文主义之哲学的基础》，载《三民主义哲学论文辑》，（台北）"中央"文物供应社，1978，第 10 页。

⑤ 戴季陶：《孙文主义之哲学的基础》，载《三民主义哲学论文辑》，第 9 页。

点，一切问题的中心"①。实现三民主义，是孙中山的一生理想，而"民生主义，实在是三民主义的本体。三民主义并不是三个部分，就本体上看，只有一个民生主义；就方法上看，才有民族民权民生三个主义"。②

民生主义与共产主义的关系，是孙中山讲得比较多的一个问题，也是被认为国共之所以能够合作的思想基础之一。但在戴季陶看来，作为三民主义的"本体"，民生主义与共产主义既有相同的地方，也有不同的地方，相同是次要的，不同是主要的。他指出，民生主义与共产主义不仅目的相同，都要解决民生问题；而且性质也相同，"都是突破了国界，以全世界为实行主义的对象"。但目的和性质的相同，只是民生主义和共产主义关系的一个方面，民生主义和共产主义关系的另一方面，或更为重要的方面，是二者在哲学基础、实行方法和对待社会问题的态度上的不同或对立。在哲学基础上，"民生主义是以中国固有之伦理哲学的和政治哲学的思想为基础"；而共产主义是"以马克斯的唯物史观为理论的基础"，所以"共产主义所要解决的问题，是限于经济生活的问题，而民生主义在育与乐的两个部分，已经超出经济生活之外"。在实行方法上，"民生主义是以国民革命的形式，在政治的建设工作上，以国民的权力，达实行的目的。所以主张革命专政，以各阶级的革命势力，阻止阶级势力的扩大，以国家的权力，建设社会的共同经济组织，而渐进的消灭阶级"；而"共产主义以无产阶级之直接的革命行动为实行方法，所以主张用阶级专政，打破阶级"。③在对待社会问题的态度上，民生主义"是置重在建设的主张和方法"；而共产主义"是置重在批评和攻击，而将建设的主张，放在第二层，甚至绝不顾及。他们以为只要把资本主义攻倒，建设的方法，自然会产生出来"。所以，共产主义"只是说现社会如何不好"；而民生主义"是在极力要如何建设"。④

戴季陶鼓吹所谓民生史观，把民生主义说成是三民主义之"本体"的最终目的，是为了替自己的反共＼分共主张提供其理论依据。他指出："一个政党，除了主义，便没有结合的基础，主义是党的神经系，同时是党的

---

① 戴季陶：《孙文主义之哲学的基础》，载《三民主义哲学论文辑》，第10页。
② 戴季陶：《孙文主义之哲学的基础》，载《三民主义哲学论文辑》，第11页。
③ 戴季陶：《孙文主义之哲学的基础》，载《三民主义哲学论文辑》，第11—12页。
④ 戴季陶：《孙文主义之哲学的基础》，载《三民主义哲学论文辑》，第16页。

血管，没有神经系和血管，不能成一个动物。没有了主义，便不能成一个党。"① 而主义是一种思想，一种信仰，是多数人的生存欲望在思想和信仰上的反映。但"无论是那一种欲望，都具有独占性和排他性，同时也具有统一性和支配性，因为要独占，所以要排他；因为要统一，所以要支配。再合拢来看，独占性是统一的基础，排他性是支配的基础"②。就国共两党各自所信仰的主义来看，国民党信仰的是以民生主义为"本体"的三民主义，共产党信仰的是共产主义，而民生主义和共产主义在哲学基础、实行方法和对待社会问题的态度上又存在着根本的不同或对立，这是国共两党不能合作的根本原因："共信不立，互信不生；互信不生，团结不固；团结不固，不能生存。"③ 因此，"要图中华民国的生存，先要图中国国民党的生存；要图中国国民党的生存，一定要充分发挥三民主义的中国国民党之生存欲望所必须具备的独占性、排他性、统一性、支配性"④。也就是要把信仰不同主义的共产党排除出国民党之外，以保持国民党的纯洁性。他不反对共产党人加入国民党，但共产党人自加入国民党那一天起，就应放弃对共产主义的信仰，而信仰孙中山的三民主义，"一定要有了信仰三民主义的觉悟和决心，才可以来做中国国民党的党员，才是真正忠实的中国国民党员"⑤。否则，就不能也不应该加入国民党。他还攻击国共合作是共产党所实施的"寄生政策"："不把国民革命当作真实目的，不把三民主义认作正当的道理，只借中国国民党的躯壳，发展他自（己）本身组织。"他认为这种"寄生政策"既不光明磊落，也不道德，"C.P. 人既然已经加入了中国国民党做同志，至少在中国国民党里面应该要停止他为 C.P. 或 C.Y. 吸收党员的工作，不得秘密地对中国国民党党员与以怀疑三民主义的暗示"。⑥ 共产党员或共青团员"如果真是立志救国"，就"非诚心诚意牺牲了自己的空想，脱离一切党派，作单纯的国民党员不可"，而不能表面上"口口声声拥护孙先生'革命尚未成功，同志仍须努力'的遗教"，但实际上则"不肯信仰孙先生所遗示吾民救

---

① 戴季陶：《国民革命与中国国民党》，第 16 页。
② 戴季陶：《〈国民革命与中国国民党〉导言》，第 1 页。
③ 戴季陶：《〈国民革命与中国国民党〉导言》，第 3 页。
④ 戴季陶：《〈国民革命与中国国民党〉导言》，第 3 页。
⑤ 戴季陶：《国民革命与中国国民党》，第 16 页。
⑥ 戴季陶：《国民革命与中国国民党》，第 38 页。

国的理论和策略"，而仍然信仰共产主义，仍然保持共产党员或共青团员的身份；否则，"这真是绝大的矛盾"。[1] 他向共产党员和共青团员提出所谓"忠告"："要足踏实地，从中国国民党的组织上做工夫，如果已经加进了中国国民党，不把中国国民党的组织和团结，作为自己的责任，只尽量在中国国民党中扩张 C.P. 或 C.Y. 的组织，并且尽力的使非 C.P. 或 C.Y. 的党员，失却训练工作的余地，一定会使实际的政治工作上，只有反动和盲动两种势力，磨擦鼓荡"，从而危害正在进行的大革命。[2]

为了替自己的反共\分共主张提供其理论依据，戴季陶还从所谓民生史观出发，否定阶级和阶级斗争。他指出："阶级的对立，是社会的病态，并不是社会的常态。"就中国的社会而言，在全国的范围内，"既不是很清楚的两阶级对立，就不能完全取两阶级对立的革命方式"。事实上，"中国的革命与反革命势力的对立，是觉悟者与不觉悟者的对立，不是阶级的对立。所以我们是要促起国民全体的觉悟，不是促起一个阶级的觉悟"。中国数十年来的革命者，其出身并不是被治者阶级，相反是治者阶级，"因为在中国这样的国家里面，除了生活能够自如的人而外，实不易得到革命的智识。所以结果只是由智识上得到革命觉悟的人，为大多数不能觉悟的人去革命"。这也是孙中山之所以将人群分为"先知先觉""后知后觉"和"不知不觉"的重要原因。而"革命的意义，是利他的不是利己的。革命的动机，是由于一种利他的道德心，不是由于利己心。利己心的作用，是反革命的，不是革命的，因为利己的动机是个体的不是社会的"。要使这种利己的动机从个体转到社会，从反革命、不革命转到革命，就必须发挥"仁爱"的作用，"仁爱是革命道德的基础"。正是基于"民生是历史的中心，仁爱是人类的生性"这一认识，"中山先生的思想根本与加尔马克斯及罗列亚等唯物的革命论者完全不同"。概而言之，"加尔马克斯及罗列亚等唯物的革命论者"的革命思想是建立在阶级和阶级斗争的基础上的，而"中山先生的革命思想"是建立在"民生"和"仁爱"的基础上的。所以，中山"先生所主张的国民革命，在事实上，是联合各阶级的革命"，它包括两方面的

---

[1] 戴季陶：《国民革命与中国国民党》，第34—35页。
[2] 戴季陶：《国民革命与中国国民党》，第33页。

觉悟："一方面是要治者阶级的人觉悟了，为被治者阶级的利益来革命，要资本阶级的人觉悟了，为劳动阶级的利益来革命，要地主阶级的人觉悟了，为农民阶级的利益来革命，所谓'成物智也'；一方面是要被治者阶级，工人阶级，农民阶级，也起来为自己的利益而革命，所谓'成己仁也'。"这样，戴季陶就取消和否定了马克思主义的阶级和阶级斗争学说，以治者阶级（资本阶级和地主阶级）对被治者阶级（工人阶级和农民阶级）的所谓"仁爱"取代了马克思主义所主张的阶级斗争，进而也就取消和否定了国共两党在大革命中之合作的可能性。因为共产党信仰的是马克思主义，马克思主张的是阶级和阶级斗争；而国民党信仰的是孙中山思想，孙中山主张的是以"仁爱"为基础的治者阶级和被治者阶级的"觉悟"。这两种主张的根本对立，就决定了国民党和共产党在大革命中是不可能合作的。用戴季陶的话说："从社会革命的意义上看"，国共之所以不能合作，"并不是要妥协要调和，也不是故意的排斥共产主义"，排斥共产党人，"而实在是三民主义本身，具备有更深刻而博大的思想基础。因为这一个思想基础不同，其所取的手段，也就完全不同"。①

戴季陶在诠释三民主义、鼓吹所谓民生史观的过程中，还将孙中山的三民主义与孔子的思想紧密地结合了起来，认为民生史观并非孙中山独创，而是对孔子的"民生哲学"的继承和发展："孔子虽没有做改制的功夫，然而他却组织了一个民生的哲学，他这一民生哲学的理论，就是二千数百年后，创造中华民国的孙中山先生所继续的理论。"在戴季陶看来，孔子的民生哲学或理论主要体现在他的两部书中，"一部是《中庸》，是他的原理论；一部是《大学》，是他的方法论"。从孔子提出的"修、治、齐、平"的思想来看，"我们可以晓得孔子的思想，注重全在民生"；就孔子提出的"修、治、齐、平"的性质而言，"可以叫他'社会连带责任主义'"。尽管经过两千多年，"社会的组织变了，天下之道便不同，社会组织虽然变了，而行道的人，依然是人类，人类求生的目的，依然是不变的"，孙中山正是在继承和发展了孔子的"民生思想"和"社会连带责任"的基础上，提出了他的三民主义学说，民族主义的基础就是孝慈的道德，民权主义的基础就是信

---

① 戴季陶：《孙文主义之哲学的基础》，载《三民主义哲学论文辑》，第24—27页。

义的道德，民生主义的基础就是仁爱和平的道德，这样就"恢复起中国民族创造文化的能力，建设出继往开来的新国家，新社会"，从而"用革命的功夫，把埋没了几千年的社会连带责任主义，在三民主义的青天白日旗下，重新发扬光大起来"。①

戴季陶进一步指出，不仅是三民主义，以三民主义为中心的"中山先生的思想，完全是中国的正统思想，就是接近尧舜以至孔孟而中绝的仁义道德的思想。在这一点，我们可以承认中山先生是两千年以来，中绝的中国道德文化的复活"②。所以，在戴季陶的笔下，孙中山是"最热烈的中国文化复兴论"者，他不仅认为中国古代的伦理哲学和政治哲学，是全世界文明史上最有价值的人类精神文明的结晶，要实现全人类的真正解放，就必须以中国固有的仁爱思想为道德基础，把一切的科学文化，都建设在这一种仁爱的道德基础上面，然后世界人类才能得到真正的和平，文明的进化也才有真实的意义；而且他还强调中国文化应该为世界大同做出自己的巨大贡献，而要实现这一目标，第一步便要恢复中国民族固有的道德文化。因为道德文化是人类共同的精神产物，我们中国人要把道德文化的精神恢复起来，以之救国，以之实现天下大同。只有这样，才是完成了中国人在全人类中的使命。③

和他提倡所谓民生史观，把民生主义说成是三民主义的"本体"，并否认阶级和阶级斗争一样，戴季陶将三民主义以及以三民主义为中心的孙中山思想或主义说成是"中国的正统思想"，是对两千多年来以孔子思想为核心的中国正统思想的继承和发展的最终目的，也是为了替自己的反共＼分共主张提供其理论依据。因为中国的正统思想与马克思主义是两种不同的思想体系，孙中山承继了中国的正统思想，孙中山思想或主义就自然与马克思主义有了本质的区别，而共产党信仰的是马克思主义，国民党信仰的是孙中山思想或主义，既然孙中山思想或主义与马克思主义有着本质的区别，那么，国共两党之间也就没有任何合作的可能，真正信仰孙中山思想或主义的人，不会盲目信从马克思主义，成为共产党员；反之亦然，真正信仰

---

① 戴季陶：《孙文主义之哲学的基础》，载《三民主义哲学论文辑》，第32—34页。
② 以上引文见戴季陶《孙文主义之哲学的基础》，载《三民主义哲学论文辑》，第26—27页。
③ 戴季陶：《孙文主义之哲学的基础》，载《三民主义哲学论文辑》，第21页。

马克思主义的人，也不会放弃自己的信仰，而改信孙中山思想或主义，成为国民党员。所以，反共＼分共是势所必然，势在必行。

如果说戴季陶主义是孙中山逝世后三民主义分化形成的第一个流派，那么，西山会议派则是孙中山逝世后国民党内形成的第一个反共＼分共的政治派别。但不像戴季陶，西山会议派并没有提出一套完整的反共＼分共理论，也没有成系统的文章和著作，他们的反共＼分共思想，主要体现在他们所发布的一系列宣言、通电、议案、文告以及分散的文章中，并深受戴季陶主义的影响。概而言之，其反共＼分共思想，主要体现在以下几个方面：

第一，反对阶级斗争，提倡以"仁爱"为基础的阶级调和论。 早在西山会议召开之前，邹鲁、张继、林森、谢持等9人在联名致汪精卫、谭延闿、蒋介石等的信中就表示出了对"阶级斗争"的不满，并引用孙中山的话说，马克思是一个病理学家，而不是一个社会生理家，因此，他提出的阶级斗争理论，不能解决社会问题。1925 年 12 月 14 日，西山会议派的《告国民书》在谈到如何改善农工的生活时指出，"中国国民党认识共产党所主张的阶级斗争方法，不单是不能解决农民生活问题，并且因鼓动阶级斗争而截断许多改善的路径"①。不久（1926 年 1 月 4 日），在《为取消共产派在本党的党籍告同志书》中西山会议派又强调：孙中山为实现三民主义而领导的革命，是"全国民众的革命——国民革命，不是阶级革命或其他非全民的革命"，因此，"本党不容党员有违背本党的主张而鼓吹阶级革命，更不容共产党利用本党的招牌来鼓吹阶级革命"②。又说："若是一方做国民革命的工作，一方又做阶级革命的工作，不但在中国现状底下做阶级的革命的工作是无病而自灸，并且大大地引起社会的扰乱，阻碍国民革命的前程。"③ 在《中国国民党"第二次全国代表大会"宣言》中，他们在阐述为什么要分共的理由时再次指出："共产党在中国主张阶级斗争，实不合社会之需要。盖阶级斗争之说，至易破坏国民革命，吾人为统一国民革命阵线之故，势必

---

① 《告国民书》，载高军、李慎兆、严怀德、王桧林等编《中国现代政治思想史资料选辑》上册，四川人民出版社，1983，第 498 页。

② 《为取消共产派在本党的党籍告同志书》，载《中国现代政治思想史资料选辑》上册，第 504 页。

③ 《为取消共产派在本党的党籍告同志书》，载《中国现代政治思想史资料选辑》上册，第 505 页。

截断其主张。"① 后来，西山会议派又多次表达了他们坚决反对阶级斗争的立场。

西山会议派在反对阶级斗争的同时，则又大力提倡以"仁爱"为基础的阶级调和论。他们认为："仁爱为吾民族文化之结晶，亦即革命之基念也。举语言、风俗、习惯、信仰、职业、国籍、色种各不相同之人类世界，舍仁爱之外，更无足以为统一中心而立世界大同之基础者。"② 又说："夫人类本非性善，中国向来革命，以仁义号召。欧美近世革命，以平等、自由、博爱、人道号召，尚未免于杀戮恐怖，况以斗争为号召者，欲人类不供其牺牲者几何。故共产党阶级斗争之号召，实人类前途之大忧。"③ 正是从"仁爱"为"革命之基念"，阶级斗争"实人类前途之大忧"这一认识出发，西山会议派大力提倡以"仁爱"为基础的阶级调和论，在他们看来，"中国为经济落后的国家，有产无产两阶级尚未形成"。④ "经济落后的中国，不但理论上无资本主义之立足点，即事实上亦无发展资本主义之可能。……故由资本主义形成之阶级，不复能显著于中国。"⑤ 经济落后，尤其是没有形成有产无产两大阶级，就决定了中国的"救贫之道"，不是共产党所主张的阶级斗争，"唆使佃夫与地主战争，唆使工人与厂主战争"⑥，而只能是以"仁爱"为基础的阶级调和，即"以国家规定政策来调和农夫与地主的利益，调和工人与雇主的利益"⑦。比如，在农夫和地主的关系上，他们希望通过对地主的"仁爱"教育，使地主"觉悟"到"坐收农获之等于自陷"，从而"助成此种步骤之进展，以言进于自营生活之途，则农人之困苦当立即减轻，以至于无

① 《中国国民党"第二次全国代表大会"宣言》，载《中国现代政治思想史资料选辑》上册，第522页。

② 《中国国民党"第二次全国代表大会"宣言》，载《中国现代政治思想史资料选辑》上册，第518页。

③ 《张继致汪精卫等书》，载居正编《清党实录》，（台北）文海出版社，1985，第34页。

④ 《中国国民党"第二次全国代表大会"宣言》，载《中国现代政治思想史资料选辑》上册，第523—524页。

⑤ 《中国国民党"第二次全国代表大会"宣言》，载《中国现代政治思想史资料选辑》上册，第521—522页。

⑥ 靖尘：《国民革命的新障碍》，载《清党实录》，第439页。

⑦ 《中国国民党第二次全国代表大会4月6日会议孙镜亚的发言》，载《清党实录》，第181页。

所困苦"，这样"阶级斗争之惨祸"也就不会"发生"。①

第二，强调三民主义与马克思主义的不同，对三民主义做了不同于《中国国民党第一次全国代表大会宣言》的解释。和戴季陶一样，为了替自己的反共\分共主张提供理论依据，西山会议派也特别强调三民主义与马克思主义的不同。在《为取消共产派在本党的党籍告同志书》中，西山会议派写道："本党是奉行孙先生首创的三民主义而努力于国民革命的政党。三民主义是什么主义，和其他主义有什么区别，在孙先生历次演讲的时候，已不啻'三令五申'了。"他们认为，三民主义与马克思主义的不同主要体现在两个方面："两个主义的出发点不同，两个主义实现的方法尤其是不同。"具体来说，三民主义的出发点是为了全体国民的幸福，而共产主义的出发点只是为了无产阶级的幸福；三民主义实现的方法是"全国民众的革命——国民革命"，"三民主义是救中国的唯一的主义，国民革命是实现三民主义唯一的方法"，而共产主义实现的方法是"无产阶级革命"或"阶级革命"。他们指出：孙先生在演讲的时候，虽然也说过"三民主义中的民生主义，就是共产主义"，但这是从目的上说的，"若说民生主义简直就是共产主义，那么，孙先生为什么不干脆地叫做共产主义？孙先生断然不是学文学家的伎俩，把三个民字排列着做好看的"。他们希望"真正三民主义信徒"要"肩起"分清三民主义与马克思主义的"责任"，"如果有人在本党力求实现孙先生的三民主义的进程中，来鼓吹中国的阶级革命，或其他非全民的革命，我们应当向他劝告以至警告"。②

西山会议派在强调三民主义与马克思主义之不同的同时，还对三民主义做了不同于《中国国民党第一次全国代表大会宣言》的解释。

（一）关于民族主义。他们指出："民族间之生存竞争，至今犹为不可避免之事实；由生存竞争而形成的两个壁垒，其一为战胜民族，其一为被征服民族"，战胜民族间虽然也经常发生激烈战争，但其目的"则在取得被征服民族之土地、民众。以供其原料与奴役"；被征服民族的由来虽然不一，

---

① 《中国国民党"第二次全国代表大会"宣言》，载《中国现代政治思想史资料选辑》上册，第
　525 页。
② 《为取消共产派在本党的党籍告同志书》，载《中国现代政治思想史资料选辑》上册，第 504—
　505 页。

但都是"受政治力与经济压迫之民族"，其"民权必寝微，民生必凋敝，文化自益趋于颓废"。而"环顾世界各民族具有人类四分之一人口而赋有王道之文化者，惟我中华民族耳。是以本党之民族主义，主张融合此人类四分之一人口以与战胜民族抗，主张运用此王道的文化以与弱小民族友"。① 而《中国国民党第一次全国代表大会宣言》所提出的"国民党之民族主义，有两方面之意义：一则中国民族自求解放；二则中国境内各民族一律平等"②。对比《中国国民党第一次全国代表大会宣言》所提出的民族主义和西山会议派所解释的民族主义，首先，《中国国民党第一次全国代表大会宣言》所提出的民族主义第一方面的意义，"中国民族自求解放"，变成了西山会议派的"以与战胜民族抗"。"中国民族自求解放"的含义非常明确，就是从帝国主义的压迫和奴役中解放出来，摆脱殖民地半殖民地的地位，"使中国民族得自由独立于世界"；而"以与战胜民族抗"，一是"战胜民族"的内涵不明，帝国主义国家是战胜民族，非帝国主义国家也可能是战胜民族，因为"战胜民族"是中性词，不能以战胜与否判断一个国家的性质。如中国的抗日战争，最后中国人民取得了胜利，是战胜民族，但中国是被日本帝国主义侵略的国家，而不是帝国主义国家。二是"抗"的程度不明，"抗"是"反抗""抵抗"的意思，但有各种"反抗""抵抗"，比如，外交抗议，抵制日货美货运动，反对帝国主义侵略的游行示威，武装抵抗帝国主义侵略，都属于"抗"的范畴，西山会议派的"以与战胜民族抗"，是什么"抗"？"抗"到什么程度？西山会议派并未说明，从"抗"字中得不出将中华民族从帝国主义的奴役下解放出来的结论。这样经过西山会议派的重新解释，《中国国民党第一次全国代表大会宣言》所提出的民族主义的打倒帝国主义、使中华民族从帝国主义的奴役下解放出来的内容消失了。其次，《中国国民党第一次全国代表大会宣言》所提出的民族主义的第二方面意义，"中国境内各民族一律平等"，西山会议派的民族主义就根本没有提及。

（二）关于民权主义。《中国国民党第一次全国代表大会宣言》强调："凡真正反对帝国主义之个人及团体"才享有集会、结社、言论、出版、居

---

① 《中国国民党"第二次全国代表大会"宣言》，载《中国现代政治思想史资料选辑》上册，第517页。
② 《中国国民党第一次全国代表大会宣言》，载《孙中山全集》第九卷，第118页。

住、信仰等"一切自由与权利"，而"卖国罔民以效忠于帝国主义及军阀者"则是不能享有此等自由和权利的，因为"民国之民权，唯民国之国民乃能享之，必不轻授此权于反对民国之人，使得借以破坏民国"。① 但据西山会议派的解释，"民权主义，在扶植全体人民获得掌握政治治权之平等机会"②，"确定人民有集会、结社、言论、出版、居住、信仰之完全自由权"③。这样，经西山会议派的解释，《中国国民党第一次全国代表大会宣言》所提出的民权主义的阶级内容，即各种自由权利只赋予"真正反对帝国主义之个人及团体"，而"卖国罔民以效忠于帝国主义及军阀者"是不能享有的，则消失了，《中国国民党第一次全国代表大会宣言》的"一般平民"为西山会议派的"全体人民"所取代。

（三）民生主义。《中国国民党第一次全国代表大会宣言》所提出的民生主义，是"平均地权"和"节制资本"，"平均地权"部分又特别强调："国民党之主张，则以为农民之缺乏田地沦为佃户者，国家当给以土地，资其耕作"，反对少数人"操纵土地权"。④ 不久，孙中山又提出了"耕者有其田"的主张。而西山会议派在他们非法召集的中国国民党"第二次全国代表大会"所发表的《宣言》中，虽然也抄录了国民党第一次全国代表大会《宣言》关于"平均地权"和"节制资本"的具体内容，作为《宣言》的最后两条，但全文并没有出现"平均地权"和"节制资本"这两个口号，也没有反对少数人"操纵土地权"的规定，更不用说"耕者有其田"了。他们也知道"耕地之要求，在农人实至急之需也"，但他们提出的解决办法是："本党为农人谋者，首为'移民运动'。移民垦旷，旷土有生，农得耕矣。失业农既得耕地，佃户无夺佃勒收巨额息之苦矣。农业地带无游商分子，地主无盗贼之忧矣。其次则由国家制定农人最小限度之获得；再进则规定农人在耕作上应有之空间，并由政府供给长期低利与短期低利之贷款与农人，使

① 《中国国民党第一次全国代表大会宣言》，载《孙中山全集》第九卷，第120页。
② 《孙镜亚致海内外同志书》，载《清党实录》，第101页。
③ 《中国国民党"第二次全国代表大会"宣言》，载《中国现代政治思想史资料选辑》上册，第530页。
④ 《中国国民党第一次全国代表大会宣言》，载《孙中山全集》第九卷，第120页。

能致力于耕作，而不致受压迫于债务之累而末由自拔。"①此外，"辅助农民创设合作社，使能获得生产上及消费上之种种便利，整理耕地，调正产销，以增近生活状况"②。他们认为，"此种步骤，其有利于农人者固丰，其为益于地主者亦至厚"；他们还一再强调，"今不患农人之无知，而患地主之不悟"，上述步骤的实现，要以"地主若觉悟坐收农获之等于自陷"为前提。③显而易见，西山会议派提出的这套解决农民土地问题的方法，是一种阶级调和的方法，除"农人"的利益外，他们更考虑的是"地主"的利益。这与《中国国民党第一次全国代表大会宣言》所提出的民生主义的反对少数人"操纵土地权"，尤其是"耕者有其田"相差甚远。

第三，力主分共，反对联俄。力主分共，反对联俄，可以说是西山会议派所有政治主张的出发点和落脚点。西山会议派自己就承认："若问西山会议应打倒的罪状，除了说不应该清党，及变更联俄政策以外，却没有一个罪状。"④所谓"清党"，顾名思义，即是把共产党员从国民党中清除出去，也就是反共\分共。实际上，如前所述，从孙中山决定改组国民党，实行联俄联共时候起，后来成为西山会议派重要成员的邓泽如、谢持、林森、张继、居正等人，就从来没有停止过反共\分共的活动。西山会议派在北京西山碧云寺非法召集的"国民党一届四中全会"通过的第一个决议，就是《取消共产党在本党党籍案》，后又将国民党中央执行委员会委员中的中共党员谭平山、李大钊、于树德、林祖涵及候补中央执行委员毛泽东、韩麟符、于方舟、瞿秋白、张国焘等开除出中央执行委员会。这次会议通过的《为取消共产派在本党的党籍告同志书》宣称："本党既不再容共产派盘踞，本党所统治的机关，自然也不能再容共产派篡窃。唯有努力收回他。但是不先将共产派在本党的党籍取消，自不能收回共产派篡窃的国民政府。所以本

①《中国国民党"第二次全国代表大会"宣言》，载《中国现代政治思想史资料选辑》上册，第524页。
②《中国国民党"第二次全国代表大会"宣言》，载《中国现代政治思想史资料选辑》上册，第524—525页。
③《中国国民党"第二次全国代表大会"宣言》，载《中国现代政治思想史资料选辑》上册，第525页。
④《西山会议》，载《清党实录》，第507页。

党断然决定取消共产派在本党的党籍。"① 这可以说是国民党的分共、"清党"之始。他们在上海成立中央党部，公开与广州国民党中央分庭抗礼，"其主要目的为清党"②。广州、上海两个中央，"考其主张不同之点无他，一主清党，一主与共产党合作而已"③。后来，他们也是在分共、"清党"问题上，与蒋介石、汪精卫取得一致，从而抛弃前嫌，实现了宁、汉、沪合流。

为替自己的分共主张提供其合法性，西山会议派极力否认孙中山有过联共政策："总理的允许共产分子陈独秀等以个人资格入中国国民党，是要他们信仰国民党的主义，遵守国民党纲，服从国民党的纪律，绝对没有与共产党联合的话。"④ 他们甚至提出，"本党容许共产党的加入，是使共产党党员附合于本党"，而不是两党联合，更不是两党合作。"同是一个合，而联合和附合不同，联合是平等的，附合是主从的，这个分别，是谁也知道的。"这样就否定了孙中山联共政策的存在，否定了国共两党的合作关系，国共两党从平等的联合关系变成了依附的主从关系，国民党是"主"，共产党是"从"，"从"要绝对服从于"主"。他们之所以要反共\分共，就是共产党员加入国民党后，"竟演成了反从为主的形势，转像本党附合于共产党似的"。⑤ 孙中山 1922 年曾对李大钊说，"你尽管一面作第三国际党员，一面加入本党帮助我"。后来孙中山改组国民党，同意共产党员以个人名义加入国民党的时候，他也是知道这些加入国民党的共产党员并没有放弃共产党党籍。标志共产党决定与国民党合作的中共第三次全国代表大会通过的《关于国民运动及国民党问题的决议案》等文件，所决定的国共合作方式，便是党内合作，即共产党员以个人的身份加入国民党，但保存共产党的组织不变，保持党的独立性。我们试想，如果共产党员加入国民党的时候或之后，脱离了共产党，与共产党没有任何联系了，是纯粹的个人了，又哪来国共合作？对此，孙中山也是清楚的。因为我们前面已经提到，1924 年 6 月邓泽如等人提出"弹劾共产党案"的依据材料，就是中共三大通过的《关

① 《为取消共产派在本党的党籍告同志书》，载《中国现代政治思想史资料选辑》上册，第511 页。
② 《谢持张继居正许崇智邹鲁傅汝霖再告同志书》，载《清党实录》，第 503 页。
③ 《上海各公会通电》，载《清党实录》，第 503 页。
④ 漱石：《汪精卫自杀》，载《清党实录》，第 486 页。
⑤ 《联合和附合》，载《清党实录》，第 420、419 页。

于国民运动与国民党问题的决议案》等文件，邓泽如等人能得到这些文件，孙中山也当然更能得到这些文件，况且邓泽如还把这些文件作为证据材料附在了他们提出的"弹劾共产党案"的后面，报告给了孙中山，孙中山看到这些文件后，并没有支持邓泽如等人提出的"弹劾共产党案"，正是由于他的坚决反对，"弹劾共产党案"才胎死腹中。就此，我们得不出孙中山不知道中共党员以个人身份加入国民党后还仍然是中共党员这一结论的。但西山会议派在 1925 年 12 月 20 日发表的《告海外同志书》中则否认这一点："本党去年一月改组之时，总理孙先生为谋革命势力之增加，以促进国民革命之成功，故容纳共产派分子加入之时，曾郑重加以限制：即彼之加入，乃为接受三民主义，并愿为三民主义而努力之个人加入，非以共产党之团体或共产党党员之资格加入。"①

　　为了证明分共的合法性、正义性，西山会议派还罗织了共产党搞阴谋诡计，力图在国民党内发展中共势力，从而达到搞垮国民党、破坏孙中山领导的大革命之目的的种种所谓"罪行"。西山会议派所罗织的中共"罪行"中，除了戴季陶在《孙文主义之哲学的基础》和《国民革命与中国国民党》这两本小册子中所罗织的那些"罪行"（关于戴季陶罗织的中共"罪行"，瞿秋白、陈独秀、恽代英等人都一一做过驳斥，我们在下一子目"中国共产党人对戴季陶主义的批判"中对此将有介绍，此不论及）外，真正属于他们所罗织的中共"罪行"有以下几点：（一）"离间挑拨"，在国民党内划分左、中、右派。他们对中共提出的国民党内存在着左、中、右三派，共产党要支持左派、团结中派、孤立右派的方针十分不满，认为它"是共产党有意造出来，为他们的宣传作用"②，目的是要通过"离间挑拨之能事"③，使国民党的"同志们自相猜疑。有的深怕的受了右派的嫌疑，多少要帮他们点忙，他们便大得其计。若不堕入他们计中的，他们便说是右派、反革命派，以此中伤同志们，失去觉悟民众的好感，截断本党向民众间去的路脉，达

①《告海外同志书》，载《中国现代政治思想史资料选辑》上册，第 500 页。

②《为取消共产派在本党的党籍告同志书》，载《中国现代政治思想史资料选辑》上册，第509 页。

③《中国国民党"第二次全国代表大会"宣言》，载《中国现代政治思想史资料选辑》上册，第522 页。

到他们脱胎换骨……化本党为共产党的目的"①。（二）不择手段地与国民党争夺对工农运动的领导权，侵害工农利益。他们说：国民党主张的是社会改良，而共产党主张的是阶级斗争。为了和国民党争夺对工农运动的领导权，共产党"百计要将中国的劳动阶级，引到阶级斗争里面去。又因为劳动者是国民中大多数，大多数国民归向到本党，他们便失了在中国活动的立脚点。所以本党关于劳动方面的工作，如非共产党员所包办的，共产党必定千方百计地破坏，甚至残杀我们同志而不惜。武汉工人遭军阀的惨杀，由于他们的告密，便是确实的事证"②。"共产党处处要叫占国民大多数的农民、工民，只接近他们党，而不使本党接近。"③共产党与国民党争夺对工农运动领导权的结果，是使工农利益严重受损，"不是农民遭殃，便是工人流血"，以工农的牺牲，"造他们共产党人的地位"。④（三）投靠苏俄，出卖国家利益。他们指责中国共产党把"苏维埃俄国"当作他们"拥护"的"唯一祖国"⑤，事事都听俄国人的，尤其是苏联顾问鲍罗廷的。他们甚至无中生有地攻击共产党，"在第三国际指挥之下，即在苏俄指挥之下，受其摆布，作其鹰犬，阴谋将民国隶属于苏俄……观最近共产党在广州冒国民党名义，改数种纪念节，便可以见其一斑"⑥。除了上述这些他们所罗织的中共"罪行"外，西山会议派与戴季陶还有一个不同的是，西山会议派继承了邓泽如等人"弹劾共产党案"的传统，断章取义地摘录中共一些文件，以说明中共党员自决定加入国民党的那天起，就心怀不轨，想搞垮国民党。

要反共\分共，就必然反对联俄。西山会议派在北京西山碧云寺非法召集的"国民党一届四中全会"通过的决议中，就有《顾问鲍罗庭（廷）解雇案》和《决定本党此后对俄国之态度》两个反对联俄的决议。这次会议

---

① 《为取消共产派在本党的党籍告同志书》，载《中国现代政治思想史资料选辑》上册，第506—507页。

② 《为取消共产派在本党的党籍告同志书》，载《中国现代政治思想史资料选辑》上册，第507—508页。

③ 《为取消共产派在本党的党籍告同志书》，载《中国现代政治思想史资料选辑》上册，第509页。

④ 陈个民：《最近五十年中国工商业失败的原因与以后救济的方法》，载《清党实录》，第497页。

⑤ 《为取消共产派在本党的党籍告同志书》，载《中国现代政治思想史资料选辑》上册，第507页。

⑥ 海滨：《共产党断送民国与苏俄之一斑》，载《清党实录》，第449页。

所通过的《为取消共产派在本党的党籍告同志书》指责苏俄为"新式帝国主义的国家"，并宣称："无论与旧式帝国主义的国家联合，或与新式帝国主义的国家联合的，都是卖身投靠式的联合，都是军阀反革命的举动。本党本孙先生四十年革命的精神，愿独立的奋斗，断不学卖身投靠式的与新旧帝国主义者联合。"①在《中国国民党"第二次全国代表大会"宣言》中，西山会议派在谈到"联俄之主张"时又强调："笼统的仇俄与盲目的亲俄，皆非本党所屑为也"，"吾人之责任。在使苏俄遵从国际革命之正轨，而纠正其回复帝俄时代之旧习"。②

西山会议派之所以反对联俄，是认为"苏俄犹带有帝俄时代之遗传病，此遗传病不能因一度革命而根本消除，乃复演于国交上而成为结核"③。具体来说，"帝俄时代之遗传病"主要体现在以下几个方面：（一）言行不一，说一套，做一套，执行的仍是帝俄时代的侵略政策。由于革命后苏俄处境"危急"，"舍总理孙先生外，更无有所信赖之良友"，因而为"迎合我总理救国之意志"，换取中国国民的同情和支持，苏俄政府"对我宣告废除帝俄时代一切不平等条约"，但事实上，到目前为止，"不特彼在帝俄时代侵占我国之领土……尚未归还。且中东路之把持，外蒙之侵占，庚赔之措勒，皆实录于外交史中。而不平等之要求，如领事额无限制，如回复陆路通商条约，且层出迭见。就党的关系言，外蒙等于省区之一，载在本党报章，而苏俄操之掌上，不复有我中央直接统系，是皆彰明较著，无可欺饰者"。④苏俄既然"处处……侵略中国主权"，尤其是"最近中东路事件，其野心愈暴露，此时的俄国民族已不是以平等待我之民族"，吾党"在政策上即不得不将联俄政策暂时放弃"。⑤（二）干涉国民党事务，"指挥雇用的政治委员会顾问鲍

①《为取消共产派在本党的党籍告同志书》，载《中国现代政治思想史资料选辑》上册，第514页。

②《中国国民党"第二次全国代表大会"宣言》，载《中国现代政治思想史资料选辑》上册，第521页。

③《中国国民党"第二次全国代表大会"宣言》，载《中国现代政治思想史资料选辑》上册，第521页。

④《中国国民党"第二次全国代表大会"宣言》，载《中国现代政治思想史资料选辑》上册，第520—521页。

⑤《中国国民党第二次全国代表大会审查委员桂崇基报告对联俄案的审查结果》，载《清党实录》，第172页。

罗庭（廷），操纵一切"。在鲍罗廷的操纵下，"现在国民政府中参谋团主任、航空局局长、交通总监、舰队总监、外交部顾问、兵工厂顾问，以及各军训练，全是俄人。军政大权实已完全在俄人掌握之中"[1]。为了说明鲍罗廷对国民政府和国民党的操纵，西山会议派在《为取消共产派在本党的党籍告同志书》中列举了六件具体事实，"就这几件事实看来，可以知道现在的国民政府，名义上是本党统治的，事实上是被共产党利用的"，西山会议派因此而通过决议，宣布"解除共产派所担任的职务，和鲍罗庭（廷）的雇约"。[2]
（三）把中国作为实验场，实验共产主义革命。如鲍罗廷在最近的演说中和共产党印行的第一号《宣传必读》上，就称"与法国相当之广东为其革命试验"场[3]。正因为"彼（指苏俄——引者）欲以中国当作共产主义的实验场，故设法剥夺国民政府，危害本党要人，诱买无智青年，破坏国民革命，以企图消灭本党"[4]。

以上是西山会议派的反共\分共主张及其思想。西山会议派的反共\分共主张及其思想提出后，得到了国民党内其他右派的响应和支持，他们纷纷集合在西山会议派的旗帜下，掀起了一股反共\分共逆流。当然，和戴季陶主义一样，西山会议派的反共\分共主张及其思想也遭到了共产党人的批判和驳斥。

三、中国共产党人对戴季陶主义的批判

我们前面提到，戴季陶早年参加过同盟会，民国初年又当过孙中山的秘书，是国民党内公认的理论家，孙中山逝世后，他又以孙中山思想的诠释者和传人自居，因而他的《孙文主义之哲学的基础》和《国民革命与中国国民党》这两本小册子面世后，立即在国民党内产生了较大反响，尤其为右派提供了反共\分共的理论武器。施存统在《评戴季陶先生的中国革命观》

---

[1]《为取消共产派在本党的党籍告同志书》，载《中国现代政治思想史资料选辑》上册，第510页。
[2]《为取消共产派在本党的党籍告同志书》，载《中国现代政治思想史资料选辑》上册，第511页。
[3]《为取消共产派在本党的党籍告同志书》，载《中国现代政治思想史资料选辑》上册，第510页。
[4]《中国国民党第二次代表大会代表关于联俄问题的提案》，载《清党实录》，第165页。

一文中就指出："季陶先生这一本书的结果，将逼他去代表资产阶级的利益，将使全国反共产分子联合起来，组成一个反共产大联盟，借季陶先生的理论做他们行动的护符，孙文主义变成了反共产主义。"①

　　面对戴季陶及国民党右派借三民主义之名、行反共＼分共之实的声浪，中国共产党被迫"变消极的不谈三民主义而为积极的解释三民主义"，其反击策略是"根据国民党第一次大会宣言，及我们的理论，解释三民主义"。②就目前发现的资料来看，中共中央文件中第一次提到戴季陶是 1925 年 10 月召开的中共中央扩大执行委员会所通过的《中国现实的政局与共产党的职任议决案》："最近戴季陶的《国民革命与中国国民党》小册子所代表的右派国民党思想的发现，可以说是四个月来民众的革命化的直接的结果。最近中国无产阶级及共产党在国民革命运动中的地位，尤其是在中部及北部，使国民党中的资产阶级代表发生相当的反动，他们觉着了革命的无产阶级力量，赶紧提出阶级妥协的口号。"③这次会议通过的另一份文件《中国共产党与中国国民党关系议决案》也提到了戴季陶："一部分小资产阶级分子（如戴季陶等）在国民党内，假借'真正三民主义'的招牌，提出阶级妥协的口号来反对阶级斗争——反对国民党的左派及共产党。这一派人形成国民党的右派，一天天的明显出来。"④于此前后，瞿秋白、陈独秀、恽代英、施存统等共产党人先后在中共中央机关报《向导》和共青团机关刊物《中国青年》上发表了《中国国民革命与戴季陶主义》《给戴季陶的一封信》《读〈孙文主义之哲学的基础〉》《民族革命中的共产党》《孙中山主义与戴季陶主义》《评戴季陶先生的中国革命观》等一系列文章，批判戴季陶主义。

　　首先，揭露了戴季陶主义的反共＼分共的实质。瞿秋白的《中国国民革命与戴季陶主义》一文开宗明义便指出："最近国民党中发现'戴季陶主义'的运动，理论上是所谓建立纯粹三民主义的中心思想，实际上是反对左派，反对阶级斗争，反对 C.P. 的跨党，甚至于反对 C.P. 的存在之宣传。"⑤比如，

---

① （施）存统：《评戴季陶先生的中国革命观》，《中国青年》第 91、92 期，1925 年 9 月 1 日。
② 《中央通告第六十五号》，载《中共中央文件选集》第一册，第 525 页。
③ 《中国现实的政局与共产党的职任议决案》，载《中共中央文件选集》第一册，第 469—470 页。
④ 《中国共产党与中国国民党关系议决案》，载《中共中央文件选集》第一册，第 488 页。
⑤ 瞿秋白：《中国国民革命与戴季陶主义》，载《中共中央文件选集》第一册，第 651 页。

戴季陶宣称，经他解释的所谓"纯粹的三民主义"是国民党的"中心思想"，无论是谁都要绝对信仰和服从，"其实国民党的中心思想只有代表中国民众——各阶级的共同利益的政治经济要求"，而当各阶级的利益不一致并发生冲突时，"这种中心思想，应当以最大多数、最受压迫的阶级的利益为标准"。一旦如此，也就必然会引起国民党内思想上代表资产阶级利益的分子的坚决反对，所以国民党内思想上的阶级斗争也就不可避免。"绝对的思想统一，绝对的消灭这种斗争，是客观上不可能的事。"国民党内有各种阶级思想，这是客观事实，关键是要看哪一种阶级思想的取得最有利于大革命的前途。共产党员之所以要加入国民党，"是因为在已经过去的两年的时期，国民革命的联合战线可以党内合作的形式去进行"。共产党员在国民党内的责任，在最初加入时就已在自己的机关报上说得明明白白，"是要在国民党内增加工农阶级的成分，即此使国民党充分的革命化，使中国国民革命能尽量的发展，使国民革命真成为为大多数国民——农工的利益的革命"。另外，共产党员之所以加入国民党，"亦是因为国民党的政纲，三民主义的政治经济要求，能一部分的代表工农阶级的利益"。而如今，戴季陶要在"这各阶级合作的国民党内建立所谓绝对的'中心思想'"，而这"中心思想"又是经他诠释的所谓"纯正的三民主义"，那结果"只有一条路：不准工人农民在国民党中主张阶级利益，就是使国民党完全变成资产阶级的政党"。这就是戴季陶主义的实质："排斥 C.P."，反对国共合作，使各阶级联合的国民党变成为"纯粹的以'仁爱'为宗旨的绝不主张阶级斗争的"资产阶级政党。① 施存统在《评戴季陶先生的中国革命观》一文中写道：戴季陶的《国民革命与中国国民党》小册子出版后，自己拿了一本来看，"看完了很觉气愤，甚怪季陶先生抹杀 C.P.（共产党）C.Y.（共产主义青年团）加入国民党后扩大国民党促进国民革命的功绩，而只一味以挑战的态度，用离间、挑拨、造谣的手段来损害 C.P. 与 C.Y.。后来仔细一想，便很原谅季陶先生的苦心，他要争得国民党一个正统派的地位，便不得不极力反对 C.P. 排斥 C.Y.，不惜分裂国民革命的势力，排斥最革命的分子。这是季陶先生的地位

---

① 瞿秋白：《中国国民革命与戴季陶主义》，载《中共中央文件选集》第一册，第657—658页。

使然，仍旧可以用唯物史观来解释的"①。

在揭露戴季陶主义的反共\分共之实质的同时，共产党人还驳斥了戴季陶对共产党的种种指责。瞿秋白在《中国国民革命与戴季陶主义》一文中对戴季陶的指责逐条进行了驳斥。第一，戴季陶说"C.P. 的唯物史观和阶级斗争会打破国民革命"。但事实是，从 1921 年的海员罢工，"二七"屠杀，广州的农民运动……一直到最近的五卅运动，"工农的阶级斗争的力量愈增高，国民革命运动也愈扩大"。大革命中有阶级斗争，这是客观事实；但这种斗争促进了大革命的向前发展，这也是客观事实，根本就不存在"C.P. 的唯物史观和阶级斗争会打破国民革命"的问题。第二，戴季陶说"C.P. 自己的主义不能实现，不适宜于中国，也只是参加国民革命，那么 C.P. 用不着存在"。其实，C.P. 之所以会存在，最根本的原因，就在于中国的大革命中夹杂着资产阶级成分，而资产阶级的本性，必然要半途抛弃革命，投降帝国主义，并在联合战线中无时无刻不想"摧残遏制无产阶级的利益和要求"，所以，"无产阶级当然要有独立的政党"。C.P. 的主义最终是要实现"共产制度的社会"，但目前则是要"争中国的民族解放"，"争农工大多数民众的民权和'民生'"，也就是参加大革命的斗争。"以无产阶级的斗争领导中国一切被压迫民众的解放运动，是最合于中国社会所需要的"，C.P. 的主义及其政策不仅"没有丝毫是空想的"，而且"是最现实的改造中国及世界社会的主义"。与 C.P. 的主义恰恰相反，戴季陶"要以所谓中国的哲学思想为基础，要用所谓仁慈主义诱发资本家的'仁爱'性能，如此便想消弭阶级斗争，使世界人类进于大同，——这才真是空想呢！"第三，戴季陶说"C.P. 自己不能公开，'心里想着共产革命，口里说的半共产革命，手上作的国民革命'，不把 C.P. 的名义拿出来。这更错误"。C.P. 组织上不公开，原因是军阀政府的压迫，这与清朝统治下同盟会没有公开、军阀统治下国民党没有公开是一个道理。至于政治上，C.P. 的政策和主义，"都是彰明较著以 C.P. 的名义"公开发表出来的，根本不存在"不公开"的问题。共产党员加入国民党，与国民党进行合作，也"完全是心口如一堂堂正正的"，不存在任何暗地活动。第四，戴季陶说"如果中国经济的条件和文化条件具

① （施）存统：《评戴季陶先生的中国革命观》，《中国青年》第 91、92 期，1925 年 9 月 1 日。

备，有实现他们 C.P. 计划的可能性，我们……也会自己主张起来"。中国共产党的最终目的是要建立共产主义社会，但目前所要进行的是大革命，而要进行大革命，就自然离不开阶级斗争。"阶级斗争"的条件是具备的，"季陶所以不肯苟同的缘故，并不在于条件具备与否，却在于他自己代表了资产阶级的思想"。①

如果以上这四条是戴季陶对共产党的理论上和政策上的指责，那么以下这四条则是戴季陶对共产党员加入国民党、实行国共合作的组织上的指责，瞿秋白也一一进行了驳斥。第一，戴季陶指责"C.P.'只借国民党的躯壳，发展本身组织'"。事实上，C.P 是无产阶级的政党，有自己的"躯壳"，只是两年来，C.P. 的党员加入国民党后，努力地为国民党增加了不少真实党员，其中很多人都没有加入共产党。至于说 C.P. 或 C.Y. 不应该吸收国民党党员，这不是 C.P. 或 C.Y. 能决定的，因为国民党员中有无产阶级觉悟的人，他自然会加入 C.P. 或 C.Y.，而没有无产阶级觉悟的人，他就是想加入，C.P. 或 C.Y. 也不会要，即使要，他也不会加入。第二，戴季陶指责"C.P. 在国民党中主张上选举上等都用'手段'"。其实所谓手段，就是行动上的一致。一则由于 C.P. 或 C.Y. 的人思想相同，二则由于 C.P. 的目的是要使国民党充分的革命化，因而在主张上和选举上当然要以国民党充分的革命化为目标。第三，戴季陶指责"C.P. 对国民党有二心，不忠实，因为另外有团体"。实际上，对党和革命的忠实与否，并不在于有无另外团体，而在于主张和行为合不合乎革命的需要。同盟会时代，同盟会内没有另外团体，但有多少同盟会会员后来叛变了革命。第四，戴季陶指责"C.P. 利用国民党的政治保护力和经济维持力"。广东国民政府保护它管辖之内的人民都有政治自由权，这是它应尽的义务和责任，也是国民党三民主义的民权主义的内容，不存在 C.P. 的利用问题。至于经济维持力，C.P. 自成立那天起，经济上就是完全独立的。总之，瞿秋白指出："季陶这些理论和组织问题上的攻击，其目的只在于打倒 C.P.，最后竟不惜用造谣的手段。季陶说，C.P. 当国民党是自己将来的敌人，其实季陶都已经当 C.P. 是自己现在的敌人了，

---

① 瞿秋白:《中国国民革命与戴季陶主义》，载《中共中央文件选集》第一册，第 659—661 页。

所以不惜用这种手段。"①

　　和瞿秋白一样，陈独秀也在致戴季陶的公开信中，就戴季陶"指责"中共"阴谋破坏的部分"逐一进行了驳斥。②陈独秀还重点批驳了戴季陶以国共两党信仰不同，因而不能合作的观点。他指出：改组后的国民党的共信，是建立在对外谋民族解放、对内谋政治自由之基础上的，换言之，也就是建立在打倒帝国主义和打倒军阀之基础上的。三民主义如果仅仅是一个抽象名词，也可以做改组后的国民党的共信，但经人具体解释后的三民主义，如戴季陶的"纯粹的三民主义"，就很难成为改组后的国民党的共信了。"无产阶级的阶级斗争说若不能做国民党的共信，资产阶级的劳资调协说也不能做国民党的共信"，因为改组后的国民党已不是一个阶级的政党，而是资产阶级、小资产阶级、工人阶级、农民阶级等四个阶级联合的政党。既然是四个阶级联合的政党，那么，"于共信（即共同利害所产生的政治理想共同点）之外，便应该有别信（即各别阶级利害所产生的政治理想各别点）存在"。戴季陶"以为这别信存在有害于党的理想统一与组织强固，主张全党只许有一个共信，不许有别信存在，这分明是想把全党中各阶级的分子（子）成为某一阶级化"。实际上这是不可能的。③

　　其次，批驳了戴季陶对三民主义和孙中山思想的曲解。瞿秋白指出，尽管戴季陶把孙中山的三民主义说得神乎其神，又是"哲学基础"，又是"仁慈忠孝"，又是"周孔道统"，"其实三民主义是很简单明了的中国一般民众——各阶级所共同的政治要求，并不用着什么哲学基础"。中国的资产阶级、小资产阶级、农民、工人之所以一致要求民族独立、民权政治及所谓民生问题的解决，很明显的是因为帝国主义和国内军阀的压迫与侵略，是因为国内资本主义的艰难发展，各阶级于是要求脱离共同的束缚，这样就有了"三民主义这一联合战线的共同纲领"。这是唯物史观对于中国现状明确的解释。"现在戴季陶用所谓民生哲学的仁慈主义来解释，便使中国民众联合战线的国民革命变成了少数智识阶级'伐罪救民'的贵族'革命'。他的主张，实际上只要诱发'资本家仁爱的性能'和智识阶级'智勇兼备以

① 瞿秋白：《中国国民革命与戴季陶主义》，载《中共中央文件选集》第一册，第661—662页。
② 陈独秀：《给戴季陶的一封信》（续），《向导》第130期，1925年9月18日。
③ 陈独秀：《给戴季陶的一封信》，《向导》第129期，1925年9月11日。

行仁政'的热诚来替农工民众革命。这不但是纯粹的空想主义，而且是要想暗示工农民众停止自己的斗争。"① 恽代英认为，中山主义或孙中山一生的思想，可以概括为两个方面："（一）绝对平等的思想。"他的三民主义就是这种"绝对平等的思想"的反映。平等也就是孙中山所说的王道。（二）革命的精神。"为主义而造党不顾一切的奋斗"和"反对与违反主义者妥协"，这就是孙中山革命的精神的体现。"孙先生的主义，可包括在'绝对的平等的思想'与'革命的精神'之中。但有平等的思想一定要有革命的精神，不然那平等的思想会变成功空想。孙先生是要用革命去达到三民主义的。"② 然而经过戴季陶的所谓诠释，中山主义或孙中山思想已被完全"改良化宗教化"，我们在中山主义或孙中山思想里，再也看不到孙中山的"绝对平等的思想"和"革命的精神"了，看到的只是仁爱、王道、公理及消灭阶级的说教，"戴先生怕革命，把孙先生比作孔子，所以亦便把孙先生平等思想化为空想，同孔子的学说一样了"。据此，恽代英得出两点结论："没有平等思想的，不配称中山主义的信徒；所以一切资本主义者国家主义者走开！没有革命精神的，不配称中山主义的信徒；所以一切戴季陶主义者走开！"③

共产党人还批判和驳斥了戴季陶的所谓"文化复兴"论和"道统"说。瞿秋白指出：戴季陶的"纯粹的三民主义"思想的"根本点便是一种唯心论的道统说"。因为，他的"所谓孙中山三民主义的哲学基础，竟只是仁慈忠孝的伟大人格，竟只是继承尧舜禹汤周孔的道统——戴季陶又继承孙中山的道统！这算是中国的特别文化"。国民党三民主义的全部含义和责任"竟只在'发扬光大这种中国文化'"。戴季陶对孙中山三民主义如此诠释，"完全是把革命当做慈善事业，当做孙中山戴季陶等一些'君子'爱民的仁政"。④ 这是对孙中山三民主义的曲解。恽代英在《读〈孙文主义之哲学的基础〉》一文中开宗明义便写道，戴先生"谈到中国文化问题"时，"引申孙先生的学说，未免有过当之处"。更有甚者，"戴先生痛心于一般中国人认中国的

---

① 瞿秋白:《中国国民革命与戴季陶主义》，载《中共中央文件选集》第一册，第 651—652 页。
② 恽代英:《孙中山主义与戴季陶主义》（原载《中山主义》周刊第 2 期），载人民出版社编辑部编《恽代英文集》下卷，人民出版社，1984，第 745—748 页。
③ 恽代英:《孙中山主义与戴季陶主义》（原载《中山主义》周刊第 2 期），载《恽代英文集》下卷，第 756 页。
④ 瞿秋白:《中国国民革命与戴季陶主义》，载《中共中央文件选集》第一册，第 651—652 页。

文化都是反科学的而加以排斥”，于是把“思想上革命与反革命的区别”和
“中国的与非中国的区别”等同了起来，甚至得出结论：那些认为“中国的
一切真是毫无价值，中国文化在世界文化史上毫无存在的意义”的人，是
不会革命的。对此，恽代英批评道：“戴先生的（上述）思想很奇怪！为甚
么不像戴先生一样赞美中国文化，便是认中国‘一切’是毫无价值，中国
文化在世界文化史上‘毫无’存在的意义呢？为什么那样便一定会没有民
族的自信力，不能创造文化呢？”实际上，革命的能力，革命的自信力，“发
源于主义的信仰与群众的党的组织”，如果说必须承认固有的文化价值才能
革命，那没有产生过尧舜禹汤文武周公孔子等圣人的非洲就不革命了？“我
们不应拿一国的文化来决定他的命运”，这样我们才不会因羡慕人家的文化
而自甘屈服，也才不会因鄙夷人家的文化而自认为有任意蹂躏他人的权利，
更不会因不愿屈服于人家而“虚憍恃气将自己的文化高高举起来”，不虚心
向人家学习。其实，“戴先生所谓中国的文化”，如智、仁、勇、诚，不过
是中国少数圣哲的伦理思想，这种思想既不是全中国人所共有的，也不是
中国人所独有的，它们并不能代表中国的文化，但“戴先生却要咬定二千
年来无人理会的所谓‘正统’思想是中国的文化”，并且“咬定”以三民主
义为中心的孙文主义或孙中山思想便是对这种“正统”思想的继承和发展，
这除了说明戴先生为了达到自己反共\分共的目的，而不惜曲解中国的文
化，曲解孙中山的思想外，“我真不懂这有什么意思”。①

　　再次，批驳了戴季陶对阶级和阶级斗争的否定。陈独秀指出，戴季陶的
“根本错误，乃是只看见民族争斗的需要，而不看见阶级争斗的需要”，以
为“民族争斗最好是各阶级联合的争斗，若同时不停止阶级争斗，这种矛
盾政策，岂不要破坏各阶级的联合战线么？”实际上，“在形式逻辑上看起
来，民族争斗和阶级争斗同时并行，乃是一个矛盾的现象；但在事实逻辑
（即辩证逻辑）上看起来，世间一切真理，都包含在变动不居的矛盾事实之
中，不但事实是真理，矛盾的事实更是真理”。因此，“我们不但不能否认
中国现社会已经有比前代更剧烈的阶级争斗这个事实，也并不能否认中国
民族争斗中需要发展阶级争斗这个矛盾的事实”。诚然，中国目前的首要任

---

① （恽）代英：《读〈孙文主义之哲学的基础〉》，《中国青年》第87期，1925年8月8日。

务，正如戴季陶所认为的那样，是要"达到我们国家自由民族平等"，但这不是问题的关键。问题的关键是"用什么力量"才能"达到我们国家自由民族平等"，这"乃是中国国民革命各种问题中第一个重要的实际问题"。近年来革命运动的各种事实已充分说明，"在民族争斗中实有阶级争斗之必要"。这是因为作为帝国主义国家的殖民地半殖民地的中国，其经济命脉已大半操纵在外国资本家手中，再加上国内军阀的破坏，中国民族资本主义很难得到发展。这也是中国不可能发生欧洲那样成功的资产阶级革命的主要原因。中国大革命的基本力量或主力军，只能是国民中的工农群众，而非戴季陶所说的全体国民，"而工农群众的力量，又只有由其切身利害而从事阶级的组织与争斗，才能够发展与集中。因此，在殖民地半殖民地（中国）主张停止阶级争斗，便是破坏民族争斗之主要力量"。同时，我们要认识到，第一，大革命运动中的阶级争斗，不同于社会革命中的阶级争斗，"不可把他和社会革命劳农专政实行共产并为一谈"。第二，中国的大革命运动得到了其他国家劳动阶级的支持，这说明"现代民族运动和阶级运动"存在着"天然的密切关系。这一点中山先生看得最清楚，所以他坚决的主张中国共产党党员可以跨国民党及和世界无产阶级的政党接近"。[①] 在施存统看来，"季陶先生现在思想的根本错误，就是想要拿'思想'来支配'事实'，要想拿由他头脑中所造出来的'空想'来统一世界"，只看见思想界的混乱，而不懂得引起思想界混乱的根本原因是由于复杂的阶级关系。所以，他否认阶级的存在，否认阶级斗争的事实，否认阶级及阶级斗争的理论。实际上，"阶级及阶级斗争的理论，是从阶级及阶级斗争的事实中产生的。中国既有工人阶级与资本阶级的存在，既有农民阶级与地主阶级的存在，即使没有阶级斗争的理论，亦必然要发生阶级斗争的事实。历次的罢工，都不是先有理论而后发生的，阶级斗争的理论不过是证明罢工的正当，助壮工人的勇气而已"。正因为戴季陶否认阶级和阶级斗争，所以他以为要搞大革命，就不能提倡阶级斗争，大革命与阶级斗争是冲突的，"若提倡阶级斗争便是心口不一，要分散国民革命的势力"，他并据此指责共产党提倡阶级斗争，从事工农运动，是破坏大革命的行为。但这种指责是完全错误的。因

---

① 陈独秀:《给戴季陶的一封信》,《向导》第 129 期, 1925 年 9 月 11 日。

为，第一，大革命是被压迫民族反抗帝国主义的革命，本身就是一种广义的阶级斗争；第二，大革命的中坚是工农阶级的力量，而工农阶级的力量只有在阶级斗争中才能发展壮大起来；第三，资产阶级参加大革命的目的，是要发展资本主义，而发展资本主义就少不了对工人阶级的剥削和压迫。总之，大革命本身就是一种阶级斗争，"只有工农阶级的斗争力量增大起来，才能促进国民革命的早速成功"。① 恽代英批评戴季陶"我们要促起全国国民的觉悟，不是促起一个阶级的觉悟"的观点是错误的，"不能自圆其说"。因为，一方面"戴先生知道要解决民生问题必定要人民自身来解决，才是切实，才是正确"；但另一方面，"戴先生却又要阻止阶级势力的扩大，要各阶级的人抛弃他的阶级性，似乎无产阶级的势力与阶级性的发展亦是不好的"，希望通过"治者阶级'为'被治者阶级的利益来革命"，通过"支配阶级的人抛弃他自己特殊的阶级地位"，来解决民生问题，实现中山先生的大同理想。这只能"是一个空想"，"绝对不是相信民生主义的人应有的态度"。此外，"戴先生又以为只有生活优裕的人才能得着革命的智识与觉悟，去'为'不觉悟的人革命"，但"十余年的经验已证明（这）是靠不住的"，是一种"愚民政策"。实际上，戴先生的这种"想靠少数治者阶级的'士大夫'，来包办革命"，而"反对农工阶级势力的扩大与他们的阶级性的发展"的思想和主张，"与戴先生自己所说要靠人民自身来解决才是切实正确之说根本矛盾，亦决不是孙先生的意思"。②

共产党人还批驳了戴季陶所提倡的"仁爱主义"或"仁慈主义"。陈独秀指出，戴季陶的所谓"可以仁爱之心感动资产阶级使之尊重工农群众的利益"的观点，完全"是欺骗工农群众的鬼话"。厂主以仁爱之心对等工人，地主以仁爱之心对等佃农，这是百年难遇的传奇材料。如果"仁爱之心"真的像戴季陶所认为的那样，"能够解决世界上实际利益上的冲突"，那么，"便可拿他感动清室让权于汉人；也可以拿他感动北洋军阀尊重民权；也可以拿他感动帝国主义者解放弱小民族，由他们自动废弃一切不平等条约。——如此仁爱之道大行，一切被压迫者之革命争斗都用不着"了。但事

---

① （施）存统：《评戴季陶先生的中国革命观》，《中国青年》第91、92期，1925年9月1日。
② （恽）代英：《读〈孙文主义之哲学的基础〉》，《中国青年》第87期，1925年8月8日。

实则与此正好相反。要是这种"仁爱"的话出自"欺骗群众的牧师之口",倒一点也不奇怪,但出自一个号称是孙中山忠实信徒的国民党党员的口中,这就"万分不应该"了。[①] 施存统强调:历史一再证明,工人要改良生活和劳动条件,除了实行阶级斗争外,是没有第二种办法的。中国资本家,即便是加入了国民党的南洋烟草公司的老板,也决不会因为孙中山伟大的人格,仁爱的主张,而稍稍减少对工人的压迫和剥削。所以尽管戴季陶先生在那里大谈特谈"仁爱主义",希望资本家阶级、地主阶级能够觉悟,"成物智也",但"亦决不能挽回守财奴为富不仁的心"。[②] 恽代英承认,孙中山有时也会讲几句仁爱的话,但并不像戴季陶所诠释的那样,"专门发挥仁爱感化之说",除了仁爱,不讲斗争和革命。戴季陶如此诠释孙中山三民主义的结果,"是抛弃了(孙中山的)革命精神而把孙先生弄成菩萨一样"[③]。瞿秋白更是一针见血地指出:"戴季陶虽然理论上反对阶级斗争,主张资本家的仁慈主义",然而他在实践方面,实行的却是思想上的阶级斗争,"不过是资产阶级压迫无产阶级的一种斗争罢了;并且他一点也不'仁慈'"。[④]

最后,批驳了戴季陶对唯物史观的攻击。针对戴季陶对唯物史观的攻击,陈独秀指出,"我们乃是唯物史观论者,决不是空想家",而唯物史观讲的是实事求是,制定方针政策要符合客观实际,因此,"我们不但不否认中国民族争斗的需要,而且深感这个需要异常迫切,并且在事实上可以证明我们在民族争斗中的努力,不见得比你(指戴季陶——引者)所谓单纯的国民党党员更少",但是如果像戴季陶所主张的那样,要完成国家和民族的需要,要进行民族争斗,"便抹杀阶级争斗的需要,以为这是'一味的盲进'",那便是一个"极大的错误",是与唯物史观相背离的,它"不但抹杀了阶级的利益,并且使民族争斗之进行要受极大的损失"。所以,就戴季陶对唯物史观的批评来看,他"还不知道唯物史观是怎么一回事,便信口批评。信口批评,乃是政客攻击敌党的态度,而为真实的学术界所不许"。[⑤]

① 陈独秀:《给戴季陶的一封信》,《向导》第 129 期,1925 年 9 月 11 日。
②（施）存统:《评戴季陶先生的中国革命观》,《中国青年》第 91、92 期,1925 年 9 月 1 日。
③ 恽代英:《孙中山主义与戴季陶主义》(原载《中山主义》周刊第 2 期),载《恽代英文集》下卷,第 753 页。
④ 瞿秋白:《中国国民革命与戴季陶主义》,载《中共中央文件选集》第一册,第 662 页。
⑤ 陈独秀:《给戴季陶的一封信》,《向导》第 129 期,1925 年 9 月 11 日。

《中国青年》第 4 卷第 95 期发表有《唯物史观与国民革命》一文，该文开篇便写道："戴季陶先生，在他最近发表的一本小册子《国民革命与中国国民党》中，说：'我们今天在国民革命进程中，为农民工人而奋斗，绝不须用唯物史观做最高原则；争得一个唯物史观，打破一个国民革命，断不是革命者应取的途径'。我觉得戴先生在这句话中，有三个误点。第一、是对于唯物史观的解释；第二、是对于唯物史观与阶级斗争的分别；第三、是阶级斗争与农工运动在国民革命中关系之观察。——都没有弄得清楚。"接着，该文对戴季陶的这"三个误点"一一进行了批驳。最后该文得出"断案"："国民革命托生于唯物史观；唯物史观与国民革命并不相反，而且实属必要。"戴先生对唯物史观的批评"并不忠实"，每个忠实于国民革命的国民党员，"都应以唯物史观为最高原则而训练农工阶级去革命！"①

四、中国共产党人与西山会议派的思想斗争

西山会议派在北京西山碧云寺非法召集的"国民党一届四中全会"开幕后两天（1925 年 11 月 25 日），中共中央在《通告第六十五号》中即指出了这次会议的非法性："右派领袖们已宣告于本月二十三日在北京举行中央执行委员会议，他们的用意不但要推翻北京之执行部的政治委员会，及江苏省党部，而且要进而攻击国民政府，民校（指国民党——引者）各级党部应即通电全国党部声明此次北京会议无效，其理由是：（一）开会未经中央执行委员会秘书处之通知召集，手续不合；（二）开会地点不在革命根据地，而在段政府之势力之下；（三）发启通知开会者有覃振、石瑛、居正、石青阳、茅祖权等，未与北京国民党同志俱乐部脱离关系。"②在西山会议派非法召集的"国民党一届四中全会"闭幕的前一天（1925 年 12 月 2 日），中共中央又发出《通告第六十六号》："此时国民党新右派之反动已和从前的右派相等了，他们在北京开会，表面上虽然是反共派，实际上是要推翻广州的国民政府"，因此"我们急须助左反右，各地急须发起三民主义学会，此项学会不但是左派的宣传机关，同时就是左派的组织。在左右势力并存的地

---

① 《唯物史观与国民革命》，《中国青年》第 95 期，1925 年 9 月 14 日。
② 《中央通告第六十五号》，载《中共中央文件选集》第一册，第 526—527 页。

方，我们即据三民主义学会和右派的孙文主义学会对抗，在左派势力盛大的地方即应极力阻止右派的孙文主义学会之侵入，并即须不犹豫的开除在言论上在行动上表现右倾的分子"。① 正是在中共中央的发动和组织下，中国共产党人迅速行动了起来，开展了一场反击和批判西山会议派的思想斗争。

中国共产党人反击和批判西山会议派的阵地主要有《政治周报》《向导》和《政治生活》。《政治周报》是当时以国民党宣传部副部长身份代理部长（部长是戴季陶，因对国民党一大所确立的联共联俄政策不满而拒不就职）的毛泽东专为反击包括西山会议派在内的"敌人"对中国共产党和广东国民政府的攻击而于 1925 年 12 月 5 日创办的。在《政治周报发刊理由》中，毛泽东开宗明义便写道："为什么出版《政治周报》？为了革命。为什么要革命？为了使中华民族得到解放，为了实现人民的统治，为了使人民得到经济的幸福。我们为了革命，得罪了一切敌人。"除了"跟着我们革命势力的发展而增强对于我们的压迫，调动他们所有的力量企图消灭我们"外，"这些敌人"还对我们造谣中伤，诅咒污蔑。面对敌人的进攻，"我们现在不能再放任了。我们要开始向他们反攻。'向反革命派宣传反攻，以打破反革命宣传'，便是《政治周报》的责任"。② 因此，从创刊号开始，《政治周报》就开辟了"反攻"专栏，集中刊发反击和批判西山会议派的文章。毛泽东自己也身先士卒，先后在他主编的前四期《政治周报》上发表了 17 篇反击和批判西山会议派的政论文章和短文。《向导》创刊于 1922 年 9 月，是中国共产党的第一份公开发行的中央机关报，以宣传中共的路线、方针、政策和评论国内外时政为主要内容，着重时政评论。中共早期领导人陈独秀、蔡和森等是其主要撰稿人。西山会议派形成后，仅陈独秀在《向导》上就先后发表了《什么是国民党的左、右派》（第 137 期）、《预防赤化的国民党右派》（第 138 期）、《国民党新右派之反动倾向》（第 139 期）、《孙文主义的信徒呢？还是冯自由主义的信徒？》（第 147 期）、《国民党右派之过去、现在及将来》（第 148 期）、《中国革命势力统一政策与广州事变》（第 148 期）、《国民党右派之光荣》（第 148 期）、《全民政治与全民革命》（第 149 期）、《国民

①《中央通告第六十六号》，载《中共中央文件选集》第一册，第 532 页。
② 毛泽东：《政治周报发刊理由》，《政治周报》第 1 期，1925 年 12 月 5 日。

党右派大会》（第150期）等多篇文章。《政治生活》是西山会议发生地北京的中共党组织的机关刊物，作者主要有李大钊、赵世炎、高君宇等。概而言之，中国共产党人对西山会议派的反击和批判主要集中在以下几个方面：

首先，揭露了以西山会议派为代表的国民党右派产生的必然性及其反动本质。 毛泽东的《国民党右派分离的原因及其对革命前途的影响》一文中指出："半殖民地中国的国民革命政党"，在今日产生右派，"这是一种必然的现象，我们虽不必以此为喜，却断不是什么不幸的事"。因为，中国目前所进行的革命，"乃小资产阶级半无产阶级无产阶级这三个阶级合作的革命，大资产阶级是附属于帝国主义成了反革命势力，中产阶级是介于革命与反革命之间动摇不定，实际革命的乃小资产阶级半无产阶级无产阶级这三个阶级成立的一个革命的联合"，革命的对象是国际帝国主义和封建军阀，革命的目的是建设一个"革命民众合作统治的国家"，革命的最终目的"是要消灭全世界的帝国主义，建设一个真正平等自由的世界联盟"，亦就是孙先生所主张的"人类平等、世界大同"。随着革命的发展，尤其是经过五卅运动的洗礼，"中国现在已到了短兵相接的时候了"，一面是帝国主义为领袖统率的买办阶级大地主官僚军阀等大资产阶级组织的反革命联合战线，一面是革命的国民党为领袖统率小资产阶级半无产阶级无产阶级组织的革命的联合战线，"那些站其中间的中产阶级（小地主，小银行家及钱庄主，国货商，华资工厂主）其欲望本系欲达到大资产阶级的地位，为了帝国主义买办阶级大地主官僚军阀的压迫使他们不能发展，故需要革命。然因现在的革命，在国内有本国无产阶级的猛勇参加，在国外有国际无产阶级的积极援助，他们对之不免发生恐惧，又怀疑各阶级合作的革命"。中国国民党的右派就是这些"介于革命派和反革命派之间"的中产阶级的代表，自孙中山改组国民党、实行联俄联共的那天起，"他们疑忌工农阶级之兴起，他们疑忌国内及国际无产阶级政党之援助"，于是先有冯自由、马素等与"帝国主义军阀勾结脱离了中国国民党，另外组织同志俱乐部"的事件发生，近来又有"一班新右派，他们已在北京开会，图谋脱离左派领袖的国民党另外组织右派的国民党"。国民党内无论是老右派还是新右派的出现都是"必然的"，是"介于革命派和反革命派之间"的中产阶级及其代表，在帝国主义买办阶级大地主官僚军阀的利诱下背叛革命的必然结果。[1] 陈独秀也指出，一个政党内有左右派的分化，这是不可避免的事情，"中国国民党早已有过左右派分化及分裂的历史"。自国民党第一次全国代表大会后，国民党内左右派的分化，随着中国社会运动之阶级分化的加深，而日益明显起来，到孙中山逝世后，"党内代表官僚买办阶级的右派，正式另立组织：北京的国民党同志俱乐部和上海的辛亥同志俱乐部"，陈独秀认为，"这帮代表官僚买办阶级的右派"，由于他们"已公然反动"，公开地勾结帝国主义和封建军阀，破坏广州国民政府，在组织上也已脱离了国民党，所以"他们虽然还以国民党自居，并且以纯正的国民党自居"，但"我们只能当他们是社会上的一种反动派，不能当他们是国民党的右派了"。现在国民党的右派，是戴季陶以及西山会议派，他们"勾结以前的右派即反动派，假借三民主义的招牌，提出阶级妥协的口号，来反对阶级争斗，反对共产党，并反对国民党左派，甚至于反对国民政府"。[2] 为了与此前"代表官僚买办阶级的右派"相区别，陈独秀将戴季陶以及西山会议派称之为国民党内的"新右派"。

　　陈独秀强调，"新右派"虽然"竭力自别于代表官僚买办的反动派即以前的右派"，但实际上，不仅"新右派"的成员中包含着不少以前的右派分子，而且"新右派"的反共＼分共主张，"客观上实实在在的帮助了反革命和帝国主义者"。所以就此而言，和以前的右派或"老右派"一样，"新右派"亦具有明显的反动倾向。"他们这反动倾向的根本，是不识中国的国民革命乃整个世界革命之一部分，他们口中虽然不赞成国家主义，其实他们的根本思想和国家主义者一样，同是误认中国国民革命乃整个一国家的孤独运动，不认识虽在国民革命运动中，国外也有友军，国内尽有敌人；因此，他们遂至对外反对苏俄，对内反对阶级争斗反对主张阶级争斗的共产党；因为左派联合苏俄及共产党，他们遂至反对左派；因为国民政府中最主要的分子是左派，他们遂至反对国民政府；他们的反对倾向就是这样相因而至的。"[3] 毛泽东更是一针见血地指出：作为中产阶级的代表，国民党右

① 子任（毛泽东）:《国民党右派分离的原因及其对革命前途的影响》,《政治周报》第 4 期, 1926 年 1 月 10 日。
②（陈）独秀:《国民党新右派之反动倾向》,《向导》第 139 期, 1925 年 12 月 20 日。
③（陈）独秀:《国民党新右派之反动倾向》,《向导》第 139 期, 1925 年 12 月 20 日。

派"到现在还在梦想前代西洋的民主革命，还在梦想国家主义之实现，还在梦想由中产阶级—阶级领袖不要外援欺抑工农的'独立'的革命，还在梦想其自身能够于革命成功后发展成壮大的资产阶级建设一个—阶级独裁的国家"。所以，他们革命的出发点"是为了发财"，"是为了准备做新的压迫阶级"，这也是他们所以主张反共＼分共的重要原因。[①] 在彭述之看来，国民党中的非革命分子，即所谓右派，其社会地位多出于买办阶级地主、官僚政客和被催眠或表同情以上阶级的知识者，他们向来只想升官发财，向来直接或间接与帝国主义、军阀和买办阶级有密切的关系。他们看见真正的革命分子加入国民党之后，革命派势力一天一天巩固而壮大，他们自己的假面具一天一天地被揭破，他们觉得在国民党中已暂无容身之地，所以他们便与帝国主义和军阀遥相呼应，"拼命地起来借着反对共产派的招牌，推倒革命的左派（如开除汪精卫），将国民党返于以前的不生不死的非革命状态，重新卖好于帝国主义与军阀之前，取得升官发财之大好机会"[②]。

　　其次，强调马克思主义与三民主义的一致性，批驳了西山会议派对三民主义所做的不同于《中国国民党第一次全国代表大会宣言》的解释。与西山会议派强调三民主义与马克思主义之不同相反，中国共产党人则强调了包括三民主义在内的孙中山思想与马克思主义的一致性。李大钊《在列宁逝世二周年纪念大会上的演说》中曾对列宁主义和中山主义做过一番比较："列宁主义是帝国主义时代无产阶级革命的理论与策略，中山主义是帝国主义时代被压迫民族革命的理论与策略。在理论上，中山主义与列宁主义是可以联合成一贯，策略上也是能联贯一致的。"所以，列宁主义者可以说就是中山主义者；中山主义者也就是列宁主义者！他们的主义同是革命的主义。假使中山生在俄国，他一定是个列宁；假使列宁生在中国，他也一定是个中山！当然，正如西山会议派所指出的那样，中山主义和列宁主义确实有些不同，但这种不同不是内容的不同，而是他们所处"环境的不同。中山先生与列宁的目的相同，可是惜乎环境不让他实现得如列宁那样成功"。因为与俄国相比，"我们的经济落后"，这是中山先生不能取得列宁那样成

---

① 子任（毛泽东）：《国民党右派分离的原因及其对革命前途的影响》，《政治周报》第4期，1926年1月10日。
② （彭）述之：《国民党中之左右派的争斗与共产党》，《向导》第138期，1925年12月10日。

功的根本原因。除了"环境不同"这一点外，"他们两人的思想和人格的伟大，全无异点"。就此，李大钊明确反对西山会议派"好分出什么此疆彼界来，谁是中山主义者，谁是列宁主义者"的做法，强调"现在无论列宁主义者或中山主义者都不应该两下分离！等到中山主义胜利的时候，也就是列宁主义胜利了！"他因而号召"在座的同志们，你们不管是列宁主义信徒，中山主义信徒，应该紧紧地连（联）合起来"。① 针对西山会议派提出的马克思主义主张的是阶级斗争，而三民主义主张的是全民革命的观点，陈独秀指出：和国家主义者一样，国民党右派也"往往抬全民政治与全民革命的金字招牌来反对阶级争斗说，我们不知道他们所谓'全民'是怎样解释。若说是抽象的指为全民利益而革命，建设全民利益的政治，则和我们民族解放国民革命之意义相类，若说是具体的指由全民出来革命，由全民管理政治；那么，我们便要问：卖国贼军阀官僚及一切作奸犯科的人，是否也包括在全民之内？若除开这一大批人，还算得什么全民？"② 张国焘也再三强调："中山先生的三民主义与共产主义是没有根本上的差别的，目前两党的革命工作，更是完全一致的。三民主义之中，再加上一点共产主义的信仰，仍然是一个真正国民革命者。"但如果像西山会议派那样，"于信仰三民主义之外，加上一点老腐不革命的习气，或是与帝国主义者和军阀妥协的心理，或是违反中山先生革命方略的行动，或是具有争权夺利的欲望，或是悲观叹息的无勇气，可就不是一个真正三民主义的信徒了"。③

中国共产党人在强调三民主义与马克思主义的一致性的同时，还批驳了西山会议派对三民主义所做的不同于《国民党第一次全国代表大会宣言》的解释。陈独秀在《国民党右派大会》一文中就《国民党第一次全国代表大会宣言》与西山会议派的《中国国民党"第二次全国代表大会"宣言》进行了比较，指出："国民党第一次代表大会宣言所解释之三民主义的内容，可以说是国民党的根本政纲；并且这宣言是孙总理向大会提出的……可是此次右派大会宣言的内容，显然和第一次大会宣言相抵触。"具体来说，（一）在民族主义方面，"他们（右派）把人类分为战胜民族与战败民族两个壁垒，而不

① 李大钊：《在列宁逝世二周年纪念大会上的演说》，《政治生活》第 66 期，1926 年 1 月 27 日。
② 实（陈独秀）：《全民政治与全民革命》，《向导》第 149 期，1926 年 4 月 13 日。
③ 张国焘：《一封公开的信致国民党全体党员》，《向导》第 139 期，1925 年 12 月 20 日。

把他分为帝国主义者与被压迫者两个壁垒，又指国民党之民族主义是主张与战胜民族抗，而不说是与帝国主义抗，这和第一次大会宣言所解释的民族主义之第一方面显然不同"。第一次大会宣言所解释的民族主义之第一方面，是"中国民族自求解放"，其目的"是使中国民族得自由独立于世界"，"实为健全之反帝国主义"；而"右派的民族主义"则"不是反对帝国主义而是反对战胜民族"，"以战胜战败定反对或同情之标准，则反对英法日美，同时也要反对苏俄"，如果哪一天中国战胜了帝国主义，成了战胜民族，也在右派的"反对之列"。"我们希望中华民国永远不变为帝国主义者则可，若希望中华民国永远不变为战胜民族则似乎不可。丢开主义，不问是非，专与战胜民族抗，我们真不懂得国民党右派这种特别的民族主义是什么一种逻辑？"第一次大会宣言所解释的民族主义之第二方面，"中国境内各民族一律平等"，"承认中国以内各民族之自决权"；"而此次右派宣言上"，则认为外蒙古政府是"叛国"，因而"违反了国民党第一次大会承认中国以内各民族自决权之宣言"。（二）在民权主义方面，"此次右派宣言极力号召全民政治"，这显然与第一次大会宣言关于"国民党民权主义与所谓'天赋人权'者殊科"，凡"效忠于帝国主义及军阀者，无论其为团体或个人，皆不得享有此等自由及权利"的民权主义"解释"是"相违"的。（三）在民生主义方面，第一次大会宣言"主张为农夫、工人之解放反对特殊阶级而奋斗，实质上是不反对阶级斗争"；而此次右派大会宣言"则是希望地主觉悟以免除农人之困苦，希望雇主施恩使工人得较美生活，实质上是主张阶级调和，是反对阶级斗争"。[1]

最后，反击西山会议派的力主分共和反对联俄，阐述了联俄联共对于实现孙中山三民主义的重要意义。我们前面在介绍西山会议派的反共\分共的思想已提到，力主分共，反对联俄，是西山会议派所有政治主张的出发点和落脚点。与此相一致，反击西山会议派的力主分共、反对联俄，也是中国共产党人与西山会议派思想斗争的出发点和落脚点。西山会议派非法召集的西山会议闭幕后第六天，即 1925 年 12 月 9 日，中共中央发出了《中央通告第六十七号》，要求中共地方组织发动各地国民党党部通电痛斥西山

---

[1]（陈）独秀：《国民党右派大会》，《向导》第 150 期，1926 年 4 月 23 日。

会议派，认为西山会议派"决议开除共派中央及候补委员党籍及惩戒汪精
卫二案，最为荒谬，望各地民校（指国民党——引者）党部一致发电痛驳"。
其理由："（一）根据广州中央感电，西山会议当然根本无效；（二）除公然
叛党外，中央委员会不能开除中央委员，因为中央委员是全国大会所举；
（三）共派跨党，是第一次全国大会所许，孙总理所许……此时开除共派党
籍，是明白违背大会及孙总理。"① 毛泽东也于西山会议闭幕后不久，撰写了
《北京右派会议与帝国主义》和《帝国主义最后的工具》等文，发表在他主
编的《政治周报》第 3 期上。在《北京右派会议与帝国主义》中，毛泽东
一针见血地指出：西山会议派的力主"清党"，反对联俄，是"替帝国主义
做了适合其需要的种种工作"：比如，帝国主义"痛恶"苏俄帮助国民党和
国民政府雇用顾问，增加了攻击帝国主义的力量，西山会议派便通过决议，
辞退苏俄顾问鲍罗廷；帝国主义"痛恶"国民党容纳共产党分子，增加一支
反帝国主义的生力军，西山会议派便通过决议，开除共产党员李大钊、谭
平山等人的国民党党籍。"观此，我们可以知道北京右派会议替帝国主义做
了些什么工作。"② 在《帝国主义最后的工具》中，毛泽东又进一步指出：帝
国主义是在用尽了种种工具之后，才找到了西山会议派"这个最后的工具"；
帝国主义是在用尽了种种"枪炮轰击"方法之后，才指使西山会议派改用
了"决议案"这种方法；虽然这种方法的成效如何，还有待观察，"但是这
种'窠里反'的方法，确实比在'窠外反'要进步"，所以"即使右派中还
有一部份并无诚心为帝国主义利用，即使他们怎样不承认自己做了帝国主
义的工具，然而在事实上是大大帮了帝国主义的忙，事实上是做了帝国主
义的工具，因为他们的工作适合了帝国主义的需要"。③ 张国焘在《一封公开
的信致国民党全体党员》中也指出了西山会议派召开的西山会议以及所做
出的开除共产党员党籍的决议，有"许多不合法的地方"。至于共产党员加
入国民党的根据，他指出："在国民党方面，由总理孙中山先生允许于先，
第一次全国代表大会决议于后，第二次中央全体会议在中山先生指导之下，

---

① 《中央通告第六十七号——发动各地国民党部通电痛斥西山会议派》，载《中共中央文件选
　集》第一册，第 533 页。
② 润（毛泽东）：《北京右派会议与帝国主义》，《政治周报》第 3 期，1925 年 12 月 20 日。
③ 润（毛泽东）：《帝国主义最后的工具》，《政治周报》第 3 期，1925 年 12 月 20 日。

又重新制定'凡属真正革命分子，不问其阶级的属性如何，本党均应集中而包括之'的决议；在共产党方面，也由屡次全国代表大会议决共产党为集中和扩大国民革命势力起见，共产党员应加入国民党。中山先生认定国民党是代表各阶级国民革命的共同倾向，所以坚决主张国民党须包括为国民革命的各阶级属性的真正革命分子。"共产党是代表无产阶级的政党，虽然它负着为工农阶级争斗的特殊使命，可是中国此时的革命是大革命，共产党为中华民族的解放计，为无产阶级的初步利益计，也就毅然决然地自愿在中山先生领导的国民党旗帜之下，一致进行大革命的工作。"如此看来，中山先生领导的国民党肯容纳共产党员和共产党自愿加入国民党，都是赤胆忠心为着革命，也是磊落光明的行为"，不存在西山会议派所说的共产党的阴谋诡计。张国焘还批驳了西山会议派关于共产党在国民党内发展党员的攻击，指出：一个人是否脱离共产党或加入共产党，完全是他个人的自由，取决于他的意愿和行为，"一个共产党员，假使他没有阶级的觉悟，只愿参加国民革命，不愿为工农阶级的利益而努力，我们很高兴的让他做一个不跨党的国民党员，丝毫没有吝惜的。一个国民党员，假使他进行国民革命，同时又愿意负担为工农阶级争斗的特别使命，不但是国民党所不能阻止的，而且是国民党所不应阻止的"。张国焘还进一步现身说法，以自己和其他共产党员怎样在国民党内努力工作的事例，回击了西山会议派对中共的污蔑。他写道："我们加入国民党以来，不但到处为国民党扩大党势，努力国民革命工作，而且还有不少的同志，已经为国民革命而死难了。我们是为革命而加入国民党的，既没有变国民党为共产党野心，也没有垄断国民党党务的阴谋。反因为革命潮流太紧张了，我们有时力量不及，不能如量（愿）为国民党服务，到（倒）是很觉得惭愧。"[1] 彭述之批驳了西山会议派的重要喉舌《民国日报》所提出的"分共"理由：即"两个性质不完全相同的政党合在一起，发生纠纷是不能避免的结果"，在此纠纷中，"（一）共产派的党员如果要忠于共产党，便非作国民党的叛徒不可；（二）非共产派的党员如果要忠于国民党，亦非作共产派的仇敌不可，如果不作共产派的仇敌，则只有作国民党的叛徒"。对此，彭述之批驳道：《民国日报》根本

---

[1] 张国焘：《一封公开的信致国民党全体党员》，《向导》第139期，1925年12月20日。

不懂党与党员的区别，孙中山所确定的国共合作，并不是整个共产党加入国民党，而是部分共产党员以个人身份加入国民党，共产党还保留有"自己的独立组织""一切机构""政纲和策略"，根本不是"两个性质完全不同的政党合在一起"。至于说"共产派的党员如果要忠于共产党，便非作国民党的叛徒不可"，这更是不通。因为共产党认定与国民党目前的共同仇敌是帝国主义和军阀，革命工作是反对帝国主义和军阀的大革命，而大革命是达到共产革命的必要途径。共产党员忠于国民党，便应忠于大革命的工作；忠于大革命的工作，又怎么能说是国民党的叛徒呢？"只有像右派的先生们终日作升官发财的趣梦，而反对国民党的革命策略才是国民党的叛徒！"①同样说"非共产派的党员如果要忠于国民党，亦非作共产派的仇敌不可"，也是没有任何根据的。非共产党员只有真正忠于国民党，忠于反对帝国主义和军阀的大革命的工作，共产党不仅不认为是仇敌，相反认为是最好的朋友，"愿意与之真诚的合作"；但对于那些"不作革命而只想借国民党的招牌来升官发财的、来与帝国主义军阀勾结的右派先生们，共产党一点不客气地认为是仇敌，与帝国主义和军阀一样看待。因为共产党对于国民党员的态度，不是拿他的党证作标准，而是要看他的革命工作"。②陈独秀在《国民党右派大会》一文对西山会议派反对联俄的主张进行了批驳，他指出，西山会议派根本不知道第三国际与国际联盟是两个性质不同的国际组织，第三国际是各国共产主义的党派联合，而国际联盟是各资本主义的国家结合，所以"他们视此两个国际无所短长，都是战胜民族之组织"，而对于战胜民族，他们持的是反对的态度。因此，他们"不能了解孙总理联俄联共之政策的真实意义"，把苏俄也看成了帝国主义国家，而反对联俄。③

中国共产党人在反击西山会议派的力主分共、反对联俄的同时，还阐述了联俄联共对于实现孙中山三民主义的重要意义。陈独秀在《什么是国民党的左右派？》一文中指出：右派所谓"真正三民主义"，所谓"三民主义的信徒"，只是一块骗人的招牌，他们并不曾想过如何才能够实行孙中山的三民主义。他们极力排斥国外最反对帝国主义的苏俄，极力排斥国内最反对

---

① （彭）述之：《国民党中之左右派的争斗与共产党》，《向导》第138期，1925年12月10日。
② 张国焘：《一封公开的信致国民党全体党员》，《向导》第139期，1925年12月20日。
③ 陈独秀：《国民党右派大会》，《向导》第150期，1926年4月23日。

帝国主义的共产党，极力排斥反帝国主义最有力的工人、农民之阶级斗争，试问他们还有什么方法实现民族主义？他们轻视占全国人口绝大多数的工人、农民之阶级的利益，试问他们所要实行的是一种什么民权主义？他们反对阶级斗争，试问在资产阶级斗争之下，有何方法可得保证农工平民之民权？倘若不让工农阶级由阶级斗争而形成他们自己的势力，足以挟制资产阶级，使他们不得不承认节制资本和大产业国有；足以挟制地主阶级，使他们不得不承认平均地权，试问大革命政府另有何种力量或以实行民生主义？"不实行的三民主义，岂不是骗人的招牌？"以孙中山为代表的国民党人"知道三民主义不是一个宗教，单单信仰主义是不够的，单单信仰主义，只是一个主义者，一个信徒，不是革命家"，他们因而"为了要实行三民主义，便不得不采用'联俄'、'与共产党合作'、'不反对阶级争斗'这些实际需要的政策"。[1] 要实行三民主义，就必须联俄联共，进行阶级斗争。

中国共产党人在反击西山会议派的力主分共、反对联俄时，还对西山会议派与日本帝国主义和北洋军阀相勾结、破坏大革命的行径进行了揭露和批判。比如，身在西山会议召集地的中共北方区委，就曾在其机关刊物《政治生活》上发文，对西山会议派在北京的民众运动——"驱段运动""讨张反日运动"中，与帝国主义暗中勾结，从事破坏活动，并借助于帝国主义的报纸及通信拼命为自己宣传的反革命行为进行了揭露和谴责。[2] 另据李大钊发表在《政治生活》第 79 期上的《日本帝国主义最近进攻中国的方策》一文揭露，"日本帝国主义最近在中国的活动，采取积极进攻的方策"，其措施之一，便是勾结西山会议派为代表的国民党右派，"以破坏中国的以工农阶级作主力军的国民革命运动"。他并列举出了如下"证据"：（甲）当国民党右派西山会议开会之前，林森、邹鲁谋占据北京执行部的时候，日本驻京公使芳泽氏曾设法与邹、林等接洽；（乙）最近东京方面传来秘密消息，日本政府曾训令其驻中国重要都市的外交官，设法与当地国民党右派勾结，进行破坏国民党的工作；（丙）日本驻北京的外交机关报告日政府，谓在京仅得一资望地位较浅的右派分子，但如资以经济助力，使他能够赴上海活

① （陈）独秀：《什么是国民党左右派？》，《向导》第 137 期，1925 年 12 月 3 日。
② 东篱：《记北京民众革命运动》，《政治生活》第 59 期，1925 年 12 月 1 日；刚夫：《北京国民讨张反日运动的教训》，《政治生活》第 67 期，1926 年 2 月 3 日。

动，亦可收相当的效果；（丁）在得到此项消息的同时，在京的日本机关报《顺天时报》，即大书特书地登出赴上海孙文主义学会总代表巫启圣的相片；（戊）7月18日在北京发行的和文日刊《新支那》上，有这样一段记载：国民党右倾派劳动先觉者马俊超氏，得孙传芳氏等的谅解，有在全国组织农民劳动党的计划，举出十二名起草委员，纲领起意书正在制作中，设本部于上海，设支部于各省，"与日本农民劳动党谋提携"；（己）7月23日北京《晨报》载，电通社上海电讯：国民党工人部长马俊超，在国民党右派及留沪日侨的后援之下，从事工农运动，"以反抗共产派之劳动运动"。[①]

　　以上是中国产党人反击和批驳西山会议派的反共\分共主张及其思想的大致情况。随着北伐战争的推进，"以及汪精卫与蒋介石在迁都等问题上的争执；尤其是蒋介石成为'新右派'之后，汪精卫作为左派首领政治立场动摇，国民党内的左、右派斗争随之转变为国共冲突问题。共产国际与中共则围绕着共产党是否要退出国民党这一焦点，开始重新探索国民革命的道路。所以，中共对'西山会议派'这一国民党右派首领的斗争基本在1926年9月前后便告一段落，国共之间的这一'反共'与'反右'的论战也因之画上了句号"[②]。

[①] 猎夫（李大钊）:《日本帝国主义最近进攻中国的方策》,《政治生活》第79期，1926年7月22日。

[②] 尚红娟:《国共间的首次思想交锋：中共与"西山会议派"之论辩》,《学术月刊》2010年第4期。

第 十 五 章

国民党统治的建立和
思想界对它的批判

    1927 年 4 月 12 日，正当大革命高歌猛进、北伐战争取得节节胜利之时，蒋介石在上海发动政变，疯狂屠杀共产党人和广大投身大革命的工农群众，7 月 15 日汪精卫在武汉"分共"，轰轰烈烈的大革命宣告失败。南京国民政府是 1927 年四一二政变的产物，它所建立的训政制度具有以党代政、人民无权、个人独裁的特点。训政制度与孙中山的政治思想的关系非常复杂，前者对后者既有继承的一面，也有背离的一面，继承的是形式，而背离的是内容，或者换句话说，是"貌似而神离"。南京政府所建立的训政制度自建立之日起即遭到了自由主义知识分子的批判，这种批判较为集中地反映了南京国民政府建立后存在于国民党与共产党之间的一部分知识分子的思想动向。

第一节　国民党训政制度的建立及其特点

南京国民政府成立后，国民党从维护其一党专制统治的要求出发，即开始了建立训政制度的过程。国民党训政制度的特点：一是一党专政，二是人民无权，三是个人独裁。

一、国民党训政制度的建立

1926 年 7 月，广州国民政府遵照孙中山的遗愿誓师北伐，开始了旨在统一全国、打倒北洋军阀的北伐战争。在广大人民群众的积极支持和配合下，北伐军势如破竹，10 月就基本消灭了北洋直系军阀吴佩孚的主力，占领具有战略地位的武汉三镇。随着北伐的胜利进军，革命中心逐渐由两广地区转移到两湖地区。

然而，正当革命形势高涨，打倒北洋军阀、实现全国统一指日可待之时，以蒋介石为代表的国民党右派新军阀在帝国主义的支持下，于 1927 年 4 月 12 日在上海发动政变，疯狂屠杀共产党人和广大工农群众，彻底背叛了孙中山的革命事业。4 月 18 日，南京国民政府宣告成立。

四一二政变后，国民党已分为三个中央党部（即武汉、上海和南京）和两个政府（武汉国民政府和南京国民政府）。1927 年 7 月 15 日，武汉汪精卫集团步蒋介石集团之后尘，背叛革命，这样宁方、汉方和沪方的反共目标已经统一，于是三方开始酝酿"合作"。经过一番讨价还价，9 月 16 日，由三方共同组成的特委会在南京成立，决定改组宁汉双方政府，成立统一的国民政府，并通过了《国民政府组织案》，规定国民政府由委员若干人，常务委员 5 人组成，国民政府内设内政、外交、财政、司法、农工、实业和交通等部和大学院、军事委员会、参谋处、秘书处、陆军处、海军处、航空处、经理处、审计处、革命军事裁判处、政治训练处，随后又决议设置监察院。次日，特委会推选出国民政府委员 47 人。

特委会和它推选组织的国民政府的成立，虽然结束了国民党三个中央党部和两个国民政府并存的分裂局面，但内部各派的矛盾并未因之得到解决，表面上特委会是宁、汉、沪三方合作的产物，但实际上权力控制在得到桂系支持的沪方西山会议派手中，宁方的蒋介石、胡汉民、吴稚晖，汉方的汪精卫、唐生智等均采取不合作态度。由于得不到宁、汉集团的支持，由特委会推选成立的南京国民政府充其量只能起到看守政府的作用。

1927 年 11 月 22 日，南京发生屠杀学生事件，宁方蒋介石集团借机将沪方西山会议派赶下了台。不久，汉方汪精卫及亲信又因广州事件（即 1927 年底的广州起义）遭到宁方的攻击而负气远走国外。通过左右开弓赶走了西山会议派和汪精卫集团后，蒋介石于 1928 年 2 月 2 日召开二届四中全会，并操纵会议通过一系列改组党、政府和军队的决议，使蒋介石实现了对党、政、军的控制，从而为他实行专制独裁统治打下了基础。

二届四中全会后，国民党所面临的主要任务，用胡汉民的话说："仍不外完成北伐与肃清共党二事"①，即一面反共，一面打倒北洋军阀。4 月 5 日，国民政府誓师北伐，张作霖的安国军战败。是年 6 月 3 日，张作霖退出北京，北洋政府覆灭，北伐军占领平津。

北伐军占领平津后，依据孙中山的军政、训政、宪政三个时期的理论，国民党应宣布结束军政，进入训政时期。就在北伐军占领北京的第三天，正在法国巴黎的胡汉民、孙科等联名致电国民政府主席谭延闿等，向即将召开的国民党二届五中全会提出了一份《训政大纲草案》。该《草案》包括《政治会议纲领》和《国民政府组织纲领》两大项，其基本原则是：第一，以党统一，以党训政，培植宪政深厚之基；第二，本党重心，必求完固，应有发动训政之全权，政府应负实行训政之全责；第三，以五权制度，作训政之规模，期五权宪政最后之完成。②胡汉民是国民党元老，在孙中山任广州军政府大元帅时，曾数次于孙中山离开广州时代理大元帅职务，有"副帅"之称，而孙科是孙中山的儿子。他们以此等身份向国民党中央提出训政原则及设计，就不能不引起国民党的反响和重视。

---

① 转引见王云五主编，蒋永敬编著《民国胡展堂先生汉民年谱》，（台北）商务印书馆，1981，第 414 页。

② 中国第二历史档案馆编《国民党政府政治制度档案史料选编》（上册），安徽教育出版社，1994，第 580—581 页。

1928 年 8 月 8 日在南京召开的国民党二届五中全会，于胡汉民、孙科未能出席的情况下通过改组政府决议，原则性地提出要依照《建国大纲》的规定，设立五院制度。

8 月 28 日，胡汉民、孙科一行自国外回到香港，9 月 3 日到达上海，胡汉民向国民党中央提交了一份《训政大纲提案说明书》，进一步阐述就他和孙科提出的训政原则及设计作了说明。其中一个重要观点，就是所谓"训政保姆论"，认为在政治上人民大众好似襁褓中之婴儿，而国民党如扶养婴儿之"褓母"，前者要靠后者的训练才能具有"管理政事之能力"。他还主张，以"政治会议为全国训政之发动与指导机关"，政治会议与国民党、国民政府的关系是："对于党，为其隶属机关，但非处理党务之机关，对于政府，为其根本大计与政策方案所发源之机关，但非政府本身机关之一"；它是"党与政府间惟一之连锁，党与政府建国大计及其对内对外政策，有所发动，必须经此连锁而达于政府"。全于国民政府五院的组织，他主张采取"体制合一"原则，不致由于五院分立而分散事权。具体来说，就是国民政府设常务委员 5 人，常务委员为政治会议当然委员，并分任国民政府五院院长，指定其中 1 人为政府主席；这 5 人又都是立法院的当然委员。[1]

胡汉民提出《训政大纲提案说明书》后不久，即与孙科一道被国民党中央政治会议加推为国民党中央常务委员会委员。根据胡汉民、孙科提出的《训政大纲草案》及《训政大纲提案说明书》，国民党中央常务委员会于1928 年 10 月 3 日通过了《训政纲领》（后为国民党三大追认），《训政纲领》是国民党训政时期的纲领性文件。

《训政纲领》全文共六条，其内容主要是把国家权力分为政权与治权，其政权由国民党全国代表大会代表人民来行使，治权由国民党指导、监督国民政府来行使。所谓政权，指的是选举、罢免、创制和复决四种权力。《训政纲领》规定，"中华民国于训政期间，由中国国民党全国代表大会代表国民大会，领导国民行使政权"（第 1 条）；"中国国民党全国代表大会闭会时，以政权付托中国国民党中央执行委员会执行之"（第 2 条）。所谓治

---

[1] 胡汉民：《训政大纲提案说明书》，载《国民党政府政治制度档案史料选编》（上册），第585—587 页。

权，指的是行政、立法、司法、考试、监察这五种权力。《训政纲领》规定：
"治权之行政、立法、司法、考试、监察五项，付托于国民政府总揽而执行
之"（第4条）；国民党中央执行委员会政治会议"指导、监督国民政府重
大国务之施行"（第5条）。同时《训政纲领》还规定：国民政府组织法的
修正与解释权属于国民党中央政治会议。[①]

　　《训政纲领》旨在确定训政时期行使国家政权和治权的中国国民党、国
民政府和人民之间的关系，其核心是把一切权力集中于国民党，而人民毫
无权力可言。1929年3月21日，国民党第三次全国代表大会通过的《确定
训政时期党、政府、人民行使政权治权之分际及方略案》（简称《权力分际
案》），把这一问题说得更加明白："此其以中国国民党独负全责，领导国民，
扶植中华民国之政权治权，而使之发展，以入宪政之域。"因此，根据《权
力分际案》，国民党除宣传训政方针，开导人民接受选举、罢免、创制和复
决等四权使用的训练外，还有权"于人民之集会、结社、言论、出版等自
由权，在法律范围内加以限制"，有权决定县自治的一切原则及训政的根本
政策与大计；国民政府实行县自治、执行有关训政的根本政策和方案，对
国民党中央执行委员会政治会议负责；人民只有"服从、拥护中国国民党，
誓行三民主义，接受使用四权之训练，努力地方自治之完成，始得享受中
华民国国民之权利"。[②]一句话：国民党有权，国民政府有责，人民既无权又
无责，只有服从和拥护国民党统治的义务。这就是《训政纲领》和《权力
分际案》对于国民党、国民政府和人民之间权力的分界。

　　1927年4月18日成立的南京国民政府，基本上沿用的是广州《国民政
府组织法》，在国民政府下，直接设置各行政部门。1927年9月由国民党
中央特委会在武汉和南京两个国民政府基础上改组成立的统一的国民政府，
只是一个临时性的政府。1928年2月2日国民党二届四中全会通过的《中
华民国国民政府组织法》，对政治体制做了一些调整，规定国民政府由中央
执行委员会推举委员若干人组成，并推定其中五至七人为常务委员，常务
委员中推定一人为主席，下设七部和最高法院、监察院、考试院、大学院、

① 《训政纲领》，载《国民党政府政治制度档案史料选编》（上册），第590页。
② 《确定训政时期党、政府、人民行使政权治权之分际及方略案》，载《中国国民党历次代表大
　　会及中央全会资料》（上册），第658—659页。

审计院、法制局以及建设委员会、蒙藏委员会、侨务委员会、军事委员会。
1928 年 6 月 3 日，胡汉民、孙科等人在向国民党二届五中全会提出的《训政大纲草案》中，主张训政时期应"实行五权之治"，即建立五院制国民政府。胡汉民、孙科等人的主张为国民党二届五中全会所接受，会议关于《训政开始应否设立五院案》的决议明确提出："训政时期之立法、行政、司法、考试、监察五院，应逐渐实施。"① 会后国民党中央修订了《国民政府组织法》，于 10 月 8 日公布。按新的《组织法》规定，国民政府实行五院制的政治体制。同月 16 日又公布了五个院的组织法。不久，五院先后成立。五权制度开始实施。

根据《国民政府组织法》的规定，国民政府"总揽中华民国之治权"，"统率海陆空军"，行使宣战、媾和、缔约、大赦、特赦、减刑、复权、公布法律、发布命令之权。行政院各部部长、次长，各委员会委员长、副委员长、立法委员、监察委员，由国民政府任命。国民政府主席代表国民政府接见外使，并举行或参与国际典礼，兼任陆海军总司令。国民政府以国务会议处理国务。国务会议由国民政府委员组成，国民政府主席为国务会议主席。院与院之间不能解决的问题，由国务会议议决；公布法律、发布命令，经国务会议议决，由国民政府主席及五院院长署名，但各院亦可依据法律发布命令。

五院是国民政府组织机构的基本构成部分，是中央政权体系中的实体。根据规定：

"行政院为国民政府最高行政机关"，在五院中规模最大，地位也最重要。行政院设正副院长，由国民党中央执行委员会选任，内设内政、外交、军政、财政等部和建设、蒙藏、侨务等委员会（部、委的设置前后有所变化），各部部长、次长、各委员会委员长、副委员长，由行政院院长提请国民政府主席任免。行政院正副院长及各部部长、委员会委员长组成行政院会议。该会议有权议决向立法院提出的法律案、预算案、大赦案、宣战案、媾和案、条约案及其他重要国际事项；议决荐任以上行政司法官吏的任免、

① 《训政开始应否设立五院案》，载《中国国民党历次代表大会及中央全会资料》（上册），第543 页。

陆海空军少尉以上军官的军阶和少校以上军官的职务的决定；议决行政院各部会间不能解决的事项及院长交议的其他事项。

"立法院为国民政府最高立法机关"，其职权是议决法律案、预算案、大赦案、宣战案、媾和案、条约及其他重要国际事项。立法院设正副院长各 1 人和立法委员 49—99 人，正副院长由国民党中央执行委员会选任，立法委员任期两年，由立法院院长提请国民政府主席任命，并规定："立法委员不得兼任中央政府、地方政府各机关之事务官。"立法院内设法制、外交、财政、军事、经济等委员会。

"司法院为国民政府司法机关"，其职权是掌理司法审判、司法行政、官吏惩戒及行政审判，提请国民政府核准实行特赦、减刑及复权事项。司法院设正、副院长各 1 人，由国民党中央执行委员会选任，其下属机构主要有最高法院、行政法院和公务员惩戒委员会，分掌司法审判、行政审判和官吏惩戒职权。

"考试院为国民政府最高考试机关"，其职权是掌理考试铨选事宜，所有公务员均须依法律经考试院考选铨叙方得任用。考试院设正副院长各 1 人，由国民党中央执行委员会选用，下设考选委员会和铨叙部，前者掌理官吏，公务员及专门技术人员考选及考试等事项，后者掌理公务员资格审查、成绩考核及升降任免的登记等事项。

"监察院为国民政府最高监察机关"，依法行使弹劾、审计权，并有权就其主管事项向立法院提出议案。监察院设正、副院长各 1 人和委员若干人，正副院长选用办法与其他四院相同，监察委员由监察院院长提请国民政府主席任命，"不得兼任中央政府及地方政府各机关之职务"。监察院执行职务，分为三部进行：监察院本部，掌理中央监察事宜、以监察委员行使弹劾权；派监察使，分赴各监察区，行使弹劾权，监察使由监察委员兼任，监察区由监察院决定；审计部掌理审计事宜。①

以上是根据 1928 年 10 月 3 日中央政治会议通过的《国民政府组织法》成立的五院制国民政府的基本概况。根据该《组织法》规定，五院分别是国民政府的最高行政、立法、司法、考试和监察机关。但实际上，此项规定

---

① 《中华民国国民政府组织法》，载《国民党政府政治制度档案史料选编》（上册），第88—91页。

与国民政府的训政体制不符。因为在训政体制下，国民党实行的是以党代政，最高权力在国民党而不在国民政府，只有国民党的中央政治会议才有权力讨论、决议建国纲领，决定训政的根本政策大计，讨论、决议立法原则、施政方针、军事大计和财政计划，讨论、决议政府主要组成人员的任免，修正和解释《国民政府组织法》，而国民政府的五院只有实施或贯彻落实中政会的有关决议。以立法院为例，它只能根据中政会决议的立法原则起草法规条文，不能变更中政会通过的立法原则；但它通过的法律案，中政会则有权用决议案的方式提出修正或复议，而且一旦通过必须接受。除立法原则外，中政会还可直接提出和通过法律案。故此，有的研究者就明确指出："立法院之立法权，实受中央政治会议直接之裁制，远不若欧、美各国议院之立法权也。"[1] 又如行政院，它所决定的行政政策凡较重要者都要送请中政会做最后的决定，如行政计划及每年度的国家预算，都是经过行政院会议后送请中政会决定的。至于日常行政中较小的政策，如一事办不办理如何办理等等，也例须经过中政会备案。"这种情形与西洋民主国家的内阁不同。"[2]

这是就国民政府与国民党的关系而言，国民政府的五院不是最高的行政、立法、司法、考试和监察机关。从国民政府内部的关系来看，五院也不是最高的行政、立法、司法、考试和监察机关。因为根据《国民政府组织法》的规定，由各部会处组成五院，由五院组成国民政府。同时五院之上又设有一个由十数名国民政府委员、一名主席和若干幕僚机关组成的国民政府机关。五院院长由国民政府委员担任。国民政府委员组成国务会议处理国务，凡公布法律、发布命令，都须经国务会议议决，由国民政府主席及五院院长署名。因此，五院中没有一院是国民政府行使该项职权的最高机关，它们只是国民政府（委员会）下该项职权的具体执行机关。五院即五项治权的分工。时人孔宪监在《看了国府组织法草案后的疑虑》一文中就指出："照现在的组织法草案看来，不错是分开五个院，并且每院都有特定的职掌，但同时于五院之上，加一个国民政府，其委员又是五院的正

---

① 陈茹玄:《中国宪法史》，上海世界书局，1933，第180页。
② 陈之迈:《中国政府》第2册，商务印书馆，1945，第7页。

副院长。国民政府以国务会议处理国务，凡公布法律命令，均由国府主席和五院院长署名。这个组织，照我们愚见只可说是'五院分工'，似不能叫做'五权分立'。"①正因为五院之上还设有一个国民政府机关，国民政府以国务会议处理国务，所以有人提出，五院设立后的国民政府，不是五权主义，而是一权主义。因为"在真正的五权分立制度之下，五院之外，自不容有任何机关对于五院的决定享有变更或否决的权力，否则便为一权主义而非五权主义"②。

国民党所以要在五院之上，叠床架屋，再安设一个国民政府机关，并由国民政府委员组成的"国务会议处理国务"，其原因有三：第一，便于国民党对国民政府的控制，更好地体现"以党代政"的党治原则。因为根据有关规定，国民政府委员必须由国民党中央执行委员会或中政会选任，且多数为国民党重要人物。第二，便于政治分赃，安排国民党各派系的要员。国民党表面统一中国后，"有功的人物至众"，他们都伸手向党要权，尤其是"那个时候党内的领袖是多头的，没有一个唯一最高领袖，彼此的地位和力量都大致相等"，所以只有扩大政府机构，在五院之上再安设一个国民政府机关，任命各派系的要员为权力基本相等国民政府委员，"才能调和彼此之间的利益"。③1928年10月8日，国民党中央第173次常务会议正式通过任命的第一届国民政府委员有蒋介石、谭延闿、胡汉民、蔡元培、戴传贤、王宠惠、冯玉祥、孙科、陈果夫、何应钦、李宗仁、杨树庄、阎锡山、李济深、林森和张学良。第三，五院制源于孙中山的五权宪法，而根据孙中山的设想，五院之上有总统，总统有任命五院院长和督率五院之权。其总统一职，将由孙中山本人担任。孙中山的去世使设置总统一职成了不可能，因为当时在国民党的领袖中还没有人能有孙中山那样的权威和声望。于是国民党只好在五院之上设置一个国民政府机关的形式，以国务会议代行总统职权，以避免国民党各派系为争夺总统一职而矛盾激化。

① 孔宪监：《看了国府组织法草案后的疑虑》，《民声旬刊》1928年第4期，转引自孔宪铿编《五院政府研究集》，华通书局，1930，第144页。
② 王世杰、钱端升：《比较宪法》下册，商务印书馆，2010，第182页。
③ 中国第二历史档案馆藏《国民政府档案》，转引自袁继成等主编《中华民国政治制度史》，湖北人民出版社，1991，第365页。

以上我们从国民政府与国民党的关系，及国民政府内部的关系方面，分析了国民政府的五院并不像《国民政府组织法》所规定的那样，是最高的行政、立法、司法、考试和监察机关。另外，就五院之间的关系来看，它们虽然号称五权分立，但实际上它们之间并不存在"西洋民主国家的内阁不同"①的相互制衡关系。换言之，五院虽脱胎于西方的三权分立，但不能与西方的三权分立画等号。比如行政院就无权否决立法院的决议或将决议交回复议，更不能提请解散立法院。立法院不能对行政院的人员组成产生影响，因为行政院正副院长和各部会部长委员长的人选由中政会讨论决议，而不要经过立法院的投票表决。立法院虽有质询行政院各部会权，但这种质询仅限于该院决议案的执行范围，并且对提出的质询不发生任何政治上的责任，即使认为质询的答复不满意，也只能提请国民党中央执行委员会制裁，而不能对行政院提出不信任案。和各国的内阁不同，行政院并不对立法院负政治责任，所以立法院无权弹劾行政院。缺乏西方行政、立法和司法三权之间的那种制衡关系，这是国民政府五院制度的一个显著特点。

《国民政府组织法》自 1928 年 10 月 3 日通过后，直到 1948 年 5 月国民政府结束，行宪政府建立，国民党又先后对《国民政府组织法》进行过一些修改，但这些修改主要是在五院制的框架内，扩大或缩小国民政府主席的职权。具体来说，在蒋介石担任国民政府主席期间（1928 年 10 月至 1931 年 12 月，1943 年 9 月至 1948 年 5 月），国民政府主席权力大为扩张，而在林森任国民政府主席期间（1931 年 12 月至 1943 年 8 月），国民政府主席权力则大为缩小。这种因人而异，扩充或缩小国民政府主席职权，充分体现了五院制国民政府是国民党一党专制和蒋介石个人独裁的统治工具的特点。

五院制国民政府成立前后，国民党内部在是否应当制定一部训政时期约法的问题上出现严重分歧。当时已夺取了国民党党政军实权的蒋介石，为了进一步确立对全国的专制统治，亟须颁布一份类似根本大法的东西作为自己权力的法律基础，因而主张尽快召开国民会议，制定训政时期约法。而国民党元老、时任立法院院长的胡汉民则出于反对蒋介石进一步扩张权

---

① 陈之迈：《中国政府》第 2 册，第 7 页。

力的目的，提出应以孙中山的全部遗教为训政时期根本法，而不必重新制定一部训政时期约法。由于胡汉民在国民党历史上的地位，他的主张终于占了上风。1929 年 3 月召开的国民党第三次全国代表大会接受了胡汉民的主张，大会通过决议，"确定总理所著三民主义、五权宪法、建国方略、建国大纲及地方自治开始实行法，为训政时期中华民国最高之根本法。举凡国家建设之规模，人权、民权之根本原则与分际，政府权力与其组织之纲要，及行使政权之方法，皆须以总理遗教为依归。"[①]

当国民党内部就是否应制定约法而斗争之时，自由主义知识分子要求制定约法以保障人权的呼声日益高涨起来。与此同时，国民党内部的反蒋力量也以召开国民大会、制定约法为诉求向南京政府施压。1930 年 8 月，国民党内部的改组派、西山会议派联合冯玉祥、阎锡山以及桂系在北平召开"中国国民党党部扩大会议"。会议否定了国民党第三次全国代表大会的决议，并提出要遵照"总理遗嘱"，召集国民大会，制定训政时期约法。他们的这一主张得到了部分自由主义知识分子的赞同，周鲠生等人就加入了他们这一派起草约法的行列。

本来国民党内部反蒋力量要求召开国民大会、制定训政时期约法的目的，是为了给以蒋介石为主导的南京政府施压，但客观上却使蒋介石在与胡汉民围绕要不要制定约法的斗争中占据了比较有利的地位。于是他借力发力，1930 年 10 月 3 日，面对中原大战即将最后胜利的形势，正在开封督战的他，发表了有名的"江日致中央电"（又称江电），该电的中心内容，就是要求国民党中央召开国民会议并制定训政时期约法。1930 年 11 月，国民党召开三届四中全会，根据蒋介石的意旨，通过了《召开国民会议案》，决定于 1931 年 5 月 5 日，亦即孙中山就任非常大总统纪念日，召集国民会议，但由于胡汉民的坚决反对，决议案对国民会议是否制定约法一事避而未谈。为了实现既定目的，蒋介石于三届四中全会闭幕不久（1931 年 2 月 28 日），以宴请为名，软禁了胡汉民，逼迫胡辞去本兼各职。胡汉民被扳倒后，再也没有人敢与蒋介石对抗，蒋介石便很轻松地使国民党中常会于

---

① 《根据总理教义编制过去一切党之法令规章以成一贯系统；确立总理主要遗教为训政时期中华民国最高根本法案》，载《中国国民党历次代表大会及中央全会资料》（上册），第 654 页。

1931 年 3 月 2 日召开的第 103 次会议上通过决议，确定国民会议的重要任务是"确立本党与全国人民共同遵守之约法"。

1931 年 5 月 5—17 日，国民会议在南京召开。国民会议代表 520 人，出席会议 462 人。蒋介石声称，召开国民会议是遵奉孙中山的遗教，实现孙中山的遗愿。因为 1924 年孙中山抱病北上时曾倡导召开国民会议，以解决国是纷争。所以他不仅把此次会议与孙中山倡导的国民会议相提并论，而且在确定团体代表时也搬用了孙中山 1924 年所提出的团体名称，即除国民党外，还有"农会、工会、商会及实业团体、教育会、国立大学、教育部立案之大学及自由职业团体"。然而，1930 年 12 月 29 日国民党中常会通过的《国民会议代表选举法》却规定："前项农会、工会、商会、教育会各团体，以依法设立者为限。"而所谓"依法设立者"，都是国民党直接控制的御用团体。与此相联，对代表的资格，《国民会议代表选举法》也有严格限制。首先，职业代表有服务年限的规定。农会的代表必须从事于农业 10 年以上现尚未改业者，工会、商会的代表必须从事工业、商业 5 年以上现尚未改业者，教育会与各大学的代表必须从事教育事业 5 年以上现尚未改业者，自由职业团体的代表必须从事于自由职业（新闻记者、律师、医生、工程师、会计师）5 年以上现尚未改业者，才有当选的资格。其次，有政治表现规定，凡"有反革命行为、经判决确定或尚在通缉中者"；"褫夺公权尚未复权者"；"曾隶中国国民党，被开除党籍或停止党权者"，不得选为国民会议代表。[①] 这样不仅广大群众、知识分子被剥夺了当选资格，就是国民党内的反蒋派别也失去了当选的权力，有资格当选为国民会议代表的只能是蒋介石集团及其追随者。另外，1931 年 4 月 24 日公布的《国民会议组织法》还规定，国民党中央执行委员会、中央监察委员会委员及国民政府委员，不必经过选举就是当然的国民代表，得出席国民会议；国民党候补中央执行委员和候补中央监察委员、各院所属部会的部长及委员长，国民会议主席团特许人员有权列席会议。如此规定，显然是违背孙中山倡导召开国民会议以由人民来解决国是纷争之初衷的。

为了确保对国民大会的控制，使忠于蒋介石集团的人当选，国民党中央

①《国民会议代表选举法》，载《国民党政府政治制度档案史料选编》（上册），第 653—654 页。

还将全国划分为若干选区，每区派一名中央委员于选举期间监督当地选举工作，同时派出大批国民党干部赴各地"主持"选举。其结果，国民党如愿以偿，各地农会、工会、商会及实业团体、教育会、国立大学、教育部立案之大学及自由职业团体选出的代表，绝大部分都是忠于蒋介石集团的国民党党员。在国民党中央常务会议 1931 年 4 月 27 日第 138 次会议的记录中，载有上海特别市党部执行委员会致国民党中央的"敬"日电："国民会议代表选举结果，农陈管生、工后大椿、商王延松、自由职业者胡庶华，除陈管生为预备党员外，余均有党籍。"又据 4 月 30 日第 139 次常务会议记录："陈委员肇英报告，闽省出席国民会议代表大致已定，党詹调元、林学渊，农史家麟、陈联芳、康绍周，工孙世华、张赖愚、刘澄清，商黄赵林、黄卷、林柄康，教黄展云、沈觐宜、刘庆平，仅一、二人未有党籍。"[①]就此而言，所谓"国民会议"，与国民党的代表会议区别不大。

此次国民会议的主要内容是通过《中华民国训政时期约法》。由国民党中央起草提出的《约法》共八章八十九条。蒋介石集团制定《训政时期约法》的根本目的，为的是确立和巩固国民党的一党专制的国家制度。因此，和《训政纲领》一样，《训政时期约法》明确规定："训政时期由中国国民党全国代表大会代表国民大会行使中央统治权。中国国民党全国代表大会闭会时，其职权由中国国民党中央执行委员会行使之。"同时它还规定，国民党中央执行委员会有"约法之解释权"。国民党中央执行委员会既然有约法解释权，则制定和颁布的法令，其有效与否也就完全取决于国民党自身，《约法》第 84 条所谓"凡法律与本约法抵触者无效"的规定，就等于虚文。国民党中央执行委员会不仅成了中华民国的最高权力机关，而且还有了凌驾《约法》之上的权力。

在确立国民党的一党专制的国家制度的同时，作为训政时期的根本大法，《训政时期约法》也依照西方资产阶级民主国家的宪法形式，写进了一些保障中华民国国民权利的条文，如规定："中华民国之主权属于国民全体"，"中华民国国民无男女、种族、宗教、阶级之区别，在法律上一律平

---

① 中国第二历史档案馆《国民政府档案》，转引自徐矛《中华民国政治制度史》，上海人民出版社，1992，第 223 页。

等"，享有居住、信仰、迁徙、通信通电、发表言论、刊行著作、继承财产、请愿、诉讼、应考等自由权，并在完全自治之县，享有《建国大纲》第九条所规定的选举、罢免、创制、复决之权。大凡资产阶级民主国家宪法所赋予人民的自由权利，在《训政时期约法》里都能找到相同或类似的字眼。但和西方民主国家的宪法不同，《训政时期约法》不仅对如何保证这些自由权利的实现没有做任何具体规定，而且它采取的是"法律限制主义"，在每项人民权利的前面或后面，都加有"非依法律不得停止或限制之"的条文或"依法享有"的限制词。这也就是说，《训政时期约法》所规定的人民享有的种种权利和自由，国民党都可以通过制定相关法律而加以限制或取消。事实也正如此。在《训政时期约法》颁布的前后，国民党制定了《危害民国紧急治罪法》《共产党人自首法》《出版法》《新闻检查标准》等一系列法律和法令，这些法律和法令使《训政时期约法》关于人民的种种权力和自由的规定成了一纸空文。

关于中央与地方之权限的划分，《训政时期约法》虽然申明要"依《建国大纲》第十七条之规定，采均权制度"，但实际上就其具体规定来看，它采取的是中央集权制度，如规定中央可以限制地方的课税；地方制定的法规不得与中央法规相抵触，否则无效；工商业之专利、专卖特许权属于中央，地方无权染指；省政府受中央之指挥，综理全省政务；等等。而对于地方权力，《约法》只是虚晃一枪，承诺待宪政开始时，再以法律规定之。

关于国民政府，《训政时期约法》在确保"国民党有权，国民政府有责"的原则基本不变的前提下，对国民党与国民政府的关系做了一些调整，国民政府的权力有所扩大。比如，根据《训政纲领》的规定，国民党领导国民行使政权，并负责对人民进行四权训练；国民政府受国民党付托总揽五项治权，其重大国务的施行要受国民党中央执行委员会政治会议指导和监督。《训政时期约法》则对上述规定作了修正，改国民党负责对人民进行四权训练，为"选举、罢免、创制、复决四种政权之行使，由国民政府训导之"；改国民党"付托于国民政府总揽"五项治权而"执行之"，为"行政、立法、司法、考试、监察五种治权，由国民政府行使之"，取消了由国民党中央执行委员会政治会议"指导、监督国民政府重大国务之施行"一条的规定。与此相适应，《训政时期约法》还对国民政府组织法进行了修订，将 1928

年 10 月公布的《国民政府组织法》所规定的五院院长及各部会首长由国民党中央执行委员会选任，改为以国民政府主席提名，由国民政府依法任免；删去了原来的公布法律，发布命令，经国务会议议决，由国民政府主席署名之规定中的"经国务会议议决"几个字；同时取消了"以国务会议处理国务"的条文；并规定国民政府主席对内对外代表国民政府，而在以前的《国民政府组织法》中国民政府主席代表国民政府进行活动，仅限于接见外使，举行或参与国际典礼。经过如此修订，原来国民政府所实行的国府委员合议制遭到破坏，而为国府主席专任制所取代，国民政府主席事实上已成为大权独揽的国家元首。《训政时期约法》之所以要调整国民党与国民政府的关系，并对《国民政府组织法》进行修订，其原因就在于当时的国民政府主席是蒋介石，扩大国民政府的权力，取消国民党中政会对国民政府施行重大国务的指导和监督，并使国民政府主席成为大权独揽的国家元首，这有利于蒋介石的个人独裁。

　　国民党在《训政时期约法》的前言中声称："国民政府本革命之三民主义，五权宪法，以建设中华民国。既由军政时期入于训政时期，允宜公布约法，共同遵守，以期促成宪政，授政于民选之政府"。[1]然而事实上，国民党对《训政时期约法》采取的是一种实用主义的态度，凡对确立和巩固国民党一党专政的国家制度有利的，或符合当时政治需要的，就推崇之，以为自己行动的根据，反之，则阳奉阴违，甚至将其抛弃一边，另搞一套，而不管它与《约法》的基本内容抵触与否。《训政时期约法》颁布不久，国民党对国民政府组织法的修改就是这方面的典型例证。当时，由于国民党内部的矛盾，蒋介石被迫于 1931 年 12 月 15 日辞去国民政府主席职务，改由林森代理。22 日，林森在国民党四届一中全会上正式被推选为国民政府主席。国民党四届一中全会还通过了《关于中央政制改革案》，其中规定国民政府主席为中华民国元首，对内对外代表国家，但不负实际政治责任，并不兼其他各职；在宪法未颁布以前，行政、立法、司法、监察、考试各院各自对中央执行委员会负其责任；行政院长负实际责任；国府主席及委员、五院院长，由中央执行委员会选任之。很明显《改革案》的上述规定与《训

———————————
①《中华民国训政时期约法》，载《中国国民党历次代表大会及中央全会资料》（上册），第 945 页。

政时期约法》的有关内容不符，在《训政时期约法》中大权独揽的国府主席，在《改革案》中仅是一个不负任何实际政治责任的虚尊的政府元首。既然《训政时期约法》是训政时期国家的根本大法，而《关于中央政制改革案》只是国民党一党的决议，依照国家的根本大法高于一党的决议的原则，国民党应维护《训政时期约法》的权威，对《改革案》进行纠正。《训政时期约法》第 83 条也明确规定，"凡法律与本约法抵触者无效"。然而国民党从其实际的政治需要出发，不仅没有纠正《改革案》，相反依照《改革案》于 1932 年 3 月 15 日对《国民政府组织法》进行了修改，党权终究还是大于国法。所以，王世杰、钱端升深有感慨："我们须知约法虽已颁布，而党治的制度初未动摇，统治之权仍在中国国民党的手中。在党治主义下，党权高于一切；党的决定，纵与约法有所出入，人亦莫得而非之。"[①]

有的研究者认为，"此次《训政时期约法》之颁布，可谓为奠定国民革命成功之初基，即系政府与国民间之一种公约，不啻为党治、法治间过渡之工具"[②]。如此评价并不符合历史事实。因为，国民会议选举法是由国民党一党制定的，国民会议代表的选举也是由国民党一党操办的，这样的会议只能是变相的国民党代表大会，而非真正意义上的国民会议。由这样的会议制定的《训政时期约法》，体现的也只能是国民党的意愿，而非广大国民的意愿。按照这样的《约法》，是根本不可能由"党治"过渡到"法治"，由训政过渡到宪政的，国民党在《训政时期约法》前言中的许诺，不过是自欺欺人而已。实际上《训政时期约法》公布施行后的结果，除使国民党的一党专政统治得到加强外，并没有在民治、法治方面取得任何进展。

二、国民党训政制度的特点

南京国民政府训政制度具有以党代政，个人独裁和人民无权这样三个特点。

第一，以党代政。南京国民政府训政制度的一个最突出特点，是国民党以党代政，高度集权，国民政府只是"在党的指导下的一个最高行政机关"，

---

① 王世杰、钱端升：《比较宪法》，第 413 页。
② 杨幼炯：《近代中国立法史》（增订本），商务印书馆，1936，第 369 页。

"一切权力全操于国民党，由中国国民党决定以后，才交国民政府去施行，没有一件事情，可以经国民政府自由去行动"。① 具体言之，主要体现在以下几个方面：

（一）国民政府的权力由国民党给予。《训政纲领》第 4 条就明文规定，国民党将"治权之行政、立法、司法、考试、监察五项，付托于国民政府总揽而执行之"。国民党第三次全国代表大会通过的《确定训政时期党、政府、人民行使政权治权之分际及方略案》重申了《训政纲领》的这条规定。《训政时期约法》虽然对《训政纲领》第四条做了修改，但它同时又规定："训政时期由中国国民党全国代表大会代表国民大会，行使中央统治权。中国国民党全国代表大会闭幕时，其职权由中国国民党中央执行委员会行使之。"② 因此，国民政府的权力，还是由国民党给予的。

（二）国民政府的大政方针由国民党决定并监督施行。《训政纲领》第 5 条规定，中国国民党中央政治会议"指导监督国民政府重大国务之施行"。1929 年 3 月 21 日国民党第三次全国代表大会通过的《确定训政时期党、政府、人民行使政权、治权之分际及方略案》规定，国民党中央政治会议有权"决定县自治制度之一切原则，及训政之根本大政方针"，中央政治会议"在决定训政大计指导政府上，对中国国民党中央执行委员会负责；国民政府在实施计划与方案上，对中国国民党中央执行委员会政治会议负责"。1930 年 3 月 4 日国民党三届三中全会通过的《修正中央执行委员会政治会议条例案》和 1931 年 6 月 14 日国民党三届五中全会通过的《关于中央政治会议条例之修正案》则进一步规定：中央政治会议有权讨论及决议：甲、建国纲领；乙、立法原则；丙、施政方针；丁、军事大计；戊、财政计划。③ 而且凡中央政治会议通过的决议，国民政府必须执行。

（三）国民政府的主要官员由国民党选任。1928 年 10 月 3 日通过的《国民政府组织法》规定：国民政府主席、委员和五院正副院长、各部会部长、委员长由国民党中央执行委员会选任。1930 年 3 月 4 日国民党三届三

---

① 《国民政府主席蒋中正对政治报告之说明》，天津《大公报》1931 年 5 月 11 日。
② 《中华民国训政时期约法》，载《中国国民党历次代表大会及中央全会资料》（上册），第 947 页。
③ 《关于中央政治会议条例之修正案》，载《中国国民党历次代表大会及中央全会资料》（上册），第 992 页。

中全会通过的《修正中央执行委员会政治会议条例案》规定的政治会议"讨论及决议之事项"之一，是"国民政府主席及委员、各院院长、副院长及委员及特任特派官吏之人选"。[①]1931 年 5 月 12 日国民党会议通过、同年 6 月 1 日由国民政府公布的《中华民国训政时期约法》，虽然缩小了由国民党中央执行委员会选任国民政府主要官员的范围，规定国民政府主席一人、委员若干人由该委员会选任，而五院院长及各部会部长、委员长由国民政府主席提名、由国民政府依法任免，但根据是年 6 月 14 日国民党三届五中全会通过的《关于中央政治会议条例之修正案》，不仅国民政府主席及委员要由中央政治会议讨论决议，各院院长、副院长及委员，及特任、特派官之人选也要由中央政治会议讨论决议，依然只有国民党才有选任国民政府主要官员的权力。[②]

（四）国民政府的组织法由国民党制定修正和解释。《训政纲领》第 6 条规定，"中华民国国民政府组织法之修正及解释，由中国国民党中央执行委员会政治会议议决之"。由于国民党握有《国民政府组织法》的制定、修正和解释权，因此，如我们已指出的那样，后来曾根据需要一再修改《国民政府组织法》，而不论其修改的内容与作为训政时期国家的根本大法的《训政时期约法》相抵触与否。党权、党法凌驾于国权、国法之上。

国民党"以党代政"，主要是通过中央政治会议来实现的。中央政治会议的设立最早可追溯到国民党改组前夕。1923 年 1 月 2 日，孙中山召集改进党务会议。会上宣布的中国国民党总章中，中央组织系列的部、委中包括有政治委员会，其职责是"调查国内外之政治经济状况，并研究国外经济改革计划"[③]。2 月，中央干部会议第一次会议拟成立政治委员会，以辅助孙中山筹划政治方针。翌年 7 月 11 日，正式设立中央政治委员会，孙中山任主席，孙中山指派胡汉民、汪精卫、廖仲恺、谭平山（后改为瞿秋白）、伍朝枢、邵元冲、戴季陶 7 人为委员、鲍罗廷为高等顾问。后又加派谭延闿、许崇智、孙科、蒋介石为委员。此时的中央政治委员会虽然可以讨论和议

① 《修正中央执行委员会政治会议条例案》，载《中国国民党历次代表大会及中央全会资料》（上册），第 797—798 页。

② 《关于中央政治会议条例之修正案》，载《中国国民党历次代表大会及中央全会资料》（上册），第 992 页。

③ 邹鲁：《中国国民党史稿》，（台北）台湾商务印书馆，1976，第 350 页。

决重大政治问题，但只有孙中山才有最后的决定权，因此就性质而言，它还是一个孙中山的政治咨询机关。

孙中山逝世后，由胡汉民代理主席，另有常务委员廖仲恺、伍朝枢、汪精卫。1925年6月中政会第14次会议决议改组原来的大元帅府，成立国民政府，同时就中政会本身的性质做出两项决议：（一）在中国国民党中央执行委员会内设政治委员会，以指导大革命之进行；（二）关于政治方针，由政治委员会决定，以政府名义执行。从此，中政会由政治咨询机关成了革命指导机关，成了国民党和政府之间的连锁。1926年1月23日，中国国民党第二届一中全会通过第一个《中央执行委员会政治委员会组织条例》，规定政治委员会为中央执行委员会特设的政治指导机关，对中央执行委员会负责，但没有对职权做出具体规定。是年6月1日由国民政府通告的《政治委员会处理事务细则》规定，凡"关系国家全体利害者"，"关系政府全部利害之政策者"，"关系本党主义或决定者"，"有使本党内部发生意见之可能者"，都要提交中政会讨论；同时，国民政府各部会，每月要向中政会报告工作情况，其中外交部每半月报告一次，遇紧急情况得随时报告。

在南京国民政府建立、训政开始后，中政会的地位有了进一步的显著提高，并成了"全国实行训政之最高指导机关"。根据国民党第三次全国代表大会通过的《确定训政时期党、政府、人民行使政权治权之分际及方略案》的有关规定，中央政治会议居于党与政府之间，它隶属于国民党中央执行委员会，但不是处理党务的机关；是国民政府训政大计和政策方案的发动机关，但不属于行政系统，不直接发布命令及处理政务。在决定训政大计指导政府上，中央政治会议对中央执行委员会负责；在实施训政方针计划与方案上，国民政府又对中央政治会议负责，但在法理上，国民政府仍为政府的最高机关，而非中央政治会议的隶属。有的研究者指出，"这种党的机关不做党务，为政府决策而非政权系统，法理上非政府的1个层级，实际凌驾于政府之上的组织，为中国其他政党所绝无，国民党所独有"[1]。

第二，个人独裁。南京国民政府的训政制度的第二个特点是蒋介石的个人独裁。当然蒋介石个人独裁统治的建立有一个过程。孙中山在世时，蒋

---

① 陈瑞云：《现代中国政府》，吉林文史出版社，1988，第209页。

介石只是黄埔军校校长兼粤军总司令部参谋长，在国民党党内并没有很高的地位。孙中山逝世后，他利用手中的兵权和国民党内的内部纷争，并通过制造"中山舰事件"和随后提出的"整理党务案"，打击和排斥共产党人及国民党左派，同时乘机攫取党政军权力，到 1927 年 7 月广州国民政府誓师北伐前夕，他已担任军事委员会主席、国民党中央组织部部长、军人部长、国民革命军总司令以及国民党中央常务委员会主席等要职。

北伐战争开始后，随着北伐战争的胜利进军，作为国民革命军总司令的蒋介石谋取个人独裁的政治野心也日益膨胀起来。一方面，他招降纳叛，将旧军阀部队大量地收编为国民革命军以扩充自己的武装力量，北伐出师时，国民革命军共 8 个军，兵力约 10 万人；到 1926 年 12 月，全军已有 200 个团，兵力 26.4 万人；到 1927 年 3 月，全军共正式编成 26 个军 7 个师，1 个旅，约 50 万人，待编 8 个军。另一方面，则利用 1926 年 7 月 7 日国民政府颁布的《国民革命军总司令部组织大纲》中，有关国民革命军总司令统辖国民政府下之陆、海、空各军，对于国民政府与中国国民党在军事上须负完全责任的规定，使国民政府实际上成了一个不受党指挥，而受"军"指挥的行政机关，从而造成了党权旁落和军权膨胀，军队不受党、政府的统辖，相反，军队支配一切，凌驾于党和政府之上。其结果是以党治国实际蜕变为以军治国。蒋介石成了新的最大的军阀。

鉴于蒋介石权力的急剧膨胀，1927 年 2 月 9 日，国共合作的武汉方面举行高干会议，提出实行民主、防止独裁、提高党权、扶助农工运动。是年 3 月 10 日至 17 日，国民党二届三中全会如期在汉口举行。会议通过了《对于中央执行委员会国民政府委员临时联席会议决议案》《统一党的领导机关决议案》《统一革命势力决议案》《统一财政决议案》《统一外交决议案》《修正政治委员会及分会组织条例》《中央执行委员会军事委员会组织大纲》《军事委员会总政治部组织大纲》《国民革命军总司令部条例》等文件；重申党的最高机关为全国代表大会，全国代表大会休会期间，党的权力机关为中央执行委员会，中央执行委员会全体会议前后及两会期间，由全体会议互选的常务委员 9 人组成中央执行委员会常务委员会，对党务、政治、军事行使最终议决权，除党务直接处理外，其他交国民政府执行；决定加强合议制，中央常务委员会、中央政治委员会、国民政府和军事委员会一律不设主席，国民政府实行委员合议制，中央政治委员会和军事委员会采取主席团制；同时对党政军领导机构进行了调整，重新选举产生了国民党中央常务委员会委员、各部长、中央政治委员会及其主席团、军事委员会委员及其主席团、国民政府委员及常务委员。国民党二届三中全会的目的是要提高党权，加强党治，实行集体领导体制，以抑制蒋介石权力的进一步膨胀。因此，制度变动和重新选举的结果，使蒋介石失去了中央常委会主席、中央政治会议主席、军事委员会主席、军人部长、国民党中央组织部部长等要职，他虽然继续担任国民革命军总司令，并被选为国民党中央常务委员、中央政治委员会委员、国民政府委员会委员、军事委员会委员主席团成员，但其权力已被大大削弱。蒋介石试图建立个人独裁的努力第一次受到严重挫折。

国民党二届三中全会闭会不到一个月，就发生了四一二政变。蒋介石因为反共有功，在国民党内的地位得到空前加强，加上他又长期担任国民革命军总司令，牢牢地控制着军权。在旧中国，军权是政权的基础，是政治斗争的筹码和资本。因此，南京国民政府建立后，蒋介石又再次攫取了曾在国民党二届三中全会上失去的党政军大权。1928 年 1 月，他重任国民革命军总司令（1927 年 8 月 13 日，特委会成立前，因国民党内部矛盾，蒋介石曾宣布下野，辞去国民革命军总司令职务）；2 月，主持国民党二届四中全会，会上被选为中央政治委员会主席和军事委员会主席；10 月，出任国民政府主席兼陆海空军总司令。自此，蒋介石不仅在实际上，而且在职务上第一次成了国民党党、政、军的最高领导者，实现了他梦寐以求的"党政军三位一体"。

虽然实现了"三位一体"，但蒋介石要真正实行个人独裁还有许多障碍。首先，军权尚未集中，国民党内新军阀桂、阎、冯各派各拥有一部分兵力，占据一块地盘，不服从蒋介石的调遣；其次，党内还不统一，胡汉民派、汪精卫派、西山会议派等各拥山头，与蒋介石集团明争暗夺，争夺对中央的控制权；第三，根据 1928 年 10 月 3 日通过的《国民政府组织法》，国民政府实行委员合议制，国民政府主席有职无权，只能"代表国民政府接见外使，并举行或参与国际典礼"。[1]

---

[1] 中国第二历史档案馆编《国民党政府政治制度档案史料选编》（上册），第 88 页。

　　为了扫除这些障碍，尽快确立个人独裁统治的局面，蒋介石一方面于1929年春主持召开全国军编会议，企图以"裁军建设"相号召，"编遣"桂、阎、冯各派的军队，实现军权最高度集中；另一方面，则利用这年3月召开的国民党第三次全国代表大会，打击党内异己力量。结果加剧了蒋与桂、阎、冯和党内其他派别的矛盾，并最终演化为蒋桂战争、蒋冯战争和蒋阎冯战争。在帝国主义和江浙大资产阶级的支持下，蒋介石在这些战争中打败对手，取得胜利。因此到1930年11月蒋阎冯战争结束时，国民党内除蒋介石集团外，在军事上有力量的只剩下已归从蒋介石的张学良的东北军，在政治上还能与蒋一争高下的，只剩下胡汉民派。

　　蒋介石在残酷的国民党新军阀混战中连连胜利，使他认为从制度上建立个人独裁统治的时机已经到来。于是在1930年10月，亦即蒋阎冯战争即将结束之前夕，他在开封前线致电国民党中央执行委员会，主张召开国民会议，制定训政时期约法。据说蒋此举的真实目的，是要通过国民会议，选自己为"总统"，以便实行个人独裁。[1] 但如前所述，蒋此举遭到了时任立法院院长的胡汉民的坚决反对。结果蒋用非常手段将胡汉民软禁起来，并强迫胡辞去了国民政府委员、立法院院长等本兼各职。国民党内阻碍蒋介石个人独裁的最后一块绊脚石被他用非法手段搬除。不久，1931年5月5日，国民会议如蒋所愿在南京召开，并通过了他操纵起草的《训政时期约法》。而《训政时期约法》的内容之一，就是扩大国民政府主席职权，改国民政府委员合议制为国民政府主席专任制。于此之前（1930年11月），蒋介石兼任行政院长（原院长谭延闿已于1930年9月病逝），并指使国民党三届三中全会于他走马上任前对《国民政府组织法》进行了第一次修改。《训政时期约法》公布后，他又指使国民党中央再次修改了《国民政府组织法》。这两次修改的目的相同，都是扩大国民政府主席职权。修改后的《国民政府组织法》除保留国民政府主席原有的职权外，还规定主席不必经过国务会议决议，即有权公布法律，发布命令，并且不必由五院院长共同署名，只要主管院院长副署就行；不必经过国民党中央执行委员会选任，即有权直接提请国民政府任免五院正副院长、陆海空军副司令及直属于国民

---

① 胡汉民:《革命过程中之几件史实》,《近代史资料》1983年第2期。

政府的各院、部、会长；有权根据行政院院长、立法院院长和监察院院长
推荐或提名向国民政府提请任免行政院各部长、委员长，立法院立法委员、
监察院监察委员。另外，修改后的组织法还将原 11 条"国民政府以国务会
议处理国务，国务会议由国民政府委员组织之，国民政府主席为国务会议
主席"，改为"国民政府会议由国民政府委员组织之，国民政府主席为国民
政府会议之主席"，删去了"国民政府以国务会议处理国务"的内容，这
意味着原组织法所规定的国民政府的合议制被取消，而代以国民政府主席
的专任制。经过上述修改，国民政府主席已成了大权独揽的政府元首。鉴
于党内反对派的反对，蒋介石没有像原计划的那样，改国民政府为总统制。
但作为国民政府主席，他已具有了总统制下总统的权力。因此，有的研究
者就认为，组织法修改后的国民政府"似已改用总统制矣"。①

　　蒋介石从制度上加强国民政府主席的权力，集大权于一身，引起了被蒋
用武力或非法手段暂时压制下去了的国民党内反蒋各派的强烈不满，他们
打着"救党护国""打倒独裁"的旗号，再次联合起来进行倒蒋活动。与此
同时，九一八事变后，蒋介石对日不抵抗主义也激起了全国人民的强烈反
对。在各方巨大的压力下，已陷于内外交困的蒋介石被迫于 1931 年 12 月
15 日经国民党中常会临时会议同意，辞去国民政府主席、行政院院长及海
陆空军总司令等本兼各职，改由林森继任国民政府主席。同年 12 月 22 日
至 29 日召开的国民党四届一中全会，对政治体制进行了改革：改中央政治
会议主席制为常务委员制，设常务委员 3 人，开会轮流主持，推选蒋介石、
汪精卫、胡汉民 3 人为常务委员；国民政府主席为中华民国元首，对内对
外代表国家，但不负实际政治责任，并不兼其他官职，任期二年，得连选
连任一次；行政、立法、司法、监察、考试五院"各自对中央执行委员会
负其责任"，五院院长由中央执行委员会选任。根据国民党四届一中全会通
过的上述改革方案，国民党再一次修改了《国民政府组织法》，并于同年 12
月 30 日公布，除上述有关内容外，还规定，国民政府主席颁布法律、发布
命令须五院中有关院长副署才能发生效力。这样一修改，国民政府主席又
成了一个虚尊无权的国家元首。

---

① 杨幼炯：《近代中国立法史》，第 370 页。

国民党四届一中全会对政治体制的改革，是对蒋介石个人独裁统治的打击。但由于蒋介石掌握有一支以黄埔系为核心的中央军，是国民党内最大的新军阀，而如本书指出过的那样，在旧中国，军权是政权的基础。因此，尽管迫于各方压力，蒋介石暂时辞去国民政府主席职务，并不再担任中央政治会议主席，但他的权力基础并未受到削弱。四届一中全会闭会不久，他便策动国民党中央重设已于北伐战争结束时被撤销的国民政府军事委员会，自任军事委员会委员长，再次成为国民党的实权人物。

吸取以前从制度上集权引起党内反对派的同声反对、而迫使自己辞去国民政府主席职务的教训，蒋介石这次复出后，则将党和政府的最高职务让与他人，自己只当军事委员会委员长，以军事委员会为基地，发展个人势力，实行独裁统治。他一方面扩大军事委员会机构，在全国各地设立委员长行营，绥靖公署，"剿匪"司令部，警备司令部，卫戍司令部，保安司令部等，建立起对全国的军事统治网；另一方面，利用CC系特务组织和复兴社特务处，疯狂破坏共产党组织，屠杀共产党人和其他进步人士，并打击迫害国民党内的异己分子，实行特务统治。在国民党内，他暂时联合不讲原则、长于政治投机的汪精卫，共同排斥打击对自己独裁始终持反对态度的胡汉民及其追随者，并通过陈果夫和陈立夫控制党务。据胡汉民说，中央党部会议，无论议决什么案件，陈氏兄弟最后都要说一句，"不知蒋介石意见如何如何"①。因此，1932年他再一次复出后，虽然在相当长的一段时期内只担任军事委员会委员长，但实际上国民党的党政军大权仍在蒋介石掌控之下。胡汉民在1935年1月就明确指出，当时"实际支配南京政治者，实际操着对人民和官吏的生杀予夺之权者，实际可以变更法律或变更政制者，甚至实际可以任意调动军队或以国家之领土主权予人者"，"是握有军事权力的军事当局"，亦即蒋介石，他并称这种统治为"军权统治"。②

这里需要指出的是：自1928年南京国民政府成立到1937年"七七事变"，在抗日战争全面爆发之前，蒋介石的个人独裁统治，主要是依赖于他所控制的军权再加上一套特务系统实现的，是一种事实上的独裁；而在制

---

① 陈彬和：《蒋胡斗争》，载彭明主编《中国现代史资料选辑》第四册，中国人民大学出版社，1989，第95页。
② 胡汉民：《和平协作的真伪》，载《中国现代史资料选辑》第四册，第76页。

度上，他企图集党、政、军最高职务于一身，实行名正言顺的独裁的努力，则因国民党内异己力量的反对遭到了失败。他这一努力到抗日战争全面爆发以后才逐步实现。

第三，人民无权。南京国民政府训政制度的第三个特点是人民无权。首先，人民被剥夺了参与政治的机会，没有选举权、罢免权、创制权和复决权，因为根据《训政纲领》和《训政时期约法》的规定，在训政时期，这四项权利，由中国国民党全国代表大会代表国民大会来行使，国民党全国代表大会闭会期间，由国民党中央执行委员会来行使。其次，人民的其他种种自由权利得不到丝毫保障，国民党可以任意限制、取消和践踏。前引国民党第三次全国代表大会通过的《确定训政时期党、政府、人民行使政权治权之分际及方略案》就明确规定，训政期间，中国国民党最高机关如认为必要，"得就于人民之集会、结社、言论、出版等自由权，在法律范围内加以限制"；中华民国人民，"须服从拥护中国国民党，誓行三民主义，接受四权使用之训练，努力地方自治之完成"，才"始得享受中华民国国民之权利"。《训政时期约法》虽然规定中华民国国民享有居住、信仰、迁徙、通信通电、发表言论、刊行著作、继承财产、请愿、诉讼、应考等自由权，但它不仅对如何保证这些自由权利的实际没有做出任何规定，而且采取的是法律限制主义，国民党可以通过制定相关法律对人民享有的自由权利加以限制甚至取消。据不完全统计，自南京国民政府建立到抗战爆发之前，国民党制定和颁布的限制或剥夺人民种种自由权利的法律法规条例就达数十种之多，这些法律法规条例大致可以分为以下几类。

一是刑法。1928年3月10日由南京国民政府正式公布施行的《中华民国刑法》，是中国历史上第一部以"刑法"为名称的刑法典。国民党制定该《中华民国刑法》的目的是要维护自己的统治地位。因此该刑法分则第一章"内乱罪"第一条就规定："意图以非法的方法颠覆计争、僭窃土地或紊乱国宪而着手实行者，为内乱罪，处七年以上有期徒刑。""以暴乱犯内乱罪者，处无期徒刑或七年以上有期徒刑。"[①] 这就要求全国人民必须接受国民党的统治，否则，将以"内乱罪"严惩。1935年，国民党又对《中华民国刑法》

---

① 余明侠主编《中华民国法制史》，中国矿业大学出版社，1994，第322页。

作了修订，修订后的《中华民国刑法》除保留了"内乱罪"中的上述内容外，还在分则第七章妨害秩序罪中规定：凡是"参与以犯罪为宗旨的结社者，处以三年以下有期徒刑、拘役或五百元以下罚金，首谋者处以一年以上七年以下有期徒刑"[①]。而判定某一结社是否是"以犯罪为宗旨"的权力在国民党。如此，人民的结社自由权就被完全剥夺。该刑法典中还规定了所谓"预备犯"和"阴谋犯"。根据规定，人们即使没有任何"犯罪"的实际行动，但只要有不满国民党统治的思想言论，就构成了"预备犯罪"或"阴谋犯罪"，必须受到严惩。这样人民的言论思想自由又被剥夺。

二是特别刑事法规。如 1927 年 11 月 18 日公布施行的《惩治盗匪暂行条例》，1928 年 3 月 9 日公布施行的《暂行反革命治罪法》，1931 年 1 月 3 日公布、3 月 1 日施行的《危害民国紧急治罪法》，1935 年 7 月 25 日公布施行的《共产党自首法》，1936 年 2 月 20 日公布的《维持治安紧急办法》，1936 年 8 月 31 日公布施行的《惩治盗匪暂行办法》等。这些法规具体体现了南京国民政府训政制度的反动本质。《暂行反革命治罪法》就规定，凡"意图颠覆中国国民党及国民政府或是破坏三民主义"的各种行为，都以"反革命"论处。而根据《危害民国紧急治罪法》的规定，凡从事反对国民党和民国政府的所谓"反革命罪"，均处以死刑。《反省院条例》和《反革命案件陪审暂行法》甚至规定，凡是违犯《危害民国紧急治罪法》和《暂行反革命治罪法》的人，于"罪行之执行完毕仍有再犯之虞者"，或"认为确有反革命之虞者"，但"因证据不足致不起诉及判决无罪"，经国民党中央执行委员会议决均送入反省院。[②] 这也就是说国民党可以以莫须有的罪名，抛开一切法律程序，剥夺公民的人身自由权。

三是一些具体的法规，法令和条例。如 1930 年 8 月国民党中央宣传部、陆海空军总司令和南京卫戍司令部颁布的《首都新闻检查暂行条例》，规定凡属军事、政治、外交与共产党消息的新闻，均须检查，经检查后标题不能更改；各通讯社、报馆每日采访收集的新闻稿件，均须送检，未经检查的不许印发排版，否则，将"予以扣报停版封闭或拘留负责人之处

---

① 余明侠主编《中华民国法制史》，第 327 页。
② 余明侠主编《中华民国法制史》，第 335 页。

分"①。1930年12月国民政府颁布的《出版法》及1931年10月颁布的《出版法实施细则》，对报纸、杂志、书籍以及其他出版物作了种种规定，一切出版物均须交审，非经许可，不得印刷和发行，否则，将予以严惩。1932年国民党中央宣传部颁布的《宣传品审查标准》规定，凡宣传共产主义鼓吹阶级斗争，以及批评国民党内外政策，对国民政府表示不满的，都属"反动宣传品"，一律严予禁止。1934年国民党中央宣传部又颁布了《图书杂志审查办法》，规定一切图书杂志在付印前必须将稿本送国民党中央宣传委员会图书杂志审查委员会审查，不送审的要"予以处分"。审查委员不但有权删削，而且有权修改，凡不按删改印刷的图书杂志，一经发现严惩不贷。通过上述这些法规条例，《训政时期约法》所规定的人民享有的发表言论、刊行著作权被剥夺殆尽。

除通过制定种种法律、法规和条例限制、剥夺人民的种种自由权利外，国民党还采取各种非法手段，随意逮捕杀害共产党人、其他进步人士，甚至对国民党稍有不满的人，查封报馆，查禁书刊，实行白色恐怖。如上海报业资本家《申报》总经理史量才，因《申报》发表反对国民党对外一味妥协、对内积极"剿共"政策的言论，而于1934年11月被国民党特务暗杀。镇江《江声日报》经理刘煜生因在该报副刊刊登《端午节》和《下司须知》等描写社会生活状况的文艺作品，而被江苏省政府主席顾祝同以"宣传反动，阶级斗争，背叛党内"的罪名，非法逮捕、枪决，报馆也随之被非法查封。安徽的一个校长，因语言上顶撞了蒋介石，遂被非法拘禁了好多天。据统计，从1927年到1928年上半年全国就有33.7万多人被杀害，到1932年，被杀害的人数已达到100多万。1935年北平、天津10校学生发表的争自由宣言写道："奠都以来，青年之遭杀戮者，报纸记载至三十万人之多，而失踪监禁者更不可胜计。杀之不快，更施以活埋；禁之不足，复加以毒刑。地狱现形，人间何世？……杀身之祸，人人不敢必免，吾民何辜，而至于斯！北京大学学生组织'帝国主义研究会'，清华大学学生组织'现代座谈会'，以及约法所许之权利，而政府则解散之，逮捕之。著作乃人民之自由，而北平一隅，民国二十三年焚毁书籍竟达千余种以上。杜重远先生

---

① 朱汉国主编《南京国民政府纪实》，安徽人民出版社，1993，第165页。

系爱国志士，竟以'妨碍邦交'而受刑事审判。此外刊物之被禁，作家之被逮，更不可胜计。焚书坑儒之现象，不图复见于今日之中国，此诚吾民所百思莫解者矣。"[1] 就连身为国民党中央执行委员会委员的伍朝枢在致立法院院长孙科的信中也承认："军阀专横，官吏恣肆，对于人民身体自由，任意蹂躏，往往无故加以拘禁，拘时固不经法定手续，拘后则审讯无期，又不开释，致令久羁囹圄，呼吁无门。……亦有始终拘禁而不释放者，甚至擅处私刑者。似此黑暗情状，计惟吾国历史上所谓乱世及欧洲中古时代始有之。"[2]

人民的人身、言论、思想等种种自由权利得不到任何保障，这是国民政府训政制度的一个最显著的特征。

三、南京国民政府与广州和武汉国民政府政治制度的比较

1924 年 1 月，孙中山在中国共产党和第三国际的帮助支持下，在广州召开中国国民党第一次全国代表大会，完成了对国民党的改组。在此次大会上，孙中山明确提出组织国民政府，以取代 1923 年 2 月在广州成立的以他为大元帅的陆海空大元帅府："本总理之意，以为此次大会之目的有二：一改组本党，一建设国家。而于建设国家，尚有应研究之问题二：一立即将大元帅政府变为国民党政府，二先将《建国大纲》表决后，四处宣传，使人民了解其内容，结合团体，要求政府之实现。"[3]

大会采纳了孙中山的意见，当即通过《组织国民政府之必要提案》："一、国民党当依此最小限度政纲为原则，组织国民政府。二、国民党当宣传此义于工、商、实业各界及农民、工人、兵士、学生与夫一般之群众，使人人知设统一国民政府之必要。"[4]

国民党第一次全国代表大会闭幕后，孙中山虽然为建立国民政府进行了一些准备，但直到他 1925 年 3 月 12 日因肝癌疾发，不幸在北京逝世，国

---

① 《平津十校学生自治会为抗日救国争自由宣言》，载杨瀚主编《西安事变历史资料汇编 4 文告、决议、讲话》，中央文献出版社，2017，第 331—332 页。

② 转引见吴经熊、黄公觉《中国制宪史》(上)，商务印书馆，1937，第 85—86 页。

③ 孙中山：《关于组织国民政府案之说明》，载《孙中山全集》第九卷，第 103 页。

④ 《组织国民政府之必要提案》，载《中国国民党历次代表大会及中央全会资料》(上册)，第 34 页。

民政府始终没有建立起来。这一方面是因为国民党第一次全国代表大会闭幕后孙中山的主要精力，放在了筹备北伐上，接着又应冯玉祥等人的邀请北上共商国是，没来得及将建立国民政府的事情提上议事日程；另一方面是广东革命根据地尚未实现统一，陈炯明尚盘踞在惠州，杨希闵、刘震寰等一批骄兵悍将也未除去，直接威胁着革命政权的生存，成立国民政府的条件还不完全成熟。李剑农在分析国民政府迟迟未能建立的原因时就认为："以中山居在大元帅的地位上，或者尚可勉强震慑；若把大元帅的名义撤销，改组合议制的国民政府，杨、刘辈势必列入国民政府的重要位置，徒然增重他们的把持势力，于政务改革的实际无补（观于中央执行委员会中虽加杨希闵而于政务改革的实行无补可知）。所以国民党改组后，仍旧保留中山的大元帅政府；中山离粤北上，由胡汉民代行大元帅职权。"[1]

孙中山逝世后，鉴于形势的变化，国民党中央开始酝酿用委员制的国民政府取代一长制的大元帅府。不久，东征军在击败陈炯明后，又回师广州，平定了刘震寰、杨希闵叛乱，解除了滇桂军阀对革命政权的直接威胁，成立国民政府的条件日趋成熟。1925年6月14日，国民党中央政治委员会第14次会议决定遵照孙中山的遗教，将大元帅府改组为国民政府，并通过了《国民政府组织大纲》。次日，该组织法为国民党中央执行委员会通过。27日，代理大元帅胡汉民发布改组政府令。7月1日，国民党中央执行委员会公布《国民政府组织法》，宣告中华民国国民政府（即广州国民政府）在广州正式成立。广州国民政府成立后做的第一件大事，即是出师北伐，打倒北洋军阀的反动统治。北伐军在全国人民的热烈支持下，一路势如破竹，同年10月就攻克华中重镇武昌。随着北伐的胜利进军，革命中心逐渐由两广地区转移到两湖地区。因此，国民政府决定迁都武汉，它首先由到武汉的部分国民党中央执行委员和国民政府委员成立联席会议，于1927年1月1日开始代行国民党中央党部和国民政府的职权在武汉办公。国民政府迁都武汉，标志广州国民政府的结束和武汉国民政府的开始。7月15日，武汉国民政府领导人汪精卫追随蒋介石背叛革命，发动反革命政变，革命的武汉国民政府自此灭亡。我们这里比较的是存在于1925年7月1日至1927

---

[1] 李剑农：《中国近百年政治史》，上海人民出版社，2014，第540页。

年 7 月 15 日的广州和武汉国民政府的政治制度。

第一，政权性质的比较。广州、武汉国民政府成立于孙中山完成了对中国国民党的改组、国共两党合作共同进行大革命的高潮之中，是改组后的国民党领导下的政府，而改组后的国民党已不再是一个单纯的资产阶级政党，而是一个工人、农民、小资产阶级、民族资产阶级联盟形式的统一战线组织，因此，在它领导下成立的广州武汉国民政府也不是一个单纯的资产阶级专政的政府，而是"无产阶级在不同程度上参加了的，小资产阶级、资产阶级以及一部分地主阶级联合的，带有不同程度的新民主主义色彩的专政"的联合政府。① 共产国际驻中国代表鲍罗廷任国民政府总顾问，共产党员在国民党二届三中全会（1927 年 3 月 10 日至 17 日在汉口举行）以前，虽然根据共产国际的意见，未在国民政府中任职，但不少人担任了国民党和军队的领导工作，从各方面给予国民政府以巨大政治影响和支持，用《国闻周报》的话说，当时共产党和国民党"在行政方面，为事实上合作"。② 国民党二届三中全会以后，根据二届三中全会通过的《统一革命形势案》所提出的"由共产党派负责同志加入国民政府及省政府"，以便两党"共同负担政治责任"的要求，共产党人谭平山、吴玉章担任武汉国民政府委员，谭平山、苏兆征分任国民政府农政劳工部长。此外，毛泽东、谢晋、罗绮园、刘芬、张国恩、高语罕等分别在国民政府的有关部会中担任了职务。

这样一个有无产阶级在不同程度上参加的、几个阶级的联合政府所实行的政策，无论从长远看，还是从眼前看，都绝不仅仅代表一个阶级或一个政党的利益，而代表的是工人、农民、小资产阶级、民族阶级的利益，是绝大多数国民的利益。广州国民政府成立之日即郑重宣布，"国民政府唯一职责，即履行先大元帅遗嘱"，实现大革命之目的。当前大革命之任务，即着手废除帝国主义强加给中国人民的不平等条约和召开国民会议。成立后，广州国民政府采取了一系列措施：在军事上，把各地方军统编为国民革命军，由中央军事委员会统一指挥，陆续设立八个军，人数达到十万人、在各军中设立党代表和政治部，选任部分共产党人和国民党左派担任党代表

---

① 《关于废除伪法统》，《人民日报》1949 年 2 月 16 日。
② 《国民党与共产党关系纪略》，《国闻周报》第 4 卷第 14 期，1927 年 4 月 17 日。

和政治部主任。在行政方面，组织第二次东征和南征，统一了广东革命根据地，将全省九十四县划分为六个行政区，接着又实现了两广统一。在财政方面，实现了统一收支与管理，大大改善了财政状况。上述这些措施为北伐做了必要的准备。1926年6月5日，广州国民政府通过"出师北伐案"，7月1日发表《北伐宣言》，9日国民革命军誓师北伐。从此，北伐成了广州国民政府的中心工作。武汉国民政府成立后，除继续北伐战争外，也在政治、经济、外交等方面采取了一些符合多数国民利益的措施，如支持汉口、九江的民众收回英租界，整理湖南金融等，就连蒋介石也不得不承认，武汉国民政府"在外交上，如汉口、九江英租界之收回；如财政统一之实施；湖南金融之整理；如交通行政之改善，落落大端，均能在革命之基础上展开建设之卷头，增进党国之地位"[1]。另外，武汉国民政府还在共产党人的支持帮助下，制定颁布了一些支持工农运动，保护工农利益，打击反革命分子，巩固革命政权的法律、法令和法规。如1927年3月，国民政府成立了以邓演达、徐谦、顾孟余、谭平山和毛泽东五人组成的土地委员会。该委员会在详尽调查研究的基础上，先后制定公布了具有法律性质的《解决土地问题决议案》《革命军人土地保护条例》和《佃农保护法》。由毛泽东起草的《解决土地问题决议案》所确立的解决土地问题的基本原则是：把大地主的土地及官地、荒地分配给没有土地或土地不足维生的农民，对于小地主和革命军人的土地应由国民政府加以保护。同时"为使土地问题得到解决，必须使农民有充分的力量以取得政权和保障政权。因此，国民政府应援助乡村农民对大地主及一切封建势力作斗争"[2]。谭平山参与起草的《佃农保护法》为减轻佃民的地租负担，明确规定：佃农交纳的地租等项不得超过所租土地出产量的40%，实际交纳数量由各地地方政府会同当地农民协会规定之，佃农交租必须等到收获季节，而且如遭荒歉或战争破坏有权要求减租免租。为保护佃农的永佃权，该《保护法》还规定：佃农对于所耕地有永佃权，但不得将原租土地转租他人。[3]1927年4月之前武汉市失业工人达20余万。为此武汉国民政府颁布了《失业工人救济局组织大纲》，

---

[1]《蒋总司令复汉口市民反英运动委员会电》，转引见徐矛《中华民国政治制度史》，第195页。

[2] 余明侠主编《中华民国法制史》，第233页。

[3] 余明侠主编《中华民国法制史》，第235—236页。

设立失业工人救济局，救济失业工人。同时，严禁雇主无故停业或解雇工人，凡无故停业必须给工人一定数额的救济费。武汉国民政府还根据当时工人阶级的状况和革命的需要，采取了许多有针对性的法律措施，保护工人政治、经济方面的权益，工人有参加工会的自由权，有集会、结社、游行、示威权，有人身权和武装自卫权，有缔结劳动合同权，有抗议权。[①]据初步统计，武汉国民政府先后颁布的保护工农利益的决议条例、法令，除上面所提到的那些外，还有《湖北省临时工场条例》《湖北省劳资仲裁委员会组织条例》《解决手工业及店员与店东争议临时办法》《解决雇主争执仲裁会条例》等。

和广州、武汉国民政府不同，训政时期的南京国民政府，是一个大地主大资产阶级专政的政府，代表的是大地主大资产阶级的利益。不仅鲍罗廷的国民政府总顾问的职务被解除，共产党人成为被捕杀的对象，就是国民党左派如邓演达、宋庆龄、陈友仁等也被排挤出了国民政府之处，抗战之前南京国民政府的主要成员，如政府委员，五院正副院长，行政院各部会部长、委员长，几乎是清一色的大地主大资产阶级的代表人物，个别民族资产阶级的代表人物，如蔡元培，在南京国民政府成立的初期阶段也担任过重要职务，但不久即退出了国民政府。

第二，以党治国的比较。和南京国民政府的训政制度一样，广州和武汉国民政府的政治制度也实行的是以党治国。1925年7月1日公布的《中华民国国民政府组织法》规定，"国民政府受中国国民党之指导及监督，掌理全国政务"[②]。为了实现国民党对国民政府之指导及监督，国民党中央在决议成立国民政府的同时，对中央政治委员会的组织法进行了修订，规定了两项内容：一是政治委员会隶属中央执行委员会，以指导大革命为基本任务；二是国民政府施政方针由中央政治委员会决定之后，交由国民政府执行，中央政治委员会与国民政府的关系是决策者与实施者的关系。中央政治委员会不仅有权决定国民政府的大政方针，而且有权任免国民政府的主要官员。国民政府各部、委、院均需定期向中央政治委员会报告工作，重大问

---

① 余明侠主编《中华民国法制史》，第238—239页。
② 中国第二历史档案馆编《国民党政府政治制度档案史料选编》（上册），第367页。

题须提请该委员会讨论决定。除此，组成国民政府的其他重要机关，如军事委员会、监察院、惩吏院也都要"受中国国民党之指导及监督"。1927年3月10日至17日在汉口召开的国民党二届三中全会通过的《统一党的领导机关决议案》和随后公布的《修正国民政府组织法》，进一步强调了以党治国的原则。首先，关于国民政府的指导机关，《组织法》的第一条即规定"受中国国民党中央执行委员会之指导及监督"。其次关于国民政府组成人选，《组织法》第二条规定："国民政府由中央执行委员会选举若干人组织之，并指定其中五人为常务委员。"[①] 再次，关于国民政府的施政方针，《统一党的领导机关决议案》规定：中央执行委员会常务委员会"对于党务、政治、军事行使最终议决权。除党务直接处理外，交国民政府执行之"[②]。《组织法》第三条规定："未经中央执行委员会议决之重要政务，国民政府委员无权执行。"[③]

广州和武汉国民政府的政治制度虽然是"以党治国"，但和南京国民政府的训政制度不同，它不仅允许其他政党，如中国共产党的合法存在，并且与共产党共同领导大革命，这与南京国民政府的训政制度不允许其他政党的合法存在形成了鲜明对比。与此相联系，广州和武汉国民政府，国民党没有对政权实行垄断，如前所述，除国民党外，不少共产党人也参加了政府，有的甚至担任了重要的领导工作。

这里尤需指出的，在广州和武汉国民政府时期，由于中国国民党是工人、农民、小资产阶级和民族资产阶级的政治联盟，是统一战线的一种组织形式。因此，国民党实行"以党治国"，能够保证国民政府成为工人、农民、小资产阶级和资产阶级的联合政府，保证国民政府的活动能符合工人、农民、小资产阶级和资产阶级的共同利益。同时"以党治国"，加强党权，在当时也是对北伐战争后日益膨胀起来的蒋介石的军事独裁权力的一种抑制。而到了南京国民政府时期，因蒋介石背叛革命，第一次国共合作已经

---

① 《修正国民政府组织法》，载西南政法学院法制史教研室编印《中国法制史参考资料汇编》第三辑（内部参考），1982，第65页。
② 《统一党的领导机关决议案》，载《中国国民党历次代表大会及中央全会资料》（上册），第317页。
③ 《修正国民政府组织法》，载《中国法制史参考资料汇编》第三辑（内部参考），第65页。

破裂，国民党已不再是工人、农民、小资产阶级和民族资产阶级的政治联盟。这时的"以党治国"，只能是国民党的一党专政。

第三，政府组织形式的比较。和南京国民政府不同，广州和武汉国民政府的组织形式不是五院制，而是府部（委）两级制。1925 年 7 月 1 日公布的《中华民国政府组织法》规定，国民政府以若干委员组成，国务由委员会议执行，设军事、外交、财政各部，每部设部长一人，由委员兼任，经委员会决议可添设新部，各部部长依其职权可发布命令。广州国民政府成立后，依据《组织法》的规定设立了军事、外交、财政三部，军事部部长先为许崇智，后为谭延闿；外交部部长先为胡汉民，后为傅秉常，后又改为陈友仁；财政部部长先为廖仲恺，后为古应芬，后又改为宋子文。1926 年因政务需要，又陆续增设了教育行政委员会、司法行政委员会（1926 年 11 月改为司法部，部长徐谦）、交通部（1926 年 11 月成立，部长孙科）和侨务委员会（1926 年 9 月成立）。武汉国民政府时期，根据 1927 年 3 月 10 日至 17 日在汉口召开的国民党二届三中全会对《国民政府组织法》的修改，又增设了教育、实业、农政、劳工和卫生五部，以顾孟余、孔祥熙、谭平山、苏兆征、刘瑞恒分别任五部部长。

1925 年 7 月 1 日公布的《中华民国政府组织法》没有设立立法、司法、监察和考试机构的条文。据此，有的研究者认为，广州国民政府既不是三种分立，也不是五权分立，而是"一权主义"，"在形式上，俨然成为一个立法、行政、司法等权的综合体"（王世杰等：《比较宪法》第 757 页）。但实际上，根据"以党治国"的原则，立法权不在国民政府，而在国民党中央执行委员会及其所属的政治委员会（1926 年 5 月改称政治会议），像国民政府组织法、军事委员会组织法大纲等重要法令，均由国民党中央执行委员会通过后公布施行，其他法律或法令大多由政治委员会议决后经中央执行委员会交国民政府公布施行。

在行政制度方面，广州和武汉国民政府始终采取的是委员合议制。如前所述，根据 1925 年 7 月 1 日公布的《中华民国政府组织法》的规定，国民政府以若干个委员组成，其中 5 人为常委，常委中一人为主席，所有委员、常委和主席都由国民党中央政治委员会讨论推选，再送中央执行委员会议决并任命。国务由委员会议执行，常务委员处理日常政务，主席只在开会

时充任召集人和主持人，并无高出其他常委的权力。国民政府公布法令或
有关国务的文书，如属于各部的，由国民政府主席及主管部部长署名，不属
各部的，由常委委员多数署名，以国民政府名义行之。1927年3月10日至
17日在汉口召开的国民党二届三中全会，为提高党权，防止军权膨胀的蒋介
石实行个人独裁，又对《国民政府组织法》作了修正，最主要一点就是不再
设置国民政府主席，原国民政府主席召集和主持会议的职权由常委轮流行使。

与广州和武汉国民政府始终实行的是委员合议制不同，南京国民政府的
行政制度虽然在形式上有时实行的是委员合议制，有时实行的是主席专任
制（1931年12月到1931年12月，1943年9月到1948年3月），有时实
行的是行政院院长负责制（1932年1月到1943年9月），但实际权力从来
都掌握在作为国民政府主席的蒋介石，或作为军事委员会委员长的蒋介石，
或作为行政院院长的蒋介石，或作为国民政府主席兼行政院院长的蒋介石
的手中，实行的是蒋介石的个人独裁。

第二节　训政制度对孙中山政治思想的继承与背离

国民党曾一再声称，南京国民政府训政制度是依据先总理孙中山的遗教
而建立起来的，不少学者尤其是国民党学者也持这一观点。但在本书看来，
训政制度与孙中山政治思想之间的关系非常复杂，前者对后者既有继承的
一面，也有背离的一面，继承的是形式，而背离的是内容，或者换句话说，
是"貌似而神离"。

一、对孙中山"革命程序"论的继承与背离

"革命程序"论是孙中山政治思想的重要组成部分。所谓"革命程序"
论，是说革命的政权建设要顺序经过三个步骤或时期。孙中山最早在《中国
同盟会革命方略》中明确提出这一思想。他指出：革命的政权建设"之次
序则分为三期"：第一期为"军法之治"——系以军法为依据，是革命的"军
政府督率国民扫除旧污之时代"；第二期为"约法之治"——系以约法为依

据，是革命的"军政府授地方自治权于人民，而自总揽国事之时代"；第三期为"宪法之治"——系以宪法为依据，是革命的"军政府解除权柄，宪法上国家机关分掌国事之时代"。①这三个时期联系为一个循序渐进的过程。根据孙中山的设计，"军法之治"和"约法之治"的时间，分别为三年和六年。后来在《中华革命党总章》中他又重申：本党进行秩序分作三时期：一、军政时期。此期为积极武力，扫除一切障碍，而奠定民国基础。二、训政时期。此期以文明治理，督率国民，建设地方自治。三、宪政时期。此期俟地方自治完备之后，乃由国民选举代表，组织宪法委员会，创制宪法；宪法颁布之日，即为革命成功之时。②尽管在文字上"军法之治""约法之治"和"宪法之治"变成了"军政时期""训政时期"和"宪政时期"，但在内容和含义上二者并没有什么区别。在《建国方略》和《中国革命史》等著述中，孙中山再次讨论革命程序问题，以"建设""过渡"和"建设完成"为革命程序的三个时期。孙中山最终论述革命程序的一个重要文献是《国民政府建设大纲》。在这份文献中，孙中山再次把革命程序分为三期："一曰军政时期；二曰训政时期；三曰宪政时期。""军政时期"的革命任务为革命政府"一面用兵力以扫除国内之障碍，一面宣传主义以开化全国之人心，而促进国家之统一"。"训政时期"始自"一省完全底定之日"，其主要任务，在政治上是实现地方自治；在经济上是核定地价，增价归公，开发富源，兴办公益事业。"凡一省全数之县皆达完全自治者"，即为"宪政时期"之始。这时，人民得以通过"国民代表会"，选举省长，"全国有过半数省份达至宪政开始时期"，则"开国民大会，决定宪法而颁布之"。之后"全国国民则依宪法行全国大选举"，组织"民选之政府"。至此，"建国之大功告成"，革命取得最终成功。③

孙中山所以提出"革命程序"论，尤其强调从"军政"——用暴力推翻封建专制政府到"宪政"——建成民主宪政制度之间要有一个"训政"的过渡时期，主要是基于以下两个方面的认识：第一，他认为中国人民长期处于专制制度的统治之下，奴性已深，牢不可破，不晓得自己去站那主人的

---

① 孙中山：《中国同盟会革命方略》，载《孙中山全集》第一卷，第297—298页。
② 孙中山：《中华革命党总章》，载《孙中山全集》第三卷，第97页。
③ 孙中山：《国民政府建设大纲》，载《孙中山全集》第九卷，第127—129页。

地位，更不知道"民主政治"为何物，"一旦抬他作起皇帝，定然是不会作的"，因此，"我们革命党人应该来教训他，如伊尹训太甲样"，迫着他来做主人，学会使用四权。[①] 基于以上认识，孙中山认真考虑了"由革命一跃而几于共和宪政之治者，其道何由"的问题，并得出"创一过渡时期为之补救"的结论。[②] 否则，他认为，直接"由军政时期一蹴而至宪政时期，绝不予革命政府以训练人民之时间，又绝不予人民以养成自治能力之时间"，将会导致严重的"流弊"——"第一流弊，在旧污未由涤荡，新治未由进行。第二流弊，在粉饰旧污，以为新治。第三流弊，在发扬旧污，压抑新治。更端言之，即第一为民治不能实现，第二为假民治之名，行专制之实，第三则并民治之名而去之也。"[③] 第二，他认为革命既是"非常之破坏"，同时也是"非常之建设"，二者"相辅而行，犹人之两足、鸟之双翼也"。在他看来，"必须非常之建设，乃足以使人民之耳目一新，与国更始也"。而所谓"非常之建设"，是用"革命手段去建设"。这是训政时期的主要内容，也只有在"训政时期"完成"革命之建设"，才能进入真正民治，"非此则必流于乱也"。[④]

　　就孙中山提出"革命程序"论，尤其强调在军政与宪政中间必须有训政这样一个过渡时期的理论来看，他一方面认识到从推翻封建专制政府到民主立宪制度的建立不可一蹴而就，而有一个过程，认识到革命政权建设的艰巨性，这无疑是正确的。同时，革命程序的划分，对于革命党人在革命政权建设的不同发展阶段把握首要任务，也有其积极意义。但另一方面，革命程序论又是建立在低估人民群众的智慧和创造力之基础上的，他只看到人民群众愚昧落后的一面，而没有看到人民群众中蕴藏着巨大的革命热情和创造力，他们既能够改造客观世界，也能够在改造客观世界的过程中改造主观世界，在推翻封建专制制度的斗争中学会管理国家，当家作主人，不需要外来力量的强迫，"像伊尹训太甲"那样予以训导，也能适应"民主政治"。孙中山的"革命程序"论在军政与宪政之间加入一个训政时期，这

① 孙中山：《在上海中国国民党本部会议的演说》，载《孙中山全集》第五卷，第400—401页。
② 孙中山：《建国方略》，载《孙中山全集》第六卷，第208页。
③ 孙中山：《中国革命史》，载《孙中山全集》第七卷，第66—67页。
④ 孙中山：《建国方略》，载《孙中山全集》第六卷，第207、210页。

实际上是他英雄创造历史的唯心史观的反映。

国民党在打倒北洋军阀，夺取全国政权之后，宣布军政时期结束，训政时期开始，并宣布训政是军政到宪政的过渡时期，其最终目的是要立宪，实行宪政，还政于民。这是符合孙中山的"革命程序"论的，或者说是对孙中山"革命程序"论的继承。

抗日战争时期，毛泽东曾指出："军政、训政、宪政三个时期的划分，原是孙中山先生说的，但孙中山在逝世前的《北上宣言》里，就没有讲三个时期了，那里讲到中国要立即召开国民会议。可见孙先生的主张，在他自己，早就依据情势，有了变动。"[1]有不少研究者据此认为，孙中山晚年已放弃了"革命程序"论，国民党打着维护孙中山的旗号，而执行他已放弃了的理论，这是对孙中山思想的背叛。我们认为这种观点值得商榷。召开国民会议的主张最早是中国共产党提出来的。中国共产党在1923年7月发表的《对于时局之主张》中提出："由负有国民革命使命的国民党，出来号召全国商会工会农会学生会及其他职业团体，推举多数代表在适当地点，开一国民会议"，"只有国民会议才真能代表国民，才能够制定宪法，才能够建设新政府统一中国，也只有他能够否认各方面有假托民意组织政府统治中国之权"。[2]中国共产党的这一主张后来为孙中山所接受。1924年11月10日他发表的《北上宣言》主张"召集国民会议，以谋中国之统一与建设"[3]，并建议在召集国民会议之前，先召集一预备会议，决定国民会议之基础条件及召集日期、选举方法等事。孙中山在《北上宣言》中的确只字没有提到他的"革命程序"论，但这并不表明他已放弃了这一思想。因为，第一，《北上宣言》是1924年10月23日冯玉祥发动北京政变后，孙中山为了实现全国统一，应冯玉祥等人电邀北上共商国是前发表的对时局的主张，而"革命程序"论是革命的方略，在对时局的主张中不谈革命方略是非常自然的事情。第二，孙中山虽然没有谈及革命方略，但他在《北上宣言》中提出，如果国民会议得以召开，"本党将以第一次全国代表大会宣言所列举之政纲，

---

① 毛泽东：《和中央社、扫荡报、新民报三记者的谈话》，载《毛泽东选集》第二卷，第588页。
②《中国共产党对于时局之主张》，载《中共中央文件选集》第一册，第177、178页。
③ 孙中山：《北上宣言》，载《孙中山全集》第十一卷，第297页。

提出国民会议，期得国民彻底的明了与赞助"①。而国民党第一次全国代表大会宣言所列举的政纲，其内容大多是训政时期的基本工作。另外，孙中山发表《北上宣言》后不久的北上途中，在与日本长崎新闻记者的谈话中明确表示，"中国将来是三民主义和五权宪法的制度"②，五权宪法则是宪政时期的政治制度。第三，孙中山在他的遗嘱中，希望"凡我同志，务须依照余所著《建国方略》、《建国大纲》、《三民主义》及《第一次全国代表大会宣言》，继续努力，以求贯彻"③。而如同我们已指出的那样，"革命程序"论是《建国方略》《建国大纲》和《三民主义》的主要内容之一。

国民党于推翻北洋政府后，宣布军政结束，训政开始，这符合孙中山的革命程序论，但国民党在继承孙中山的革命建设要经过军政、训政和宪政这样三个时期的思想的同时，又背离了他在"革命程序"论中提出的训政时期所应实行的政治经济主要任务的主张。

我们在介绍孙中山的"革命程序"论时已经提到，孙中山提出的训政时期在政治上的主要任务是实现地方自治。他在为同盟会制定的《革命方略》中就明确规定：军政府在"约法之治"时期，"以地方自治权归之其地方之人民"。在《建国大纲》中他又写道："在训政时期，政府当派曾经训练考试合格之员，到各县协助人民筹备自治"，其内容包括调查户口，测量土地，办理警卫，修筑道路，当使其人民得到四权使用的训练，而完毕其国民之义务，誓行革命之主义者，则"得选举县官以执行一县之政事，得选举议员以议立一县之法律，始成为一完全自治之县"。在"完全自治之县，其国民有直接选举官员之权，有直接罢免官员之权，有直接创制法律之权，有直接复决法律之权"。④另外，每县地方自治政府成立之后，得选派国民代表一名，以组织代表会，参与中央政事。孙中山所以把实现地方自治作为训政时期的主要政治任务，是因为在他看来，地方自治对于民主政治有着非常重要的积极意义。一方面，实施地方自治可以迅速"移官治为民治"，实现主权在民；另一方面，实施地方自治可以广泛吸引人们参与政治活动，从

---

① 孙中山：《北上宣言》，载《孙中山全集》第十一卷，第298页。
② 孙中山：《与长崎新闻记者的谈话》，载《孙中山全集》第十一卷，第365页。
③ 孙中山：《国事遗嘱》，载《孙中山全集》第十一卷，第639—640页。
④ 孙中山：《国民政府建国大纲》，载《孙中山全集》第九卷，第127页。

而为宪政奠定基础。

　　打着孙中山旗号的国民党人，虽然鉴于以上孙中山把实施地方自治作为训政时期主要政治任务的规定，也不得不把实现地方自治说成是"训政时期党最大之职责"，以县为地方自治单位，县党部为督促地方自治机关，自治机关应举办的自治事项共 21 项，并要求 1930 年底依照县自治法完成县组织和训政人员的初期训练，1932 年底初期调查户口、清丈土地完毕，1933 年底各地筹备自治机关完全设立，1934 年底以前完成县自治。①为此，国民政府行政院还制定了《完成县自治实施方案内政部主管事务分年进行程序表》，详细规划了在确立自治组织、训练自治人员、筹措自治经费、整顿社会秩序、调查户口、组织市县政府、清丈土地、训练民众等方面每一年所应进行的具体工作。但实际结果，所谓地方自治则大多有名无实。据国民党地方自治指导委员会的统计，至 1932 年底全省已完成县自治区域划分的只有江苏、浙江、安徽、河北、贵州、察哈尔、绥远等 7 省，仅占全国 28 省的 25%；部分完成的有江西、湖南、河南等 12 省，占 43%；云南、广西等 9 省则完全未举办，占 32%。这也就是说，规定的地方自治时间已过去 2/3，还有 75% 的省没有完成甚至根本没有进行过地方自治区域的划分。划分自治区域是地方自治的最基本的前提，区划不清，其他事项便无法开展。1935 年 1 月国民党五大通过的《切实推行地方自治以完成训政工作案》也不得不承认："回顾过去成绩，全国一千九百余县中在此训政将告结束之际，欲求一达到《建国大纲》之自治程度，能成为一完全自治之县者，犹杳不可得，更遑言完成整个地方自治工作。"②

　　该案认为，地方自治工作所以没有取得多少实际结果，其原因有两点：（一）政府只注重书面应付，而忽略实际工作，每借口剿匪（指围剿工农红军——引者）关系，或经济无着，以因循敷衍，奉行故事，徒有自治之名，而无自治之实；（二）地方党政当局多欠密切联系，党部欲推进而不可能。如过去中央曾有地方自治协进会之组织，令各地党部筹设分会，以协助政

①（国民党三届一中全会）《完成县自治案》，载《中国国民党历次代表大会及中央全会资料》（上册），第 762 页。

②《切实推行地方自治以完成训政工作案》，载《中国国民党历次代表大会及中央全会资料》（下册），第 325 页。

府，推行自治，乃地方政府在积极方面不参加合作，在消极方面复以经费
困难为辞，而取漠视态度，结果该项组织乃无形瓦解，毫无成就。由此足
以证明地方党政当局未能切实联系，从而影响了自治工作的推进。①

　　国民党五全大会把地方自治失败的根本原因归之于政府推进不力和地方
党政当局欠联系协调，这是推卸责任。实际上，地方自治工作失败的根本
原因，就在于真正的地方自治不利于国民党的一党专政和蒋介石的个人独
裁，所以尽管国民党在口头上把地方自治叫得比天响，方案计划制定了一
个又一个，但在行动上则阳奉阴违，往往借助地方自治之名，行专制独裁
之实，对真正的地方自治敷衍拖沓，对假的有利于国民党专制统治的"地方
自治"则雷厉风行，不遗余力。最显著的例证是保甲制度的推行。1930 年
11 月国民党三届四中全会通过决议，明确把"兴办保甲"作为"地方自治
之推行"的施政纲领之一。1933 年 8 月，国民党在筹划对革命根据地的第
五次"围剿"的同时，颁布《鄂豫皖三省剿匪总司令施行保甲训令》和《剿
匪区内各县编查保甲户口条例》，开始在各"剿匪"区推行保甲制度。1934
年经国民党中政会同意，国民政府行政院通令全国普遍实行保甲制度。到
1936 年，全国已有 13 省 2 市普遍建立了保甲制度。其速度不谓不快。其原
因就在于保甲制度有利于国民党的专制统治。因为保甲制度的内容是对人
民实行所谓"管"（强化户籍管理，实行联保连坐制度）、"教"（进行党化、
奴化教育，使人人懂得义、礼、廉、耻）、"养"（摊派各种苛捐杂税）、"卫"
（组织民团维护社会秩序）。

　　如果说孙中山所规定的训政时期在政治上的主要任务是实行地方自治；
那么在经济上的主要任务则是核定地价，增价归公，开发富源，兴办公益
事业。他在《建国大纲》中规定，每县开创自治之时，必须先规定全县私有
土地之价，其法由地主自报之；地方政府则照价征税，并可随时照价收买。
自此次报价之后，若土地因政治改良、社会进步而增价，则其利益当为全县
人民所共享，而原主不得私自占有。又规定："土地之岁收，地价之增益，公
地之生产，山林川泽之息，矿产水力之利，皆为地方政府之所有，而用以经

――――――――――
①《切实推行地方自治以完成训政工作案》，载《中国国民党历次代表大会及中央全会资料》（下
　册），第 326 页。

营地方人民之事业，乃育幼、养老、济贫、救灾、医病与夫种种公共之需。"①
核定地价，增价归公，这是孙中山的一贯主张，也是他民生主义的主要内容。
其目的是希望通过此项措施，变封建土地所有制为土地国有制，实现"耕者
有其田"，从而为资本主义的发展创造必要条件。然而，一再标榜按孙中山
"遗教"办事的国民党人，却在这个关键问题上背离了孙中山的"遗教"，终
其训政时期，国民党都没有实行过孙中山的"核定地价、增价归公"的主张。

二、对孙中山"以党治国"论的继承与背离

孙中山从事革命伊始，就非常重视政党的作用。1905 年他发起创立了
具有近代政党性质的革命团体中国同盟会。民国初年，同盟会改组为国民
党，面对当时所出现的政党林立的局面，他主张以"英美先进国之模式"，
实行"政党政治"，由各政党联合成为两个大党，两党在"宪政轨道"上进
行竞争，并系统地阐述了两党制的规律及其政治作用。在他看来，代议政
体国家中的政党作用有三："一以养成多数者政治上之智识，而使人民有对
于政治上之兴味；二组织政党内阁，直行其政策；三监督或左右政府，以
使政治之不溢乎正轨，此皆共同活动之精神也。"②

1913 年"宋案"的发生，宣告了在袁世凯专制淫威下的"政党政治"
的彻底破灭。此后，孙中山为继续领导中国人民从事维护民主共和的斗争，
1914 年在日本重新组织了中华革命党，1919 年 10 月又再次对中华革命党
进行整顿，更名为中国国民党，并在吸取民初政党政治失败的教训之基础
上，逐渐形成了以党治国的思想。概而言之，这一时期孙中山的"以党治
国"的思想包含有以下一些基本观点：

一、革命党不仅要建立革命政权，"把国家再造一次"，而且革命胜利
后，要"将政治揽在我们手里来作"，实行一党专政或独裁。《中华革命党
总章》就明文规定："自革命军起义之日至宪法颁布之时，名曰革命时期；
在此时期之内，一切军国庶政，悉归本党负完全责任。"③在《批伍曜南函》

① 孙中山：《国民政府建国大纲》，载《孙中山全集》第九卷，第 128 页。
② 孙中山：《致璍罗同志函》，载《孙中山全集》第三卷，第 147 页。
③ 孙中山：《中华革命党总章》，载《孙中山全集》第三卷，第 97 页。

中，孙中山强调："非本党不得干涉政权。"①　与此相联系，在革命期内，非革命党党员，一律不得享有公民资格，享有选举权和被选举权，国家的一切权力归于革命党，只有革命党党员才有权执政，有权管理国家。二、革命党的组织，"即为未来国家之雏形"②，二者合二为一，党权代替政权。因此，中华革命党的组织机构在设立总务、党务、财政、军事、政治五部之外，还设有"协赞会"，其下分设立法、司法、监督和考试四院，目的是将来"若成立政府时……则四院各成独立之机关，与行政部门平行，成为五权并立"。③三、革命党实行党魁独裁制，所有党员须绝对服从党魁的领导。孙中山指出："凡人投身革命党中，以救国救民为己任，则当先牺牲一己之自由平等，为国民谋自由平等，故对于党魁则当服从命令，对于国民则当牺牲一己之权利。"在他看来，世界上"无论何党，未有不服从党魁之命令者，而况革命之际，当行军令，军令之下尤贵服从乎？"④他认为二次革命所以失败，其重要原因就在于党员没有绝对服从他的命令，执行他的主义。因此，他在组建中华革命党时，要求党员向他宣誓，"愿牺牲一己之生命、自由权利，附从孙先生再举革命"⑤。

孙中山放弃"政党政治"，主张"以党治国"，这是他政治思想的一大转变。表明经过民初政治斗争的实践，孙中山已意识到在封建势力相对强大、人民民主观念不太发达的旧中国，英美资产阶级的那套"政党政治"的宪政模式是行不通的，要想把中国建设成一个真正的民主国家，只有建立一个强有力的革命政党，并通过一党专政或独裁，使国家政权牢牢掌握在革命党手中，从而防止革命的半途而废，防止辛亥革命后同盟会涣散的历史重演。就此而言，孙中山以党治国思想的提出，适应革命形势发展的需要，体现了孙中山要在中国实现资产阶级真正民主自由的强烈愿望。但这只是问题的一方面，问题的另一方面，以党治国的思想在认识上又存在着重大偏差。

首先，一党专政或独裁违背了资产阶级的民主主义原则，和孙中山要在

---

① 孙中山：《批伍暕南函》，载《孙中山全集》第三卷，第104页。
② 孙中山：《复杨汉孙函》，载《孙中山全集》第三卷，第184页。
③ 孙中山：《中华革命党总章》，载《孙中山全集》第三卷，第100页。
④ 孙中山：《致陈新政及南洋同志书》，载《孙中山全集》第三卷，第92页。
⑤ 罗家伦主编，黄季陆增订《国父年谱（增订本）》（上册），中国国民党中央委员会党史史料编纂委员会，1969，第540页。

中国实现资产阶级真正民主自由的强烈愿望相矛盾；其次，以党代政，党政合一，混淆了革命党与革命政权之间的界限，易造成党内专权和个人独裁。再次，党魁独裁制的结果是个人凌驾于党权之上，以党治国往往蜕变为以人治国，个人独裁。

1924 年 1 月，孙中山在新成立的中国共产党和苏联的支持下，召开国民党第一次全国代表大会，完成了对国民党的改组，并于国民党一大前后，根据苏俄革命成功的经验，进一步修正和完善了他的"以党治国"的思想。首先，他重新解释了"以党治国"的意义，指出："所谓以党治国，并不是要党员都做官，然后中国才可以治；是要本党的主义实行，全国人都遵守本党的主义，中国然后才可以治。简而言之，以党治国并不是用本党的党员治国，是用本党的主义治国。"① 这表明，孙中山开始将"以党治国"的重心，由组织上以党员执掌政权管理国家，转移到以党义教化同人，统一全国思想的基点上。所以他一再强调，以党治国也就是"以主义治国"。其次他提出了"借才于党外"的思想，认为那些真正信奉国民党三民主义，并且"能宣传主义，运动群众，组织政治的革命"的人才是革命党的人才，因而"倘若有一件事发生，在一个时机或者一个地方，于本党中求不出相当人才，自非借才于党外不可"。② 这样他就否定了早先关于非本党党员一律不得享有公民权、不得享有选举与被选举权，不得执政的种种规定，从而为打破国民党对政权的一党垄断创造了条件。第三，革命党实行民主主义的集权制度。这包括两方面内容：一是党员有权参与党内一切问题的决议及党外政策的确定，有权选举各级执行党务的机关；二是党员有义务遵守党的纪律，执行党的机关在听取党员意见的基础上做出的决议或命令。改组后的《中国国民党总章》就规定："凡党员须恪守纪律，入党后即须遵守党章，服从党义；其在本党执政地方及在军事时期，尤须严格遵守。党内各问题，各得自由讨论；但一经决议定后，即须一致进行。"③ 按此原则，党的权力主要集中于各级党的机关而不是集中于个人，全国代表大会、地方代表大会和地方党员大会分别是国民党各级党部的权力机关，由它们选出的各级执

---

① 孙中山：《在广州中国国民党恳亲大会的演说》，载《孙中山全集》第八卷，第 282 页。
② 孙中山：《在广州中国国民党恳亲大会的演说》，载《孙中山全集》第八卷，第 282 页。
③ 孙中山：《中国国民党总章》，载《孙中山全集》第九卷，第 160 页。

行委员会执行党务，并在代表大会休会期间代表大会行使权力。这种民主主义的集权制与党魁独裁制不可同日而语。

如同对待孙中山的"革命程序"论一样，国民党的训政体制对于孙中山的"以党治国"论也既有继承一面，又有背离一面。就继承一面而言，国民党主要继承了孙中山在中华革命党时期和中国国民党改组之前提出的训政时期革命党实行一党专政或独裁，以及党权代替政权的思想。同时，蒋介石对孙中山的党魁独裁制也情有独钟，并随着他在国民党内绝对统治地位的逐渐建立，开始实行其个人独裁统治。国民党对孙中山"以党治国"论的背离，主要是背离了孙中山1924年前后对"以党治国"论的修正和完善。首先，背离了孙中山提出的革命党"以主义治国"的思想，而推行所谓党员治国。蒋介石就公开声称，"非本党同志完全管政主义是很不易实行的"，"希望二年以内，政治人员，由中央政府以至各地高级政府，全是本党的党员，如此主义方可实行。革命方可完成"。① 与此相联系，国民党也背离了孙中山提出的"借才于党外"的思想，而不择手段排除异己，疯狂屠杀共产党人和其他进步人士，除国民党外，不允许其他任何党派的合法存在，对于民众团体也加以严格限制，规定民众团体的组织与活动应接受国民党各级党部的监督与指导，当地党部认为民众团体的活动不适当时有权由执行委员会议决加以警告或纠正，当地党部认为对民众团体活动应采取紧急处置时，有权知会当地军警制止同时呈报上级党部核办。随着蒋介石个人独裁统治的建立，国民党也背叛了孙中山提出的革命党采用"民主主义的集权制"的思想，广大国民党员只有服从蒋介石独裁统治的义务，而没有任何民主权利可言，国民党制定的文件、政策或决议从来没有征求过广大党员的意见，在党内进行认真讨论。为达到个人独裁的目的，蒋介石甚至不惜采取极端手段打击党内的反对派，如他用非法手段软禁立法院院长胡汉民就是其典型例证。

三、对孙中山"五权宪法"论的继承与背离

"五权宪法"论在孙中山的政治思想中占有非常重要的地位。早在1906年，孙中山在日本东京《民报》创刊周年纪念大会上所作的《三民主义与

---

① 《本年第一次之纪念周》，《申报》1931年1月11日。

中国前途》的演讲中就第一次提出了"五权宪法"的主张。1924 年他在《五权宪法》和《三民主义》第五、第六两讲的演说中，对"五权宪法"的根据、目的和来源等问题做了详细的阐述。同年，他制定的《建国大纲》把"组织国民大会，以制定五权宪法"作为宪政开始的重要标志。概而言之，孙中山的"五权宪法"论包含有以下几方面的内容。

一是权能区分。孙中山认为，"治理国家，权和能一定是要分开的"。这里讲的"权"，是指人民管理政府的权力，亦即民权，"能"，是指政府管理国家事务的"治权"。1924 年他在《民权主义》第六讲中指出："政是众人之事，集合众人之事的大力量，便叫做政权；政权就可以说是民权。治是管理众人之事，集合管理众人之事的大力量，便叫做治权；治权就可以说是政府权。所以政治之中，包含有两个力量：一个是政权，一个是治权。这两个力量，一个是管理政府的力量，一个是政府自身的力量。"① 他主张将这两个权分开，政权"完全交到人民的手内，要人民有充分的政权可以直接去管理国事"，治权则"完全交到政府的机关之内，要政府有很大的力量治理全国事务"。② 这就是权（政权）能（治权）区分。"权能区分"理论是孙中山"五权宪法"论的基本原则和出发点。

孙中山提出"权能区分"的目的，是为了避免西方资产阶级民主国家中所发生的人民与政府之间的矛盾在中国重演。他在《民权主义》第五讲中指出："'现在讲民权的国家，最怕的是得到了一个万能政府，人民没有方法去节制他；最好的是得一个万能政府，完全归人民使用，为人民谋幸福。'……第一说是人民怕不能管理的万能政府，第二说是为人民谋幸福的万能政府。要怎么样才能够把政府成为万能呢？变成了万能政府，要怎么样才听人民的话呢？……就是'权'与'能'要分别。"③

二是四大民权。孙中山认为，要真正实现权能区分，人民能够有效地管理政府，政府能为人民谋福祉，就必须赋予人民四大民权，即："民有选举官吏之权，民有罢免官吏之权，民有创制法案之权，民有复决法案之权。"④

---

① 孙中山：《三民主义·民权主义》，载《孙中山全集》第九卷，第 345 页。
② 孙中山：《三民主义·民权主义》，载《孙中山全集》第九卷，第 347 页。
③ 孙中山：《三民主义·民权主义》，载《孙中山全集》第九卷，第 321—322 页。
④ 孙中山：《建国方略》，载《孙中山全集》第六卷，第 412—413 页。

他并强调指出：只有"人民有了这四个权，才算是充分的民权；能够实行这四个权，才算是彻底的直接民权。……要人民能够直接管理政府，便要人民能够实行这四个民权。人民能够实行四个民权，才叫做全民政治"。[①]

孙中山不仅强调了实现这四大民权的重要意义，而且还设计了如何实现这四大民权的具体途径或制度，他认为，地方自治是建国的"基石"，只有"基石"坚固，才能建立民国万年有道之基。因此，他制定了地方自治法，希望通过以县为单位的地方自治，使人民能够直接行使这四大民权。在中央，孙中山则设计了由每县一人组成的国民大会，国民大会作为受人民付托行使政权的代表机关，"对于中央政府官员有选举权、有罢免权，对于中央法律有创制权，有复决权"[②]。

三是五权分立。"五权分立"，是指"全国的宪法分作立法、司法、行政、弹劾、考试五个权，每个权都是独立的"。[③]它们又合称为五大治权。和"权能区分"理论一样，孙中山所以主张"五权分立"，也是为了避免西方资本主义民主国家三权分立的弊端在中国重演。孙中山长期流亡海外，他通过对西方资本主义民主国家三权分立的政治制度的考察发现，西方资本主义民主国家的行政、立法、司法是各不相统，但是"界限还没有清楚"，因为各国的立法机关都兼有监察权，行政机关兼掌考试权，其结果作为立法机关的各国议院往往滥用监察权，来挟制行政机关，使之俯首听命，从而形成所谓"议院专制"。而任用官吏不经考试，不仅有真才实学的人往往不能选拔上来，而且也容易造成任人唯亲的局面。所以，他一再强调，西方资产阶级国家三权分立的政治制度，"还很不完备"，"流弊也不少"，必须加以"补救"。其补救的方法，就是借鉴中国传统的监察和考试制度，把弹劾权从"三权分立"的立法机关中独立出来，把考试权从"三权分立"的行政机关中独立出来，"凡候选及任命官员，无论中央与地方，皆须经中央考试铨定资格者乃可"。[④]易言之，也就是"集合中外的精华"，"采用外国的行政权、立法权、司法权，加入中国的考试权和监察权，连成一个很好的

---

① 孙中山：《三民主义·民权主义》，载《孙中山全集》第九卷，第350页。
② 孙中山：《国民政府建国大纲》，载《孙中山全集》第九卷，第129页。
③ 孙中山：《在广东省教育会的演说》，载《孙中山全集》第五卷，第509页。
④ 孙中山：《国民政府建国大纲》，载《孙中山全集》第九卷，第128页。

完璧，造成一个五权分立的政府"。①

如果说选举权、罢免权、创制权和复决权是政权，是人民的权力，那么行政权、立法权、司法权、考试权和监察权则是治权，是政府的权力。而根据孙中山权能区分理论，政权管理治权，治权受制于政权。所以他在《三民主义·民权主义》第六讲的演讲中再三强调："用人民的四个政权来管理政府的五个治权，那才算是一个完全的民权政治机关。有了这样的政治机关，人民和政府的力量才可以彼此平衡。"②具体来说，人民主要是通过每县一人组成的国民大会来行使四权，来实现对政府的五个治权的管理。故此，按照孙中山的设计，根据五权分立组成的"五院皆对于国民大会负责"③。

国民党的训政体制在形式上继承了孙中山的五权分立的思想，并据此搞了一个五院制的国民政府，设有行政院、立法院、司法院、考试院和监察院，但在实质上则背离了孙中山提出的权能区分、人民有权、政府有能的原则。因为根据孙中山的"五权宪法"论，人民握有选举、罢免、创制和复决四大民权或政权，政府拥有行政、立法、司法、考试和监察五个治权，而政府的五个治权要受人民的四大民权或政权的管理，五权分立政府建立的最基本前提，是人民能充分行使四大民权或政权，在地方，他们通过以县为单位的地方自治直接行使这四大民权或政权，在中央，他们把这四大民权或政权付托给每县一人组成的国民大会来行使。然而，在国民党的训政体制下，人民无权，人民应享有的四大民权或政权被国民党所剥夺。《训政纲领》规定："训政时期开始，由中国国民党全国代表大会，代表国民大会领导国民行使政权"，"国民党全国代表大会闭会时，以政权托付中国国民党中央执行委员会执行之"。上述规定后来又被写进了作为训政时期根本大法的《训政时期约法》。作治权行使机关的五院不是对国民大会负责，而是对国民党的中央执行委员会负责，国民党才是政权的握有者。

在国民党的训政体制下，不仅人民无权而且政府也无能，如我们前一节所指出的那样，国民党实行以党代政。政府的决策权、用人权，政府组

---

① 孙中山：《三民主义·民权主义》，载《孙中山全集》第九卷，第353、354页。
② 孙中山：《三民主义·民权主义》，载《孙中山全集》第九卷，第352页。
③ 孙中山：《中国革命史》，载《孙中山全集》第七卷，第62页。

织法的修订、解释权等都掌握在国民党中央执行委员会及中央政治会议手中。五院制国民政府不过是国民党的一党专政和蒋介石的个人独裁的统治工具。

第三节　《新路》对国民党统治的批判

1928 年初在上海秘密创刊的《新路》杂志是大革命失败后中国自由主义知识分子批评国民党专制统治的第一刊。尽管它刊行的时间不长，内容却相当丰富：既有知识分子对国内各种政治主张或建国方案的评论，也有其本身的政治要求和社会改造方案；既有对国民政府当局内政外交的批评与建议，也有对他国政治形势、政体政策的介绍和评价，较为集中地反映了南京国民政府建立后存在于国民党与共产党之间的一部分知识分子的思想动向。

一、《新路》的创刊和停刊

《新路》的创刊有其复杂的政治背景。第一次国共合作完全破裂后，中国政治形势和阶级结构都发生了重大变化。1928 年 2 月国民党二届四中全会的召开使国民党党政大权落入蒋介石手中，自此初步奠定了其实施专制独裁的基础。以蒋介石为首的南京国民政府，宣称遵照孙中山遗训进行国家建设，以训政为名，实施一党独裁，并实行严格的书报检查制度，不允许异党或异己分子发表言论。与此同时，共产党领导工农群众为推翻国民党统治、建立工农民主政权开始了武装反抗国民党的斗争。在革命与反革命激烈的斗争中，曾经追随甚至支持国民党叛变革命、并将其政治理想寄希望于蒋介石集团的资产阶级及其知识分子，并"没有（得到）什么好处，得到的只不过是民族工商业的破产或半破产的境遇"①，是国民党对人民大众包括广大知识分子的自由和权利的肆意践踏。他们既害怕和反对共产党领

---

① 毛泽东：《论反对日本帝国主义的策略》，载《毛泽东选集》第一卷，第 145 页。

导的武装革命，同时又对蒋介石国民党的专制统治感到不满，于是纷纷以各自的政治蓝图寻求解决中国问题的出路。

如果说以上是杂志创刊的客观环境，那么两个主要创刊人张君劢和李璜的巧遇以及相似的处境则是其主观的个人因素。

1927 年，张君劢在一个偶然的机会结识了以青年党代理主席的身份在上海主持青年党党务工作的李璜。据李璜的回忆，两人合办刊物是缘于"精神上都无出路"。此时青年党在上海遭到国民党的严厉打压，其重要领导人或被捕或逃亡，李璜受命去上海主持党务。据李回忆："因同志劝告小心"，他只能"昼伏夜动"，"在这独立撑持党务中，除与两秘书办理日常事务外，我无可与谈者，正闷得发慌"。① 而此时的张君劢也因长期追随梁启超被国民党视之为"进步党余孽"，其创办的国立政治大学被当局查办，精神上同样处于无所寄托、政治情感无以抒发的时候。张于是约李共同创办地下刊物，用非法的手段来宣传自己的政治主张。张的想法得到李璜的响应。由张负责杂志的筹款和印刷，李璜则负责杂志的发行，文字以他们两人为主，此外各找同志作者。经过一段时间的筹备，1928 年初，《新路》在上海秘密创刊，每期印 3000 份，除在租界内送阅外，全国各大书局设有分售点，还以特种邮寄的方式分别寄赠各地友人。

张君劢起草的《发刊辞》，提出杂志立言的四个标准是：一、持论务求平实；二、手段必加选择；三、立法期于久远；四、主张持以坚定。上述四个标准集中反映了《新路》论政的两个突出特点：一是坚持和平改良的社会改造方案；二是坚持走民主宪政道路。"本此四义，而又外察大势，内审国情。"② 张君劢接着提出了 12 条具体的政治主张：一、主张民主政治，反对帝制及一阶级专政、一党专政；二、主张以自治精神谋统一，反对一切征服式之武力统一；三、主张军队应用于国防，反对军队供私人或党派内讧之用；四、主张确立文官保障制度，反对事务人员之任意进退及党化；五、主张实施预算与财政统一，反对无预算之浪费及横征苛敛；六、主张司法完全独立，反对司法之党化及军法裁判之滥用；七、主张言论结社等

---

① 李璜:《学钝室回忆录》,（香港）明报月社，1979，第 237 页。
②《发刊辞》,《新路》创刊号，1928 年 2 月 1 日。

自由，反对以党治或军治之名义剥夺人权；八、主张教育在养成健全国民，反对教会教育及党化教育；九、主张开发生产，改进农工生活，反对阶级斗争及其他妨碍经济发达之运动；十、主张国家在国际间之独立与平等，反对外力侵略及一切卖国误国之举动；十一、主张昌明本国文化，发挥科学精神，反对漫无择别之守旧与生吞活剥之骛新；十二、主张国家进步，应注重平和建设，反对只图破坏之革命。① 从杂志所刊载的文章来看，几乎都是以这十二项政治主张为立论之中心的。因此，这十二项政治主张既可看作是《新路》同人的政治宣言，也可看作是杂志的办刊宗旨。

《新路》刊载的文章大致可分为两大部分：第一部分是杂志作者自己撰写的政论时评。就内容上看，这些政论时评主要涉及以下几个方面：一、对国民党以党治国、专政独裁的批判；二、对马克思主义学说以及在此指导下的共产革命的批判；三、对国民党的外交政策和外交活动的批判及其建议；四、对当时国内的各种政治学说、建国主张的批判，除批判马克思主义和孙中山三民主义学说外，《新路》同人还对当时改组派陈公博的思想以及戴季陶主义进行了批判；五、论述和介绍西方（包括俄国）政治制度、政治形势，如"南公"的《评俄国委员会制》以及张君劢的《俄国无产阶级专政制度之解剖》等。第二部分是翻译的外国论著。从内容上看，可分为前后两个时期，前五期，每期都刊登有梁实秋翻译的爱尔兰著名戏剧作家格雷戈里夫人和邓塞尼的戏剧作品，如《月之初升》《一顶帽子》等。这些作品表面看来似乎与杂志的办刊宗旨无多大关联，但从其对作品有选择的翻译来看，实质上是借此表达他们对一党专制的厌恶以及对资产阶级民主自由的追求。后五期连载了由"南公"翻译的《瑞士公民军论》，以及"力人"翻译的《英国韦尔斯氏评墨索里尼》等。这些文章虽不是将矛头直接对准国民党专制统治，但其借此批判国民党的专制独裁，告诫国民党改弦更张的意图极为明显。

李璜和张君劢既是杂志的创刊人，也是杂志的主要撰稿人。他们每人每期为杂志写一篇文章，偶尔外加一篇短文。为了不引起国民党当局的注意，用的都是笔名，张君劢多署"立斋"，李璜多署"春木"。除张君劢和李璜

---

① 《发刊辞》，《新路》创刊号，1928 年 2 月 1 日。

外，为杂志撰稿的还有 23 人，因杂志批评时政的特殊性，所有文章署的都是笔名，可考真实姓名和身份的作者虽然只有梁实秋、诸青来、潘光旦等几位，但根据杂志刊载的文章内容和对可考作者的思想历程、教育背景的分析，《新路》的作者具有以下一些共同特征：首先，就其教育背景来看，大多都有留学国外的经历，欧美国家的政治制度和社会状况对他们产生了重要影响，而且综合起来，他们对西学的了解，涵盖了政治法律、遗传生物、文学戏剧等各个领域，这为他们从不同角度运用各种理论学说来分析中国问题，思考民族命运和出路提供了便利，如潘光旦留学期间专攻生物学，尤其是遗传学，广泛涉猎西学关于心理学、遗传学、人种学、社会学、历史学等各个不同的学术领域，因此他从优生学的角度来权衡民主政治与阶级政治孰优孰劣。梁实秋精通外国文学，翻译了数篇爱尔兰著名戏剧家格雷戈里夫人、邓塞尼的戏剧作品，这些作品或是隐晦地表达对现实社会的批判，或是充满爱国主义情感。其次，就其政治倾向来看，尽管有的不是青年党党员，但都深浅有别、程度不同地表达了其国家主义的倾向，如张君劢虽然以青年党实行"民主集中制"为由，拒绝了李璜希望他加入青年党的邀请，但从其主张政治上走民主宪政、经济上实行国家社会主义的思想来看，与李璜在《谈谈我们》中阐述的中国青年党的政纲实际几乎是完全一致的，即："第一是全民政治，第二是社会政策，前者所要求的是有轨道的近今的民主立宪政体，所谓法治主义是也，后者所要求的是在民主宪政之下，干涉经济组织，以解决社会问题，所谓国家社会主义是也。"[①] 他们大都奉行"国家至上"，反对国际主义、反对阶级对立的社会形式，而提倡一种温和的社会改良方案。

《新路》对国民党当局内政外交政策的激烈批判，必然要引起当局的反应与镇压。国民党中央政治会议于 1928 年 2 月 29 日通过了《反革命治罪条例》，送经国民政府于 3 月 9 日公布，改为《暂行反革命治罪法》，共计 13 条，其中第 6 条规定：宣传与三民主义不相容之主义及不利于大革命之主张者，处二年至四年有期徒刑。其适用范围甚广，又无明确解释，易于罗织，入人于罪。此条文虽非专指《新路》，但《新路》绝难幸免。出版到

---

① 李璜：《谈谈我们》，载第二历史档案馆编《中国青年党》，档案出版社，1988，第 11 页。

第二期后，即遭上海特别市政府以"言论反动，主张乖谬，意在危害党国，破坏革命"的名义查禁，"上海市政府，上海交涉署，淞沪卫戍司令部，知照租界工部局，查禁该发行所，并转令各书店，一律停止发售"。[①] 查禁令下达后，张君劢、李璜并未停刊，相反在第 4 期上发表张君劢以"君房"为笔名写的《新路禁止发行令书后》一文，对国民党罗织的 16 字罪状逐一进行了批驳。尽管张君劢和李璜决心将《新路》办下去，但因为国民党查禁甚严，杂志既不易寄出，印刷厂也不敢承印，于是出版到第 10 期，他们便不得不将《新路》停刊。

二、对训政理论和《政府组织法》的批判

如前所述，1928 年 6 月 12 日，南京国民政府宣布"今全国统一，训政开始"。这年的 10 月 3 日，国民党中央常务委员会第 172 次会议通过了《训政纲领》，从而以根本大法的形式确定了训政的政治体制基本框架，并将孙中山权能分治理论中的政权和治权都集中到了国民党中央执行委员会手中。因此，对于不满国民党一党专制的《新路》同人来说，批判训政理论就成了他们批判国民党专制统治的题中之义。

中国人民程度不高，不经过国民党的训政，就不能运用民主政治，这是国民党人主张训政的一个主要理由。但在《新路》同人看来，训政与人民政治能力的培养毫无牵涉，人民运用政治的能力只能在民主政治的真正训练中有所长进。"力人"分析了三点理由：一是"真正国民的政治能力，是要养成他关于国家政策上独立判断"。他将之比喻为小孩子读书和学艺，假使让别人代替，知识怎么能得到提高，手艺又如何学到手呢？也就是说以国民党来代替人民行使集会、结社、参政等权力于人们政治能力的培养是毫无益处的。二是政治能力的增加同责任心相联系。在国民党的一党独裁下，一切权力都交给国民党，人民毫无言论自由，根本就无所谓对自己的言行负责。最后，他认为国民政治能力的培养是一个漫长的过程，只要能议事，能组织政府，人民政治能力总算完备。他还指明人民行使政治能力需要三个条件：安居乐业，言论结社自由，健全的教育。但在国民党的专制统治

---

① 君房（张君劢）：《新路禁止发行令书后》，《新路》第 1 卷第 4 号，1928 年 3 月 15 日。

下，这三个条件都不具备，因此所谓"还政于民"根本就不可能在国民党的手中办到。[①]张君劢主要援引西方民主宪政实施的成功经验，论证"人民之愚，或法制习惯之有无，俱不足为讨论中国是否合于民主政治之根据"的观点。[②]一方面他认为国民党没有训政的能力和资格，因为使训的国民党和被训的普通民众"同为国民，年龄相等，智识相类，乃以一为革命党一为非革命党，而分成训人与训于人之两级，靡论其智识道德之不足以语此"。另一方面他也认为人民运用立宪政治的能力只有在立宪政治下通过选举、组阁等民主实践才能得到提高，这和西谚的"学游泳者，应自入水中始"是同一道理。他还借用杜威的话说："宪政之全部，生活也，长成也，其国民在宪政实地试行之中，则政治能力自有进步，反是者，永不试行，永不错误，则亦永无进步。"[③]因此，与其空言教人选举，不如使人直接行使选举权；与其空言议会之议事，不如令人民直接参加议会，积以岁月，人民之政治能力自可养成。

国民党主张训政的另一理由，是认为民国以来的民主政治试验都以失败告终，因此必须通过训政再过渡到宪政。但在《新路》同人看来，此种理由与历史事实根本不符，因为民主政治在中国就没有真正实施过。民主政治之所以在中国不能真正实施，是因为选民资格"无正确之表册"，选举舞弊"无监督官之防止"，"政党之组阁内阁，曾无元首之推诚相待，予以充分之自由"。[④]而产生上述现象的根源，是军阀横行，政客播弄是非，毁法乱纪。这些事实恰恰证明中国有结束训政、实施真正的民主宪政的必要性和紧迫性。

值得注意的是，《新路》同人在对训政的原因和借口进行批驳的同时，还对训政的具体内涵主要是县自治思想进行了批驳。孙中山希望由国民党训练人民实现县自治，多数省份实现县自治后再召开国民大会制定宪法。他还在《建国大纲》中提出了县自治应该达到的四个标准，即：全县土地测量完成，全县警备办理完成，四境纵横之道路修筑成功，国民得四权（即

---

① 力人：《百孔千疮的国民政府组织法》，《新路》第 1 卷第 8 号，1928 年 5 月 15 日。
② 立斋（张君劢）：《致友人书论今后救国方针》，《新路》第 1 卷第 10 号，1928 年 12 月 1 日。
③ 立斋（张君劢）：《辟训政说》，《新路》第 1 卷第 7 号，1928 年 5 月 1 日。
④《发刊辞》，《新路》创刊号，1928 年 2 月 1 日。

选举权、罢免权、创制权和复决权）之训练，其实质就是通过"官治"以实现"民治"。"无闷"认为孙中山把这四项作为达到自治的标准是"本末倒置"，因为人民自治能力的养成，要靠创造心和自动力。如果中央只是颁布若干条概括的规定，而于具体的政策，则因地制宜，酌量办理，"官吏不加掣肘，而事务迅速进行"，那么户口、土地等各项就能彻底调查整理。也就是说只有放弃"官治"，实行自治，才能达到孙中山所说的几项标准。[①]张君劢认为宪政是全国的事，选举权为全国人民所共享不必与各县各省的自治挂钩。他还援引美国、日本、英国的宪政都不以省县而以全国为起点同样能"大奏成效"的事实来论述自己的观点。他指出，英国1832年选举改革时，也"无此四者之完善行政"，美国独立之初，同样"筚路蓝缕亦无余力及于路警"，但这些都不妨碍宪政的实施。而且土地测量、道路修筑和警备完善等根本就不能代表国民的自治程度，这三者是行政方面的问题，宪政是政治方面的问题，两者不能混为一谈。他强调，只有实施宪政自治，这四项标准才能完成，人民"四权"的训练，也只有在立宪政治之下才能得以实现。[②]

　　《新路》同人对《国民政府组织法》的批判主要集中在两个方面：第一，国民党—政府这种二元政治体制造成机构叠床架屋，职能重复、冲突，权责不明。他们认为国民政府所实行的六级制（国民党全国代表大会—中央执行委员会—中央政治会议—国民政府委员会—五院—各部）"一方以党的关系，就不能不有中央执行委员会及政治会议，同时关于国家政府，又不能不设各部各院及国民政府等机关"，其结果是权责不明，除了五院与国民政府的关系在条文中有明确规定外，"所谓政治会议之指导监督权"和"中央会议之指导监督权"在于何处"不得而知"。[③]至于党中央领导下的五院也根本不能独立行使职权，尽管表面上有"最高行政权""最高立法权"等字样，但实质上"五院之法律命令，须经国民政府国务会议而后决定"，这样它们不过是党中央领导下的执行机关而已。[④]"达人"还特别就立法院的权能职责

① 无闷（诸青来）：《建国大纲质疑》，《新路》第1卷第5号，1928年4月1日。
② 立斋（张君劢）：《辟训政说》，《新路》第1卷第7号，1928年5月1日。
③ 力人：《百孔千疮的国民政府组织法》，《新路》第1卷第8号，1928年5月15日。
④ 达人：《自法制上批评国民政府组织法》，《新路》第1卷第8号，1928年5月15日。

问题进行了详尽的剖析。他首先对比西方的三权分立制度，批评《国民政府组织法》关于五院都能"依据法律发布命令"的规定是极为荒谬的。接着，他立足于中国的政治现实，对立法院的权责问题提出了几点质疑：（一）中国没有宪法，因此无所谓"立法权与命令权之界限"，这样一来立法院的权限就得不到有效保障。（二）由于政府的财政收支状况是"每月所入，不敷四五百万，专恃借债度日"，所以预算案永无提出之日，立法院所谓的"议决预算案"的监督财政权只是一纸空文而已。（三）目前各省各自为政，南京所议之法案不一定能推之全国。（四）万一南京政府因战事征兵筹饷，立法院能不能干涉也是个问题。①

第二，《国民政府组织法》以"官职达朋分之目的"，是政府官员的"分赃之具"。《新路》同人通过对政府官员的机构设置和人事安排的剖析得出此种结论。"力人"意识到在六级中居要职的不过是蒋介石、胡汉民等这帮国民党的"大佬"，他认为这样的机构设置不过是"三数人之朝三暮四之技"。② 对于国民政府设置16人委员，其下又有各部部长10人，"达人"认为假使"以十六人之委员为人才而用之"，就完全应该也可以让他们兼任各部部长，这样能避免官员冗繁，减少"彼此的倾轧"，相反如果不是人才，更没有必要占有政府委员的虚名，坐食俸禄。③

应该说，《新路》同人对《国民政府组织法》的上述批评可谓一针见血。他们以自己所熟悉的西方法学知识为参照，对训政体制的职能权限、机构设置、官职人员的安排等各个方面进行了全面的剖析，甚至对个别的文字疏忽之处都进行了仔细的推敲质疑，从国民党政治制度的组织层面揭露其以训政为名行专制之实的险恶用心，进而从法律依据上否认了独裁政府体制的可行性和必要性。他们认为《国民政府组织法》不过是国民党内部争权夺利的工具，因为在一党独裁的统治下，是权力左右制度，而非制度制约权力。《新路》同人的上述认识得到了历史的证明。《国民政府组织法》是根据胡汉民向国民党二届五中全会所提《国民政府组织法草案》拟成的，胡汉民的用意是要借孙中山的五权学说，来确保自己的权力，同时对自己

---

① 达人：《自法制上批评国民政府组织法》，《新路》第 1 卷第 8 号，1928 年 5 月 15 日。

② 力人：《百孔千疮的国民政府组织法》，《新路》第 1 卷第 8 号，1928 年 5 月 15 日。

③ 达人：《自法制上批评国民政府组织法》，《新路》第 1 卷第 8 号，1928 年 5 月 15 日。

的政治对手蒋介石的权力加以限制。当时的陈公博就评价说：胡汉民的方案"借名是实行建国大纲，而对于大纲所规定的条件，倒不注意它是否成立。胡先生所要的仅是立法院，而把国府主席让之蒋先生"①。因为根据他提出的《国民政府组织法草案》，国府主席仅是名义上的国家元首而已。当然，蒋介石也不是省油的灯，他后来多次根据个人意愿修改政府组织法，变更政府相关职能，自己当行政院长时，行政院长的权力最大，自己当国民政府主席时，国民政府主席的权力无人可比。因人立法、修法，可以说是国民党统治的一大特色。

在批评五院制的同时，《新路》同人也对委员会制提出了批评。所谓委员会制，又称合议制，是指行政组织决策和管理权由若干人组成的委员会共同行使，按少数服从多数协商一致的原则集体决定、共同负责的组织体制。实行委员会制的国家，其最高权力是由一个委员会而非某一个人或某几个人来履行。在世界各国中，瑞士是这一制度的典型代表。委员会由一定数目的委员组成，委员会主席由委员轮流担任，而且仅为名义上的国家元首和最高行政长官，并无特殊职权，换句话说，各委员具有相同的职权。这种制度的意义在于防范行政的专制，以众人的合议，使行政机关侵犯议会或危害人民自由的种种行为较难实现。南京国民政府成立初期也采用合议制的行政组织。首先，《国民政府组织法》规定国民政府设主席委员一人，委员12人至16人，国民政府主席代表国民政府接见外使，并举行或参与国际典礼，其权力、地位"与其他常务委员同"②；其次，国民政府五院院长、副院长，由国民政府委员任之，国民政府以国务会议处理国务；再次，国民政府是中执会的执行机关，对中央执行委员会通过的议案必须执行。

但规定归规定，在实际运作中南京国民政府却背离了合议制精神，实行的是"委员制式的专制"政治③，"委员地位职责似极平等，然主席毕竟有掌握全局之权，而日常行政问题，悉取决之，顾主席于无形之中远驾委员之上"④。"南公"通过对瑞士、苏俄和国民党实施的委员会制的比较，认为苏

① 陈公博：《苦笑录》，东方出版社，2004，第119页。
②《训政大纲说明书》，载《国民党政府政治制度档案史料选编》（上册），第587页。
③ E.S.Corwin：《中国五权宪法之评论》，《东方杂志》第26卷第1号，1929年1月10日。
④ 转引自田湘波《中国国民党党政体制剖析》，湖南人民出版社，2006，第75页。

俄和中国属于同一类型，而瑞士则另属一类。后者具有"合议制之真精神"，总统的职权除对内为委员之主席、对外代表委员会履行各种仪节外，与其他委员处于平等地位，而且其联邦行政委员会不为一党所独占，委员会超于党派之上。而苏俄和中国的委员会制却完全相反，首先：一党把持国政，无合议精神之实质；其次，俄国的人民委员、国民党的政治会议和国府委员兼掌全国立法行政事宜，不像瑞士一样有立法和行政之明确分工；第三，国民政府及政治会议依据国民党的党义党纲设置，苏联的人民委员会虽然依据宪法成立，但俄宪"不过共产党一党之决议案耳，实非国人舆论之结晶"，因而同样是基于党义而成立的，而瑞士行政院之成立的依据是国宪。①

三、对一党专制制度的批判

在批判国民党借以维护其专制统治的训政理论和政府组织法的同时，《新路》同人也对国民党一党专制制度的本身进行了批判，这种批判一方面源于对一党专制制度本身的否定，另一方面也源于对国民党执政效果的现实观感，在《新路》同人眼中，国民党执政后的社会与北洋政府时期相比并没有丝毫的进步和改善可言，"军阀之跋扈，……财政之紊乱，教育之破产，贿赂之公行，奢靡之成习，较诸昔之军阀殆有过之，此皆党内党外之公言"②。而这些显示出的是现行的一党专制制度的种种危害和弊端。概而言之，有以下几个方面：

（1）"党外无党"使得"党内有派"，引起党的纠纷和内讧。《新路》同人认为，蒋介石国民党高唱"党外无党，党内无派"，在事实上是办不到的。因为不同政见的人另外组党本来是最普通不过的事情，党内纠纷可以通过另组政党得到解决。但国民党主张"党外无党"，不允许异党的存在，屠杀异党人的身体，干涉异党人的自由，束缚异党人所持的意见，这样不同意见的党人只能在党内你争我夺，引起党的纠纷和内讧。从国民党的立场考虑，当然"全国的政权握于一党，法令出于一途"，是最符合自己利益的，但从常理出发，"拂逆人性，违反国情，远于事实，背叛世界的潮流"的国

① 南公：《评委员会制》，《新路》第 1 卷第 6 号，1928 年 4 月 15 日。
② 君房（张君劢）：《新路禁止发行令书后》，《新路》第 1 卷第 4 号，1928 年 3 月 15 日。

民党一党专政，必使"党国同归于尽"。①

（2）一党专制容易引起武力纷争和循环革命，导致国家分裂。他们认为一方面中国本身就是一个广土众民、历史和文化悠久博大的国家，又处于国内国际关系复杂的环境当中，因此不同社会解决方案的提出本来是不得已也是必要的，但国民党非得实施一党专制，"强天下以从我"，这就使得原本能够合法表达政治意见的异党不得不以阴谋和武力相尚，导致国家不能统一；另一方面国民党实施一党专制很容易使得那些反对国民党的党派通过某种程度的协调团结起来，结成一种联合战线，将国民党作为唯一的革命对象，原本是"政见的争持"转而成为永无止境的"意气仇杀"。②

（3）一党专制无法理上的依据，易造成政治上的腐败之风，得不到真正的治国之才。对于一党专制下以党籍和尊崇三民主义作为选拔官员的标准的做法，《新路》同人是大加讨伐。张君劢指出，三民主义就如同"昔之圣谕广训"，以入党资格招来之就如同"昔日之科举制度"，国民党"高官厚禄"的诱惑和"革命者"的美名，使得持"攀龙附凤"之心理的人们做出"奴颜婢膝"之行动也就成了很自然的事。③ 不经过考试选拔和练习的文官随时可以更动，且以入党为猎官之途，这样一来国民党就根本得不到真正的人才。"纯士"也认为一党专制容易导致政治上的投机攀附之风。本来国人对于国民党的赞成与否应该"诉之于个人的见解和良心"，但一党专制之下，以饭碗（即高官厚禄）和武力（即以"反革命"论处）实行利诱威迫，使得过去曾经效力于北洋政府的官僚政客为能保住饭碗、为避免自己的人身安全不因"反革命"的罪名受到威胁，转而就投身国民党的名下，像这样一帮丧失志节的无耻官员要希望他们认识主义、推行政策，指望他们握有实权后不以党营私，面对环境变化而能"效死勿去"是完全不可能的。④李璜还从思想自由的角度对一党专制进行批判，认为国民党压制思想自由，容易导致社会解体。他从两方面来论证思想自由的重要性。一方面，思想自由是人之所以为人的可贵之处，也是人的"本身价值"，压制思想自由也

① 纯士：《为国民党计论一党专政之利害》，《新路》第 1 卷第 2 号，1928 年 2 月 15 日。
② 纯士：《为国民党计论一党专政之利害》，《新路》第 1 卷第 2 号，1928 年 2 月 15 日。
③ 立斋（张君劢）：《现实政潮中国民努力方向》，《新路》第 1 卷第 3 号，1928 年 3 月 1 日。
④ 纯士：《为国民党计论一党专政之利害》，《新路》第 1 卷第 2 号，1928 年 2 月 15 日。

就是对人"本身价值"的否定；另一方面，从人与社会的关系的角度来看，社会的产生是以人的需要为前提的，如果社会只有"奴役与屈服"，则极容易导致社会解体。他还分析中国之所以进步太少就是在专制社会中思想自由太少，近代好不容易有了些"自由批判"的生机，国民党执政后却极力摧残，这显然不符合社会的发展规律。①

除从一党专制给现实政治带来的种种危害处着眼批判一党专制外，还有人从中国的现实条件出发否认了一党专制在中国实施的可能。如"秋水"就从考察国民党自身能力的角度出发，认为一党专制的理论与民主主义不相容，在事实上也绝对办不到，因为"一个政党……即使非常圆满而巩固，也只能尽他特殊的相当能事，不能望他万能"②，国民党不过是少数人的集合，"权虽可高而力终不能大"③。他甚至将批判的矛头直接对准了蒋介石，认为蒋的心术与权欲集袁世凯、徐世昌和曹锟三人之长，"以利禄奔走小人""以威力变更定章"④，使党德和党纪破坏无余，这样的党早就没有任何生气，党权在实质上也不存在，因此现在的国民党"既不敢专制颠顶，且恐怕一旦爆裂，妥协敷衍，只有专政之名，而并无专政之实"⑤。与"秋水"不同，"申隐岩"则从分析独裁政治形成的原因着眼，得出一党专制不适合中国国情。他认为独裁政治作为一种社会现象，有其发生的主客观条件。就客观条件看，它是非常态社会的产物，中国之所以实施独裁是因为内有军阀捣乱，外是帝国主义侵略日甚。他将独裁政治比作"毒药"，病态严重时，毒药会有很大副作用，"然足以扶危救急"，"若令健康之人或轻病之人服其毒药，反致命伤"，而中国的现状还够不上"病态严重"，"今之迷信独裁主义者，殆以此为新时代之新政治形式，此与以毒药为常服补品何异"。作者认为独裁政治的主观条件就是"强有力之奸雄"。既然是奸雄政治，则"人存则其政举，人亡则其政息"，他分析苏俄以及意大利的一党专制的发展历程，认为列宁在位时政权巩固，死后出现了民主化和内讧不止的两种变化，

① 春木（李璜）：《从思想自由到政治自由》，《新路》第1卷第2号，1928年2月15日。
② 秋水：《评陈公博论今后的国民党》，《新路》第1卷第6号，1928年4月15日。
③ 秋水：《训政回头》，《新路》第1卷第10号，1928年12月1日。
④ 秋水：《训政回头》，《新路》第1卷第10号，1928年12月1日。
⑤ 秋水：《评陈公博论今后的国民党》，《新路》第1卷第6号，1928年4月15日。

而对于墨索里尼的独裁政治，他则引用日本东京《朝日新闻社》的"通讯"中的一个比喻：认为一般资产阶级拥护党治只不过"如房屋着火之时欢迎救火队，火灭灾除之后，并不愿救火队之永久包围吾辈之住宅"。① 就此而言，国民党实行一党专制只能是自取灭亡而已。

四、对外交政策的批评与建议

《新路》是在阶级矛盾和民族矛盾都不断激化的历史背景下创刊的，因此，其同人在对国民党的一党专制进行批评的同时，也从民族主义的立场出发，对国民党统治初期的重要外交活动和重大外交事件给予了极大关注和理性的思考，表达了其对外反对帝国主义侵略、争取民族独立的强烈要求。

1927 年 4 月，南京国民政府成立，在定都宣言中提出"惟有秉承总理全部遗教……废除不平等条约，实现三民主义，使中华民国成为独立自由的国家，中华民族成为自由平等之民族，同享民治民享之幸福"。② 自此，废除不平等条约，缔结平等新约就成了南京国民政府的主要外交目标。但由于一方面南京国民政府忙于国内统一没有足够力量与列强从事对等的外交折冲，另一方面列强对南京国民政府提出的废约照会不予理睬，因此此时的废约并没取得任何实质性进展。直到二次北伐宣告完成，尤其是王正廷继任外交部部长后，才开始其"革命外交"，先后照会美、德等国，开始了改订新约运动。到 1928 年底，先后与挪威、荷兰、英国、瑞典等 12 国签订了新的条约。关于改订新约，《新路》同人也发表了自己的看法，他们不仅对孙中山的废约主张提出了质疑，也对政府改订新约外交的实际成效进行了分析和评价。

第一，针对孙中山的"废除不平等条约"的外交思想提出了批评。"力人"认为孙中山的外交方针是学习苏俄的那套，但苏俄所废除的条约都是"侵略所得""损人利己"之条约，所以苏俄单方面宣布废除条约，对被压迫侵略国家来说当然是求之不得的。但中国的情况却不一样，中国所要废

① 申隐岩：《独裁政治之批判》，《新路》第 1 卷第 10 号，1928 年 12 月 1 日。
② 《中华民国史事纪要》编辑委员会编《中华民国史事纪要（初稿）》1924 年 7—8 月，（台北）中华民国史料研究中心，1985，第 740 页。

除的是他国压迫我国的条约，因此废除绝非是那么容易的事。张君劢也认为俄国所废除的都是"利俄害人之约"，因此即使废除也没有什么抗议者，这和中国的情况不同，中国要使国家收回利权必须内政修明，绝不是走单喊废除口号的"终南捷径"能办得到的。① "宏敷"从阐述"理想"和"办法"关系的角度发表了自己对"修约"的看法，他认为"修改一切有不利于我的条约，回复国权，并且我们中国可在国际公道上作一个砥柱，以维持世界平和"是"高的想象"，但就现状来说并不是那么容易实现的。中国收回汉口租借地，英国让步这并不表明英国不敢较量，中国的国际地位也丝毫没有提高，不过是"中风狂走"之醉汉的行为。② 因此，他认为"低的办法"就是一方面要极力整理内政，另一方面以一种渐进的、光明正大的态度来争得国家地位。"无闷"从对西方收回利权的历史经验的总结和中国收回利权的现实环境的考虑出发，对中国能否立即取消废除不平等条约持有怀疑，他认为取消条约在欧洲国家虽有先例，但"能否收效，亦视本国势力及周围情势若何"，而中国现在四分五裂，即使能团结一致对外，政府竭尽全力，国民全体同为声援，"能否完全成功，尚在不可知之数"。③ "力人"还辨析了"废除"（abolish）与"修改"（revise）两个词的不同内涵，他认为，前者"即以单方之行为，废之除之"，后者是指"以双方之同意行之"，他批评国民党的"修改"与孙中山的"废除"是相违背的，"所谓修约，即变相的屈服于帝国主义，不特与中山先生打倒帝国主义，及废除不平等条约之主张相背驰，更非国民政府，革命政府所应出"。④

第二，就改订新约的具体内容进行了剖析评价。对于关税自主问题，"力人"批评国民政府所争的"关税自主"在本质上只是与他国协商税率的高低，又揭露其之所以如此迁就妥协的目的只是为了"早得一二千万之新收入"，从经济上巩固自己的地位，维护自己的权力，根本不是为了保护本国产业，发展本国工商业。他还具体分析了日本和德国在关税问题上与中国所进行的交涉，指出中德新约的签订实际上相对于欧战后签署的条约是

① 《发刊辞》，《新路》创刊号，1928 年 12 月 1 日。
② 宏敷：《高的想象与低的办法》，《新路》第 1 卷第 9 号，1928 年 6 月 15 日。
③ 无闷（诸青来）：《建国大纲质疑》，《新路》第 1 卷第 5 号，1928 年 4 月 1 日。
④ 力人：《中山所谓属之废除不平等条约竟如何》，《新路》第 1 卷第 9 号，1928 年 6 月 15 日。

一种倒退。因为德国在欧战后和中国重订条约已经承认我国有自主定关税的权利，本来完全可以"本此条文，为实行保护政策之发端"，但新约却以"最惠国待遇"取代之，结果这个所谓"最惠国待遇"也"仅指不得超过本国人民之纳税言之，绝不含与他国同等待遇之意"。[1] 而对于日本，"力人"一针见血地指出，中日改订新约的失败直接导致"一场忙碌之条约改订，尽付东流"。因为尽管1928年底，中国与众多的西方列强重新改订了《友好通商条约》或是重订《关税条约》，承认了中国的关税自主，但是由于条约中"此缔约国在本国领土内，不得有任何借口对于彼缔约国人民货物之进口或出口，征收较高或异于本国人民或任何他国人所完纳之关税内地税或任何税款"的规定，即最惠国条款，因此，只要日本不承认中国的关税自主，其他国家就能以"最惠国条款"相难。[2]

关于废除领事裁判权的问题，"力人"也做了较为详尽的分析。他指出改订新约中，英法美三个大国都未就领事裁判权问题达成共识，而与一些小国家进行的交涉尽管取得了进展，但都是有条件的。他特别分析了中国与西班牙两国外交换文中以及新约中有关领事裁判权废除问题的条款，他认为这些条款粗看起来，"似甚痛快，若已允受我法权之管辖者"，但事实上却是有两个条件束缚的：第一，有关领事裁判权的废除条款到民国十九年一月一日起才发生效力，中国需在此期限内订定关于行使法权之详细办法；第二，在中国没有订此办法前，西班牙要等到华盛顿条约国同意废除领事裁判权之后才承认受中国法律之管辖。这就意味着如果中国司法制度不改良，华盛顿各协约国不签字承认，领事裁判权就永无废除之日，关于"废除领事裁判权"也就成了一个不可兑现的空洞口号。[3] "力人"还强烈谴责了国民政府在中日废约交涉过程中的妥协行为。他指出，政府在与日谈判中做出可以考虑用关税收入的500万元作为借款担保的让步案，这与其对外政策第六项"维持军阀地位之外债，中国人民不负偿还责任"的宣言是自相矛盾的，这一让步在东京某杂志上早就已经刊登，而国民政府却还做出"尚未承认西原借款"的掩耳盗铃之声明，这不过是愚弄民众而已。

① 力人：《中山所谓属之废除不平等条约竟如何》，《新路》第1卷第9号，1928年6月15日。
② 力人：《中山所谓属之废除不平等条约竟如何》，《新路》第1卷第9号，1928年6月15日。
③ 力人：《中山所谓属之废除不平等条约竟如何》，《新路》第1卷第9号，1928年6月15日。

《新路》作者通过对国际国内形势的考察，指出了废除不平等条约以争得国家完全独立自主的艰巨性，并且通过剖析修订的既有条约，一方面揭露了帝国主义国家利用"最惠国待遇"的条款达到利益均沾之目的的野心，另一方面批评了国民政府与西方列强在废除领事裁判权、关税自主等问题的交涉中所作的妥协与退让。他们对改订新约过程中因帝国主义野心及国民政府出于自身权益的考虑而造成的局限性有着清醒的认识，而且他们对国民政府改订新约的真实动机的揭露也是一针见血的，因为当时的国民政府的确处于财政亏空严重的特殊时期，而一些与蒋不合的地方实力派早已表现出要单独与外国交涉关税的迹象，因此取得关税控制权的确是蒋介石政府增加财政收入与维护自身权力、防止地方势力坐大的一大策略。尽管如此，因其批评时政的立场使得《新路》作者又没能对改订新约在争得国家主权独立方面的积极意义给予肯定的评价，这有失公允。诚然由于南京国民政府的妥协性以及内忧外患等多重因素，使得改订新约运动没能达到预期的目的，但不可否认的是"改订新约"的确是第一次在真正意义上废除了列强的部分在华特权，为维护中国主权做出了贡献，南京国民政府在关税自主方面取得的一定进展在促进国民经济发展方面所起的作用也是不容忽视的。

如果说对于南京国民政府"改订新约"《新路》同人主要是批评的话，那么，对于发生于 1928 年 5 月的济南事件①《新路》同人提出的主要是建议。事件一发生，《新路》即在第 1 卷第 5 号上刊登了《本报同人对于济南事件发生后时局之主张》：一、督促负责当局，要求日本即时撤兵、赔偿中国军民被害者之损失并向中国人民道歉，不能贯彻此项主张者即认为卖国媚外之政府，全体国民共起而声讨之；二、认定济南事件为国民党历来谬

---

① 1928 年 4 月，亲英美的南京国民政府进行第二次"北伐"，出兵攻打奉系军阀张作霖，以图统一北方。支持张作霖的日本帝国主义害怕英、美势力向北方发展，侵犯它的利益，于是以"保护侨民"为借口，出兵山东，并在 4 月 19 日派驻天津的 3 个步兵中队侵入济南。同时，它还派第六师团长福田彦助中将军从日本出发，经海上从青岛登陆。26 日，其先遣队斋滕旅团抵达济南。至 28 日，侵占济南的日军已达 3000 多人。日本侵略军占领了济南商埠区，以纬四路为中心线，划为东西两个"警备区"，构筑工事，设置路障，封锁交通路口，与后来进驻济南的国民党军形成对垒，战争一触即发。自 5 月 1 日起，日军就蓄意挑衅，屠杀中国军民。由于国民政府妥协退让，日本气焰更为嚣张，并于 5 月 11 日攻陷济南，烧杀奸淫，无恶不作。据统计，在济南事件中，中国军民死亡 6000 多人，伤 1700 余人，财产损失高达 2957 万余元。

误的外交所招致之结果，国民责成国民党政府，戴罪图功，在对外交涉期
间仍一致为之后盾；三、在全国一致对外期间，为集中全国人民力量起见，
国民党应立即取消一党专政，与国人协力同心，共御外侮。[①]这三项主张反
映了民族危机下《新路》同人坚决抵抗帝国主义侵略的强硬态度和对国民
党谬误外交的强烈指责。在国家处在亡国灭种之时，他们把民族救亡与结
束国民党一党专制、实现民主政治结合起来，并将之作为争得民族独立的
有效条件，体现了民族民主双重意识觉醒下的理性思考。

　　这期（第1卷第5号）的《新路》杂志还刊登了张君劢以"立斋"笔名
写的《济南事件与今后救国大计》一文。他批驳了日本政府为侵略寻找的各
种卑劣借口，揭露了日本制造济南惨案的巨大野心，并追究国民党之责任，
提出了自己对时局的看法和主张。他认为日本借此事件想达到四重目的：
一、使山东问题回到华盛顿会议之前；二、扩张自己的经济势力；三、借
山东达到巩固其在中国东北部的势力；四、支持张作霖，维持中国的分裂
状态。尽管济南事件的直接责任在日本，但国民党对内对外政策的失误也
是"今日事变之媒介"。他因而对国民党的对外方针政策以及训练兵士的方
法提出了严厉批评，并在此基础上提出了自己的"救国方针"，内容包括两
个方面："一曰对日方针，二曰立国方针。"就"对日"而言主张，第一，调
查启衅真相，以明责任之所归。第二，要求日本即时撤兵，赔偿我国军民
之损失；日本应就对我国主权以种种侮辱向我国全体人民道歉。第三，准
备武力与日人一战。他认为，要与日人一战，南北双方就应停止内战，而
一致对外。就立国方针而言，第一是整顿国防与外人一战；第二是"团结民
意，一致对外"。他指出，国家经此巨创深痛之后，当知国事之艰，非一党
一派所得包揽，故国民党应放弃一党专制，而代之以"集中全国人才，成
立国防政府"，同时为"实行民主政治"和"制定国法"做好充分准备。[②]

五、《新路》批判国民党之评价

　　《新路》对国民党专制统治的批判，必然会受到国民党的镇压。因此，

---

①《本报同人对于济南事件发生后时局之主张》，《新路》第1卷第5号，1928年4月1日。
② 立斋（张君劢）：《济南事件与今后救国大计》，《新路》第1卷第5号，1928年4月1日。

它只出了 10 期就被迫停刊了。它存在的时间虽然不长，而且是在国民党实施"党外无党"、严格控制舆论的特殊环境下创刊的，不得不采取非公开的隐密方式发行，这就必然会影响到杂志舆论功能的发挥，但两位主要创刊人李璜和张君劢在当时知识界的地位又在一定程度上弥补了这一不足，杂志以 3000 份的发行量广销全国各地，在当时产生的社会影响是不容忽视的。沈云龙在其回忆张君劢的文章中就提到，他就是通过《新路》杂志知道张君劢的，而且称杂志"很有几篇出色的论文"①。《新路》作为南京国民政府建立后部分知识分子批判国民党专制统治、要求实行民主宪政的第一份刊物，其在思想方面的影响不容低估。

首先，尽管《新路》对国民党专制统治的批判没有形成如同《新月》对国民党专制统治的批判所形成的人权运动，但它毕竟是南京国民政府建立后部分知识分子批判国民党专制统治的第一份刊物，以《新路》为阵地的部分知识分子，在蒋介石国民党一党专制体制才刚刚建立、尚未形成完善体系之际，就对它进行了全面的批判，从而打响了日后自由主义知识分子批评国民党一党专制、要求实行民主宪政的第一枪。杂志刊登的政论时评成了国民党统治时期自由主义知识分子争人权、争法治，要求国民党结束训政、实行宪政的先声。这是杂志最主要也是最突出的贡献。

其次，《新路》同人对国民党专制统治的批判，其态度之激烈、内容之广泛在同时期的报章杂志中无人能与之相提并论，即便是晚一年的《新月》在批判国民党专制统治的力度上也要比它逊色得多。《新路》同人批判国民党专制统治的过人胆识和政治勇气鼓舞了后人，其对宪政、法治、人权等民主思想的追求和讨论为日后的民主宪政运动的开展奠定了一定的思想和舆论基础。我们考察此后的民主宪政运动，所追求和讨论的基本上是《新路》同人追求和讨论的那些问题。

当然，这是问题的一方面；问题的另一方面，《新路》同人对国民党专制统治的批判是以承认南京国民政府为国家唯一合法性代表之地位为前提的，换言之，他们的最终目的并不是要推翻国民党对全国的统治。民族主

---

① 沈云龙：《宪法之父——张君劢先生》，转引自郑大华编《两栖奇才——名人笔下的张君劢，张君劢笔下的名人》，东方出版中心，1999，第 45 页。

义和民主主义的双重要求、现实追求与理想政治的矛盾冲突使得他们对国民党的统治呈现出既批判又维护的复杂性和矛盾性。他们很清楚党和国家、政府不是一回事，因而对国民党主张的"党在国上""以党代政"持的是激烈的批判态度，但在其批判国民党的言论中"党国"的字眼又随处可见；他们批判国民党的专制独裁，却又自觉或不自觉地站在维护国民党政权之立场上考虑问题。如"纯士"就从国民党的利益出发，分析国民党一党专制会引起党内不统一，引起反对党以武力形式来颠覆其政权，压制异己的思想主张，使民意没有正当途径得以表达，这些都威胁党国的存在。[①] 持有类似意见的还有笔名为"铁豆"的作者。他同样从维护国民党政权的立场出发，认为"一党专制与维持政权在今天的中国是无关系的"，他认为实力是维持政权的基础，安生乐业是维持政权的保障，只要国民党实行英美式的民主政治，"有政治上意见的可以在正轨上发泄，用不着去阴谋颠覆政府"，这样国民党的政权也就能更加巩固。在张君劢的文章中也处处可见其对国民党现有政治地位的相当程度的认同，强调《新路》"对于现行政治，只有切磋，而无攻击"，并表明"吾人虽非国民党员，然其爱国、爱党之诚自信不稍后于忠实之国民党分子"。[②]

　　《新路》同人之所以对国民党专制统治持既批判又维护的态度，分析起来有以下几方面的原因：

　　第一，内忧外患的社会环境，特别是在日本帝国主义侵略日甚的环境下，《新路》同人从民族主义立场出发，希望通过国民党来整合各种社会力量，团结一致抵御外侮。因此，尽管他们对国民党诸多尖锐批评，但在他们看来，维护国民党现有政权就如同保存整个国家民族的生命一样重要。他们是民主自由的信仰者，但他们同时又是有着强烈民族意识的爱国者，因此在民族危亡之际，他们对国民党既批判又维护的态度是其民族主义和民主自由的双重诉求所决定的。可以说资产阶级及其知识分子对国民党政权的这种维护态度，随着民族危机的日益加深而得到了进一步的强化。以中国青年党为例，到九一八事变发生后，中国青年党就大声疾呼，速息内争，以御外

---

① 纯士：《为国民党计一党专政之利害》，《新路》第 1 卷第 2 号，1928 年 2 月 15 日。
② 君房（张君劢）：《新路禁止发行令书后》，《新路》第 1 卷第 4 号，1928 年 3 月 15 日。

侮……主张实行"政党休战","且不论国民党之反应如何，中国青年党先
自实行（一）停止对国民党之革命行动，（二）停止对国民党之攻击言论"。①
再如曾经在《新月》上发表文章强烈要求国民党结束党治、实行法治、保障
人权的胡适，到1933年也明确指出"国家"是第一位的，"人权"是第二位
的，国民党执政是第一位的，"取消党治"是第二位的，国民党是中国的"中
心"，其他势力只能暂时从属于它，而不能"离心"，即反对它。②

第二，《新路》同人都是以英美的资产阶级民主政治制度为归趋的，其
所主张的"新路"实际上就是英美温和渐进的改良主义道路。就当时国民
党和共产党的实力来看，将改良希望寄托于国民党也是其必然选择。因为
此时正是国民党建立南京政权并逐步统一全国的时期，这是一个掌握全国
政治、经济、文化大权的执政党，控制着社会的方方面面，而共产党的势
力还只是"星星之火"，在《新路》同人眼中根本不占主要地位，更何况共
产党的暴力革命和阶级斗争也是他们无法接受的，他们根本反对共产党的
暴力革命和阶级斗争，蔑称其为"流寇"，为"匪"，他们只是以书生论政
的形式，希望国民党能听到其民主的呼声，按照其所设计的方案来改造国
家社会。因此，他们对国民党专制统治的批判是以承认国民党对全国统治
的合法性为前提的。

总而言之，《新路》同人对国民党"欲拒还迎"的矛盾态度，既是其民
主主义与民族主义矛盾的体现，也是其政治价值追求与现实政治冲突的体
现，是资产阶级及其知识分子在特殊的历史环境下做出的必然选择。

第四节　人权派与人权运动

国民党训政制度的特点之一，是人民无权，在国民党的肆意践踏下，人
民的各种权利得不到任何保障。因此，在国民党统治建立后人们对训政制

---

① 曾琦：《一致对外与一党专政》，《大公报》1932年2月2日。
② 胡适：《福建的大变局》，《独立评论》第79号，1933年12月3日。

度的批判声中，反对国民党践踏人权的声音特别高涨。前引《新路》杂志的《发刊辞》所揭示的十二项政治主张，其中第七项就是"主张言论结社等自由，反对（国民党）以党治或军治之名义剥夺人权"。继《新路》之后，《新月》杂志也发表过不少反对国民党践踏人权的文章，并由此兴起过一场批判国民党践踏人权、一党独裁的"人权运动"。

一、《新月》与人权派的形成

《新月》是新月社创办的一份刊物。而新月社是以聚餐会为主要方式而形成的一个文人俱乐部。先是 20 年代初，北京风行"聚餐会"，即每周周末，亲朋好友、同学同事都要以聚餐的形式，一起聚聚，边吃饭边聊天，天南海北，什么都聊。当时以胡适为中心，也逐渐形成了一个"聚餐会"，其主要成员有胡适、梁实秋、徐志摩、余上沉、丁西林、林徽因等，与商人、官员、市民等人群聚餐不同，他们聚餐谈的主要是学术和政治问题。到了 1924 年，因参加"聚餐会"的人员增多，私人的家里坐不下了，便由徐志摩的父亲徐申如和黄子美二人出钱，在北京松树胡同 7 号，租了房子，成立了一个俱乐部，称之为"新月社"。"新月"之名袭用印度诗人泰戈尔的一本诗集——《新月集》，按徐志摩的解释，意谓"它那纤弱的一弯分明暗示着、怀抱着未来的圆满"[1]。北伐战争开始后，北京的局势骤然紧张起来，新月社成员于是纷纷南下上海，胡适则去了国外，北京的活动暂告停止。1927 年 5 月，胡适自海外归国，但他没有回到北京，而是去了上海，受聘为中国公学校长。胡适到上海后，即与在上海的原新月社成员联系，很快便恢复了新月社的活动，人员也有了扩大，罗隆基、潘光旦、吴泽霖、唐庆增、叶崇智、徐新六、张嘉林等都成了新月社成员。他们还成立了一家书店，取名"新月书店"，同时开始筹办《新月》月刊，1928 年 3 月 10 日，《新月》正式在上海出版发行，其编辑和作者大多是新月社成员。创刊号上发表了徐志摩执笔的《"新月"的态度》发刊辞，开宗明义地阐明了《新月》的理想和追求："我们这几个朋友，没有什么组织除了这月刊本身，没有什么结合除了在文艺和学术上的努力，没有什么一致除了几个共同的

---

① 徐志摩：《"新月"的态度》，《新月》创刊号，1928 年 3 月 10 日。

理想。凭这点集合的力量，我们希望为这时代的思想增加一些体魄，为这时代的生命添厚一些光辉。"[1]可以看出，《新月》的初衷主要是想办成一个思想文艺性的刊物，而非政治批评或评论刊物。最初几期的《新月》也确实是以发表诗歌、小说、文学批评为主，很少涉及政治问题。

但新月社中的胡适、罗隆基、梁实秋等人则对谈政治有着十分浓厚的兴趣，《新月》只谈文艺，不谈政治，是不符合他们理想和要求的。为了解决这一矛盾，新月社同人决定再出一份周刊或旬刊，取名"平论"，专门就国家大问题讲一些政治上的"平正的话"，表达一种"平正"的观点。胡适在1929 年 3 月 25 日的日记中，记述了创办《平论》的情况：《平论》是我们几个朋友想办的一个刊物。去年就想办此报，延搁到于今。"《平论》的人员是志摩、梁实秋、罗隆基（努生）、叶公超、丁西林。""本想叫罗努生做总编辑，前两天他们来逼我任此事。此事大不易，人才太少；我虽做了发刊辞，心却不很热。"[2]1929 年 3 月 10 日出版的《新月》第 2 卷第 1 号的《编辑后言》也谈到了新月社同人创办《平论》的动机：《新月》创刊一年了，"这一年来《新月》有否在读者们的心里留下一些痕迹？这话单一提起我们负责编辑的人便觉得惶愧。如同别的刊物一样，在开始时本刊同人也曾有过一点小小的志愿，但提到志愿我们觉得难受。……我们自己先就不能满意于我们已往的工作。我们本想为这时代，为这时代的青年，贡献一个努力的目标：建设一个健康与尊严的人生。但我们微薄的呼声如何能在这闹市里希冀散布到遥远？我们是不会使用传声喇叭的，也不会相机占得一个便利于呐喊的地位，更没有适宜于呐喊的天赋佳嗓：这里只是站立在时代的低洼里的几个多少不合时宜的书生，他们的声音，即使偶尔听得到，正如他们的思想，决不是惊人的一道，无非是几句平正的话表示一个平正的观点，再没有别的——。因此为便于发表我们偶尔想说的'平'话，我们几个朋友决定在这月刊（指《新月》，这是专载长篇创作与论著的——引者）外提，另出一周刊或旬刊，取名《平论》（由平论社刊行），不久即可与读者们相见。我们希望借此可以多结识几个同情的读者，借此我们也希冀惕厉

---

① 徐志摩：《"新月"的态度》，《新月》创刊号，1928 年 3 月 10 日。
② 胡适：《日记（1929 年 3 月 25 日）》，载《胡适全集》第 31 卷，第 347 页。

我们几于性成的懒散。在本刊与未来的周刊或旬刊上，我们一致欢迎外稿。得到纯凭精神相感召的朋友是一个莫大的愉快。"① 然而，《平论》周刊或旬刊并没有像《新月》第 2 卷第 1 号《编辑后言》所预告的那样问世。于是，胡适等人只好改变《新月》创刊时所确立的只谈文艺、不谈政治的办刊方针。1929 年 4 月 10 日出版的《新月》第 2 卷第 2 号的《编辑后言》有这样一段声明："上期预告的《平论周刊》一时仍不能出版。……但此后的新月月刊，在平论未出时，想在思想及批评方面多发表一些文字，多少可见我们少数抱残守阙人的见解。我们欢迎讨论的来件（我们本有"我们的朋友"一栏），如果我们能知道在思想的方向上至少，我们并不是完全的孤单，那我们当然是极愿意加紧一步向着争自由与自由的大道上走去。"②

也就是在这期《新月》上，胡适发表了《人权与约法》一文，批判国民党践踏人权。胡适的文章得到了新月社的其他一些成员的积极响应。一场被称之为"人权运动"的批判国民党践踏人权、一党独裁的思想运动由此兴起，并由此形成了一个"人权派"，其主要成员除胡适外，有罗隆基、梁实秋、王造时等。我们在前面已有介绍，人权运动兴起后，胡适在《新月》上发表的文章，主要有《我们什么时候才可有宪法？——对于建国大纲的疑问》（第 2 卷第 4 号）、《知难，行亦不易》（第 2 卷第 4 号）、《"人权与约法"的讨论》（第 2 卷第 4 号）、《新文化运动与国民党》（第 2 卷第 6—7 号）、《我们走那条路》（第 2 卷第 10 号）等。罗隆基是江西安福人，早年在清华求学时，就积极参加学生运动，有"九年清华，三赶校长"的"壮举"，对政治具有强烈的参与意识。1921 年，他考上公费留美学习，先后入威斯康星大学和哥伦比亚大学攻读政治学。后又出于对英国著名政治家拉斯基的敬慕，从美赴英求学，成为拉斯基教授的得意门生。1928 年回国后，先后任中国公学政治经济系教授、光华大学政治系教授及暨南大学政治经济系讲师，主讲政治学和近代史，是新月社的重要成员，他在胡适发表《人权与约法》的那期《新月》上，发表了《专家政治》一文。此后，他又有《论人权》（第 2 卷第 5 号）、《告压迫言论自由者》（第 2 卷第 6—7 号）、《我对

---

① 《编辑后言》，《新月》第 2 卷第 1 号，1929 年 3 月 10 日。
② 《编辑后言》，《新月》第 2 卷第 2 号，1929 年 4 月 10 日。

党务上的"尽情批评"》（第 2 卷第 8 号）、《我们要什么样的政治制度》（第 2 卷第 12 号）、《汪精卫论思想统一》（第 2 卷第 12 号）、《论共产主义》（第 3 卷第 1 号）、《我们要财政管理权》（第 3 卷第 2 号）、《我的被捕的经过与反感》（第 3 卷第 3 号）、《服从的危险》（译文，第 3 卷第 5—6 号）、《平等的呼吁》（译文，第 3 卷第 7 号）、《人权，不能留在约法里？》（第 3 卷第 7 号）、《总统问题》（第 3 卷第 7 号）、《民会选举原来如此》（第 3 卷第 7 号）、《对训政时期约法的批评》（第 3 卷第 8 号）、《国民会议的开幕词》（第 3 卷第 8 号）、《我们不主张天赋人权》（第 3 卷第 8 号）、《论中国的共产——为共产问题忠告国民党》（第 3 卷第 10 号）、《"人权"释疑》（第 3 卷第 10 号）、《什么是法治》（第 3 卷第 11 号）、《告日本国民与中国的当局》（第 3 卷第 12 号）等批判国民党践踏人权、实行训政和一党独裁的文章先后在《新月》上发表。为此，他遭到国民党的迫害，被警方拘捕过十几小时。梁实秋 1923 年 8 月赴美留学，毕业于美国科罗拉多州立大学，为哥伦比亚大学硕士，1926 年回国后，成为新月社的主要成员。人权运动兴起后，他在《新月》上发表了《论批评的态度》（第 2 卷第 5 号）、《孙中山先生论自由》（第 2 卷第 9 号）、《思想自由》（第 2 卷第 11 号）等文章，重点"讨论人权中的一个重要部分，——思想和言论的自由"[1]。王造时 1925 年 8 月自清华大学毕业后，转到美国威斯康星大学就读政治学，1929 年 6 月获得政治学博士学位后，即于当年 8 月到英国任伦敦经济学院研究员，师从拉斯基主要研究国际政治。1930 年他经苏联回国，同年受聘担任上海光华大学文学院教授、院长兼政治系主任，并成为新月社后期的重要成员，他发表在《新月》上的文章主要有《中国问题的物质背景》（第 3 卷第 4 号）、《中国社会原来如此》（第 3 卷第 5—6 号）、《中国的传统思想》（第 3 卷第 8 号）、《昨日中国的政治》（第 3 卷第 9 号）、《由"真命天子"到"流氓皇帝"》（第 3 卷第 11 号）、《政党的分析》（第 3 卷第 12 号）等，是当时十分活跃的自由主义知识分子。

人权运动兴起后，以其对国民党践踏人权、一党独裁的批判引起社会的广泛注意，产生了重要的社会反响。1931 年 5 月 3 日上海《民报》发表汪

---

[1] 胡适：《人权论集序》，载《胡适全集》第 4 卷，第 653 页。

常有的文章认为：中国目前有三种思想鼎足而立，一、共产；二、新月派；三、三民主义。① 其在当时思想界的影响由此可见一斑。当然，也就遭到了国民党的打压和迫害，国民党不仅组织人马，撰文批驳胡适、罗隆基等人的观点，查禁他们的文章和书籍，而且还通过上海特别市党部的"决议"、教育部的"申斥"、中央执行委员会常委会议的"警诫"等手段，迫使胡适辞去中国公学校长职务，回到北平，继续任他的北京大学教授。也许是考虑到了胡适在中外思想、文化和学术界的影响力，国民党对胡适的处理还算是网开了一面，没有像国民党江苏省党部执行委员会所要求的那样，以颠覆罪逮捕胡适。但国民党对罗隆基的打击和迫害就严厉多了。1930 年 11 月 4 日，国民党以"共产嫌疑"的罪名，将罗隆基逮捕，后经胡适等人斡旋、交涉，罗隆基才被释放。不久（1931 年 1 月 11 日），教育部又电令光华大学，称罗隆基"言论荒谬，迭次公然诋本党，似未便任其继续任职，仰即撤职"。罗隆基因此而失去了上海的教职，只好北上天津，出任天益《益世报》的主笔。影响一时的"人权运动"也因胡适、罗隆基的先后北上而归于消寂。《新月》从第 4 卷起，就很少刊发政治类的文章了。

二、批判国民党践踏人权

先是 1929 年 4 月 20 日，南京政府颁布了一道所谓保障人权的命令，宣称"世界各国人权均受法律之保障。当此训政开始，法治基础亟宜确立。凡在中华民国法权管辖之内，无论个人或团体均不得以非法行为侵害他人身体，自由，及财产。违者即依法严行惩办不贷"。胡适在看了这道命令后，便写了篇《人权与约法》的文章，刊登在《新月》第 2 卷第 2 号上。他在文中写道：在这个人权被剥夺几乎没有丝毫剩余的时候，国民政府突然命令保障人权，这自然叫老百姓喜出望外，但在认真阅读了这道命令之后，又不能不使人大失所望，因为这道命令存在着三个"很重要的缺点"：第一，对"身体、自由、财产"这三项"人权"没有明确规定，如"自由"究竟是哪几种自由？"财产"应该如何保障？ 第二，只禁止"个人或团体"不得以

---

① 转引自《罗隆基致胡适信》（1931 年 5 月 5 日），载中国社会科学院近代史研究所中华民国史组编《胡适来往书信选》下册，中华书局，1979，第 64 页。

非法行为侵害他人身体、自由及财产，而没有提及政府机关。实际上最令人感到痛苦的正是"种种政府机关或假借政府与党部的机关"对人民的身体、自由及财产的"侵害"。如干涉言论出版自由，没收各地私人财产，"都是以政府机关的名义执行的"。就此而言，4月20号的命令并没有给人民任何保障。第三，命令虽然声称"违者即依法严行惩办不贷"，但"现在中国的政治行为根本上从没有法律规定的权限，人民的权利自由也从没有法律规定的保障"。无论什么人，只需挂一块"反动分子""土豪劣绅""反革命"的牌子，身体便可以任意侮辱，自由便可以任意剥夺，财产便可以任意宰制，这些都不是"非法行为"。无论什么书报，只需贴上"反动刊物"的字样，都在禁止之列，也不能算为"侵害自由"。无论什么学校，只需戴一个"学阀""反动势力"的帽子，便可以任意封禁没收，不算"非法侵害"。因此，所谓"依法严行惩办"，只不过是骗人的一句空话。胡适认为要保障人权，就必须确立法治基础，因为法治要求"政府官吏的一切行为都不得逾越法律规定的权限"。故此，他呼吁国民党"快快制定约法以确定法治基础"，"以保障人权"。①

《人权与约法》的发表，拉开了"人权运动"的序幕。接着，胡适以及罗隆基、梁实秋、潘光旦等人又先后在《新月》上发表了《论思想统一》（第2卷第3号）、《〈人权与约法〉的讨论》（第2卷第4号）、《论人权》（第2卷第5号）、《告压迫言论自由者》（第2卷第6—7号）、《新文化运动与国民党》（第2卷第6—7号）等文章，揭露在国民党的一党独裁之下，中国人民的人权得不到丝毫保障，"反动"罪名，任意诬陷，"嫌疑"字眼，到处网罗，得罪党员，即犯党怒，一触"党怒"，即为"反动"，逮捕拘押，无辜杀戮，"有冤莫白"，遍地鬼哭，书刊被禁，学校被封，思想统一，不许自由……总之，"人权破产，是中国目前不可掩盖的事实。国民政府四月二十日保障人权的命令，是承认中国人民人权已经破产的铁证"。②

胡适、罗隆基等人指出，国民党对人权的肆意践踏表明，它正在模仿17世纪英王查理一世和18世纪法王路易十六，排演"朕即国家"的老剧。

---

① 胡适：《人权与约法》，《新月》第2卷第2号，1929年4月10日。
② 罗隆基：《论人权》，《新月》第2卷第5号，1929年7月10日。

"在这种环境之下，我们只好唱大宪章和人权宣言的老调。"① 因此，他们在揭露批判国民党肆意践踏人权的同时，又以西方人权理论为武器，要求国民党取消党治，保障人权，并就人权的有关问题做了阐述。

什么是人权？胡适、罗隆基等人认为，凡对于（一）维持生命；（二）发展个性，培养人格；（三）实现最大多数人的最大幸福这三点有必要功用的"都是做人必要的条件，都是人权"。② 因为，作为一个人，他首先必须得到衣、食、住和人身安全，这样才能生存下来；但人不仅只要生存，还要使自己的个性和人格得到培养和发展，成就"圣善之我"，否则，就失去了做人的意义；个人是人群中的一分子，个人做人与最大多数人能够做人连在一起，个人幸福与最大多数人的幸福连在一起，故贡献"至善之我"于最大多数人，俾他们达到"可能的至善"，并享受最大幸福这也是个人做人的必要条件之一。胡适、罗隆基等人特别看重思想言论自由对于实现"做人的必要条件"的重要意义。罗隆基就指出，是一个人，就有思想，有思想就要表现他的思想；要表现他的思想，他非要说话不可，说他自己要说的话，说他要说的话，这就是发展个性、培养人格的道路；这是成就"至善之我"的门径。同时，一个人有了言论自由，他才可以把自己的思想贡献给人群，使"人群达到至善"之境，实现最大多数人的最大幸福。故此，罗隆基坚决反对国民党取缔思想言论自由。他反复强调，国民党取缔思想言论自由，就是践踏人权，扼杀个性与人格的发展，亦即是"屠杀个人的生命"，"灭毁人群的生命"。③

从人权就是做人的一切必要的条件这一认识出发，罗隆基承认人权有它的"时间性与空间性"，因为做人的条件，或人的生活上的要求是随时随地不同的。他并以西方的人权文献尤其是法国的《人权宣言》为蓝本，并结合中国的实际情况，提出了35条人权要求。其主要内容包括：国家是全体国民的团体，其主权属于全体国民，任何个人或团体未经国民直接或间接的许可，不得行使它的权力；法律是人民公共意志的表现，人民在法律上一律平等，任何个人或团体不得居于法律之上，因法律上的平等，人民对于

---

① 罗隆基：《论人权》，《新月》第 2 卷第 5 号，1929 年 7 月 10 日。
② 罗隆基：《论人权》，《新月》第 2 卷第 5 号，1929 年 7 月 10 日。
③ 罗隆基：《论人权》，《新月》第 2 卷第 5 号，1929 年 7 月 10 日。

国家政治上的一切权利也有平等享受的机会，任何个人或家庭包办政府多数高级职位即是对人民政治权利的侵犯，亦即侵犯人权；政府是全民所组织以行使国家权力的机关，官吏是全民雇佣的人员，二者都应对全体人民负责，而不是向任何个人或团体负责；国家必须保护国民的所有财产，保障人民就业，赈济灾害；人民有思想、言论、出版、集会的自由，有接受教育的权利，一切教育机关不应成为任何宗教信仰或政治信仰的宣传机关，无论何人，不经司法上的法定手续，不受逮捕收押，不经国家正当法庭的判决，不受任何惩罚；司法独立，行政长官无解散法律和执行司法权，司法官不得随意撤换或受惩罚，司法官不得兼任其他官职，违此三者，即是侵犯司法独立，亦就是侵犯人权的保障；限制军队，现役军人不得兼任国家文官，军人不得超越法律之上，不得强迫征兵，军队不得霸占民房，强迫差役，勒索供应，违者即是侵犯人权。就上述内容来看，这 35 条人权要求，不少是直接针对国民党实行一党专制，肆意践踏人权的现状提出来的。正如罗隆基本人所指出的那样，这 35 条"是我个人认为在中国现状之下所缺乏的做人的必要的条件，也就是我个人认为目前所必争的人权"。①

胡适、罗隆基等人在阐述人权问题时，提出了一个很重要的观点，即认为国家的功用就在保障人权，保障国民做人所必要的条件。如果国家某一天为某个人或某集团所占据，而成了某个人或某集团蹂躏大多数国民人权的工具，那么，随着它保障人权的功用丧失，国家也就丧失了对人民的命令权，人民即可终止对它的服从义务。他们还认为，人权完全是自然的，国家不能产生人权，只能承认人权，保障人权，国家的优劣，只能以它对人权的承认和保障的程度为标准。

胡适、罗隆基等人还探讨了人权与法律的关系。他们认为人权先于法律而存在，不是法律产生人权，而是人权产生法律。因此，法律只能保障人权，而不能限制人权。法律保障人权的功用，就在它能约束政府的行为。在他们看来，个人或私人团体对人权的蹂躏为害尚小，而霸占政府位置打着政府招牌的个人或团体对人权的蹂躏的危害程度，远远超过那些执枪杀人的绑匪和明火打劫的强盗。所以，法律必须由人民自己制定，无论何人

———————————

① 罗隆基：《论人权》，《新月》第 2 卷第 5 号，1929 年 7 月 10 日。

包括政府都不得超越法律规定的权限，这样才能体现人权，也才能使人权得到切实的保障。如果人民无权制定法律，或者人民制定的法律对政府失去了约束的效力，那么人民就可以"运用他的革命的人权"，反抗压迫者。"对压迫的反抗"是人民所应享有的人权之一。[1] 他们还鉴于当时国民党实行一党独裁，以党代政的事实，特别强调，法律对国民党的约束作用，指出如果国民党不受法律的约束，超出法律的制裁之外，那就不是"法治"，是"党治"，而在"党治"之下，人权不可能得到任何保障。

三、批评国民党的训政理论

国民党之所以主张训政，其理论依据，是说民主政体之下的人民必须具备一定的政治经验和常识，但由于几千年的封建统治，中国人民尚不具备，所以需要国民党人如保姆之于婴儿那样加以教训，待他们具备了民主的政治经验和常识之后，才可以实行宪政。和《新路》一样，在《新月》的主要作者看来，国民党的训政理论不仅是对中国人民人格的一种污辱，而且在理论与事实上也是不能成立的。罗隆基就曾指出，即使承认人民非经过一番的训练，得到相当的政治知识，不能做政治活动，但对人民进行政治训练是政治专家的事，国民党人则没有这种资格。因为要说缺乏民主政体之下的政治经验和常识，不光是普通的老百姓，国民党人也同样缺乏，而且，国民党上台以来的历史已经证明，"紊乱的现象，不在小民，实在大官，不在乡村，实在中央及地方的政府"，中国的小民虽然在政治上的知识赶不上英美的国民，但中国的执政诸公无论普通政治常识，还是专门政治经验，比之英美的当局相差更远。所以，要说训政，首先应训的是国民党人，尤其是国民党人中的执政诸公，只有当这些人得到了应有的训练，并成为政治上的专家之后，中国的政治才有可能得到解决。[2] 他并引用孙中山关于政府是汽车，官员是车夫，人民是坐汽车的主人的比喻说明，要使汽车能正常行驶，不发生问题，那么，对车夫的训练，比对汽车主人的训练更为重要和急迫。[3]

在批判了国民党的训政理论把一国主人分成能训与被训两部分，以国

---

① 罗隆基：《论人权》，《新月》第 2 卷第 5 号，1929 年 7 月 10 日。

② 罗隆基：《专家政治》，《新月》第 2 卷第 2 号，1929 年 4 月 10 日。

③ 罗隆基：《我们要什么样的政治制度》，《新月》第 2 卷第 12 号，1930 年 2 月 10 日。

民党人为能训者，一般国民为被训者的错误后，《新月》同人还批判了国民党训政理论以所谓训政培养人民参政能力的荒谬性。胡适指出：民治制度的本身便是最好的政治训练，人民开始参政时，虽然不可避免地会犯错误，但"一回生，二回便熟了"；"一回上当，二回便学乖了"。只要他们参政，他们就一定能在政治的实践活动中培养和提高自己的参政能力。①罗隆基把国民与国民党的关系，比之为股份公司内的股东与经理的关系，就像股份公司不需要经理专政几年，加股东一番训政，而后股东才可以参与公司的管理一样，国家也不需要国民党专政几年，加国民一番训政，而后国民才可以参加国家的管理，享受其参政权。股东在参与公司的管理中，自然会提高其参与管理的能力，广大国民在参与国家的管理中，也自然会提高自己参与管理国家的能力。因此，根本不需要国民党的训政。②他还指出，国民党一方面宣称中国人民的参政能力不够，需要训政来培养和训练他们的参政能力，但另一方面又不肯给人民运用政治权力参政的机会，这就如同教人游泳的方法，而不让他们下水游泳，训练士兵如何运用枪炮，而不发给他们枪炮，使他们得到实际练习一样荒谬。其结果中国人民的参政能力永远也得不到培养和提高。③

罗隆基还从手段与目的矛盾方面对国民党的训政理论提出了批评。根据国民党的训政理论，训政只是手段，不是目的，训政的目的是要通过对广大国民的政治训练，教会他们运用选举、罢免、创议、复决四权，从而使民主政治制度得以最终在中国建立起来，但在批评者看来，要讲训政，就不能讲民主，要"以党治国"，就不能使人民有直接运用四权的权力，这中间存在着目的与手段的尖锐矛盾。因为在训政制度下，国民党是不会把政权交到人民掌握中去的，也不会像孙中山所说的那样让人民来做国家的"皇帝"或主人；在"以党治国"的前途上，永远也到达不了"人民直接选举、创议、复决、罢免的目的地"。民主政治与国民党的训政制度在性质上水火不容。民主政治的重要条件，是国家的统治权应树立在国民的全体，而不

① 胡适：《我们什么时候才可有宪法？——对于建国大纲的疑问》，《新月》第 2 卷第 4 号，1929 年 6 月 10 日。
② 罗隆基：《我们要什么样的政治制度》，《新月》第 2 卷第 12 号，1930 年 2 月 10 日。
③ 罗隆基：《专家政治》，《新月》第 2 卷第 2 号，1929 年 4 月 10 日。

是在某个集团、某个阶级或某个政党的身上。国民党的训政制度则与此正好相反，其国家的统治权为国民党一党所垄断，广大国民只能被动地接受国民党的统治和训政。①

　　既然国民党的训政理论本身就是错误、荒谬和矛盾的，因此，他们要求国民党赶快"回头"，取消训政，制定宪法，实行宪政，并对国民党以所谓民国以来的宪政失败作为中国目前不能实行宪政，而只能实行训政的观点提出了批评。胡适质问国民党，"民国元年以来，何尝有'入于宪政'的时期？自从二年以来，那一年不是在军政的时期？临时约法何尝行过？天坛宪法草案以至于曹锟时代的宪法，又何尝实行过？十几年中，人民选举国会与省议会，共总行过几次？"在他看来，民国十几年的政治失败，不是骤行宪政之过，而是始终不曾实行宪政之过，不是不经军政训政两时期而遽行宪政之过，而是始终不曾脱离扰乱时期之过。他希望国民党能吸取历史教训，不要以所谓民初以来的宪政失败为借口反对取消训政，实行宪政，而应"早早制定宪法"，"用宪政来训练人民和政府自己"。②

　　如前所述，国民党训政制度的实质是要实行一党独裁。因此，《新月》同人在批评国民党的训政理论的同时，也对国民党的一党独裁进行过批判。罗隆基就在《新月》先后发表过《我对党务上的"尽情批评"》和《我们要什么样的政治制度》等文章，公开声明他是极端反对国民党的"党在国上""党权高于国权"之一党独裁制度的。他首先指出，他并不反对党治，也没有反对党治的必要。"一个有政治信仰与政治主张的团体，根据信仰及主张来夺取政权，最后取得政权，因以掌握政府，主持国事，这就是'党治'。"就此而言，英国是党治，美国是党治，德国法国是党治，西方的民主国家都是党治。"这种党治，有什么可反对，更有什么人要反对？"然而如今国民党的所谓"党治"，是"党权高于一切"，是"党外无党"，这就不是什么"党治"了，而是"一党独裁。党治与一党独裁，似不可混为一谈；批评党治与批评一党独裁，亦当分为两事"。③他之所以要批评一党独裁，是

① 罗隆基：《我对党务上的"尽情批评"》，《新月》第2卷第8号，1929年10月10日。
② 胡适：《我们什么时候才可有宪法？——对于建国大纲的疑问》，《新月》第2卷第4号，1929年6月10日。
③ 罗隆基：《我对党务上的"尽情批评"》，《新月》第2卷第8号，1929年10月10日。

因为一党独裁把"国家当然成了一党达到目的的工具，不是国民全体达到公共目的的工具。这与国家的性质当然违背"[1]。具体来说，作为人民互相裁制彼此合作以达到共同目的的工具，国家的功用之一，是保护国民的权利不受非法侵犯，而国民权利的安全程度，是以国民自身保护权利的机会的多少为准绳的，机会越多，越有保障，反之则"一切权利的保障就破坏了"。国民党以国民的保姆自居，剥夺了中国人民自身保护权利的机会，结果它所保护的只是国民党一党的权利，而广大人民的权利则得不到任何保障。国家的功用之二，是使国民得到培养和发展，但在一党独裁制度下，这种培养和发展的功用已丧失殆尽。以思想上的培养和发展而论，国民党所搞的思想统一运动，虽然有利于国民党的专制统治，然而对于国民思想的培养和发展则害多利少。经过这种独裁制度的压迫摧残之后，国民的思想充满了怯懦性、消极性、倚赖性、奴隶性，甚至成了毫无思想的机械。国家的功用之三，是使国民得到幸福，而要实现这一目的，国家就必须提供给人民一种和平、安宁、秩序、公道的环境，但一党独裁制度则是这种和平、安宁、秩序、公道的破坏者。因为在独裁制度下，国民党总是处在国家政治上的一个特殊地位，这就根本抹杀了政治上的平等和公道，同时也必然要引起被统治者的不平与愤怒，而不平与愤怒则是一切革命的祸源。"目前的举国大乱，境无静土"，即是"南京独裁政治之果"。故此，他"绝对的"反对国民党的一党独裁制度。不仅反对国民党的永久独裁，也反对国民党的暂时独裁，不仅反对国民党所主张的独裁，也反对国民党所解释的独裁，"独裁制度是与国家的目的根本相冲突的"[2]。

四、批判《训政时期约法》

1931 年 5 月 5 日—17 日在南京召开的国民会议，通过了国民党中央起草的《训政时期约法》，并于同年 6 月 1 日正式公布。要求国民党尽快制定约法，以保障人权，这本是以胡适为代表的《新月》同人的政治诉求，但《训政时期约法》公布后，却使他们大失所望。因为他们希望制定的约法，

---

[1] 罗隆基：《我们要什么样的政治制度》，《新月》第 2 卷第 12 号，1930 年 2 月 10 日。
[2] 罗隆基：《我们要什么样的政治制度》，《新月》第 2 卷第 12 号，1930 年 2 月 10 日。

能确立法治基础，约束国民党对人权的肆意践踏，然而，国民会议通过的约法，除使国民党的一党专制统治和对人权的肆意践踏合法化外，没有任何其他积极意义。这就不能不引起他们的不满。约法公布后不久出版的《新月》第3卷第8号，发表了罗隆基写的《对训政时期约法的批评》一文，从以下几个方面对约法提出了尖锐的批评。

　　首先，批评约法剥夺了人民的主权。他提出，宪法或约法最重要的功用是规定国家主权的所属及其使用方法。主权在于民，并不得委托给任何个人或团体，这是民主政治最基本的原则，也是欧战后一切新宪法的新趋势。国民党制定的约法，一方面于第一章第二条规定"中华民国的主权，属于国民全体"，但另一方面又通过第三章第三十条（"训政时期由中国国民党全国代表大会代表国民大会行使中央统治权，中国国民党全国代表大会闭会时，其职权由中国国民党中央执行委员会行使之"）、第三十一条（"选举、罢免、创制、复决四种政权之行使，由国民政府训导之"）和第三十二条（"行政、立法、司法、考试、监察五种治权，由国民政府行使之"）的规定，使"主权属于全体国民"成了骗人的空话。他打比方道：小孩子有了点零用钱，母亲便对小孩说："钱是你的，你不许用，暂时存在我这里罢。"结果，小孩的钱总被母亲拿去使用了，而作为钱的所有者的小孩则失去了自由使用的机会。如今约法上"主权在民"的规定，就是母亲骗孩子的把戏！因为约法"只有'主权在民'的虚文，没有人民行使主权的实质"，代替人民行使人权的是国民党。国民党主持立法，国民党产生政府，而人民则没有任何权力。人民不能行使主权，本身就无主权的价值。他认为，约法上的这种骗人办法，是国民党"政治道德上欲盖弥彰的手段"。[1]

　　其次，批评约法没有保障人民权利。他指出，宪法或约法次要的功用，是规定人民的权利义务。《训政时期约法》虽然辟有人民权利义务章（第二章），但它对人民权利采取的是法律限制主义。全章关于人民权利的条文共19条，除其中的三条外，其余一切条文都有"依法律得停止或限制之"或

①　罗隆基：《对训政时期约法的批评》，《新月》第3卷第8号，1930年11月10日。注：杂志封面标注的是1929年11月10日，有误。

类似的规定。加上这样的规定，条文的实质不是积极的受限制，就是消极的被取消。所以表面上约法给了人民这种或那样的自由，但实质上"一切一切的自由'依法律都得停止或限制之'。左手与之，右手取之，这是戏法，这是掩眼法，这是国民党脚快手灵的幻术"。国民党完全可以依据它所制定的《危害民国紧急治罪法》《戒严法》《出版法》等各种各样的法律"来检查新闻，停寄报纸，封闭书店，枪杀作家"，把约法上规定的人民权利取消得一干二净。故此他认为，"约法上的自由，不算自由；约法上的权利，不算权利"。[1]

罗隆基进一步指出，约法对人民的权利的保障不仅采取的是法律限制主义，而且就内容的本身来看，也"有极重要的遗漏"。比如，约法保障宗教信仰自由，却不保障政治信仰的自由，没有这方面的条文规定。而就今日中国的情形而论，政治信仰自由的保障，较宗教信仰自由的保障，要重要千万倍。他质问国民党的领袖，他们既然在宗教上允许中国人可以离开中国的孔老夫子，去祈祷耶稣基督，那为什么在政治上不允许中国人可以离开孙中山去信仰别的政治思想家呢？因为"强儒教徒做礼拜，强基督徒拜祖先，精神痛苦，固为相等。宗教信仰，政治信仰，易地皆然"。又比如，约法规定人民有纳税的义务，却不规定人民有监督财政的权利。这显然是与"没有代议的权利，没有赋税"这一大家公认的原则相违背的。再比如，约法规定中华民国国民，无论男女种族宗教阶级之区别，在法律上一律平等，但实际上国民党处于超越法律以外的地位，国民党是统治者，而非国民党人是被统治者，所谓"平等"仅是纸面上的条文而已。[2]

再次，批评约法对中央政制的规定。他指出，国民党人鄙视三权分立的理论为不足，而创五权分立的学说。分权说的优点，就在国家治权采取"裁制与平衡"的原则，所以无论英国的内阁制，还是美国的总统制或是瑞士的委员制，都绝没有一个人或一个团体集国家的立法、司法与行政权于一身。但在约法的规定下，国民政府委员会掌握一切的治权。因此，名义上是所谓五权分立，但事实上则是一权独揽，权力都集中于国民政府委员会

---

① 罗隆基：《对训政时期约法的批评》，《新月》第 3 卷第 8 号，1930 年 11 月 10 日。
② 罗隆基：《对训政时期约法的批评》，《新月》第 3 卷第 8 号，1930 年 11 月 10 日。

尤其是国民政府主席手中。其结果，根据约法建立的政府，只能"成一个独夫专制的政府"。在罗隆基看来，致五权分立为一权独揽的原因，就在约法第七十四条"院长部会长由主席推荐委员会任免"的规定。世界上任何国家其司法权和立法权都有相对的独立性，司法和立法机构的最高官吏，不为行政领袖委派与罢免。然而中国的立法院和司法院的正副院长则由国民主席推荐委员会任免。这样，立法院、司法院的实际地位等于英美政府的一个部，行政院的各部只等于英美部中的一个司。这就是所谓的"五权分立"，它与西方的三权分立不可同日而语。[①]

罗隆基还从行政效能方面对约法所确定的中央政制提出了批评，他指出，根据约法的规定，政务的进行要严格遵守国民党全国代表大会—中央执行委员会—中央政治会议—国民政府委员会—五院—各部这样一个程序，即重要决议，由国民党全国代表大会委托中央执行委员会发动，然后进一步到中央政治会议，再进一步到国民政府委员会，再进一步到五院，最后到各部。这样叠床架屋，就不能不影响它的效能。而且，所谓执委，所谓政治会议，所谓国民政府委员会，所谓五院，所谓各部，实际上又都是那"十八尊罗汉"。以当时的蒋介石为例。他既是教育部长，同时他又是自己的顶头上司——行政院长，又是自己更高一层的上司——中央政治会议的委员，最后他又是自己最高主权的上司——国民党党员。在如此的组织结构中，下司对上司，是蒋介石请命蒋介石，上司对下司，是蒋介石命令蒋介石。他认为，政府组织的叠床架屋，呆重不灵，这是导致国民政府政绩失败的"重大原因之一"。[②]

除以上这几个方面外，罗隆基还批评了约法的其他一些内容。如他批评约法虽然以欧战后欧洲的一些新宪法为蓝本，辟有国民生计一章，但其内容又十分空洞，缺少可操作性，尤其是约法取消了孙中山以"平均地权"和"节制资本"为基本内容的民生主义，这说明约法根本不想解决中国的经济问题。又如他批评约法有鼓励技术的文字，有保存古迹的文字，而没有保障"学术自由"的规定，而"学术自由"是中国目前最缺乏也最需要的东

---

① 罗隆基：《对训政时期约法的批评》，《新月》第3卷第8号，1930年11月10日。
② 罗隆基：《对训政时期约法的批评》，《新月》第3卷第8号，1930年11月10日。

西。因为在他看来，"没有了'学术自由'，学生听宣传，教员做牧师，国家的文明和文化是永远不会提高的"。①

尽管罗隆基对《训政时期约法》提出了尖锐的批评，但他认为，"好法律胜于恶法律；恶法律胜于无法律"，《训政时期约法》作为"恶法律"，要比"无法律"还是好一些。因此，他希望制定《训政时期约法》这部"恶法律"的国民党诸公和广大国民党党员，能"做个守法的榜样"。②

五、《新月》与《新路》批判国民党之比较

《新路》创刊与《新月》谈政治的时间相隔正好一年，两者都是蒋介石国民党的专制统治之下部分知识分子批评时政的刊物，因而有很多相似之处。首先，就其作者群而言，第一，两份杂志编辑与撰稿人的构成具有明显的同质性，这种同质性一方面反映在他们的职业状况和教育背景中，两份杂志作者群的主要代表人都有海外留学的经历，得到西学的系统训练，都在国内高等教育机构或其他文化事业单位供职，大多具有社会活动家和大学教授的双重身份；另一方面反映在他们之间的私人交往当中。当时，聚居在上海的有着留学欧美经历并深受西方自由主义熏陶的知识分子之间大多有着或多或少的联系，对社会认识及其政治理想方面的相似又使得他们彼此欣赏。李璜曾回忆与"新月派胡适之诸人曾经往还，甚为投契"③，他是 1928 年夏末在张禹九（张君劢的弟弟）家的一次宴会上认识胡适、罗隆基、梁实秋等新月知识分子的，这些新月知识分子的主要代表后来都被李璜聘为青年党干部训练学校——知行学院的教授，且"不要钟点费，而且自贴车钱，从不缺课"④，可见其"投契"之程度。李璜也受邀参加过新月派的三四次聚会，胡适还曾邀请他为《新月》撰稿，但李璜考虑到自己有"异党该死"的罪名，文章发表出来后会影响《新月》的埠外发行而没有答应。⑤最后经胡适的再三请求，才写了一篇与政治无关的介绍法国历史学方法的

---

① 罗隆基：《对训政时期约法的批评》，《新月》第 3 卷第 8 号，1930 年 11 月 10 日。
② 罗隆基：《对训政时期约法的批评》，《新月》第 3 卷第 8 号，1930 年 11 月 10 日。
③ 李璜：《学钝室回忆录》，第 244 页。
④ 李璜：《学钝室回忆录》，第 246 页。
⑤ 李璜：《学钝室回忆录》，第 238 页。

文章。胡适还曾在他的日记中提到他与罗隆基去李璜家的一次历时达 7 小时之久的长谈，并提到"幼椿先生态度很好，我们谈话很公开，很爽快"[①]。张君劢与新月知识分子的相识要早于李璜，其与新月知识分子的交往主要基于两重关系：张君劢为徐志摩的妻舅（徐志摩的原配夫人张幼仪的二哥），也是张禹九的哥哥，而张禹九、徐志摩两人都是新月社的主要成员，两人也都是新月书店的经理人。胡适的日记曾记载了张君劢参加"平论"聚餐[②]，并从国际的角度发表对"中国问题"的看法，张君劢批评苏俄政治制度的《苏俄评论》就是由新月社出版的，《新月》创刊号还刊登有《苏俄评论》的广告。就此而言，尽管张君劢与新月派知识分子（尤指胡适）在哲学思想、文化思想、政治主张方面存在着这样或那样的分歧，但他们能彼此欣赏，尤其是对社会政治问题的看法和主张有许多相似之处，这也是他们过往甚密的政治前提。张君劢与罗隆基的友谊也是在这段时期开始建立的。自此之后，两人成了致力于民主宪政运动的盟友，政治往来非常密切，30年代初，还一起共同创办《再生》杂志，筹组国家社会主义党。值得注意的是，这批知识分子中有些人还同时是两份杂志的撰稿人。如梁实秋曾以"慎吾""谐庭"的笔名在《新路》前五期连续发表了数篇译著，这几篇译文都是表达爱国主义情感或对民主自由追求的爱尔兰戏剧，到《新月》刊行时期，他更是成了批判国民党践踏人权的主要作者之一。潘光旦在《新路》上发表批判为独裁辩护的实证主义社会学理论，又在《新月》上发表从优生学探讨中国问题的文章。第二，从思想感情和政治主张上看，具有一定的延续性，有着相似的思想主张：（一）都以西方的民主自由式政治为理想追求，西方的宪政、人权、民主、自由成为其考察国内社会状况、政治状况的角度、出发点和重心。（二）都对国家主义有着深浅不同的赞同，李璜是国家主义党派青年党的党魁自不必说，罗隆基、潘光旦、梁实秋等早在美国留学期间，就一起组织成立了"大江会"，这是一个由部分留美学生组成的国

---

① 胡适：《日记（1929 年 6 月 16 日）》，载《胡适全集》第 31 卷，403 页。

② 我们前面已经提到，"平论"是新月知识分子中对政治有兴趣的胡适、罗隆基等人仿效英国费边社的形式组成的一个专门议政的知识分子团体，意在平时之中，平心而论政治，原本合计创办《平论》，但未办成，原拟在《平论》发表的思想或评论就由《新月》从第 2 卷第 2 号承接下来。平社经常聚会讨论中国的政治、经济、文化及社会问题。

家主义组织，其宗旨"本大江的国家主义，对内实行改造运动，对外反对列强侵略"①，梁实秋在《新路》发表的译文《文学里的爱国精神》就曾在大江会的《大江季刊》上也刊登过。因此，反对世界大同和国际主义，从民族国家的立场出发，反对任何阶级斗争和一党专政是这批知识分子的基本共识。

基于以上两个原因，再加上处在共同的社会环境下，面临同样的社会政治问题，因此，他们都将批判的矛头指向了国民党，都对国民党的现实政治进行了无情的揭露，都反对国民党的专制独裁，要求实现宪政，保障人权，反对暴力革命和阶级斗争，主张通过渐进的改良手段来改造社会、改良政治。尽管这两个刊物的共同点都是对国民党专制统治的批判和对民主思想的宣传，但就其批判的内容及其锋芒和宣传的重点来看，又存在一定的差别：

一、两份杂志的"主张"和"反对"都是双管齐下，但《新路》是以"反对"为重心的"主张"，而《新月》则是以"主张"为重心的"反对"。一方面就民主政治思想的学理探究上来看，前者不及后者，《新路》作者也对法治、人权等民主政治有所论及，如在《发刊辞》的 12 项政治主张中就有"反对以党治或军治之名义剥夺人权""主张司法完全独立"的内容②，却没有像胡适、罗隆基等人那样有较为系统的理论阐述。另一方面，《新月》政论文章的作者只有胡适、罗隆基、潘光旦、梁实秋等数人而已，但《新路》的作者则有 23 人之多，作者不同的教育背景、专业知识使《新路》能从社会学、生物学、政治学、法律学等各个不同的学术背景出发对国民党的专制统治进行学理层面的辩驳、制度层面的剖析、现实层面的揭露，而《新月》更多的是对法治和人权的诉求，有将政治问题简单化约为法治问题的倾向。与《新路》的"全面出击"不同，《新月》对国民党的批判是"重点突破"式的，他们借助人权和法治这两面旗帜批评国民党政治，也就不能收到《新路》"釜底抽薪"式的效果。

二、尽管两份杂志的成员构成有一定的同质性，具体到撰稿人个体，由于党派身份、性格品质等的差异，两者的批判角度和程度也存在差别。先就批判角度来看，《新路》作者大多都是国家主义的忠实拥护者，很多还是

---

① 转引自刘炎《潇洒才子梁实秋》，湖北人民出版社，2006，第 63 页。
②《发刊辞》，《新路》创刊号，1928 年 2 月 1 日。

青年党员，"国家至上"的信仰使之处处以国家统一、民族独立来衡量现实政治的成效，而《新月》的作者则受西方自由主义思想影响很深，他们更多的是从个人自由和权利的角度来批判现实政治，批判国民党对人权的践踏，而很少论及国民党专制独裁给国家统一带来的危害。他们对国民党专制统治的批判止于内政而很少涉及外交，而这些又恰恰是《新路》对国民党专制统治之批判的特色所在。再就批判的力度和程度而言，因撰稿人本身思想的差异，《新月》刊载的政论在措辞上显然要比《新路》缓和得多。我们可以将胡适和李璜做一比较（两人分别为两份杂志的创刊人和重要撰稿人，因此具有一定的代表性），对于国家主义提出的"打倒一党专政的国民党"的口号，胡适是持否定态度的。他认为"多党政治是多党共存，虽相反对，而不相仇视。若甲党以'打倒乙党'为标语，则不能期望乙党之承认其共存"①，这说明胡适对国民党的态度要比李璜温和得多。可以这么说，李璜青年党的身份使党派利益成为影响其政治态度的重要因素，这一点是无党派人士胡适所没有的。中心人物的思想必然会对整个《杂志》产生影响。《新路》在训政还没开始真正实施时就根本否认其必要性，而《新月》却在承认训政的前提下（尽管这种承认也是出于一种无奈的"姑且承认"）要求颁布约法来规范政府权力；《新路》在批判国民党专制统治的同时，还追根溯源地对孙中山的三民主义、五权宪法、革命程序论等思想学说进行了系统的批判，而《新月》除胡适的《知难，行亦不易》外再也找不到批判孙中山学说的文字，相反罗隆基在论证思想言论的重要性时还引用了孙中山关于自由的学说；《新路》明确指出专制独裁在中国行不通，《新月》作者虽然也持同样的想法，但在措辞上仍然是在承认和维护国民党专制独裁制度的前提下批评现实的执政效果。尽管张君劢辩称他们创刊《新路》的目的只是为了"切磋政治"②，胡适也声明他们谈政治的目的只是为了"做点补偏救弊的工作。补得一分是一分，救得一弊是一利"③，但事实上与《新月》比较，《新路》对国民党专制统治的批判不仅要早一年之久，而且其批判的言辞也要激烈得多。

---

① 胡适：《日记（1929 年 6 月 16 日）》，载《胡适全集》第 31 卷，第 403 页。
② 君房（张君劢）：《新路禁止发行令书后》，《新路》第 1 卷第 4 号，1928 年 3 月 15 日。
③ 胡适：《日记（1929 年 7 月 2 日）》，载《胡适全集》第 31 卷，第 415 页。

第 十六 章

"农村包围城市，武装夺取政权" 思想：中国革命新道路的开辟

　　国民党先后发动四一二反革命政变、四一五反革命政变和七一五反革命政变后，轰轰烈烈的大革命宣告失败，中国革命进入低潮，年轻的中国共产党面临着被敌人斩尽杀绝的危险。中国革命应向何处去？革命的道路如何走？这一系列严峻的问题摆在了年轻的中国共产党面前，需要做出回答。关于大革命失败的原因，共产党内有不同的认识，特别是在主观原因方面还引起了共产党内部的论争。1927年八七会议上确立土地革命和武装反抗国民党反动派总方针之后，毛泽东又进一步把马克思主义的基本原理与中国革命的具体实践结合起来，提出和开辟了"农村包围城市，武装夺取政权"的"井冈山道路"。"井冈山道路"的提出和开辟在毛泽东思想形成的过程中具有重要的历史地位。随着农村革命根据地的创立和发展，中国共产党领导广大贫苦农民开始了一场轰轰烈烈的"土地革命"运动。

第一节　大革命为什么会失败？

　　轰轰烈烈的大革命失败了。大革命为什么会失败？这不能不引起中国共产党人的认真思考。因为只有找出了大革命失败的原因，才能在此基础上吸取大革命失败的教训，从而轻装上阵，重新出发，使失败真正成为成功之母。共产国际将主观原因归结为中共中央违背了共产国际的指示，陷入右倾。中共中央也将大革命失败的主要原因归结为右倾机会主义错误，这是当时党内比较一致的观点。但谁应为右倾错误负主要责任？是共产国际，还是陈独秀？这在当时的中共内部存在着不同的看法。

一、大革命的失败

　　随着北伐战争节节胜利，北洋军阀的统治迅速土崩瓦解，令帝国主义列强感到十分震惊。它们在中国集结兵力、制造事端，并拉拢国民党右派，企图以武力阻挡中国革命的发展。1927 年 3 月，国民革命军兵临南京城下，南京城里的一些北洋溃兵和流氓乘机进行抢劫，游弋在长江江面的英、美等国军舰借口保护侨民，于 24 日下午，也就是国民革命军第六、第二军占领南京的当天，突然向南京城内发动猛烈炮击，造成中国军民重大伤亡，毁坏房屋无算。"南京惨案"加速了国民党右派同帝国主义勾结的步伐。国民革命军总司令蒋介石利用北伐军的节节胜利不断增强个人权势，其反共反苏的真实面目逐渐暴露无遗。早在 2 月 21 日，他在南昌总部的演讲中自称："我是中国革命的领袖"，所以"共产党员有不对的地方，有强横的行动，我有干涉和制裁的责任及其权力"。[①]3 月 6 日，他指使国民革命军驻赣新编第一师诱杀赣州总工会委员长、江西总工会副委员长、共产党员陈赞贤。"南京惨案"发生后，蒋介石立即从安徽乘军舰赶到上海，与帝国主义

---

① 蒋介石：《二月廿一日在南昌总部第十四次纪念周演讲》，载《蒋胡最近言论集》，黄埔中央军事政治学校特别党部，1927，第 28 页。

列强、江浙财阀和帮会头目举行一系列秘密会谈。帝国主义列强鼓励他"迅速而果断地行动起来"，并表示在军事上全力支持他；江浙财阀答应给他提供几百万的巨款，经济上全力支持他反共分共；上海青帮头子黄金荣等人则表示青帮愿意做蒋介石解决上海工人纠察队的打手。在取得了帝国主义、江浙财阀和上海青帮的支持后，4 月初，蒋介石又在上海召集国民党的上层和地方势力派李宗仁、白崇禧、黄绍竑、张静江、吴稚晖、李石曾等人举行秘密会议，商议用暴力"清党"的方法，准备乘共产党不备，发动突然袭击，从而将共产党一网打尽。

然而，面对蒋介石的磨刀霍霍，共产国际仍然对蒋介石抱有期望，认为他还不至于和中国共产党公开决裂，所以不赞成当时中共内部一部分人提出的公开揭露蒋的反共阴谋、与其针锋相对作斗争的建议。作为中共总书记的陈独秀，这时犯了右倾机会主义错误，主张对蒋妥协。3 月下旬，他曾致信提出提防将介石发动突然袭击的中共上海区委，要求他们"要缓和反蒋"。4 月 5 日，他又和刚从国外回到上海的汪精卫发表联合宣言，把"国民党领袖将驱逐共产党，将压迫工会与工人纠察队"说成是"不审自何而起"的"谣言"，要求大家"立即抛弃相互间的怀疑，不听信任何谣言，相互尊敬，事事开诚协商进行"。这个宣言的发表，"使一部分共产党员放松了警惕，误以为局势已经和缓下来"。[1] 不久，陈独秀即与汪精卫一同去了武汉，同时也把中共中央机关从上海迁到了武汉。

4 月 12 日，蒋介石以上海黑社会势力黄金荣、杜月笙、张啸林等人为政变打手，以"清党"为名，突然向工人纠察队发动进攻，发动四一二反革命政变。随即李济深在广州发动了四一五反革命政变。在武汉国民政府的辖区内也接连发生了夏斗寅叛乱和马日事变等反革命事变。同时，北洋军阀张作霖也在北方大肆捕杀共产党员和国民党左派。4 月 28 日，中国共产党主要创始人之一李大钊在北京英勇就义。

在蒋介石发动四一二反革命政变、李济深发动四一五反革命政变之时，刚回国不久的汪精卫则在武汉以国民党"左派领袖"自居，说什么"革命的往左边来，不革命的快走开去"，继续实行孙中山的联俄、联共、扶助农工

---

[1] 中共中央党史研究室：《中国共产党的九十年·新民主主义革命时期》，第 87 页。

的三大政策。实际上汪精卫并不是不想反共分共，而是认为时机未到，还未和蒋介石达成分赃协议。但是，汪精卫在蒋介石发动四一二反革命政变、李济深发动四一五反革命政变之时以国民党"左派领袖"自居的表演，则获得了苏联顾问鲍罗廷以及以陈独秀为代表的一些中共领导人的好感，他们把汪看成是小资产阶级的代表，认为汪所控制的武汉国民政府是工农小资产阶级的联盟，从而导致中共对武汉国民政府采取右倾机会主义错误政策，一味地妥协退让，并且对汪精卫可能发动的叛变丧失应有的警觉。1927年4月27日至5月9日，中国共产党在武汉召开了第五次全国代表大会。出席大会的代表共82人，代表全国党员57967人。与第一次全国代表大会相比，短短的七年时间，党员的人数增加了一千倍。尽管这次大会正式提出了党内实行民主集中制原则，并选举产生了中国共产党历史上第一个中央纪律检查监督机构——中央监察委员会，但"从总体上来看，大会没有能在党面临生死存亡的危急时刻，为全党指明出路，提供坚强有力的领导，而是徒然丧失时机，坐视整个局势继续恶化"①。

经过长时间的准备和酝酿，继蒋介石发动四一二反革命政变、李济深发动四一五反革命政变之后，汪精卫发动了七一五反革命政变。1927年7月15日，汪精卫在武汉召开"分共"会议，公开举起了反共旗帜，何键的第三十五军在武汉大肆搜捕和屠杀共产党人。至此，国民党完全背叛了孙中山联俄、联共、扶助农工的三大政策，第一次国共合作全面破裂，持续了三年多的大革命失败了。

在国民党的统治下，白色恐怖笼罩着全国各地，原来生气勃勃的中华大地顿时陷入腥风血雨之中，不计其数的共产党员和革命群众被反动官兵和土豪劣绅杀害。据中共六大时的不完全统计，从1927年3月到1928年上半年，共有31万多共产党人和革命群众惨遭杀害，其中共产党员26000多人，汪寿华、熊雄、萧楚女、赵世炎、夏明翰、郭亮、向警予、罗亦农等党的重要领导人和活动家都先后牺牲在敌人的屠刀之下。不少党员与党组织失去了联系，一些不坚定分子被国民党的血腥屠杀吓得魂飞魄散，遂实行叛变，公开投降敌人。有的在报纸上刊登启事公开宣布脱党，向反动派

---

① 中共中央党史研究室：《中国共产党的九十年·新民主主义革命时期》，第92页。

忏悔，攻击共产主义和共产党；有的甚至领着敌人搜捕共产党员，出卖共产党的组织。陈独秀的两个儿子陈延年、陈乔年也因叛徒出卖而为革命流血牺牲。共产党员数量从大革命时期的 5 万多人锐减到 1 万多人。原来蓬勃发展的工会、农民协会等也到处被查禁或解散。

第一次大革命虽然以国民党血腥屠杀共产党人而告以结束，但它仍具有重大历史意义。这场以工农群众为主体的革命大风暴，基本上推翻了北洋军阀的统治，给帝国主义列强和封建势力以沉重的打击，反帝反封建的口号成为广大人民的共同呼声，是未来争取革命胜利的一次伟大演习。通过这场伟大的革命，共产党参与到轰轰烈烈的工农运动中，其在群众中的影响迅速扩大；千百万工农群众在共产党的领导下组织起来，中国人民的觉悟程度和组织程度有了很大的提高；共产党开始掌握了一部分军队，同时开始探索马克思主义中国化的途径。

二、共产国际和中共六大对失败原因的认识

大革命曾一度蓬勃发展，已成一定气候，但最终还是失败了。对其失败的主客观原因，共产党党内有不同的认识，特别是关于主观原因方面甚至还引起了共产党内部的论战。就其客观方面来讲，共产党人比较一致的看法是：中国革命的主要敌人——帝国主义是一切反动力量的组织者和支配者，列强利用自身的政治经济优势分化瓦解民族革命战线；民族资产阶级发生严重的动摇，极大地削弱了革命势力且壮大了反革命的力量；中国无产阶级进行艰苦斗争的时候，农民运动才刚刚开始，各地域的革命发展也十分不平衡；城市小资产阶级极大部分和半封建土地关系有密切联系，并且和外国资本有相当关联；中国的军队是雇佣军，反动派在武力上占有很大优势。

大革命的失败应该由谁来承担主要责任，直接与大革命失败的主观原因相关。共产国际将主观原因归结为中共中央违背了共产国际的指示，陷入右倾。中共中央也将大革命失败的主要原因归结为右倾机会主义错误，这在当时党内形成了比较一致的看法。1929 年陈独秀致信中共中央，指出："一九二五年——〈二〉七年革命之失败，其主要原因，是党整个的根本政

策是机会主义的，这是大家都知道的了。"① 毛泽东在《中国的红色政权为什么能够存在？》中提出："从广东出发向长江发展的一九二六年到一九二七年的革命，因为无产阶级没有坚决地执行自己的领导权，被买办豪绅阶级夺取了领导，以反革命代替了革命。资产阶级民主革命乃遭遇到暂时的失败。"② 大革命时期担任共青团江苏省委书记的华岗于 1931 年出版的《中国大革命史 1925—1927》中也指出："这些客观上的困难，并没有完全决定中国大革命必然要失败的力量。我们每一个马克思列宁主义者都应当坦白的承认：中国大革命失败的主要原因，就是当时无产阶级的先锋——中国共产党指导机关的机会主义政策。"③

在共产党人看来，这种右倾机会主义政策的形成，是由于党对中国社会性质及革命任务没有正确的认识，不能保持共产党自身的独立性，对于革命同盟者不能实行阶级的批评；对于资产阶级，只讲联合，不讲斗争，一味退让，不去动员革命力量；对革命的群众运动采取了错误的消极态度。北伐战争一开始，就在各方面放弃革命领导权，不去发展土地革命和工人运动的阶级斗争，有时候反而去阻止群众运动的发展，掩饰阶级矛盾，不但将革命的领导权拱手让人，且断送了工人阶级的领导权；忽视军事工作，不去武装工农，不派共产党员到军队中去担任军官，没有在军队中组建秘密的党支部，不进行深入的士兵工作；党的指导机关不了解从一个阶段到另一个阶段、从一个政治策略到另一个政治策略的转变，所以当蒋介石、汪精卫公开叛变革命后，不能事先准备反攻的力量，反而被敌人包围，以致遭受出乎意料的攻击。

为何中共中央会陷入右倾机会主义错误如此之深，并且能不受警戒地去执行这些机会主义政策？八七会议认为：其原因之一便是党内情形不好，党中央不受党员监督，不向党员报告，不将党中央的政策交与一般党员讨论。党的内部完全是宗法社会制度，一切问题只由党的上层领袖决定，而"首领"的意见必须无条件地服从。这种条件之下，党内的民主完全变成空

① 《陈独秀关于中国革命问题致中共中央信》，载中央档案馆编《中共中央文件选集》第五册，中共中央党校出版社，1989，第 724 页。
② 《中国的红色政权为什么能够存在？》，载《毛泽东选集》第一卷，第 48 页。
③ 华岗：《中国大革命史 1925—1927》，文史资料出版社，1982，第 372 页。

话，党内监督完全是形式上的，"没有党内的生活，没有党内的舆论，没有对于指导者的监督，没有党员群众对于指导者的督促"①。如此情况下，党中央得以毫无顾忌去实行自己的机会主义政策。

但是右倾机会主义错误具体表现在哪里，当时共产党内部对此却有着完全不同的解释。"在革命失败之后，必然有许多失败的情绪，引起许多争论的问题"，"中国大革命失败后，亦是如此"。②八七会议对陈独秀的右倾机会主义错误进行了激烈的批判。共产国际代表罗明纳兹在报告中批评陈独秀违反共产国际的指示，为了拉住资产阶级，对国民党让步，使中国共产党失去了独立性，犯了不要农民只要资产阶级、放弃无产阶级领导权的右倾机会主义错误。不少代表在批判陈独秀的右倾机会主义错误时，把大革命惨败的怨气发泄到陈独秀头上，甚至毫不客气地称之为"元老""老头子"。蔡和森批评陈独秀是以几个国民党上层领袖的意志为转移，一味妥协退让，一直压制农民的所谓"过火"行动，同国民党如出一辙。邓中夏、任弼时则批评陈独秀犯了不发动群众、不实行土地革命的错误。③绝大多数人觉得错误在中共中央，不在共产国际，陈独秀应该负主要责任。

毛泽东在会议上发言次数最多，他用很生动的事例批评陈独秀的右倾机会主义错误，可以总结为几个方面：（一）在统一战线中的领导权问题上，中国革命需要建立广泛的统一战线，并且无产阶级必须争取统一战线的领导权。然而，在大革命后期，我党没有积极去争取统一战线的领导权。毛泽东打了一个非常形象的比喻，来批评右倾机会主义者放弃统一战线领导权的错误。他把国民党比作等待人去住的新房子，而共产党的领导人以为国民党属于别人，然后像新娘子上花轿一样，勉强挪到这所空房子里去，但始终没有当房子主人的意识。虽然群众中也有不听中央命令，掌握国民党下级党部，当了房子主人的，但这是违反中央意思的。这样，广大党内外的群众要革命，党的领导机关却不革命，实在有点反革命的嫌疑。（二）在军事问题上，孙中山专做军事运动是不对的，而共产党恰恰相反，不做

---

① 《中国共产党中央执行委员会告全党党员书》，载《中共中央文件选集》第三册，第287页。
② 周恩来：《托洛茨基反对派在中国发生的原因及其前途》，载《周恩来选集》上卷，人民出版社，1980，第45页。
③ 中央档案馆：《"八七"中央紧急会议记录》，《中央档案馆丛刊》1987年第2期。

军事运动，专做民众运动，也是不对的。这次湖南之所以失败，主要是由于主观上的错误，没有将军事运动与民众运动有机结合起来。（三）在组织问题上，党内右倾机会主义错误之所以能占统治地位，与陈独秀的家长制作风密切相关。[①]

只有罗亦农在发言中提出了不同意见。他表示，虽然大家都说共产国际是无错误的，但他还是要公开地批评共产国际：共产国际的政治指导没有问题，是对的，但在技术工作问题方面非常之坏，派来的代表非常不称职。既然共产国际认为中国革命非常重要，就不应该派没有参加过俄国革命的维经斯基、罗易来指导。但十分明显，罗亦农只是谴责了共产国际的代表不好。[②]

在一片批判声中，陈独秀离开了中央领导的岗位。

大革命失败后，共产国际反复论证和说明陈独秀违背共产国际一贯正确的指示是大革命失败的主要原因。1927 年 7 月 23 日，共产国际代表罗明纳兹来到中国，他主张清算陈独秀，批判以陈独秀为首的右倾机会主义错误。1928 年 6 月召开中共六大时，时任共产国际书记处书记的布哈林将中国共产党在大革命时期的右倾机会主义的错误总结为以下三点：中国共产党在与国民党的合作中没有保持自己的独立性；对革命同盟者不敢作正面的批评；动员群众参加革命的力量远远不够。中共六大及其决议对大革命失败的客观原因与主观原因进行了全面的分析和总结。决议指出，大革命失败的客观原因是：

（一）中国革命的主要敌人——帝国主义力量的强大。帝国主义是一切反动力量的组织者和支配者。帝国主义利用自身经济上和政治上的优势，对民族资产阶级做些小小的让步，威逼利诱地分裂民族联合的战线，用贿赂收买军阀的方法，用武力的炮舰政策压迫革命，实行经济封锁，利用自己的强大力量（公司、银行、军队等）——造成阻碍中国革命发展和胜利的最严重困难之一。

（二）民族资产阶级背叛革命的联合阵线。资产阶级在革命的初期，是

---

① 中央档案馆：《"八七"中央紧急会议记录》，《中央档案馆丛刊》1987 年第 2 期。
② 姚金果：《陈独秀与莫斯科的恩恩怨怨》，福建人民出版社，2006，第 437—438 页。

参加革命的，这一事实早已埋下它必然要叛变革命战线的伏笔。民族资产阶级的叛变，暂时削弱了革命势力，而加强了反革命的联盟。

（三）中国军队是雇佣军队，这是中国军阀的特点。革命曾经利用这种军队。可是这些军队的军官都是地主豪绅的代表，他们的士兵大都是久已脱离了生产的群众，和工农的联系比较薄弱。旧军队是封建地主豪绅及资产阶级的驯服工具。因此，反动派有着数量上占很大优势的武装力量，这在许多时候是足以决定胜负的。

（四）革命运动发展的不平衡。中国无产阶级斗争风起云涌的时候，农民运动才处于起步阶段。中国工人阶级的组织十分薄弱，又比较分散，它的力量并不充分，虽然很早就登上政治斗争的舞台，但首先就受到反动派的打击，且没有得到农民方面及时的援助。中国工人阶级没能等到农民运动发展到群众的广大的规模，就被打击而失败。再则，地域上革命的发展也不平衡。南方的广东、湖南、湖北农民已开始推翻地主、资产阶级的政权，没收地主的土地，有些地方已开始重新分配土地，可是那时在北方的农民才刚刚开始斗争，还只是开始尝试解放运动。这种情形，当然使资产阶级、封建地主的反动势力，更加容易实现自己的目标。

（五）城市的上层小资产阶级，极大部分是与封建的土地关系有密切的联系，并且与外国资本相关联。这种小资产阶级分子极易动摇而背叛革命。当反帝国主义运动及土地革命急剧发展之时，这些小资产阶级便日益动摇，而终至于投降到地主资产阶级的反动营垒里去。①

然而内因是事物变化发展的根据，决定着事物的性质和发展方向。客观上的困难，并没有完全决定中国革命必然要失败的力量。至于革命失败的主要原因，中共六大认为是当时无产阶级的先锋——共产党指导机关的右倾机会主义错误。在革命危急存亡的关头，离开布尔什维克路线的右倾机会主义错误，客观上简直是背叛正在斗争的劳动群众的利益。这种右倾机会主义的错误，最先便是由于中央委员会对于中国革命性质及联合战线的任务，有不正确的认识。不能保持共产党的独立性，不能对于革命同盟者实行阶级的批评，不去动员革命力量，准备群众力量，以求战胜自己暂时的

---

①《政治议决案》，载《中共中央文件选集》第四册，第303—305页。

同盟者的反动企图，有时候，反而去阻止群众运动的发展，以迁就自己对于联合战线的不正确观点，这样，中国共产党当时的指导机关，就使中国革命不可免地走向失败。

无独立性、无批评性、只知让步的政策，阻碍阶级斗争和土地革命，甚至自愿地断送革命领导权。当时中国共产党的指导机关，不去发展土地革命和群众的阶级斗争，却只做上层勾结功夫，蒙蔽阶级的矛盾，不去夺取军队，不去武装工农，不能利用参加政权机关的机会，去为群众谋利，所以在紧急关头不能打破敌人的包围，而被敌人包围——实际上是断送了无产阶级的领导权，这些都是右倾机会主义错误的突出表现。最后中国共产党指导机关不执行共产国际的指示，以至于使英勇斗争的工农群众遭受失败。[①]

总而言之，当时的共产国际与中共中央所指出的右倾机会主义错误，是指陈独秀所领导的中央不执行共产国际一贯的正确指示，对国民党实行右倾机会主义错误路线，放弃了无产阶级对于农民群众、城市小资产阶级和民族资产阶级的领导权，尤其是武装力量的领导权，使大革命遭到了失败。

三、陈独秀以及中共领导人对失败原因的反思

陈独秀同样认为是右倾机会主义错误造成了大革命的失败。但是关于右倾机会主义错误究竟表现在哪里，是谁导致的，陈独秀与当时的中共中央之间存在着十分严重的分歧。陈独秀在 1929 年 7 月至 8 月连续给中共中央及中共党员写了几封重要的信件，全面阐述自己的政治观点。在《告全党同志书》中，他说"中国革命过去的失败，客观上原因是次要的，主要的是党的机会主义之错误，即对资产阶级的国民党政策之错误"，是大革命时期共产党对国民党实行的"党内合作"政策。陈独秀还说自己"忠实地执行了国际机会主义的政策"。[②]

对于陈独秀的辩诉，中共中央在 1929 年 10 月 5 日通过了《关于反对党内机会主义与托洛斯基主义反对派的决议》，1929 年 11 月 15 日通过了《关于开除陈独秀党籍并批准江苏省委开除彭述之、汪泽楷、马玉夫、蔡振德四

---

① 《政治议决案》，载《中共中央文件选集》第四册，第 305—306 页。

② 陈独秀：《告全党同志书》，载任建树、张统模、吴信忠编《陈独秀著作选》第三卷，上海人民出版社，1993，第 86、93 页。

人党籍的决议案》，批判以陈独秀为代表的右倾机会主义错误与托洛茨基反对派"对于目前中国革命的根本问题都走入了取消主义的观点"[1]，并将陈独秀开除党籍。

被开除党籍后，陈独秀便于 1929 年 12 月 15 日与陈其昌、彭述之、郑超麟、汪泽楷等 81 人发表《我们的政治意见书》，开篇就毫不客气地指出"中国过去革命失败的原因——国际机会主义的领导"[2]。在他们看来，自列宁逝世后，在斯大林、布哈林主持之下的共产国际及联共领导机关，发生了机会主义的大危机，打击了无产阶级战士政治自觉的积极活动。这种根本错误的政治和组织路线，先后断送了德国和保加利亚的革命及英国的工人运动，而失败最惨的，要算 1925 年至 1927 年的中国大革命。大革命失败的根本原因是由于对资产阶级革命性和国民党的阶级性认识发生根本错误，有了根本错误的认识，遂导致了错误的策略——主要的就是帮助并且拥护资产阶级，使得中国无产阶级没有它自己真正独立的政党来领导革命到底。共产党人加入国民党的结果是，在无产阶级群众面前掩饰了国民党所代表的资产阶级的反革命性，松懈了工农群众对资产阶级的戒备，提高了国民党的政治地位；又因为希望留在国民党内，保持长期的阶级联盟，所以不惜不断地让步。1926 年蒋介石围剿省港罢工委员会及国民党二届二中全会通过排斥共产党的《整理党务案》时，这些事实已经清楚地表明资产阶级公开地强迫无产阶级服从它的领导与指挥。在这样的情形之下，共产国际的政策不但不使无产阶级更加独立，反而严厉地阻止中共退出国民党，共产国际的代表甚至还极力主张共产党应帮助并拥护蒋介石的军事独裁，从此无产阶级不啻自己正式宣告为资产阶级的附属品。等到蒋介石发动四一二反革命政变之后，共产国际对国民党的政策仍然是继续拥护冯玉祥和汪精卫，反对中共退出国民党，反对组织苏维埃，命令共产党以党部的力量制止工农的"过火"行动，命令共产党在土地革命中不得侵犯军官们的土地。最后，汪精卫发动七一五反革命政变，整个国民党公开反革命，共产国际还命令共产党只退出国民政府而不退出国民党。

---

[1]《中央关于反对党内机会主义与托洛斯基主义反对派的决议》，载《中共中央文件选集》第五册，第 495 页。

[2] 陈独秀等：《我们的政治意见书》，载《陈独秀著作选》第三卷，第 106 页。

　　共产国际大革命时期的政策，在陈独秀等人看来，分明是使中国共产党放下自己的旗帜，服从国民党的领导，变成国民党约束工人和农民的工具；分明是出卖工人阶级的政策，完全不是布尔什维克坚决地反对向资产阶级妥协、独立领导工农、准备武装夺取政权、实现工农民主专政的政策，而是自始至终彻头彻尾空前未有最可耻的右倾机会主义错误。对于大革命失败后共产国际责备中国共产党丧失其组织上和政治上的独立性，陈独秀等人则认为共产国际迫使共产党加入国民党，便从根本上剥夺了中国共产党的独立性，因此无法执行其独立政策；中共执行了这些共产国际机会主义政策，因此在革命中步步投降资产阶级，丧失了组织上和政治上的独立。

　　张国焘作为大革命失败后临时中央政治局的主要负责人，也认为共产国际的指导错误无论如何是洗刷不掉的，共产国际的政策是大革命失败的主要原因。整个共产主义乃至社会主义圈子，从马克思到当时，就一直对遥远的亚洲感到生疏，所以共产国际根本不懂中国情形。莫斯科在中国的所作所为是急功近利、投机冒险的急就章。共产国际从世界革命的观点出发，总想在中国拼凑一个全民大革命，打击帝国主义在中国的势力，声援苏联。由于共产国际不能恰如其分地了解中国，甚至没有深入调查中国革命需要什么，因此它派到中国的代表先后做了许多不理智的事。错误导致的结果是牺牲了中国革命，整个国民党先后都反了，国内外反动势力气焰嚣张，中共毫无反抗之力，血肉模糊一片。共产国际的这种错误指导主要表现在共产党加入国民党这一政策上，等到这个政策实行显现出问题后，仍然不顾一切，强要共产党继续与国民党合作，弄到不可收拾的地步。①

　　周恩来与张国焘的观点是对立的，周恩来认为按照当时的实际情形，共产党员加入国民党是审时度势做出的正确选择。问题的关键并不在于共产党员是否应该加入国民党，而是在于如何加入，加入之后是去作客帮忙还是当家作主。②共产党的正确方针应该是在国民党内改造国民党，争取革命领导权。反对全体参加的主张是不对的，因为这样极大地减弱了共产党在国民党内部改造国民党、争取革命领导权的力量；主张加入国民党但认为

① 张国焘：《我的回忆》第一册，东方出版社，1998，第274—276页。
② 沙健孙：《周恩来论党在第一次大革命时期的历史经验》，《北京大学学报》（哲学社会科学版）1981年第2期。

参加进去只是帮忙也是不正确的，因为这样不能完成共产党在国民党中改造国民党、争取革命领导权的任务。

共产国际为什么会犯这种右倾机会主义错误？陈独秀等人指出，是因为他们对殖民地的资产阶级和帝国主义关系的认识发生根本错误。共产国际认为帝国主义列强对中国的压迫可以团结中国国内被压迫的各阶级，形成全民革命的"各阶级联盟"。这种联合战线的最好的方式便是依靠国民党。共产国际没有认识到由于帝国主义列强对中国商品与资本的侵略，使中国的资产阶级在经济上、政治上与帝国主义有千丝万缕的联系，依靠列强生存的中国资产阶级，必须靠残酷地剥削工人和农民，才能勉强和资本、技术更强的帝国主义国家进行工商业竞争，才能够在夹缝中维持自己的生存发展，因此中国的资产阶级和工农之间的阶级矛盾不可调和。①

对于共产国际对中国问题认识的错误，蔡和森在1927年9月写就的《党的机会主义史》一文中指出，共产国际的领导人"在天高皇帝远的深宫之中，做那铁的组织铁的纪律的酋长时代的工作。……铁的纪律成了威压党员的刑具"。共产国际靠特派员的报告来了解中国国情，而特派员的有些报告也只是在对中国的情况做了一些走马观花、一知半解的调查之后仓促形成的。在中国土生土长的中国共产党人对国情尚且存在着许多不符合实际的认识，更何况一些对中国素不了解的外国人，只靠走几个地方，找几个同志谈谈话，参加几个会议，粗枝大叶地观察一下社会上发生的事情，然后向共产国际报告，共产国际就依此断定革命形势，决定政策，给中国共产党下达训令、指示，指导中国革命，这怎会成功？如在中国革命早期，共产国际认为吴佩孚是革命的。蔡和森说："与吴佩孚接近的政策是当时国际代表主持的。"②尽管共产国际会下达一些明显错误的指导意见，但当时的中国共产党还非得执行不可。

多年后，毛泽东在《〈共产党人〉发刊词》《改造我们的学习》《青年运动的方向》等文章中多次对大革命失败原因做深刻分析：除了帝国主义、封建势力和买办资产阶级的力量大大超过革命力量的客观原因外，一个非

① 陈独秀等：《我们的政治意见书》，载《陈独秀著作选》第三卷，第106—114页。
② 蔡和森：《党的机会主义史》，载《蔡和森的十二篇文章》，人民出版社，1980，第107、73页。

常重要的主观原因就是当时共产党还处于幼年时期。大革命时期，共产党对马克思列宁主义和中国革命的认识十分肤浅和贫乏，加上成立之后就立马投入到领导工人运动的紧张工作当中，因此无暇在理论上补课，也没有及时给予新党员马克思主义理论教育。共产党组织是发展了，但是没能使全体党员在思想上、政治上坚定起来。"在第一次统一战线时期，它是幼年的党，它英勇地领导了一九二四年至一九二七年的革命；但在对于革命的性质、任务和方法的认识方面，却表现了它的幼年性"①，"是在统一战线、武装斗争和党的建设三个基本问题上都没有经验的党，是对于中国的历史状况和社会状况、中国革命的特点、中国革命的规律都懂得不多的党，是对于马克思列宁主义的理论和中国革命的实践还没有完整的、统一的了解的党"。党把马克思主义理论的普遍原理与中国革命具体实践相结合来解决中国革命问题的自觉性不高，"因此，党的领导机关中占统治地位的成分，在这一阶段的末期，在这一阶段的紧要关头中，没有能够领导全党巩固革命的胜利，受了资产阶级的欺骗，而使革命遭到失败"。②

共产党犯了右倾机会主义错误是大革命失败的主要原因。在中国共产党成立初期，共产国际对中国革命的帮助很大，但共产国际也确实应该对大革命失败负有很大责任，况且大革命失败时中国共产党年仅六岁，因此它自身表现出来的错误不能说与共产国际无关。虽然如此，但这并不表示担任五届总书记的陈独秀不用承担任何失败的责任，他也有自身的错误与局限。首先，陈独秀个人脾气比较暴躁、倔强，比较独断专行，在组织工作中有"家长制"作风。李达就曾说过，建党初期，陈独秀有恶霸作风，每当同志与他辩论，他动辄拍桌子、打茶碗，发作起来，导致他与张国焘、谭平山、陈公博等人的关系极不融洽，影响了党内的团结。这也是共产党在革命初期很难在内部形成统一意见而受共产国际摆布的重要原因之一。其次，陈独秀早年形成了"军人是中国一大乱源"的看法，排斥武力政治，对军队的作用认识不足。当时朱德要求加入共产党，陈独秀认为他是个"军阀""大老粗"而将其打发了。这种偏见导致陈独秀在革命初期不赞成共产

---

① 毛泽东：《矛盾论》，载《毛泽东选集》第一卷，第316页。
② 毛泽东：《〈共产党人〉发刊词》，载《毛泽东选集》第二卷，第610页。

党直接掌握军队，而是要放手组织工人运动。最后，作为共产党的总书记，党内没能形成核心、统一思想，顶住共产国际压力，维护共产党的自身独立性，陈独秀本人难辞其咎。

第二节　武装反抗国民党反动派方针的确立

阶级社会的历史都是阶级斗争的历史。暴力革命是阶级斗争的必然产物。暴力革命的中心任务和最高形式是武装夺取政权。无产阶级暴力革命不仅仅要推翻资产阶级政权，更重要的是要彻底摧毁资产阶级国家机器。马克思、恩格斯分别从资产阶级革命的历史经验和工人运动的经验教训角度出发，得出了暴力革命是各国无产阶级革命的必由之路的结论。在《共产党宣言》中马克思、恩格斯公开宣称："共产党人不屑于隐瞒自己的观点和意图。他们公开宣布：他们的目的只有用暴力推翻全部现存的社会制度才能达到。"中国共产党对武装斗争认识的主要依据是马克思主义的暴力革命学说，它是早期马克思主义理论家在领导国际工人运动的长期革命实践中得出的科学理论，是科学社会主义理论的重要内容，也是俄国十月革命成功的一条重要经验。武装斗争是科学社会主义的主要内容，也是中国革命斗争的主要形式。1939 年 10 月 4 日，毛泽东在《〈共产党人〉发刊词》一文中将统一战线、武装斗争、党的建设称之为"中国共产党在中国革命中战胜敌人的三个法宝，三个主要的法宝"，认为它们"是中国共产党的伟大成绩，也是中国革命的伟大成绩"。就"武装斗争"而言，他指出："在中国，离开了武装斗争，就没有无产阶级的地位，就没有人民的地位，就没有共产党的地位，就没有革命的胜利"，"没有武装斗争，就不会有今天的共产党"。[①] 然而从 1921 年中国共产党成立到 1927 年八七会议确定土地革命和武装反抗国民党反动统治的总方针前，中国共产党对武装斗争则经历了一个从初步认识到开始认识到它的重要性的过程。

---

① 毛泽东：《〈共产党人〉发刊词》，载《毛泽东选集》第二卷，第 606、610 页。

一、建党以来中国共产党对武装斗争的初步认识

中国共产党在成立之初，把主要精力放在组织和发动工农运动上，不懂得直接准备战争和组织军队的重要性，认为"宣传，组织，训练，究竟是比军事运动十百倍重要的事"[1]，主张应该先有强大的革命党，然后才能有革命军队，最后才能有革命政府。随着革命形势的发展，中国共产党人逐渐开始对武装斗争的重要性有了模糊的认识，也开始了对军事理论的初步探索。1922 年 12 月 15 日，周恩来在《评胡适的"努力"》一文中批驳"好人政府"的主张，文章强调革命武装的重要性："真正革命非要有极坚强极有组织的革命军不可。没有革命军，军阀是打不倒的。"[2]1923 年 2 月，在中国共产党的领导组织下，发起了震惊中外的京汉铁路工人大罢工，掀起了中国第一个工人运动的高潮，然而随即被军阀吴佩孚血腥镇压，著名共产党人林祥谦被枭首示众，另有数十名工友被杀。二七惨案的沉痛教训让共产党人意识到："劳动者能有武器，岂能任他们如此杀戮？又何以军队方面无一人死伤？"[3]1923 年 6 月，瞿秋白在《新青年》上发表《现代劳资战争与革命——共产国际之策略问题》一文，认为革命与反革命的冲突之中，军事问题是不可避免的，"所以要求移转军事武装机关于有职业有组织的工人"，必须令"革命军"的训练确实能有战斗力，"而后一致的向敌"。[4]

对于孙中山利用军阀进行革命的做法，共产党颇有微词，认为武装革命必须有真正的革命军队，否则不可能取得最终的胜利。早在国共合作之前，中共中央就曾经致信孙中山，指出：南方军阀对人民犯下的罪恶不比北方军阀少，即使将这些人烧掉，在骨灰里也找不到半点民主革命的痕迹，即使偶然取得了胜利，革命军也会给人民留下与军阀是一脉相承的印象。陈独秀对孙中山这一做法批评最甚。在《西南团结与国民革命》一文中，他

① 恽代英：《答砍石：军事运动问题》，载张羽、姚维斗、雍桂良编注《恽代英：来鸿去燕录》，北京出版社，1981，第 190 页。
② 中共中央文献研究室编《周恩来年谱（1898—1949）》（修订本），中央文献出版社，1998，第 58 页。
③《二七大屠杀的经过》，载中华全国总工会工运史研究室等编《二七大罢工资料选编》，工人出版社，1983，第 206 页。
④ 瞿秋白：《现代劳资战争与革命——共产国际之策略问题》，载《瞿秋白文集·政治理论编》第一卷，第 481、480 页。

指责孙中山先生想把艰难的革命事业粘附在利用南北军阀冲突的机会上面，而西南将领没有一个能走上革命道路，很多还是反革命人物，他们顶争气也不过是利用孙中山的盛名与北方军阀争夺地盘到底，"我们实不愿看见一个革命的领袖为投机的军人政客所玩弄！"①

1924 年 1 月，国共开始第一次正式合作，同年 5 月，黄埔军校正式创办。国共合作大大推动了大革命运动的发展，武装斗争的问题日益突出，共产党的军事实践"从一九二四年参加黄埔军事学校开始，已进到了新的阶段，开始懂得军事的重要了"②。经过 1925 年五卅运动的实践，共产党对武装斗争的认识有了进一步的提高。共产党人在黄埔军校各部门任职并几乎承担了军队的所有政治工作，周恩来主持的广东区委还直接领导了一支革命武装队伍——大元帅府铁甲车队，并以此为基础成立了国民革命军第四军独立团，这是中国共产党直接领导的第一支正规部队。军事实践活动日益丰富，对军事理论的探索也逐渐深入。从第一次国共合作到大革命失败这段时期，共产党对武装斗争理论的探索，主要呈现以下几个特点：

首先，逐渐认识到武装斗争在中国革命中的重要性，意识到"军事工作是党的工作的一部分"。正确认识武装斗争的地位和作用，是共产党在领导革命斗争过程中一个必须首先解决的极为重要的问题。1924 年 1 月邓中夏指出：在国民群众的革命思潮和革命行动已到极其剧烈和汹涌的时候，"军事活动不特不可废，而且是重要工作之一"。③现实是最好的教员，让共产党人震惊的是黄埔军校的学生军在东征陈炯明、南征邓本殷和平定广州商团叛乱中的表现。在东征陈炯明时，战局进展出人意料地顺利，共产党总结认为"新训练的国民党党军奋勇当先"是最主要的原因。④1925 年 5 月 30 日中国爆发了反帝爱国运动，瞿秋白在领导五卅运动中深刻体会到，仅靠和平的方式而无"平民的武装"作后盾，反帝斗争无取胜的希望，只有组织起自己的武力，"才能抵御英日帝国主义及奉直军阀的压迫和侵略"。⑤五卅运

---

① 陈独秀：《西南团结与国民革命》，《向导》第 84 期，1924 年 9 月 24 日。
② 毛泽东：《战争和战略问题》，载《毛泽东选集》第二卷，第 547 页。
③ 邓中夏：《论兵士运动》，载《邓中夏全集》（上），第 348—349 页。
④ 心诚：《孙中山逝世与广东战况》，《向导》第 107 期，1925 年 3 月 21 日。
⑤ 瞿秋白：《五卅屠杀后之奉系军阀》，载《瞿秋白文集·政治理论编》第三卷，第 307—308 页。

动中，领导共青团工作的恽代英也感受到，青年学生赤手空拳、手无寸铁，"打天下是不成的"。在 1925 年 7 月召开的全国学生代表大会上，恽代英提出了一个重要议题——在学校里建立学生军，他认为全国中等以上的学校应该组织学生军，进行军事教育，为领导工农武装起来以暴力革命手段打倒帝国主义做准备。①

　　1926 年北洋军阀在制造惨绝人寰的三一八惨案后，继续搞政治欺骗。在此背景下，瞿秋白发表了《中国革命中之武装斗争问题——革命战争的意义和种种革命斗争的方式》，比较系统地、全面地论述了武装斗争的必要性，提出了武装斗争是中国革命的主要方式这一重要论断，是共产党人最早全面论述武装斗争的一篇文章，代表了大革命时期共产党人对武装斗争问题的认知水平。文章指出：中国革命斗争的经验已经创造了武装斗争的必要条件，现时已经到了武装直接决战的准备时期，因此，革命运动的中心问题是准备革命战争，以求在最短时间内推翻帝国主义在中国的政治统治——军阀制度。② 随着北伐战争节节胜利，工农武装运动在全国蓬勃发展，1926 年 7 月共产党召开第三次中央扩大执委会，通过了党的第一份《军事运动议决案》。议决指出，从前我们的同志不注意军事行动，最近本党同志虽然注意军事运动，但未能了解目前本党军事工作的责任，和获得有条理的准备武装暴动的经验的意义，以后"随时都须准备武装暴动"，"军事工作是党的工作的一部分，各地军事工作负责同志，应与当地党的书记发生密切关系，向书记报告工作情形，并和书记商量自己工作"。③ 这个议决的作出和它的基本思想说明共产党对武装斗争重要性的认识又上了一个台阶。从此随着革命形势的发展，军事工作在党的各项工作中愈发重要。

　　在议决精神的推动下，在江浙区委罗亦农、赵世炎和中央军委书记周恩来的领导下，上海工人从 1926 年 10 月到 1927 年 3 月前后举行了三次武装起义，为共产党开展武装斗争进行了勇敢的尝试。武装斗争的实践进一

① 阳翰笙：《照耀我革命征途的第一盏明灯》，载人民出版社编辑部编《回忆恽代英》，人民出版社，1982，第 21 页。
② 瞿秋白：《中国革命中之武装斗争问题——革命战争的意义和种种革命斗争的方式》，载《瞿秋白文集·政治理论编》第四卷，第 50 页。
③《军事运动议决案》，载《中共中央文件选集》第二册，第 227—229 页。

步提高了共产党的认识水平。周恩来在总结第二次起义失败的教训时指出："过去我们只知道罢工、示威，没有很好注意武装自己，这就无法战武装的敌人。"①

其次，阐明了必须武装工农、建立以工农为主体的革命军队。充分认识武装工农的重要性，建立强大的工农武装力量，是共产党进行武装斗争必须正确认识的又一个重要课题。在建党前后，共产党内的一些同志就已经开始研究十月革命的成功经验，提出了发动群众、武装工农的主张。李大钊很早就提出了"非把知识阶级和劳工阶级打成一气不可"的主张。1922年9月，蔡和森便强调："假使能够鼓起人民武装的自卫和抵抗，使各大城市的市民全副武装或工人全副武装，那末，民主革命没有不成功，封建的武人政治，没有不崩倒的。"②瞿秋白在《国民革命中之农民问题》一文中指出：要武装农民，组织农民自卫军，让农民有自己的武装保卫切身利益，让"农民参加政权，乡村的政权归农民"。③从事农民运动的彭湃等人最早从斗争实践中体会到农民武装的重要性："不建立农民的武装队伍，不把好的武器发给他们，我们的工作就得不到必要的结果。从我抵达广州的第一天起我就对此深信不疑。"④

国共合作后，工农运动在全国各地轰轰烈烈开展，客观的实践使越来越多的共产党人意识到武装工农的重要性。1924年10月，当广州商团企图发动叛乱时，中共广东区委立即派党员干部组织工团军和农民自卫军，周恩来在群众大会上满怀信心地指出：共产党有工人可以武装，有农民可以自卫，就可以打败帝国主义及其走狗。五卅惨案发生后，陈独秀提出，"急须武装学生、工人、商人、农民，到处组织农民自卫团"⑤，"民众取得武装，解除军阀的武装"⑥，一直到在武装冲突中战胜帝国主义，才能达到民族解放

① 张维桢：《一九二八年以前上海工运的一些情况》，载中国人民政治协商会议全国委员会文史资料研究委员会编《革命史资料1》，文史资料出版社，1980，第54页。
② 蔡和森：《武力统一与联省自治——军阀专政与军阀割据》，载《蔡和森文集》，第106页。
③ 瞿秋白：《国民革命中之农民问题》，载《瞿秋白文集·政治理论编》第四卷，第386页。
④ 彭湃：《一九二四年十二月五日给中共广东区委农民运动委员会的补充》，载《彭湃文集》，人民出版社，1981，第71页。
⑤ 陈独秀：《我们如何应付此次运动的新局面》，载《陈独秀著作选》第二卷，第888页。
⑥ 陈独秀：《世界革命与中国民族解放运动》，载《陈独秀著作选》第二卷，第1058页。

的目的。1925 年 10 月，共产党在《告农民书》中提出组织农民协会，再由农民协会组织农民自卫军，并公布了农民协会章程，对具体如何组织农民自卫军提出了指导意见："非协会会员不得加入农民自卫军"，"各级执行委员〈会〉均得指定会员若干人组织特殊团体，办理自卫军……"[①] 但是《告农民书》中将农民自卫军的功能仅限于抵抗土匪和乱兵，这是有很大局限性的。毛泽东在实地考察了湘潭、醴陵、长沙等地后，写成《湖南农民运动考察报告》，强调了在农村建立农民政权和农民武装的重要性，主张将农民武装一律改为"挨户团常备队"，建立农民协会和农民武装，农村一切权力归农会。蔡和森也指出武装农民的重要性：军事上虽然可以胜利，但军队并非完全的武装基础，因为军事领袖随时有可能叛变革命，根本的问题是将农民武装起来，充分使农民得到武装，"惟有占全国人民百分（之）八十以上的农民是革命的中心军队"，"革命基础方不致动摇"。[②] 湖北省农协会扩大会做出的决议案指出："只有真正的农工武装，才能保障革命已得的胜利，只有真正的工农武装，才能抵抗以至消灭反动派的武装，使革命得到新胜利。"[③]

一些共产党人还利用一切机会来进行武装工农的实践工作。1925 年 6 月省港大罢工爆发时，中共广东区委军委书记周恩来主持从黄埔军校抽调大批共产党员，帮助工人建立了一支两千多人的武装纠察队，并派党员干部徐成章、邓中夏对工人武装纠察队进行领导和政治、军事训练。在长达 15 个月的罢工斗争过程中，工人武装武装纠察队无论是回击帝国主义的挑衅还是封锁香港，都显示了工人武装起来的伟大力量。1925 年海丰成立农民自卫军，爆发了农民武装起义，建立了人民政府和"常备军"，各乡都组织了赤卫军。农民常备军的出现说明海丰武装农民的工作已经突破了自卫范畴，已经进步到武装夺取政权的新阶段，是一个重大历史进步。

最后，初步探索了如何建设革命军队的基本理论。军队是武装斗争的主要组织形式，是国家政权的主要成分。马克思指出："无产阶级专政的首要

---

① 《告农民书》，载《中共中央文件选集》第一册，第 516—517 页。
② 蔡和森：《在国民党湖南省党部欢迎会上的演讲词》，载《蔡和森文集》，第 767 页。
③ 《湖北省农协会扩大会重要决议案》，载武汉地方志编纂委员会办公室编《武汉国民政府史料》，武汉出版社，2005，第 186 页。

条件就是无产阶级的军队。"① 列宁也指出："革命军队所以必要，是因为只有强力才能解决伟大的历史问题，而在现代斗争中，强力的组织就是军事组织。"② 国共合作之后，斯大林在《论中国革命的前途》中提出："在中国，和旧政府的军队对抗的，不是没有武装的人民，而是以革命军队为代表的武装的人民。在中国，是武装的革命反对武装的反革命。"③ 但斯大林提到的革命军队是指国民革命军，因此大革命时期苏联只是在帮助国民党建立武装，并没有要求共产党建立自己的武装。但是这一时期共产党对革命军队的作用、任务、创建原则等一系列重大问题做了一系列富有成效的探索。

1922 年 9 月，陈独秀在《造国论》中提出要"组织真正的国民军，创造真正的中华民国"④。几乎与此同时，蔡和森总结了法国大革命与中国辛亥革命的经验教训，指出只有彻底遣散旧军队，建立革命军队，才能巩固政权，否则革命迟早会像辛亥革命一样被顽固势力推翻。五卅运动爆发后，面对帝国主义和封建军阀血腥屠杀手无寸铁的平民的事实，共产党感受到建立"真正的人民武力"的重要性，提出要"武装平民，成立全国统一国民革命军"，使"武力真正成为人民的武力"，"以人民的力量促成全国政治的统一和军事的统一"。⑤ 需要指出的是，这里的"国民革命军"是指国共合作建立起来的国民革命军，不是共产党独立领导和指挥的武装力量，共产党没有特别强调军队的阶级性质，没有突出无产阶级的独立领导。当然在当时国共合作的前提下，建立共产党独立领导的人民军队也不具备历史条件。

二、国民党右派的反共使中共开始认识到武装斗争的重要性

随着国民党右派在国共两党内部不断制造摩擦，特别是随着北伐胜利进军，蒋介石的反动面目逐渐显现，国共合作破裂的迹象越来越明显，共产

---

① 马克思：《纪念国际成立七周年》，载中共中央马克思恩格斯列宁斯大林著作编译局编《马克思恩格斯选集》第二卷，人民出版社，1972，第 443 页。

② 列宁：《革命军队和革命政府》，载中国人民解放军军事科学院《列宁军事文集》，中国人民解放军战士出版社，1981，第 40—41 页。

③ 《斯大林论中国革命的前途》，载中国社会科学院近代史研究所翻译室编《共产国际有关中国革命的文献资料（1919—1928）》第一辑，中国社会科学出版社，1981，第 267 页。

④ 陈独秀：《造国论》，载《陈独秀著作选》第二卷，第 388 页。

⑤ 瞿秋白：《五卅后反帝国主义联合战线的前途》，载《瞿秋白文集·政治理论编》第三卷，第 314 页。

党内不少同志意识到机会主义不断妥协退让的危害，开始对无产阶级掌握军事领导权进行积极的理论探索。周恩来在《军队中政治工作》一文中提出了"革命军的行动要依着党的政策"、军队要"为本党的主义奋斗到底"等无产阶级领导军队的初步理念，尽管在当时没有提出党对军队的绝对领导这一原则，但也十分可贵。三一八惨案后，张太雷指出：在革命运动中，一个有领导能力的党要有可靠的军队才能避免重蹈辛亥革命的覆辙，而这一切需要在军队中实施行之有效的制度和工作来实现党的领导。[1]1927 年 2 月，瞿秋白写出了一本《中国革命中之争论问题》的小册子，其中就无产阶级争夺军事领导权的问题进行了比较系统的论述。他认为：无产阶级在同资产阶级争夺革命领导权的斗争过程中，争夺军队的领导权是其中一个十分重要的工作。"军队是民族资产阶级手中最有力的工具，劳农平民决不能放任他永久的握住这些武力，劳农平民应当取得这些武力，然后能真正建立革命的独裁制。"因此，"革命发展到现时的阶段，工人阶级征取革命军队是尤其紧急而重要的责任了"。[2]蔡和森在反对妥协退让时也明确地指出："我们不要再为他人作嫁衣裳，伐来伐去，依然两袖清风，一无所得！这便是说现在我们必须坚决的自觉的来干我们自己的事，来找我们自己的地盘和武力。"[3]可惜这些正确的建议没有被中共中央接受，没能改变右倾机会主义错误妥协退让的方针。

对于具体怎样建立一支军队以及革命军队的创建原则，周恩来认识得比较早，论述得较为详细与充分。周恩来是共产党最早从事军事工作的领导人，并且长期是中央军委的主要负责人，毛泽东军事思想史上尤其是关于军队建设问题的许多"首创""第一"往往是与周恩来联系在一起的。大革命时期，周恩来的军事建设思想主要体现在《军队中政治工作》《军队中政治工作的方法》《国民革命军及军事政治工作》等一系列文章中。周恩来运用马克思主义的基本观点，分析了军队的产生、形成及作用，全面分析

① 张太雷：《今年纪念双十节之意义》，载《张太雷文集》，人民出版社，2013，第 448—449、453 页。
② 瞿秋白：《中国革命中之争论问题》，载《六大以前——党的历史材料》，人民出版社，1980，第 715 页。
③ 蔡和森：《党的机会主义史》，载《蔡和森的十二篇文章》，第 79 页。

了军队的性质和任务。他指出军队"是工具不是一个阶级"，压迫阶级可以利用，被压迫阶级也可以利用[1]；革命军队是为人民而打仗，目的是消除人民的痛苦，增加民众的福祉，所以军队必须与工农大众联合起来，取得人民的支持，否则就是"不足负重大责任"[2]；无产阶级军队的历史使命在于消灭剥削压迫、消灭阶级、实现共产主义；保持军队的革命性质，离不开思想政治教育工作，革命军队是党的军队，军队将官要巩固革命观念，一般士兵要有革命常识，一切行动要按照党的指示进行，遵守党的政策；士兵自觉遵守纪律是战胜敌人的一个基本要素，将官在作风上要以身作则。担任黄埔军校政治部主任后，周恩来对军队政治工作的目的、任务和方法等做了比较全面的论述，认为应该学习苏联红军中的党代表、政治部等一整套政治工作制度。此外，恽代英指出："党军"必须具备两个条件，一是要"服从党的主义"，二是要"有充分作战的能力"；不肯受党的指导，不肯为党的主义作战，不遵守党的纪律，再英勇善战的军队也不能称为党领导的军队；所谓党高于一切，是说军队不能违背党的主义，军纪是在党纪监视之下的，而非只要党纪不要军纪。[3]

从以上三个方面问题的阐述中，我们可以看出共产党在大革命时期对武装斗争已经有了初步认识，取得了一定的成绩，积累了一定的理论经验，是中国共产党整部武装斗争史的开端。在这个探索过程中，周恩来、瞿秋白、蔡和森、彭湃、毛泽东、恽代英、邓中夏等人做出了较大的理论和实践贡献。正如朱德所说："大革命时代，许多进行军事运动的同志，当时中央军委的负责人……对我军的创建是有功劳的。没有他们所进行的军事运动，就不能有独立团，就不能有南昌、秋收、广州、湘南等起义。党的军委当时也曾选派干部到黄埔军校学习，好些人后来成了红军的骨干。"[4]

但是，总的来讲，正如毛泽东后来在《〈共产党人〉发刊词》中所指出的，"这时，我们党虽已开始懂得武装斗争的重要性，但还没有彻底了解其

———————————

[1] 中共中央文献研究室编《周恩来年谱（1898—1949）》（修订本），第79页。
[2] 周恩来：《在东莞商务分会及市民联欢大会上的演说词》，《上海民国日报》1925年2月18日。
[3] 恽代英：《党纪与军纪》，载《恽代英文集》下卷，人民出版社，1984，第797—798页。
[4] 朱德：《在编写红军一军团史座谈会上的讲话》，载《朱德选集》，人民出版社，1983，第126页。

重要性，还没有了解武装斗争是中国革命的主要斗争形式"①，在军事理论上还是有许多缺陷：首先，缺少掌握军队的领导权和创建党独立领导的军队的意识，正如李维汉所言，"无论是中央，还是湖南，都没有认识到要争兵权，要大力抓自己领导的军队"②；其次，过于重视民众运动而忽视军事工作，缺少武装夺取政权的意识，正如毛泽东在八七会议上所言，"对军事方面，从前我们骂孙中山专做军事运动，我们则恰恰相反，不做军事运动专做民众运动"；再次，没有正确处理统一战线与武装斗争的关系，没有坚持既联合又斗争的方针。③ 这些缺陷的存在符合历史进步的客观规律，不可能一下子就认识到"枪杆子里出政权"。

之所以如此，大致有以下几个方面的原因。首先，此时的中国共产党还处于幼年时期，没有革命经验，还不善于将马克思主义的基本原理与中国革命具体实践相结合。毛泽东在《〈共产党人〉发刊词》中总结道："这时的党终究还是幼年的党，是在统一战线、武装斗争和党的建设三个基本问题上都没有经验的党，是对于中国的历史状况和社会状况、中国革命的特点、中国革命的规律都懂得不多的党，是对于马克思列宁主义的理论和中国革命的实践还没有完整的、统一的了解的党。"④ 其次，国民党不允许共产党染指其赖以生存的武装力量。在国共合作的大框架内，根据合作协议的分工，国民党主要从事政治军事活动，共产党专事宣传和组织民众运动。从孙中山一直到蒋介石，压根就不允许共产党直接掌握军政大权，国民党不断向苏联和共产国际施压，以"破坏合作"为名阻止共产党控制军队。再次，此时的共产党也没有足够大的组织力量和精力去组建军队。在成立初期，共产党对发展党员要求极为严格，中共三大时只有党员 432 人，中共四大时不足千人，中共五大时发展到 5.8 万人。⑤ 所以这个时期共产党将主要精力放在组织发展上，没有余力立即建立自己的武装。最后，共产国际把中国胜利的希望主要寄托在国民党身上，要求共产党全力协助国民党军队的政治

① 毛泽东：《〈共产党人〉发刊词》，载《毛泽东选集》第二卷，第 609 页。
② 李维汉：《大革命时期的湖南》，载《回忆与研究》（上），中共党史资料出版社，1986，第 132 页。
③ 崔国才：《1921—1927：中国共产党对军事理论的探索》，《军事历史研究》2003 年第 3 期。
④ 毛泽东：《〈共产党人〉发刊词》，载《毛泽东选集》第二卷，第 610 页。
⑤ 邵建斌：《大革命前后中共对武装斗争的认识与实践》，《党的文献》2016 年第 5 期。

工作。大革命时期，苏联和共产国际对国民党援助总计约 1400 万卢布，而对共产党的援助只有区区 26 万卢布。1926 年春陈独秀特派彭述之代表党中央到广州向共产国际索要 5000 支枪来武装工人，共产国际代表不赞成，并且还继续武装蒋介石。李维汉后来也指出："共产国际在实践中把注意力集中于国民党身上，没有无产阶级夺取政权的思想准备，当然更不会有夺取军队领导权的思想准备。"[1] 鲍罗廷也曾沮丧地提及："叶挺是带领一个团从广州出发进行北伐的，他的团在北伐期间应扩编成一个师，如果可能的话，也可以扩编成一个军"，但"这项任务没有完成。本来是可以完成这项任务的，因为在打败吴佩孚、孙传芳及其他任何军阀情况下，是有机会扩充武装的"。[2]

随着蒋介石反动面目逐渐暴露，共产党内不少同志认识到右倾机会主义错误路线对国民党"新右派"一味妥协退让的危害，瞿秋白、周恩来、毛泽东、蔡和森等人对此进行了坚决的批评和抵制，他们对武装斗争的见解更加务实、更加符合实际。早在第四军独立团建立的时候，毛泽东和周恩来就建议在国民革命军每个军都建立这样的独立团。1927 年初，一些同志利用武汉的有利形势，准备再建立一个由党直接领导的独立师，人员、装备、粮饷甚至都已准备就绪。1927 年 4 月以后，大革命的局势急转直下，相继发生了四一二反革命政变、夏斗寅叛乱、马日事变、七一五反革命政变等一系列反革命事件。血淋淋的事实，令许多共产党人对武装斗争有了更加清醒和深刻的认识，提出了许多正确的见解和主张。在当时，共产党内部面对国民党右派叛变革命存在着"东征"和"南征"的争论。蔡和森既不赞成东征，也不赞成南征，而是提出了"以暴动对暴动"、以湖南湖北为根据地深入开展武装斗争的策略。毛泽东则提出"在山的上山，靠湖的下湖，拿起枪杆子保卫革命"[3]。瞿秋白则发表《论中国革命中之三大问题》一文，指出：中国革命已经到了危急关头，对于过去所谓无产阶级领导权问题的

① 李维汉：《大革命时期的湖南》，载《回忆与研究》（上），第 132 页。
②《鲍罗廷在老布尔什维克协会会员大会上所作的〈当前中国政治经济形势〉的报告》，载中共中央党史研究室第一研究部译《共产国际、联共（布）与中国革命档案资料丛书》第 4 卷《联共（布）、共产国际与中国国民革命运动（1926—1927）》下，北京图书馆出版社，1998，第 486 页。
③《八七会议》，载中共中央党校党史教研室资料组编写《中国共产党历次重要会议案》上，上海人民出版社，1982，第 81 页。

认识急需深入，现在无产阶级领导权仅仅指群众运动中的领导权已经不够了，无产阶级应当参加革命政权，应当指导革命中的武装力量，应使军队中的指挥成分继续由真正忠于革命的人员来代替和补充，使军队本身直接关顾劳动群众的利益。[1]针对蒋介石公开叛变革命，瞿秋白主张：团结全国一切革命势力，巩固工农商学军的革命联盟，武力讨伐蒋介石，击毁反革命中心南京政府，肃清一切反动势力，使革命取得真正胜利。[2]针对马日事变，瞿秋白认为"应当奋起斗争，以实力颠覆蒋介石第二的许克祥"[3]。"帝国主义军阀买办地主土豪劣绅，用他们的'剥削和压迫'，替我们中国的革命，锻炼一支广大的强有力的勇敢善战的军队。这是中国革命中无价之宝，是中国将来革命得到胜利和成功的保障。"[4]

遗憾的是，党内的右倾机会主义者没有采纳瞿秋白、蔡和森、毛泽东等人的正确主张，只知对汪精卫一味妥协退让，更没有采取措施夺取军队的领导权，建立自己的革命武装。妥协退让并没能将汪精卫挽留在革命的阵营内，1927 年 7 月，轰轰烈烈的大革命在"宁汉合流"的喧嚣声中失败了。

三、八七会议：武装反抗国民党反动派方针的确立

然而，在严峻的考验面前，中国共产党人并没有被吓倒、被征服、被杀绝。他们从地上爬起来，揩干净身上的血迹，掩埋好同伴的尸首，又继续战斗了。1927 年 8 月 1 日，南昌起义的爆发打响了武装反抗国民党反动统治的第一枪。以周恩来为书记的前敌委员会及贺龙、朱德、叶挺、刘伯承等人，率领共产党掌握和影响下的军队 2 万多人一夜之间占领了整个南昌城。这标志着中国共产党进入了独立领导革命战争、武装夺取政权和创建人民军队的新阶段。

为了总结大革命失败的经验教训，在共产党内许多同志的强烈要求和共

---

[1] 瞿秋白：《论中国革命中之三大问题》，载《瞿秋白文集·政治理论编》第四卷，第 570—580 页。
[2] 瞿秋白：《革命的国民政府之危机》，《向导》第 198 期，1927 年 6 月 15 日。
[3] 瞿秋白：《长沙政变与郑州开封的克复——革命之胜利与危机》，《向导》第 197 期，1927 年 6 月 8 日。
[4] 转引自杨之华《瞿秋白和农民——纪念秋白殉难十五周年》，《人民日报》1950 年 6 月 18 日。

产国际代表罗明纳兹的督促下，1927 年 8 月 7 日，中共中央在汉口秘密召开紧急会议，会议对武装斗争问题极为重视，检讨了大革命过程中共产党的武装斗争政策。会议由瞿秋白代表中央常委做新任务的报告，报告指出：不能以退让的手段争得民权，要以革命的方法来争得民权。共产党的策略是独立的工农阶级斗争，农民要求暴动，各地还有许多武装，共产党必须要点燃这爆发的火线，以领导的军队来发展土地革命，以后应注意与资产阶级争领导权。毛泽东则尖锐地指出："对军事方面，从前我们骂中山专做军事运动，我们则恰恰相反，不做军事运动专做民众运动。蒋、唐都是拿枪杆子起的，我们独不管。现在虽已注意，但仍无坚决的概念。比如秋收暴动非军事不可，此次会议应重视此问题，新政治局的常委要更加坚强起来注意此问题。湖南这次失败，可说完全由于书生主观的错误，以后要非常注意军事。须知政权是由枪杆子中取得的。"① 毛泽东的发言切中要害，指出了以往单命中对武装斗争重视的不足，提出了"枪杆子里出政权"的著名论断，突出了武装斗争的极端重要性。

八七会议讨论通过了《告全党党员书》《最近农民斗争的议决案》等决议，对于武装斗争的问题，会议总结认为："中国共产党对于武汉政府军队及武装工农的问题之观点，也是完全错误的"，一直以来党的指导机关只是和国民党将领办外交，实际上在士兵当中没有任何工作，党中央"始终没有认真想到武装工农的问题，没有想着武装工农的必要，没有想着造成真正革命的工农军队"，中央军委没有提及一般共产党员的军事训练——这实是我党第一等重要的责任，没有系统地集聚零碎散乱的工农武装队伍，没有想尽方法去取得武器以武装工农，甚至还主动解除了汉口工人纠察队的武装。至于为何没有认真对待武装工农的问题，八七会议认为："中央那时认为武装工农是难以实现的，甚至于以为是有害于与国民党军队领袖联络的。"②

八七会议是中国共产党历史上一个重要的转折点。八七会议确定了土地革命和武装反抗国民党反动派的总方针，给正处在思想混乱和组织涣散中的中国共产党指明了新的出路，使中国共产党对武装斗争这个问题在认识

---

① 毛泽东：《在中央紧急会议上的发言》，载《毛泽东文集》第一卷，第 47 页。
②《中国共产党中央执行委员会告全党党员书》，载《中共中央文件选集》第三册，第 285—287 页。

和实践上大大前进了一步，为挽救中国共产党和中国革命做出了巨大贡献，开始了从大革命失败到土地革命战争兴起的转折。八七会议一结束，毛泽东就作为中央特派员到湖南去改组中共湖南省委并领导秋收起义。从此，中国革命进入了第二次国内革命战争时期，亦即土地革命战争时期。

第三节　毛泽东与井冈山道路

什么是井冈山道路？毛泽东在七届二中全会的报告中说："从一九二七年到现在，我们的工作重点是在乡村，在乡村聚集力量，用乡村包围城市，然后取得城市。采取这样一种工作方式的时期现在已经完结。"① 这里所说的"用乡村包围城市，然后取得城市"，是中国革命的基本过程和规律。中国共产党就是按照这条道路取得胜利的，这条"乡村包围城市，然后取得城市"的道路肇始于井冈山，所以人们又常称它为"井冈山道路"。井冈山道路在马克思列宁主义书本上是没有的，国外也没有这样的经验，它是地地道道以毛泽东为代表的中国共产党人的伟大创举。

一、南昌、秋收、广州等起义的失败证明"城市中心论"在中国行不通

八七会议后，毛泽东回到长沙，改组了湖南省委，开始加紧讨论和制订秋收暴动计划。经过一段时间紧锣密鼓地准备，1927年9月9日，湘赣边界秋收起义爆发，起义军公开打出了"工农革命军"的旗帜，捣毁了粤汉铁路的一些路段，控制了湖南省的几个地方，开展"清算斗争"和土地革命。然而，随后就遭到敌人的进攻，5000多人的起义部队，几天后即锐减为1500多人，其余零星的农民暴动也是一哄而起，一扑即灭。毛泽东当机立断，改变了原来中央拟定的三路红军会攻长沙的暴动计划，下令各路起义军退到文家市。9月19日，经过一番激烈争论，前敌委员会通过了向敌

---

① 毛泽东：《在中国共产党第七届中央委员会第二次全体会议上的报告》，载《毛泽东选集》第四卷，第1426—1427页。

人控制比较薄弱的农村地区转移的决定。

根据中共中央的指示，1927年12月11日，中共广东省委书记张太雷和叶挺、叶剑英等人领导了广州起义。起义军一夜之间占领了广州城，成立广州苏维埃政府——广州公社。但是这个胜利十分短暂，在粤军的猛烈进攻下，起义军浴血抵抗，张太雷不幸中弹牺牲。起义军控制广州城不过三天，便宣告失败。

广州起义失败后，并没有像共产党人所期待的那样，在全国各地引发更大规模的暴动。从大革命失败到1928年初，共产党为了反抗国民党的屠杀政策发起了一次又一次的英勇反击，先后领导了南昌、湘赣边界（秋收）、广州、海陆丰、琼崖、湘南、闽西、陕西等地大大小小近百次武装起义。然而遗憾的是，这些起义都失败了。为了坚持中国革命，在当时的条件下，必须进行武装反抗。但为什么这些以城市为中心的起义都失败了？中国共产党领导的武装斗争的主攻方向究竟应该是农村还是城市？这个问题，只有遵循将马克思主义的普遍原理与中国革命的具体实践相结合的原则，依靠实践经验的积累，才能找到出路，做出正确的回答。

从国际共产主义革命运动的历史来看，还没有农村包围城市的革命成功的先例。革命工作应当以城市为中心，是大革命刚刚失败后中国共产党全党的共识。所以中共中央继续留在上海，共产党的工作中心仍然放在中心城市。然而所有这些武装暴动，几乎只有农民的暴动有坚持下来的可能，所有以占领中心城市为目标的武装起义都很快就被镇压，失败后保留下来的部队，最终也只有走向远离国民党统治中心的农村区域才找到了生存空间。除秋收起义的部队转移到井冈山外，南昌起义余部转移到湘南农村，在朱德、陈毅的率领下在那里上山打游击；广州起义余部一部分转移到海丰、陆丰地区与农民汇合，另一部分则从广州西北郊转入农村，后来参加了广西左右江起义。

共产党内的一些同志将俄国革命的模式照搬到中国来，最大的问题在于中国的工业化水平远远达不到俄国十月革命前的水平，中心城市产业工人的数量远远不足以发动像十月革命那样的群众暴动。与此同时，共产党的组织力量以及民众的反抗情绪，也远没有达到通过武装暴动迅速夺取中心城市的程度。尽管共产党成功地组织了南昌起义等一系列武装起义，然而这些起义都清楚地证明了共产党的组织和力量还十分薄弱。在著名的三大武装起义中，无论是南昌城还是广州城，共产党人实际控制的时间都没有超过三天。暴动的结果是，共产党的组织非但没有扩大，反而日渐萎缩。因此，实践已经证明"城市中心论"在中国是行不通的，客观环境迫使一批又一批的共产党人深入到农村继续革命。

　　中国革命只能走农村包围城市的道路，这是由中国半殖民地半封建的社会性质决定的。早在大革命时期，一些优秀的共产党人已经开始意识到农民的重要作用和历史地位。邓中夏于1923年发表的《论农民运动》一文中疾呼："我们要做农民运动是刻不容缓的事了。"①1925年邓中夏发表《劳动运动复兴期中的几个重要问题——贡献于第二次全国劳动大会之前》一文，指出："因为农民占全国人口百分之八十……我们工人阶级要领导中国革命至于成功，必须尽可行的系统的帮助并联合各地农民逐渐从事于经济的和政治的斗争。假使没有这种努力，我们希望中国革命成功以及在国民革命中取得领导地位，都是不可能的。"②恽代英根据他做农民运动的经验号召革命者"去结交农民！去团结农民！去教育农民！……去研究农民"，认为"这是中国革命最重要而且必要的预备"。③1924年以后，共产党在广州开办农民运动讲习所，由彭湃、阮啸仙、毛泽东等先后担任第一至六届的所长。讲习所的开办，使共产党有机会对中国农民进行大规模的调查研究，使共产党对农民问题的认识更加深入。1926年周恩来在《人民周刊》上连续发表文章，指出"农民自卫军、工人自卫队之组织亦为势所必需"；他还亲自到广州农民讲习所专门讲授"军事运动与农民运动"课程，阐述农民运动与武装斗争的关系。毛泽东发表的《中国社会各阶级的分析》和《湖南农民运动考察报告》，体现了他在中国革命问题上敏锐的洞察力，通过系统地对中国农村做马克思主义的阶级分析，正确地将中国革命的中心问题归之于农民问题，并且意识到农民是中国革命的主力军，土地革命是中国革命的主要内容。大革命后期，在彭湃的领导下，海陆丰农民发动起义并成立

① 邓中夏：《论农民运动》，载《邓中夏全集》（上），第331页。
② 邓中夏：《劳动运动复兴期中的几个重要问题——贡献于第二次全国劳动大会之前》，载《邓中夏全集》（上），第542页。
③ 恽代英：《农村运动》，载《建党以来重要文献选编（一九二一——一九四九）》第二册，第91页。

工农民主政府，这是共产党创建农村革命政权的尝试。①

经过大革命时期的调查和摸索，共产党已经初步获得了组织农民运动的经验和对中国农民的阶级认识。大革命失败后，一些共产党人注意总结各地武装起义和游击战争的经验和教训，在探索新的革命道路上提出了一些新的见解。1927 年 12 月 10 日，瞿秋白写了《武装暴动的问题》一文，其中虽然存在着"城市中心论"和"左"的错误，但也有若干可贵的见解。他已经认识到中国革命不可能像资本主义国家那样，采取"首都"武装起义、一击而中的形式，他将列宁关于城市游击战争的理论运用到中国的国情中，详细阐述了中国革命现阶段农村游击战争的概念、方式及其前途。他指出：游击战争应当是从群众斗争中发动出来的，必须反对军事投机主义，要成立集中指挥的武装队；农民暴动不仅要推翻统治阶级，还要发动群众自觉参加斗争，使他们得到政权和土地；游击战争必须进行革命根据地域之建立。② 1928 年 2 月 25 日，共产国际作出《关于中国问题的议决案》，《议决案》不加分析地批评中国共产党单纯进行农民革命，提出目前中国共产党的主要任务"是在准备城市与乡村相配合相适应的发动"。4 月 28 日，中共中央政治局开会讨论议决案时，周恩来做了长篇发言，直接批评了共产国际的"城市中心"路线，大胆地提出了不同意见：敌人占领城市，力量强大，工人一时难以起义，"中国革命因为农民占了一个重要的因素，所以与俄国的不同"，现在的问题是乡村领导的问题，"但在中国很适宜地配合是很困难的"。③ 1928 年 6 月，中共中央致信朱德、毛泽东并前委，明确指出在井冈山建立根据地"为适宜"，并对红四军前委做出重要指示：你们的任务就是在湘赣或赣粤边界，以你们的军事实力发动广大的工农群众，实行土地革命，造成割据的局面，向四周发展而推进湖南、湖北、江西、广东四省的暴动，须更深入当地的土地革命，改造整理你们的军队。④ 1928 年 7 月，中共六大对农村根据地的认识又进了一步，明确规定：在现时游击战争发动的区域，赞助农民游击战争，引导农民有组织地斗争，实现土地

---

① 冯建辉：《我党开创农村包围城市道路的历史考察》，《中国社会科学》1980 年第 2 期。
② 瞿秋白：《武装暴动的问题》，载《瞿秋白文集·政治理论编》第五卷，第 152—156 页。
③ 中共中央文献研究室编《周恩来年谱（1898—1949）》（修订本），第 142—143 页。
④《中央致朱德、毛泽东并前委信》，载《中共中央文件选集》第四册，第 251 页。

革命，"最大限度的发展正式的工农革命军——红军"。① 毛泽东对此做出很高的评价，他说：关于农村革命根据地和红军能否存在和发展的问题，"六大"又做了一次答复，"对于那次代表大会所采取的新路线，朱德和我是完全同意的"。② 1929 年 3 月 17 日，周恩来在为党中央起草的给贺龙及湘鄂西前委的指示信中强调："目前所应注意者，还不是什么占领大的城市，而是在乡村中发动群众，深入土地革命。故你们此时主要的任务，还在游击区域之扩大，群众发动之广大"，"我们游击队势力所达到的区域，自然必须发展党的组织，扩大群众的组织，推动并帮助群众的斗争，扩大我们的宣传"。③ 1929 年 9 月 28 日，陈毅在按照周恩来多次谈话和中共中央会议的精神代中央起草给红四军前委的信中，总结了红四军及其他根据地的经验，进一步指出："先有农村红军，后有城市政权，这是中国革命的特征，这是中国经济基础的产物。如有人怀疑红军的存在，他就是不懂得中国革命的实际，就是一种取消观念。"红军的根本任务是：发动群众斗争，实行土地革命，建立苏维埃政权；实行游击战争，武装农民，并扩大本身组织；扩大游击区域及政治影响于全国。"红军发展的方向，应该向着群众有发展斗争可能的地方，去扶助其发展，使当地的革命斗争深入。"信中还对红军与群众、红军的组织与训练、红军给养与经济问题、红军中党的工作、红军目前的行动问题进行了一系列系统全面的指导。④ 1930 年 5 月中共中央机关刊物《红旗》发表署名信件，认为共产党应当以大部分力量甚至所有力量去从事农村工作，革命势力占领广大农村以后，可以联合起来包围城市、封锁城市，用广大的农村革命势力向城市进攻，革命必然取得最终胜利。

　　由此可见，在六大前后，中共中央尽管对全党的工作中心是放在农村还是城市这个关键问题还没有明确的认识，但一些中共领导人还是提出了一些积极的见解，可以总结为以下几点：首先，由于中国和资本主义国家的国情不同，革命不能有夺取中心城市、一击而中的发展形势。中国革命战争的艰苦经验证明，必须是"先有农村红军，后有城市政权"，这是中国

---

① 《政治议决案》，载《中共中央文件选集》第四册，第 322—323 页。
② 埃德加·斯诺：《西行漫记》，董乐山译，生活·读书·新知三联书店，1979，第 144 页。
③ 周恩来：《关于湘鄂西苏区发展的几个问题》，载《周恩来选集》上卷，第 17、16 页。
④ 《中共中央给红军第四军前委的指示信》，载《周恩来选集》上卷，第 32—42 页。

经济基础的产物，也是中国革命的特征。其次，必须在统治阶级的力量比较薄弱的广大农村开展游击战，建立工农革命军，建立根据地，建立工农革命政权，形成工农武装割据的局面；并且工农革命军是促成全国革命高潮的主要动力之一，而农村根据地的巩固和发展，"是要成为更大发展底基础"。再次，必须发动群众，实行土地革命。最后，不能孤立地发动城市起义，应注意游击区域的扩大，决不应超越主观的力量，在当时就企图占领中心城市。[1] 这些认识为共产党创立"农村包围城市"道路做出了可贵的理论贡献，同时也说明："农村包围城市"道路的开创依靠了共产党人的集体奋斗，是共产党人集体智慧的结晶。而在革命实践过程中把积累起来的宝贵经验加以科学的分析和总结，在集体智慧的基础上，找出中国革命发展的客观规律，创立"农村包围城市，武装夺取政权"完整理论的，则是毛泽东。

二、井冈山革命根据地的创立和发展

毛泽东从搞城市工作到重视农民运动，以及后来逐渐形成"农村包围城市"的思想，有一个不断认识和发展的过程。大革命前，恽代英写信给毛泽东，建议学习陶行知搞乡村运动，毛泽东则回复说：现在城市工作还忙不过来，怎么能再去搞乡村呢？1925年他从上海回到老家韶山养病，开始注意农民运动，多次到农村调查研究。1927年初，毛泽东到湘潭、长沙等五县搞了三十多天的系统调查，才改变了看法，并写出了《湖南农民运动考察报告》这篇光辉文献。八七会议后，党中央的主要负责人瞿秋白曾邀请毛泽东到上海党中央工作，他则回答：我不愿跟你们住高楼大厦，我要上山结交"绿林朋友"。这表明毛泽东开辟井冈山道路绝不是偶然的。

前面已经讲到，秋收起义受挫后，毛泽东当机立断，率领秋收起义部队向敌人控制比较薄弱的农村地区转移。起义军一路打到永新县三湾村，毛泽东对不足千人的剩余部队进行了著名的"三湾改编"，其主要内容：一是资遣一部分不愿留队的人员，部队缩编为一个团，下辖两个营十个连，称工农革命军第一军第一师第一团；二是在部队中建立党的组织，连有支部，营、团有党委，连以上设党代表，全军由毛泽东领导前委，从而初步确立

---

① 佟玉民：《关于"农村包围城市"道路的理论形成过程》，《历史研究》1981年第4期。

了"党指挥枪"的原则；三是规定官长不打士兵，官兵待遇平等，建立士兵委员会，参加部队的管理，协助进行政治工作和群众工作。士兵委员会由全体士兵民主选举产生，在党支部指导下进行宣传、组织群众的工作，组织领导士兵的文化娱乐生活，监督部队的经济开支和伙食管理。三湾改编，初步确定了中国共产党对军队的绝对领导，保证了我军的无产阶级性质，从政治上、组织上奠定了新型人民军队的基础，在人民军队的建军史上具有十分重要的意义。10月7日，毛泽东带领三湾改编的队伍抵达江西省宁冈县茅坪，开始了创建井冈山农村革命根据地的斗争。

毛泽东为什么会选择井冈山作为革命根据地呢？这是因为：第一，大革命时期，井冈山及其附近各县都曾建立过中共的组织和农民协会，当地农民武装的首领袁文才、王佐也都参加过大革命，接受过大革命的洗礼，对中国共产党或多或少有一些了解，也就是说，这里有一定的群众基础。第二，井冈山属于罗霄山脉中段，崇山峻岭，地势险要，易守难攻，适合于武器装备相对落后的工农武装的生存和发展，加上周围各县此前很少发生过大规模战争和自然灾害，自给自足的农业经济相对比较稳定，有利于部队筹粮。第三，井冈山处于湘东和赣西的交界，西坡是湖南省的酃县，东坡是江西省的吉安县，是湖南、江西两不管的地方，加上又远离长沙、南昌等中心城市，敌人的统治力量相对比较薄弱，这对中国共产党领导的工农武装的生存和发展是有利的。

毛泽东带领队伍上井冈山后，立即着手大规模的根据地创建工作，并不失时机地积极向外发展。1927年10月，粤桂战争爆发，湖南军阀部队外调，井冈山周围地区敌人兵力空虚，毛泽东马上抓住有利时机，率领工农红军攻占了茶陵县城，建立了茶陵县人民委员会，这是湘赣边界建立的第一个县级苏维埃政权。1928年1月，工农红军攻占遂川县城。2月，打破了江西国民党军对井冈山地区的第一次"进剿"。至此，井冈山革命根据地建立起来。

在创建井冈山革命根据地的过程中，毛泽东特别重视军队的建设工作，先后创造性地提出了"三项任务""三大纪律和六项注意"等人民军队的建军原则。1927年12月，毛泽东在江西省宁冈县砻市总结中国工农革命军攻打茶陵县城的战斗经验时，为工农革命军规定了打仗消灭敌人、打土豪筹款

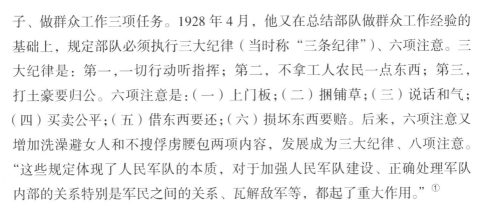

子、做群众工作三项任务。1928 年 4 月，他又在总结部队做群众工作经验的基础上，规定部队必须执行三大纪律（当时称"三条纪律"）、六项注意。三大纪律是：第一，一切行动听指挥；第二，不拿工人农民一点东西；第三，打土豪要归公。六项注意是：（一）上门板；（二）捆铺草；（三）说话和气；（四）买卖公平；（五）借东西要还；（六）损坏东西要赔。后来，六项注意又增加洗澡避女人和不搜俘虏腰包两项内容，发展成为三大纪律、八项注意。"这些规定体现了人民军队的本质，对于加强人民军队建设、正确处理军队内部的关系特别是军民之间的关系、瓦解敌军等，都起了重大作用。"①

1928 年 4 月下旬，朱德、陈毅率领南昌起义余部和湘南暴动部队来到井冈山地区，与毛泽东领导的部队在宁冈会师，两军共计一万余人，成立了中国工农革命军第四军（后改称工农红军第四军），朱德任军长，毛泽东任党代表和军委书记。从此以后，他们领导的红军被称为"朱毛红军"。5 月，湘赣边界中共第一次代表大会在宁冈茅坪召开。会议选举产生了以毛泽东为书记的中共湘赣边界特委，统一了湘赣边界红军和革命根据地的斗争。接着，又成立了湘赣边界工农兵苏维埃政府。

朱、毛会师后，毛泽东、朱德在总结以往军事斗争的经验和教训的基础上，提出了"敌进我退，敌驻我扰，敌疲我打，敌退我追"游击战术的"十六字诀"。在毛泽东、朱德这"十六字诀"的指引下，井冈山军民先后打破国民党军第二、第三、第四次"进剿"，取得新城战斗、五斗江战斗、草市坳战斗、龙源口战斗等一系列胜利，井冈山根据地进入全盛时期。这引起了国民党军阀的极大恐惧。湘赣两省的国民党地方军队多次会攻井冈山。当时井冈山一小块根据地在数倍之敌的"会剿"下先后遭到"三月失败"和"八月失败"，生活极其艰苦，形势十分危急，红军和党内存在着"红旗到底打到多久"的疑问。这是一个根本性的问题，不解决它，中国革命就无法前进。

三、中国的红色政权为什么能够存在？

1928 年 10 月，毛泽东发表《中国的红色政权为什么能够存在？》一文。这是毛泽东为中共湘赣边界第二次代表大会写的决议的一部分，原题

---

① 中共中央党史研究室：《中国共产党的九十年·新民主主义革命时期》，第 113 页。

为"政治问题和边界党的任务"。毛泽东运用马克思主义的基本观点，科学地分析了中国的政治经济、阶级斗争形势及主客观各方面的条件，系统地回答了"红旗到底打到多久"这个问题，深刻阐述了在四周白色政权包围下小块红色政权能够存在的原因和条件。对于国内的政治状况，毛泽东指出：国民党新军阀的统治，依然是城市买办阶级和乡村豪绅阶级的统治，对外投降帝国主义，对内残酷地剥削和压迫工农阶级。一国之内，在四围白色政权的包围中，有一小块或若干小块红色政权的区域长期地存在，其独特的原因与相当的条件是：第一，中国是帝国主义间接统治的经济落后的半殖民地。各帝国主义在中国划分势力范围，实行"分裂剥削政策"，他们和国内买办豪绅阶级勾结起来，支持"各派新旧军阀"；再加上受外国资本主义压迫和中国封建主义束缚，资本主义发展缓慢，中国是"地方的农业经济"，而"不是统一的资本主义经济"，因此，"从民国元年以来"，各派新旧军阀"相互间进行着继续不断的战争，这是半殖民地中国的特征之一"。而"白色政权间的长期的分裂和战争，便给了一种条件，使一小块或若干小块的共产党领导的红色区域，能够在四围白色政权包围的中间发生和坚持下来"。这是红色政权可以存在的根本原因。所以，井冈山革命根据地的创立，"湘赣边界的割据"，并得到进一步的发展，是没有任何问题的。"有些同志在困难和危急的时候，往往怀疑这样的红色政权的存在，而发生悲观的情绪。这是没有找出这种红色政权所以发生和存在的正确的解释的缘故。"实际上，"我们只须知道中国白色政权的分裂和战争是继续不断的，则红色政权的发生、存在并且日益发展，便是无疑的了"。第二，中国红色政权首先发生和能够长期地存在的地方，都是大革命搞得轰轰烈烈的地方，工农群众都经受过大革命的洗礼。例如，湖南、广东、湖北、江西等省。"这些省份的许多地方，曾经有过很广大的工会和农民协会的组织，有过工农阶级对地主豪绅阶级和资产阶级的许多经济的政治的斗争。"参加起义的红军，"也是由经过民主的政治训练和接受过工农群众影响的国民革命军中分化出来的"，同样经受过大革命的洗礼。那些没有经受过大革命洗礼、没有接受过工农影响的军队，是不可能从敌人军队中分化出来成为红军的。第三，小块或若干块的共产党领导的红色区域能否长期地存在，还取决于全国革命形势是否向前发展这一条件，"全国革命形势是向前发展的，则小块红色区域的长期存在，不但没有疑义，而且必然地要作为取得全国政权的许多力量中间的一个力量。全国革命形势若不是继续地向前发展，而有一个比较长期的停顿，则小块红色区域的长期存在是不可能的"。而现在中国的革命形势是随着国内豪绅买办阶级和国际资产阶级的继续分裂和战争，而继续向前发展的，因此，小块红色区域不仅能够长期存在，而且还将继续发展，"日渐接近于全国政权的取得"。第四，相当力量的正式红军的存在，是红色政权存在的必要条件。否则，"虽有很好的工农群众，若没有相当力量的正式武装，便决然不能造成割据局面，更不能造成长期的和日益发展的割据局面"。所以，就此而言，"'工农武装割据'的思想，是共产党和割据地方的工农群众必须充分具备的一个重要的思想"。第五，"共产党组织的有力量和它的政策的不错误"。①

至于井冈山根据地遭受的"八月失败"，毛泽东将其归结于一部分同志不明了当时正是统治阶级暂时稳定的时候，反而采取统治阶级政治破裂时候的战略，分兵冒进，致边界和湘南同归失败。鉴于此，以后红色政权应该采取的方针政策是：坚决地和敌人作斗争，创造罗霄山脉中段政权，反对逃跑主义；深入割据地区的土地革命；军队党帮助地方党的发展，正规军队帮助地方武装的发展；集中红军相机应付当前之敌，反对分兵，避免被敌人各个击破；割据地区的扩大采取波浪式的推进政策，反对冒进政策。毛泽东认为只要坚持这些适当的策略，加上有利地形的帮助，"虽以数倍于我之敌，不但不能破坏此割据，并且不能阻止此割据的日益扩大，此割据对湘赣两省的影响则有日益加大之势"。②毛泽东还阐述了"湘赣边界的割据局面在湘鄂赣三省的地位"，他指出：湘赣边界的割据"在湘鄂赣三省工农暴动夺取三省政权的过程中是有很大的意义的"。边界土地革命和民众政权的影响，将"远及于湘赣两省的下游乃至于湖北"；红军日益的发展壮大，"能在将来三省总的暴动中执行它的必要的使命"；如此等等，"这些都是边界党在湘鄂赣三省暴动发展中极其重要的任务"。③《中国的红色政权为什么能够存在？》一文的发表，标志着毛泽东关于中国必须走和如何走井冈山道

---

① 毛泽东：《中国的红色政权为什么能够存在？》，载《毛泽东选集》第一卷，第47—50页。
② 毛泽东：《中国的红色政权为什么能够存在？》，载《毛泽东选集》第一卷，第51—52页。
③ 毛泽东：《中国的红色政权为什么能够存在？》，载《毛泽东选集》第一卷，第52页。

路的理论和策略已经初步形成。

不久，毛泽东在《井冈山的斗争》一文中又指出："一国之内，在四围白色政权的包围中间，产生一小块或若干小块的红色政权区域，在目前的世界上只有中国有这种事。我们分析它发生的原因之一，在于中国有买办豪绅阶级间的不断的分裂和战争。只要买办豪绅阶级间的分裂和战争是继续的，则工农武装割据的存在和发展也将是能够继续的。"当然，除了这一原因之外，"工农武装割据的存在和发展"，还需要以下五个条件：（1）有很好的群众；（2）有很好的党；（3）有相当力量的红军；（4）有便利于作战的地势；（5）有足够给养的经济力。[①]《井冈山的斗争》是毛泽东于1928年11月25日写给中共中央的报告。文章分为湘赣边界的割据和八月失败、割据地区的现势、军事问题、土地问题、政权问题、党的组织问题、革命性质问题、割据地区问题，共八个方面。

这两篇著作，第一次系统而又具体地分析和论证了中国革命根据地和工农红军为何能够存在和发展的问题。工农武装割据思想的三个组成部分中，武装斗争、土地革命在之前的八七会议上就已经作为总方针提出来了。毛泽东这两篇著作的重要贡献是提出了根据地的思想，并将它与武装斗争、土地革命在理论层面辩证地统一了起来，首次提出"工农武装割据"的思想。

但是，有了工农武装割据的思想，还不等于就解决了农村包围城市的道路问题。农村包围城市的核心问题，是指根据中国的国情，把全党的工作中心放在农村，在农村进行工农武装割据，逐步扩大革命根据地，经过长期武装斗争，形成农村包围城市之势，最后夺取全国政权。工农武装割据和农村包围城市这两个概念有联系又有区别。有联系，是说走农村包围城市的道路，必须经过工农武装割据，没有工农武装割据，或者这种割据的局面不巩固、不够大，"农村包围城市"就不可能实现；有区别，是说虽然有了工农武装割据的思想，还不一定能够认识到必须把全党的工作中心放在农村这个关键问题。如前所述，当时有好多共产党人都不同程度地提出了工农武装割据的问题，但是他们没有像毛泽东那样对此做出系统的论证，

[①] 毛泽东：《井冈山的斗争》，载《毛泽东选集》第一卷，第57页。

更主要的是他们未能由此前进一步，提出把共产党的工作重点转移到农村，提出农村根据地在夺取全国政权中起决定性作用。①

毛泽东后来在《战争和战略问题》中就讲道："一九二七年以后的一个长时期中，许多同志把党的中心任务仍旧放在准备城市起义和白区工作方面。一些同志在这个问题上的根本的转变，是在一九三一年反对敌人的第三次'围剿'胜利之后。但也还没有全党的转变，有些同志仍旧没有如同现在我们这样想。"② 农村根据地的创立和工农红军的发展，并不能使共产国际及中共中央很快放弃对苏维埃革命模式的坚持。1928 年 6 月 18 日至 7 月 11 日，中国共产党在莫斯科召开第六次全国代表大会。斯大林在接见中共六大代表时，表示对农村革命持整体上的怀疑：中国的"农民游击战争是农民革命行动的宣传。过去有的，将来也是有的。是不是它们可以取得一省政权？不可能的"。③ 共产国际书记处书记布哈林也不大相信中国红军能够在脱离城市的农村环境中长期生存下去，他主张流动游击："不要将红军聚到一个地方，最好将他分成几个部分……到这个地方住一些时（间），杀一杀土豪劣绅，吃一吃饭，喝一喝鸡汤，再到另外一个地方。到另外的区域中，还是照样的杀土豪，吃鸡"，等到革命达到高潮，中心城市的群众发动起来了，红军这个时候可以担负起配合工人暴动夺取中心城市的作用。④ 苏共和共产国际对工农武装割据的看法，深深影响了中国共产党，六大讨论通过的《农民运动决议案》指出："共产国际第九次全体执行委员会议决案指示我们：'各省区自发的农民游击战争……能够变成全国胜利的民众暴动的出发点，只有在下列的条件之下：就是和无产阶级的城市的新的革命高潮相联结起来。'从过去的经验，证明是非常正确的。"⑤ 对于农村革命根据地和

① 佟玉民：《关于"农村包围城市"道路的理论形成过程》，《历史研究》1981 年第 4 期。

② 毛泽东：《战争和战略问题》，载《毛泽东选集》第二卷，第 544 页。

③《周恩来对斯大林同志和瞿秋白和中共其他领导人会见情况的记录》，载中共中央党史研究室第一研究部译《共产国际、联共（布）与中国革命档案资料丛书》第 7 卷《联共（布）、共产国际与中国苏维埃运动（1927—1931）》，中央文献出版社，2002，第 479 页。

④《国际代表在中国共产党第六次全国代表大会上关于政治报告的结论（节录）》，载中共中央党史研究室第一研究部编《共产国际、联共（布）与中国革命档案资料丛书》第 11 卷《共产国际、联共（布）与中国革命文献资料选辑（1927—1931）》上，中央文献出版社，2002，第 180 页。

⑤《农民运动决议案》，载《中共中央文件选集》第四册，第 362—363 页。

红军的存在，大会高度肯定了它们是革命新高潮到来的决定条件，但认为它只能作为革命的一种辅助手段，真正的革命还是要像俄国那样，通过中心城市暴动来解决问题。

四、古田会议与思想建党、政治建军原则的确立

进入 1929 年以后，红军和革命根据地都取得了很大的发展，在十余省的三百多个县建立了大小十几块革命根据地。特别是江西，共产党已在赣西、赣南、赣东北、赣西北建立了正规红军、地方游击队和大小不一的根据地，形成对南昌的包围形势。随着根据地和红军的发展，越来越多的农民、小资产阶级尤其是由破产的农民构成的游民无产者加入红军，成为中共党员，把农民意识和游民无产者的流寇意识等非无产阶级思想带入到了红军和中共内部。如何克服军内和党内的非无产阶级思想，把军队建设成为一支无产阶级领导的新型人民军队，把党建设成为无产阶级的先锋队，就成了亟需解决的根本性问题。实际上，毛泽东早就认识到了解决这一问题的急迫性和重要性。他曾在 1928 年 11 月 25 日给中共中央的信（即《井冈山的斗争》一文）中写道："红军成分，一部是工人、农民，一部是游民无产者。游民成分太多，当然不好。但因天天在战斗，伤亡又大，游民分子却有战斗力，能找到游民补充已属不易。在此种情形下，只有加紧政治训练的一法。"①

1929 年 6 月 22 日，红四军党的第七次代表大会在福建龙岩召开。毛泽东打算通过总结过去斗争的经验和教训，解决红军建设中的主要问题。然而他的正确主张未被多数人所认同，大会改选前委时，他这个原由中央指定的前委书记却意外落选，陈毅当选为前委书记。会后，毛泽东离开了红四军，到闽西协助指导地方工作。8 月，陈毅到上海向中央汇报红四军工作，前委书记由朱德代理。陈毅到上海后，根据与当时中共中央军委负责人周恩来的多次谈话以及中共中央会议精神代中共中央起草了一份中共中央给红四军前委的指示信，即《九月来信》，经周恩来审定后，《指示信》正式发给了红四军前委。《指示信》指出，"先有农村红军，后有城市政权，

① 毛泽东：《井冈山的斗争》，载《毛泽东选集》第一卷，第 63 页。

这是中国革命的特征，这是中国经济基础的产物"，并批评那些"怀疑红军的存在"的人，"是不懂得中国革命的实际"，希望前委要与这种错误思想作坚决的斗争。《指示信》提出："目前红军的基本任务主要的有以下几项：一，发动群众斗争，实行土地革命，建立苏维埃政权；二，实行游击战争，武装农民，并扩大本身组织；三，扩大游击区域及政治影响于全国。"并强调："红军不能实现上面三个任务，则与普通军队无异。"① 《指示信》还针对当时红四军存在的具体问题指出："红军的来源只有收纳广大的破产农民，此种农民固然有极浓厚的非无产阶级意识表现，但只有加强无产阶级意识的领导，才可以使之减少农民意识，决不是幻想目前红军可以吸收广大工人成份来改变红军倾向的"；要坚决"纠正一切不正确的倾向"，右倾思想如取消观念、分家观念、极端民主化，等等，"这些观念不肃清于红军前途有极大危险，前委应坚决以斗争的态度来肃清之"。② 《指示信》尤其强调，要加强"红军中党的工作"，"党的一切权力集中于前委指导机关，这是正确的，绝不能动摇。不能机械地引用'家长制'这个名词来削弱指导机关的权力，来作极端民主化的掩护"；"前委对日常行政事务不要去管理，应交由行政机关去办……前委应着眼在红军的政治军事经济及群众斗争的领导上"。③ 对于红四军党内发生的争论以及毛泽东、朱德的去留问题，《指示信》明确指示，"要恢复朱毛两同志在群众中的信仰"，"毛同志应仍为前委书记，并须使红军全体同志了解而接受"。④

收到中央的《指示信》，亦即《九月来信》后，这年的 12 月 28 日至 29 日，红四军党的第九次代表大会在福建省上杭古田召开。这就是历史上有名的古田会议。会上传达了中共中央的《指示信》，毛泽东做了报告。会议通过了八个决议案，其中最重要的是毛泽东代表前委起草的约 3 万余字的《中国共产党红军第四军第九次代表大会决议案》，即《古田会议决议》，其

①《中央给红军第四军前委的指示信——关于军阀混战的形势与红军的任务》，载《中共中央文件选集》第五册，第 477 页。
②《中央给红军第四军前委的指示信——关于军阀混战的形势与红军的任务》，载《中共中央文件选集》第五册，第 482—483、487 页。
③《中央给红军第四军前委的指示信——关于军阀混战的形势与红军的任务》，载《中共中央文件选集》第五册，第 486、487 页。
④《中央给红军第四军前委的指示信——关于军阀混战的形势与红军的任务》，载《中共中央文件选集》第五册，第 489 页。

中第一部分是《纠正党内非无产阶级意识的不正确倾向问题》。《决议》的中心思想是用无产阶级思想进行军队和党的建设。

在军队建设方面，《决议》强调了加强军队政治建设的重要性，指出中国的红军"是一个执行阶级的政治任务的武装集团"，在工作上，"他决不仅是单纯的打仗的，他除了打仗一件工作之外，还要担负宣传群众，组织群众，武装群众，帮助群众建设政权等重大任务"，"离了对群众宣传组织武装政权等目标，就完全失了打仗的意义，也就根本失了红军存在的意义"；并对那种只主张走州过府、流动游击，不愿做建设政权的艰苦工作等思想倾向提出了批评，认为这些思想倾向"妨害革命加于红军巨大任务之执行非常之厉害"，因此肃清这些思想倾向"实为红军和党内思想斗争的一个重要目标"。①《决议》尤其确立了党对军队实行绝对领导的原则，强调红军执行无产阶级革命政治任务、争取中国人民大众获得解放的事业，必须坚定地置于中国共产党的绝对领导之下，那种认为"军事好，政治自然会好，军事不好，政治也不会好"的，甚至"更进一步承认军事是政治的领导"的思想，以及"在组织上把政治工作机关隶属于军事机关，提出'司令部对外'的口号"都是十分错误的，如果让这些错误"发展下去，便有走到脱离群众，以军队垄断政权，离开阶级地位之危险，如国民党军队所走的道路一样"。②《决议》还明确要求："每连建设一个支部，每班建设一个小组，这是红军中党的组织的重要原则之一。"③《古田会议决议》在"三湾改编"的基础上，更进一步确立了中国共产党领导下的人民军队建设的根本原则，即党对军队的绝对领导，是党指挥枪，而不是枪指挥党。

在党的建设方面，《决议》强调了加强党的思想建设的重要性，指出"不提高党内的政治水平，不肃清党内各种偏向，便决然不能健全并扩大红军，更不能负重大的斗争任务"。④因此，《决议》在列举出党内各种非无产阶级思想的表现和来源之后，有针对性地提出了纠正的方法。比如，针对

①《中国共产党红军第四军第九次代表大会决议案》，载《中共中央文件选集》第五册，第801、810页。
②《中国共产党红军第四军第九次代表大会决议案》，载《中共中央文件选集》第五册，第801、802页。
③《中国共产党红军第四军第九次代表大会决议案》，载《中共中央文件选集》第五册，第811页。
④《中国共产党红军第四军第九次代表大会决议案》，载《中共中央文件选集》第五册，第816页。

"非少数服从多数"这一"四军党内非组织意识"，《决议》提出的纠正方法是："（1）会议上要使到会人尽量发表意见，明了对有争论的问题，要把是非弄明白，不调和敷衍下去。一次不能解决二次再议（以不妨碍工作为条件），期于得到明晰的结论。（2）党的纪律之一是少数服从多数，少数应在党的第一次会失败之后，下一次会议未开之前，必须拥护多数的决议，除在下一次会议得再提出讨论外，不得在行动上有任何反对的表示。"① 再比如，针对"在红军党员中是非常浓厚的"之"唯心观点"，《决议》提出的"纠正的方法"，"唯一的是使党员的思想和党内的生活都政治化，科学化"，而要达到这个目的，（一）要"教育党员用马克司主义的方法去作政治的分析和阶级势力的估量，以代替唯心方法的分析和估量"；（二）要"使党员注意社会经济的调查和研究，借此来决定斗争策略和工作方法。使同志们知道离了实际调查，便要堕入空想和盲动的深坑。党内批评要肃清唯心的和技术的作风，说话要有证据，讨论工作要注意他的政治意义"。② 《决议》还再三强调发展党员要重质量，并提出了五个"以后新分子入党的条件"，即：（1）政治观念没有错误的（包括阶级觉悟）；（2）忠实；（3）有牺牲精神，能积极工作；（4）没有发洋财的观念；（5）不吃鸦片，不赌博。③ 为了确保党的先进性，《决议》还要求将"政治观念错误，吃食鸦片，发洋财，赌博等，屡戒不改的，不论干部及非干部，一律清洗出党"④。《决议》提出了把思想建设放在党的建设的首位的思想，是中国共产党党的建设理论开始形成的重要标志。

《古田会议决议》是中国共产党和红军建设的纲领性文献。"它初步回答了在党员以农民为主要成分的情况下，如何从加强党的思想建设着手，保持党的无产阶级先锋队性质的问题；初步回答了在农村进行革命战争的环境中，如何将以农民为主要成分的军队，建设成为无产阶级领导的新型人民军队的问题。"《决议》规定的这些基本原则不但在红四军中，而且在其

---

① 《中国共产党红军第四军第九次代表大会决议案》，载《中共中央文件选集》第五册，第804页。
② 《中国共产党红军第四军第九次代表大会决议案》，载《中共中央文件选集》第五册，第807—808页。
③ 《中国共产党红军第四军第九次代表大会决议案》，载《中共中央文件选集》第五册，第813页。
④ 《中国共产党红军第四军第九次代表大会决议案》，载《中共中央文件选集》第五册，第812—813页。

他革命根据地的红军中也得到了推广和实行。就此而言，《古田会议决议》
"是党和人民军队建设史上的里程碑，具有十分重要的意义，产生了极其深
远的影响"。①

五、"农村包围城市，武装夺取政权"思想的形成

然而，尽管根据地得到了迅速发展，但以林彪为代表的"党内有一部
分同志还缺少正确的认识。他们虽然相信革命高潮不可避免地要到来，却
不相信革命高潮有迅速到来的可能。因此他们不赞成争取江西的计划，而
只赞成在福建、广东、江西之间的三个边界区域的流动游击，同时也没有
在游击区域建立红色政权的深刻的观念，因此也就没有用这种红色政权的
巩固和扩大去促进全国革命高潮的深刻的观念。他们似乎认为在距离革命
高潮尚远的时期做这种建立政权的艰苦工作为徒劳，而希望用比较轻便的
流动游击方式去扩大政治影响，等到全国各地争取群众的工作做好了，或
做到某个地步了，然后再来一个全国武装起义，那时把红军的力量加上去，
就成为全国范围的大革命"。②针对这种"缺少正确的认识"，毛泽东于1930
年1月5日在致林彪的信——《星星之火，可以燎原》中指出："他们这种
全国范围的、包括一切地方的、先争取群众后建立政权的理论，是于中国
革命的实情不适合的。他们的这种理论的来源，主要是没有把中国是一个
许多帝国主义国家互相争夺的半殖民地这件事认清楚。"据此，信中指出：
第一，必须认清中国是一个由许多帝国主义列强共同支配的半殖民地这个
基本国情，这是中国统治阶级内部之所以"互相长期混战""始终不能有一
个统一的政权"的重要原因，也是中国的"农民问题"之所以"严重"的重
要原因。第二，这个基本国情决定了中国农村革命根据地建立和发展的必
然性，它在促进全国革命高潮中具有重要作用。"红军、游击队和红色区域
的建立和发展，是半殖民地中国在无产阶级领导之下的农民斗争的最高形
式，和半殖民地农民斗争发展的必然结果；并且无疑义地是促进全国革命
高潮的最重要因素。"第三，单纯的流动游击政策不能完成促进全国革命高

---

① 中共中央党史研究室：《中国共产党的九十年·新民主主义革命时期》，第120页。
② 毛泽东：《星星之火，可以燎原》，载《毛泽东选集》第一卷，第97页。

潮的任务，而只有"朱德毛泽东式、方志敏式之有根据地的，有计划地建设政权的，深入土地革命的，扩大人民武装的路线……才能树立全国革命群众的信仰，如苏联之于全世界然"；也只有如此，"才能给反动统治阶级以甚大的困难，动摇其基础而促进其内部的分解"。"总而言之，必须这样，才能促进革命的高潮。"[1]

在《星星之火，可以燎原》中，毛泽东还对当时党内存在的另外两种不正确的认识提出了批评：一种是"不切当地看大了革命的主观力量，而看小了反革命力量"，其结果"无疑地是要走上盲动主义的道路"；另一种正好与此相反，"把革命的主观力量看小了，把反革命力量看大了"，在这种"不切当的估量"下，"又必然要产生另一方面的坏结果"。他认为要克服这两种不正确的认识，"在判断中国政治形势的时候，需要认识下面的这些要点"：第一，"现在中国革命的主观力量虽然弱，但是立足于中国落后的脆弱的社会经济组织之上的反动统治阶级的一切组织（政权、武装、党派等）也是弱的"，所以中国革命一定能比西欧更快"走向高潮"。第二，1927年大革命失败后，中国"革命的主观力量确实大为削弱了"，然而，"星星之火，可以燎原"，现在革命的主观力量虽然很小，"但是它的发展会是很快的。它在中国的环境里不仅是具备了发展的可能性，简直是具备了发展的必然性"。我们看事情要看"它的实质"，而不是它的现象，"这才是可靠的科学的分析方法"。第三，对于反革命力量的估量，亦应看"它的实质"，而不是"它的现象"，否则，不是夸大它的力量，就是看小它的力量，这对中国革命都是不利的，我们有前车之鉴。第四，帝国主义之间争夺中国权益的矛盾会不断激化，而受不同帝国主义支持的中国军阀的混战也就会因此而加剧，军阀混战的加剧不仅会增加中国老百姓的负担，还会造成中国老百姓生命财产的重大破坏，这样中国人民与帝国主义、封建军阀的矛盾就会日益激化。在这样的"混乱状态之下"，"反帝反军阀反地主的革命高潮"不仅"不可避免"，而且"很快会要到来。中国是全国都布满了干柴，很快就会燃成烈火"。就此而言"'星火燎原'的话，正是时局发展的适当的描写"。我们"只要看一看许多地方工人罢工、农民暴动、士兵哗变、学

---

[1] 毛泽东：《星星之火，可以燎原》，载《毛泽东选集》第一卷，第97—99页。

生罢课的发展，就知道这个'星星之火'，距'燎原'的时期，毫无疑义地是不远了"。①

《星星之火，可以燎原》在对农村革命根据地的认识上比《中国的红色政权为什么能够存在？》《井冈山的斗争》又前进了一大步，已经将"工农武装割据"的发展同夺取全国革命胜利的形势联系了起来，从正反两个方面论述了共产党的工作重心必须放在农村而不是城市，中国革命必须走"农村包围城市，武装夺取政权"的道路，是"农村包围城市，武装夺取政权"思想最终形成的重要标志。这篇著作之所以能在理论上有较大突破，主要是因为：首先，农村革命根据地的形势有了迅速发展，红四军主力已经突破敌人对井冈山的"会剿"，并开辟了赣南、闽西根据地，加上其他根据地取得的胜利，扩大了人民的视野；其次，根据地内一部分同志不赞成含辛茹苦地去建设根据地，主张轻便的流动游击方式，这严重阻碍着根据地的建设和发展，就促使人们进一步思考根据地的重要作用，做出科学的回答。

当时在国际共产主义运动中，在中国共产党内和红军内盛行着把共产国际决议和俄国革命经验教条化和神圣化的倾向。针对党内和红军内的教条主义这一思想倾向，毛泽东于1930年5月写成《反对本本主义》一文，批判了一味执行上级指示和遵守既定办法的错误思想。《反对本本主义》原名《调查工作》，是毛泽东在做了寻乌调查后写成的，全文约5000字，是毛泽东最早的一篇马克思主义的哲学著作；该文在1951年编辑《毛泽东选集》第一卷时已经散失，到20世纪60年代初重新找到，中共中央在1961年3月将其作为中央文件印发，毛泽东为此写了说明："这是一篇老文章，是为了反对当时红军中的教条主义思想而写的。那时没有用'教条主义'这个名称，我们叫它做'本本主义'。"②该文明确指出："没有调查，没有发言权"；"中国革命斗争的胜利要靠中国同志了解中国情况"，"共产党的正确而不动摇的斗争策略，决不是少数人坐在房子里能够产生的，它是要在群众的斗争过程中才能产生的，这就是说要在实际经验中才能产生"。文章批评了具有一成不变的保守的形式的空洞乐观的头脑的同志们，他们以为共

---

① 毛泽东：《星星之火，可以燎原》，载《毛泽东选集》第一卷，第99—102页。
② 《中共中央关于认真进行调查工作问题给各中央局，各省、市、区党委的一封信》，载中共中央文献研究室编《建国以来重要文献选编》第十四册，中央文献出版社，2011，第200页。

产党的第六次全国代表大会制定的斗争策略已经是最优斗争方案，只要遵守既定办法就无往而不胜利。"这些想法是完全错误的，完全不是共产党人从斗争中创造新局面的思想路线，完全是一种保守路线。这种保守路线如不根本丢掉，将会给革命造成很大损失，也会害了这些同志自己。"[1] 这篇文章阐述的观点表明中国共产党人已经开始从迷信"本本"、照搬俄国革命经验的束缚中有所觉悟。有了这种觉悟才有可能把马克思主义普遍原理运用于中国革命实践，才能从哲学的高度为农村包围城市的道路指明方向。这也是毛泽东之所以在大革命失败之后，能够提出"农村包围城市，武装夺取政权"思想、开辟中国革命新道路的重要原因。邓小平后来指出："回想在一九二七年革命失败以后，如果没有毛泽东同志的卓越领导，中国革命有极大的可能到现在还没有胜利，那样，中国各族人民就还处在帝国主义、封建主义、官僚资本主义的反动统治之下，我们党就还在黑暗中苦斗。"[2]

"农村包围城市，武装夺取政权"思想的提出和形成，"标志着中国化的马克思主义即毛泽东思想的初步形成。这是马克思主义在中国的创造性的运用和发展，毛泽东是马克思主义中国化的伟大开拓者"[3]。

第四节　土地革命思想与政权建设思想

随着革命新道路的开辟，中国革命开始出现欣欣向荣的局面。中国共产党领导的红军和根据地逐渐发展起来。到 1930 年初，共产党领导人民群众建立了大小十几块农村根据地。1931 年又在毛泽东、朱德开辟的赣南、闽西根据地的基础上建立了中央苏区。各革命根据地在建立和发展的过程中，开展了轰轰烈烈的土地革命，这极大地鼓舞起广大贫苦农民参加革命的热情。在进行土地革命的同时，还建立起了各级苏维埃政权，尤其是 1931 年

---

① 毛泽东：《反对本本主义》，载《毛泽东选集》第一卷，第 109、115、116 页。
② 邓小平：《解放思想，实事求是，团结一致向前看》，载《邓小平文选》第二卷，人民出版社，1994，第 148 页。
③ 中共中央党史研究室：《中国共产党的九十年·新民主主义革命时期》，第 123 页。

中华苏维埃共和国临时中央政府的成立，在中国共产党政权建设史上具有十分重要的意义。

一、根据地的发展和中央苏区的形成

1930 年初，共产党领导人民群众建立了大小十几块农村根据地，著名的有毛泽东、朱德开辟的赣南、闽西根据地，贺龙、周逸群领导下的湘鄂西根据地、鄂豫皖根据地，彭德怀、黄公略、滕代远领导下的湘鄂赣根据地，方志敏领导的闽浙赣根据地，邓小平、张云逸、韦拔群领导下的左右江根据地。红军发展到 7 万人，连同地方武装 10 万人。红军游击战争实际上成为中国革命的主要形式，农村根据地成为积蓄和锻炼革命力量的战略阵地。1930 年 1 月，中共中央军委主办的《军事通讯》在介绍毛泽东、朱德领导的红四军时指出，这在中国是独一无二的，在世界是未之前见或未之前闻的。大家应该向这些经验学习。

我们前面已经提到，后来的中央苏区就是在赣南、闽西革命根据地的基础上形成和建立起来的。1930 年 1 月，江西红军四个独立团合编为红军第六军。2 月 7 日，中共赣西特委、赣南特委和红四军、红五军、红六军军委共同组成以毛泽东为书记的前委，统一领导土地革命和武装斗争，赣西、赣南和湘赣边三特委合并为中共赣西南特委。3 月，赣西南苏维埃政府和闽西苏维埃政府先后成立。4 月，闽西地区红军五个独立团合编为红军第十二军。6 月，活动在赣西南、闽西地区的红军第四、第六（不久改称第三军）和第十二军合编为红军第一军团。8 月，毛泽东和朱德领导的红一军团与彭德怀率领的红三军团在湖南浏阳永和会师，组成中国工农红军第一方面军，朱德任总司令，毛泽东任总政治委员。10 月，毛泽东领导红一方面军挥师江西，攻克吉安重镇，建立了以曾山为主席的江西省苏维埃政府，并胜利粉碎了蒋介石发动的第一次"围剿"，革命根据地得到进一步扩大。与此同时，成立中华苏维埃共和国临时中央政府的工作也在紧锣密鼓地筹备之中。

实际上，早在 1930 年 2 月 4 日，中共中央就发出了关于召集全国苏维埃区域代表大会的《通告》，首次提出了要将"全国各苏维埃区域与红军"都"联合起来"的构想。《通告》指出，面临即将到来的全国革命高潮，"党的策略必更须注意于全国各苏维埃区域与红军的联系，要使广大的农民政权与武装不仅在土地革命的过程中发展起来，并要使其在无产阶级坚强的领导之下联合起来，更有组织性的行动起来，而成为新的革命高潮生长的一个直接动力"。因此，"中央特号召全国各级党部尤其是农村地方党部在群众中公开宣传今年五一节将开一全国苏维埃区域代表大会，以联系全国苏维埃区域与红军，以统一中国革命的指导与行动"。[1]1930年5月中旬，中共中央按计划在上海秘密召开了第一次全国苏维埃区域代表大会。6月10日，中共中央在"扩大全国苏维埃区域代表大会的宣传运动"的《通告》中，是这样报道这次大会的："经过很热烈的讨论之后，通过了政治决议案，苏维埃组织法以及劳动保护法，土地暂行法等，确定了为建立全国苏维埃政权而斗争的任务和战略。一切的讨论和决议，都是中国革命当前急待解决的主要问题，不仅回答了全国苏维埃区域现实的各种任务，并且指出了中国目前两个政权的对立形势下，全国革命走向苏维埃中国的正确道路。"[2]从上述报道中可以得知，第一次全国苏维埃区域代表会议不仅讨论而且"确定了为建立全国苏维埃政权而斗争的任务和战略"。这也是中共中央文件中第一次明确提出要"建立全国苏维埃政权"。因为此前的中共中央文件，包括六大通过的《政治议决案》提出的是"建立苏维埃的政权机关"或"苏维埃政权"[3]，而不是"建立全国苏维埃政权"。"全国"这两字之差，值得重视。

9月24日到28日，中国共产党在上海召开第六届中央委员会扩大的第三次全体会议，会议通过的《关于政治状况和党的总任务议决案》在谈到"中国共产党的主要任务"时指出："当前第一等重要的任务是——建立巩固的阵地，就是建立集中统一的真正和工农群众密切联系的苏维埃临时中央政府，在最有保障的地域——苏维埃的根据地，创造并且巩固真正坚强的，政治上军事上有充分无产阶级领导的红军，以便依照军事政治的环境，进而占领一个或者几个工业政治中心——这种形势，现在是湘鄂赣区域最为成熟。"该《议决案》还再三强调："对于这一个问题——建立工农苏维埃政

---

① 《中央通告第六十八号——关于召集全国苏维埃区域代表大会》，载《中共中央文件选集》第六册，第17页。

② 《中央通告第八十一号——扩大全国苏维埃区域代表大会的宣传运动》，载《中共中央文件选集》第六册，第112页。

③ 《政治议决案》，载《中共中央文件选集》第四册，第323页。

府，创造并且巩固真正的红军，以确立最有保障的地域（根据地）以及随着
这个方针而必须执行的许多步骤和办法——中央政治局直到最近才加以充分
的注意。"这次会议在 6 月 10 日的《通告》只是笼统地说要"建立全国苏
维埃政权"的基础上，更明确地提出要建立的是"苏维埃根据地的临时中
央政府"，并且初步确定了"苏维埃根据地的临时中央政府"的所在地——
湘鄂赣区域（根据地）。正因为中央政治局"充分的注意"到了建立"苏维
埃根据地的临时中央政府"的重要性和迫切性，"所以最近党的具体任务就
是要领导起极广大的中国工农兵会议（苏维埃）第一次全国代表大会的准
备运动"，"使苏维埃全国代表大会，和将要在大会产生的临时中央工农苏
维埃政府，的确有全国斗争的劳动群众做他们的支柱"。[①] 为了落实《关于
政治状况和党的总任务议决案》提出的"建立集中统一的真正和工农群众
密切联系的苏维埃临时中央政府"这"当前第一重要的任务"，会议通过的
《组织问题决议案》决定："立即在苏维埃区域建立中央局"，"以统一各苏区
之党的领导"，并规定："当着苏维埃临时中央政权建立起来后，苏区中央局
应经过党团在政权中起领导作用。苏区各特委凡能与苏区中央局发生直接
关系的地方，都应隶属其指挥。"[②] 根据这次会议精神，会后中共中央即在上
海正式成立了全国苏维埃代表大会中央准备委员会（简称"中央苏准会"），
并召开了第一次全体会议。会议讨论决定了第一次苏维埃全国代表大会代
表选举条例，以及准备提交大会的苏维埃中央临时政府及各级苏维埃政府
的组织法、宪法大纲、劳动法、土地法、经济政策和关于红军问题的决议
案等草案，并决定把"一苏大"的会址放在红一方面军活动的江西苏区。

　　一个月后，亦即 10 月 24 日，中共中央政治局制定的《关于苏维埃区域
目前工作计划》，根据（一）农民群众能或有可能得到充分的发展；（二）"红
军有扩充训练的可能和取得敌人武器的前途"，也就是红军比较强大；（三）
有发展前途，"可以进而取得'一个或者几个工业的行政的中心城市'"这
样几个条件，确定"湘鄂赣联接到赣西南为一大区域，要巩固和发展它成
为苏区的中央根据"。[③] 这是中共中央文件中第一次出现"中央根据地"的

---

① 《关于政治状况和党的总任务议决案》，载《中共中央文件选集》第六册，第 286、287、291 页。
② 《组织问题决议案》，载《中共中央文件选集》第六册，第 314 页。
③ 《中央政治局关于苏维埃区域目前工作计划》，载《中共中央文件选集》第六册，第 429 页。

提法。《工作计划》还对全国主要根据地的分布情况进行了分析，认为环绕着中央根据地的"首先是赣东北与湘鄂边两个苏区根据地，再则，鄂东北与闽粤赣两个苏区也很重要"；而"广西的苏维埃隔离中央苏区太远，必须向着湘南发展，才能打通这一区域"。[①] 这也是中共中央文件中第一次出现"中央苏区"的提法。在具体的工作安排上，《工作计划》根据扩大的第三次全体会议通过的《组织问题决议案》有关规定，"决定在中央苏区立即设立中央局，目的在指导整个苏维埃区域之党的组织，同时，并在苏区成立中央军事委员会以统一各苏区的军事指挥"[②]。《工作计划》还在附件中公布了"中央苏准会"拟定的"苏维埃中央临时政府及各级苏维埃政府的组织法"，并明示"更具体的可在大会中确定"。《工作计划》还强调："其中须指出的是湘鄂赣赣西南虽合称中央区，但仍设各特区苏维埃政府；各特区等于省，特区下暂只设县或独立市苏维埃政府，直接受特区苏维埃政府管理。"[③] 从有关计划的内容来看，建立"苏维埃临时中央政府"的各项工作已基本准备就绪。

1931 年 1 月，根据中共中央决定，中共苏区中央局成立，周恩来任书记。在周恩来未到任前，项英、毛泽东先后代理书记。此后，红军又于 5 月和 9 月连续粉碎了蒋介石发动的第二次"围剿"和第三次"围剿"，并使赣南、闽西苏区连成一片，形成了以瑞金为中心的拥有 21 座县城、5 万平方公里面积、250 万人口的全国最大的根据地，这就为中华苏维埃共和国的成立奠定了坚实的基础。瑞金因具有优越的地理位置、深厚的群众基础和稳定的周边环境，理所当然地成为了苏维埃中央政府所在地。9 月 20 日，中共中央在《由于工农红军冲破第三次"围剿"及革命危机逐渐成熟而产生的党的紧急任务》的决议中充分肯定了第三次反"围剿"的胜利对于促进全国革命高潮到来的重要意义，并要求"在十月半前各苏区必须选出和派出代表参加中央苏区工农兵苏维埃全国第一次代表大会。……中央苏区必须在十

---

① 《中央政治局关于苏维埃区域目前工作计划》，载《中共中央文件选集》第六册，第 429 页。
② 《中央政治局关于苏维埃区域目前工作计划》，载《中共中央文件选集》第六册，第 431—432 页。
③ 《中央政治局关于苏维埃区域目前工作计划》，载《中共中央文件选集》第六册，第 439—440 页。

月革命节正式成立苏维埃全国临时政府"①。10月20日，中共中央发表《中国共产党为第一次全国苏维埃代表大会告全国工农劳苦民众》，指出：即将召开的第一次全国苏维埃代表大会"将成立中华工农兵苏维埃共和国临时中央政府，这一临时革命政府毫无疑义将要成为全国工农革命运动的指导者与组织者。……它将一定成为中国工农民主专政在全国范围内胜利和奠定的先声，创造中国新社会的序幕"。②经过一年多的积极筹备，11月7日至20日，中华工农兵苏维埃第一次全国代表大会在江西瑞金胜利召开，成立了中华苏维埃共和国临时中央政府，毛泽东任主席，项英、张国焘任副主席；同时，组建中华苏维埃共和国中央革命军事委员会，朱德任主席，王稼祥、彭德怀任副主席，中华苏维埃共和国临时中央政府设在瑞金。至此，中央苏区正式形成，并统辖和领导全国苏维埃区域的斗争。

二、土地革命思想：井冈山《土地法》、兴国《土地法》等土地法的制定

中国革命的核心是土地问题。本卷第十二章第四节已经介绍，早在1925年9月底至10月上旬，中共中央在北京俄国大使馆召开的扩大执行委员会会议上就提出了"耕地农有"和"没收大地主军阀官僚庙宇的田地交给农民"的主张。经过轰轰烈烈的大革命的洗礼，中国共产党对农民问题尤其是贫困农民对土地的要求有了更进一步的认识，认识到解决农民的土地问题是中国革命的核心问题。在共产国际的指导下，大革命失败后的一段时期内，中共提出了用"土地国有"来解决农民土地问题的主张。如八七会议通过的《中国共产党中央执行委员会告全党党员书》就强调了共产国际执行委员会第八次全体会议的决议关于"土地革命，其中包含没收土地及土地国有，——这是中国革命新阶段的主要的社会经济的内容"③的指示。这年11月9—10日召开的中共中央临时政治局扩大会议通过《中国共产党土

---

①《由于工农红军冲破第三次"围剿"及革命危机逐渐成熟而产生的党的紧急任务》，载《中共中央文件选集》第七册，第410页。

②《中国共产党为第一次全国苏维埃代表大会告全国工农劳苦民众》，载《中共中央文件选集》第七册，第440—441页。

③《中国共产党中央执行委员会告全党党员书》，载《中共中央文件选集》第三册，第266页。

地问题党纲草案》，提出的"解决农民问题和土地问题"办法的第一条，是"一切地主的土地无代价的没收，一切私有土地完全归组织成苏维埃国家的劳动平民所公有"。[①] 受《中国共产党土地问题党纲草案》这一规定的影响，1928年12月，亦即上井冈山一年后，为发动更广大的农民参加革命，满足他们对土地的要求，毛泽东在总结当时土地革命经验的基础上，制定了中共历史上第一部土地法——井冈山《土地法》。这部《土地法》的第一条也是"没收一切土地归苏维埃政府所有，用下列三种方法分配之：（一）分配农民个别耕种；（二）分配农民共同耕种；（三）由苏维埃政府组织模范农场耕种"，并规定"一切土地，经苏维埃政府没收并分配后，禁止买卖"。[②] 很显然，上述规定并不符合当时农民对土地的要求，因为农民只有使用权，而无所有权，所有权在苏维埃政府。所以，1941年毛泽东在出版《农村调查》一书时就井冈山《土地法》写了如下一段按语："此土地法是一九二八年冬天在井冈山（湘赣边界）制定的。这是一九二七年冬天至一九二八年冬天一整年内土地斗争经验的总结，在这以前，是没有任何经验的。这个土地法有几个错误：（一）没收一切土地而不是只没收地主土地；（二）土地所有权属政府而不是属农民，农民只有使用权；（三）禁止土地买卖。这些都是原则错误，后来都改正了。"[③]

1928年6月18日至7月11日，中国共产党第六次全国代表大会在莫斯科召开。大会通过的《土地问题议决案》再没有提"土地国有"或"一切私有土地收归苏维埃所有"，而是提出"无代价的立即没收豪绅地主阶级的财产土地，没收的土地归农民代表会议（苏维埃）处理，分配给无地及少地农民使用"；"祠堂庙宇教堂的地产及其他的公产官荒或无主的荒地沙田，都归农民代表会议（苏维埃）处理，分配给农民使用"；"各省区中的国有土地的一部分，作为苏维埃政府移民垦殖之用，分配工农军的兵士，供其经济上的使用"。当然，《议决案》又强调："共产党认为土地国有，乃消灭国内最后的封建遗迹的最坚决最澈底的方法。"所以，在革命时期，不实行土地国有，但待"苏维埃政权巩固后，即当实现土地国有……进而帮助革命的

---

① 《中国共产党土地问题党纲草案》，载《中共中央文件选集》第三册，第501页。
② 毛泽东：《土地法》，载《毛泽东文集》第一卷，第49页。
③ 毛泽东：《土地法》文后的"按"，载《毛泽东文集》第一卷，第51页。

农民去消灭土地私有权，把一切土地变为社会的共有财产"。[1]1929年2月3日，中共中央又就"农民运动的策略"发出第二十八号《通告》，以标题的形式强调："土地斗争的主要方式是没收地主阶级的土地而不是没收一切土地，是批评平产主义的幻想而不是反对分配土地"，因为"没收一切的土地客观上是实行土地的国民〔有〕，在目前的革命阶段——资产阶级民权革命——农运的策略是建立农民反地主阶级的统一战线，而没收一切的土地是触犯一切富农甚至中农和少块土地的贫农，使农村阶级战线凌乱削弱了土地斗争的力量"。另外，"没收一切土地"也"漠〔模〕糊了农民反对地主的阶级意识，以为土地革命的对象不但是反对独占土地的地主阶级还要反对他自己"。[2]

　　根据中共六大和第二十八号《通告》的精神，再加上对于都、兴国调查得到的实际情况，1929年4月中旬，毛泽东在井冈山《土地法》的基础上，又制定了兴国《土地法》，规定："没收一切公共土地及地主阶级的土地归兴国工农兵代表会议政府所有，分给无田地及少田地的农民耕种使用。"[3]1941年毛泽东在出版《农村调查》一书时就兴国《土地法》也写了一段按语："这是前一个土地法（指井冈山《土地法》——引者）制定后第四个月，红军从井冈山到赣南之兴国发布的，内容有一点重要的变更，就是把'没收一切土地'改为'没收公共土地及地主阶级土地'，这是一个原则的改正。但其余各点均未改变，这些是到了一九三〇年才改变的。"[4]1929年7月下旬，中共闽西第一次代表大会在上杭召开，毛泽东出席大会并作政治报告。这次大会的一项重要成果，就是在毛泽东的指导下，制定并通过了《土地问题议决案》。在总结闽西土地斗争经验的基础上制定的土地政策，与井冈山《土地法》和兴国《土地法》比较又有新的发展，主要体现在以下三个方面："（一）区别对待地主和富农，只没收富农多余的土地，不过分'打击富农'，'集中攻击目标于地主'；（二）分配土地实行'抽多补少'的原则；（三）对

---

[1]《土地问题议决案》，载《中共中央文件选集》第四册，第352、353页。
[2]《中央通告第二十八号——农民运动的策略（一）》，载《中共中央文件选集》第五册，第19—20页。
[3] 中共中央文献研究室编《毛泽东年谱（1893—1949）》上卷，人民出版社、中央文献出版社，1993，第273页。
[4] 中共中央文献研究室编《毛泽东年谱（1893—1949）》上卷，第273—274页。

在乡地主家属'酌量分与田地'，给以生活出路。"[1] 会后，闽西300多里的地区内进行了分田，60多万户贫苦农民分得了田地。这极大地激发了这些贫苦农民参加红军、参加革命的积极性。同时，既没收地主的土地，又给他们以生活出路，并把富农与地主区别开来，采取不同的政策，这就最大限度地团结了各种力量，有利于社会的稳定。第二年（1930年）的2月6日到9日，在江西吉安陂头村，召开了中共红四军前委、赣西特委和红五军、红六军军委联席会议（通称"二七会议"），经过反复讨论，甚至激烈争论，会议制定并通过了一部《土地法》，与井冈山《土地法》、兴国《土地法》以及中共闽西第一次代表大会通过的《土地问题议决案》比较，又有一些不同：一、除田地外，还提出要没收一切豪绅地主阶级和祠堂庙宇的山林、池塘、房屋，以及自耕农除自食自用之外多余的山林、池塘、房屋："暴动推翻豪绅地主阶级政权后，须立刻没收一切豪绅地主阶级及祠堂庙宇社会的田地、山林、池塘、房屋，归苏维埃所有，由苏维埃分配与贫苦农民及其他需要土地等项的人民。只有农民协会，尚未成立苏维埃时，农民协会亦得执行没收及分配。""自耕农的田地、山林、池塘、房屋，除自食自用外，尚有多余，经当地多数农民要求没收的，苏维埃应批准农民的要求，没收其多余的部分并分配之。"尤其是规定了："所有豪绅地主及祠庙公田的契据，限期缴交乡（区）苏维埃，或乡区农民协会，当众焚毁。"二是分配对象上，除贫苦农民外，还包括其他需要土地的人群："豪绅地主及反动派的家属，经苏维埃审查，准其在乡居住，又无它方法维持生活的，得酌量分与田地"；"现役红军官兵夫及从事革命工作的人，照例分田"；"乡村中工商学各业能够生活的不分田。生活不够的，得酌量分与田地，以补足其生活为限"；"雇农及无业游民，愿意分田的，应该分与田地。但游民分田的，须戒绝鸦片赌博等恶嗜好，否则苏维埃收回他的田地"。[2] 三是在废除债务问题上，做出了十分详细的规定。井冈山《土地法》和兴国《土地法》都没有就如何处理各阶级间借债的问题做出规定，致使豪绅地主和富农对欠债的贫农继续进行逼债，贫农、中农之间也时常因债务发生纠纷。

① 中共中央文献研究室编《毛泽东年谱（1893—1949）》上卷，第283页。
②《土地法》，载江西省档案馆、中央江西省委党校党史教研室选编《中央革命根据地史料选编》下，江西人民出版社，1982，第377—378页。

中共闽西一大的《土地问题议决案》虽然对此有所规定，但它不是以法律
的形式提出的，比较简略。二七会议《土地法》则在闽西一大《土地问题
议决案》的基础上，做出了详细规定："工农穷人欠豪绅地主之债，一律不
还，债券债约限期缴交苏维埃或农会焚毁"；"豪绅地主及商人欠公家或工农
贫民或小资产阶级之债，不论新旧，都要清还"；"工农贫民欠商家交易之帐
（应是"账"，后同——引者），而非商业高利贷的，仍旧要还。但非本身之
帐不还，年限太久之帐也不还"；"工农穷人自己来往之帐，革命以前借的，
应全还、减还或免还，由乡区苏维埃按照情形，适当规定。革命以后借的，
全然要还"；"工农穷人典当物件及房屋与豪绅地主及典业奸商的，无条件收
回抵押品"，而"工农穷人典当物件及房屋与小资产阶级的，其抵押品，应
收回若干或不收回，由乡区苏维埃照双方经济情形决定之"。取消了钱会、
谷会，禁止高利贷。[1] 上述规定，是有利于减轻贫苦农民债务负担的。会议
还对赣西南地区迟迟不分配土地、即使分配土地也是按劳动力和耕作能力
而不是按人口这种不利于贫农而有利于富农的右倾错误提出了严肃批评，
肯定了按人口平均分配土地的原则，并强调一要"分"，二要"快"，要赶
紧行动起来，掀起一个分田运动。在这次会议的督促下，除原来已经行动
起来的地区外，兴国等六县的全境和永丰等县的部分地区也开始行动起来，
其具体的步骤和做法是：第一步，召开群众动员大会，说明分田焚契的意
义和政策，争取中农拥护与支持分田；第二步，划分阶级，虽然标准不够
明确、不够统一，但一般划为地主、富农、中农、贫农、雇农五个阶级。
地主、富农的田地均没收，对不反动又能劳动的地主、富农分子，也分给
一份田地；第三步，由群众民主选出土地委员，成立以贫农为骨干、有中
农参加的分田委员会，具体领导分田；第四步，调查全乡人口、土地状况，
并进行核实，同时进行反地主、富农瞒田的斗争；第五步，根据调研数据，
算出每人平均应得田亩数，再按"以原耕为基础，抽多补少"的原则，逐户
算出应进或应出数，明确进出是哪家哪里的田；第六步，"认出"、"过田"、
插界牌和发土地证。[2] 这年（1930年）8月，以毛泽东为主席的中央革命军

---

① 《大地法》，载《中央革命根据地史料选编》下，第379—380页。

② 戴向青、余伯流、夏道汉、陈衍森：《中央革命根据地史稿》，上海人民出版社，1986，第
175—176页。

事委员会又制定了一部《苏维埃土地法》，共 4 章 31 条，就主要内容来看，是对二七会议《土地法》的重申。

尽管从中共六大后，就不再提"土地国有"或"一切私有土地收归苏维埃所有"了，此后制定的兴国《土地法》、中共闽西一大《土地问题议决案》、二七会议《土地法》以及《苏维埃土地法》也都没有了"土地国有"或"一切私有土地收归苏维埃所有"的内容；但也没有规定被没收的豪绅地主阶级的土地以及祠堂庙宇的土地，经苏维埃或农民协会分配给贫苦农民后，就属于贫苦农民所有，只是规定他们可以耕种使用，也就是说，农民只有使用权，而没有所有权。既然没有所有权，当然就不能够自由买卖。这不仅影响到农民对土地的保护和安心耕种，影响到粮食产量的提高，而且还影响到他们参与土地革命的积极性。针对这一情况，刚刚成立的中共苏区中央局于 1931 年 2 月 8 日发出《土地问题与反富农策略》的通告提出，"目前正是争取全国苏维埃胜利斗争中，土地国有只是宣传口号，尚未到实行的阶段"；农民参加土地革命的目的，"不仅要取得土地的使用权，主要的还要取得土地的所有权"，"必须使广大农民在革命中取得了他们唯一热望的土地所有权"。[①] 依据中共苏区中央局通告的这一精神，这月的 27 日，毛泽东以中央革命军事委员会总政治部主任的名义，写信给江西省苏维埃政府主席曾山并转其他省苏维埃政府领导，就土地革命中的土地所有权问题指出："关于田没有分定一层，在现在红色区域是个大问题。过去田归苏维埃所有，农民只有使用权的空气十分浓厚，并且四次五次分了又分，使得农民感觉田不是他们自己的，自己没有权来支配，因此不安心耕种，这种情形是很不好的。"省苏维埃政府应该通令各地各级政府，"要说明过去分好了的田（实行抽多补少抽肥补瘦了的）即算分定。……以后一家的田，一家定业，生的不补，死的不退，租借买卖，由他自主。田中出产，除交土地税于政府外，均归农民所有。吃不完的，任凭自由出卖，得了钱，来供给零用。用不完的，由他储蓄起来，或改良田地，或经营畜业，政府不得借词罚款，民众团体也不得勒捐"；"农民一家缺少劳力，田耕不完，或全无劳力，一点不能自耕的，准许出租，租完多少，以两边不吃亏为原则，由

① 中共中央文献研究室编《毛泽东年谱（1893—1949）》上卷，第 334 页。

各处议定"。① 毛泽东的这封信，确认了农民对土地的所有权，也改变了自井冈山《土地法》以来土地不能自由买卖的规定，给了农民较大的自由处置土地和经营土地的权力。这是中共土地政策的重大发展。

　　与此同时，在赣东北、湘鄂西、鄂豫皖、广西右江、广东琼崖等革命根据地，土地革命同样搞得轰轰烈烈，"打土豪，分田地"的标语口号在各根据地都随处可见。虽然受主客观差异的影响，各根据地的具体步骤和做法不完全相同，但土地革命的基本路线、方针和政策则是一致的，用毛泽东在《中华苏维埃共和国中央执行委员会与人民委员会对第二次全国苏维埃代表大会的报告》中的话说，这就是"依靠雇农贫农，联合中农，剥夺富农与消灭地主"，变封建地主土地所有制为农民土地所有制，"土地革命不但使农民得到土地，而且要使农民发展土地上面的生产力"。② 雇农、贫农是农村中的无产阶级和半无产阶级中的下层，亦即最贫困者，是无产阶级最可靠的同盟军和土地革命的主要依靠力量；中农是自食其力的劳动者，是广大雇农、贫农的朋友；富农是剥削阶级，但和地主阶级在剥削的程度和方式上又有所区别，所以，对富农是剥夺，而非消灭；地主阶级是封建制度的阶级基础，因此，他们是土地革命的主要对象，是要被消灭的阶级。土地革命，就是在中国共产党的领导下，通过教育、启发农民的阶级觉悟，组织农民起来与地主阶级进行坚决斗争，没收地主阶级用剥削的手段占有的大量土地，并把它们重新分配给无地和少地的贫苦农民，以解决农民的土地问题，消除农民千百年来受剥削、受压迫、受奴役的根源，从而极大地鼓舞起农民参加革命的积极性，成为革命的主力军，并与无产阶级一道，夺取新民主主义革命的最后胜利。

　　土地革命的深入开展，使农村革命根据地发生了天翻地覆的根本变化。1930年10月底，毛泽东找了8个刚参加红军的来自兴国第十区亦即永丰区的农民，在新余县的罗坊"开了一个星期的调查会"。就这"八个家庭"的情况和"各阶级在土地斗争中的表现"进行深入调查。本来这个调查会还要开下去，还要就"儿童和妇女状况""土地分配后农业生产的状况"等问

---

① 中共中央文献研究室编《毛泽东年谱（1893—1949）》上卷，第335页。
② 中共中央文献研究室编《毛泽东年谱（1893—1949）》上卷，第422页。

题进行调查，但"因为敌人对罗坊进攻了，红军决定诱敌深入的方针，我们的调查会只得结束"。[①]第二年（1931年）1月，毛泽东把调查所得到的材料，经分析整理写成四万多字的《兴国调查》。毛泽东在《兴国调查》中列举了土地革命给贫苦农民带来的十二个方面的利益：第一，分了田，这是根本利益。一乡的李昌英，家里老少共六人，"今年三月分田，六个人每人分得七石谷，共四十二石谷"[②]。四乡的温奉章一家有"四个人吃饭"，"今年三月，四个人共分了三十二石谷田，除自己的八石退脚田外，分进来了二十四石"。分田采取的是"抽多补少""抽肥补瘦"的原则，所以8月重分，发现他的好田太多，于是"把好田铲出一些，歹田铲些进来"。温奉章认为，"乡政府分田很公道"。[③]三乡的钟得五一家共有十一人，"今年二月（阳历三月）革命成功，每人分得五石半谷田，十一个人共得六十石零一箩（内自己的三十石）"[④]。第二，分了山林。过去贫农是少有山的，"现在分了山，且和分田一样照人口分，每家每人都有山了。……因此解决了贫农的困难问题。贫农为了需要，是坚决主张分山的"[⑤]。钟得五"在乡政府土地科负分配山林的责任（四个分山委员之一），把第三乡的山林都分配了，办法由乡代表会议决，他便去各村分别开群众大会，实行在各村分山。分山多的分田少，分田多的分山少"[⑥]。第三，革命初起时，分地主及反革命富农的谷子，贫农不出钱挑了谷子吃。白鹭（大地主集中的地方）按人口平分了，贫农吃到割禾时还吃不完。第四，革命以前的债一概不要还了。傅济庭在革命前欠地主的"三石租"和"百五十元债"，革命后都不要还了。[⑦]温奉章向富农借粮，每年都要还"生谷"，亦即利息，"去年生的十二石谷，今年'叨红军的恩典'，不要还了。欠了六十元债，欠大地主刘花让的，每十块毫洋量一石谷利息，现在不还了"。[⑧]第五，吃便宜米。"今年正二月，谷价每石

① 毛泽东：《兴国调查》，载《毛泽东农村调查文集》，人民出版社，1982，第182—183页。
② 毛泽东：《兴国调查》，载《毛泽东农村调查文集》，第186页。
③ 毛泽东：《兴国调查》，载《毛泽东农村调查文集》，第188、189页。
④ 毛泽东：《兴国调查》，载《毛泽东农村调查文集》，第193页。
⑤ 毛泽东：《兴国调查》，载《毛泽东农村调查文集》，第219页。
⑥ 毛泽东：《兴国调查》，载《毛泽东农村调查文集》，第193页。
⑦ 毛泽东：《兴国调查》，载《毛泽东农村调查文集》，第184页。
⑧ 毛泽东：《兴国调查》，载《毛泽东农村调查文集》，第188页。

四十六毛，三月开始革命，每石二十毛，六月至今（阴历九月）每石七毛"，要比正二月"便宜五倍半"，在秋收之前，"谷贱于贫农是有利的"。[①] 第六，贫苦农民"由"了老婆（江西农民把婚姻自由的"由"字变成动词，使之区别于旧时强迫的买卖的婚姻，通用于全苏区农民中）。"过去讨老婆非钱不行，因此许多贫农讨老婆不到。即讨，不是带童养媳，就是要到好大年纪。若是讨了老婆又死了，再讨就非常困难。现在完全没有这个困难了。"[②] 第七，死了人不要用钱了，埋了就是。第八，牛价便宜了。贫农的耕牛十分缺乏，"本区每家一条牛的只有十五家，两家共一牛的四十家，三家共一牛的十家，四家共一牛的五家，无牛的三十家"。所以牛价便宜，使农民来买得起牛，是"贫农的利益"。[③] 李昌英"'叨红军的恩典'，过去七十块钱一头的牛，如今只要二十元买得到了"[④]。第九，应酬废弃，迷信破除，两项的用费也不要了。第十，"没有烟赌，同时也没有盗贼，夜不闭户，也不会失掉东西"[⑤]。如三乡的雷汉香，有三兄弟，加上母亲和大嫂，一家共五口人，原来家里很穷，一个重要原因，是他们三兄弟都好赌，"特别是老二总是赌输"，但革命后禁赌，三兄弟不仅不赌了，还参加了农民运动，"老大在本乡赤卫队当兵"，"老二当赤卫队班长"，老三一开始也是赤卫队队员，后当了"排长"和"连长"。[⑥] 第十一，分了田，家家能喂猪，不专为卖钱供别人吃，自己也可以吃肉了。过去屠坊中，贫农买肉吃的很少，现在买肉吃的多起来了。据李昌英说，革命前他家每年"喂一只猪，喂到十二月，卖给人家，买油盐回来吃。平时不能吃肉"，只有清明、端午、中秋等节日和莳田、吃新等农忙季节请人帮忙时才能吃点肉。[⑦] "第十二，这是最主要的，就是取得了政权。贫农是农村政权的主干，成了农村中的指导阶级。"[⑧] 如第一乡乡政府干部共 10 人，其中"六个贫农，两个中农，一个富农，一个外边

---

① 毛泽东：《兴国调查》，载《毛泽东农村调查文集》，第 220 页。
② 毛泽东：《兴国调查》，载《毛泽东农村调查文集》，第 220—221 页。
③ 毛泽东：《兴国调查》，载《毛泽东农村调查文集》，第 221 页。
④ 毛泽东：《兴国调查》，载《毛泽东农村调查文集》，第 187 页。
⑤ 毛泽东：《兴国调查》，载《毛泽东农村调查文集》，第 221 页。
⑥ 毛泽东：《兴国调查》，载《毛泽东农村调查文集》，第 198—199 页。
⑦ 毛泽东：《兴国调查》，载《毛泽东农村调查文集》，第 186 页。
⑧ 毛泽东：《兴国调查》，载《毛泽东农村调查文集》，第 221 页。

来的读书人"①。

正因为广大农民尤其是贫苦农民在土地革命中，无论是经济上还是政治上，都翻身得了解放，这就极大地激发了他们支持和参加革命的积极性。参加"调查会"的 8 人中，傅济庭当过村政府土地科长、赤卫队中队长、红军预备队排长和连长，"这次（阳历十月）出发新余当营长"②。李昌英的儿子随红军打兴国、打良口，他自己随红军打七坊、打南昌，这次又到新余，"他愿当红军"③。温奉章尽管只有 22 岁，但当过少年先锋队的大队长、乡政府财政委员、代理红军后备队连长，并先后随红军打兴国、打良口、打南昌。④ 钟得五先在乡政府土地科工作，"五月当赤卫队后备队中队长。六月当独立团的宣传员"，还参加了"第七第八次攻吉安"。⑤ 黄大春"去年十一月当赤卫队队长，今年四月当土地干事，六月当红军预备队排长，八月当预备队连长，这回带队下新余"。⑥ 陈北平当过常备队的政治委员，乡政府的宣传员、文化科长、秘书，预备队第二连政治委员，并且和哥哥一起随红军"打黄塘，打浪川"⑦。尤其是陈侦山，全家七口人（三兄弟及三兄弟的媳妇和大哥的女儿），其中有四人参加革命。"去年二月起革命，老大老二都参加，老大当农会粮食科长，老二当宣传。几个妇娘子都赞成革命，原因是往常债主逼债，逼得她们过不得年，她们听得抗租、抗捐、抗粮、抗债，心里喜欢，故此赞成老大老二革命。老三是个老实人，人家说怎样他就怎样，这时他没有参加革命。……今年三月分田，除自己的二十石谷外，还分进来二十九石，共计四十九石，每人得七石。妇娘子看见分了田，租也不要量了，债也不要还了，心里不胜欢喜，老二的妇娘子便高兴地去乡政府当妇女赤卫队长。"不久老三也参加了革命。这样，"老大、老二、老三及老二婆均离家做革命工作，家中只有老大婆、老大婆的女及老满嫂三个女

---

① 毛泽东：《兴国调查》，载《毛泽东农村调查文集》，第 244 页。
② 毛泽东：《兴国调查》，载《毛泽东农村调查文集》，第 185 页。
③ 毛泽东：《兴国调查》，载《毛泽东农村调查文集》，第 187 页。
④ 毛泽东：《兴国调查》，载《毛泽东农村调查文集》，第 188—189 页。
⑤ 毛泽东：《兴国调查》，载《毛泽东农村调查文集》，第 193—194 页。
⑥ 毛泽东：《兴国调查》，载《毛泽东农村调查文集》，第 194—195 页。
⑦ 毛泽东：《兴国调查》，载《毛泽东农村调查文集》，第 196—197 页。

子"。[1]陈侦山一家七口，三男一女参加革命，只剩二女一小孩留守在家，这可以说是当时革命根据地很多贫苦农民家庭的缩影。以兴国县为例，据毛泽东的调查，23岁至50岁的翻身农民基本上都参加了赤卫队，当时永丰区4个乡共有20个赤卫大队，每个大队"通常是八九十个人"，以此计算，参加赤卫队的农民大约在1600到1800人之间。大队下是中队，中队下是分队，任务主要是"放哨"和支援红军，当时全县是"村村有哨，每村的总路口必定有个哨棚"。[2]1930年6月后，成立了"红军预备队"，赤卫队的"精壮分子"全部编入；16岁至23岁的参加少年先锋队，少年先锋队的编制与赤卫队一样，而且也要下操；8岁至15岁的参加劳动童子团，"有一个赤队及少队的地方，就有一个劳动童子团"，任务一是"放哨"，二是"检查烟赌"，三是"破除迷信打菩萨"。[3]

土地革命极大地激发了广大农民尤其是贫苦农民参加革命的积极性，这是大革命失败后，中国革命之所以能够坚持下来并得到迅速恢复和发展的根本原因。1931年11月召开的中华工农兵苏维埃第一次全国代表大会又通过了《中华苏维埃共和国土地法令》，规定："所有封建地主豪绅军阀官僚及其他大私有主的土地，无论自己经营或出租，一概无任何代价的实行没收，被没收的土地，经过苏维埃由贫农与中农实行分配。……雇农，苦力，劳动农民，均不分男女同样有分配土地的权限，乡村失业的劳动者，在农民群众赞成之下，可以同样分配土地。"该《土地法令》第十四条规定："本法令不但适用于现存在的苏维埃区域，而且应用于非苏维埃区域，及新夺取苏维埃政权的区域，各苏区已经分配的土地，适合本法令原则的不要再分，如不合本法令原则者则须重新分配。"[4]

---

① 毛泽东：《兴国调查》，载《毛泽东农村调查文集》，第190—191页。
② 毛泽东：《兴国调查》，载《毛泽东农村调查文集》，第246—247页。
③ 毛泽东：《兴国调查》，载《毛泽东农村调查文集》，第247—249页。
④《中华苏维埃共和国土地法令》，载《中共中央文件选集》第七册，第777、780页。

三、政权建设思想：中华苏维埃共和国临时中央政府的成立

中国共产党在从事土地革命的过程中，十分重视政权建设。早在 1927 年 8 月 21 日，亦即八七会议后半个月，中共中央常委通过《中国共产党的政治任务与策略的议决案》，专就"政权"做出议决，指出："工农兵代表苏维埃，是一种革命的政权形式，即是保证工农民权独裁制（亦即工农民主专政——引者）直接进于无产阶级的社会主义独裁制；这种形式之下，最容易完成从民权革命生长而成社会主义革命的转变，而且是保证中国之非资本主义发展的唯一方式。"但是"本党现时不提出组织苏维埃的口号——城市、乡村、军队之中都是如此。只有到了组织革命的国民党之计划，完全失败，同时，革命又确不〔在〕高涨之中，那时本党才应当实行建立苏维埃"。[①] 然而，仅过了两个多月，到了这年（1927 年）11 月 9 日至 10 日召开的中央临时政治局扩大会议时，中共则改变了"现时不提出组织苏维埃的口号"的方针，而是提出"现时革命阶段之中，党的主要口号就是苏维埃——无产阶级领导之下的工农民权独裁制性质的政权，只能在苏维埃制度的形式里建立起来"。同时，中央临时政治局扩大会议又强调："只有确实无疑的群众革命运动的巨大高潮的暴动之稳固的胜利已有保证，只有到了这种时候，方才可以并且应当组织苏维埃，以为革命的政权机关。这所谓'暴动之稳固的胜利已有保证'，是说暴动在一定区域内已经有固守较长时间的可能；只要有这种可能，便应当建立农民代表会议（苏维埃）。"[②] 这是中国共产党第一次正式提出组织苏维埃，"以为革命的政权机关"的主张。

中央临时政治局扩大会议召开的当月（1927 年 11 月），彭湃便在海陆丰革命根据地建立了苏维埃，这是中国第一个农村苏维埃政权。毛泽东在创立和发展井冈山革命根据地的过程中，十分重视革命政权的建立和建设工作，也是在中央临时政治局扩大会议召开当月的 28 日，茶陵县成立了井冈山根据地的第一个县级工农兵政府，由谭震林担任主席，下设民政、财经、青工、妇女等工作部门。不久，遂川、宁冈等县的工农兵政府也相继成立。第二年（1928 年）5 月，毛泽东在宁冈茅坪主持召开中共湘赣边界

①《中国共产党的政治任务与策略的议决案》，载《中共中央文件选集》第三册，第 337—338 页。
②《中国现状与党的任务决议案》，载《中共中央文件选集》第三册，第 459 页。

各县工农兵第一次代表大会。大会选举产生了湘赣边界工农兵大会执行委员会，成立了湘赣边界工农兵苏维埃政府，袁文才任政府主席，下设军事、财政、土地、司法、青年、妇女、工农等部，以及茶陵、遂川、宁冈、永新等六个县政府。苏维埃政府在民众中享有很高的威信。1928 年 7 月，中共湖南省委巡视员杜修经在给中共湖南省委的报告中说："民众在打土豪后相信毛司令，在分田地后相信党相信苏维埃。"① 当然，由于是新生事物，经验不足，加上时间仓促，又处于战争时期，根据地的苏维埃政权也存在着不少问题。1928 年 11 月 25 日，毛泽东在给中央的报告中就根据地的"政权问题"指出："县、区、乡各级民众政权是普遍地组织了，但是名不副实。许多地方无所谓工农兵代表会。乡、区两级乃至县一级，政府的执行委员会，都是用一种群众会选举的。一哄而集的群众会，不能讨论问题，不能使群众得到政治训练，又最便于知识分子或投机分子的操纵。一些地方有了代表会，亦仅认为是对执行委员会的临时选举机关；选举完毕，大权揽于委员会，代表会再不谈起。名副其实的工农兵代表会组织，不是没有，只是少极了。"他认为："所以如此，就是因为缺乏对于代表会这个新的政治制度的宣传和教育。封建时代独裁专断的恶习惯深中于群众乃至一般党员的头脑中，一时扫除不净，遇事贪图便利，不喜欢麻烦的民主制度。民主集中主义的制度，一定要在革命斗争中显出了它的效力，使群众了解它是最能发动群众力量和最利于斗争的，方能普遍地真实地应用于群众组织。"为此，"我们正在制订详细的各级代表会组织法（依据中央的大纲），把以前的错误逐渐纠正。红军中的各级士兵代表会议，现亦正在使之经常建立起来，纠正从前只有士兵委员会而无士兵代表会的错误"。②

　　在井冈山根据地苏维埃政权的建立和建设的同时，全国其他根据地苏维埃政权的建立和建设也在进行之中。到了 1930 年，尤其是这年的 9 月 24 日到 28 日召开了中共六届中央委员会扩大的第三次全体会议后，建立苏维埃临时中央政府的筹备工作提上了中共中央的议事日程，并有条不紊地积极推进。中华苏维埃第一次全国代表大会于 1931 年 11 月 7 日到 20 日在瑞

① 杜修经：《朱毛军队、湘赣边界及湘南情形——给中共湖南省委的报告》，载应国斌《杜修经访谈录》，中国言实出版社，2004，第 315 页。
② 毛泽东：《井冈山的斗争》，载《毛泽东选集》第一卷，第 71—72 页。

金召开，到会代表 610 人，其中包括"中央区，闽西，湘鄂赣，湘赣，湘鄂西，豫东北，琼崖各苏区"代表、各红军部队代表以及在国民党统治区的全国总工会、海员总工会代表。[①] 大会通过了《中华苏维埃共和国宪法大纲》《中华苏维埃共和国土地法令》《中华苏维埃共和国劳动法》《中华苏维埃共和国关于经济政策的决定》《红军问题决议案》《中华苏维埃共和国临时政府对外宣言》《中华苏维埃第一次全国代表大会告全中国工人与劳动民众》《中国的革命的职工运动的任务》等文件；选举产生了由 63 人组成的中华苏维埃共和国中央执行委员会，宣布中华苏维埃共和国临时中央政府正式成立。随后（11 月 27 日），毛泽东在中央执行委员会全体会议上当选为中央执行委员会主席和中央执行委员会人民委员会主席。"毛主席"一词，就是从 1931 年 11 月 27 日毛泽东当选为中央执行委员会主席和中央执行委员会人民委员会主席而开始叫起来的。

中华苏维埃共和国的国体是工农民主专政。大会通过的《中华苏维埃共和国宪法大纲》规定："中国苏维埃政权所建设的是工人和农民的民主专政的国家。苏维埃全政权是属于工人，农民，红军兵士及一切劳苦民众的。在苏维埃政权下，所有工人，农民，红军兵士及一切劳苦民众都有权选派代表掌握政权的管理"，只有军阀、官僚、地主、豪绅、资本家等"一切剥削人的人和反革命分子是没有选派代表参加政权和政治上自由的权利的"；"在苏维埃政权领域内的工人，农民，红军兵士及一切劳苦民众和他们的家属，不分男女，种族（汉，满，蒙，回，藏，苗，黎和在中国的台湾，高丽，安南人等），宗教，在苏维埃法律前一律平等，皆为苏维埃共和国的公民"；"中国苏维埃政权以澈底的改善工人阶级的生活状况为目的，制定劳动法，宣布八小时工作制，规定最低限度的工资标准"；"中国苏维埃政权以消灭封建制度及澈底的改善农民生活为目的，颁布土地法，主张没收一切地主阶级的土地，分配给贫农，中农"；"中国苏维埃政权以保证工农劳苦民众有言论出版集会结社的自由为目的，反对地主资产阶级的民主，主张工人农民的民主，打破地主资产阶级经济的和政治的权力，以除去反动社会束缚劳动者和农民自由的一切障碍"；"中国苏维埃政权以保证澈底的实行妇女解放为目的，承

---

① 《中华苏维埃代表大会给中共中央电》，载《中共中央文件选集》第七册，第 771 页。

认婚姻自由，实行各种保护女性的办法，使妇女能够从事实上逐渐得到脱离家务束缚的物质基础，而参加全社会经济的政治的文化的生活"；"中国苏维埃政权以保证工农劳苦民众有受教育的权利为目的，在进行阶级战争许可的范围内，应开始施行完全免费的普及教育"；"中国苏维埃政权以保证工农劳苦民众有真正的信教自由的实际为目的，绝对实行政教分离的原则"。[1] 这些规定所体现的正是中华苏维埃共和国是工农民主专政的共和国这一国体的性质。

　　与工农民主专政的国体相适应，中华苏维埃共和国最根本的政治制度是工农兵代表大会制度，共分为乡、区、县、省和全国五级。各级苏维埃政府广泛吸收工农群众代表参加政权管理，行使当家作主的权力。《中华苏维埃共和国宪法大纲》规定："苏维埃公民在十六岁以上皆享有苏维埃选举权和被选举权，直接选派代表参加各级工农兵会议（苏维埃）的大会，讨论和决定一切国家的地方的政治事务；代表产生方法是以产业工人的工厂和手工业工人农民城市贫民所居住的区域为选举单位。"[2] 如此规定，体现了广大人民群众的根本利益和要求。从 1931 年 11 月到 1934 年 1 月，中央苏区先后进行过三次民主选举。第一次是 1931 年 11 月中央政府成立后地方苏维埃的选举，到 1932 年 5 月基本完成。第二次是从 1932 年 9 月 20 日中华苏维埃共和国中央执行委员会发布《关于继续改造地方苏维埃政府问题》的训令开始，到年底基本结束。这次选举是以县为单位个别进行改选。第三次选举从 1933 年 8 月开始逐渐展开，到 1934 年 1 月召开中华苏维埃第二次全国代表大会结束。这次选举从乡、区苏维埃一直到中央执行委员会，全部进行改选。广大人民群众积极参加了这三次选举，行使他们当家作主的权力。毛泽东曾高兴地说："苏维埃选举运动的发展，使选民群众极大的认识了选举与自己生活的关系，过去不积极参加选举的民众，现在许多都积极起来了。一千九百三十二年两次选举，与一九三三年下半年的选举，许多地方到了百分之八十以上的选民，有些地方仅只害病的生育的以及担任警戒的人不曾参加选举会。"[3] 尤其是广大妇女，破天荒的第一次与男人同等

---

① 《中华苏维埃共和国宪法大纲》，载《中共中央文件选集》第七册，第 772—775 页。

② 《中华苏维埃共和国宪法大纲》，载《中共中央文件选集》第七册，第 773 页。

③ 毛泽东：《中华苏维埃共和国中央执行委员会与人民委员会对第二次全国苏维埃代表大会的报告》，《红色中华》第二次全苏大会特刊第 3 期，1934 年 1 月 26 日。

享有选举权和被选举权，很多政府的重要岗位都有妇女干部。

作为中华苏维埃共和国临时中央政府主席，毛泽东为如何做好苏维埃政府工作，领导人民群众进行土地革命和政治、经济、教育、文化各方面的建设进行过积极的探索，形成了系统而丰富的政权建设思想。正是在他的领导下，中华苏维埃共和国临时中央政府特别重视以下几个方面的建设：

第一，"为民政府"的建设。是为人民服务，还是为自己或自己的小集团谋取私利？这是由政权的性质决定的，也是政权建设的根本问题。毛泽东认为，苏维埃政权是人民政权，要始终把人民的利益放在第一位，切切实实为群众谋利益，解决群众遇到的困难。他指出，"我们对于广大群众的切身利益问题，群众的生活问题，就一点也不能疏忽，一点也不能看轻"。我们在做好其他工作的同时，一定要注意"解决群众的穿衣问题，吃饭问题，住房问题，柴米油盐问题，疾病卫生问题，婚姻问题。总之，一切群众的实际生活问题，都是我们应当注意的问题"，应解决的问题。他因而要求各级政府真心实意地为人民群众谋利益，"深刻地注意群众生活的问题，从土地、劳动问题，到柴米油盐问题"，都要提上各级政府的议事日程，"妇女群众要学习犁耙，找什么人去教她们呢？小孩子要求读书，小学办起了没有呢？对面的木桥太小会跌倒行人，要不要修理一下呢？许多人生疮害病，想个什么办法呢？"等等，"一切这些群众生活上的问题"，都是我们在"议事日程"中、在平时工作中"应该讨论，应该决定，应该实行，应该检查"的问题。"要使广大群众认识我们是代表他们的利益的，是和他们呼吸相通的。"毛泽东对汀州市苏维埃政府不关心、不解决人民群众的问题提出严厉批评，他指出："汀州市群众的问题是没有柴烧，资本家把盐藏起来没有盐买，有些群众没有房子住，那里缺米，米价又贵。这些是汀州市人民群众的实际问题，十分盼望我们帮助他们去解决。但是汀州市政府一点也不讨论。"和汀州市相反，江西的长冈乡、福建的才溪乡的苏维埃政府则关心群众的冷暖，帮助他们解决日常生活中遇到的困难，所以得到群众的拥护。如"长冈乡有一个贫苦农民被火烧掉了一间半房子，乡政府就发动群众捐钱帮助他。有三个人没有饭吃，乡政府和互济会就马上捐米救济他们。去年夏荒，乡政府从二百多里的公略县办了米来救济群众。才溪乡的这类工作也做得非常之好"。就此，毛泽东强调："这样的乡政府，是真正模范的乡政府。他们和汀州市的官僚主义的领导方法，是绝对的不相同。我们要学习长冈乡、才溪乡，反对汀州市那样的官僚主义的领导者！"① 正因为在毛泽东的领导下，苏维埃政府始终坚持"为民"理念，想人民群众之所想，急人民群众之所急，把为人民群众排忧解难作为工作的重要目标。比如，为解决苏区劳动力缺乏问题，苏维埃政府创办了劳动互助社、犁牛合作社、模范耕田队，实行互帮互助；为提高群众文化水平，苏维埃政府创办了列宁小学补习夜班、识字班、半日制学校；为解决群众喝水难问题，毛泽东带领战士在沙洲坝挖了一口水井，这就是有名的"红井"。凡群众生产、生活中遇到的一切困难和问题，"盐的问题，米的问题，房子的问题，衣的问题，生小孩子的问题"，苏维埃政府都想方设法帮助解决。正因为重视"为民政府"的建设，中国共产党得到了人民群众真心实意的拥护和爱戴。"长冈乡的群众说：'共产党真正好，什么事情都替我们想到了。'"②

第二，"民主政府"的建设。中华苏维埃共和国的国体是工农民主专政，其"政权是属于工人、农民、红军兵士及一切劳苦民众的"。为了体现中华苏维埃共和国的政权性质，使"工人、农民、红军兵士及一切劳苦民众"能真正成为国家的主人，毛泽东非常重视"民主政府"的建设，从而使各级苏维埃政府真正成为人民当家作主的政府。实际上，早在他创立和发展井冈山革命根据地的过程中，他就对建设"民主政府"十分重视。前面提到，1928 年 11 月 25 日，他在写给中央的报告中就批评过当时"乡、区两级乃至县一级"的一些政府人员甚至党员"不喜欢麻烦的民主制度"的现象，并提出了纠正措施，即建立起"名副其实的工农兵代表会组织"。③ 后来，他在兴国调查时也发现，除了腐败，区、乡一级的苏维埃政府人员还存在以下两个"弊病"：一是"官僚主义，摆架子，不喜接近群众"。有群众走到政府里去问他们事情时，政府办事人欢喜时答他们一两句，不欢喜时理也不理，还要说群众"吵乱子"。二是"强奸民意"。政府委员由少数人定了就是，代表大会选举只是形式。竟出现了会议主席说赞成某人的举手，有些人不举手，主席就指不举手的人是 AB 团的情况。而且规定"一定要共产

---

① 毛泽东：《关心群众生活，注意工作方法》，载《毛泽东选集》第一卷，第 136—138 页。
② 毛泽东：《关心群众生活，注意工作方法》，载《毛泽东选集》第一卷，第 138 页。
③ 毛泽东：《井冈山的斗争》，载《毛泽东选集》第一卷，第 72 页。

党员才能在政府办事，不是共产党员，即使是群众领袖，也不能到政府办事"。①之所以会出现这种"弊病"，关键是政府缺少"民主"建设，政府工作人员还没有树立起"工人、农民、红军兵士及一切劳苦民众"才是国家的真正主人、自己只是民众公仆的意识，制度上也还存在着不少漏洞。因此，毛泽东当选为中华苏维埃共和国临时中央政府主席后，在建设"民主政府"方面主要采取了以下一些措施：（一）建立和健全民主选举制度。他指出："苏维埃是群众自己管理自己生活的政权，选举苏维埃代表是群众最重要的权利。"②因此，要动员广大民众积极参与选举，行使自己的权利。尤其是要搞好基层的民主选举，只有基层的民主选举搞好了，人民当家作主的权力才能真正实现，共和国的基础也才能真正巩固。为了完善选举制度，他在总结各地苏维埃选举经验的基础上，提出了一些行之有效的具体措施，如选民登记、划分选举单位、公布候选人名单、报告苏维埃工作等等。（二）强化人民群众对苏维埃及其人员的批评和监督。1934 年 1 月，他在《中华苏维埃共和国中央执行委员会与人民委员会对第二次全国苏维埃代表大会的报告》中指出："为了巩固工农民主专政，苏维埃必须吸引广大民众对于自己工作的监督与批评。每个革命的民众都有揭发苏维埃工作人员的错误缺点之权。"③为了使群众对苏区党政工作人员的批评和监督落到实处，各级苏维埃政府都成立有工农检察部，其主要职责是检查同级苏维埃政府颁布的各项法令的执行情况，以及监督苏维埃人员有无贪污腐败、铺张浪费、脱离群众之行为。各级工农检察部不仅吸收一些非脱产的工农积极分子参加，直接参与有关检查和监督工作，而且还设有工农群众控告局，专门负责处理工农群众对苏维埃机关或国家经济机关人员的控告。除当面控告外，工农群众也可以通过控告局在各处设置的检举箱进行控告。毛泽东还特别强调，对于群众揭发出来的贪污腐化、消极怠工以及官僚主义分子，"苏维埃则立即惩办他们决不姑息"④。（三）吸收工农群众直接参与基层政权亦即乡

① 毛泽东：《兴国调查》，载《毛泽东农村调查文集》，第 245—246 页。
② 毛泽东：《长冈乡调查》，载《毛泽东农村调查文集》，第 297 页。
③ 毛泽东：《中华苏维埃共和国中央执行委员会与人民委员会对第二次全国苏维埃代表大会的报告》，《红色中华》第二次全苏大会特刊第 3 期，1934 年 1 月 26 日。
④ 毛泽东：《中华苏维埃共和国中央执行委员会与人民委员会对第二次全国苏维埃代表大会的报告》，《红色中华》第二次全苏大会特刊第 3 期，1934 年 1 月 26 日。

一级苏维埃的民主管理。其具体做法是：由乡选民依法选举代表组成乡代表会议。乡代表会议"是全乡最高政权机关，经过代表会议的讨论，实行苏维埃的一切法令政策，完成苏维埃的各种任务"①。根据《中华苏维埃共和国地方苏维埃暂行组织法》有关规定，乡苏维埃代表会议及其主席团之下不设科、部等正式工作机构，而是成立常设的或临时的各种辅助乡政权管理各种专门工作的委员会，吸收大量不脱产的群众中的优秀分子直接参加苏维埃工作，参与政权管理，从而使乡苏维埃与广大群众紧密地联系起来，其工作也就能得到广大群众的积极支持和大力配合。毛泽东就曾指出：作为工农民主政权的苏维埃政府之所以能够取得巨大成就，就在于："他是民众自己的政权，他直接依靠于民众。他与民众的关系必须保持最高程度的密切，然后才能发挥他的作用。苏维埃具有绝大的力量，他已经成为革命战争的组织者与领导者，而且也是群众生活的组织者与领导者，他的力量的伟大，是历史上任何国家形式所不能比拟的。但他的力量完全依靠于民众，他不能够一刻离开民众。"②

第三，"法制政府"的建设。政权建设必须以法制建设作保障，只有健全法制体系，弘扬法治精神，并以此规范政府和社会行为，才能保证苏维埃政权的稳固和发展。因此，在创建和发展井冈山根据地以及中央苏区的过程中，在领导中华苏维埃共和国临时中央政府的过程中，毛泽东都十分重视法制建设，是他制定了中国共产党历史上的第一部土地法——井冈山《土地法》以及后来的兴国《土地法》、二七会议《土地法》和《苏维埃土地法》，使"打土豪、分田地"的土地革命有法可依。1928 年元月，红军打下遂川县城。在筹建县工农兵政府时，毛泽东建议制定一个《施政大纲》，公之于众，这样，新成立的县工农兵政府有章可循，人民群众也便于监督其实施。经过反复酝酿讨论，最后决定由县委书记陈正人起草一个包括政治、军事、经济、文化、土地、生产和人民生活等内容的《施政大纲》。陈正人起草后，毛泽东一字一句进行了反复的认真修改，补充和删节了不少内容。这样，中国革命史上第一部工农兵民主政府的《施政大纲》，就在湘

---

① 毛泽东：《乡苏怎样工作？》，载《毛泽东文集》第一卷，第 347 页。
② 毛泽东：《中华苏维埃共和国中央执行委员会与人民委员会对第二次全国苏维埃代表大会的报告》，《红色中华》第二次全苏大会特刊第 3 期，1934 年 1 月 26 日。

赣边界的红色政权中诞生了，产生了广泛的积极影响。后来，井冈山革命根据地的不少县级革命政权都是依此《施政大纲》建立和运行的。中华苏维埃共和国临时中央政府成立后，作为主席的毛泽东更是把建立一个"法制政府"提上了重要任务的议事日程。从 1931 年 11 月成立至 1934 年 10 月红军撤离苏区、开始长征，临时中央政府先后颁布了 120 多部法律、法令，"初步建立起具有鲜明阶级性和时代特征的法律体系"[①]。这其中既有《中华苏维埃共和国宪法大纲》这样的根本大法，也有《土地法令》《劳动法》《婚姻法》这些与人民群众的权利义务息息相关的法律、法令，如《婚姻法》确立了一夫一妻、婚姻自由、恋爱自由等基本原则。除了制定和颁布系列的法律、法令外，苏维埃政府还建立起了一整套司法机构，基本形成了一个较为完整的司法组织系统。这些司法机构中，包括公安（国家政治保卫局）、检察、法院（裁判部）三方面，以及中央和基层不同层次的地方和军队的司法机构。为了适应建设"法制政府"的需要，临时中央政府特别重视司法队伍的培养和造就，仅在中央苏区就有 2000 多名干部从事司法工作。

第四，"廉洁政府"的建设。腐败往往与权力相伴而行，古往今来，莫不如此。而一个政权是否廉洁，直接关系到民心向背、政权能否巩固。因此，建设一个"廉洁政府"，是任何政权都面临的一个重要课题。前面已经提到，早在兴国调查时，毛泽东就发现成立不久的区、乡一级苏维埃政府存在着"官僚主义""强奸民意"等"弊病"，其中更有腐败。比如，没收了反动派的东西，不发与贫民，拿了卖钱；群众想买没收的东西，如果向政府里头讲不起话的买不到手，有情面讲得起几句话的才买得到，并且只有比较有钱的人才能买到，雇农及极穷贫农当然无份。又比如，调女子到政府办事，乡政府总有一个二个女子，区政府总有三个四个女子。生得不好看，会说话会办事的也不要，生得好看，不会说话不会办事也要她。乡政府的人下村开会时，也是一样，漂亮的女子他就和她讲话，不漂亮的，话也不和她讲，如此等等。[②] 这严重损坏了中国共产党在群众中的威信和号召力。因此，毛泽东当选为中华苏维埃共和国临时中央政府主席后，特别重

---

① 中共中央党史研究室：《中国共产党的九十年·新民主主义革命时期》，第 140 页。
② 毛泽东：《兴国调查》，载《毛泽东农村调查文集》，第 245 页。

视"廉洁政府"的建设。1932年7月，苏维埃政府发布训令，要求"对苏维埃中贪污腐化的份子，各级政府一经查出，必须给以严厉的纪律上的制裁"。[1]为严厉惩处贪赃枉法者，1933年12月15日，他又以中华苏维埃临时中央政府主席的身份签发"关于惩治贪污浪费行为"的《第26号训令》。这是中国共产党成立以来制定的第一部完整的关于反贪污反浪费的法律文献，也是中国共产党历史上第一份反腐败的量刑标准。《训令》规定：凡苏维埃机关、国营企业及公共团体工作人员贪污公款在500元（苏区货币，当时1元可买约42斤大米或10斤猪肉，官兵伙食不含粮食每人每天5分左右——引者）以上者，处以死刑；300元以上500元以下者，处以2年以上5年以下监禁；100元以上300元以下者，处以半年以上2年以下的监禁；100元以下者，处以半年以下的强迫劳动。与此同时，没收上述犯罪者其本人家产之全部或一部分，并追回其贪污之公款。对挪用公款为私人营利者以贪污论罪。对于玩忽职守而浪费公款，致使国家受到损失者，依其浪费程度处以警告、撤销职务以至1个月以上3年以下的监禁。《训令》的颁布，对腐败分子产生了巨大的威慑作用，也使苏区的反腐败斗争有法可依，一些公职人员或因贪污或因浪费，分别被判坐牢、监禁、撤职、严重警告、强迫劳动等处分。据中央工农检查委员会公布的数据显示：仅在1934年初的两个多月里，在中央一级的反贪污检举中，"共查出贪污款项大洋二千零五十三元六角六分，棉花二百七十斤，（苏大会的）金戒子四个。……贪污份子送法庭制裁的二十九人，开除工作的三人，包庇贪污与官僚主义者送法庭的一人，（总务厅长）建议行政机关撤职改调工作的七人，给严重警告的二人，警告的四人"。[2]个别罪大恶极者，如瑞金县叶坪村苏维埃政府主席谢步陞、瑞金县财政部会计科科长唐仁达、中央总务厅苏大工程处主任左祥云等被公开枪毙，并没收全部个人财产。为了加强对经费的管理，使有关官员不敢腐败，1934年中华苏维埃第二次全国代表大会召开后，又根据有关法规，成立了中央审计委员会，负责审查岁入岁出总预决算、全国行政费预决算、海陆空军预决算、经济建设收支预决算、由中央发补助费的

---

① 《中华苏维埃共和国中央执行委员会训令第十四号》，《红色中华》第28期，1932年7月21日。
② 《关于中央一级反贪污斗争的总结》，《红色中华》第167期，1934年3月27日。

群众团体预决算，其审计结果在《红色中华》报上公布，接受人民的监督。上述建设"廉洁政府"的措施，深得人民群众的拥护。

第五，"节俭政府"的建设。如果说"廉洁政府"的建设，是要杜绝贪污腐败，做到公权公用、执政为民，不能以权谋私、假公济私；那么"节俭政府"的建设，则是反对铺张浪费，提倡勤俭节约，降低公务活动成本，以减少财政支出，从而减轻社会负担，把有限的经费用在更需要的地方。国家公务人员的贪污腐败和铺张浪费往往如影相随。所以，毛泽东在重视"廉洁政府"建设的同时，也特别重视"节俭政府"的建设工作。他曾指出："财政的支出，应该根据节省的方针。应该使一切政府工作人员明白，贪污和浪费是极大的犯罪。反对贪污和浪费的斗争，过去有了些成绩，以后还应用力。节省每一个铜板为着战争和革命事业，为着我们的经济建设，是我们的会计制度的原则。"[1] 1932 年 2 月 6 日，依据毛泽东的要求，中华苏维埃共和国临时中央政府人民委员会第六次常会通过决议，决定在各级苏维埃政府开展勤俭节约运动。第二天，决议以《人民委员会通令第三号》的形式在中华苏维埃共和国临时中央政府的机关报《红色中华》上发出，要求所有地方的预算、杂费、特费等必须尽量减少，不必要的工作人员一律裁减，甚至一张纸一支笔都不要浪费，以免多耗经费；要求每一位政府工作人员都要怀有节约一文钱即是对革命工作一分帮助的观念来开展节约运动，来积蓄金钱或粮食以供给红军发展革命战争之用；并表示要把那些不讲勤俭节约、追求铺张浪费的人赶出苏维埃政府。同一天，《红色中华》以社论的形式刊登署名文章，要求各级政府和各群众团体"一切费用都要十二分的节俭，不急用的费不要用，要用的就要节俭，不要浪费一文钱，滥用一张纸，多点一点油，积少成多，就可以节省一大笔经费"；"要知道节减一文钱即是对革命有一分的帮助，谁要'浪费一文钱实等于革命的罪人'"。[2] 1933年 12 月，《红色中华》向全苏区提出了六项节省规约倡议，其中第三项针对的就是苏维埃政府：节省办公费 30%（主要在机关团体中进行，节约办公用品如纸张、灯油、文具等）。毛泽东自己以身作则，与士兵和工作人

---

[1] 毛泽东：《我们的经济政策》，载《毛泽东选集》第一卷，第 134 页。

[2] 项英：《发展生产、节俭经济来帮助红军发展革命战争》，《红色中华》第 10 期，1932 年 2 月 17 日。

员一样，住普通民房，吃简单饭菜，穿打补丁的衣服，从不搞特殊化。苏区党中央局为减少办公费用开支，规定以木油代替火油、人走灯熄，本埠信件尽量使用二手信封或毛边纸自造信封，文件起草尽量用无用文件及油印裁下的废纸，油墨大部分使用自造油墨等，这样较之以前火油用量减少30%、信封减少75%、邮票减少20%、铅笔减少50%。正是在毛泽东和苏区党中央局的要求、倡导和示范作用的影响下，中央苏区的节俭取得了很大成绩，据统计，1933年11月，中央苏区经费预算总计为3303145元，12月为2415057元，比11月节省了888088元；1933年11月，中央政府各部预算总额为12032元，1934年3月增设了粮食部，预算总额反而减少到2831元，比1933年11月节省了9201元。①

中华苏维埃共和国临时中央政府的成立，是中国共产党领导中国人民建立全国性政权、领导与管理国家的重要尝试，在中国共产党政权建设史上具有十分重要的意义。习近平在纪念中央革命根据地创建暨中华苏维埃共和国成立80周年座谈会上的讲话中指出："中华苏维埃共和国是中国历史上第一个全国性的工农民主政权，是我们党在局部地区执政的重要尝试。它的建立，进一步加强了根据地建设，扩大了党和红色政权的影响，开创了土地革命战争新局面，也为我们党在抗日战争和解放战争时期的根据地建设以及新中国的政权建设，提供了宝贵的历史经验，培养了一大批领导骨干和组织、管理人才。"②

中华苏维埃共和国临时中央政府的成立，既是中国共产党领导土地革命战争英勇奋斗的光辉成果，又极大地推动了中国共产党领导的土地革命运动的进一步发展，在其后近三年的时间里，中央苏区和其他革命根据地的政权、军队、经济和文化建设事业都取得了一定的成绩。然而，当王明"左"倾教条主义在中共中央取得统治地位后，给中国革命造成了极大危害，这当然也包括对中央苏区和其他革命根据地的危害，最后迫使中央红军不得不撤离中央苏区，开始二万五千里长征。此是后话（见本书第三卷第二十一章第一节），于此不论。

---

① 陈松友、潘丽萍：《毛泽东中央苏区政权建设的理论和实践》，《毛泽东思想研究》2010第4期。
② 习近平：《在纪念中央革命根据地创建暨中华苏维埃共和国成立80周年座谈会上的讲话》，《人民日报》2011年11月4日。

第 十 七 章

中国社会性质和社会史论战

认清中国近代社会的性质，是认识中国近代一切社会问题和革命问题的最基本依据。大革命失败后发生的中国社会性质问题的论战，首先是在党内进行的，主要是批判托洛茨基主义，后传导至知识界。随着中国社会性质问题论战的全面深入，论战扩大到了史学界，引发了中国社会史问题论战，后又进一步引发了中国农村社会性质问题论战。这些论战不仅是中国共产党人及其左翼进步人士同反马克思主义者、伪马克思主义者之间的一场理论之争，同时还是中国共产党同其他政治势力之间的一场政治博弈。论战深化了中国共产党对中国半殖民地半封建社会性质的认识，成为中国共产党对国情认识由感性阶段到理性阶段的转折点，为此后以毛泽东为主要代表的中国共产党人提出新民主主义革命理论提供了理论支撑。

第一节　中国社会性质问题论战

1927 年大革命失败后，中国革命进入了低潮时期。革命形势的急转直下引起了一系列迫切需要加以正确回答的问题：国民党建立全国政权后，中国的社会性质是否发生了改变？中国还要不要继续进行革命？需要进行什么性质的革命？对此，各种政治势力给予了不同的答案，并由展开了长达 10 年之久的关于中国社会性质的大论战。这些问题从根本上都要归结到对中国社会性质的认识上。

一、论战的缘起及过程

中国社会性质问题论战是从联共（布）和共产国际内部因中国革命问题的争论引起的。早在国共合作时期，在联共中央和共产国际内部便存在两种不同的意见，而如何评估中国资本主义和资产阶级的力量是双方分歧的焦点。以斯大林为代表的多数派过高估计中国资产阶级的力量，忽视无产阶级力量，主张采取党内合作的形式；而托洛茨基等人则持完全相对的立场，否认中国民族资产阶级的进步性和革命性，反对与资产阶级建立民族革命统一战线，反对共产党加入国民党。中国大革命失败后，使得中国社会性质和中国革命性质的分歧白热化。以斯大林为代表的多数派认为：中国是半殖民地半封建社会，中国革命是反帝反封建的资产阶级民主革命。托派则认为：蒋介石上台就是民族资产阶级统治了中国，中国早已是一个资本主义国家，中国革命应当是反对资产阶级的社会主义革命。

中国共产党作为共产国际的一个支部，中国革命的许多问题都是在苏联和共产国际的帮助和指导下进行的，苏联共产党内和共产国际内的争论直接影响到中国共产党内。1928 年 6 月到 7 月间，中国共产党第六次全国代表大会在莫斯科召开。六大接受了斯大林和共产国际在中国社会性质和中国革命问题上的主张，对有严重争议的一系列有关中国革命的根本问题做出了回答。六大通过的《政治议决案》认为，中国仍然是半殖民地和半封建社会，是因为：（一）国家真正的统一并未完成，中国并没有从帝国主义之下解放出来；（二）地主阶级的私有土地制度并没有推翻，一切封建余孽并没有肃清；（三）现在的政权，是地主军阀买办民族资产阶级的国家政权，这一反动联盟依靠着国际帝国主义之政治的经济的威力。[①] 这实际上是否认了托洛茨基所认为的中国已是资本主义社会。六大通过的《土地问题议决案》明确指出，"中国现在的地位是半殖民地"；"中国的剥削制度，完全是一种半殖民地的经济"；"现在的中国经济政治制度，的确应当规定为半封建制度"。[②] 因此，大会得出结论，现阶段中国革命的性质依然是资产阶级性质的民权主义革命，"推翻帝国主义及土地革命是革命当前的两大任务"[③]。大会还批判了混淆民主革命和社会主义革命界限的"不断革命"论，指出中国当前的革命形势是处在两个革命高潮之间的低潮，同时指明了全国革命发展的不平衡性。

联共（布）内部托洛茨基等人则认为，中国大革命的失败是斯大林和共产国际在中国推行错误路线的结果。托洛茨基从 1928 年 7 月到 1929 年夏，连续发表了《中国革命的总结和前瞻》《共产国际六次大会后的中国问题》和《中国的政治状况和反对派（布尔什维克列宁派）的任务》等三篇文章，批评共产国际及中共六大关于中国问题的路线。彭述之从莫斯科留学回国的同学那里得到托洛茨基关于中国革命的问题的文章，他又将这些文章转给陈独秀等人。托洛茨基认为大革命失败的主要原因就是采取了中国共产党加入国民党的阶级联盟政策，这引起了陈独秀等人的共鸣。因为大革命失败后，党内一直认为是陈独秀推行的右倾机会主义路线导致了大革命的失败。依据托派的观点，决定中共党员加入国民党的是共产国际，因此，导致大革命失败的责任在于共产国际的机会主义政策，而不是陈独秀的右倾机会主义路线。出于为自身辩驳，已被剥夺实际领导权的陈独秀等人全盘接受了托洛茨基关于中国社会性质和中国革命问题的观点。他于 1929 年连续致中共中央的三封信，挑起了关于中国社会性质和中国革命根本问题的党内争论。首先，陈独秀认为 1927 年国民党右派叛变是资产阶级的胜利，南京国民政府是资产阶级的政权。中国资产阶级通过两次革命（辛

---

① 《政治议决案》，载《中共中央文件选集》第四册，第 298 页。
② 《土地问题议决案》，载《中共中央文件选集》第四册，第 343、341、336 页。
③ 《政治议决案》，载《中共中央文件选集》第四册，第 299 页。

亥革命和大革命），其民主革命的任务已经基本完成，中国从经济到政治已
成为资产阶级占统治地位的资本主义国家了。其次，陈独秀认为中国很早
就有商业资本，封建剥削制度及其残余早已被破坏。中国地主阶级已资本
主义化，地租剥削已经不是农村中的主要形式。特别是经过 1925—1927 年
的大革命，封建残余受到了最后的打击，已经变成残余之残余，为了自存，
也不得不努力资本主义化。从经济上看，中国也是资本主义占统治地位的资
本主义社会了。基于对中国社会性质的认识，陈独秀得出的结论是，资产阶
级已经取得了全国政权，中国资产阶级民主革命因此已经完结，由于帝国主
义的让步和帮助，以及封建势力的不复存在，反帝反封建已失去意义。无产
阶级只有等待资本主义发展到一定程度再革命。在当前形势下的政治出路只
能是"为召集国民会议奋斗"，以民主的组织运动来对抗国民党政府的军事
独裁，由全国人民代表自己来解决一切国家问题。①

　　陈独秀等人的这种政治主张实际上是取消革命。中国共产党因而在党
内开展了反对托陈取消派的斗争。1929 年 10 月 15 日中共中央政治局做出
了《关于反对党内机会主义与托洛斯基主义反对派的决议》，批驳了他们在
中国社会性质和中国革命根本问题上的错误观点，严厉地指出："这是很明
显的公开的反共产国际、反六次大会、反中央、反党的路线"②，并号召全党
同志坚决站在共产国际、六次大会与中央决议之上反对这种取消主义的思
想。《决议》指出：大革命的失败是无产阶级的失败，帝国主义与封建势力
取胜。资产阶级对帝国主义屈服，帝国主义对中国侵略进一步加剧，对封
建势力妥协了，封建势力又得到一时的恢复，国民党是帝国主义指挥下的
地主买办资产阶级的联盟。所以"反帝国主义与反封建势力的任务一点也没
有完成，帝国主义与封建势力的束缚一点也没有解除，故现在仍然是资产
阶级性的革命。因为现在的这些矛盾，不仅没有减少，并且日益加紧，故
革命高潮必然不可避免的要到来"③。《决议》最后警告陈独秀等人必须立即

---

① 陈独秀：《致中共中央的信》，载《陈独秀著作选》第三卷，第 78—79 页。
②《中央关于反对党内机会主义与托洛斯基主义反对派的决议》，载《中共中央文件选集》第五
　册，第 504 页。
③《中央关于反对党内机会主义与托洛斯基主义反对派的决议》，载《中共中央文件选集》第五
　册，第 497 页。

服从中央的决议，在党的路线之下停止一切反党的宣传与活动。

但是，陈独秀、彭述之等人不接受中央的警告，固守自己的观点，在党内公开宣传他们的观点。11 月 15 日，中共中央做出了开除陈独秀党籍的决议案。在此之前中共江苏省委已经做出了开除彭述之等人党籍的决定。此后，陈独秀与中国共产党越走越远，在中国社会性质与中国革命等一系列问题上有意同中共中央唱反调。在 1929 年底陈独秀等人连续发布的《告全党同志书》和由 81 人签名的《我们的政治意见书》中，公开攻击共产国际和中共中央关于中国社会性质和中国革命等问题上的主张和观点，陈独秀公开打出"国际左派反对派"的旗号，宣称自己完全承认托洛茨基的主张是符合马克思列宁主义的，认为中共六大所做出的决议全是"机会主义和盲动主义的"。对于中国社会性质这个根本问题，陈独秀等人认为：自鸦片战争以来，国际资本主义列强和中国封建势力相勾结，在辛亥革命前后中国已经形成了官僚买办的资本主义，到了第一次世界大战时期，更进入了民族的大工业资本时代，"因此资本主义的作用及其特有的矛盾形态，不但占领了城市，而且深入了乡村"，"地主已资本家化"；那种"认为资本主义的经济关系在中国不占绝对优势地位，则只是常识的判断，而不是科学的观察。在政治上资产阶级经过两次革命，已经掌握政权，社会阶级势力之转变，更是异常明显"。所以，"说中国现在还是封建社会和封建势力的统治，把资产阶级的反动性及一切反动行为都归到封建，这不但是说梦话，不但是对于资产阶级的幻想，简直是有意的为资产阶级当辩护士！"[1]

1929 年 12 月，实际负责中共中央工作的李立三撰写了《中国革命的根本问题》，自 1930 年 3 月起连续在中共中央机关刊物《布尔什维克》上发表，其目的在于"系统地驳斥取消派理论"。李立三列举了封建制度依然存在的事实，以及帝国主义列强从政治、经济等方面阻碍中国资本主义的发展、加强封建主义剥削和加速中国农村破产，这些都证明了中共六大所作的关于中国半殖民地半封建社会的认定，批判了托陈取消派取消革命、争取"合法"的"国民议会"之谬误，坚持中国革命反帝反封建的两大历史任务。此后，陈独秀又相继发表《我们在现阶段政治斗争的策略问题》

---

[1] 陈独秀：《我们的政治意见书》，载《陈独秀著作选》第三卷，第 113—117 页。

《关于所谓"红军"问题》等两篇文章，进一步阐述自己的观点，攻击中国共产党领导的农民运动和游击战争是背叛中国工人运动，红军大部分是"土匪与溃兵"，预言"没有城市工人革命领导的所谓'红军'"是注定要失败的。①

随着中共与托陈取消派之间斗争的公开化、社会化，中国共产党内部关于中国社会性质的论战也就相应地发展为一场社会性的思想论战。学术界关于中国社会性质问题的论战主要集中在以《新思潮》杂志为阵地的"新思潮派"、以《动力》杂志为阵地的"动力派"和以《新生命》月刊为阵地的"新生命派"之间展开。此外，还有以胡适为代表的自由主义知识分子和以汪精卫、顾孟余为代表的国民党"改组派"。

托陈取消派关于中国社会性质和中国革命问题的言论在中国共产党内部造成了极大的混乱。不对这些问题进行正确的回答，中国革命就难以继续向前发展。与过去不同，此时的中国共产党已经拥有一支具有一定影响力的社会科学工作者队伍。为了组织革命的社会科学工作者更好地进行战斗，中共中央宣传部领导下的中央文化工作委员会，通过后期创造社于1929年创办《新思潮》杂志，团结革命的社会科学工作者，组织就中国社会性质问题发表论文，宣传中共六大关于中国社会性质和革命形式的判断和主张，同时批判托陈取消派的论调。1930年4月15日，《新思潮》将第5期开辟为《中国经济研究》专号，刊登了有关中国社会性质的一系列文章，论证中国社会的半殖民地和半封建性，主要有潘东周的《中国经济的性质》，吴黎平的《中国土地问题》，向省吾的《中国的商业资本》《帝国主义与中国经济》，李一氓的《中国劳动问题》，王学文的《中国资本主义在中国经济中的地位其发展及其前途》。之后，又在第6、7期上继续刊登多篇这方面的文章。1930年5月，继中国左翼作家联盟成立后，中国社会科学家联盟在上海成立，简称"社联"。社联把"以马克思主义的观点，分析中国及国际的政治经济，促进中国革命"和"严厉的驳斥一切非马克思主义的思想"以及"假马克思主义的理论"②作为自己的两大主要任务。社联是共产党领

---

① 陈独秀：《关于所谓"红军"问题》，载《陈独秀著作选》第三卷，第178页。
②《中国社会科学家联盟纲领》，《世界文化》创刊号，1930年9月10日。

导下的革命社会科学工作者的组织，当时任中央文委书记的朱镜我兼任社联党团书记。社联的几位成员王学文、杜国庠、潘梓年都是《新思潮》的编委。由于共产党领导的革命的社会科学工作者最早在《新思潮》杂志上系统地论述自己的观点，因此人们习惯上将他们统称为"新思潮派"。《新思潮》第 7 期之后，刊物遭到封禁，中国共产党的机关刊物《布尔塞维克》又成为新思潮派的言论阵地。《布尔塞维克》先后刊登了蔡和森的《论陈独秀主义》，瞿秋白的《中国经济和阶级关系》，伯虎的《中国经济的性质》，沈泽民的《第三期的中国经济》，张闻天（署名"思美"）的《是取消派取消中国革命还是中国革命取消取消派》等文章。同时，1930 至 1932 年间朱镜我、王学文、柯柏年、杜国庠、张闻天等在社联和左联合编的《文化斗争》周刊、左联机关刊物《世界文化》月刊、社联机关刊物《社会科学战线》以及《书报评论》、《读者月刊》和《读书杂志》等刊物上发表文章批判托陈取消派及其他错误观点。

托陈取消派组织"无产者社"在 1930 年 7 月创办《动力》杂志。当新思潮派对托陈取消派和各种反马克思主义的言论进行全面辩驳时，托派分子严灵峰、任曙、刘仁静等以《动力》杂志为阵地进行反扑。严灵峰在莫斯科中山大学留学时就参加托派组织，他在《动力》杂志创刊号和第二期上分别发表题为《中国是资本主义经济，还是封建制度的经济》和《再论中国经济问题》的两篇文章，兜售托洛茨基的观点，并对《新思潮》杂志上发表的文章进行反驳，论证中国社会的资本主义性质。1931 年 6 月，他以这两篇文章为主，加了一篇《我们的反批评》及《序言》，编成《中国经济问题研究》论文集，由新生命书局出版。1932 年，他又在神州国光社出版《追击与反攻》一书。另一托派分子任曙是大革命时期加入中国共产党的，曾担任过中共中央农民部秘书等职务。他在 1931 年 1 月出版《中国经济研究绪论》一书，并在《读书杂志》上连续发表文章。严灵峰和任曙虽然同是托派分子，最初还产生一些"误会"：任曙曾撰文批驳严灵峰，而严灵峰误以为任曙是任卓宣（即叶青）的化名，因此写文章将任痛骂一通；但在中国社会性质问题上由于共持托派的立场，让他们很快消除了误会，一致对外。1931 年任曙在《读书杂志》上发表"严重声明"，否认自己是任卓宣，严灵峰则承认自己"认错了人"，请任"原谅"之前的

"误会"。① 和他们共唱"中国目前是个资本主义社会"托派调子的还有刘仁静。刘仁静曾经亲自接受过托洛茨基的指示，并以"老托代表"自居。他于1931 年 8 月和 1932 年 3 月以刘静园的笔名在《读书杂志》上分别发表《评两本中国经济的著作》和《中国经济的分析机器前途之预测》两篇文章。在遭到新思潮派的批判后，又兜着圈子宣扬自己的托派观点，认为中国是"落后的资本主义国家"。

国民党当然更不能容忍共产党宣传自己的思想和主张。为了扑灭革命的火焰，国民党不仅在军事上"围剿"革命苏区，而且在文化上也"围剿"革命思想。陶希圣在"围剿"中十分活跃。他先后发表《中国社会与中国革命》《中国社会之史的分析》《中国社会现象拾零》等著作和大批论文，提出"中国封建制度崩溃论"，认为"封建制度在春秋时已经崩坏，所以中国早已不是封建的国家"②，中国没有再开展资产阶级民主革命的必要。由于陶希圣等人以《新生命》月刊为主要舆论阵地，因此被人称为"新生命派"。以汪精卫为首的国民党改组派，对中国社会性质和革命性质问题，也积极地给出自己的见解。在汪精卫要把共产党的理论"一一剔了出来"的反共方针指导下，汪精卫的干将陈公博创办了《革命评论》和《前进》两份杂志，周佛海等人陆续发表了多篇关于中国社会性质问题的文章。顾孟余以"公孙愈之"为笔名，在《前进》半月刊上发表《中国农民问题》一文，之后他又撰写了《国民党必须有阶级基础吗？》等文章，认为中国的社会性质已经不再是封建社会，以此来反对中国共产党的路线。

由于共产党人和革命社会科学工作者发表观点的阵地《新思潮》很快被国民党当局查禁，使各种对立观点猖獗一时，无人批驳。1931 年 4 月，《读书杂志》创刊，该刊由上海神州国光社主办。主编王礼锡对中国社会性质问题的讨论表现出极大的兴趣，创刊第一期便开辟了"中国社会性质讨论"的专栏。在第四、五期合刊上，编者提出要捡出几个关于中国社会前途的问题进行考察：一、中国革命的高潮是否到来？二、中国革命的性质是资本主义革命还是社会主义革命？三、中国革命的对象是否是帝国主义与封建主义？而要回答第一个问题，"就得了解革命的条件是否具备"？要回答

① 梁满仓：《中国社会性质问题论战》，新华出版社，1991，第 9—10 页。
② 陶希圣：《中国社会之史的分析》，新生命书局，1929，第 261 页。

第二个问题，"就得了解中国现在是封建社会，抑是资本主义社会"？要回答第三个问题，"就得了解帝国主义在中国所发生的作用，与封建势力是不是存在"？《读书杂志》的编者不仅把中国社会性质的论战引到几个重要问题上，并且鼓励"更广大的研究者普遍地研究、参加这个讨论"，"一面应当从斗争中鼓动思想界的研究热，一面应作有组织的合作研究，以增加研究的效率"。① 《读书杂志》的创办也为中国共产党人和革命的社会科学工作者提供了一个公开发表自己见解的阵地。这样新思潮派可以利用这个阵地发表自己的观点，公开驳斥动力派、新生命派的主张。1933 年，神州国光社又把两年来论战的文章整理编辑成四册论文集公开发行。②

当时的著名报刊都或多或少地发表过论战文章。1931 年 9 月 3 日至 7日，《申报》连续发表长篇社论，认为在中国社会性质这个"根本问题未得到解答之先"，其他币制问题、关税问题、金银问题及各种税收问题，皆是"不附干之枝叶，漫无归宿，而其讨论之结果，亦将终归于蹈空，无补于中国经济之前途"。③ 在马克思主义阵营方面较有影响的文章和专著有刘苏华的《唯物辩证法与严灵峰》（1933 年 4 月）和《中国资本主义经济的发展》（1933 年 9 月），钱亦石的《现代中国经济的检讨——一幅半殖民地经济的透视画》（1934 年 8 月），杜鲁人（何干之）的《中国经济读本》（1934 年9 月）。后来何干之又出版了《中国的过去现在和未来》（1936 年 11 月）和《中国社会性质问题论战》（1937 年 1 月）两本专著。其中《中国社会性质问题论战》系统分析总结了论战各派的观点，回答了什么是封建制度和封建制度开始崩坏的时间；讨论了半殖民地与半封建的关系，还旗帜鲜明地认为中国是"半殖民地化的半封建社会"。④

二、论战的主要问题

这次论战主要集中在中国是一个什么样的社会这个问题上，围绕对帝国

---

① 王礼锡：《中国社会史论战序幕》，《读书杂志》第 1 卷第 4—5 期合刊（《中国社会史的论战》
第 1 辑），1931 年 8 月 1 日。

② 梁满仓：《中国社会性质问题论战》，第 28—29 页。

③ 转引自王礼锡《中国社会史论战序幕》，《读书杂志》第 1 卷第 4—5 期合刊（《中国社会史论
战》第 1 辑），1931 年 8 月 1 日。

④ 阿荣：《中国社会性质问题论战的来龙去脉》，《前沿》2005 年第 3 期。

主义、封建主义、民族资产阶级这三种社会势力之间的相互关系展开，涉及的具体问题也十分广泛，归纳起来主要有：资本帝国主义的侵略与中国近代社会发展的关系；中国究竟是资本主义社会还是封建社会；中国经济的发展前途和改造途径；中国革命的性质及前途；研究中国社会性质的方法论等，其中前两个问题是最根本的问题，争论得也最为激烈。

首先，资本帝国主义的侵略与中国近代社会发展的关系。这个问题主要涉及两个方面：一是国际帝国主义与中国封建势力的关系；二是国际帝国主义与中国资本主义的关系。动力派过于美化国际帝国主义对中国的侵略，他们认为资本帝国主义的入侵彻底破坏了中国的封建经济基础，推动了中国资本主义的发展并为其扫清了发展道路上的障碍。而新思潮派认为资本帝国主义确实破坏了中国经济的停滞状态，对中国经济的发展有积极的作用，但这只是次要的作用；资本帝国主义在中国并不是彻底地摧毁封建势力，为了维持其在中国的统治与剥削，而是与封建势力相勾结，共同压制中国民族资本主义的发展。

动力派认为鸦片战争以来中国的种种变化均是由帝国主义列强的侵略引起的。任曙认为，资本帝国主义的入侵使得中国的封建土地制度遭到彻底破坏，农村社会发生了剧烈变动，并导致了太平天国运动和义和团运动；此外，通商口岸的开放使得中国的资本主义经济在不断扩大的对外贸易中发展起来，在这个过程中产生了买办资产阶级、官僚资产阶级和民族资产阶级。[1]民族资本主义与帝国主义之间并不处于绝对冲突的地位，它们仅仅存在数量的差别，没有质量的差异，都是代表资本主义的势力，他们之间的关系是"大企业和小企业的关系"。从这种观点出发，他们编制了一些中国工业发展的情况表，并据此认为中国资本工业的发展无论哪一部门都有长足进步的趋势。严灵峰制作了一张1915—1925年中国纺织工业发展情况表，进而得出了帝国主义促使殖民地和半殖民地更趋于资本主义道路的发展的结论。虽然在中国资本关系之间，买办与官僚、买办官僚与民族资本在事实上互相存在或多或少的冲突，但这不是单纯的中外资本的冲突，已

---

[1] 任曙：《怎样切实开始研究中国经济问题的商榷》，《读书杂志》第2卷第7—8期合刊（《中国社会史的论战》第3辑），1932年8月1日。

经是中华民族与帝国主义的矛盾问题。中外资本的冲突实质上是列强在中国抢夺市场与分割势力范围的矛盾问题。对于买办资本与民族资本间的冲突，任曙认为这是商品与市场的问题，反映的是帝国主义相互之间的矛盾。由于民族资本或者从买办中产生，或者直接间接地隶属于外国银行资本，因此民族资本与买办资本逐渐由对立到统一，日益具有买办性质。[1]

动力派还认为帝国主义在中国根本不可能与封建势力相勾结，因为"帝国主义本身是代表高度的资本主义势力，它对于封建的经济制度，完全处于不可调和的矛盾地位"。农村中的封建关系也被帝国主义猛烈地破坏，"帝国主义在中国绝对地要破坏封建制度的经济基础，要推动中国整个社会向着资本主义道路发展和扩大"。[2]他们不仅根本否认帝国主义维护中国封建势力，而且还表示"否认中国资本主义发展或发展可能性并且以为帝国主义维持中国封建势力；这是一种马克思主义新修正派的最反动思想的论据"[3]。

由于严灵峰、任曙的观点过于极端，很快就被驳斥得难以站住脚。于是，托派分子刘仁静采取新的策略来论证他们的基本观点。他不同意任曙、严灵峰所说的帝国主义是帮助中国资本主义发展的观点，而是承认"帝国主义是阻碍中国经济发展之一最重大因素"，但他认为帝国主义对中国资本主义发展的阻碍，并不在于它与中国封建势力相勾结，而是协定关税，这才是中国工业不发达的最大原因。所以争取关税自主权是现阶段资产阶级的革命纲领。[4]

与动力派相反，新思潮派辩证地分析了帝国主义对中国经济社会的影响。他们也承认中国工业化的开启，是在帝国主义侵入中国以后才开始的。帝国主义在侵略中国的过程中确实不自觉地发挥了建设作用，但它对中国经济发展的阻碍作用是主要的。对于资本帝国主义"绝对地要破坏封建制度"的观点，新思潮派断然予以批判。他们指出：帝国主义侵略中国的目

---

[1] 严灵峰：《"中国是资本主义的经济，还是封建制度的经济"？》，《动力》第1卷第1期，1931年7月15日。

[2] 严灵峰：《〈中国经济问题研究〉序言》，载《中国经济问题研究》，新生命书局，1931，第8—9页。

[3] 严灵峰：《"中国是资本主义的经济，还是封建制度的经济"？》，《动力》第1卷第1期，1930年7月15日。

[4] 刘境园：《评两本论中国经济的著作》，《读书杂志》第1卷第4—5期合刊（《中国社会史的论战》第1辑），1931年8月1日。

的是在使中国殖民地化而不是变成资本主义国家。因此，资本帝国主义不仅不会尽力破坏中国封建剥削制度，相反，却在极力扶植中国封建势力成为他们殖民中国的工具。这是现今帝国主义列强对于殖民地和半殖民地最好的榨取方式。新思潮派还列举大量事实，揭露帝国主义扶植中国封建势力的种种表现。他们指出：帝国主义很少改变中国传统的生产方式和生产关系，他们主要通过买办、地主将商品输入中国的农村，将中国农产品及原料输出国外，这只是加紧了地主、商人、高利贷者对广大农民的剥削，并没有使中国农村走上资本主义道路。由于过度地榨取造成大量农民失地失业，引起广大群众的反抗，有从根本上推翻帝国主义在中国已有权利的危险，所以帝国主义除了必要时直接武力镇压反抗外，更多的是扶植封建势力来打倒人民革命力量和资产阶级。自义和团运动以来，帝国主义一贯地扶植封建势力以阻碍一切新兴势力的发展，因为任何新兴力量的发展都会妨碍帝国主义的在华利益。由于帝国主义垄断了中国的经济命脉，生产力不能发展，所以中国的有些民族资本家不得不改弦易辙，把他们的资本投入到土地中去，对农民实行地租剥削。即使农民中分化出来的富农阶层，因为他们的剩余资本没有发展的余地，所以也乐于购买土地变成小地主，这样就使中国农村的半封建生产关系更加扩大。

　　新思潮派还驳斥了资本帝国主义帮助中国发展资本主义的观点。他们强调必须把帝国主义在华经济与民族资本主义经济加以区别。资本帝国主义通过在中国倾销商品和搜刮原料，在中国造成了资本主义的关系，并且大大扩张了商品经济的领域。但资本帝国主义的目的是把中国变成帝国主义经济的附庸，变成原料的出产地、它的商品市场，操纵中国全部的经济命脉，它不但不能帮助中国资本主义的独立发展，而且还阻止中国资本主义的独立发展。中国所有的重工业和轻工业几乎都掌握在帝国主义列强手中，因此动力派所谓的工业统计数据的增长，在别国本视为工业化程度提高的指标，但在中国只能看作是帝国主义对中国侵略的加深。①

---

① 以上观点见王学文的《中国资本主义在中国经济中的地位、发展及其前途》（节录），载蔡尚思主编《中国现代思想史资料简编》第三卷，浙江人民出版社，1982，第413—416页；刘梦云（张闻天）的《中国经济之性质问题的研究》，《读书杂志》第1卷第4—5期合刊（《中国社会史的论战》第1辑），1931年8月1日；朱其华的《动力派的中国社会观的批判》，《读书杂志》第2卷第2—3期合刊（《中国社会史的论战》第2辑），1932年3月1日。

除了新思潮派和动力派两方的观点针锋相对外，还有许多人试图对双方的观点加以调和，或者由他们自己的逻辑推出了不同的结论。比如孙倬章就认为帝国主义在中国发展资本主义，和民族资本主义并没有多大区别，因此主张不分中外资本主义，作统一的研究。在阶级上，他认为中国资本主义发展了，无产阶级发展了，而资产阶级未发展，这是中国资本主义最大的矛盾。他也承认由于帝国主义掌握中国关税权，阻碍着中国资本主义的发展，却认为这是固有的矛盾，是"无意的""不可避免的"，由于列强争相投资殖民地，金融资本主义反而常能帮助中国资本主义发展。[①] 汤涵昌认为帝国主义维持中国封建势力，虽不是直接有意地阻碍中国资本主义的发展，但实际上间接无意地阻碍了中国资本主义的发展。有的帝国主义欲阻碍中国资本主义的发展，极力扶植封建势力，最甚者为日本帝国主义，英帝国主义次之；有的帝国主义欲扶助中国资本主义的发展，极力投资中国社会事业，如美帝国主义。[②] 白英则对动力派和新思潮派的观点各打五十大板。他批评以张闻天为代表的许多《新思潮》作者们，将中外资本绝对地分开，把帝国主义在华经济不算是中国经济的一部分是很不对的。他主张在分析中国经济的时候，都应将帝国主义在华经济视为中国经济的有机构成部分。至于任曙，白英则认为他走到另一个极端，将中外资本一视同仁，实际上外资不会因其在华而失去其帝国主义的性质。正是帝国主义性质，使在华外资在中国经济中占了特殊地位。白英强调了"殖民地化"的概念："资本主义支配的经济和帝国主义支配的经济，不仅是形式不同，而且是性质不同的范畴。在帝国主义支配下的经济发展，虽然也是资本主义生产方法的进展，可是这叫做殖民地化。"[③] 胡秋原则认为，帝国主义侵入以后，整个中国社会文化逐渐变化起来。他一方面认可动力派的资本主义经济在中国已取得优势，封建势力已成残余；但他同时又指出：帝国主义为了维持自己的经济优势，他们想方设法要维护封建剥削制度，支持中国统治者巩

① 孙倬章：《中国经济的分析》，《读书杂志》第 1 卷第 4—5 期合刊（《中国社会史的论战》第 1 辑），1931 年 8 月 1 日。
② 汤涵昌：《中国社会问题之若干商榷》，《读书杂志》第 2 卷第 7—8 期合刊（《中国社会史的论战》第 3 辑），1932 年 8 月 1 日。
③ 白英：《中国经济问题之商榷》，《读书杂志》第 2 卷第 7—8 期合刊（《中国社会史的论战》第 3 辑），1932 年 8 月 1 日。

固封建制度的努力。①

　　其次，中国究竟是资本主义社会还是半殖民地半封建社会。这是中国社会性质问题论战的又一个核心问题，也是各方观点的根本分歧所在。任曙和严灵峰等人认为中国已经步入了资本主义社会，根本上否认中国封建经济占有主要地位。任曙从生产工具和经营方式入手，制造了一个银行、轮船、缫丝厂代表资本主义，钱庄、帆船、手工产丝代表封建主义的公式，然后编造了一些统计表，经过数据分析认为前者对后者具有压倒性的优势。他在《中国经济研究绪论》一书中宣称："资本主义摧毁封建经济之力甚速，交通方面的封建势力，只残留百分之二，几已达于零点了"；"资本主义的生产将要夺去生产的全部领域，封建手工业的生产将要完全消灭"。②严灵峰则以"资本主义支配说"来代替"资本主义压倒说"。他认为：经济上的领导作用是"质量"问题，也就是说哪一种经济成分在整个国民经济生活中占支配的地位，即有左右全社会再生产的可能，因此没有必要再分析比较各种经济成分在中国国民经济的比例，只要根据中国经济生活中，已经不是"乡村领导城市"而是"城市领导乡村"这个客观事实，便可以在理论上得出结论：资本主义的生产关系支配了全部经济生活，中国已经是资本主义社会。③他们还认为中国政治上的军阀割据也不是封建性质，而是由于资本帝国主义造成的，具有资本主义的性质。同是动力派的刘仁静也认为严灵峰、任曙过于偏激，因而竭力想办法弥补。但他也坚持认为中国已经是资本主义社会，只不过是落后的资本主义社会，"是买办资本主义，继之而起的应当是民族资本主义"。④除任曙、严灵峰和刘仁静外，学稼也认为封建生产方式只是一种"残余"了。因为在他看来，现今封建剥削形式的存在有利于民族资产阶级进行原始的资本积累，因此在资本主义生产方式占优势的中

①　胡秋原：《略复孙倬章君并略论中国社会之性质》，《读书杂志》第2卷第2—3期合刊（《中国社会史的论战》第2辑），1932年3月1日。
②　转引自刘梦云（张闻天）《中国经济之性质问题的研究——评任曙君的"中国经济研究"》，载《读书杂志》第1卷第4—5期合刊（《中国社会史的论战》第1辑），1931年8月1日。
③　严灵峰：《"中国是资本主义的经济，还是封建制度的经济"？》，《动力》第1卷第1期，1931年7月15日。
④　饶良伦：《第二次国内革命战争时期关于中国社会性质问题的论战》，《求是学刊》1983年第4期。

国社会中，封建残余势力的存在是不成问题的。他进一步提出决定中国经济性质的是生产方式，而不是生产关系，资本帝国主义虽然在中国采取封建剥削形式，但他们本质上是资本主义的生产方式，所以中国是生产方式占主导地位的社会。[①] 李季不赞成任曙明确提出的中国资本主义的发展是在帝国主义侵略的刺激下产生的观点，他认为中国在鸦片战争之前已经具备发展资本主义的条件，所以自五口通商、西方科技输入以后，中国就已经进入了资本主义社会，并且这种资本主义是由中国社会内在发展出来的。由于中国处在资本主义的初期阶段，国内虽然有前资本主义的生产方法或其他生产方法的残余存在，但资本主义的生产方式实际上是居于主导地位的。[②]

新思潮派坚决驳斥了动力派的上述观点。他们认为：在中国国民经济中占优势地位的不是资本主义经济，而是封建半封建经济。因此，中国是半殖民地半封建社会，不是资本主义社会。张闻天发表《中国经济之性质问题的研究——评任曙君的"中国经济研究"》一文，对动力派的观点进行了系统的批驳。首先，张闻天指出，任曙使用的对外贸易表只能说明中国商品经济发展的速度，对外贸易的增多不代表中国的社会性质就是资本主义社会。农产品出口是农村破产、生产力降低的结果，不是生产力发展的结果。其次，中国对外输出的多是农产品和原材料，而不是工业产品，这正说明中国是一个农业国家。再次，中国大量输入工业产品，正是由于中国资本主义发展落后导致的结果。最后，外国输入的产品中，机器的输入的只占全部输入的 2.36%，同时中国又没有大规模制造生产工具的工厂，中国怎么可能是一个资本主义国家呢？张闻天还论证了帝国主义投资工厂，开采矿山，修筑铁路，政治借款等是如何阻碍中国民族资本主义的发展的。现在并不是如任曙、严灵峰所判断的中国经济的繁荣期，而是中国经济的恐慌期，帝国主义在中国的统治，只能破坏中国经济独立发展，只能使中国的经济殖民地化。[③]

[①] 学稼：《资本主义发展中之中国农村》，《读书杂志》第 2 卷第 7—8 期合刊（《中国社会史的论战》第 3 辑），1932 年 8 月 1 日。

[②] 李季：《对于中国社会史论战的贡献与批评》，《读书杂志》第 2 卷第 2—3 期合刊（《中国社会史的论战》第 2 辑），1932 年 3 月 1 日，第 3 卷第 1 期，1933 年 3 月 1 日。

[③] 刘梦云（张闻天）：《中国经济之性质问题的研究——评任曙君的"中国经济研究"》，《读书杂志》第 1 卷第 4—5 期合刊（《中国社会史的论战》第 1 辑），1931 年 8 月 1 日。

　　朱其华也对动力派的观点进行了驳斥。他认为严灵峰仅分析帝国主义对中国的商品输出就认为中国是资本主义生产关系占主导地位的观点是完全错误的。"帝国主义的商品不仅输入中国，而且输入一切殖民地半殖民地落后国家，如果照严君说法，则一切殖民地半殖民地落后国家都成了资本主义社会，都是'毫无疑义的是资本主义关系占领导的地位'了。"例如，非洲摩洛哥的经济状况十分落后，需要从海外输入大批商品，但我们绝不能说摩洛哥现在是资本主义社会或者资本主义关系占主导地位。朱其华还批驳了任曙认为中国银行业的发展标志着资本主义发展，他指出，与外国银行在本国主要以投资实业发展为要务不同的是，中国银行界最主要的业务是投资于政治借款，与工业资本隔离而以政治借款的投机买卖为要务的不是工业资本，是买办资产阶级和官僚主义阶级的利益。他进一步指出，中国银行贷款利息之高为各国银行业所仅见，所以中国的银行资本不仅不能完成辅助工业资本发展的历史任务，反而成了阻碍工业资本发展的桎梏。他认为中国农村阶级分化并不是严灵峰认为的"资本主义生产方法的发展，生产集中律的作用所造成的"，而是由于农村的严酷的封建剥削造成的。[①] 朱新繁则详细地阐述了中国农村的经济剥削仍然是封建主义的剥削，中国土地分配制度完全符合马克思对于封建剥削方式所下的定义。他进一步指出中国的土地可以自由买卖，导致土地进一步集中到地主阶级手中，地主阶级利用土地所有权对农民阶级进行超经济的剥削。由于地主有一点资本就投资土地，而不愿意投资于资本主义生产，所以中国很难过渡到资本主义生产方式。[②]

　　潘东周和刘苏华也做了十分系统精确的分析。他们把中国经济关系中占优势地位的经济成分与占支配地位的经济成分区分开来。潘东周认为：城市的资本主义在整个中国经济关系确实已经占了主导地位，未来趋势是走向资本主义。但是半封建关系依然在全国经济生活的比重上占据比较优势。[③] 刘苏华指出：严灵峰等人最根本的错误就是没有认识到目前中国经济

① 朱其华：《动力派的中国社会观的批判》，《读书杂志》第 2 卷第 2—3 期合刊（《中国社会史的论战》第 2 辑），1932 年 3 月 1 日。

② 朱新繁：《关于中国社会之封建性的讨论》，《读书杂志》第 1 卷第 4—5 期合刊（《中国社会史的论战》第 1 辑），1931 年 8 月 1 日。

③ 潘东周：《中国经济的性质》，《新思潮》第 5 期，1930 年 4 月 15 日。

结构的过渡特性。"目前中国的经济是在由封建经济过渡到资本主义经济的过渡期中，其特质是半殖民地的半封建经济。"在这种过渡期中，"在没落过程中的封建经济固不能领导全国民经济的再生产行程，而本身尚受着帝国主义经济压迫与支配的民族资本主义经济也不能领导全国民经济的再生产行程。事实上居于支配地位的是帝国主义的经济，而居于领导地位的也是帝国主义的经济"。[①] 此外，朱伯康、沙苏民等也纷纷撰文批驳非马克思主义的观点，并指出中国的经济依然是封建性的，这种封建剥削在农村中表现最为明显的是地主对农民的地租剥削。根据以上分析，他们一致强调：近代以来的中国社会，既不是资本主义社会，也不是封建社会，而是半殖民地半封建社会。

除了新思潮派和动力派的观点针锋相对外，其他各派的观点或在两者之间或持折中意见。孙倬章和陶希圣则认为中国已经不是封建经济，但是封建势力仍然十分强大，自资本帝国主义入侵以来，中国的资本主义发展已经将近一个世纪，封建的物质基础已经被摧毁，但是上层建筑的政治法律制度和一切意识形态随处可见的都是浓厚的封建势力。孙倬章还认为中国的土地占有关系是资本主义性质的，而租佃关系是封建主义性质的，这是由于帝国主义统治下的半殖民地特征和政治上的封建军阀制度导致的。[②] 白英指出：现在的问题并不在于中国有没有资本主义经济，而是在于资本主义经济是否已经推翻了封建制度，取而代之统治中国，这个问题因帝国主义在华经济关系的问题格外复杂。[③] 胡秋原认为资本主义经济在中国已经取得优势，因为这个优势是帝国主义的资本主义优势，但他们还要扶植封建势力，这样才能丰富其殖民地式的侵略，所以中国社会是"国际殖民地化过程中的封建社会"。他还对孙倬章的观点进行了批驳，认为中国的政治是军阀割据，军阀的基础是封建式的农民剥削制度，这是变相封建式剥削，是

---

① 刘苏华：《唯物辩证法与严灵峰》，《读书杂志》第 3 卷第 3—4 期合刊（《中国社会史的论战》第 4 辑），1933 年 4 月 1 日。

② 孙倬章：《中国经济的分析》，《读书杂志》第 1 卷第 4—5 期合刊（《中国社会史的论战》第 1 辑），1931 年 8 月 1 日。

③ 白英：《中国经济问题之商榷》，《读书杂志》第 2 卷第 7—8 期合刊（《中国社会史的论战》第 3 辑），1932 年 8 月 1 日。

包括一切前资本主义时代的剥削的社会。① 罗敦伟认为中国共产党的理论家与"干部派"（指"动力派"——引者）双方均犯了没有把生产力和生产关系分开来看的错误，按照生产关系来看中国是资本主义的，受国际资本主义的支配，但生产力还停留在封建经济的阶段，没有赶上资本主义。因此，他主张"用变质的封建社会"来说明中国社会结构。② 余沈和严灵峰同为托派分子，但他认为严灵峰是从抽象的观念出发而不是从现实出发，否认有封建的剥削关系，几乎将中国的经济状况和列强同等看待，已经从根本上背离和曲解了托洛茨基的精神，走向社会民主党的路线了。③ 汤涵昌则认为中国银行业的发展表明了中国殖民地资本主义的发展，并非表明封建势力的雄厚，银行投资于公债买卖，是资本时代的产物，是财政资本化的过程，在封建时代是不可能产生的。④

再次，关于中国的革命道路和前途问题。 参与论战的各派学者基于他们各自对中国基本国情的判断和认识，得出了中国革命道路和前途的不同设想。当时，新思潮派和动力派对革命前途的主要分歧在于要不要和农民结成革命联盟，要不要一般性地反对资本家的问题。动力派认为，大革命时期资产阶级民主革命的任务已经完成，政治上建立起资产阶级专政的政权，经济上也已经进入资本主义社会。因此，当下并不具备立即爆发革命的条件，应该通过合法的斗争为无产阶级争取权利。他们从根本上反对工农民主政权，认为这样会混入富农，从而导致革命变质，中国革命前途应该实行的是无产阶级专政。

动力派代表刘仁静认为所谓资产阶级革命即是肃清资本主义发展的障碍，中国现在虽然是资产阶级掌握政权，但是中国资本主义发展道路上的障碍并没有肃清，因此中国下次爆发革命仍然没有超出资产阶级民主革命要求的范围，一开始还不是社会主义的革命。虽然刘仁静认为中国的社会

---

① 胡秋原：《略复孙倬章君并略论中国社会之性质》，《读书杂志》第 2 卷第 2—3 期合刊（《中国社会史的论战》第 2 辑），1932 年 3 月 1 日。

② 罗敦伟：《中国社会史论战总评及中国社会结构的新分析》，《中国社会》创刊号，1934 年 7 月。

③ 余沈：《经验主义、观念主义和马克思主义的中国经济论》，《读书杂志》第 3 卷第 1 期，1933 年 3 月 1 日。

④ 汤涵昌：《中国社会问题之若干商榷》，《读书杂志》第 2 卷第 7—8 期合刊（《中国社会史的论战》第 3 辑），1932 年 8 月 1 日。

是资本主义关系占统治地位，但它是买办资本主义社会，而不是民族资本主义社会。由于中国民族资产阶级太没出息，不能领导下层民众完成打倒帝国主义的任务，这一任务只有靠无产阶级联合下层民众才能完成。他又认为无产阶级与下层民众的联合，绝对不是与农民的联合，因为和农民的联合会让无产阶级政党腐化。他还根据当时中共报纸所披露的，有些地方富农阶级把持苏维埃政权，来证明和农民的联合将导致工农民主政权的悲惨结局。[①]

以张闻天为代表的新思潮派指出，中国的前途并不是资本主义的前途，也不是工人阶级专政的社会，中国革命在目前阶段要建立的是工农民主专政。中国革命的领导者是无产阶级。"中国的土地革命一直到平均分配一切没收的土地，一直到土地国有，是民主资产阶级性的。它不但不阻止资本主义的发展，而且给资本主义的发展肃清道路。"革命的最终目的是实现无产阶级的专政，而不是动力派主张的什么"非资本主义"前途。[②] 陈邦国则分析了帝国主义列强的资本主义发展道路，然后将他们的发展条件和中国进行比较并得出结论：中国资产阶级本身不能推翻帝国主义在中国的统治，更不能解决土地问题，这是殖民地资产阶级的本质而决定的，这意味着中国民族革命的任务和土地革命的任务只有在无产阶级领导下的革命才能完成，这才是将来革命的前途。民族革命首先要实现国内统一，这只有通过消灭各派资产阶级军阀，夺取资产阶级政权才能获得。所以以下次革命开始的直接目标就是反对地主，因为他们是农村中广泛而极残酷的剥削者。中国的土地革命是反封建的，同时也是反资产阶级的。[③] 对于严灵峰诘问"工农民主专政可否不要富农参加，如果可以，那么与无产阶级专政有何区别"的问题，刘苏华则回应：工农民主专政不论富农是否参加，其与无产阶级专政的区别是很大的。前者是过渡的民主政权的形式，后者是无产阶级掌握着绝对权力的政权形式。工农民主专政是不会请富农参加的，实际上苏

[①] 刘仁静：《中国经济的分析及其前途之预测》，《读书杂志》第 2 卷第 2—3 期合刊（《中国社会史的论战》第 2 辑），1932 年 3 月 30 日。

[②] 刘梦云（张闻天）：《中国经济之性质问题的研究》，《读书杂志》第 1 卷第 4—5 期合刊（《中国社会史的论战》第 1 辑），1932 年 11 月 31 日。

[③] 陈邦国：《中国历史发展的道路》，《读书杂志》第 1 卷第 4—5 期合刊（《中国社会史的论战》第 1 辑），1932 年 11 月 31 日。

维埃政权对富农早已开展激烈的斗争。① 总之，新思潮派认为 1927 年后中国并没有建立一个资产阶级政权，资产阶级民主革命的任务没有完成，中国仍然是半殖民地半封建社会，在大资产阶级叛变革命，民族资产阶级力量软弱的现实情况下，必须由无产阶级团结领导包括农民在内的广大人民群众，完成资产阶级民主革命，建立工农民主政权。

除了动力派和新思潮派双方完全对立的观点之外，还有一些折中的观点。胡秋原指出，中国革命问题是一个反对帝国主义及其代理人的问题。由于帝国主义要维持中国农村封建剥削制度，土地革命也是反对帝国主义斗争的主要组成部分。② 罗敦伟从其"变质的封建社会"观点出发，认为在实现社会主义的物质条件没有充实之前，不能实现社会主义，高唱什么主义都没有用，帝国主义与封建势力成为中国现代化的双重桎梏。如果要实行现代化建设，必然要建立统一指挥的中央集权，设立具有斗争姿态的能够实行经济建设的总动员机关，实行统制经济政策。③ 朱伯康则提出中国的前途应是建立在民生主义基础上，在打倒帝国主义和封建主义后实现"非资本主义"前途，现时中国经济存在着趋于殖民地化和走向非资本主义的可能。④ 孙倬章反复强调列强、军阀与地主往往是三位一体的，农民和工人必须坚决地联合起来将其彻底推翻，然后才能解决土地问题。因此他在中国革命前途问题上一方面坚持无产阶级领导，同时也赞成工农政权。⑤

三、论战的历史意义

毛泽东在《中国革命与中国共产党》中指出："只有认清中国社会的性质，才能认清中国革命的对象、中国革命的任务、中国革命的动力、中国革命的性质、中国革命的前途和转变。所以，认清中国社会的性质，就是

① 刘苏华：《唯物辩证法与严灵峰》，《读书杂志》第 3 卷第 3—4 期合刊，1933 年 4 月 1 日。
② 胡秋原：《略复孙倬章君并略论中国社会之性质》，《读书杂志》第 2 卷第 2—3 期合刊（《中国社会史的论战》第 2 辑），1932 年 3 月 1 日。
③ 罗敦伟：《中国社会史论战总评及中国社会结构的新分析》，《中国社会》创刊号，1934 年 7 月。
④ 朱伯康：《现代中国的经济剖析》，《读书杂志》第 1 卷第 4—5 期合刊（《中国社会史的论战》第 1 辑），1931 年 8 月 1 日。
⑤ 孙倬章：《中国经济的分析》，《读书杂志》第 1 卷第 4—5 期合刊（《中国社会史的论战》第 1 辑），1931 年 8 月 1 日。

说，认清中国的国情，乃是认清一切革命问题的基本的根据。"①中国社会性质问题的论战是当时中国思想战线上马克思主义与非马克思主义的一次重大交锋，是当时社会阶级斗争在文化战线上的反映。中国社会性质问题的论战涉及中国革命的任务、由谁来领导革命，革命往哪里发展等重大问题。这些都是中国共产党领导下的新民主主义革命要取得胜利必须解决的基本理论问题。

这场论战一直持续到 1935 年。纵观这场论战，由于参与论战各方代表的政治势力和观察问题的理论方法的不同，因而对于中国社会性质和中国革命前途问题，得出了完全不同甚至对立的结论。中国社会发展和革命实践证明，动力派、新生命派等其他派别都没有摸清中国社会发展的客观规律，托派分子任曙、严灵峰更只是一味地强调资本主义经济与封建经济的不可调和，而没有辨析资本主义经济在本国和殖民地所起的不同作用，他们只看到帝国主义资本与民族资本同是资本主义生产关系的一面，而没有发现民资资本与帝国主义资本还有矛盾的一面。他们把帝国主义入侵客观上促进了中国商品经济的发展说成是资本主义的发展，这就混淆了商品经济和资本主义经济两个不同的范畴。他们故意把华洋资本间的差别说成是一个国家内大小企业之间的差别，把华洋资本之间的竞争看成是一个国家内的自由竞争，从而掩盖了帝国主义通过侵略特权来扼杀中国民族资本的事实。他们既然把华洋资本视为一家，这样就不难得出中国资本主义经济占优势，中国已是资本主义社会的结论。②

在论战中马克思主义者及左翼知识分子，将马克思主义的基本原理同中国社会的具体问题相结合，将当时帝国主义、封建主义和资本主义三种势力联系起来考察分析中国社会和中国革命问题。当然，由于受到共产国际和中国共产党内部"左"倾思想的影响，新思潮派在理论上不免夸大了中国资本主义的比率，对中国民族经济和列强在华经济之间的实质性区别还没有彻底弄清，因而在理论和实际上都留下了一些问题。但是他们通过分析资本帝国主义入侵后引起中国社会变化来认识中国的社会性质，还抓住

---

① 毛泽东：《中国革命与中国共产党》，载《毛泽东选集》第二卷，第 633 页。
② 黄德渊：《社会主义是中国现代社会运动的必然——析三十年代中国社会性质问题论战的实质》，《安徽师范大学学报》（人文社会科学版）1989 年第 4 期。

中国农民和农村这一最大国情进行具体分析，最终得出了正确的结论：鸦片战争以来中国是半殖民地半封建社会，革命性质是反帝反封建的资产阶级民主革命。通过论战，新思潮派揭穿了动力派、新生命派及改组派利用中国社会性质问题来歪曲中国革命性质是反帝反封建的民主革命的目的，扩大了马克思主义的影响，捍卫了中国共产党的新民主主义革命纲领、路线，对促进我国哲学社会科学与革命运动的发展做出了重大而深远的贡献。

首先，提高了马克思主义者及左翼知识分子运用马克思主义研究中国基本国情的实践能力。"革命的实践，引起了革命的论争，论争所得的结果，又纠正了民族集团中的偏向，帮助了实践的开展。"[①]中国共产党的诞生是马克思主义中国化的历史起点。从20世纪20年代以来，马克思主义与非马克思主义进行了几次论战，马克思主义在中国获得了广泛传播和深入影响。但是由于这次论战与过去的论战相比有非常明显的特点，即这次论战涉及的范围更广，碰到的实际问题更多，因而要正确回答这些重大理论和革命问题，光靠照抄、照搬马克思列宁主义的结论是不能奏效的，必须深刻领会和掌握马克思主义的基本立场、基本观点、基本方法，并且同中国革命具体实践结合起来，才能对中国社会性质这个重大问题做出符合中国实际的科学回答。

在论战中，关于近代中国社会性质的判定，很大程度上取决于对中国经济基础的分析。为了彻底批驳对手，论战各方纷纷使用经济资料：进出口报表、海关册、帆船和轮船出入全国海关的数量、农村各阶级占有的土地比例等等，这些都成为论战各方立论的基础。动力派和新生命派所谓的研究，除了增加人们认识上的混乱外，丝毫无助于问题的解决。新思潮派以马克思主义政治经济学理论为指导，集中对帝国主义资本、商业资本、民族资本以及封建主义经济深入剖析，准确地把握了中国半殖民地半封建社会的经济问题。对中国社会各阶级正确划分，是建立民主联合战线的主要依据。在马克思主义阶级分析方法指导下，中国马克思主义者及左翼知识分子得出了科学完整且符合中国实际情况的近代中国阶级理论，最终确立

---

① 何干之：《中国社会性质问题论战·序》，生活书店，1937，第1页。

的中国社会的主要阶级有："帝国主义统治中国的主要的社会基础"的"地主阶级"，"资产阶级有带买办性的大资产阶级和民族资产阶级"，"农民以外的小资产阶级，包括广大的知识分子、小商人、手工业者和自由职业者"，"在全国总人口中大约占百分之八十"的"农民阶级"和"除了一般无产阶级的基本优点"外，"还有它的许多特出的优点"的"无产阶级"。[1]矛盾分析法是马克思主义者及左翼知识分子剖析中国社会经济结构、揭示社会基本矛盾的重要方法，也是中国社会性质论战中运用得较多的方法之一。新思潮派坚持生产力与生产关系、经济基础与上层建筑的辩证运动是判定中国社会"半殖民地半封建"性质的标准和依据，从而批驳了新生命派和动力派的"机械论"和"唯心论"。[2]从各种联系和对抗中探析中国经济发展中存在的"怪现状"，找到解决问题的关键和突破口，为中国共产党领导的土地革命和资产阶级民主革命做出了比较充分的理论说明和阐述。

其次，这次论战和稍后的中国社会史论战是土地革命时期文化战线上"围剿"与反"围剿"斗争的重要组成部分。动力派和新生命派虽然宗旨不同、论调各异，却都一致反对中国共产党领导的暴力革命。他们力图使人们相信：依靠帝国主义的援助造成中国经济的复兴，进行反帝斗争非但无益，反而有害。马克思主义者针锋相对地指出：在资本帝国主义和封建势力的联合统治下，中国的经济除了走向殖民地化外，别无出路，只有从根本上推翻帝国主义及中国封建势力，中国经济才能发展。他们的阐述不仅坚定了中国人民坚持反帝反封建斗争的决心和信心，而且教育了民族资产阶级等中间力量，使他们丢掉对国民党政权的幻想，转而拥护共产党反帝反封建的革命主张。[3]通过这次论战，中国的马克思主义者和左翼知识分子获得了重大的胜利，不仅为彻底粉碎国民党的文化"围剿"奠定了重要的理论基础，而且揭穿了国民党的真实面目，宣传了共产党的革命纲领和中国革命的光明前途，从而鼓舞了革命人民的斗志，坚定了革命必胜的信心。

---

[1] 毛泽东：《中国革命和中国共产党》，载《毛泽东选集》第二卷，第 638—645 页。

[2] 李爱华：《20 世纪二三十年代中国社会性质论战——以"马克思主义中国化"为视角》，博士学位论文，南开大学，2014。

[3] 黄德渊：《社会主义是中国现代社会运动的必然——析三十年代中国社会性质问题论战的实质》，《安徽师范大学学报》（人文社会科学版）1989 年第 4 期。

　　再次，为新民主主义革命理论的创立奠定了坚实的基础。 新民主主义革命理论是中国革命实践的总结，是革命实践经验的理论升华。新民主主义革命理论作为一种系统全面的有机整体，它包括对中国社会、中国革命的特点、中国革命具体道路以及中国革命的一般进程的理论阐释。它深刻反映了中国社会发展的需要，反映了中国革命前进的规律，揭示了一条通向胜利的正确途径。新民主主义革命理论实际上对于论战中托派一方的错误观点进行了全面否定，它对中国社会性质的理论概括、对中国农村阶级关系经济关系的精辟分析，有力地否定了托派认为的中国已是资本主义社会，可以取消民主革命的主张；它对帝国主义侵略实质的揭露及对中国资产阶级的分析，正确阐释了中国近代以来帝国主义侵略中国与中国社会经济发展的关系。

　　从认识论的角度来说，新民主主义革命理论是建立在已有理论基础上的学说，中国革命道路的理论是在正确认识中国国情和中国革命特点的基础上产生的。不仅中国社会性质的论战为新民主主义理论的创立提供了方法论的基础，而且新民主主义理论也吸收了论战的诸多积极成果，其中比较典型的是对中国社会性质的定位。中国共产党早期对"半殖民地半封建"概念并未做系统的分析，只是零星地存在于有关文件或文章之中，并且缺乏学理上的系统论证。而这次论战中讨论最多的是"半殖民地半封建"一词。1937年，马克思主义理论家何干之出版《中国社会性质问题论战》《中国社会史问题论战》两本专著，对论战做了系统的总结，使"半殖民地半封建"的概念在学界形成共识，参与论战的许多学者陆续奔赴延安，因此在延安时期的学术理论界，"半殖民地半封建"成为一种被普遍采用的概念，在毛泽东的文章中也多次被引用。毛泽东在《中国革命与中国共产党》《新民主主义论》等一系列著作中，对中国社会性质、革命性质和中国历史做出了全面科学明确的总结。毛泽东明确指出：中国现实的社会是一个半殖民地半封建社会，并以此为基础揭示了中国革命发展的客观规律，指出中国半殖民地半封建社会的性质决定了中国革命必须分两步走：第一步，驱逐帝国主义在华势力，推翻封建势力，完成国家独立自主和人民解放；第二步，革命继续向前发展，建立社会主义社会。毛泽东所揭示的半殖民地半封建中国经过革命的两步走，绕开资本主义发展阶段，而达到社会主义，是被历史证明了的中国社会发展的规律。他在探索中国革命道路的过程中，运用了中国社会性质论战的积极成果，又在理论上深化了这场论战，并使论战的理论成果与中国革命实践联系了起来。

最后，促进了中国马克思理论队伍的成长和发展。马克思主义中国化离开了马克思主义理论工作者则将成为无本之木，无源之水。继李大钊为代表的中国早期马克思主义学者之后，中国马克思主义学术队伍以 20 世纪二三十年代马克思主义在中国的传播为契机，获得了重大突破和发展。中国社会性质的论战是马克思主义中国化的又一次伟大实践，这其中不仅有中国共产党理论家直接参与和领导，而且聚集了一大批革命的左翼知识分子，他们系统地运用马克思主义基本原理、基本观点、基本方法系统论证"半殖民地半封建社会性质"，不仅传播了马克思主义理论，而且推动了中国马克思主义经济学、历史学、社会学的成长与发展，壮大了马克思主义中国化的理论队伍。其中最主要的是以薛暮桥、王学文、孙冶方为代表的中国马克思主义经济学家，以李达、陈翰笙为代表的中国马克思主义社会学家，以郭沫若、吕振羽为代表的中国马克思主义历史学家。他们和早期的马克思主义者相比，最大的特点是不仅深入学习和传播马克思列宁主义理论，而且运用马克思列宁主义的基本原理、基本立场、基本方法分析中国国情，使马克思主义的普遍真理和中国革命具体实践相结合的水平有了很大提高。

第二节　中国社会史问题论战

在中国社会性质论战激烈展开的同时，又爆发了另一场论战，即中国社会史论战。中国社会史论战既是对中国历史的研讨和辩论，也是一场关涉现实政治的理论交锋，具有史学理论和社会政治的双重意义。从学术上来讲，它也是用什么史观和史学方法研究中国历史之争。表面上看起来是关于中国历史形态的争论，实质上它是继续坚持中国革命还是取消中国革命之争。《读书杂志》主编王礼锡曾一针见血地指出："现在是盲目的革命已经碰壁，而革命的潜力又不可以消泯于暴力的镇压之下，正需要正确的革命理论指导正确的革命新途径的时候。'没有革命的理论，就没有革命的行动'，这句名言指出了'革命理论'在这革命茫无前途的时候是如何地重要！"[1]

一、论战的酝酿与展开

对中国社会性质问题的讨论，必然要涉及对中国历史发展进程的探究：中国历史的发展是不是按照马克思的五种社会经济形态学说由低级向高级演进？中国历史发展有无规律可循？中国革命是否是中国历史发展的必然？要正确理解中国社会性质和革命性质，必须回答这些问题。"由目前的中国起，说到帝国主义侵入前的中国，再说到中国封建制的历史，又由封建制说到奴隶制，再说到亚细亚生产方法。"[2] 其实中国社会性质论战中关于中国社会的半殖民地半封建性质的正确判断，首先是以中国在鸦片战争前是封建社会为小前提，以马克思主义关于人类社会发展的五阶段划分为大前提而得出的。

中国社会史论战之所以产生，有其深刻的历史和思想根源。1925 年苏联马克思研究所所长李扎耶夫认为中国在西方资本主义侵入之前就是亚细亚社会，所以他提出讨论中国社会性质时必须讨论亚细亚生产方式，由于马克思、恩格斯、列宁都没有明确解释过"亚细亚生产方式"概念，因而引起了共产国际内部的争论。苏联史学界为此还专门开会讨论亚细亚生产方式问题。"对亚细亚生产方式"的不同阐释，是中国社会史论战的理论分歧的重要根源。共产国际讨论中国革命时，都要讨论中国社会性质，以此确定革命的路线、方针、政策，自然也要联系到对中国社会史的认识，后来形成了斯大林派和托洛茨基派两种不同的观点。

20 年代前期，李大钊、瞿秋白、蔡和森、李达等积极传播唯物史观，为中国史学变革做了理论准备。1927 年以前，唯物史观的基本理论在中国虽然得到了传播，但是这种传播还是初步的没有人用它来系统地研究中国

---

[1] 王礼锡：《第三版卷头言》，《读书杂志》第 1 卷第 4—5 期合刊（《中国社会史的论战》第 1 辑），1931 年 8 月 1 日。

[2] 何干之：《中国社会性质问题论战》，上海生活书店，1937，第 4 页。

历史及其社会经济形态。大革命失败后，郭沫若东渡日本，为了追求中国未来的去向，他"产生了清算过往社会的要求"，他和共产党内的社会科学工作者一起努力学习和翻译介绍马列著作，先后撰写了《周易时代的社会生活》《中国社会之历史的发展阶段》《卜辞中之古代社会》《周代彝铭中的社会史观》《诗书时代的社会变革与其思想上之反映》和《周易的时代背景与精神生活》等重要论文，开始对中国古代历史进行学术研究，并于1929年11月在上海联合书店出版《中国古代社会研究》一书，他试图运用马克思主义关于一切人类社会发展的一般法则，揭示中国历史发展的具体过程，第一次把鸦片战争以前的中国历史划分为原始社会、奴隶社会和封建社会等社会经济形态。他指出：中国历史上的殷代是原始社会，从西周开始是奴隶社会，东周开始进入封建社会。尽管在历史阶段的具体划分上（如中国奴隶社会的上限、下限等问题），对他的意见还存在争议，但他已找到了用科学理论来研究历史的方法，摆脱了过去人们对历史所持的武断和混乱的看法。

除郭沫若外，在运用唯物史观考察中国历史发展脉络的学者中，李达的成果最为丰富，影响也最大。李达于1926年就出版了《现代社会学》一书，其内容主要是运用唯物史观考察人类社会经历过的原始社会、奴隶社会、封建社会、资本主义和展望中的共产主义的社会形态。继《中国产业革命概观》之后，李达又出版了《社会进化史》，这是我国学者第一部以马克思主义理论为指导写作的世界通史。在《社会进化史》这部历史著作中，他对亚细亚生产方式、奴隶制和封建制诸问题的论述，都是针对当时的论战而发的，并在世界史这个大宏观视野中考察论战中的一些历史问题。在论战期间，李达先后执教于北平、上海各高校，指导和影响了一大批新史学家。侯外庐经常与他讨论社会史论战中存在的许多理论缺陷，并终身师事李达。李达指导吕振羽写成《中国社会史纲》一书，厘清了从原始社会到近代中国历史的发展脉络，开辟了研究中国原始社会史的新领域，著作中还对胡适、陶希圣、李季等人的观点展开系统的批判。此外，吴泽等人也在李达的指导下开始走上了马克思主义史学道路。

参加这次论战的人非常多，由于政治立场和思想观念的复杂，争论的范围很广，上下宇宙，往来古今，无所不谈。在郭沫若、李达等马克思主义史学家研究中国社会史问题的同时，其他各派学者也利用自身在学术界的影响力，掀起了一个中国社会史论战的热潮。按照陶希圣的说法，"中国的革命，到今日反成了不可解的谜了。革命的基础是全民还是农工和小市民？革命的对象是帝国主义和封建势力，还是几个列强和几个军阀？……要扫除论争上的疑难，必须把中国社会加以解剖；而解剖中国社会，又必须把中国社会史作一决算"①。陶希圣在上海创办《新生命》杂志，后又主编《食货》，投靠蒋介石后成为蒋的谋臣策士。1929 年，陶希圣为《中国社会与中国革命》作绪论时指出："中国社会构造是中国目前要解决的一切问题的根源。不认识中国社会构造便不知道中国的问题。不知道中国问题，便无从提出解决中国问题的主张。"②1930 年 5 月，陶希圣又编辑出版《中国问题之回顾与展望》一书，选录"中国社会形式为何物"的代表性文论18 篇，揭开了中国社会史论战的帷幕。继陶希圣之后，顾孟余、周佛海、李季、王宜昌、胡秋源等人也纷纷发表研究中国社会史的文章，进一步将论战推向了高潮。

在诸多论战的刊物中，《读书杂志》是主要阵地之一。前面已经提到，《读书杂志》由神州国光社于 1931 年在上海创办，其主编王礼锡是社会史论战的组织者和推动者。王礼锡依托《读书杂志》积极地组织和推动论战，又以学者的身份直接参与了论战。王礼锡本人对马克思主义理论十分感兴趣，因此在 1930 年主持上海神州国光社编辑部工作后，向国光社的实际主持者、十九路军领袖陈铭枢建议，翻译共产主义典籍，刊行世界进步文学作品，创办各种定期刊物，大量采用左翼作品。③在陈铭枢的支持下，王礼锡立即向郭沫若、鲁迅等人约稿，并很快出版了郭沫若翻译的《德意志意识形态》《政治经济学批判》，钱啸秋翻译的《德国农民战争》。在王礼锡的主持下，《读书杂志》强调"不主观地标榜一个固定的主张，不确定一个呆板的公式去套住一切学问"；"我们这里尽管有思想的争斗，但编者不偏袒争斗的那一方面以定其取舍"。④由于力持不偏不倚的编辑方针，因此在《读书

① 陶希圣：《中国社会之史的分析》，新生命书局，1929，第 1 页。
② 陶希圣：《中国社会与中国革命》，新生命书局，1929，第 1 页。
③ 陈铭枢：《陈铭枢回忆录》，中国文史出版社，1997，第 142 页。
④ 王礼锡：《读书杂志发刊的一个告白》，《读书杂志》创刊号，1931 年 4 月 1 日。

杂志》上发表的文章观点异彩纷呈，既有新思潮派的刘梦云（张闻天）、刘苏华、周谷城的文章，也有新生命派的陶希圣、朱伯康的文章，而更多的则是"动力派"的严灵峰、李季、刘仁静、任曙、王宜昌等人的文章。《读书杂志》给各种学术、政治观点提供了一个交流平台，正是因为有了这个平台，中国社会史问题论战才得以展开并走向高潮。九一八事变后，《读书杂志》出版了《中国社会史的论战》第一辑（出版日期是 8 月 1 日，但实际出版是在九一八事变后），立即引起了文化界的热烈反响，发行量三四倍于预期，读者数量急剧增加，第一辑出版半月就连续加印两版并很快售罄。至此，论战全面展开并形成高潮。一直到 1933 年第四辑出版时，由于国民政府文化专制日益加强，王礼锡被迫出国，《读书杂志》被迫停刊。前后四辑共收文 49 篇。

在上海以《读书杂志》为中心展开的论战，很快引起了北京等地思想界的关注。1932 年，翦伯赞等人在天津创办《丰台》旬刊，吴承仕、孙席珍等人又创办了《文史》杂志，争相组织文章参加论战。此外《晨报》《三民半月刊》《益世报》等也都刊载了不少有关中国社会史问题的文章。托派分子李季、任曙、严灵峰等也发表了许多文章和专著，如李季的《中国社会论战批判》，任曙写的《中国经济研究绪论》，严灵峰编辑除《战斗》杂志外，还著有《中国经济问题研究》。另外，还有不少讨论这个问题的专著出版。

1935 年以后，由于局势的变化中国社会史问题论战暂时趋于沉寂，但仍有一些马克思主义史学家继续讨论论战的有关问题。1937 年，何干之出版《中国社会史问题论战》一书，对这场论战做了扼要的总结。翦伯赞的《历史哲学教程》（1939 年）、吕振羽的《中国社会史诸问题》（1942 年）、侯外庐的《中国古代社会史论》（1943 年）等书，也都程度不同地反省了各派主张，提出了自己的看法。李季、马乘风、伍启元等人也著文对论战进行了阐述和总结。

虽然各方观点相异甚至相抵，但是有一点是一致的，即他们都宣称自己信仰马克思主义，是纯粹的马克思主义者，自己的指导理论是唯物史观或者唯物辩证法。既然宣称自己是纯粹的马克思主义者，就必然会指责论敌是假的马克思主义或者对唯物史观的理解运用有问题。这正如王宜昌在《中国社会史短论》所批评的，"人们都利用着历史的唯物论研究所得的结论作

为根本的指导原则，而将中国史实嵌进去。但同时是不了理清楚历史的唯
物论，或者有意滑头而曲解而修改而捏造了他们的所谓历史唯物论"，"直
可以说他们是没有仔细底考究方法论的问题。有些简直是在胡乱的应用他
底所谓历史的唯物论，而有些如郭沫若、任曙应用起历史的唯物论来，也
因没有考究方法，而不免失于不正确"。① 胡秋原致信王礼锡、陆晶清夫妇的
信函直言不讳地批评孙倬章"甚至于连唯物辩证法与唯物史观的区别都不
懂，政治经济（学）的修养过于缺乏，只能抄几句笨书"。② 这既反映出当时
人们的马克思主义水平还不高，同时也可以看出马克思列宁主义、唯物辩
证法、唯物史观已成为参战的各派心目中的理论权威。

二、论战的主要问题

中国社会史论战的主要内容是中国历史上经历了哪些发展阶段，主要围
绕三个问题展开：第一，什么是"亚细亚生产方式"；第二，中国历史上有
没有奴隶制社会阶段；第三，关于中国封建社会的划分。下面就对这三个
主要问题的论战内容，作一介绍和评价。

第一，关于亚细亚生产方式的争论。亚细亚生产方式的争论是由中国
社会性质问题所引起的。这个问题本身的提出就是为了进一步认清中国社
会的性质，认识中国社会改造的方向，使理论和实践更好地结合起来。亚
细亚生产方式是马克思在《政治经济学批判》的《序言》中提出来的，"大
体说来，亚细亚的、古代的、封建的和现代资产阶级的生产方式可以看作
是经济的社会形态演进的几个时代"③。后来在《资本论》里也提到过。亚细
亚生产方式到底是一种什么经济形态，由于马克思并没有下过明确的定义，
对其应当如何理解，一直众说纷纭，莫衷一是。中国社会史论战要厘清中
国社会发展阶段问题，就无法回避这一问题。苏联学者中论述和阐释亚细
亚生产方式理论较多的是普列汉诺夫。他认为马克思所指的亚细亚生产方

---

① 王宜昌：《中国社会史短论》，《读书杂志》第 1 卷第 4—5 期合刊（《中国社会史的论战》第 1
　　辑），1931 年 8 月 1 日。

②《中国社会史的论战出版以后——通讯十一则·第九则》，《读书杂志》第 1 卷第 4—5 期合刊
　　（《中国社会史的论战》第 1 辑），1931 年 8 月 1 日。

③ 马克思：《〈政治经济学批判〉序言》，载《马克思恩格斯选集》第二卷，人民出版社，1995，
　　第 33 页。

式是西方奴隶制社会和封建社会"两种并存的经济发展模型"。对此，他还作了进一步的解释：受自然地理环境的影响，氏族社会瓦解之后，西洋社会走上了奴隶社会和封建社会，如希腊、罗马，而东洋社会则进入了独特的亚细亚生产方式，如中国和埃及。按照他的观点，亚细亚生产方式是马克思五种社会经济形态之外的另一种特殊的社会经济形态。

普列汉诺夫的观点在苏联引起了很大的争论。马扎亚尔将普列汉诺夫的观点作了进一步的发挥：西方资本主义入侵之前，中国不是封建社会，一直是亚细亚社会，其特点是官僚体制、土地国有、东洋专制主义、人工灌溉等。拉狄克认为中国一两千年来的社会，并不是封建社会，而是商业资本主义。经济学家瓦尔加则认为中国是"前资本主义社会"，虽然包含着许多封建要素，但决不能与欧洲封建制度相提并论。约尔克又把"前资本主义社会"说成是奴隶制与农奴制的混合物。这一派的观点既然否认中国存在过封建社会阶段，那么，中国革命也就不存在反封建的任务，不具有资产阶级民主革命的性质。这显然歪曲了中国的历史和现实。1928 年 6—7 月，中国共产党在莫斯科召开的六大通过的决议，批判了普列汉诺夫和马扎亚尔等人的亚细亚社会论，并明确指出："中国土地制度的特点并非完全的亚洲式生产。如果认为现代中国的社会经济制度以及农村经济，完全是从亚洲式生产方法进行于资本主义之过渡的制度，那是错误的。"①1931 年 9 月，在列宁格勒的一次亚细亚生产方式讨论会上，哥德斯严厉地批判和清算了"亚细亚社会论"或"东洋社会论"，并进一步指出：马克思只是在对东方社会性质不清楚的情况下做出的一种假设，而实际上所谓的亚细亚生产方式就是东洋封建制——国家封建主义。

在中国首先对亚细亚生产方式发表意见的是郭沫若。早在 1928 年 5 月，郭沫若在《诗书时代的社会变革与其思想上之反映》一文中，对亚细亚生产方式就做了分析，他认为，马克思所说的亚细亚的生产方式，"是指古代的原始共产主义社会"。在论战过程中，支持此说的有王亚南等人。后来郭沫若在《社会发展阶段之再认识——关于论究所谓"亚细亚生产方式"》中改变了这一观点，指出马克思所谓亚细亚生产方式，是奴隶制以前的阶

---

① 《土地问题决议案》，载《中共中央文件选集》第四册，第 337 页。

段命名，实际上等于家长制或氏族财产制阶段，是人类社会发展都必须经过的阶段。[①] 总之，郭沫若是主张亚细亚生产方式是先于奴隶制而存在的。随后，中国学术和思想界围绕这个问题进行了激烈的争论，主要有两种观点：一是同意郭沫若认为的亚细亚社会是人类社会发展都必须经过的阶段，但在具体阶段上与郭沫若又有所不同；另一种观点认为亚细亚社会是东方世界所特有的发展阶段。

李季赞同普列汉诺夫的观点，他的《中国社会史论战批判》一书认为，中国是有亚细亚阶段存在的。但与郭沫若不同的是，他既不承认亚细亚阶段在奴隶制之前，也不同意它是原始共产主义社会，而认为它是原始公社瓦解后与古典奴隶制并列的另外一条发展路线，中国自殷末（公元前 1401 年）便进入亚细亚生产方式，一直到武王伐纣，《尚书·盘庚》的语气完全是亚细亚生产方式中一个专制君主对臣民的口吻，没有体现出任何的民主气氛。[②] 他和普列汉诺夫一样，也认为马克思后来在读过摩尔根的《古代社会》专著之后，改变了对亚细亚生产方式和古代生产方式关系的看法。为此，李季抨击郭沫若不仅对于氏族社会消灭后东西方国家制度的区别一无所知，而且对于氏族社会的内容也没弄清楚，其错误的根源在于郭沫若固守那个早已被马克思自己废弃的经济分期表。[③]

在《中国社会史诸问题》及《殷周时代的中国社会》（修订本）等著作中，吕振羽根据马克思的社会经济形态理论，批评了普列汉诺夫等人的"东洋社会论"及科瓦列夫的"封建变种论"，认为所谓亚细亚生产方式，即希腊、罗马之外其他国家的奴隶阶段的社会，并依据这一理论，分析了殷商时代的社会构成进而得出结论"殷商是奴隶制社会，同时又具备马克思所指示之'亚细亚生产方式'主要诸特征"。[④] 他还批判了李季的地理决定论，指出虽然不能否认东方社会历史发展过程具有自身的特殊性，但不能把那构成这种特殊性的自然环境等条件夸大为最根本的东西，而应该从生产力和

① 郭沫若：《社会发展阶段之再认识——关于论究所谓"亚细亚生产方式"》，载《中国现代思想史资料汇编》第三卷，第 126—130 页。
② 李季：《中国社会史讨论批判·序言》，神州国光社，1936，第 19 页。
③ 李季：《对于中国社会史论战的贡献与批评》，《读书杂志》第 2 卷第 2—3 期合刊（1932 年 3 月 1 日）、第 2 卷第 7—8 期合刊（1932 年 8 月 1 日）和第 3 卷第 1 期（1933 年 3 月 1 日）。
④ 吕振羽：《中国社会史诸问题》，华东人民出版社，1954，第 42 页。

阶级矛盾的基础上去理解社会。李季等人只从物质基础和技术基础上说明生产力性质的物质技术层面，完全遗漏了生产力性质的社会方面，这就使他们无法正确地阐释生产力与生产关系的辩证统一。正是从这种错误的理论基础出发，他们很自然地得出了超阶级论的结论。

吕振羽认为世界上古代各民族基本上都经历过"亚细亚生产方式"的阶段，其特征也都符合马克思所列举出的主要特征。根据吕振羽的描述，亚细亚社会形成的历史过程是这样的：在氏族社会末期之氏族共同体组织的基础上，土地是所有氏族共有的。但是后来通过种族战争得来的土地不再属于整个种族共有，而是只属于种族内占统治地位的某个氏族所有，这种土地所有的新形态和原来种族内各氏族所有的土地所有形态两者之间便发生了矛盾和斗争。由这种矛盾和斗争的对立统一而转化为后来的土地国有形态；同时随着生产力水平的进步，原来将俘虏作为奴隶使用，只是作为劳动力的补充，而现在则作为劳动的主要承担者。由于氏族公社内的氏族贵族有获得奴隶使用的优先权，因而他们首先把自身从生产劳动中解放了出来，完全依赖奴隶代其劳动，自己则变成了靠剥削奴隶劳动为生的坐食者。本来在氏族公社内部，诸家族对土地的使用权是平等的，但是现在一部分家族已完全依赖奴隶替他们劳动，一部分家族仍然在其分有的土地上自食其力，其结果前者便逐渐转化为奴隶所有者贵族，后者逐渐转化为自由民。这样公社内的阶级的存在，便把公社内原来的氏族的本质改变了。在阶级存在的基础上，原来的共同机构也随着转化成为一种国家形态的政治权力。因此，在这种国家雏形的内部，许多要素和氏族社会相同。一方面具有统治种族自己的农村共同体，同时又有异族的农村的共同体；另一方面又出现了国家机构的政治形态。在吕振羽看来，对这种诸多因素的存在，如果不从人类社会发展的本质去理解，便很容易误解为氏族社会。与郭沫若认为亚细亚生产方式是原始共产主义社会不同，吕振羽认为亚细亚社会相当于希腊、罗马的奴隶制阶段。[①]

侯外庐从马克思关于生产方式的理论入手，撰写有《中国古代社会史》

---

① 吕振羽：《社会发展过程中之"亚西亚生产方法"问题》，《中苏文化》第 1 卷第 6 期，1936年 11 月 1 日。

及《苏联史学界诸争论解答》等著作，认为亚细亚社会就是东方的古代社会，在马克思和恩格斯的经典文献中，所谓"亚细亚的古代""古典的古代"都是指的奴隶社会。他还对亚细亚生产方式的形成条件和具体特点，进行了细致的分析和阐述。

杜畏之比李季走得更远，认为应该把东方社会与古代社会看成两个并存的模型，他的《古代中国研究批判引论》就根本否认中国曾存在过亚细亚生产方式。他指出：马克思主义不是凭空捏造的教条，而是从实践中总结出来的理论，所以当新发现出现时，我们有必要在不违背根本原则的条件下，对旧说加以修正。实际上人类社会发展有诸多的可能性，氏族社会瓦解之后不一定产生东方社会，也不一定产生古代社会，有直接进入封建社会的可能。就此而言，氏族社会完全可以产生一个亚细亚社会。在杜畏之看来，中国由氏族社会到了封建社会，然后又回到了准奴隶社会。①

自称"自由人"的胡秋原强调亚细亚生产方式并不是人类社会普遍存在的社会发展阶段，而是以中国为代表的东方国家所特有的一种社会变态发展形态，是"专制主义的农奴制"。在他看来，"亚细亚"专制主义社会的经济基础还是封建经济，是与奴隶制并存的一种生产方式，中国自秦至晚清这一阶段就是亚细亚社会。② 在《略复孙倬章君并略论中国社会之性质》一文中，他又指出：马克思所谓的东方专制政治，实际上是"当作以封建生产关系为基础的特殊政治形态来观察的"。所以，亚细亚生产方式是指封建社会的一种特殊形态，是前资本主义。前资本主义再继续发展就是资本主义了。③

总之，托派分子和一些具有相同观点的人，在讨论亚细亚生产方式时，或者否认马克思主义关于社会经济形态的学说，也就是根本否认社会发展有一定的规律性；或者认为马克思主义的社会经济形态学说不适合中国的历史。而马克思主义史学家之间尽管对亚细亚生产方式的理解不一定完全

① 杜畏之：《古代中国研究批判引论》，《读书杂志》第 2 卷第 2—3 期合刊（《中国社会史的论战》第 2 辑），1932 年 3 月 1 日。

② 胡秋原：《亚细亚生产方式与专制主义》，《读书杂志》第 2 卷第 7—8 期合刊（《中国社会史的论战》第 3 辑），1932 年 8 月 1 日。

③ 胡秋原：《略复孙倬章君并略论中国社会之性质》，《读书杂志》第 2 卷第 2—3 期合刊（《中国社会史的论战》第 2 辑），1932 年 3 月 1 日。

一致，结论也各有差异，但他们的出发点都是力求以马克思主义的社会经济形态学说来理解亚细亚生产方式。不论是郭沫若的原始共产主义社会论，还是吕振羽、侯外庐的东方奴隶制社会论，都从不同角度捍卫了马克思主义的社会经济形态学说，为科学地研究中国社会史找到了一条正确的理论途径。

第二，关于中国历史上是否存在过奴隶制社会的争论。奴隶制问题的争论，实质上是奴隶制是否为人类历史一般发展过程中的具有普遍意义的历史阶段问题。关于奴隶制在人类历史发展过程中的地位，马克思、恩格斯、列宁在许多著作中有过明确的论述。马克思主义认为，人类社会一般要经过原始社会、奴隶社会、封建社会、资本主义社会和共产主义社会这样几个发展阶段。奴隶社会是人类历史发展的重要的和必经的阶段之一，对于我们现在许多人来说已经是常识性的知识了，但在中国社会史论战中，这却是一个争论激烈的问题。主要集中在中国到底是否存在过单纯的奴隶社会阶段，以及如果存在，那么是在中国历史上哪些朝代？

早在中国社会史问题论战尚未展开之前，郭沫若就对中国历史上的奴隶制阶段进行了研究。他的《中国古代社会研究》从生产力的进步、社会组织的变化和意识形态的变革三个方面，首次提出并论证了奴隶社会是中国古代社会的一个必经阶段。他根据古籍经典和出土的文物对周代的政治制度、社会经济和意识形态进行了深入研究，认为中国的奴隶制社会是从西周开始，在周穆王时衰落下来，周厉王时期的"国人暴动"推翻了奴隶制。以后，郭沫若又相继出版了《殷周青铜器铭文研究》等许多著作，对西周奴隶制度进一步做了论述。他认为铁器的发明促进了农业的发达，对中国古代奴隶制的兴起起到了关键作用。通过考证《尚书·周书》，郭沫若得出结论：征发殷遗民来建洛邑，用"蠢殷""庶殷""殷之顽民"等严厉的话责骂他们，表明这时已经把被征服民族当成奴隶来使用了。奴隶的出现和使用也就意味着中国在西周时已进入了奴隶社会。当时被称为"君子""百姓"的便是贵族阶级，被称为"小人""庶民""黎民""群黎"的便是奴隶阶级。①

---

① 郭沫若：《中国古代社会研究·导论》，载《民国丛书》第一编·76·，上海书店，1989，第17—18 页。

值得指出的是，郭沫若对古代史研究与理论的探讨，是与翻译马克思的《政治经济学批判》《德意志意识形态》等著作同时进行的。这样，郭沫若不仅纠正了过去许多人对中国历史的曲解，而且开创性地运用马克思主义社会经济形态理论分析研究中国历史发展进程，肯定了马克思主义关于人类社会发展五个阶段这一理论的普遍意义。

《中国古代社会研究》中的观点，受到动力派即托派学者的激烈批评，主要观点成为论战中的核心论题，也成为《读书杂志》中的主要论战内容之一。无论是新生命派、改组派还是取消派，都极力否认中国历史上有奴隶制社会的存在。先是新生命派，以陶希圣为首，他在《中国社会之史的分析》一书中，从商业资本的观点出发，将中国历史划分为"宗法社会""封建社会"和"资本主义社会"，根本否认中国存在过奴隶制社会。[1]但在《中国社会形式发达过程的新估定》中他又修正了这一看法，认为中国虽然没有一个独立的奴隶社会阶段，但从战国到后汉是奴隶经济占主导作用的时期。[2]与陶希圣同一战线的梅思平在《中国社会发展的概略》一文中，"根据各种传说"，将春秋以前的历史划分为：氏族斗争时期—原始封建时期—原始帝国时期—新封建时期这样四个时期。[3]他们都否认中国历史上存在过奴隶制社会阶段。他们的宗旨在于"研究中国的特殊情形"和反对所谓"公式主义"，也就是以中国的"特殊"，来反对马克思主义的普遍真理。[4]

李季也是根本否认中国存在过奴隶社会的，认为氏族社会崩溃后，中国史由原始的共产主义社会直接过渡到了亚细亚社会，之后又进入了封建社会，所以奴隶社会在中国是不存在的。他将中国历史划分为五个阶段：夏代以前为原始社会，夏商为独特的亚细亚社会，周代为封建社会，秦至清为前资本主义社会，鸦片战争后为资本主义社会。他还抨击郭沫若对于中国历史总要用"削足适履"的办法，把它套在马克思的公式里面，"仅举一

---

① 陶希圣：《中国社会之史的分析》，辽宁教育出版社，1998，第11—29页。
② 陶希圣：《中国社会形式发达过程的新估定》，《读书杂志》第2卷第7—8期合刊（《中国社会史的论战》第3辑），1931年8月1日。
③ 周子东、杨雪芳、季甄馥、齐卫平编著《三十年代中国社会性质论战》，知识出版社，1987，第54页。
④ 周子东、杨雪芳、季甄馥、齐卫民编著《三十年代中国社会性质论战》，第55页。

些没有用的或恰为封建制度特征的反证去证明西周封建制度"。[1] 与李季一样，杜畏之等人虽然也把自己打扮成马克思主义者，实际上是竭力歪曲和曲解马克思主义，他们都否认中国历史上存在过奴隶社会。

陈邦国承认中国有奴隶经济，但又认为奴隶经济只不过是氏族社会到封建社会的一个过渡，并不能构成一个社会发展的阶段。为此，他批评郭沫若因为没有理解这个过渡，所以才误认为封建社会是直接由奴隶制演变来的。[2] 与王礼锡一起编辑《读书杂志》的胡秋原则更是提出"不是奴隶社会先于封建社会，而是封建社会先于奴隶社会"，并且认为希腊、罗马在奴隶社会之前，是经过一个短期的封建社会。他同李季一样，根本否认中国存在过像希腊、罗马那样的奴隶制度。在胡秋原看来，奴隶制社会是西方文明所特有的，是封建农奴社会的变形，是封建农奴社会末期的产物。胡秋原认为中国虽然大量地存在奴隶，但是没有以奴隶劳动为生产基础的时期，所以这并不是奴隶社会。他把中国社会的发展分为"五阶段"：传说中的远古时期为原始社会，商代为氏族社会，西周为封建社会，春秋至清为先资本主义社会，鸦片战争后为资本主义社会。[3] 论战中还有不少学者也承认中国和西方一样，存在着奴隶制社会，只是具体的划分时间不同，例如王宜昌和李麦麦都承认奴隶制社会的存在，只是在李麦麦看来郭沫若将奴隶制社会与封建社会的顺序颠倒了。

从陶希圣到胡秋原，他们以中国具有不同于西洋世界的地理环境、历史条件和民族特点来否认中国存在过奴隶制。尽管他们对中国历史的具体分期的认识有所不同，但在一些关键问题上是有共通性的：首先，他们都否认中国历史上存在过奴隶制社会，认为氏族社会是到封建社会的先决条件；其次，缩短了封建社会的历史时期，拉长了资本主义阶段，甚至在封建社会与资本主义社会之间硬插入一个"商业资本主义"或"前资本主义"时期；最后，把鸦片战争后的中国社会看成是资本主义社会。既然中国历史

---

[1] 李季：《对于社会史论战的贡献与批评》，《读书杂志》第 2 卷第 2—3 期合刊（《中国社会史的论战》第 2 辑），1932 年 3 月 1 日。

[2] 陈邦国：《中国历史发展的道路》，《读书杂志》第 1 卷第 4—5 期合刊（《中国社会史的论战》第 1 辑），1931 年 8 月 1 日。

[3] 胡秋原：《略复孙倬章君并略论中国社会之性质》，《读书杂志》第 2 卷第 2—3 期合刊（《中国社会史的论战》第 2 辑），1932 年 3 月 1 日。

上没有奴隶制社会，当然是"国情特殊"了；既然中国封建社会存在十分短暂，而且早已瓦解，资本主义生产关系早已处于统治地位，中国共产党关于中国社会性质和革命性质的判断自然是错误的。①由此可见，他们研究中国社会史，否定中国经历过奴隶社会时期，是有反对中国共产党领导的反帝反封建的民族民主革命的动机。

继郭沫若之后，吕振羽、翦伯赞、邓拓等相继论证了中国历史发展经历过奴隶制阶段，批驳了新生命派和动力派否认中国存在奴隶制社会的观点。这一时期系统完整地论述殷代为奴隶制社会的首推吕振羽。经过对中国上古历史进行全面的整理和研究，吕振羽于1934年4月在《文史两月刊》创刊号上发表《中国经济之史的发展阶段》，接着又出版了《史前期中国社会研究》等重要专著，提出殷商奴隶社会论和西周封建说。吕振羽还进一步指出，恩格斯说到奴隶制度时，都是指古代阶级压迫之支配形态而说的，并非希腊、罗马所特有，奴隶社会绝对不是一个可有可无的社会阶段，是人类社会发展过程中一个必经的阶段。针对李季的观点，吕振羽指出李季将神话传说中的人物和事件都一律当作历史事实来看，并且论证得也相当简单。虽然他和郭沫若对中国奴隶社会的上限和下限的划分不同，但这是马克思主义史学家之间学术观点上的争鸣。吕振羽说："我以为郭先生对中国社会史研究的功绩，不在于其见解是否完全正确，而在于他首先应用历史唯物论来系统地研究中国史，其开创的功绩，是不能否认的。"②吕振羽第一次提出了商代奴隶社会说，进一步发展了郭沫若所提出的中国存在奴隶制社会的论断，是继郭沫若之后以唯物史观研究中国奴隶制社会史的又一杰出成果，这一成果把中国奴隶制社会的上限提前到商代。他的殷商奴隶社会说后来为郭沫若、翦伯赞等许多马克思主义史学家所接受，此后便成为我国马克思主义史学界的主流观点。

稍后，邓拓的《论中国社会经济史上的奴隶制度问题》、翦伯赞的《关于历史发展中之"奴隶所有者社会"的问题》《殷周奴隶制度研究之批判》等文章又进一步阐述了"殷代奴隶社会说"。与此同时，侯外庐从亚细亚生

① 吴泽：《大革命失败后中国社会性质革命性质及社会史问题论战研究（续）》，《社会科学辑刊》1990年第2期。
② 吕振羽：《中国社会史上的奴隶制度问题》，载《中国社会史诸问题》，第84页。

产方式入手，认为研究中国古代社会的第一步必须首先弄清楚亚细亚生产方式的理论。在《中国古代社会史论》的自序中，侯外庐认为中国奴隶制社会开始于商末周初，经春秋战国，在秦汉之际终结。吴泽发表《奴隶制社会论战总批判》一文，对否定中国经历过奴隶制社会的观点进行严厉的批判。在《中国历史大系》著作中，吴泽又具体阐释了殷代奴隶制社会，并论证中国殷代奴隶制社会具有马克思主义古代东方"亚细亚"特性。何干之在《中国社会史问题论战》一书中总结了苏联学者和日本学者以及郭沫若、陶希圣、李季、吕振羽等人的观点，针对李季等人认定的日耳曼没有经历过奴隶制社会的观点进行了批驳，最后得出"日耳曼人的公社也没有变则，仍是朝着奴隶社会分解的"的结论[①]，并由此证明"奴隶社会是人类社会发展必由之路"。

这样，在郭沫若、吕振羽等马克思主义史学家内部，尽管对中国历史上奴隶制社会的上限和下限划分不尽一致，但是中国和世界上其他国家一样，也经历了奴隶制社会，大家对此观点达成了高度的共识。这就肯定了马克思主义关于人类社会历史的发展有一般的、共同的客观规律的理论。

第三，关于中国封建社会的争论。中国封建社会的问题是中国社会史论战中争议最大的一个问题。对于从秦汉到清末中国社会性质的判断，直接关系着对鸦片战争以后中国社会性质的判断。如果说，中国社会史论战的前两个问题是关于人类社会史与中国社会史的争论，也即是否承认马克思主义唯物史观关于人类社会发展的一般规律以及中国历史的发展是否符合这一规律的问题，那么，对于秦汉至清末中国社会性质的争论，则将直接影响对中国近代社会性质及革命性质的判断，具有十分现实的政治意义。新生命派、动力派以及和他们持相同观点的人，提出了前资本主义社会、先资本主义社会、专制主义社会、商业资本主义社会等各种观点。

新生命派的陶希圣在周公"封土建国"的概念上理解封建社会，连续出版《中国社会与中国革命》《中国社会之史的分析》《中国封建社会史》等多本专著，认为中国在西周时期便进入了封建社会，到了战国时期，由于商业资本的发展封建社会已开始崩溃，秦废分封置郡县以后，封建制已不

---

① 何干之：《中国社会史问题论战》，第 145 页。

复存在，此后中国已没有像欧洲那样的采邑制和地方分权制，相反是商业发达，货币地租盛行，由此中国进入含有封建要素的先资本主义社会或者商业资本主义社会。也由于中国的商业资本迟迟没有转化为工业资本，导致中国社会长期停滞，没有发展出以工业资本为基础的资本主义社会。梅思平在《中国社会的变迁战略》中强调秦的统一是建立在商业资本阶级基础之上的，秦后来的失败是因为不再拥护商业资本阶级的利益，汉成功的原因也就在于保障了商业资本阶级的利益。秦汉以后的官僚政治都离不开商业资本，都只是寄生于商业资本阶级的官僚政治而已。其实，这一观点并不是陶希圣、梅思平等人的发明创造。早在中国社会性质问题论战中，苏联党内就有人如拉狄克认为两千多年来中国社会不是封建社会，而是商业资本主义社会。陶希圣、梅思平等人的"商业资本主义社会论"只不过是拉狄克观点的翻版。

　　陶希圣竭力渲染中国封建制度的崩溃过程，并提出了中国封建制度瓦解的五大特征：等级制的瓦解；封建领地并吞为中央集权国家；社会纽带的松懈；商业资本只有分解旧制度的作用；士人阶级的兴起与官僚制度的形成。陶希圣渲染中国封建制度崩溃论的目的，用他在《中国封建社会史》中的话说："结论的要旨在指出中国社会是含有封建要素的前资本主义社会，现在外国资本统治之下，由资本主义化尤其是金融资本与商人资本结合剥削之中，转化为依国民革命而实现的民生主义社会。"[1]也就是要证明将来的前途是国民党领导的民生主义社会。按照陶希圣的观点，既然中国在战国时期就进入了商业资本主义，为什么两千年来一直停滞不前呢，公孙愈认为导致这种停滞状态的原因在于中国自封建制度崩溃以后，社会构造一直没有改变。其特征是：不发达的货币经济；资本存在的主要形式是商业资本和高利贷资本，极少工业资本；土地投资成为资本投资的最主要方式。在赞成公孙愈观点的基础上，陶希圣将士大夫从农民和地主的阶级构造中剥离出来，成为一个独立的占统治地位的封建势力，他认为士大夫阶级的长期存在并掌权，是中国没有从商业资本主义社会前进到工业资本主义社会的根源。

---

[1]　陶希圣：《中国封建社会史》，南强书局，1930，第91—92页。

李季将"中国经济时期"划分为五个时代，其中自秦至鸦片战争前是前资本主义的生产方法时代，"是一种过渡时代的生产方法，含有以前各种生产方法的残余"。① 胡秋原开始说鸦片战争之前中国是"商业资本主义社会"，后来又改口称"商业资本不能形成一个特殊方法"，中国东周的封建主义因商业经济发展而发生分解，虽然仍以封建经济为基础，但已经发生了质变，不是封建社会了，而是专制主义社会，自秦至清末皆是专制主义社会。② 李麦麦也认为秦至晚清是专制主义社会，而不是商业资本社会，但他和陶希圣一样十分强调商业资本的作用，并指出专制君主制成立的经济基础是商业资本。③ 显然他们的"商业资本主义社会论"，不仅大大地缩短了中国封建社会的时间跨度，而且还把资本主义社会的历史上限向前推移，其根本目的是为其"中国近代资本主义社会论"提供历史依据。陈邦国则认为，中国在秦以后已经不是封建社会了，五胡乱华时期，北方形成了军事部落式国家，这时中国有重新进入封建社会的可能，此后中国也有数次曾企图倒退到封建社会去，但都没有成功。④

王宜昌最早提出"东晋封建说"。在《中国社会史短论》中他明确提出："五胡十六国之乱华和中原人民南迁，才把中国封建社会建立起来的。"⑤ 在随后的《中国封建社会史》中，他又重申"中国的封建制度，由于异族的侵入中原，和中原人民的南迁，氏族制度在奴隶经济废墟之上，重新组织着经济，于是建立起来了。这好似罗马帝国底衰亡，日耳曼蛮族侵入南欧，以其氏族制度在奴隶经济废墟上建立起欧西底封建制度一样"⑥。对于陶希圣的商业资本论和封建制度，王宜昌提出了严厉批评，认为是陶希圣自己混淆了名词的含义，"因为中国古代惯用的封建两字，是和西欧经济科学（不是

---

① 李季:《中国社会史批判论战》，神州国光社，1934，第 90 页。
② 胡秋原:《亚细亚生产方式与专制主义》，《读书杂志》第 2 卷第 7—8 期合刊（《中国社会史的论战》第 3 辑），1932 年 8 月 1 日。
③ 李麦麦:《封建制度的崩溃与君主专制制度完成》，《读书杂志》第 2 卷第 11—12 期合刊，1932 年 12 月 1 日。
④ 陈邦国:《中国历史发展的道路》，《读书杂志》第 1 卷第 4—5 期合刊，1931 年 8 月 1 日；第 2 卷第 11—12 期合刊，1932 年 12 月 1 日。
⑤ 王宜昌:《中国社会史短论》，《读书杂志》第 1 卷第 4—5 期合刊（《中国社会史的论战》第 1 辑），1931 年 8 月 1 日。
⑥ 王宜昌:《中国封建社会史》，《读书杂志》第 3 卷第 1 期，1933 年 3 月 1 日。

波格达诺夫底科学，而是马恩两氏底科学）上的科学意义的封建不同。中国古代惯用的封建，是指一种表面现象的分封政治，而经济科学上，则指确定的具体的社会阶段"①。

　　针对陶希圣、李季、胡秋原等人所谓秦汉以后中国社会已是商业资本主义时代或者专制主义社会观点，吕振羽、李达和邓拓等人纷纷撰文予以批驳。如前所述，郭沫若早在《中国古代社会研究》著作中就指出，从战国初期开始社会关系出现了"阶级意识的觉醒""旧贵族的破产"和"新的有产者的勃兴"等变动的迹象。"秦统一了天下以后，在名目上虽然是废封建而为郡县，其实中国的封建制度一直到最近百年都是很岿然的存在着的"，"说中国的封建社会在秦时就崩溃了的话，那简直是不可救药的错误"。②

　　李达在《中国现代经济史之序幕》一文中指出，阐明封建制的本质特征和封建经济与商业经济的关系，是解答这个问题的主要抓手。"封建经济的性质，必须从封建的生产方法与生产关系中去探求，而不应该从商业资本的现象形态，封建权力的组织形态，或土地所有权的法律形态中去探求。"封建制是建立在自然经济基础之上，其本质特征体现在封建土地剥削关系上。劳役地租、实物地租、货币地租都是封建生产关系的表现，他们分别与封建社会一定发展阶段的生产力水平相适应，从而体现出封建经济发展的阶段性特征。西周到春秋时代的经济是以劳役地租为主的领主经济，秦汉到鸦片战争的经济是以实物地租为主的地主经济，它们都是封建的经济形态。对于陶希圣、李季等人的"商业资本主义社会"论，李达指出商业经济不是一种独立的生产方式，它对任何生产形态都没有支配作用，它只能依附于一定的生产形态而发挥其作用。殷商时代就有商业贸易，但这种商业活动是依附于奴隶制的商业活动。在封建社会商业虽然曾有过繁荣时期，"但是它不曾有过独立的发达"，它始终依附于封建生产方式并且受种种限制，"并未曾使生产隶属于资本"。它能够把处于闭塞状态的社会生产的各个细胞联系起来，促进自然经济的分解，它能促使土地的自由买卖与兼并，增加封建地主阶级的财富和权力，使农民阶级日益穷困潦倒，进而

---

① 王宜昌：《中国奴隶社会史—附论》，《读书杂志》第 2 卷第 7—8 期合刊（《中国社会史的论战》第 3 辑），1932 年 8 月 1 日。

② 郭沫若：《中国古代社会研究·导论》，载《民国丛书》第一编·76·，第 21 页。

导致封建政治的腐败和封建经济的颓废，促使封建社会上层建筑发生变化。但是，封建经济及其上层建筑变化的根本原因是由于生产力的发展，商业资本"只是促使这种转变的一种推动力"。[①] 至于在法律方面的土地所有的大小与分合，在政治方面的统治组织的中央集权与地方分权等，都属于上层建筑，它们不能说明经济的性质，反而被经济的性质所说明。

翦伯赞对以陶希圣为代表的商业资本主义论者进行了批驳，他明确指出，划分社会经济结构应以生产力和生产关系为总和的生产方法为准则，生产方法决定社会性质，而不应以生产物为准则，生产方法为基础，生产物是这一基础上的派生物。商业资本主义社会根本就没有作为它的社会经济基础的独特的生产方法，从而就不能是一个社会。他还驳斥了专制主义论调：专制主义并不是继承于封建制度之后的政治体制，只不过是一种变态的封建的政治体制。封建制度与专制主义的区别只不过是旧封建主所支配的农奴经济与新兴地主所支配的农奴经济间的区别，这充其量只能说是封建制度内部的变化，因为封建社会的剥削关系（封建社会的本质）并没有发生改变。吕振羽则从西周封建土地所有制、阶级关系、剥削方式等方面进行考察，提出了"西周封建论"。对于秦以后至鸦片战争这一阶段的社会性质，吕振羽依据"剥削关系"进行了考察，指出："只有从其阶级的剥削关系的内容上去考察，才是问题的核心，才能说明其社会的性质。如果阶级的剥削关系的内容是封建主义的内容，那么，社会也便是封建主义的。封建主义的经济和后于封建主义的资本主义的经济，都各有其特质，是不容混淆的。"[②] 从"剥削关系"来考察社会的性质，曾一度引起史学界很大的争议。

三、论战的历史评价

中国社会史论战是中国社会性质论战的继续，是在革命低潮时期，为总结革命经验，解决革命过程中所面临的理论问题而开展的对现实社会性质及其历史发展过程的研究。在论战的硝烟还未散尽之时，何干之就写出了

---

① 李达：《中国现代经济史之序幕》，《法学专刊》第3—4期合刊，1935年5月。
② 吕振羽：《史前期中国社会研究》，人文书店，1934，第52页。

回顾这场论战的《中国社会史问题论战》，此后吕振羽的《中国社会史诸问题》、翦伯赞的《历史哲学教程》都不同程度地论述了这场论战，李季、吴启元、马乘风等人也纷纷撰文对论战本身进行回顾和总结。这些论著探讨了论战的缘起、评价了各派的观点以及论战中存在的问题和启示、需要总结的经验和教训。概而言之，论战中主要存在着以下三个方面的问题：

　　首先，运用唯物史观简单化、公式化。王礼锡在《论战第二辑序》就尖锐地指出："虽然谁都以唯物自居，而时常会陷于唯心的魔窟；谁都以辩证自居，而时常会拘于机械的公式。"[①]多年后郭沫若也不得不承认："我的初期的研究方法，毫无讳言，是犯了公式主义的毛病的。我是差不多死死地把唯物史观的公式，往古代的资料上套，而我所据的资料，又是那么有问题的东西。"[②]翦伯赞说："争辩的双方，都只以引经据典为能事，不以事实去说明历史，而以公式去推论历史，从而，这一为了解决现实的革命问题而引起的历史研讨，反而离开现实，变成经院派的空谈。"[③]侯外庐后来也反思道："那时候，我感觉到一个问题，即在讨论中，每每产生公式对公式，教条对教条，而很少以中国的史料作为基本立脚点。"[④]即使积极参加论战的托派分子李季，在《中国社会史论战批判·序言》中也写道："参战的人平日对于社会科学和中国问题没有多大的研究，所以在论文中处处露出捉襟见肘的样子"，这是"论战四年或一年没有长足进步"的一个重要原因；"就论战中针锋相对的一点看，不独赶不上古史辨的论战，并且赶不上科学与人生观的论战。这是一种羞辱，这是大家应当及时改正的"[⑤]。何干之同样认为这场论战"各位参战的朋友，对于历史方法论的了解，大多数是在水平线之下……问题提了出来，又不能好好的讨论下去"[⑥]。由此可见参战各派，或是对唯物史观理解不够深刻，或是故意曲解，只是以唯物史观研究所得的

---

① 王礼锡：《论战第二辑序》，《读书杂志》第2卷第2—3期合刊（《中国社会史的论战》第2辑），1932年3月1日。

② 郭沫若：《我是中国人》，载郭沫若著作编辑出版委员会编《郭沫若全集·文学编》第十三卷，人民文学出版社，1992，第357页。

③ 翦伯赞：《历史哲学教程》，河北教育出版社，2000，第193页。

④ 侯外庐：《回顾历史研究五十年》，《中国史学集刊》1987年第1辑。

⑤ 李季：《中国社会史论战批判·序言》，《读书杂志》第3卷第1期，1933年2月1日。

⑥ 何干之：《何干之文集》第一卷，北京出版社，1993，第293页。

结论作为指导原理，来生硬地套用中国史实。

其次，论战的主要参与者均有政治的和组织的背景，为论战而论战，出现了"大部分只是革命的宣传家，而缺少真正的学者"的状况。[①] 参与论战的左翼知识分子，有很严格的组织性，在观点上必须符合中国共产党与共产国际的政治方针，必须遵循人类社会发展历经五种社会形态的历史规律学说。托派分子同样有其政治组织的身份背景。改组派是国民党内的一个失意的派系，思想上受到马克思主义不同程度的影响，见解驳杂。当然，也有从未加入任何政党的学者，如王亚南，但为数甚少。[②] 就是这少数学者，其政治取向也非常明显。于是，政治态度、意识形态的分野，与认识上、学术上的分歧交织在一起，参与论战方往往立足于批判，只论他人之非，不顾他人之是，而且判定是非的标准带有主观性，情绪化的议论代替了理性的学术探讨，形成"短兵相接"的态势，用李季的话说"各位雄赳赳的战士，白刀子进，红刀子出，杀得头破血流，各不相下"。[③] 陶希圣用《汉儒的僵尸出祟》为题发表论战文章，以此表示对论战中出现的"证据不足之处，以慢骂补足"[④] 之现象的不满。陈啸江批评说："当时之所论辩者，实为名词之争，往往空言盈幅，无裨实际，即有一二巨篇，亦皆未经精密（研）究之阶段，遽持主观之见以炫人，故谓其有前导之功则可，若谓其已有科学之价值，似乎尚未遑也"；"时下研究风气之弊，或急近攻，或囿成见，其结果虽亦缀拾成文，但绳以严正科学之眼光，则多不值一读"。[⑤] 胡秋原同样认为，论战中的许多文章"可说很少发表价值"。[⑥]

再次，对西方理论不加消化，存在着盲目"跟风"的现象。在论战中，各派除了大量引用马克思、恩格斯、列宁的经典论著之外，国外论著引用最多的当属普列汉诺夫的《马克思主义基本问题》、拉狄克的《中国革命运

---

① 谢保成：《学术史视野下的社会史论战》，《学术研究》2010 年第 1 期。

② 乔治忠：《20 世纪 30 年代中国社会史论战问题探实》，《天津社会科学》2014 年第 5 期。

③ 李季：《对于中国社会史论战的贡献与批评》，《读书杂志》第 2 卷第 2—3 期合刊（《中国社会史的论战》第 2 辑），1932 年 3 月 1 日。

④ 陶希圣：《汉儒的僵尸出祟》，《读书杂志》第 3 卷第 3—4 期合刊（《中国社会史的论战》第 4 辑），1933 年 4 月 1 日。

⑤ 陈啸江：《中国经济史研究室计画书》，《现代史学》第 3 卷第 2 期，1937 年 4 月 5 日。

⑥ 转引自李季《中国社会史论战批判·序言》，《读书杂志》第 3 卷第 1 期，1933 年 2 月 1 日。

动史》、马札尔亚的《中国农村经济研究》、沙发诺夫的《中国社会发展史》、杜勃罗夫斯基的《亚细亚生产方法，封建制度农奴制度及商业资本主义之本质问题》等。① 这些论著在当时被视为代表国外最高研究水平，大量被译成中文引进。在介绍国外译著时，参与论战者不少从中寻找历史发展阶段的时髦名词，作为自己论战的根据。在论述具体问题时，由于对国外的社会、思想、文化并不了解，只好断章取义、各取所需地引用国外的不同研究成果，往往将一些国外著名学者的论著不分青红皂白地拿过来往中国历史上硬套。用吴西岑的话说："'辩证唯物论'这个名词，近年来已成为中国思想界一个最流行的时髦名词了。治社会科学的人，无论懂与不懂，总喜欢生吞活剥的把这个时髦商标贴在自己的货色上，以求兜揽顾客。"② 陶希圣自己虽然也大量地引用西方论著，但他还是批评道："断定中国社会的发达过程，当从中国社会历史的及现存的各种材料下手。如果把史料抛开，即使把欧洲人的史学争一个流水落花，于中国史毫没用处。于今的学者不独把欧洲的史学当做中国史的自身，并且把中国古代学者的史学当做古代史的自身。笑话太闹得悲惨了。"③ 有学者更是毫不客气地指出："一些从来未摸着历史之门的，而偏要赶时髦的作家，把活的历史填塞在死的公式中，在他们那种机械的脑袋里，凡是马克思恩格斯的文献中有着的历史发展阶段的名词，中国便就有了。所以各人都努力向这里找，找着一个时髦的名词便划分一下历史发展的阶段，然而，他们这种猜谜似的论战虽是像杀（煞）有介事的，可是，这样瞎猫拖死老鼠的乱撞，便由于缺乏高深的研究。"④ 盲目引用国外"时髦"名词现象，几乎成为近代以来，特别是 20 世纪中国思想文化领域的一种普遍现象。

　　以上这些问题值得我们继续深思。这一方面反映出当时在引进外来思想观念方面十分自由，不论马克思主义，还是非马克思主义，一律可以拿来主义，并用来解释古代中国社会性质；另一方面也反映出更深层次的问题，

---

① 谢保成：《学术史视野下的社会史论战》，《学术研究》2010 年第 1 期。
② 吴西岑：《机械的唯物论与布哈林》，《动力》创刊号，1930 年 7 月 15 日。
③ 陶希圣：《中国社会史丛书刊行缘起》，载刘道元《两宋田赋制度》，新生命书局，1933，第1—2 页。
④ 《创刊之辞》，《历史科学》第 1 卷第 1 期，1933 年 1 月 25 日。

即：近代中国社会出现巨大变革，从传统文化那里找不到解决现实社会问题的"药方"，不得不从国外"先进思想"中来寻找。

1937 年抗日战争全面爆发，持续将近十年的社会史论战基本尘埃落定。"通过论战，中国马克思主义史学的基本框架，所思考的基本问题，所具有的基本特色，最早的经典著作，最具有代表性的史学大师及专业史学队伍，均经由社会史大论战得以形成和展现。"[①] 中国社会史论战的历史意义具体来讲有以下几个方面：

首先，促进了马克思主义与中国历史、中国社会、中国革命实践相结合。 在关于中国社会史的争论中，早期马克思主义者系统地分析了中国历史是如何发展的，揭示了中国社会历史的发展概况，客观上促进了马克思主义基本理论与中国社会历史发展情况的结合，揭示了中国历史发展的诸多特点，从理论上为中国共产党的民主革命纲领提供了历史依据，对明确中国革命的任务、对象和目标起到了积极的作用。也正是经过中国社会史论战，以毛泽东为代表的中国共产党人在充分吸纳马克思主义史学家的意见和观点的基础上，最终认识到"中国过去三千年来的社会是封建社会"，而"自从一八四〇年的鸦片战争以后，中国一步一步地变成了一个半殖民地半封建的社会，自从一九三一年九一八事变日本帝国主义武装侵略中国以后，中国又变成了一个殖民地、半殖民地和半封建的社会"。[②] 正是这些积极的理论探索和争鸣，理论上为中国共产党正确认识中国近代社会的基本国情，制定革命纲领提供了科学依据。

其次，论战广泛传播了马克思主义唯物史观，极大地推动了中国历史和经济史的研究。 参与论战的王宜昌曾指出："人们都利用着历史的唯物论研究所得的结论作为根本的指导原理，而将中国史实嵌进去……各种杂志如《新生命》、《思想》、《新思潮》等中，多是依据历史的唯物论这根本的指导原理来的。"[③] 这反映出一个基本事实：唯物史观作为一种理论与方法，已经被普遍接受和运用。无论马克思主义者，还是非马克思主义者，甚至反

---

① 李红岩：《中国近代史学史论》，中国社会科学出版社，2011，第 17 页。
② 毛泽东：《中国革命和中国共产党》，载《毛泽东选集》第二卷，第 626 页。
③ 王宜昌：《中国社会史短论》，《读书杂志》第 1 卷第 4—5 期合刊（《中国社会史的论战》第 1 辑），1931 年 8 月 1 日。

马克思主义者，都对马克思主义唯物史观产生了浓厚兴趣，都利用历史唯物主义研究所得的结论作为根本的指导原理，都试图运用马克思主义来阐述中国社会发展进程，以争取论战的话语权，从而促进了唯物史观的广泛传播以及马克思主义史学的形成。陶希圣提出观察中国社会"应取三个观点"，其中之一便是"唯物的观点"，并希望"把唯物史观的中国史在学术界打下一个强固的根基"。① 早年协助陶希圣创办《食货》杂志的史学家何兹全也认为，这场论战"反映的是马克思主义在中国发展的一次高潮，是一次很大的高潮"②。侯外庐晚年同样作了实事求是的总结："马克思主义哲学（特别唯物史观），在这场论战中得到了广泛的传播，也收到了意义深远的效果。"③

随着唯物史观基本原理的广泛传播，研究社会问题不再局限于孤立的事件，而是转向对社会和经济的复杂而长期的过程的研究，即"经济发展的历史"的研究，推动了中国社会经济史的发展。论战期间，陶希圣创办《食货》半月刊，集合出版研究中国社会经济史的文章。研究机构的刊物如《历史语言研究所集刊》《清华学报》等，也纷纷刊登社会经济史文章。一些学术机构还专门成立中国经济史研究室，如中山大学。一时间经济史研究蔚然成风，相关研究成果累累，出版了不少学术专著，如王亚南的《中国社会经济史纲》、陶希圣的《西汉经济史》、陈啸江的《三国经济史》、陈安仁的《中国近代经济史纲》等。

最后，论战中产生和成长了一大批杰出的马克思主义史学工作者，如郭沫若、李达、翦伯赞、吕振羽、侯外庐等，他们系统地阐述了唯物史观的基本原理，为中国史学建立了全新的解释体系。一些原来没有接受过唯物史观影响的史学名家，如范文澜等也开始转向唯物史观的研究道路，他们与郭沫若等人一道，自觉运用唯物史观研究中国历史，为中国马克思主义历史学的繁荣奠定了坚实的实践基础。

---

① 陶希圣：《中国社会形式发达过程的新估定》，《读书杂志》第 2 卷第 4—5 期合刊（《中国社会史的论战》第 3 辑），1932 年 8 月 1 日。
② 何兹全：《我所经历的 20 世纪中国社会史研究》，《史学理论研究》2003 年第 2 期。
③ 侯外庐：《韧的追求》，生活·读书·新知三联书店，1985，第 37 页。

第三节　论战的继续：中国农村问题

　　理论认识有一个深入发展的过程。经过中国社会性质的论战和中国社会史的论战，马克思主义者初步从学理上论证了中国半殖民地半封建的社会性质。中国是个农业国家，自古以来"三农"问题就是中国历朝历代最重要的问题，因而农村经济的研究对于整个社会的认识自然占有重要地位。从某种意义上来讲，认识中国社会性质，首先就是要正确认识中国农村。因此，随着对于中国社会性质探讨的深入和继续，必然转向对中国农村社会性质的探讨。关于中国农村社会性质的论战，从时间上看，紧接着中国社会性质论战和社会史论战之后；从具体内容深度来看，在中国社会性质论战中，虽然已经涉及中国农村社会性质，但还"大体局限在都市经济方面"，而中国农村社会性质的论战"就比较接近中国经济的本质"。[1]

　　如何认识中国农村的社会性质，在当时的社会历史背景下，是一个十分敏锐的问题。首先，30年代的中国农村正面临着经济破产，引起人们的不安和重视。在1929年开始的世界资本主义经济危机中，帝国主义为了转嫁危机，竭力向中国大量倾销剩余产品，对中国经济产生严重冲击。国民党各派军阀之间相互混战，抓丁拉夫，肆意摊派。地主、商人、高利贷者对农民敲骨吸髓式剥削有增无减。从1931年开始的连年不断的水、旱、虫等自然灾害，造成农村经济严重萎缩。为此，南京国民政府成立"农村复兴委员会"，企图用资金下乡、改良生产技术、组织合作社等措施复兴农村，于是各种改良主义论调甚嚣尘上。其次，是中国共产党领导的反帝反封建的革命实践在中国思想界的反映。30年代前期共产党领导的土地革命战争如火如荼，革命与反革命的斗争阵地实际上已经从城市转移到农村了。国民党、蒋介石此时的主要精力放在对共产党领导的农村革命根据地的军事"围剿"。中国托派分子也在谩骂共产党领导的农村武装力量为"草寇"。因此，革命实践要求共产党人在理论上回击托派的攻击，说明改良主义道路走不通，论证土地革命斗争的必然性和必要性。

---

[1] 王亚南：《中国经济研究的三个阶段》，载《中国现代思想史资料简编》第四卷，第549页。

　　中国农村社会性质的论战主要是在马克思主义阵营和托派阵营之间展开的。一方是以陈翰笙、钱俊瑞、薛暮桥、孙冶方、王寅生、孙晓村、毕相辉、冯和法等为代表的青年马克思主义者。他们以共产党秘密领导地在上海公开发行的《中国农村》月刊为主要阵地，被称为"中国农村派"。与之针锋相对的托派则以王宜昌、王毓铨、张志澄、王景波等人为代表。他们以南京中国经济研究会创办的《中国经济》为喉舌，被称为"中国经济派"。

　　中国农村社会性质的大论战从1934年开始，到1937年结束，大致可以分为三个阶段。

　　第一阶段是从1934年9月至该年底，论战双方各自摆出观点但尚未直接交锋。1934年9月，王宜昌在《中国经济》第2卷第9期上发表《中国农村经济研究方法论》一文，紧接着又在该刊先后发表了《从土地来看中国农村经济》《从农民来看中国农村经济》和《从农业来看中国农村经济》三篇文章，系统阐述他对中国农村的观点，认为世界资本主义在中国农村经济中已经占支配地位，"中国国民经济的封建性""土地革命的重要性"等观点不符合实际。[①]王毓铨在1934年9月同一期《中国经济》上发表文章，攻击马克思主义者"专在'剥削形式'上说明中国的经济性质"[②]。同年10月，马克思主义者创办《中国农村》，旗帜鲜明地表示要批判种种研究中国农村经济的错误观点。

　　第二阶段是从1935年1月到5月。是论战双方短兵相接公开论战的阶段。1935年1月，王宜昌写了《农村经济统计应有的方向转换》一文，发表在天津《益世报》副刊《农村周刊》第48期上。接着第49期又发表了韩德章的《研究农村经济所遇到的技术问题》，呼应王宜昌。在文中，王宜昌指名道姓地批判《中国农村》创刊号上发表的《怎样分类观察农户经济》一文，"只注意到人和人的社会关系，而忘去了人和自然的技术关系"；"关于雇农的统计，常只是雇农人口和户数的统计，而少有或甚至没有农业经营中雇农短工工作的重要程度的统计"；"只注意到各社会阶级间的流通过

①　王宜昌：《中国农村经济研究方法论》，《中国经济》第2卷第9期，1934年9月1日。
②　王毓铨：《几个研究中国农业经济的重要问题》，《中国经济》第2卷第9期，1934年9月1日。

程，而未注意到生产经济中的资本的运转或营业的收支情形"。① 文章发表后，王宜昌又专门致信《中国农村》编辑部，要求他们做出回应。面对王宜昌咄咄逼人的架势，中国农村派立即起身回应，纷纷在《中国农村》发文予以反击，中国农村社会性质论战由此正式展开。《中国农村》很快刊载钱俊瑞的《现阶段中国农村经济研究的任务》、薛暮桥的《答复王宜昌先生》等文予以反驳。经过几个来回，王宜昌等人便招架不住。1935 年 5 月，王宜昌即发文表示："我很抱歉，于自己文章中常夹用经济学术语与会计学术语，又带上一些报章杂志上的模糊影响的名词"，"论到土地所有权，则我很抱歉……对于一些名词，容或有误释的地方"，并一再声明："以后我愿暂守缄默，拿事实来证明自己的错误或不错误"。②

第三阶段从 1935 年 6 月至 1937 年。在这个阶段张志澄、王景波等人取代王宜昌，成了与马克思主义者论战的主角。在此期间，中国农村经济研究会编写《中国农村社会性质论战》一书，是这个阶段的标志性成果。

中国农村社会性质论战的主要问题有两个：第一个是关于中国农村经济的研究方法，即是以生产力还是以生产关系作为研究的主要对象；第二个是关于中国农村社会性质的问题，即是半殖民地半封建的还是资本主义的性质。前一个问题的论战实际上是为后一个问题的论战作铺垫，第二个问题是整场论战的中心问题。

关于中国农村经济研究对象问题。中国经济派认为中国农村经济研究的主要对象是生产力。研究社会的进步与发展，首先要研究人与自然的关系，而人与自然的关系等于生产技术，等于生产力。他们认为生产关系虽然可以作为上层建筑的基础，但它本身还是一个被决定的东西，这种"被决定的"情形，必须通过生产力来说明。他们把生产力和生产关系的矛盾解释为人与人之间的关系和人与自然的关系的矛盾。按照这一理论，王宜昌提出研究中国农村经济应以研究农村的生产力为主。这背后的逻辑是：既然生产力决定生产关系，社会制度是由生产关系决定的，那么农村社会性质

---

① 王宜昌：《农村经济统计应有的方向转换》，《益世报》副刊《农村周刊》第 48 期，1935 年 1月 26 日。

② 王宜昌：《关于农村生产力与生产关系——答王毓铨、赵梅生、余霖诸先生》，《中国农村》第 1 卷第 10 期，1935 年 7 月 10 日。

只能由生产力来决定。王宜昌的观点很快得到了韩德章、张志澄、王毓铨等人的响应。王毓铨在《关于农村经济研究之方向及任务的讨论》一文中指出："王宜昌和薛暮桥钱俊瑞三先生所研究的目的是不同的"，"王先生是想从中国农村生产过程来说明中国农村之性质，而薛、钱二先生则是以说明中国农村生产关系及其与生产力之冲突，以求解这样一个问题"。他据此批评钱俊瑞等人的观点道："以生产过程（生产力）所决定的农村经济结构在于前，是第一的；以农村经济结构所决定的农村生产关系在于后，是从属的，钱先生能以从属的东西解释第一的或先存的东西吗？""凡此等研究上钱先生所提出的注意之问题，皆由于注重'生产关系'的原因所致。"[①] 他们也从马列著作中引经据典，但实际上是误解或者故意曲解马克思主义政治经济学应以生产关系作为主要研究对象的科学性规定。

　　针对中国经济派的批评和他们提出的在研究中国农村经济方法中重视生产力的观点，中国农村派指出，应当明确区分农村经济学和农业科学这两个不同范畴，不能将二者混为一谈。钱俊瑞批评王宜昌等人混淆了农村经济学和农业科学研究的不同对象，农业科学研究的对象是农业生产的自然因素的配合与组成，而农村经济学所要研究的是在特定社会发展阶段上的农业生产关系。[②] 薛暮桥强调农村经济学的研究不是农业科学的延长，而是理论经济学的分支，王宜昌等人"有意无意地把社会问题转化而为技术问题"[③]，从而掩盖了农村中的阶级剥削与压迫；王宜昌等人把生产力当作可以离开生产关系而单独存在单独发展的人对自然的技术范畴，认为各种生产关系只是生产技术各个发展阶段的产物，但实际上决定社会性质的直接因素不是生产技术而是生产关系。薛暮桥批评王毓铨把经济结构和生产关系的关系混淆了，离开农村生产关系来研究农村经济性质，那只能是不切实际的幻想。钱俊瑞也评论韩德章道：韩先生方法论上的基本错误，就在

---

① 王毓铨：《关于农村经济研究之方向及任务的讨论》，《中国农村》第 1 卷第 8 期，1935 年 5 月 1 日。

② 钱俊瑞：《现阶段中国农村经济研究的任务——兼论王宜昌韩德章两先生农村经济研究的"转向"》，《中国农村》第 1 卷第 6 期，1935 年 3 月 1 日。

③ 薛暮桥：《研究中国农村经济的方法问题——答复王宜昌王毓铨张志澄诸先生》，《中国农村》第 1 卷第 11 期，1935 年 8 月 20 日。

于他研究中国农村经济，都是从"人对自然的技术关系出发"的①。对于中国经济派单纯的讨论生产力，中国农村派则指出："如果离开了生产关系而来研究生产力；或把生产力当作某种技术上的东西，而同生产关系分割开来研究"②，是不科学的，也是违反马克思主义的。对生产力的研究，"绝不是对于几种构成生产力的自然因素，加以孤立的纯技术的分析，而是在与生产关系的关联之中来分析社会生产力的发展形态"③。王宜昌、张志澄等人犯了把生产力同生产技术混淆、将生产力当作一个单纯的自然科学范畴的错误。

中国农村派认为必须从生产力与生产关系辩证统一中来考察生产力。生产力决定生产关系，这是确定不疑的马克思主义的基本原理，是构成上层建筑的基础，但它本身却不是社会制度的本质。因此，生产关系是第一位的，农村经济研究的对象只能是"中国农村的生产关系，或者是在农业生产、交换和分配过程之中人与人间的社会关系，而不是别的"。假如我们研究的出发点是为了维持旧秩序和局部改良，"那末我们一定会以片断的、静止的对于生产力的技术的考察，作为我们的主要任务"；反之，假如我们研究的出发点是为了求农业的彻底改造，"那末我们一定会以对于农村生产关系在其发生、成长和没落的过程之中全面地把握其本质与归趋，作为我们的主要任务"。④

随着论战的深入，论战的焦点逐渐转移到中国农村社会性质问题之上。论战双方就中国农村经济性质是什么、帝国主义在农村经济中的作用、中国农村的土地问题、商品经济、阶级关系、租佃关系等几个方面展开了激烈辩论。

王宜昌等人断言中国农村社会是资本主义社会。他们的主要论据是：第一，从农村经济性质来看，1925 年至 1927 年的大革命对农村的影响是深

---

① 钱俊瑞：《现阶段中国农村经济研究的任务——兼论王宜昌韩德章两先生农村经济研究的"转向"》，《中国农村》第 1 卷第 6 期，1935 年 3 月 1 日。

② 薛暮桥：《答复王宜昌先生》，《中国农村》第 1 卷第 6 期，1935 年 3 月 1 日。

③ 钱俊瑞：《现阶段中国农村经济研究的任务——兼论王宜昌韩德章两先生农村经济研究的"转向"》，《中国农村》第 1 卷第 6 期，1935 年 3 月 1 日。

④ 钱俊瑞：《现阶段中国农村经济研究的任务——兼论王宜昌韩德章两先生农村经济研究的"转向"》，《中国农村》第 1 卷第 6 期，1935 年 3 月 1 日。

刻的，农村生产关系也因此而变了质，"农业是资本主义优势，这除了在商品生产和技术改革之外，又有工业从农业独立和都市对农村支配的关系在内"①。第二，从帝国主义对中国经济的关系来看，由于中国国民经济早已卷入世界经济的旋涡之中，帝国主义及中国都市经济对于中国农村经济起着支配作用，也就是说资本主义生产方式在中国已经占据优势地位②，在半殖民地的中国，资本帝国主义通过中国民族资本这个中间人控制着中国农村。第三，土地私有集中，无地农民甚多，租佃数量日多而自耕农日减，"地租已发展了货币形式，生出资本制了。地价、荒地及垦殖也表示出资本制度的兴起"③，资本主义的土地关系已经确立。第四，从农村租佃关系来看，农村中的雇佣关系已成为主流，地主和农民的关系已转变成现代的资本家和工人阶级的关系。在中国无论是地主，还是自耕农、半自耕农及佃农，均使用雇佣劳动，地主成了企业家，收受自己企业中形成的资本制地租。第五，从农业技术和农业经营来看，农业机械和人造肥料的引入，不但表示资本制的农业生产力的进步，同时更表示资本制的国内市场在农村里的扩大，所体现的是农业上的资本制生产关系。

　　针对中国经济派所谓的论据，中国农村派纷纷撰文逐条予以了批驳。对于论据一，薛暮桥的意见最具代表性，他指出，资本主义生产方式和封建生产方式，尽管在中国农村错综地并存，但是资本主义经营异常脆弱，这是十分明显的事实；另一方面，封建残渣仍还普遍存在，并占相对的优势。④王承志也指出，近年来资本帝国主义商品在中国农村的掠夺与中国农村的破产，已经表明中国农村经济没有走向资本主义前途的可能。⑤对于论据二，钱俊瑞指出，资本主义的生产方式在中国农村虽然相当存在，可是资本主义的矛盾还没有在中国农村一切矛盾中处于支配地位，资本主义榨

① 王宜昌：《中国农村经济研究答客问》，《中国经济》第 3 卷第 12 期，1935 年 12 月 1 日。
② 王宜昌：《论现阶段的中国农村经济研究——答复并批评薛暮桥钱俊瑞两先生》，《中国农村》第 1 卷第 7 期，1935 年 4 月 1 日。
③ 王宜昌：《从土地来看中国农村经济》，《中国经济》第 3 卷第 1 期，1935 年 1 月 1 日。
④ 余霖（薛暮桥）：《中国农业生产关系底检讨》，《中国农村》第 1 卷第 5 期，1935 年 2 月 1 日。
⑤ 王承志：《中国农村经济性质问题研究——兼评王宜昌与钱俊瑞薛暮桥诸先生关于"中国农村经济问题"的论战》，《中国农村》第 1 卷第 11 期，1935 年 8 月 20 日。

取剩余生产物的基础，主要的还在土地所有。① 帝国主义、买办阶级和封建势力三者结合起来，共同剥削压迫中国的农村。帝国主义侵略中国的目的并不是要使中国走上资本主义的道路，他们使中国农村商品普遍化以及采用新技术也是为了最大限度地掠夺中国农村和剥削贫苦农民。对于论据三，中国农村派不同意农村土地关系已经具有资本主义性质的说法。陈翰笙通过调查统计发现，当时中国农村土地 70% 集中在仅占农村人口 10% 的地主、富农手里，而占人口 90% 的广大贫苦农民只占有 30% 的土地。薛暮桥（笔名余霖）更是明确指出，"无论从狭义的土地关系观察，或从租佃关系观察，中国底土地关系（包括租佃关系）之中无疑地显示着十足的过渡性质：一方面有资本主义的萌芽存在，另一方面封建残渣还占相当的优势"②。在薛暮桥看来，佃农的增加，不一定表示资本主义农业的发展，如果增加的佃农绝大多数是半封建的零细佃农，这表示失地农民并没有成为资本主义式的农村无产阶级，反而成了半封建的地主阶级的支柱。对于论据四，中国农村派指出，在半殖民地半封建的中国农村，土地的集中并没有沿着资本主义的方向发展，土地出租采取的还是封建的经营方式，集中起来的土地，并没有进行大规模的资本主义生产，而是分割开来租给小农耕种，这种租佃关系只能是封建的剥削关系。雇佣劳动在农村并没有占主要地位，还不足以表明农村社会的资本主义性质。对于论据五，钱俊瑞在分析了帝国主义在华资本、中国的买办资本、商业高利贷资本、民族资本、地主、富农经济在中国国民经济中的地位及其相互关系后指出，农业经营不能单从经营的面积来决定其性质，我们应当同时观察其他生产条件，如农具、肥料，乃至劳动力使用等，来决定其是否是资本主义经营。而中国的小农经营，在生产条件上表现出特殊的落后，排斥着一切社会劳动合理的运用，排斥着使生产力发展的可能，"只是饥饿农民的火坑，而绝不是农业企业家的乐园"③。因此，无论从哪个方面看，中国农村社会都是半殖民地半封建的社会

---

① 钱俊瑞：《现阶段中国农村经济研究的任务——兼论王宜昌韩德章两先生农村经济研究的"转向"》，《中国农村》第 1 卷第 6 期，1935 年 3 月 1 日。
② 余霖（薛暮桥）：《中国农业生产关系底检讨》，《中国农村》第 1 卷第 5 期，1935 年 2 月 1 日。
③ 陶直夫（钱俊瑞）：《中国农村社会性质与农业改造问题》，《中国农村》第 1 卷第 11 期，1935 年 8 月 20 日。

性质，而不是资本主义的社会性质。

这场论战，虽然参与的人数不多，延续的时间不长，但特点十分鲜明。尽管论战双方多是文质彬彬的知识分子，但整个论战过程中火药味则十足。双方各持己见，不断攻击对方的观点，言语中充斥着讽刺挖苦之词，歇斯底里地攻击。在论战过程中，中国经济派无论从论战观点还是方法上，始终大同小异，虽然能够大体上一致合作对外，但在一些细节性的小问题上内部也经常陷入内讧。中国农村派的行动则比较一致，另外他们对于论战的重视程度也远远超过于对方，不仅在《中国农村》上大量地刊载和转载论战的文章，而且又能及时地总结论战，出版了《中国农村社会性质论战》一书。尤其是中国农村派对当时农村社会性质的认识，是在掌握丰富的材料的基础上得出的，比较符合当时农村社会的事实。"事实胜于雄辩"，这是他们能取得这场论战的主动权乃至胜利的重要原因。薛暮桥晚年对此曾有过总结："《中国农村》所以取得胜利，一方面是发表了针锋相对的论战文章，另一方面是发表大量反映中国农村实际情况的论文，对土地问题、租佃关系、雇佣劳动问题、商业高利贷问题、帝国主义与中国农村经济问题等等，利用我们所掌握的实际资料，运用历史唯物主义的观点和方法进行了分析论述。事实胜于雄辩，它既是无可辩驳的，又深化了认识，从而在理论与实际紧密结合的基础上赢得了论战的胜利。"[1]

中国农村社会性质的论战，进一步解决了中国社会性质论战和中国社会史论战中所要解决的中国社会性质问题。如前所述，新思潮派和动力派之间关于中国社会性质的争论，主要着眼于城市和工业经济，而不是农村和农业经济。他们涉及的农村问题，主要停留在理论概念上，缺乏大量具体的调查材料，因而认识相对来说比较肤浅，许多问题的讨论并未深入。中国农村社会性质的论战把涉及的领域深入到农村中的农业经济，以大量的农村实际调查资料为基础，使理论的分析和中国农村的具体实际相结合，深入探讨了半殖民地半封建的社会性质在农村经济关系中的体现，帝国主义究竟如何维持农村中的剥削，农村中阶级关系、雇佣关系、租佃关系以及商品生产关系的具体情况。此外，这场论战促进了新民主主义理论的发

---

① 薛暮桥:《薛暮桥回忆录》，天津人民出版社，1996，第77页。

展，捍卫了中国共产党关于土地革命的理论，扩大了马克思主义的宣传和影响，锻炼和培养了一批马克思主义的理论家，为进一步开展思想文化战线的斗争，准备了骨干力量。

本卷主要征引报刊、文献和参考书目

一、主要征引报刊

晨报＼晨钟报＼大公报（长沙版）＼大公报（天津版）＼民国日报（广州）＼红色中华＼解放日报＼晋察冀日报＼民立报＼民国日报（上海）＼时报＼申报（上海、汉口、香港）＼新中华报＼新华日报（重庆版）＼益世报（天津版）＼中央日报＼京报＼民国日报（汉口）＼青年杂志＼新青年＼东方杂志＼北京大学月刊＼每周评论＼努力周报＼教育潮＼科学＼新潮＼言治季刊＼甲寅周刊＼读书生活＼新世纪＼语丝＼解放与改造＼现代评论＼国语月刊＼国民杂志＼国魂周刊＼国故＼国学季刊＼国闻周报＼知新报＼国民＼少年中国＼劳动＼觉悟＼新世界学报＼工学＼评论之评论＼进化＼奋斗＼自由＼闽风日报＼工余＼学汇＼民声＼共产党＼先驱＼大陆报＼学衡＼光华学报＼学灯＼史地学报＼醒狮＼学生杂志＼劳动界＼向导＼小说月报＼政治周报＼教育杂志＼大江季刊＼东方公论＼津浦三日刊＼新国家＼新路＼新中国＼新月＼上海党声＼创造周报＼前锋

二、主要征引文献

中央档案馆.中共中央文件选集［M］.北京：中共中央党校出版社，1989，1991.

中共中央文献研究室.三中全会以来重要文献选编［M］.北京：人民出版社，1982.

中共中央文献研究室，中央档案馆.建党以来重要文献选编（一九二一——九四九）［M］.北京：中央文献出版社，1989，2011.

中共中央党史研究室第一研究部．共产国际、联共（布）与中国革命档案
　　资料丛书（第一—六卷）［M］．北京：北京图书馆出版社，1997，1998．

中共中央党史研究室第一研究部．共产国际、联共（布）与中国革命档案
　　资料丛书（第七—十二卷）［M］．北京：中央文献出版社，2002．

中央统战部，中央档案馆．中共中央抗日民族统一战线文件选编［M］．北
　　京：档案出版社，1984．

中央档案馆．中国共产党抗日文件选编［M］．北京：中国档案出版社，
　　1995．

中共中央统战部．民族问题文献汇编 一九二一·七——一九四九·九［G］．
　　北京：中共中央党校出版社，1991．

中国第二历史档案馆．中华民国史档案数据汇编［G］．南京：江苏古籍出
　　版社，1994．

中国人民政治协商会议全国委员会文史资料研究委员会．辛亥革命回忆录
　　［M］．北京：中华书局，1963．

《中华民国史事纪要》编辑委员会．中华民国史事纪要（初稿）：1924 年 7—
　　8 月［M］．台北：中华民国史料研究中心，1985．

查建瑜．国民党改组派资料选编［M］．长沙：湖南人民出版社，1986．

荣孟源，孙彩霞．中国国民党历次代表大会及中央全会资料［M］．北京：
　　光明日报出版社，1985．

中国第二历史档案馆．中国青年党［M］．北京：档案出版社，1988．

中国第二历史档案馆．国民党政府政治制度档案史料选编［M］．合肥：安
　　徽教育出版社，1994．

中国第二历史档案馆．北洋军阀统治时期的党派［M］．北京：档案出版
　　社，1994．

中华全国总工会中国职工运动史研究室．中国工会历史文献［M］．北京：
　　工人出版社，1958．

中华全国总工会工运史研究室，中华全国铁路总工会工运史研究室，河南
　　省总工会工运史研究室．二七大罢工资料选编［M］．北京：工人出版
　　社，1983．

中共中央马克思恩格斯列宁斯大林著作编译局．马克思恩格斯文集［M］．
　　北京：人民出版社，2009．

中共中央马克思恩格斯列宁斯大林著作编译局．马克思恩格斯选集［M］．
　　北京：人民出版社，1995.

中共中央马克思恩格斯列宁斯大林著作编译局．列宁选集［M］．北京：人
　　民出版社，1995.

中国社会科学院民族研究所．列宁论民族问题［M］．北京：民族出版社，1987.

中共中央马克思、恩格斯、列宁、斯大林著作编译局．列宁论民族殖民地
　　问题的三篇文章［M］．北京：人民出版社，1964.

中共中央文献研究室．毛泽东文集［M］．北京：人民出版社，1996.

中共中央文献研究室．毛泽东年谱（1893—1949）［M］．北京：人民出版
　　社，中央文献出版社，1993.

中共中央文献研究室．毛泽东年谱（1893—1949）［M］．修订本．北京：中
　　央文献出版社，2013.

毛泽东．毛泽东选集［M］．北京：人民出版社，1991.

毛泽东．毛泽东农村调查文集［M］．北京：人民出版社，1982.

毛泽东．毛泽东军事文集［M］．北京：军事科学出版社，中央文献出版
　　社，1993.

中共中央文献研究室，中共湖南省委《毛泽东早期文稿》编辑组．毛泽东
　　早期文稿 1921.6—1920.11［M］．湖南出版社，1990.

中共中央文献编辑委员会．周恩来选集［M］．北京：人民出版社，1980、
　　1997.

中共中央文献研究室编．周恩来年谱（1898—1949）［M］．修订本．北京：
　　中央文献出版社，1998.

中共中央文献编辑委员会．刘少奇选集［M］．北京：人民出版社，1981.

宋庆龄．宋庆龄选集［M］．北京：中华书局，1966.

秦孝仪．中华民国重要史料初编——对日抗战时期［M］．台北："中央"文
　　物供应社，1981.

秦孝仪．总统蒋公思想言论总集［M］．台北：中国国民党中央党史委员
　　会，1984.

罗刚．中华民国国父实录［M］．台北：正中书局，1988.

罗家伦．国父年谱［M］．增订本．台北：中国国民党中央委员会党史史料
　　编纂委员会，1969.

陈天赐.戴季陶先生文存［M］.台北：中国国民党中央委员会，1959.

戴季陶.三民主义哲学论文辑［M］.台北："中央"文物供应社，1978.

胡汉民.三民主义的连环性［M］.上海：民智书局，1928.

王云五，蒋永敬.民国胡展堂先生汉民年谱［M］.台北：台湾商务印书馆，1981.

邹鲁.中国国民党史稿［M］.台北：台湾商务印书馆，1976.

徐继畲.瀛寰志略［M］.上海：上海书店出版社，2001.

王韬.弢园尺牍［M］.北京：中华书局，1959.

王韬.弢园文录外编［M］.上海：上海书店出版社，2002.

夏东元.郑观应集［M］.上海：上海人民出版社，1982、1988.

汤志钧.康有为政论集［M］.北京：中华书局，1981.

梁启超.饮冰室合集［M］.影印本.北京：中华书局，1989.

丁文江，赵丰田.梁启超年谱长编［M］.上海：上海人民出版社，1983.

王栻.严复集［M］.北京：中华书局，1986.

刘晴波.杨度集［M］.长沙：湖南人民出版社，1986.

蔡尚思，方行.谭嗣同全集［M］.增订本.北京：中华书局，1981.

广东社会科学院历史研究室，中国社会科学院近代史研究所中华民国研究室，中山大学历史系孙中山研究室.孙中山全集［M］.北京：中华书局，1981—1986.

陈旭麓，郝盛潮.孙中山集外集［M］.上海：上海人民出版社，1990.

陈锡祺.孙中山年谱长编［M］.北京：中华书局，1991.

胡适，季羡林.胡适全集［M］.合肥：安徽教育出版社，2003.

亚东图书馆.科学与人生观［M］.上海：亚东图书馆，1923.

郭梦良.人生观之论战［M］.上海：泰东图书局，1923.

周子东，杨雪芳，季甄馥，等.三十年代中国社会性质论战［M］.上海：知识出版社，1987.

沈益洪.泰戈尔谈中国［M］.杭州：浙江文艺出版社，2001.

中国社会科学院近代史研究所中华民国史组.胡适来往书信选：下册［M］.北京：中华书局，1979.

胡颂平.胡适之先生年谱长编初稿［M］.台北：联经出版事业公司，1984.

王国维.观堂集林［M］.北京：中华书局，1959.

任建树，张统模，吴信忠．陈独秀著作选［M］．上海：上海人民出版社，1993.

中国李大钊研究会．李大钊全集［M］．最新注释本．北京：人民出版社，
  2006.

瞿秋白．瞿秋白文集：文学编（第一卷）［M］．北京：人民文学出版社，
  1985.

瞿秋白．瞿秋白文集：政治理论编（第二，第四卷）［M］．北京：人民出
  版社，1988，1993.

蔡和森．蔡和森文集［M］．北京：人民出版社，2013.

高平叔．蔡元培年谱［M］．北京：人民教育出版社，1996.

高平叔．蔡元培全集［M］．北京：中华书局，1984.

鲁迅．鲁迅全集［M］．北京：人民文学出版社，1981.

周作人．周作人日记［M］．郑州：大象出版社，1996.

郭沫若．沫若文集［M］．北京：人民文学出版社，1959.

中国文化书院学术委员会．梁漱溟全集［M］．济南：山东人民出版社，
  1989—1993.

杨天石．钱玄同日记［M］．整理本．北京：北京大学出版社，2014.

顾颉刚．古史辨［M］．上海：上海古籍出版社，1982.

吴宓，吴学昭．吴宓自编年谱［M］．北京：生活·读书·新知三联书店，
  1995.

吴宓，吴学昭．吴宓日记［M］．北京：生活·读书·新知三联书店，1998.

艾思奇．艾思奇文集［M］．北京：人民出版社，1981.

邓演达．邓演达文集［M］．北京：人民出版社，1981.

梅日新，邓演超．邓演达文集新编［M］．广州：广东人民出版社，2000.

恽代英．恽代英文集［M］．北京：人民出版社，1984.

李维汉．回忆与研究［M］．北京：中共党史资料出版社，1986.

邓中夏．邓中夏文集［M］．北京：人民出版社，1983.

邓中夏．邓中夏全集［M］．北京：人民出版社，2014.

何干之．中国社会性质问题论战［M］．上海：生活书店，1937.

中央党史研究室《萧楚女文存》编辑组．萧楚女文存［M］．北京：中共党
  史出版社，1998.

叶至善，叶至美，叶至诚．叶圣陶集［M］．南京：江苏教育出版社，2004.

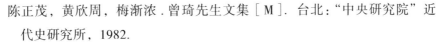

陈正茂，黄欣周，梅渐浓.曾琦先生文集［M］.台北："中央研究院"近代史研究所，1982.

贺麟.文化与人生［M］.上海：商务印书馆，1988.

罗章龙.椿园载记［M］.北京：生活·读书·新知三联书店，1984.

中国革命博物馆，湖南省博物馆.中国现代革命史资料丛刊：新民学会资料［M］.北京：人民出版社，1980.

湖南省博物馆历史部.新民学会文献汇编［G］.长沙：湖南人民出版社，1980.

中国社会科学院现代史研究室，中国革命博物馆党史研究室."一大"前后：中国共产党第一次代表大会前后资料选编［M］.北京：人民出版社，1980.

刘明逵，唐玉良.中国近代工人阶级和工人运动：第一册［M］.北京：中共中央党校出版社，2002.

中国社会科学院近代史研究所近代史资料编辑组.五四爱国运动［M］.北京：中国社会科学出版社，1979.

陈崧.五四前后东西文化问题论战文选［M］.北京：中国社会科学出版社，1985.

张静庐.中国出版史料补编［M］.北京：中华书局，1957.

胡秋原.西方文化危机与二十世纪思潮［M］.台北：学术出版社，1981.

达林.中国回忆录（1921—1927）［M］.北京：中国社会科学出版社，1981.

中国社会科学院现代史研究室.马林在中国的有关资料［M］.北京：人民出版社，1980.

武汉地方志编纂委员会办公室.武汉国民政府史料［M］.武汉：武汉出版社，2005.

陈竹筠，陈起城.中国民主党派历史资料选辑［M］.上海：华东师范大学出版社，1985.

罗素.中国之问题［M］.赵文锐，译.北京：中华书局，1924.

常乃德.中华民族小史［M］.上海：爱文书局，1928.

李璜.学钝室回忆录［M］.香港：明报月社，1979.

李璜.国家存在论［M］.北京：中国书局，1929.

余家菊.国家主义教育学［M］.北京：中华书局，1925.

蔡尚思.中国现代思想史资料简编：第四，第五卷［M］.杭州：浙江人民
　　出版社，1983.

彭明.中国现代史资料选辑：第四册［M］.北京：中国人民大学出版社，
　　1989.

高军，李慎兆，王桧林，等.中国现代政治思想史资料选辑［M］.成都：
　　四川人民出版社，1983.

陈茹玄.中国宪法史［M］.上海：世界书局，1933.

陈之迈.中国政府［M］.上海：商务印书馆，1945.

杨幼炯.近代中国立法史［M］.增订本.台北：商务印书馆，1936.

吕振羽.中国社会史诸问题［M］.上海：华东人民出版社，1954.

陈公博.苦笑录［M］.上海：东方出版社，2004.

张申府，等.民主与宪政［M］.成都：峨嵋出版社，1944.

甘乃光.以党建国［M］.广州：中山大学训育部编辑科，1927.

侯外庐.抗战建国论［M］.上海：生活书店，1938.

高清岳.建国新论［M］.上海：政治前线月刊社，1946.

张九如.总理遗教与抗战建国［M］.北京：独立出版社，1941.

张君劢.立国之道［M］.4版.台北：中国民主社会党中央总部，1969.

汪敬虞.中国近代工业史资料：第二辑1895—1914年［M］.北京：科学
　　出版社，1957.

汪敬虞.中国近代经济史1895～1927：下册［M］.北京：经济管理出版
　　社，2007.

三、主要参考书目

中共中央党史研究室.中国共产党的九十年：新民主主义革命时期［M］
　　.北京：中共党史出版社，党建读物出版社，2016.

奥斯瓦尔德·斯宾格勒.西方的没落［M］.齐世荣，田农，林传鼎，等
　　译.北京：商务印书馆，1963.

雅各布·布克哈特.意大利文艺复兴时期的文化［M］.何新，译.北京：
　　商务印书馆，1979.

埃里·凯杜里.民族主义［M］.张明明，译.北京：中央编译出版社，2002.

安东尼·史密斯.民族主义——理论、意识形态、历史［M］.第二版.叶
　　江，译.上海：上海人民出版社，2011.

林毓生.中国意识的危机——五四时期激烈的反传统主义［M］.穆善培，
　　译.增订再版本.贵州：贵州人民出版社，1988.

格里德.胡适与中国的文艺复兴——中国革命中的自由主义（1917—1950）
　　［M］.鲁奇，译.南京：江苏人民出版社，1989.

周策纵.五四运动：现代中国的思想革命［M］.周子平，等译.南京：江
　　苏人民出版社，1996.

墨子刻.摆脱困境——新儒学与中国政治文化的演进［M］.颜世安，高
　　华，黄东兰，译.南京：江苏人民出版社，1991.

艾恺.世界范围内的反现代化思潮——论文化守成主义［M］.贵阳：贵州
　　人民出版社，1991.

艾恺.梁漱溟与现代中国的困境［M］.郑大华，等译.长沙：湖南人民出
　　版社，1989.

韦慕廷.孙中山——壮志未酬的爱国者［M］.杨慎之，译.广州：中山大
　　学出版社，1986.

戈公振.中国报学史［M］.北京：中国新闻出版社，1985.

匡亚明.孔子评传［M］.济南：齐鲁书社，1985.

熊月之.西学东渐与晚清社会［M］.上海：上海人民出版社，1994.

熊月之.中国近代民主思想史［M］.修订本.上海：上海社会科学出版社，
　　2002.

王尔敏.中国近代思想史论［M］.北京：社会科学文献出版社，2003.

葛兆光.中国思想史［M］.上海：复旦大学出版社，2001.

邹振环.晚清西方地理学在中国——以1815至1911年西方地理学译注的
　　传播与影响为中心［M］.上海：上海古籍出版社，2000.

金观涛，刘青峰.观念史研究：中国现代重要政治术语的形成［M］.北
　　京：法律出版社，2009.

陈子展.中国近代文学之变迁 最近三十年中国文学史［M］.上海：上海
　　古籍出版社，2000.

陈旭麓.近代中国社会的新陈代谢［M］.上海：上海人民出版社，1992.

罗志田.乱世潜流：民族主义与民国政治［M］.上海：上海古籍出版社，2001.

王奇生.革命与反革命：社会文化视野下的民国政治［M］.北京：社会科学文献出版社，2010.

邹振环.译林旧踪［M］.南昌：江西教育出版社，2000.

孙燕京.晚清社会风尚研究［M］.北京：中国人民大学出版社，2002.

沈卫威.回眸"学衡派"——文化保守主义的现代命运［M］.北京：人民文学出版社，1999.

丁守和，殷叙彝.从五四启蒙运动到马克思主义的传播［M］.北京：生活·读书·新知三联书店，1963.

喻大华.晚清文化保守思潮研究［M］.北京：人民出版社，2001.

丁伟志，陈崧.中西体用之间：晚清中西文化观论述［M］.北京：中国社会科学出版社，1995.

郑家栋.现代新儒学概论［M］.南宁：广西人民出版社，1990.

李宏图.西欧近代民族主义思潮研究——从启蒙运动到拿破仑时代［M］.上海：上海社会科学院出版社，1997.

李泽厚.中国近代思想史论［M］.北京：人民出版社，1979.

李泽厚.中国现代思想史论［M］.北京：东方出版社，1987.

李剑农.中国近百年政治史［M］.上海：上海人民出版社，2014.

郭颖颐.中国现代思想中的唯科学主义（1900—1950）［M］.雷颐，译.南京：江苏人民出版社，1989.

冯契.中国近代哲学史［M］.上海：上海人民出版社，1989.

余明侠.中华民国法制史［M］.徐州：中国矿业大学出版社，1994.

王守常.20世纪的中国：学术与社会：哲学卷［M］.济南：山东人民出版社，2001.

韩毓海.20世纪的中国：学术与社会：文学卷［M］.济南：山东人民出版社，2001.

蒋大椿.20世纪的中国：学术与社会：史学卷［M］.济南：山东人民出版社，2001.

中国现代哲学史研究会.中国现代哲学与文化思潮［M］.北京：求实出版社，1989.

梁满仓.中国社会性质论战［M］.北京：新华出版社，1991.

王珂.民族与国家：中国多民族统一国家思想的系谱［M］.北京：中国社
　　会科学出版社，2001.

龚书铎.近代中国与文化抉择［M］.北京：北京师范大学出版社，1993.

郑大华.梁漱溟与胡适——文化保守主义与西化思潮的比较［M］.北京：
　　中华书局，1994.

郑大华.张君劢传［M］.北京：中华书局，1997.

郑大华.民国乡村建设运动［M］.北京：社会科学文献出版社，2000.

郑大华.梁漱溟传［M］.北京：人民出版社，2001.

郑大华.民国思想家论［M］.北京：中华书局，2006.

郑大华.民国思想史论［M］.北京：社会科学文献出版社，2006.

郑大华.民国思想史论（续集）［M］.北京：社会科学文献出版社，2008.

郑大华.中国近代思想脉络中的文化保守主义［M］.长沙：湖南人民出版
　　社，2014.

郑大华.中国近代思想脉络中的民族主义［M］.北京：社会科学文献出版
　　社，2018.

郑大华.中国近代民族复兴思潮研究［M］.北京：中国社会科学出版社，
　　2017.

郑大华，邹小站.思想家与近代中国思想［M］.北京：社会科学文献出版
　　社，2005.

郑大华，邹小站.中国近代史上的民族主义［M］.北京：社会科学文献出
　　版社，2007.

郑大华，邹小站.中国近代史上的自由主义［M］.北京：社会科学文献出
　　版社，2008.

郑大华，邹小站.中国近代史上的社会主义［M］.北京：社会科学文献出
　　版社，2011.

郑大华，邹小站.中国近代史上的激进与保守［M］.北京：社会科学文献
　　出版社，2011.

郑大华，邹小站.中国近代民族复兴理论与实战［M］.北京：社会科学文
　　献出版社，2016.

本卷出版说明

　　本卷第十章第三节第二子目"'西天取经'：到法国去！到俄国去"的初稿是由我的在站博士后、东南大学副教授黄令坦提供的；第十二章第三节"国共合作开创反帝反封建斗争新局面"的部分初稿是由我的出站博士后、西北大学教授兰梁斌提供的；第十四章第一节"国家主义派及与国家主义派的斗争"的初稿是由我的已毕业博士生、深圳博物馆的曾科提供的，第三节"甲寅派的保守主义思想及其困境"的初稿是由我和我的已毕业硕士生王美良共同撰写的；第十五章第三节"《新路》对国民党统治的批判"的初稿是由我和我的已毕业硕士生钟雪共同撰写的；第十六章"'农村包围城市，武装夺取政权'思想：中国革命新道路的开辟"的前三节和第十七章"中国社会性质和社会史论战"的初稿是由我的在站博士后、东南大学副教授黄令坦提供的，我对初稿做了较大的修改和扩充，这两章原是一章，后来审稿专家建议分成两章，因而增加了不少新的内容，在结构上也做了大的调整。

　　我在湖南师范大学的 2017 级硕士生杨彤彤、程莎莎、楚依，2018 级硕士生丁洁、杨航、史聪玲，2019 级硕士生程顺、刘文博、赵林，帮助校对了本卷的所有引文，尤其是程莎莎、程顺、刘文博、赵林的工作量最大；我已出站的博士后、湖南师范大学副教授周游通读了本卷，并整理了"本卷主要征引报刊、文献和参考书目"。我在中国社会科学院近代史研究所的博士生李艳伦、曹萌通读了全部书稿，改正了个别错字；我已出站的博士后、湖南大学教授刘平对全书进行了认真校定和文字处理。

　　在此，表示衷心感谢。